W0196247

Theorien der
Entwicklungspsychologie

Patricia H. Miller

Theorien der Entwicklungspsychologie

Aus dem Amerikanischen übersetzt
von Angelika Hildebrandt-Essig

Mit einem Vorwort zur deutschen Ausgabe
von Brigitte Rollett

Spektrum Akademischer Verlag Heidelberg · Berlin · Oxford

Originaltitel: Theories of Developmental Psychology, 3rd edition
Aus dem Amerikanischen übersetzt von Angelika Hildebrandt-Essig

Erstausgaben der ersten, zweiten und dritten Auflage bei W. H. Freeman and Company
New York, 1983, 1989 und 1993

Die Deutsche Bibliothek – CIP-Einheitsaufnahme

Miller, Patricia H.:
Theorien der Entwicklungspsychologie / Patricia H. Miller. Aus dem Amerikan. übers.
von Angelika Hildebrandt-Essig. Mit einem Vorw. zur dt. Ausg. von Brigitte Rollett. –
Heidelberg ; Berlin ; Oxford : Spektrum, Akad. Verl., 1993
   Einheitssacht.: Theories of developmental psychology <dt.>
   ISBN 3-86025-077-9

Lektorat: Katharina Neuser-von Oettingen, Andreas Held, Marianne Linder (Ass.)
Produktion: Brigitte Achauer, Susanne Tochtermann
Einbandgestaltung: Susanne Tochtermann
Druck und Verarbeitung: Druckerei und Verlag Bitsch GmbH, Birkenau

Spektrum Akademischer Verlag Heidelberg · Berlin · Oxford

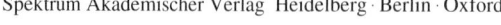

EIN VERLAG DER   SPEKTRUM FACHVERLAGE GMBH

Für Scott, Erica und Kevin

Inhalt

2. Freuds und Eriksons psychoanalytische Theorien

Vorwort zur deutschen Ausgabe

Die menschliche Entwicklung gehört zu den faszinierendsten Studienobjekten der Psychologie: Aus welchen Anfängen entsteht die erwachsene Persönlichkeit? Können frühe Erfahrungen das spätere Leben prägen? Welcher Einfluß kommt angeborenen Dispositionen, welche modifizierende Wirkung Umwelteinflüssen, vor allem der Sozialisation zu? Ist es möglich, durch überlegte Erziehungsmethoden die Chancen des Einzelnen und der Gesellschaft als ganzer zu verbessern?

Die gängigen entwicklungspsychologischen Lehrbücher präsentieren zu diesen Fragen eine Flut von theoretischen Ansätzen und empirischen Untersuchungen, die nicht selten ohne Beziehung nebeneinander stehen. Das vorliegende Werk von Patricia H. Miller stellt daher eine seit langem notwendige Ergänzung der auf dem Buchmarkt erhältlichen Textbücher zur Entwicklungspsychologie dar. Es besticht durch die großartige Integration von theoretischen Zugängen und den sie stützenden empirischen Forschungsergebnissen. Es ist deshalb geeignet, Studierenden der Sozialwissenschaften, vor allem natürlich der Psychologie, den Zugang zum Verständnis der menschlichen Entwicklung zu eröffnen. Die Autorin versteht es, den Wust der Fakten durch schlüssig dargestellte theoretische Konzeptionen zu einem geordneten Gesamtbild zu vereinen, das die Leistungsfähigkeit der einzelnen Ansätze und ihre Beziehungen zueinander aufzeigt. Es eignet sich besonders als Einstieg für Studierende in die Fragestellungen der Entwicklungspsychologie bzw. für die gezielte Prüfungsvorbereitung; durch seine leichte Lesbarkeit ist es aber andererseits als Einführung in die Gesetzlichkeiten der menschlichen Entwicklung für in der Praxis Arbeitenden geeignet.

Die Zuordnung von Ergebnissen der entwicklungspsychologischen Forschung zu den grundlegenden theoretischen Ansätzen, auf die sie sich beziehen, trägt wesentlich zu ihrem Verständnis bei. Gerade deshalb kommt einem Buch wie diesem eine wichtige didaktische Funktion zu. Entwicklungspsychologische Darstellungen von Theorien verfallen oft in den Fehler – um ein gängiges Sprichwort umzuinterpretieren – „vor lauter Wald die Bäume nicht mehr zu sehen": Abstrakte Theorieexplikationen ohne Anbindung an die empirischen Untersuchungsergebnisse, aus denen sie erwachsen sind, bleiben in der leeren Begrifflichkeit stecken. Patricia Miller ist es dagegen gelungen, die so notwendige Rückbeziehung theoretischer Beschreibungen von Erklärungszusammenhängen auf die zugrundeliegenden Einzelbefunde zu leisten.

Ein zusammenfassender Überblick über den gegenwärtigen Wissensstand zu grundlegenden Fragestellungen der menschlichen Entwicklung, wie in dem vorliegenden Buch, bietet aber noch mehr: Durch den Theorienvergleich wird es möglich, die Untersuchungsergebnisse der entwicklungspsychologischen Forschung im Rahmen theoretischer Konzeptionen in einen schlüssigen Erklärungszusammenhang zu bringen und neue, umfassendere Fragestellungen anzuregen. Erst durch eine solche Gesamtschau können Lücken in der gegenwärtigen Theorienbildung und in der zugeordneten empirischen Forschung aufgezeigt werden. Besonders hilfreich ist es in diesem Zusammenhang, daß die Autorin in ihrem Einleitungskapitel in verständlicher Form auf die wissenschaftstheoretischen Grundfragen der Theorienkonstruktion und der Zuordnung zur Empirie eingeht.

In dem Buch werden sechs der großen theoretischen Hauptansätze im Rahmen der Entwicklungspsychologie vorgestellt. Die Autorin legt besonderen Wert darauf, die Stärken und Schwächen der einzelnen Theorien bei der Erklärung der menschlichen Entwicklung aufzuzeigen, indem sie nach der Darstellung jeder Theorie die Fragen erläutert, die beantwortet und jene, die offen gelassen werden bzw. durch die anderen theoretischen Modelle besser erklärt werden können. Auf diese Weise entsteht ein klares Bild der Leistungsfähigkeit der einzelnen theoretischen Konzeptionen.

Zunächst wird die Entwicklungstheorie Piagets als einer Zugangsweise, die vielen modernen Konzeptionen der Entwicklung zugrundeliegt, im Detail erläutert und ihre Weiterentwicklungen bei den Neo-Piagetianern angesprochen, wobei sie besonders auf die Arbeiten Flavells eingeht, der die Piagetrezeption in den USA einleitete. Patricia Miller sieht den wichtigsten Beitrag Piagets in der Ausformung des Stadiengedankens zu einem umfassenden, strukturellen Erklärungsrahmen der kognitiven Entwicklung.

In ihrer abschließenden Kritik des Ansatzes weist sie darauf hin, daß in Piagets Entwicklungstheorie die sie ergänzende Theorie der Performanz fehlt. Wichtige Operationscharakteristika kognitiver Prozesse werden nur am Rande angesprochen: Welche Bedeutung hat die Vertrautheit mit einer bestimmten Denkaufgabe für die Lösung? Welchen Einfluß hat z. B. die sich entwickelnde Fähigkeit, Relevantes von Unwichtigem zu unterscheiden? Wie beeinflussen die zunehmenden Gedächtnis- und Sprachkompetenzen, die ständig sich verbreiternde Wissensbasis des heranwachsenden Individuums seine intelligenten Problemlösungen? Patricia Miller weist in diesem Zusammenhang auf eine bemerkenswerte Entwicklung des Piaget'schen Ansatzes in der heutigen Forschung hin: Im Zuge der neueren empirischen Untersuchungen zur Invarianzbildung wandelten sich die theoretischen Erklärungen, so daß an die Stelle der ursprünglichen, strukturalistischen Theorie Piagets eine funktionale Erklärungstheorie trat. Wenn man z. B. darstellen will, weshalb es einem Vierjährigen nicht gelingt, zu verstehen, daß eine Verformung einer Plastillinkugel deren Gewicht nicht verändert, bieten Theorien einen besseren Zugang, die den funktionalen Gesichtspunkt stärker in den Erklärungsrahmen miteinbeziehen. Sie werden daher heute häufiger herangezogen.

Der nächste große Abschnitt des Buches ist der zweiten klassischen Entwicklungstheorie, der Psychoanalyse Sigmund Freuds, gewidmet.

Freud selbst sah seinen wichtigsten Beitrag nicht in der Erklärung der Entwicklung des Psychischen, sondern in der Traumanalyse als einem Weg zum Verständnis des neurotischen Verhaltens und der seelisch krankmachenden, unbewußten Konflikte. In einem 1900 geschriebenen Brief an Wilhelm Fliesz, fragte er sich, ob einmal an seinem Landhaus eine Marmortafel zu lesen sein würde: „Hier enthüllte sich dem Dr. Sigmund Freud am 24. Juli 1895 das Geheimnis des Traumes." Die Tafel gibt es bis heute nicht, wohl aber ist es Freud gelungen, eine der einflußreichsten dynamischen Entwicklungstheorien zu formulieren, wie Patricia Miller festhält. Sie sieht den wesentlichsten Beitrag Freuds und seiner Nachfolger (vor allem jener aus den Reihen der Entwicklungspsychologen, wie z. B. Erik Erikson und René Spitz) in der Erkenntnis der Bedeutung emotionaler Faktoren für die Entwicklung des Menschen, kritisiert aber seine ausschließlich an der biographischen Einzelfallanalyse orientierte Methodologie.

Erik Erikson und seiner an Freud angelehnten Stadientheorie der Entwicklung ist ein ausführlicherer Abschnitt gewidmet. Sigmund Freud lehrte nicht am Psychologischen Institut, sondern an der Medizinischen Fakultät der Universität Wien. (Seine Professur verdankte er bekanntlich der persönlichen Intervention einer einflußreichen Klientin, die ihre Bemühungen mit der Spende eines Bildes für ein neu gegründetes

Museum des zuständigen Ministerialbeamten unterstützte). An der Philosophischen Fakultät wirkte in den 20er und 30er Jahren der streng erfahrungswissenschaftlich orientierte Denk- und Sprachpsychologe Karl Bühler und seine Frau, die Entwicklungspsychologin Charlotte Bühler, beide Gegner der „unwissenschaftlichen" Psychoanalyse. Erik Erikson (und später auch René Spitz) hatte bereits während seiner Studien in Wien die Funktion eines Vermittlers zwischen beiden theoretischen Richtungen. Von Charlotte Bühler entlehnte Erikson die Methode der ganzheitlichen Beobachtung von Kindern in natürlichen Situationen und die Einsicht in die Bedeutung der Identitätsgewinnung für die Persönlichkeitsentwicklung, von Sigmund Freud den dynamischen Ansatz und die Orientierung an den Stadien der psychosexuellen Entwicklung.

Patricia Miller würdigt besonders Eriksons breite Gesamtperspektive bei der Beschreibung der Weiterentwicklung des kindlichen Verhaltens und Erlebens, weist aber auch auf die Schwächen seiner Theorie bei der Erklärung der Ursachen für das Fortschreiten von einem Stadium zum anderen hin.

Die dritte große Gruppe von Theorien, die Patricia Miller vorstellt, sind die sozialen Lerntheorien. In einem anregenden, historischen Abriß geht sie zunächst auf die Wurzeln dieser Theorien im Behaviorismus zurück und zeigt, wie sich durch die systematische Berücksichtigung des sozialen Kontexts sowohl der Inhalt als auch der theoretische Rahmen der Lerntheorien änderte. Das zentrale Konstrukt Banduras, die Imitation, das Lernen durch Beobachtung von Modellen, wird von ihr mit Piagets Interaktionsbegriff kontrastiert: Bei Piaget führt der Austausch zwischen Kind und Umgebung zu einer internalisierten kognitiven Struktur, während bei Bandura die neu gewonnenen Informationen als solche und die dadurch bedingten, sowohl quantitativen wie qualitativen Veränderungen im Zentrum stehen. Die Stärken der sozialen Lerntheorie sieht sie in ihrer empirischen Überprüfbarkeit, ihrer Flexibilität und ihrer integrativen Kraft und in der Art, wie erklärt wird, wie Kognitionen zwischen dem Verhalten und den sozialen Settings, in denen es sich ereignet, vermitteln. Für Patricia Miller sind damit wichtige Bausteine einer Theorie der Performanz realisiert, die sie bei Piaget vermißt. In der so gewonnenen Flexibilität der sozialen Lerntheorien sieht sie aber andererseits auch ihre Schwächen, da sie an bestimmten Stellen nicht genügend expliziert sind.

Relativ kurz gehalten und damit eher zur Vermittlung eines ersten Überblicks geeignet ist das folgende Kapitel über den Informationsverarbeitungsansatz in der Entwicklungspsychologie. Anhand des Forschungsprogramms von Klahr und Siegler demonstriert sie die Integration des Informationsverarbeitungsansatzes und der Konzeption Jean Piagets bei der Erklärung des Problemlösens und geht ausführlicher auf Sternbergs Theorie der intellektuellen Entwicklung im Kontext seiner triarchischen Auffassung der Intelligenz ein. Sie sieht im Informationsverarbeitungsansatz die Möglichkeit einer Weiterentwicklung der Theorie der Performanz auf dem Boden einer rigorosen Methodologie, kritisiert aber die Schwächen eines bloßen Computermodells der menschlichen Informationsverarbeitung, da eine solche Konstruktion den Entwicklungsgedanken nicht einbeziehen kann.

Einen Streifzug in die Erklärungsprinzipien der ethologische Theorien (Lorenz, Tinbergen und Eibl-Eibesfeldt) bringt das 5. Kapitel, wobei sie zunächst die historischen Perspektiven in Darwins Schriften anspricht. Sie faßt die wesentlichsten Beiträge der Ethologie wie folgt zusammen: Systematische Erforschung des artenspezifischen, angeborenen Verhaltens und der dadurch vorgegebenen Lernmöglichkeiten, Einbeziehung der evolutionären Perspektive und Entwicklung der ethologischen Methodologie. Präformierte Lern- und Entwicklungsmöglichkeiten müssen nach dieser Auffassung durch die spezifischen Umgebungseinflüsse, auf die das Kind anzuspre-

15

chen bereit ist, ausgeformt und modifiziert werden. Sie zeigt auf, wie diese Ansätze über die Arbeiten von Bowlby und Charlesworth zur Entwickung der modernen Bindungsforschung durch Ainsworth und andere führten.

Patricia Miller sieht die Stärken der ethologischen Theorie in ihrer breiten evolutionären Perspektive, die sich als fruchtbarer Anreiz für die Forschung erwies, ihre Schwächen in der teils noch nicht geleisteten Vollständigkeit der Theorienbildung und der daraus abgeleiteten Erklärungen.

Das nächste Kapitel ist der Wahrnehmungsentwicklungstheorie Gibsons gewidmet, die im europäischen Raum noch kaum rezipiert wurde. Patricia Miller charakterisiert deren Beitrag zur „kognitiven Landkarte der Entwicklungstheorien" (S. 394) wie folgt: Menschen werden als aktiv wahrnehmende Wesen aufgefaßt, wobei die Rolle der durch die Perzeption vermittelten Information durch die Analyse der Reizbedingungen näher bestimmt wird. Die Ökologie stellt einen unverzichtbaren Rahmen für das Verständnis der menschlichen Wahrnehmung dar. Dem perzeptiven Lernen kommt nach dieser Theorie eine Schlüsselrolle in der menschlichen Entwicklung zu. Daraus ergibt sich, daß Simulationen natürlicher Umwelten in das Repertoire der entwicklungspsychologischen Methodologie aufgenommen werden sollten.

Drei Entwicklungslinien kristallisieren sich in diesem Ansatz heraus: Die Spezifizierung der Perzeption durch die Differenzierung der Reizwahrnehmung, die Optimierung der aktiven, selektiven Aufmerksamkeitszuwendung durch die wachsende Fähigkeit zur Unterscheidung relevanter von irrelevanten Informationen im Laufe der individuellen Entwicklung und schließlich die zunehmend effizienter werdende Informationsaufnahme im Zuge der Berücksichtigung verschiedener Ebenen der Verarbeitung der wahrgenommener Informationen. Grundlegend ist die Auffassung, daß der Mensch als wahrnehmendes Wesen seine eigene Entwicklung im Austausch mit einer bestimmten Umgebung entscheidend mitgestaltet.

Patricia Miller kritisiert allerdings an Gibsons Theorie die stellenweise unklaren Aussagen über die Beziehungen zwischen Perzeption und Kognition, eine Lücke, die erst durch die Arbeiten der den neueren Informationsverarbeitungsansätzen verpflichteten Forscher geschlossen werden konnte.

Die gegenwärtige entwicklungspsychologische und pädagogisch-psychologische Forschung wird entscheidend durch die Wygotski-Rezeption beeinflußt. Das 7. Kapitel, das eine äußerst gelungene Darstellung der Theorie Wygotskis und des kontextualistischen Ansatzes bringt, ist daher von besonderem Interesse für Leser, die einen Eindruck über diese Forschungsrichtung erhalten möchten. Die zentrale These der kontextualistischen Theoretiker, daß menschliches Verhalten nur unter Einbeziehung der „sozialen Matrix", des Kontexts, erklärt werden kann, führte zu so unterschiedlichen Richtungen wie der Kulturpsychologie und der ökologischen Psychologie. Untersuchungsschwerpunkt der Kontextualisten ist das handelnde Kind in einen gegebenen Kontext, von dem es geformt wird und den es seinerseits beeinflußt.

In einem historischen Abriß geht Patricia Miller auf die Biographie Wygotskis ein. Sie zeigt die Wurzeln seiner Psychologie im Marxismus auf und schildert, wie er in den 30er Jahren im Zuge der stalinistischen Säuberungen als „bürgerlicher Psychologe" verfolgt wurde. Sein früher Tod, gerade 38jährig, im Jahre 1934, dem Erscheinungsjahr seines Hauptwerkes „Denken und Sprache", führte dazu, daß er aufgrund seiner bahnbrechenden Ideen als „Mozart der Psychologie" apostrophiert wird.

Ein ausführlicher Abschnitt ist einem grundlegenden Konzept Wygotskis, der „Zone der nächsten (proximalen) Entwicklung" gewidmet, das wie kein anderes die neue entwicklungspsychologische Theorienbildung beeinflußt hat: In der Kooperation mit kompetenten Sozialpartnern kann das Kind jeweils die nächste Entwicklungsstufe in einem bestimmten, kulturell als bedeutungsvoll definierten Bereich ausformen. Diese stellen ihm das notwendige „Gerüst" für seine Weiterentwicklung zur Verfügung. Damit ist eine Betonung des Entwicklungsprozesses anstelle des bloßen Produktes gegeben, eine Auffassung, die besonders im pädagogischen Feld zu einer radikalen Neuorientierung führte.

Rogoff spricht in diesem Zusammenhang von „gelenkter Partizipation". Entsprechend betont auch Bronfenbrenner die aktive Rolle des Kindes in der Gestaltung seiner eigenen Entwicklung.

Ein weiterer Abschnitt des Buches ist der Diskussion der „Verinnerlichung" als Übergang von interpsychologischen zu intrapsychologischen Prozessen gewidmet, wobei besonders auf die Rolle der Sprache in der kognitiven Entwicklung im Detail eingegangen wird und die Unterschiede zu Piagets Auffassung herausgearbeitet werden.

Im Zentrum steht dabei der Gedanke der „psychologischen Werkzeuge", durch welche die elementaren geistigen Funktionen in höhere geistige Funktionen transformiert werden. Patricia Miller bringt eine Reihe von Belegen aus der neueren kulturvergleichenden Forschung, die die Kontextabhängigkeit der bevorzugten psychologischen Werkzeuge nachweist: So werden z. B. „intelligente Personen" in Uganda als langsam und sorgfältig beschrieben, während in westlichen Kulturen vor allem die Schnelligkeit in der Problemlösung betont wird. Durch die für eine Kultur spezifischen und von ihren Vertretern geförderten psychologischen Werkzeuge wird die Entwicklung der erwünschten kognitiven Prozesse beeinflußt. Andererseits erhält auch die jeweilige Kultur durch ihre Mitglieder ihren charakteristischen Stempel.

Eine Konsequenz des kontextualistischen Ansatzes stellt der Aufschwung der kulturvergleichenden Forschung in den letzten Jahren dar, der zur Folge hatte, daß so manche vertraute Aussagen über Entwicklungsgesetzlichkeiten über Bord geworfen oder wesentlich modifiziert werden mußten, wie Patricia Miller in einem eigenen Abschnitt an Beispielen erläutert wird.

Patricia Miller führt zu Recht auch das neu erwachte Interesse an der qualitativen Forschung auf Wygotskis Einfluß zurück. Seine „mikrogenetische" Methode der Beobachtung von Veränderungen als Antwort auf neue, im Experiment gestellte Anforderungen zielt direkt auf die Erfassung entwicklungsrelevanter Prozesse. Wygotskis Forderung nach „dynamischen" anstelle der klassischen Testmethoden beurteilt sie jedoch kritisch, nicht zuletzt wegen des damit verbundenen Aufwandes, wie sie in der abschließenden Würdigung festhält.

Sie sieht den wichtigsten Beitrag der Theorie Wygotskis bzw. des kontextualistischen Ansatzes in der Betonung des soziokulturellen Umfeldes und seiner Interaktion mit dem sich entwickelnden Individuum. Die Beobachtung und Beschreibung des Lernens im Alltag wird so zu einer zentralen Methode, die neue Zugänge zum Verständnis von Entwicklungsprozessen eröffnet. Sie kritisiert auf der anderen Seite, daß grundlegende Konstrukte der Theorie, so z. B. der Begriff der „Zone der nächsten Entwicklung", noch nicht stringent genug definiert sind, was Schwierigkeiten bei der meßmethodischen Erfassung mit sich bringt. Die Vernachlässigung der biologischen Entwicklungsstadien führt außerdem zu einer gewissen Einseitigkeit bei der Analyse von Entwicklungsvorgängen. Unbestritten ist jedoch die anregende Wirkung des kontextualistischen Ansatzes auf die zeitgenössische entwicklungspsychologische Forschung.

Im letzten Kapitel ihres Buches greift Patricia Miller die Frage nach dem Wesen und der Funktion von Entwicklungstheorien erneut auf und stellt abschließend fest, daß ein gemeinsamer Mangel der gängigen Entwicklungstheorien darin besteht, daß so gut wie nie alle relevanten Einflußgrößen einbezogen werden, die ökologische Validität oft gering ist und kaum Aussagen über die grundlegenden Antriebskräfte der Entwicklung gemacht werden.

Hier eröffnet sich ein vielversprechendes Arbeitsfeld für Forscher, die bereit sind, bis zu den letzten Konsequenzen eines theoretischen Ansatzes zu gehen, um durch die Erkenntnis seiner Grenzen zu neuen, integrativen theoretischen Konzeptionen vorstoßen zu können.

Brigitte Rollett
Wien, 1993

Vorwort

»Welches ist Ihre entwicklungspsychologische Theorie?« Als ich noch studierte, wurde mir bei meiner Abschlußprüfung in einer Einführung in die Entwicklungspsychologie genau dieses Thema gestellt. Ich faßte sämtliche Theorien, von denen ich jemals gehört hatte, zusammen und konstruierte in aller Bescheidenheit eine 6-×-20-Matrix (Alter × entwicklungspsychologische Aufgaben) – eine Art „Havighurst-vergaloppiert-sich-Theorie" – und mein Interesse an der Theoriebildung war geweckt. Hätte man mir einen Multiple-Choice-Test vorgelegt, würde in diesem Buch vielleicht ein anderes Thema behandelt.

In *Theorien der Entwicklungspsychologie* habe ich versucht, die psychologische Entwicklung im Überblick darzustellen. Studenten sind manchmal frustriert von Lehrbüchern, die ihnen überwältigend viele Fakten anbieten, aber keinen theoretischen Rahmen zur Verfügung stellen, in den sich diese Fakten einordnen ließen. Oft wird beispielsweise nicht klar, warum sich ein Schweizer Philosoph für das numerische Urteil von Kindern interessieren sollte, nachdem man eine Reihe von Objekten vor ihnen ausgebreitet hat, oder warum es wichtig sein sollte, daß Babys weinen, wenn ihre Mutter den Raum verläßt. Dieses Buch zeigt mit sieben Theorien oder theoretischen Ansätzen entwicklungspsychologische Bezugsrahmen auf, die es erleichtern, die Bedeutung der Forschungsergebnisse auf diesem Gebiet zu erkennen und zu verstehen.

Theorien der Entwicklungspsychologie kann im gesamten Psychologiestudium als Grundlagentext oder als weiterführende Lektüre verwendet werden. Außerdem kann es all jenen, die in den verschiedensten Berufen mit Kindern zu tun haben, neue Einsichten vermitteln. Ich hoffe, daß sowohl Entwicklungspsychologen als auch Leser aus anderen Disziplinen etwas in diesem Buch finden, das für sie von Interesse ist.

Die einzelnen Kapitel sind parallel zueinander konzipiert, damit der Leser besser vergleichen kann. Aus Gründen der Kontinuität werden in jedem Kapitel vier zentrale Themen der Entwicklung besprochen. Darüber hinaus habe ich versucht zu vermitteln, welche Aspekte der einzelnen Theorien mir am interessantesten erschienen. Die in diesem Buch enthaltenen Theorien sind meines Erachtens die für Entwicklungspsychologen und Fachleute aus verwandten Gebieten interessantesten Ansätze. Viele wichtige Theorien mußten zwangsläufig ausgelassen werden, weil das Buch sonst zu umfangreich geworden wäre. Einige der in diesem Buch enthaltenen „Theorien" sind gar keine formalen Theorien, fungieren aber insofern als Theorien, als sie den Untersuchungsgegenstand definieren, die relevanten Fragen formulieren und versuchen, Antworten darauf zu finden.

Die dritte Auflage stellt eine überarbeitete Fassung der zweiten dar. Ich habe versucht zu zeigen, wie die dargestellten Theorien sich in den letzten Jahren in ihren Schwerpunkten, ihrer Datenbasis und ihrer Bedeutung für die Entwicklungspsychologie veränderten. Die wichtigste Neuerung in dieser Auflage ist ein Kapitel über Wygotski und die Kontextualisten. Der wachsende Einfluß des konttheoretischen Ansatzes gebot seine Aufnahme in dieses Buch. Neu sind auch weiterführende theoretische Überlegungen zu Kapazität, Wissen und Strategien in den Ansätzen der Informationsverarbeitung und neuere Arbeiten in der Tradition Piagets. Themen wie bereichsspezifisches Schlußfolgern oder der soziale Kontext von Entwicklung werden in dieser Auflage stärker berücksichtigt. Um den Umfang des Buches nicht zu vergrößern, mußten einige Theorien knapper gefaßt werden.

Ich danke einer Reihe von Personen, die eine oder mehrere Auflagen dieses Buches gelesen und kommentiert haben: Patricia Ashton, William Charlesworth, Michael Cole, Jeffrey Farrar, Bridget Franks, Eleanor Gibson, Harry Grater, Richard Griggs, Gardner Lindzey, Jack Meacham, Stuart Miller, Joy Osofsky, Anne Pick, Robert Siegler, Addison Stone und Robert Watson. Auch verschiedene Studenten aller Semester haben mit hilfreichen Vorschlägen zu diesem Buch beigetragen. Vor allem aber danke ich Scott Miller, der mir bei allen Auflagen ein wertvolles Feedback gab. Dank gebührt auch John Flavell, der mein Mäandern durch die Theorien steuerte, als ich selbst noch studierte, und der heute noch eine Quelle der Inspiration für mich ist. Schließlich will ich auch Jonathan Cobb beim Verlag W. H. Freeman und Company danken, der die zweite und die dritte Auflage dieses Buches sachkundig begleitete.

Patricia H. Miller
Gainesville, Florida
November 1992

Einführung

Gebt uns Theorien,
Theorien, immer mehr Theorien.
Möge jedermann, der eine Theorie hat,
sie verkünden.

[James Mark Baldwin]

Traue niemals
einem Versuchsergebnis,
bevor es nicht durch die Theorie
bestätigt ist.

[Sir Arthur Eddington]

Von Archimedes heißt es, er sei mit dem Ausruf „Heureka, heureka!" (Ich hab's gefunden, ich hab's gefunden!) nackt durch die Straßen gelaufen, als er sein berühmtes Prinzip der Hydrostatik entdeckt hatte. Diese Freude des Entdeckens ist die treibende Kraft hinter jedem theoretischen Fortschritt, auch wenn sie sich in der Regel zurückhaltender äußert als bei Archimedes. In diesem Buch soll dargestellt werden, wie Theorien in der Entwicklungspsychologie zustande kommen. Wir werden uns mit den großen, klassischen Theorien von Jean Piaget, Sigmund Freud und Erik Erikson auseinandersetzen, mit den enormen Veränderungen auf dem Gebiet der Lerntheorien und mit einigen neueren Einflüssen in der Entwicklungspsychologie – der Informationsverarbeitung, der Verhaltensforschung, Eleanor Gibsons Theorie des Wahrnehmungslernens und schließlich der Wygotskischen Kontexttheorie. Diese Theorien haben die Entwicklungspsychologie davor bewahrt, in der Flut von Beobachtungstatsachen unterzugehen, die über Kinder gesammelt worden sind. Sie haben den Psychologen geholfen, nicht den Glauben daran zu verlieren, daß die menschliche Entwicklung ein einsehbarer Prozeß und ein sinnvoller Forschungsgegenstand ist.

Wenn wir beurteilen wollen, was diese Theorien der Entwicklung leisten, müssen wir uns zunächst mit den allgemeinen Eigenschaften von Theorien befassen. In diesem einleitenden Kapitel stellen wir uns daher die folgenden Fragen:

1. Was ist eine Theorie?
2. Was ist eine Entwicklungstheorie?
3. Was leistet eine Entwicklungstheorie?
4. Wie hängen Beobachtungstatsachen und Theorien zusammen?
5. Was sind die zentralen Themen der Entwicklungspsychologie?

Was ist eine Theorie?

Die Frage scheint einfach, aber das täuscht. Ein Erkenntnistheoretiker würde sie wahrscheinlich mit zwei weiteren Fragen „beantworten":

1. Fragen wir, was eine Theorie sein sollte, oder fragen wir uns, wie typische Theorien aussehen?
2. Fragen wir nach dem formalen Aufbau von Theorien oder danach, wie sie in der Wissenschaft angewandt werden?

Die erste Frage des Erkenntnistheoretikers betrifft die Unterscheidung zwischen idealen und realen Theorien und hat mit der mißlichen Tatsache zu tun, daß unsere wissenschaftlichen Theorien tatsächlich hinter ihrem Anspruch zurückbleiben. Vor allem in den Sozialwissenschaften werden die wissenschaftlichen Theorien in der Regel nicht erschöpfend formalisiert. Eine ideale, vollständige, formalisierte wissenschaftliche Theorie ist ein System von voneinander abhängigen Aussagen – von Definitionen, Axiomen, Postulaten, hypothetischen Konstrukten, dazwischentretenden Variablen, Gesetzen, Hypothesen und so weiter. Einige dieser Aussagen, die in der Regel in sprachlicher oder mathematischer Form dargestellt werden, sind logisch aus anderen Aussagen abgeleitet. Ein solches System miteinander verbundener Aussagen soll dazu dienen, Strukturen, Mechanismen und Prozesse zu beschreiben, die sich nicht direkt beobachten lassen, und sie zueinander und zu beobachtbaren Phänomenen in Beziehung zu setzen.

Am besten lassen sich die verschiedenen Typen von Aussagen vielleicht danach unterscheiden, auf welcher Verallgemeinerungsstufe sie angesiedelt sind. Sie unterscheiden sich, mit anderen Worten, im Hinblick auf Abstraktionsgrad und Distanz vom beobachtbaren Verhalten. Je „weiter" eine Theorie vom beobachtbaren Verhalten entfernt ist, desto geringer ist die Wahrscheinlichkeit, daß sie sich durch empirische Daten stützen läßt.

Am weitesten von der Beschreibung beobachtbaren Verhaltens entfernt finden sich bestimmte Annahmen (Axiome, Postulate), die ohne Überprüfung als gegeben angesetzt werden. (In Piagets Theorie beispielsweise lautet eine Annahme, daß das Denken strukturiert und organisiert ist.) Diese Annahmen können für den Theoretiker so selbstverständlich sein, daß sie ihm nicht einmal als solche bewußt sind. Wenn wir uns einer weniger allgemeinen Ebene zuwenden, finden wir hypothetische Konstrukte – Konzepte, die einen Zusammenhang zwischen Phänomenen, Objekten, Eigenschaften oder Variablen herstellen. Diese Konstrukte (wie beispielsweise das „kognitive Schema" und die „kognitive Reversibilität" in Piagets Theorie) sind selbst nicht beobachtbar, beziehen sich aber auf Verhalten, das sich beobachten läßt. Was Theoretiker nicht sehen können, leiten sie durch logische Schlußfolgerungen ab. Hypothetische Konstrukte werden in überprüfbare Hypothesen übersetzt, das heißt in vorläufige Aussagen über den Zusammenhang zwischen Phänomenen, Objekten, Eigenschaften oder Variablen. (Eine Hypothese Piagets lautet beispielsweise, daß Säuglinge dazu neigen, interessante Handlungen – wie das Schütteln einer Rassel – zu wiederholen.) Eine Hypothese wird zur Tatsache, wenn sie durch die Ergebnisse der Forschung hinreichend bestätigt ist. Während sich immer mehr Tatsachen ansammeln, werden auch gesetzmäßige Verknüpfungen erkennbar: Ein Gesetz ist damit eine relativ gut begründete allgemeine Aussage über die Zusammenhänge zwischen Tatsachen.

Alle diese formalen Elemente müssen bestimmten Anforderungen genügen. Eine Theorie sollte schlüssig, das heißt in sich konsistent, sein und keine Aussagen enthalten, die sich widersprechen. Außerdem sollte sie empirisch belegt sein, also nicht im Widerspruch zu wissenschaftlichen Beobachtungen stehen. Darüber hinaus sollte sie überprüfbar sein und nur so viele Konstrukte, Aussagen und so weiter zur Erklärung von Tatsachen heranziehen, wie unumgänglich notwendig sind. Schließlich sollte eine Theorie auch ein hinreichend großes Wissenschaftsgebiet abdecken und den jeweils vorangehenden Forschungsstand einschließen.

In der Psychologie gab es im Laufe der Geschichte nur wenige formalisierte Theorien, und keine der derzeitigen entwicklungspsychologischen Theorien fällt unter diese Kategorie. Aber die oben geforderten Kriterien liefern uns einen Bewertungskontext, um zu entscheiden, ob eine entwicklungspsychologische Theorie in die richtige Richtung geht. Wir können dann weiter fragen, ob sich eine Theorie schließlich in den Status einer formalen, überprüfbaren Theorie bringen läßt. In ihrer derzeitigen Form können die entwicklungspsychologischen „Theorien" als Bezugsrahmen angewandt werden, um zeitliche Veränderungen im Verhalten zu beschreiben. (Zum Beispiel weist Piagets Theorie besonders auf die Strukturierung des Denkens und weniger auf spezielle Wissenselemente hin; sie betont die Veränderungen zwischen verschiedenen Entwicklungsstufen stärker als einen ständigen Wissenserwerb und die aktive Aneignung von Wissen stärker als eine passive Aufnahme von Information.)

Unser Erkenntnistheoretiker würde uns wahrscheinlich drängen, in unserem Bemühen um eine vollständige und formalisierte Entwicklungstheorie nicht nachzulassen und uns dabei immer vor Augen zu halten, daß wir noch weit vom Gelobten Land einer solchen Theorie entfernt sind. Aber die junge Wissenschaft der Entwicklungspsychologie mit ihren unzureichend formalisierten Theorien – und einem wachsenden

Unbehagen daran – kann sich durchaus noch zu einer ausgereiften Wissenschaft mit formalisierten Theorien entwickeln.

Die zweite Frage des Erkenntnistheoretikers unterscheidet zwischen Theorien, wie sie (beispielsweise auch in diesem Buch) dargestellt werden, und der tatsächlichen Verwendung dieser Theorien in der Wissenschaft. Die exakte und geschliffene Darstellung einer Theorie in einem Buch hat nur wenig Ähnlichkeit mit der Art und Weise, wie diese Theorie das Verhalten von Menschen steuert, die in der Praxis tätig sind. Jede Theorie ist einerseits eine statische Formulierung zugleich ein soziales und psychologisches Phänomen. Wer eine spezifische Theorie entwickelt oder sich zu eigen macht, übernimmt auch eine ganze Reihe von Überzeugungen im Hinblick darauf, welche Fragen zur menschlichen Entwicklung einer näheren Untersuchung wert sind, welche Untersuchungsmethoden angemessen sind, und was Entwicklung ihrem Wesen nach eigentlich ist. Ein Freudianer wird kaum untersuchen, wie Ratten unter streng kontrollierten Versuchsbedingungen lernen, einen Hebel niederzudrükken, und ebenso unwahrscheinlich ist es auch, daß ein Lerntheoretiker jemanden auffordert, seine Träume und die Erinnerungen an seine Kindheit zu beschreiben. Da gibt es ungeschriebene Gesetze, die weitgehend festlegen, wie eine Theorie in der Forschung angewandt wird.

Was ist eine Entwicklungstheorie?

Bis jetzt haben wir gesehen, daß Entwicklungstheorien gegenwärtig noch nicht wirklich formalisiert sind und – wie alle Theorien – eine dynamische und eine statische Seite haben. In einem nächsten Schritt fragen wir nun, was diese Theorien zu Entwicklungstheorien macht. Ein Psychologe, der Kinder untersucht, ist deshalb noch kein Entwicklungstheoretiker. Wer beispielsweise das Lernen von sechsjährigen Kindern untersucht, kann noch nicht unbedingt Schlußfolgerungen zur Entwicklung ziehen. Entscheidend für eine Entwicklungstheorie ist, daß sie die *zeitlich aufeinanderfolgenden* Veränderungen in ihren Mittelpunkt stellt. Entwicklungstheorien schließen zwar auch allgemeine theoretische Konzepte wie Es, mentale Repräsentation, Aufmerksamkeit oder Trieb mit ein, unterscheiden sich aber von anderen Theorien insofern, als sie bei diesen Konzepten vor allem die im Laufe der Entwicklung eintretenden zeitabhängigen Veränderungen untersuchen.

Diese Betonung des zeitlichen Aspekts stellt die Entwicklungstheorien vor drei Hauptaufgaben. Sie müssen (1) Veränderungen innerhalb eines oder mehrerer Verhaltensbereiche und (2) Veränderungen in den Beziehungen zwischen mehreren Verhaltensbereichen beschreiben und schließlich (3) den beschriebenen Entwicklungsverlauf erklären. Wir wollen diese drei Zielsetzungen genauer definieren.

1. Eine Entwicklungstheorie beschreibt die im Laufe der Zeit eintretenden Veränderungen in einem oder mehreren Verhaltensbereichen oder einer psychischen Aktivität, wie etwa Denken, Sprache, Sozialverhalten oder Wahrnehmung. Sie kann beispielsweise beschreiben, wie sich während der ersten Lebensjahre in der Sprache die grundlegenden Grammatikregeln verändern. Obwohl Entwicklungstheorien tendenziell eher die im Verlauf von Monaten oder Jahren auftretenden Veränderungen aufzeigen, muß eine adäquate Theorie letzten Endes auch Veränderungen beschreiben können, die sich in Sekunden, Minuten oder Tagen vollziehen. So kann es mehrere Monate dauern, bis sich das Konzept der Objektpermanenz, die

Vorstellung also, daß Objekte auch dann existieren, wenn wir sie nicht sehen, entwickelt hat, und doch würde eine genaue Beschreibung viele „Minientwicklungen" festhalten, die beobachtet werden können, wenn ein Kind sich mit verschiedenen Gegenständen beschäftigt.

Häufig begegnet man der Auffassung, daß Beschreibung sich auf neutrale, objektive Beobachtung stützt und der Theoriebildung vorausgeht. Doch selbst die unmittelbare Beobachtung ist bis zu einem gewissen Grad durch theoretische Konzepte geleitet, die das Verhalten in gewisser Weise verzerren. Beobachter registrieren bestimmte Verhaltensweisen, während sie andere übersehen. Sie gliedern den Verhaltensablauf in kleinere Einheiten. Sie enkodieren das Verhalten in Worten, die Konnotationen hinzufügen. Sie lassen in ihre Beobachtungen Schlußfolgerungen einfließen. Wie die folgenden Beschreibungen *desselben* Verhaltens zeigen, ist dabei ein unterschiedlicher Grad an schlußfolgernder Beschreibung möglich:

a. Die Hand des Säuglings näherte sich immer mehr dem Kreisel.
b. Der Säugling griff nach dem Kreisel.
c. Der Säugling wollte den Kreisel aufnehmen.
d. Der Säugling wandte sein Greifschema auf den Kreisel an. (Ein Schema ist nach Piaget eine strukturierte Verhaltenssequenz, die das Wissen des Säuglings für einen bestimmten Bereich, beispielsweise das Greifen, widerspiegelt.)

Weiter unten in diesem Kapitel werden wir noch einmal auf die Beziehung zwischen Beobachtung und Theorie zurückkommen.

Die frühen Forschungsarbeiten zur Entwicklungspsychologie beschränkten sich häufig nahezu ausschließlich auf eine Beschreibung. Arnold Gesell versuchte in den dreißiger Jahren mit seiner Reifungstheorie, Normen der körperlichen, kognitiven und motorischen Entwicklung rein deskriptiv zu definieren. Wenngleich ein deskriptiver Ansatz noch keine adäquate Entwicklungstheorie liefert, sind Beschreibungen von Verhalten doch notwendig. Ohne gesicherte Beobachtungstatsachen haben wir, wie B. L. White (1969) es ausdrückte, „ein Haus ohne Grundmauern".

2. Eine Entwicklungstheorie hat außerdem die Aufgabe, zu beschreiben, welche Veränderungen im Laufe der Zeit in der Beziehung zwischen verschiedenen Verhaltensweisen oder Aspekten der psychischen Aktivität innerhalb eines Entwicklungsbereichs auftreten – im Idealfall werden auch die Veränderungen zwischen verschiedenen Bereichen der Entwicklung beschrieben. Eine Entwicklungstheorie unternimmt den Versuch, sich mit den gleichzeitig beobachteten Veränderungen von Denken, Persönlichkeit und Wahrnehmung auseinanderzusetzen. Entwicklungspsychologen sind „spezialisierte Generalisten", die sich auf vielen Gebieten der Psychologie auskennen, aber jeweils die spezifischen entwicklungspsychologischen Aspekte untersuchen.

Was die bereits erwähnte Objektpermanenz bei Kindern angeht, so könnte eine Theorie beschreiben, welche Beziehung zwischen dieser Objektpermanenz und dem sich entwickelnden Gedächtnis sowie zwischen diesem Konzept und der sozialen Beziehung zu einem spezifischen Objekt, nämlich der Mutter, besteht. Eine Theorie würde die zeitlichen Zusammenhänge zwischen diesen verschiedenen Aspekten der Entwicklung aufzeigen. Sie könnte beispielsweise postulieren, daß bestimmte Gedächtnisfähigkeiten schon vorhanden sein müssen, bevor Objektpermanenz entstehen kann, daß die Mutter das erste permanente Objekt ist und daß die nachfolgenden Entwicklungen innerhalb der Objektpermanenz mit der Gedächtnisentwicklung und mit Veränderungen der kindlichen Bindung an die Mutter einhergehen. Ein weiteres Beispiel wäre die Beziehung zwischen Denken und Sprache. Hier vertritt beispielsweise der russische Psychologe Lew S. Wygotski (internationale Transliteration und englische Transkription Vygockij) den Standpunkt, daß Denken und Sprache relativ unabhängig voneinander sind, bis sie miteinander verschmelzen und das symbolische Denken hervorbringen. Beide Beispiele beschreiben innere Strukturierungen für unterschiedliche Zeitpunkte der kindlichen Entwicklung. Diese Beschreibungen stellen bestimmte Sequenzen (erst A, dann B) und Übereinstimmungen (A und B gleichzeitig) in der Entwicklung dar.

Natürlich ist jeder Versuch, Verhalten aufzuspalten, irgendwie willkürlich, weil wir es ja mit einem zusammenhängenden System oder dem berühmten „ganzen Kind" zu tun haben. Da auch Wissenschaftler keine Übermenschen sind, können sie nicht gleichzeitig sämtliche Aspekte untersuchen, die bei einem Kind wichtig sind. So zergliedern sie das Ganze in Teilaspekte, um es dann wieder zusammenzufügen.

3. Selbst eine Theorie, die eine umfassende Beschreibung der Entwicklung liefert, sagt noch nichts über die Übergänge von einem Punkt der Entwicklung zum nächsten aus. Die dritte Aufgabe der Entwicklungstheorie bestünde also darin, den Verlauf des Entwicklungsprozesses zu erklären, wie er – gemäß den beiden anderen Zielsetzungen – beschrieben wurde. Tatsächlich legen die deskriptiv dargestellten Sequenzen und Übereinstimmungen oft ganz spezifische Erklärungen nahe. Wenn etwa die Fertigkeit B stets kurze Zeit nach der Entwicklung der Fertigkeit A beobachtet wird, kann ein Psychologe die Hypothese aufstellen, daß B von A ausgelöst wird.

Im Hinblick auf ihre dritte Aufgabe muß eine Entwicklungstheorie eine Reihe von allgemeinen Prinzipien oder Regeln der Veränderung mit einschließen. Diese Regeln spezifizieren die notwendigen und hinreichenden Bedingungen einer jeden Veränderung und definieren Variablen, die Ausmaß und Art einer jeden Veränderung modifizieren oder regulieren. Freud beispielsweise behauptete, die biologisch begründeten Triebe würden vom Oralen zum Analen „voranschreiten" und das Ausmaß der damit einhergehenden Ängste des Kindes hinge in gewisser Weise von den Erziehungspraktiken der Eltern ab. Darüber hinaus setzen die Prinzipien der Veränderung eine Reihe von Prozessen voraus, die Veränderungen hervorbringen. Diese Prozesse sind so unterschiedlich definiert wie das dynamische Aufrechterhalten eines Gleichgewichts in Piagets Theorie, die körperliche Reifung in der Freudschen und der ethologischen Theorie und die positive Verstärkung in der Lerntheorie.

Man kann entwicklungsbedingte Veränderungen erklären, indem man eine Kontinuität postuliert, die der beobachtbaren Veränderung zugrunde liegt. Eine Theorie könnte beispielsweise sagen, daß Abhängigkeit im Verlaufe der Entwicklung zwar auf unterschiedliche Weise zum Ausdruck kommt, aber auf ein einziges Persönlichkeitsmerkmal zurückzuführen ist. Weiterhin könnte eine Theorie die zugrundeliegende Kontinuität im Laufe der kognitiven Entwicklung hervorheben, indem sie eine stetige Veränderung im Zahlenverständnis herausstellt und postuliert, daß die Lernfähigkeit eines Kindes davon abhängt, über welche Zahlenkonzepte es bereits verfügt. Allgemeiner ausgedrückt kann eine Theorie beinhalten, daß Konzept A, Merkmal A, Fertigkeit A oder Verhalten A zu B wird, durch B ersetzt wird oder zusammen mit B C bildet und so fort. Bei den meisten der Entwicklungstheorien, mit denen wir uns in diesem Buch befassen, wird vorausgesetzt, daß die beobachtbaren Veränderungen im Verlaufe der Entwicklung sich auf eine grundlegende Kontinuität stützen.

Wenn eine Theorie erklärt, warum eine Entwicklung in einer bestimmten Weise verläuft, dann erklärt sie auch, warum bestimmte andere Entwicklungsverläufe nicht eingetreten sind. Warum hat A zu B und nicht zu X geführt? Welche Bedeutung das nicht Eingetretene hat, macht ein Dialog von Sherlock Holmes deutlich:

„. . . der merkwürdige Vorfall mit dem Hund in der Nacht."
„Der Hund hat in der Nacht nichts getan."
„Das war das Merkwürdige daran", bemerkte Sherlock Holmes.

[Sir Arthur Conan Doyle]

Wir haben bis jetzt die Frage vermieden, *was* im einzelnen beschrieben oder erklärt werden soll. Sollten Entwicklungspsychologen sich eher mit allgemein feststellbaren Veränderungen oder mit individuellen Unterschieden befassen? Piaget stellt Konzepte in den Vordergrund, die von allen Rassen und in allen Kulturen erworben werden. Die soziale Lerntheorie dagegen betont die kindlichen Verhaltensunterschiede in Abhängigkeit von den jeweiligen Rollenmodellen, dem unterschiedlichen Feedback und den Lernsituationen, denen Kinder ausgesetzt sind. In diesem Buch stellt sich immer wieder die Frage, ob Entwicklungstheoretiker anstreben sollten, das Lernen und den Erwerb von Fähigkeiten ganz allgemein oder aber für ein (beliebiges) einzelnes Kind zu beschreiben und zu erklären, oder ob sie beides zusammen erreichen sollten.

Im übrigen impliziert unsere Auflistung der drei Zielsetzungen einer Entwicklungstheorie nicht, daß eine Theorie sich mit diesen Aufgaben auch in der angegebenen Reihenfolge auseinandersetzt. In der Regel bewegt sich eine Entwicklungstheorie zwischen diesen Zielsetzungen hin und her. Ein Erkenntniszuwachs in der einen Richtung fördert den wissenschaftlichen Fortschritt in der zweiten, der sich seinerseits wieder auf die erste oder die dritte Zielsetzung auswirkt. Damit hängt eine weitere Einschränkung zusammen: Beschreibung und Erklärung lassen sich nicht so strikt trennen und sind nicht so unabhängig voneinander, wie es die Auflistung vielleicht erwarten läßt. Bei dem Versuch, eine Veränderung zu beschreiben, kommen häufig erklärende Konzepte ins Spiel, und die Art der Erklärung für ein Verhalten wird in gewisser Hinsicht dadurch eingeschränkt, wie die Theoretiker dieses Verhalten zuvor beschrieben haben.

Selbst wenn wir diese drei gewaltigen theoretischen Aufgaben in naher Zukunft nur unvollkommen lösen können, setzen sie uns Ziele, an denen wir den Wert der heutigen Entwicklungstheorien messen können. Realistischer wäre es, von der nahen Zukunft zu erwarten, daß wir Theorien zur Verfügung haben, die eine begrenztere Bedeutung besitzen. So kann eine Theorie einen bestimmten Bereich der Entwicklung, beispielsweise die Sprachentwicklung, kompetent beschreiben und erklären, auch wenn sie für alle anderen Bereiche nichts Gleichwertiges leistet. Oder aber eine Theorie deckt mehrere Bereiche ab, erfüllt aber nur eine oder zwei der drei Zielsetzungen. Das gilt etwa dann, wenn eine Theorie die Veränderungen in mehreren Bereichen zutreffend beschreiben, sie aber nur unvollkommen erklären kann.

Bis zum Ende dieses Buches wird deutlich geworden sein, daß die meisten Theorien sich nicht allen drei Aufgaben gleichermaßen stellen. Piaget kann die Entwicklung des Denkens sehr viel besser beschreiben als erklären. Die Lerntheorien und Wygotskis kontextbezogener Ansatz stellen dagegen eher die Mechanismen der Veränderung und weniger die Inhalte in den Mittelpunkt. Keine einzige Theorie konnte bislang alle drei Aufgaben zufriedenstellend erfüllen, aber jede hat zur Klärung von mindestens einer beigetragen. Bei unserer Analyse der einzelnen Theorien werden wir auch beurteilen, wie gut jede Theorie die verschiedenen Aufgaben bewältigt hat.

Was leistet eine Entwicklungstheorie?

Was geschieht, wenn eine Entwicklungstheorie Entwicklung beschreibt und erklärt? Die Theorie leistet dabei zweierlei: (1) Sie strukturiert Beobachtungstatsachen und reiht sie in einen Bedeutungszusammenhang ein; (2) sie entwirft Richtlinien für weitere Forschungen. Wir werden diese beiden Aspekte nacheinander untersuchen.

Strukturierung von Informationen

Eine Entwicklungstheorie strukturiert entwicklungsspezifische Beobachtungstatsachen und mißt ihnen Bedeutung bei. Tatsachen sprechen nicht für sich selbst, oder wie Jules Henri Poincaré (1906) es ausdrückt: „. . . So wie aus Steinen erst mit Hilfe eines Architekten oder eines Bauplans ein Haus wird, kann erst der Theoretiker Tatsachen strukturieren und ihren Zusammenhang innerhalb einer Gesamtstruktur aufzeigen." Eine Theorie verleiht Tatsachen also eine bestimmte Bedeutung und ordnet sie in einen bestimmten Rahmen ein; sie weist einigen Tatsachen eine größere Bedeutung zu als anderen und integriert existierende Tatsachen. Wenn wir Informationen zusammenfassen und strukturieren, schützen wir uns zugleich davor, in einer „Informationsflut" unterzugehen. Es ist einfacher (wenn auch vielleicht problematischer) von „Abwehrmechanismen" zu sprechen, als alle einzelnen Verhaltensweisen zu bestimmen, die in diesem Begriff zusammengefaßt werden.

So wie man aus denselben Steinen unterschiedliche Häuser bauen kann, können unterschiedliche Theorien auch einer Reihe von Tatsachen eine unterschiedliche Bedeutung geben – indem sie sie anders strukturieren, unterschiedliche Verhaltensweisen hervorheben und unterschiedliche hypothetische Konstrukte aus ihnen ableiten. Betrachten wir das folgende Beispiel von McCain und Segal (1969). Zu einer bestimmten Zeit gab es zwei verschiedene Theorien, die erklärten, warum ein fallender Stein mit zunehmender Nähe zur Erde immer schneller fällt. Nach einer weithin akzeptierten Theorie von Empedokles und Platon ziehen Stein und Erde sich an, weil Gleiches zu Gleichem strebt. Wenn der Stein sich der Erde nähert, fällt er schneller, weil er immer stärker von ihr angezogen wird. Dieselben Tatsachen lassen sich auch durch das Newtonsche Gravitationsgesetz erklären, demzufolge sich alle Teilchen mit einer zum Produkt ihrer Massen proportionalen und zum Quadrat ihres Abstands umgekehrt proportionalen Kraft anziehen. Diese beiden Theorien stützen sich auf dieselben Beobachtungen, weisen ihnen aber eine unterschiedliche Bedeutung zu.

Betrachten wir Entwicklung nacheinander durch die Brille zweier verschiedener Theorien, so erleben wir gewissermaßen einen Gestaltwechsel: Einmal sehen wir das Kind voller sexueller Energie, das andere Mal voller Ideen über die Ursprünge des Universums. Oder wir sehen das Kind als ein Bündel konditionierter Reflexe beziehungsweise als ein hochgradig selbstorganisiertes System. Manchmal fragen wir uns vielleicht, ob wir aus diesen unterschiedlichen Blickwinkeln immer noch ein und dasselbe Kind betrachten. Solche Wechsel der theoretischen Perspektive sind auch schon mit Verschiebungen in der Wahrnehmung von Vexierbildern (Averill, 1976) verglichen worden, beispielsweise mit dem plötzlichen Umspringen von der Wahrnehmung einer jungen Frau zur Wahrnehmung einer alten Frau in Abbildung E.1. Unsere Erkenntnisse sind dieselben, geändert hat sich die Art, in der wir sie organisieren und strukturieren.

Die Forschungsarbeiten über Kinder haben sich in den letzten 20 Jahren derart rasant ausgeweitet, daß wir heute vor allem vor die Aufgabe gestellt sind, uns mit

E.1 Diese Zeichnung kann von der Wahrnehmung so strukturiert werden, daß sie entweder eine alte oder eine junge Frau darstellt.

neueren Theorien auseinanderzusetzen oder neue Theorien zu entwickeln, die alle unsere Erkenntnisse über Kinder erklären können. Allzuoft listen Bücher zur Entwicklungspsychologie nur empirische Befunde auf, so ähnlich wie ein Telefonbuch, das nur Namen und Nummern aufführt. Auch wenn solche Bücher einen zusammenfassenden theoretischen Überblick geben, wenden sie diese Theorien in der Regel nur an, um diejenigen Tatsachen zu strukturieren, die unmittelbar mit der Entwicklung der jeweiligen Theorie zusammenhängen.

Leitlinien für die Forschung

Neben der sinnvollen Strukturierung von Beobachtungstatsachen hat eine Theorie eine zweite Funktion. Sie ist ein heuristischer Kunstgriff, ein Instrument, mit dessen Hilfe sich die empirische Beobachtung gezielt ausrichten läßt, um neue Erkenntnisse zu gewinnen. Die abstrakten Aussagen einer Theorie prognostizieren, daß bestimmte empirische Aussagen wahr sein müßten, und so stellt sich die Aufgabe, diese empirischen Aussagen zu überprüfen. Gibsons Theorie der Wahrnehmungsentwicklung postuliert, daß die Wahrnehmung von objektdifferenzierenden Merkmalen im wesentlichen die Grundlage der Wahrnehmungsentwicklung bildet. Diese Theorie hat nicht nur eine Reihe von früheren wissenschaftlichen Erkenntnissen sinnvoll strukturiert, sondern die Wissenschaft auch dazu veranlaßt, die Rolle der Aufmerksamkeit und der Organisation von Objekten und Phänomenen in der Wahrnehmungsentwicklung zu untersuchen. Ein weiteres Beispiel stammt aus der Verhaltensforschung, einem aus der Biologie übernommenen Ansatz. Diese Theorie hat Entwicklungspsychologen dazu veranlaßt, soziale Verhaltensformen im frühen Kindesalter zu erforschen, die angeboren sind und zur Anpassung des Menschen an seine Umwelt beigetragen haben.

Theorien regen aber nicht nur neue Beobachtungen an, sondern bewirken in manchen Fällen auch, daß ein bekanntes Verhalten erneut untersucht wird – und zwar im Hinblick auf Variablen, die zuvor vernachlässigt wurden. Piaget war sicher nicht der erste, der Kinder beim Spielen beobachtete, von ihm stammt jedoch die Anregung zu einer neuen Betrachtungsweise dieses Verhaltens: Nach Piaget ist es das Handeln des Kindes selbst, aus dem das Denken entsteht.

Eine über 22 Jahre geführte Langzeitstudie zur Aggression (Eron, 1987) macht deutlich, welche Doppelrolle der Theorie im Hinblick auf das Sammeln neuer Beobachtungstatsachen und deren Interpretation zukommt. 1960 bestimmte die traditionelle Lerntheorie mit ihrer Betonung der Triebreduktion die ursprüngliche Auswahl der Variablen. Als in den darauffolgenden Jahren neue Lerntheorien entstanden, interpretierten die Wissenschaftler die Tatsachen zunächst anhand von Skinners Theorie des operanten (nicht-reizbezogenen) Lernens (Anfang der siebziger Jahre), dann mit Hilfe der Theorien des sozialen Lernens (Mitte der siebziger Jahre) und schließlich über die Kognitionstheorie (Mitte der achtziger Jahre). Die beteiligten Wissenschaftler suchten in diesen vier Phasen bei der Entwicklung einer Lerntheorie die Ursachen der Aggression also zunächst in der Frustration (Triebreduktion), dann in der Verstärkung der Aggression (Skinner), dann in aggressiven Rollenmodellen (soziales Lernen) und schließlich in den Einstellungen des Kindes und seiner Interpretation von potentiellen Aggressionsstimuli (Kognition).

Wie hängen Tatsachen und Theorien zusammen?

Der Psychologe weiß nie genau, ob das, was er betreibt, „Wissenschaft" ist; und wenn es Wissenschaft ist, weiß er nie genau, ob es auch Psychologie ist.

[Greco, 1967, S. 937]

Tatsachen werden in der Regel als Aussagen definiert, die sich auf Beobachtungen stützen und allgemein (von hinreichend vielen Menschen) als zutreffend akzeptiert werden. Diese Definition übernehmen wir zunächst einmal, auch wenn sie, wie wir später sehen werden, auf zahlreiche Irrwege führt.

Am besten läßt sich der Zusammenhang zwischen Tatsachen und Theorien vielleicht aufzeigen, wenn man betrachtet, auf welche Weise Tatsachen in die Theoriebildung einbezogen werden. M. H. Marx (1976) hat vier Formen des Zusammenhangs zwischen Theorien und Tatsachen (Daten) beschrieben, die für den Aufbau von Theorien charakteristisch sind. Diese Formen der Interaktion sind in Abbildung E.2 schematisch dargestellt. Die Pfeile zeigen die Richtung der Relationen zwischen Theorien und Daten an. Die vertikalen Linien bedeuten, daß eine Theorie im wesentlichen nichts anderes tut, als die gesammelten Daten zusammenzufassen. Die diagonalen Linien wei-

| Modell | deduktive Theorie | funktionalistische Theorie | induktive Theorie |

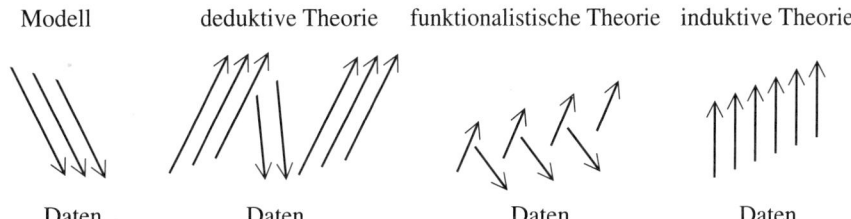

| Daten | Daten | Daten | Daten |

E.2 Aufgrund des Zusammenhangs zwischen Theorie und Daten lassen sich vier Typen der Theoriebildung abgrenzen. [Aus: Marx, M. H. *Formal Theorie.* Nachdruck mit Genehmigung der Macmillan Publishing Co., Inc., aus: Marx, M. H.; Goodson, F. E. (Hrsg.) *Theories in Contemporary Psychology*, 2. Aufl. Copyright © 1976, Macmillan Publishing Co., Inc.]

sen darauf hin, daß den Daten, der Theorie oder beiden eine dynamischere Rolle zukommt. Je länger die Linie, desto weiter sind Theorie und Daten voneinander entfernt. Die horizontale Dimension schließlich steht für die Zeit. Wir werden uns nun mit den vier grundlegenden Möglichkeiten der Verbindung von Daten und Theorie befassen, mit Modellen, deduktiven Theorien, funktionalistischen Theorien und induktiven Theorien.

Modelle

Ein Modell ist ein Rahmen, eine Struktur oder ein System, das auf einem wissenschaftlichen Gebiet entwickelt wurde und dann auf ein anderes, in der Regel weniger gut erforschtes Gebiet angewandt wird. Das Modell steht für etwas anderes oder stellt etwas anderes dar. Es dient als Analogie oder Metapher, als Leitlinie für die weitere Forschung und Theoriebildung. Beispiele sind die frühe Darstellung des Nervensystems als Klappenschrank, der Vergleich des Auges mit einer Kamera oder die spätere Auffassung vom Instinkt als einem hydraulischen System. In neuerer Zeit ist das Denken mit einem System der Äquilibration (Piaget) oder (durch den Informationsverarbeitungsansatz) mit einem Computer gleichgesetzt worden.

Da dem Modell eine heuristische Funktion zukommt, werden die Daten einseitig von der Theorie beeinflußt. Das Modell bestimmt und steuert die Forschung, während umgekehrt die Forschungsergebnisse das Grundmodell kaum verändern. Allerdings werden spezifische Modelle gelegentlich aufgrund neuer Forschungsergebnisse modifiziert. Das gilt insbesondere für die Theorie der Informationsverarbeitung, die die Computeranalogie als elementares Denkmodell heranzieht. Zwar wird das grundlegende Modell nicht durch Forschungsergebnisse verändert, doch die spezifischen Merkmale des Modells der Informationsverarbeitung lassen sich verändern, wenn neue Daten vorliegen. Diese spezifischeren Modelle haben oft die Form von Flußdiagrammen mit Kästchen und Pfeilen, die den Informationsfluß darstellen, und diese Diagramme werden aufgrund von neuen Forschungsergebnissen weiterentwickelt.

Im übrigen wird der Begriff des *Modells* in einer anderen Bedeutung gebraucht, die nicht mit unserer obigen Definition des Begriffs verwechselt werden sollte. *Modell* wird bisweilen anstelle von *Theorie* verwendet, um einen Ansatz zu bezeichnen, der weniger ehrgeizig und weniger spekulativ ist als eine allgemeine Theorie.

Deduktive Theorien

Unsere bisherige Beschreibung einer formalen Theorie bezieht sich auf eine deduktive Theorie. Eine deduktive Theorie ist ein Satz von formallogisch verknüpften Aussagen, die sich auf Axiome und Definitionen stützen und aus denen weitere Aussagen abgeleitet werden. Abgeleitete Aussagen stellen dabei andere Inhalte dar. Zwischen Daten und Theorie besteht insofern eine Wechselbeziehung, als die theoretischen Aussagen ständig überprüft werden und die Ergebnisse wiederum zu einer Modifikation der Theorie führen. Hulls Lerntheorie ist auf dem Gebiet der Psychologie das beste Beispiel für eine deduktive Theorie. Deduktive Theorien sind deshalb so attraktiv, weil sie elegant sind und alle Aussagen samt Implikationen ausformulieren. Die Schwäche einer guten deduktiven Theorie liegt lediglich darin, daß sie nichts verbergen kann.

Funktionalistische Theorien

Gegenwärtig reihen sich die meisten Versuche einer Theoriebildung in diese Kategorie ein. Funktionalistische Theorien sind sehr viel weniger formalisiert und bescheidener in ihrem Anspruch als deduktive Theorien. Ihre Aussagen hängen (wie die kurzen Pfeile in Abbildung E.2 zeigen) sehr eng mit den vorliegenden Daten zusammen und beschränken sich häufig auf ein spezifisches experimentelles Problem. Zwischen Theorie und Daten gibt es ein ständiges Wechselspiel: Forschungsergebnisse legen bestimmte allgemeine Aussagen und Hypothesen nahe, die mit all ihren Implikationen dann wiederum durch weitere Forschungsarbeiten überprüft werden müssen, um letztlich die allgemeinen Ausagen erneut zu modifizieren, und so weiter. Man könnte beispielsweise das Lächeln des Säuglings als experimentelles Problem definieren. Eine erste Hypothese wäre dann, daß dieses Lächeln hervorgerufen wird, weil der Säugling ein Objekt wiedererkennt. Entsprechende Forschungsarbeiten könnten dann allerdings ergeben, daß diese Hypothese nur auf bestimmte Altersgruppen und bestimmte Situationen zutrifft. Durch weitere Veränderungen und Versuche könnte man die Hypothese immer weiter differenzieren.

Induktive Theorien

Eine induktive Theorie besteht aus beschreibenden Aussagen, die Datenreihen zusammenfassen, ohne viele Schlußfolgerungen zu ziehen. Ein induktiver Theoretiker interessiert sich „nur für die Tatsachen". Zwischen Daten und Theorie besteht eine einseitige Beziehung: Die Theorie fußt auf den Daten. Induktive Theoretiker argumentieren, das Sammeln von Beobachtungstatsachen, deren Bedeutung nicht durch Interpretationen beeinflußt ist, führe schließlich zu Aussagen, mit denen sich die Daten zusammenfassen ließen. Das beste zeitgenössische Beispiel für eine induktive Theorie ist Skinners Theorie der operanten Konditionierung (auch wenn Skinner behauptet, keinerlei Theorie zugrunde zu legen). In Skinners induktiver Theorie haben Aussagen die folgende Form: Folgt auf eine Reaktion in mehreren Lerndurchgängen eine positive Verstärkung, dann erhöht sich die Häufigkeit dieser Reaktion. Da induktive Theoretiker davon überzeugt sind, daß sie so wenig wie möglich auf Schlußfolgerungen aus ihren Daten zurückgreifen sollten, reagieren sie auf großartigere Theorien eher so, daß sie sagen: „Was hat nur eine so hübsche Tatsache in solch einer Theorie verloren?"

Ein Überblick

Die vier dargestellten Formen der Theoriebildung zeigen, daß Theorien entweder durch Analogien, wie beim Modell, oder aber durch Deduktionen, wie bei den deduktiven und funktionalistischen Theorien, die Grundlinien der Forschung bestimmen. Umgekehrt werden auf der Grundlage von Beobachtungstatsachen induktive Theorien entwickelt, Deduktionen oder spezifische, theoretisch begründete Modelle überprüft und – wenn man von den Modellen im allgemeineren Sinne absieht – auch Theorien modifiziert. Empirische Beobachtung kann niemals vollständig beweisen, daß eine Theorie wahr ist, weil zukünftige Beobachtungen ja widersprüchliche Befunde erbringen könnten.

Wie die Wissenschaftsgeschichte zeigt, kann zwischen dem Sammeln von Daten und dem Entwickeln einer Theorie eine große Zeitspanne liegen. Daten müssen nicht unmittelbar eine bestimmte Theorie nahelegen. Darwins Hauptwerk *Über die Entstehung der Arten durch natürliche Zuchtwahl* wurde erst 20 Jahre nach seiner Reise auf der *Beagle* veröffentlicht, und Kepler brauchte mehr als 30 Jahre, um seine drei Gesetze der Planetenbewegung zu formulieren.

Die vier Theorietypen unterscheiden sich auch hinsichtlich der jeweiligen Distanz zwischen empirischer Beobachtung und theoretischer Aussage. Funktionalistische und induktive Theorien stehen den Daten näher als deduktive Theorien oder Modelle. Ein Lerntheoretiker beispielsweise bezieht sich auf „Reiz", „Reaktion" und „Bestrafung" – Begriffe, die sehr eng mit beobachtbaren Objekten oder Phänomenen verbunden sind. Am anderen Extrem weisen Freuds „unbewußte" Prozesse oder Piagets Prozeß der „Äquilibration" bestenfalls einen sehr vagen und entfernten Zusammenhang mit beobachtbarem Verhalten auf.

Die Distanz zwischen Theorie und Verhalten ist aus zwei Gründen höchst bedeutsam.

1. Je größer diese Distanz ist, desto schwieriger wird es, die jeweilige Theorie zu bestätigen oder zu widerlegen. Wissenschaftlicher Fortschritt entsteht häufig aus dem Nachweis, daß bestimmte Theorien falsch sind, und aus daraus abgeleiteten Korrekturen. Ist eine Theorie so weit von den verfügbaren Daten abgehoben, daß sie mit hoher Wahrscheinlichkeit (auch in Zukunft) weder bestätigt noch widerlegt werden kann, dann bleibt ihre wissenschaftliche Bedeutung gering.
2. Ein zweiter, ähnlicher Aspekt ist die Tatsache, daß mit zunehmendem Abstand zwischen Daten und Theorie eine immer größere Zahl von Theorien entwickelt werden kann, die alle dieselben Tatsachen erklären sollen. Wie schon erwähnt, hat es in der Geschichte zwei verschiedene Theorien gegeben, mit denen Beobachtungen an fallenden Gegenständen erklärt werden sollten. Weil diese Theorien und die ihnen zugrunde liegenden Beobachtungen so weit voneinander entfernt waren, ließ sich keine der Theorien widerlegen. Manchmal werden Theorien jahrelang zurückgehalten, weil ihre zentralen Voraussagen so weit von möglichen Beobachtungen entfernt sind, daß sie nicht überprüfbar und widerlegbar sind.

In gewisser Weise ist unsere Zusammenfassung zur Theoriebildung nur die halbe Wahrheit. Sie dokumentiert nur den konventionellen Standpunkt zur Theoriebildung, die als ein ordentlicher, objektiver, logischer Prozeß dargestellt ist, in dem vier Typen von Beziehungen zwischen Beobachtungstatsachen und Theorien möglich sind. Aber das ist nur das Bild, das die Wissenschaftler in ihrem „Sonntagsstaat" abgeben. Zwar verfährt die Wissenschaft hin und wieder so, wie wir es dargestellt haben, häufiger jedoch wird sehr viel irrationaler und weniger regelhaft auf ein respektables Endprodukt hingearbeitet.

Genauer gesagt geht die konventionelle Sicht der Theoriebildung davon aus, daß empirische Beobachtungen objektive Informationen darstellen, aus denen wir auf allgemeinere Aussagen schließen oder Aussagen überprüfen können, die sich aus einer Theorie ergeben. In Wirklichkeit aber sind Beobachtungen insofern nur von begrenztem Wert, als sie durch die theoretische Perspektive des Beobachters, durch seine Erwartungen aufgrund früherer Forschungen, durch seine Überzeugungen im Hinblick auf die „menschliche Natur" und durch persönliche Motivationen beeinflußt sind. Tatsachen geben sich dem strebsamen Wissenschaftler nicht aus sich heraus zu erkennen, damit er mit ihnen eine neue Theorie entwickeln oder eine vorhandene überprüfen könnte. Wissenschaftler gehen beispielsweise von bestimmten Annahmen aus, die sie dazu veranlassen, bestimmte Tatsachen eher wahrzunehmen als andere; und es ist ja in der Tat schwierig, etwas zu entdecken, nach dem man gar nicht sucht. So wurde etwa über lange Jahre hinweg kosmische Radiostrahlung vom Jupiter registriert, aber ignoriert, bis schließlich 1955 zwei junge amerikanische Astronomen diese Signale „entdeckten" und ihre Bedeutung erkannten.

Die sozialen und politischen Überzeugungen eines Wissenschaftlers können in einem Gebiet wie der Psychologie, in der sich Menschen wissenschaftlich mit Menschen befassen, den Blick besonders leicht trüben. Der Psychologe hält eher einen Spiegel als ein Fernrohr in der Hand. Wenn er annimmt, daß der Mensch im Grunde rational sei, wird er wahrscheinlich vorrangig sein Denken und weniger seine Emotionen erforschen, also wahrscheinlich eher ein Piaget als ein Freud werden. Entwicklungspsychologen können sich nicht vom Zeitgeist ihrer Kultur und Epoche freimachen. Wie Scarr (1985, S. 204) es formulierte: „Wir stellen Fragen, um uns in Raum und Zeit zu situieren, und wir bekommen Antworten, die in unsere theoretischen Nischen passen." Sie behauptete, unsere wissenschaftliche Perspektive verändere sich mit unserer Kultur. Scarr stellte fest, daß in den fünfziger und den sechziger Jahren die Sozialwissenschaftler Befunde erwarteten – und deshalb auch nach solchen Befunden suchten –, die darauf hindeuten, daß Jungen aus „zerrütteten Familien" durch die Abwesenheit des Vaters negativ beeinflußt werden. Der Befund, daß die Jungen nach den Beobachtungen dieser Sozialwissenschaftler im Kindesalter wenig aggressiv waren, wurde als Beweis dafür genommen, daß die Identifikation mit ihrer Geschlechtsrolle nur unzulänglich ausgeprägt war. Nach der Frauenbewegung und der Herausbildung von weniger traditionellen Familienstrukturen wird heute nicht mehr von vornherein angenommen, daß die Abwesenheit des Vaters sich negativ auswirken muß. Unserer weniger starren Auffassung von erwünschten männlichen oder weiblichen Persönlichkeitsmerkmalen oder Verhaltensformen entsprechend wird ein niedriges Aggressionsniveau bei Jungen nicht mehr unbedingt als Defizit betrachtet.

Individuelle Persönlichkeit und Motivationen des jeweiligen Psychologen geben auch seiner Forschung eine bestimmte Richtung, eine Tatsache, die der Lerntheoretiker E. C. Tolman aufgezeigt hat:

> „Zu Beginn meiner Arbeit . . . war mir ziemlich unbehaglich zumute. Ich hatte den Eindruck, daß mein sogenanntes System überholt war, daß ein Wiederkäuen dieses Systems nur bedeutete, daß ich meine Zeit vergeudete, daß es anmaßend war, dieses System an irgendwelche allgemein akzeptierte Vorgaben der Wissenschaftstheorie anpassen zu wollen. Dennoch muß ich bekennen, daß ich im Verlaufe meiner Arbeiten wieder immer stärker auf dieses System zurückgriff, obwohl mir auch jetzt noch bewußt ist, daß es viele Schwächen hat. Es mag wohl sein, daß dieses System einem endgültigen Maßstab wissenschaftlichen Arbeitens nicht standhält – aber das ist mir ziemlich gleichgültig. Ich denke

über die Psychologie gern in einer Weise nach, die sich für mich als angemessen erwiesen hat. Da alle wissenschaftlichen Disziplinen, und besonders die Psychologie, noch in so viele Ungewißheiten und Unbekannte eingebettet sind, ist es für den einzelnen Wissenschaftler, insbesondere aber für den Psychologen, wohl am besten, er folgt seinem eigenen Hoffnungsschimmer und seinen eigenen Neigungen, wie unzulänglich diese auch sein mögen. Tatsächlich vermute ich, daß wir alle auch genau das tun. Letzten Endes ist das einzige sichere Kriterium das Vergnügen, das wir an unserer Arbeit haben. Und mir macht meine Arbeit Spaß."

[1959, S. 152]

Wissenschaftler, die eine Beobachtung machen oder eine Tatsache entdecken, können aufgrund dieser Einflüsse nicht als neutrale Beobachter von Tatsachen gelten. Wie schon im Zusammenhang mit der entwicklungspsychologischen Beschreibung erwähnt, zeichnet ein Forscher nicht einfach die Wirklichkeit auf. Er hat vorab schon entschieden, welche Facette des Verhaltens er untersuchen, welche Meßinstrumente er einsetzen, wie er den „Verhaltensfluß" aufteilen, wie er die Daten sammeln und wie er sie auswerten will. Jede dieser Entscheidungen grenzt die Auswahl der beobachtbaren Tatsachen weiter ein. Eine einminütige Episode mit einem spielenden Baby kann auf tausenderlei Art beschrieben oder gemessen werden. Da gibt es unterschiedliche Ebenen des Verhaltens, von der Pulsfrequenz bis hin zum Muster der manuellen Exploration, und unterschiedliche zeitliche Einheiten, vom Bruchteil einer Sekunde bis hin zur Verhaltenseinheit, die sich über eine volle Minute erstrecken könnte. Welche Tatsachen oder Beobachtungen ein Psychologe aus den Tausenden von Möglichkeiten auswählt, sagt genauso viel über ihn selbst oder seine Theorie aus wie über die eigentliche Verhaltenssequenz. Diese Einschränkungen der Beobachtungen sind sogar notwendig, weil man einfach nicht alles aufzeichnen kann.

Unsere Diskussion zum Thema Beobachtungstatsachen, Theorien und Theoriebildung sollte den Leser ein wenig auf die einzelnen Theorien vorbereiten, um die es in diesem Buch geht; sie kann natürlich nicht in einem „Crash Course" die gesamte Erkenntnistheorie vermitteln. Hier ist zu berücksichtigen, daß der vereinfachte Abriß viele Kontroversen in der Geschichte der Erkenntnistheorie außer acht läßt. Wir sind auch nicht auf die unter Wissenschaftstheoretikern umstrittene Abgrenzung zwischen *hypothetischen Konstrukten*, *Gesetzen*, *Hypothesen* und *Postulaten* eingegangen. Solche Definitionsfragen sowie die spezifischeren Aspekte der Metatheorie lassen sich in der einschlägigen Literatur nachlesen (Am Ende dieser Einführung sind einige Arbeiten angeführt, die den Leser anregen sollen, sich näher mit erkenntnistheoretischen Problemen auseinanderzusetzen).

Was sind die zentralen Themen der Entwicklungspsychologie?

Auch wenn die Theorien, mit denen wir uns befassen wollen, sich hinsichtlich ihres Inhalts und ihrer Forschungsmethoden unterscheiden und unterschiedlich stark formalisiert sind, gleichen sie sich doch insofern, als sie zwangsläufig zu bestimmten Kernfragen der Entwicklung Stellung nehmen müssen. Diese Fragen erwachsen aus der entwicklungsbedingten Veränderung als solcher und lassen sich in vier Hauptthemen aufteilen:

1. Was ist die menschliche Natur?
2. Ist Entwicklung qualitativ oder quantitativ?
3. Welchen Anteil haben Vererbung und Umwelt?
4. Was entwickelt sich?

Diese Kernfragen, mit deren Hilfe sich die verschiedenen Theorien zusammenfassen und gegenüberstellen lassen, werden am Ende eines jeden Kapitels neu gestellt. Zunächst aber werden wir sie gesondert besprechen.

Was ist die menschliche Natur?

Die entwicklungspsychologische Perspektive eines Wissenschaftlers hängt eng mit seiner Auffassung von der menschlichen Natur zusammen, die ihrerseits wieder von seinem Weltbild oder seiner Vorstellung vom Zusammenwirken aller kosmischen Prozesse abhängt. In der Geschichte der westlichen Kulturen hat es drei für die Psychologie bedeutende elementare Weltbilder gegeben (Overton, 1984): die mechanistische, die organismische und die kontextbezogene Perspektive. Wir werden auf beide näher eingehen.

In der mechanistischen Sicht gleicht die Welt einer aus verschiedenen in Zeit und Raum operierenden Teilen zusammengesetzten Maschine. So gesehen könnte man die Welt mit einem Uhrwerk vergleichen. Bestimmte Kräfte wirken auf die einzelnen Teile ein und setzen einen Mechanismus in Gang, der die Uhr von einem Zustand in einen anderen überführt. Im Prinzip ist somit alles vorhersagbar, weil ein umfassendes Wissen über einen Zustand und die darauf einwirkenden Kräfte zu einem gegebenen Zeitpunkt es uns erlauben, auf den nächstfolgenden Zustand zu schließen. Dieses mechanistische Weltbild wurzelt in Newtons Physik und ist mit der empiristischen Philosophie eines Locke (1632–1704) oder Hume (1711–1776) verwandt. Der Mensch wird dabei gleichsam als ein passives Rädchen im Weltmechanismus aufgefaßt, das Antrieb und Motivation durch äußere Quellen bezieht. Die Entwicklung des Menschen wird demnach durch Kräfte und Phänomene verursacht, die von außen auf ihn und seine geistigen Mechanismen einwirken. Man sieht förmlich, wie sich die Rädchen im Kopf drehen!

Umgekehrt orientiert sich der organismische Ansatz nicht an Maschinen, sondern an lebendigen Systemen wie Pflanzen oder Tieren. Diese Vorstellung findet sich bei Gottfried Wilhelm Leibniz (1646–1716), der die Auffassung vertrat, daß denkende, unteilbare Substanz „die stetige Entwicklung aus einem gemeinsamen Kern und Ursprung, aus einem Urphänomen des Seelischen überhaupt" (Cassirer, 1932, S. 31) ist. Leibniz stellte die Welt als ein Zusammenwirken von einfachen Ganzheiten oder „Monaden" unteilbarer Substanz dar, die in sich und als Ganzes selbstregulierend sind. Wenn Welt als Organismus gedacht wird, ist diese Struktur notwendig oder natürlich. Alle Betrachtung ist auf das Ganze gerichtet und wie es sich seinen Teilen wiederfindet, weniger auf die Teile selbst und ihre Beziehungen untereinander. Auf die Psychologie angewandt heißt dies, daß die visuelle Wahrnehmung beispielsweise nicht verstanden werden kann, wenn man nur die über die Netzhaut, den Sehnerv und die Sehfelder der Großhirnrinde ablaufenden Prozesse betrachtet; vielmehr muß das Ganze mitsamt anderen Wahrnehmungssystemen sowie höheren kognitiven Funktionen in die Betrachtung eingeschlossen sein.

Die organismische Perspektive fragt nicht wie das mechanistische Weltbild nach vorausgehenden Ursachen, sondern richtet ihr Augenmerk auf inhärente Eigenschaften und Ziele. Sie sieht den Menschen als von Natur aus aktive, strukturierte Ganzheit, die sich ständig verändert, und zwar nicht zufällig, sondern in eine bestimmte Richtung. Entwicklung ist also ein dem Menschen inhärentes Phänomen. Selbst initiiertes Verhalten und Denken führt zu Veränderungen in Struktur und Inhalt von Verhalten und Denken. S. H. White beschreibt den aktiven Organismus folgendermaßen:

> „Definieren wir einen aktiven Organismus als einen, der seiner Erfahrung Form verleiht, einen passiven Organismus dagegen als einen, der durch seine Erfahrung geformt wird. Aktive Organismen haben Ziele, sind aufmerksam, ziehen Schlußfolgerungen und nehmen selektiv wahr. Das alles versetzt den aktiven Organismus in die Lage, auf ihn einstürmende Umwelteinflüsse zu selegieren, zu modifizieren oder sich ihnen zu widersetzen."
>
> [1976, S. 100]

Da in diesem Buch noch so viele Beispiele für das organismische und das mechanistische Weltbild herangezogen werden, soll uns für den Augenblick ein einziges genügen. Im Hinblick auf den Erwerb von Wissen über die Welt vertritt der organismische Ansatz die Auffassung, daß Kinder Wissen „konstruieren", indem sie aktiv Hypothesen zu Klassen von Objekten und zu den Ursachen bestimmter Phänomene formulieren und überprüfen. Die mechanistische Theorie dagegen nimmt an, daß Kinder passiv die Realität („wie ein Schwamm") in sich aufnehmen.

Anders als mechanistische Theorien sind organismische Theorien in der Regel Zustandstheorien, die eher qualitative als quantitative Veränderungen postulieren.

Der dritte, kontextbezogene Ansatz schreibt einem Verhalten nur im sozio-historischen Kontext Bedeutung zu – nur in diesem Kontext ist es „erklärbar". Vertreter einer pragmatischen Theorie wie William James und George Herbert Mead haben diese Kontexttheorie angeregt. Nach der Beschreibung von Pepper (1934, S. 183) betrachtet der Kontextualismus „als grundlegende Wurzel die Vorstellung von einem Ereignis, das mit der Vergangenheit vielfältig verwoben ist, wobei sich die Fäden dort verlieren, das wechselnde Muster der Gegenwart bestimmen und in die bevorstehende Zukunft fortsetzen . . . Das Ereignis ist strukturell in seiner Gegenwart mit anderen benachbarten Kontexten verwoben, die ihrerseits in ein Geflecht, eine Textur, weitere Kontexte eingebunden sind. Die Textur eines jeden Ereignisses läßt sich intern anhand einzelner Stränge analysieren, die spezifische Verbindungen und Bezüge zu anderen Texturen aufweisen."

Die Metapher ist hier also nicht die Maschine oder der Organismus, sondern ein Gewebe, das Vergangenheit und Zukunft oder Nahes und Fernes in sich einschließt. Die horizontalen und vertikalen Fäden in Zeit und Raum sind zu einem Muster des menschlichen Daseins verwoben.

Wir untersuchen dieses Geflecht von Entwicklungssträngen, indem wir gerade ablaufende Ereignis- und Aktionseinheiten betrachten, die sinnvolles, zielgerichtetes Handeln beinhalten. Reese erklärt das so (1991, S. 191f) „Schreiben ist keine Handlung, sondern in einer bestimmten Situation zu einer bestimmten Zeit etwas Bestimmtes mit etwas Bestimmtem auf etwas Bestimmtes zu schreiben, das ist eine Handlung." Reese führt andere Komponenten der Kontextmetapher auf: Bedeutung und Sinn eines Verhaltens variieren je nach Kontext; Rechnen einer Aufgabe mag einem Kind in der Schule das Gefühl geben, etwas zu können; für ein Kind, das sich als Straßenverkäufer durchschlägt, bedeutet dieselbe Aufgabe schlicht Überleben. Darüber hinaus verweist Verhalten auf die Vergangenheit (eine „Ursache") und auf die Zukunft (ein Ziel). Schließlich ist die Kontexttheorie, genau wie die organismische Sichtweise, holistisch. Das Ganze ist nicht nur mehr als die Summe seiner Teile, sondern eine Einheit im

Kontextbezug umfaßt mehr als die Einheit und den Kontext. Um Reeses Satz weiter-zuführen: Das Schreiben eines Satzes „ist eine Handlung und zugleich Teil einer umfassenderen Handlung, nämlich Schreiben eines ganzen Textes, die wiederum Teil einer umfassenderen Handlung ist, nämlich das Leben des Schreibers, die wiederum Teil einer umfassenderen Handlung ist, nämlich Leben anderer, und so fort" (Reese, 1991, S. 194).

Außer den drei genannten philosophischen Auffassungen vom Menschen, von der Welt und von Kausalität gibt es auch spezifischere und begrenztere Sichtweisen auf der Grundlage verschiedener ökonomischer und politischer Ideologien. Riegel (1972) beispielsweise stellt einen Zusammenhang zwischen Einstellungen zur Kindheit und Entwicklung einerseits und den kapitalistischen und merkantilistischen sozio-ökono-mischen Systemen des 17. bis 19. Jahrhunderts andererseits her.

Das im wesentlichen anglo-amerikanische kapitalistische System betrachtete Men-schen als konkurrierende Wesen, die um Erfolg kämpfen. In Thomas Hobbes' (1588–1679) Erklärung, der Mensch sei selbstsüchtig und konkurriere mit den anderen, und das Leben sei „gemein, brutal und kurz", kommt diese Auffassung zum Ausdruck. Sie setzt sich im Sozialdarwinismus fort, der betonte, daß nur das am besten angepaßte Lebewesen bei der „natürlichen Auslese" überlebt. In der Wirtschaft zählten freier Handel, Wettbewerb und Unternehmergeist. Als Maß des Erfolgs galt (infolge von Kampf ums Dasein und Wettbewerb) der weiße, erwachsene Mann aus der Mittel-schicht, der sich eine Manufaktur oder ein Handelsunternehmen aufgebaut hatte. An diesem Maß gemessen waren Kinder, alte Menschen, Geisteskranke und Frauen min-derwertig. Die Kindheit betrachtete man als ein unvollkommenes Erwachsensein, eine „Unfähigkeit". Man entwickelte normative Beschreibungen für jedes Alter eines Kin-des, um „abnorme" Entwicklungen feststellen zu können und den Fortschritt auf dem Weg zum Erwachsenen zu messen. Die Gesellschaft sah ihre Kinder als passive Wesen, die den geeigneten Erwachsenenrollen entsprechend geformt („sozialisiert") werden mußten.

Die merkantilistische Ideologie dagegen war primär im Kontinentaleuropa des 17. bis 19. Jahrhunderts verbreitet. Die Wirtschaft stützte sich nicht so sehr auf industrielle Fertigung und Freihandel, sondern eher auf Grundbesitz und den vom Staat kontrol-lierten Handel. Die gesellschaftlichen Gruppen lebten deutlich voneinander getrennt und hatten bestimmte Standespflichten und -privilegien. Insofern stand Kooperation gegenüber der Konkurrenz im Vordergrund, solange die Standesunterschiede als gege-ben hingenommen wurden. Ein wichtiger Philosoph jener Zeit, Jean Jacques Rousseau (1712–1778), sah im Kind einen „edlen Wilden", der im Grunde seines Wesens gut ist, aber von der Erwachsenenwelt verdorben wird. Kinder sollten deshalb nicht nach dem Maß der Erwachsenen beurteilt, sondern als qualitativ anders betrachtet werden. Aus dieser Sicht war das Ziel der Erziehung die Selbstverwirklichung des Menschen, und in dieser Tradition wurde später auch eine kindorientierte Erziehungstheorie von Maria Montessori, Eduard Spranger und anderen entwickelt.

Schon an diesem kurzen Abriß der wechselhaften Geschichte kann man leicht erkennen, daß die Entwicklungspsychologie in ihren Vorstellungen vom Menschen philosophische, ökonomische und politische Überzeugungen widerspiegelt. Diese Vorstellungen gehen oft nur implizit in die Entwicklungstheorien ein, und manchmal sind den Theoretikern selbst ihre Prämissen gar nicht bewußt. Doch sie beeinflussen nicht nur die Theoriebildung, sondern auch Entscheidungen darüber, welche For-schungsprobleme wichtig, welche Methoden anwendbar und wie die Daten zu inter-pretieren sind. Selbst die Bedeutung der Begriffe „Erklärung" und „Tatsache" ist, je nach Weltanschauung, verschieden. Aus diesen Gründen wird gelegentlich behauptet, es sei nicht möglich, verschiedene Theorien zu integrieren oder miteinander zu versöhnen, oder sie durch stichhaltige Tests miteinander zu vergleichen, solange sie sich auf verschiedene Weltbilder stützen.

Ist Entwicklung qualitativ oder quantitativ?

Mit dem jeweiligen Menschenbild hängt unmittelbar die Frage zusammen, welches die Grundlagen der entwicklungsbedingten Veränderung sind: Ist diese Veränderung qualitativer oder quantitativer Natur? Die mechanistische und kapitalistische Auffassung betonte die quantitative Veränderung, während die organismische und merkantilistische Sicht die qualitative Veränderung hervorhob; beim Kontextualismus kommt beides zusammen.

Als qualitative Veränderungen werden Veränderungen der Art oder des Typus bezeichnet. Ein Beispiel aus der Natur ist die Sequenz Ei Æ Raupe Æ Puppe Æ Imago (Spiker, 1966). Es entstehen neue Erscheinungsbilder oder Eigenschaften, die nicht auf frühere Elemente zurückgeführt werden können. Qualitative Veränderungen bringen in der Regel Veränderungen der Struktur oder Organisation mit sich. Als quantitative Veränderungen dagegen werden in der Regel Veränderungen der Menge, der Häufigkeit oder des Ausmaßes bezeichnet. So wird in manchen Fällen ein bestimmtes Verhalten effizienter oder konsistenter. Die Veränderung erfolgt allmählich und in kleinen Schritten. Im Verlaufe der Entwicklung eignet sich das Kind einzelne Informationen, Gewohnheiten, Fertigkeiten und so weiter an.

Ein Beispiel für den Gegensatz von quantitativer und qualitativer Veränderung bietet die Entwicklung des Gedächtnisses. Erinnert sich ein vierjähriges Kind an drei und ein siebenjähriges Kind an sieben Objekte aus einer Reihe von Gegenständen, die man ihnen wenige Minuten zuvor gezeigt hat, dann könnte man auf einen quantitativen Unterschied ihrer Gedächtnisleistung schließen. Das ältere Kind erinnert sich an mehr. Setzt das siebenjährige Kind aber bestimmte Strategien ein, ordnet es also die Objekte in Klassen und wiederholt es immer wieder laut, worum es sich handelte – ein Verfahren, das das vierjährige Kind nicht anwendet –, dann schließen wir auf einen qualitativen Unterschied in der Gedächtnisleistung der beiden Kinder: Sie verarbeiten die Informationen unterschiedlich.

Allgemeiner betrachtet wird die Frage qualitative versus quantitative Veränderung zu der Frage, ob sich Entwicklung in qualitativen Einzelschritten oder als stetiger quantitativer Zuwachs vollzieht. Zeigen sich in einem bestimmten Zeitabschnitt Ähnlichkeiten bei einer Reihe von Fähigkeiten oder Verhaltensweisen, dann schließt der Theoretiker daraus häufig, daß das Kind sich in einem bestimmten Entwicklungsstadium befindet. Piaget beispielsweise behauptet, daß sich die Struktur des Denkens von der Geburt bis zur Adoleszenz in qualitativen Veränderungen von einer Stufe zur nächsten entwickelt. Die Theoretiker sind sich jedoch nicht einig darüber, ob ein Kind gleichzeitig in mehreren Stadien sein kann oder auch in ein früheres Stadium regredieren kann, und sie haben unterschiedliche Erklärungen dafür, daß Kinder die einzelnen Stadien unterschiedlich schnell durchlaufen.

Qualitative Stadien der Veränderung lassen sich nicht nur in der Psychologie, sondern auch in anderen Wissenschaften spezifizieren. Historiker bestimmen Epochen und Perioden der Geschichte, beispielsweise das „Zeitalter der Industrialisierung" oder das „Zeitalter der Aufklärung"; Shakespeare sah sieben Lebensalter des Menschen vom „wimmernden und speienden" Säugling bis hin zum alten Menschen „ohne Zähne, ohne Augen, ohne Geschmackssinn, ohne alles".

Trotz der unterschiedlichen Auffassungen darüber, welche Veränderungen im Laufe der Entwicklung qualitativ und welche quantitativ sind, sind sich die meisten Entwicklungspsychologen darin einig, daß beide Typen von Veränderungen auftreten. Bei manchen Verhaltensweisen wirken qualitative und quantitative Veränderungen zusammen, und in einigen Fällen scheinen sich Perioden qualitativer und quantitativer Veränderung abzuwechseln. Im bereits erwähnten Beispiel der Gedächtnisleistung könnte sich zeigen, daß beim Auswendiglernen einer Liste die Anzahl der richtig erinnerten Items mit der Zeit zunimmt (quantitative Veränderung). Auf diese Zunahme der Gedächtnisspanne kann dann das Entwickeln einer Strategie (qualitative Veränderung) folgen, etwa indem nun Items derselben Klasse, beispielsweise Nahrungsmittel, Möbel oder Spielzeuge, zusammengefaßt werden. Nehmen Schnelligkeit und Genauigkeit dieser Gruppierungstendenz zu, könnten dann weitere quantitative Veränderungen folgen.

Welchen Anteil haben Vererbung und Umwelt?

Unabhängig davon, wie weit die Entwicklung qualitativ oder quantitativ fortgeschritten ist, muß ein Theoretiker die diesen Veränderungen zugrundeliegenden Ursachen einbeziehen. Es geht hier im wesentlichen um die Frage, ob Wissen und Verhalten aus der jeweiligen genetischen Ausstattung oder aber aus der individuellen Lebenserfahrung entstehen. Das Thema Vererbung versus Umwelt ist auch unter anderen Etiketten bekannt, wie etwa „Veranlagung versus Erziehung", „Nativismus versus Erfahrung", „Biologie versus Kultur", oder „angeborene versus erworbene Fähigkeiten".

Die Auseinandersetzung um dieses Thema sorgt nicht nur in der Psychologie, sondern auch in der Philosophie für heftige Debatten. Sie begann schon in der Zeit der griechischen Antike, als Philosophen die Frage stellten, ob Ideen angeboren oder durch die Sinneserfahrung erworben sind. Platon (427–347 v. Chr.) war beispielsweise der Überzeugung, daß Ideen angeboren sind, weil die Seele, die bereits vor der Geburt in der Welt der Ideen existiert, die Ideen „schaut". Im Mittelalter proklamierten christliche Philosophen die angeborene Verderbtheit des Menschen, während der französische Philosoph Jean Jacques Rousseau postulierte, der Mensch sei von Natur aus gut. René Descartes (1596–1650) war der Ansicht, bestimmte Ideen seien angeboren, während andererseits der britische Empirist John Locke (1632–1704) behauptete, der Geist des Neugeborenen sei ein unbeschriebenes Blatt (*tabula rasa*), auf das die Erfahrung ihre Zeichen präge. Diese Debatte zog sich durch die gesamte Geschichte der Psychologie. Heute sind die Anhänger einer Theorie der angeborenen Veranlagung in der Ethologie und Psychobiologie (Kapitel 5) sowie bei den modularen Theorien (etwa Fodor, 1983) anzutreffen. Der modularen Theorie zufolge lassen sich mentale Prozesse anhand verschiedener mentaler Vererbungseinheiten oder Module beschreiben, die jeweils auf bestimmte angeborene Fähigkeiten in bestimmten Bereichen spezialisiert sind. Beispiele dafür sind Sprachverarbeitung, Erkennen von Gesichtern und Mimik sowie die Konzepte der physikalischen Kausalität, der Zahlen und der Kognition. Die am stärksten auf Erziehung und Umwelt referierenden entwicklungspsychologischen Ansätze sind die Theorie des sozialen Lernens und die Wygotskische Kontexttheorie.

Anastasi (1958) weist darauf hin, daß wir in der Vergangenheit nicht die richtigen Fragen gestellt haben. Statt zu fragen, *was* (Vererbung oder Umwelt) ein bestimmtes Verhalten bedingt oder *wieviel* davon jeweils gebraucht wird, hätten wir fragen müssen, *wie* (auf welche Weise) natürliche Veranlagung und Erziehung zusammenwirken, um Entwicklung hervorzubringen. Hier zeigt sich anschaulich, wie der Fortschritt in einem bestimmten Gebiet manchmal nur davon abhängt, daß man lernt, die richtigen Fragen zu stellen.

Heute besteht weithin Einigkeit darüber, daß die Interaktion von angeborenen Faktoren und Umweltfaktoren sowohl für die Entwicklung von individuellen Persönlichkeitsmerkmalen und Verhaltensweisen als auch für die interindividuellen Merkmals- oder Verhaltensvariationen verantwortlich ist. Veranlagung und Erziehung sind unauflösbar miteinander verflochten. Beide sind bei der Entwicklung eines jeden Verhaltens umfassend beteiligt. Hebb (1980) formuliert dazu die Schlußfolgerung, daß Verhalten zu 100 Prozent durch Vererbung und zu 100 Prozent durch die Umwelt bestimmt wird. Gene finden niemals einen unmittelbaren Ausdruck im Verhalten, sondern wir haben es mit einer langen Kette von genetischen Voraussetzungen, physiologischen Prozessen und Umwelteinflüssen zu tun. Die Art, in der eine genetische Veranlagung zum Ausdruck kommt, hängt von dem spezifischen Milieu ab, in der dies geschieht. Anders gesagt kann eine gegebene genetische Veranlagung in unterschiedlichen Milieus unterschiedliche Verhaltensformen hervorbringen. Umgekehrt kann eine gegebene Umwelt für Menschen mit unterschiedlicher genetischer Ausstattung unterschiedliche Verhaltenskonsequenzen haben. Ein ruhiges Baby freut sich vielleicht über eine Schachtel, aus der plötzlich ein Männchen herausspringt, während ein nervöses, reaktives Kind, das sich durch plötzliche Veränderungen leicht irritieren läßt, aus der Fassung gerät. Und starke Streßphänomene, die bei den meisten Kindern Störungen hervorrufen, wirken sich bei sogenannten streßresistenten Kindern vielleicht kaum aus (Garmezy und Tellegen, 1984).

Die Dinge liegen sogar noch komplizierter, denn Umwelteinflüsse können auch eine genetische Grundlage haben. So werden ein aktiv veranlagtes, rasch handelndes Kind und ein passives, ruhiges und nachdenkliches Kind verschiedene Spielumgebungen bevorzugen und deshalb auch durch verschiedene Erfahrungen geprägt. Schließlich können genetische Anlagen und Umgebung korreliert sein, etwa wenn Eltern die Neigung zu Schüchternheit genetisch weitergeben und Umweltbedingungen schaffen, die Schüchternheit begünstigen (Plomin, De Fries und Lochlin, 1977).

Die in diesem Buch vorgestellten Theorien unterscheiden sich in der Gewichtung, mit der sie den Anteil der genetischen Veranlagung und den Beitrag der Umwelt bei der beschriebenen Interaktion in den Vordergrund stellen. Außerdem gehen die Meinungen darüber auseinander, durch welche Prozesse sich Umweltfaktoren oder angeborene Faktoren auswirken. Die Umwelt kann beispielsweise Assoziationen „einprägen", Vorbilder zur Nachahmung oder Informationen zur Assimilation liefern.

Erfahrung kann sich auf verschiedene Weisen auswirken. Wohlwill (1973) hat dazu vier Modelle vorgelegt.

1. Im ersten Modell, dem Modell „Krankenbett", werden die Menschen von ihrer Umgebung so behandelt, als seien sie hilflos und pflegebedürftig. Dies sind wahrscheinlich die Bedingungen der ersten Lebensmonate.
2. Im Modell „Vergnügungspark" suchen die Menschen bestimmte Erlebnisaspekte aus ihrer Umgebung aus. Sobald sie aber bestimmte Stimuli ausgewählt haben, lassen sich deren Rückwirkungen kaum mehr kontrollieren: „Hat er erst einmal beschlossen, auf der Achterbahn zu fahren, kann er den Einfluß dieser Fahrt auf seine Erfahrung kaum mehr beeinflussen." (S. 101)
3. Das dritte Modell vergleicht Erfahrung mit einem „Wettschwimmen", in dem „sich vom Startschuß an das Verhalten des Individuums im Grunde unabhängig von Umweltstimuli entwickelt" (S. 101). Die Umwelt bietet hier lediglich die Substruktur für das individuelle Verhalten.

4. Im Modell „Tennismatch" gibt es eine Interaktion zwischen Umwelteinflüssen und Individuum. Ein Tennisspieler muß sich an die Art und Weise anpassen, in der sein Gegner (die Umwelt) den Ball schlägt. Er kann aber auch das Verhalten des Gegners beeinflussen, je nachdem, ob er einen Lob oder einen Flugball spielt.

An diesen vier Modellen wird deutlich, daß die Konzeption einer Theorie vom Einfluß der Umwelt auf den Menschen eng damit zusammenhängt, ob sie den Menschen als aktiv oder passiv sieht, ein Unterschied, auf den wir bereits hingewiesen haben.

Verschiedene Theorien unterscheiden sich schließlich auch noch in der Bedeutung, die sie dem Zeitpunkt einer spezifischen Erfahrung beimessen. Gibt es „kritische Phasen", in denen ein Kind auf ein bestimmtes Erlebnis besonders empfindsam reagiert? Sind frühe Erfahrungen prägender als spätere Erfahrungen?

Was entwickelt sich?

Diese scheinbar einfache Frage führt uns zu den elementarsten Unterschieden zwischen den einzelnen Theorien. Jeder Theoretiker postuliert einen bestimmten „essentiellen" Aspekt der Entwicklung oder zumindest eine bestimmte Analyseeinheit als die richtige. Wir treffen in diesem Buch auf Assoziationen, Schemata, Erwartungen, kognitive Strukturen, psychische Strukturen (Es, Ich, Über-Ich), Strategien der Informationsverarbeitung, feste Verhaltensmuster, Wahrnehmungsexploration und psychologische Instrumente. Was einem Theoretiker an der Entwicklung essentiell erscheint, hängt davon ab, welchen Standpunkt er im Hinblick auf theoretische Annahmen und Untersuchungsmethoden hinsichtlich verschiedener Dimensionen einnimmt. Entscheidend ist dabei:

1. welche Analyseebene (von molekular bis molar) gewählt wird,
2. wo der Schwerpunkt der Untersuchung liegt, ob primär Strukturen (Organisation von Verhalten, Denken und Persönlichkeit) oder Prozesse (dynamische, funktionale Aspekte des Systems) untersucht werden,
3. welche Inhalte (beispielsweise Persönlichkeit oder Kognition) betont werden,
4. inwieweit das manifeste Verhalten oder das zugrundeliegende Denken und die Persönlichkeit in den Vordergrund gestellt werden,
5. anhand welcher Methodologie die Entwicklung untersucht wird.

Bei diesen fünf Dimensionen gibt es analoge Beziehungen wie zwischen Henne und Ei: Was war zuerst da, die Entscheidung der Verhaltensforscher, ein komplexes, ganzheitliches Verhalten zu untersuchen, das die verschiedenen Spezies in ihrem Kampf um die Anpassung an ihre Umwelt erworben hatten, oder ihre Entscheidung für eine bestimmte Methodologie, in diesem Fall die Beobachtung in der natürlichen Umgebung? Im Verlauf unserer Untersuchung der verschiedenen Theorien werden wir diese Wechselbeziehungen zwischen den einzelnen Dimensionen noch deutlicher erkennen.

Zusammenfassung

Die traditionelle Vorstellung von einer „idealen" wissenschaftlichen Theorie verlangt, daß es sich um ein hypothetisch-deduktives System aus logisch miteinander verknüpften Aussagen handelt. Psychologische Strukturen und Prozesse werden demnach formal beschrieben und in Beziehung zueinander und zu beobachtbaren Phänomenen gesetzt. Dieses Bild psychologischer Theorien ist jedoch in mehrerlei Hinsicht unvollständig. Neben deduktiven Theorien verfügen wir über Modelle, funktionalistische Theorien und induktive Theorien, die weniger ausgearbeitet und formalisiert sind. Die meisten psychologischen „Theorien" können den Ansprüchen an eine formale Theorie im engeren Sinne der Definition nicht genügen. Die traditionelle Sicht der Theorie ist auch deshalb unzulänglich, weil eine Theorie nicht nur eine allgemeine, formalisierte und statische, sondern auch eine private, nicht formalisierte und dynamische Seite hat. Theoriebildung hat objektive und subjektive Seiten und verläuft nicht nur geordnet, sondern auch ungeordnet. Theorien spielen eine wichtige, nicht an die formale Ebene gebundene Rolle, wenn sie das Verhalten des Psychologen in der Forschung lenken. Sie helfen ihm bei der Formulierung seiner Problemstellungen, bei der Auswahl seines Forschungsgegenstands und bei der Entscheidung für bestimmte Methoden.

Wir brauchen Entwicklungstheorien. Sie helfen uns, entwicklungsbedingte Veränderungen beschreiben und erklären zu können, indem sie Beobachtungstatsachen strukturieren und in einen Sinnzusammenhang stellen, und indem sie der Forschung eine bestimmte Ausrichtung geben. Entwicklungstheorien befassen sich mit vier Themenbereichen, die für die Untersuchung von Entwicklung besonders wichtig sind:

1. Was ist die menschliche Natur?
2. Ist Entwicklung qualitativ oder quantitativ?
3. Welchen Anteil haben Vererbung und Umwelt?
4. Was entwickelt sich?

Damit ist ein Rahmen zur Untersuchung der einzelnen Theorien abgesteckt.

Ein Wort zu diesem Buch

Die folgenden sieben Kapitel beschreiben sieben wichtige Entwicklungstheorien. Als erstes wird Piagets Theorie vorgestellt, weil viele der Fragen, die man sich gegenwärtig in der Entwicklungspsychologie stellt, aus seiner Theorie hervorgegangen sind. Anschließend folgen die beiden anderen großen Entwicklungstheorien, die psychoanalytische Theorie und die soziale Lerntheorie. Die nächsten drei Theorien befassen sich mit eingeschränkteren Bereichen der Entwicklung. Beim Informationsverarbeitungsansatz stehen Denken und Gedächtnis im Mittelpunkt. Die Verhaltensforschung konzentriert sich auf das frühe Sozialverhalten. Gibsons Theorie analysiert die Entwicklung der Wahrnehmung und vor allem des Wahrnehmungslernens. Die Wygotskische Kontexttheorie wird im letzten Kapitel dargestellt, weil sie die neueste entwicklungspsychologische Theorie von Gewicht ist. Alle Kapitel sind ähnlich aufgebaut, um einen Vergleich der Theorien zu erleichtern. Am Ende eines Kapitels wird die jeweilige Theorie, gemessen am derzeitigen Stand der Entwicklungspsychologie, auf ihre Stärken und Schwächen hin beurteilt; das heißt, wir fragen, welchen Beitrag diese Theorie in der Forschung und in der praktischen Pädagogik leisten kann.

Weiterführende Literatur

Die folgenden Bücher geben hilfreiche Anregungen im Hinblick auf die philosophischen Fragen der Theoriebildung.

Bergmann, G. *Philosophy of science.* Madison (University of Wisconsin Press) 1957. Bergmann diskutiert Fragen der Theoriebildung in verschiedenen Wissenschaften.

Hempel, C. C. *Philosophy of natural science.* Englewood Cliffs, N.J. (Prentice-Hall) 1966. Dieses Buch bietet eine hilfreiche und einfache Einführung in das Wesen der wissenschaftlichen Theorie.

Marx, M. H.; Goodson, F. E. (Hrsg.) *Theories in contemporary psychology.* New York (Macmillan) 1976 (2. Aufl.). Diese Sammlung neu aufgelegter Schriften und neuer Aufsätze deckt ein breites Spektrum von Fragen und Problemen der Theoriebildung und Kritik, vor allem auf dem Gebiet der Psychologie, ab.

Die folgenden Quellen befassen sich mit grundlegenden Fragen zur Entwicklungstheorie.

Lerner, R. M. *Concepts and theories of human development.* Reading, Mass. (Addison-Wesley) 1986.

Horowitz, F. D. *Exploring developmental theories.* Hillside, N.J. (Erlbaum) 1987.

Overton, W. F. *World views and their influences on psychological theory and research* (Kuhn-Lakatos-Laudan). In: Reese, W. H. (Hrsg.) *Advances in child development and behavior.* Bd. 18. Orlando, Fla. (Academic Press) 1984.

Thomas, R. M. *Comparing theories of child development* (3. Aufl.). Belmont, Calif. (Wadsworth) 1992. Kap. 1 und 2.

1.
Piagets Theorie
der kognitiven Stadien

Bb. 28 – Jacqueline, 0;7 (28), versucht,
eine auf ihrer Daunendecke liegende
Zelluloidente zu ergreifen. Sie hat sie fast,
schüttelt sich und die Ente rutscht an ihre Seite.
Sie fällt ganz in der Nähe ihrer Hand hin,
aber hinter eine Falte ihres Bettuches.
Jacqueline hat die Bewegung mit den Augen verfolgt,
sie hat sie sogar mit der Hand,
mit der sie versucht hat, sie zu ergreifen, verfolgt.
Aber sobald die Ente verschwunden ist . . . nichts mehr!
Sie kommt keineswegs auf den Gedanken,
hinter der Falte des Bettuches zu suchen,
was doch sehr einfach wäre (sie dreht es
mechanisch zusammen ohne jede Suche).

[Piaget, 1937 (1975, II, S. 44)]

HUB (6;6): Ist der Mond immer rund? –
Nein. – Wie ist er denn? –
Wie ein Hörnchen. Er ist stark abgenutzt. –
Warum? – Weil er hell gegeben hat. –
Wie wird er wieder rund? – Weil man ihn
neu macht. – Wie? – Mit Himmel.

[Piaget, 1926 (1978, S. 225)]

Verblüffende Einblicke in das Verhalten und Denken des Kindes, wie sie auf der vorangehenden Seite dargestellt sind, beflügelten Piagets Ideen. In solchen ganz gewöhnlichen alltäglichen Ereignissen erkannte er einen außergewöhnlichen Prozeß der kognitiven Entwicklung. Piaget war der Auffassung, daß die einzelnen momentanen Begegnungen mit Objekten oder Menschen zu allgemeinen Denkweisen zum Verständnis der Welt führen. Dieses Verständnis verändert sich im Laufe der Entwicklung in dem Maße, in dem sich das Denken von der Geburt bis zur Reife über verschiedene Stadien hinweg entwickelt. Darüber hinaus sind Kinder selbst aktiv am Aufbau ihrer Wissensbasis beteiligt.

Piagets Theorie ist die bekannteste Theorie der kognitiven Entwicklung. Sein Einfluß hat nicht nur sämtliche Disziplinen der Psychologie durchdrungen, sondern er reicht auch bis in Gebiete wie die Pädagogik und die Philosophie hinein. Darüber hinaus hat diese Theorie Aspekte der Entwicklung aufgezeigt, die andere Theorien einbeziehen müssen. So ist es also nur angemessen, wenn wir Jean Piagets kognitiv-strukturelle Theorie an den Anfang unseres Theorienüberblicks stellen.

In diesem Kapitel kann die Komplexität von Piagets Theorie nur angedeutet werden. Wir werden uns zunächst einmal ausführlicher mit Piagets Lebenslauf befassen, um auf diese Weise seine Theorie zu erhellen und aufzuzeigen, wie eng die Beziehung zwischen der Persönlichkeit eines Theoretikers und seinen theoretischen Überlegungen ist. Diesem biographischen Abriß folgt eine allgemeine Betrachtung der Theorie, dann eine Beschreibung der verschiedenen Stadien und anderer entwicklungsbedingter Veränderungen sowie eine Diskussion der Mechanismen der Entwicklung. Der darauf folgende Abschnitt stellt den Zusammenhang zwischen der kognitivstrukturellen Theorie und den Hauptfragen der Entwicklungspsychologie sowie den in der Einleitung dargestellten allgemeinen Merkmalen einer Theorie her. Gegen Ende des Kapitels wollen wir untersuchen, welchen Wert Piagets Theorie für die heutige Entwicklungspsychologie besitzt. Das Kapitel endet mit einer Beschreibung der Veränderungen, die Piaget selbst an seiner Theorie vorgenommen hat. Wir ergänzen auf diese Weise die zuvor dargestellte eher traditionelle Version und geben im Anschluß daran einen Überblick über einige Neo-Piagetsche Entwicklungen.

Biographischer Abriß

Jean Piaget wurde am 9. August 1896 in Neuchâtel, Schweiz, geboren.[1] Er beschreibt seinen Vater, einen Historiker und Liebhaber mittelalterlicher Literatur, als einen „Mann von gewissenhaftem und kritischem Geiste, kein Freund verfrühter Verallgemeinerungen, und er scheute sich nicht, einen Federkrieg zu entfesseln, wenn er sah, daß die geschichtliche Wahrheit durch Ehrfurcht vor Traditionen verzerrt wurde" (Pongratz, 1979, Bd. 2, S. 150). An seine Mutter erinnert sich Piaget als eine intelligente, tatkräftige und freundliche Frau, deren neurotische Veranlagung ihn jedoch dazu trieb, sich mit seinem Vater zu identifizieren und in das zu flüchten, was Piaget als „eine Welt..., die zugleich persönlich und nicht erfunden war" (Pongratz, 1979, Bd. 2, S. 150), eine Welt ernsthafter Arbeit, bezeichnete. Piaget räumt ein, daß sein

---

[1] Das Material für diesen biographischen Abriß stammt größtenteils aus Piagets Autobiographie, die erschienen ist in: Pongratz, L. J. et al. (Hrsg.) Psychologie in Selbstdarstellungen, Bd. 2. Bern (Huber) 1979.

Interesse an der psychoanalytischen Theorie aufgrund der turbulenten Situation in seiner Familie erwachte.

Eine Aufzählung der Dinge, die den jugendlichen Piaget nicht interessierten, wäre einfacher als eine Darstellung seiner zahlreichen Interessen, zu denen unter anderem Mechanik, Muscheln, Vögel und Fossilien gehörten. Zu seinen früheren Schriften zählte eine Abhandlung (die er mit dem Bleistift niederschrieb, weil er noch keine Tinte benutzen durfte), in der er ein „Autovap" beschreibt, eine originelle Kreuzung zwischen einem Waggon und einer Lokomotive. Bei Piagets erster Veröffentlichung handelte es sich um einen eine Seite langen Artikel über einen teilweise albinotischen Spatz, den er in einem Park beobachtet hatte. Dieses Werk verfaßte er im Alter von zehn Jahren – also lange, bevor er vom Gesetz des *publish or perish* gehört hatte! Piagets Interesse an den Ausstellungsstücken des Naturgeschichtlichen Museums seiner Heimatstadt führte dazu, daß der Direktor ihn bat, ihm bei der Arbeit an seiner Sammlung von Mollusken (Weichtieren) zu assistieren. So gelangte Piaget zur wissenschaftlichen Beschäftigung mit Weichtieren, der Malakologie, die ihn über Jahre hinweg fesselte. Seine Veröffentlichungen zu diesem Thema fanden unter Naturhistorikern viel Beachtung, und man bot ihm, ohne ihn jemals gesehen zu haben, das Amt des Konservators der Weichtiersammlung im Naturhistorischen Museum in Genf an. Dieses Angebot mußte er allerdings ablehnen, denn er hatte noch nicht einmal die Schule abgeschlossen!

Auch Piaget entging nicht den typischen sozialen und philosophischen Krisen der Adoleszenz. Widersprüche zwischen seinen religiösen Überzeugungen und seinen wissenschaftlichen Kenntnissen brachten ihn dazu, die Werke von Bergson, Kant, Spencer, Comte, Durkheim und William James ebenso wie viele andere zu verschlingen. Seine philosophische Verunsicherung äußert sich in einem 1917 veröffentlichten philosophischen Roman. An der folgenden Passage wird verständlich, daß dieser Roman nicht zum Bestseller werden konnte: „Es kann deshalb kein Bewußtsein von diesen Qualitäten geben, diese Qualitäten können folglich nicht existieren, wenn es keinerlei Beziehungen zwischen ihnen gibt, wenn sie infolgedessen nicht in eine totale Qualität verschmolzen werden, die sie beinhalten würde und ihnen zugleich ihre Unterschiedlichkeit erhielte" (Pongratz, 1979, Bd. 2, S. 159), und „Dies ist der Ursprung des Gleichgewichts zwischen den Qualitäten: Es gibt ein solches Gleichgewicht nicht nur zwischen den verschiedenen Teilen einerseits und dem Ganzen andererseits, insofern als es vom Ganzen verschieden ist, das sich aus den Teilqualitäten ergibt" (Pongratz, 1979, Bd. 2, S. 159). Piaget stellte fest: „. . . niemand, außer einem oder zwei indignierten Philosophen, sprach davon" (Pongratz, 1979, Bd. 2, S. 158).

Piaget schrieb auch weiterhin zu einer Reihe philosophischer Fragen. Dazu heißt es in seiner Autobiographie: „Ich schrieb, selbst wenn es nur für mich war, denn ich konnte nicht denken, ohne zu schreiben – aber dies auf systematische Weise, wie wenn es sich um einen Artikel gehandelt hätte, der zur Veröffentlichung bestimmt war" (Pongratz, 1979, Bd. 2, S. 155). Schon in diesen Schriften finden sich Themen, die in Piagets späteren Werken von zentraler Bedeutung sein sollten, wie etwa die logische Organisation des Handelns und die Beziehung zwischen den Teilen und dem Ganzen.

Piaget setzte sein ordentliches Studium der Naturwissenschaften fort und promovierte 1918 21jährig in Neuchâtel mit einer Arbeit über Weichtiere. Obwohl er zu diesem Zeitpunkt schon 20 Abhandlungen veröffentlicht hatte, wollte er sein Leben nicht unbedingt der Malakologie widmen. Nach einem Besuch in einem Zürcher psychologischen Laboratorium und einer kurzen Auseinandersetzung mit der Psychoanalyse verbrachte Piaget zwei Jahre an der Sorbonne, wo er Psychologie und Philosophie studierte. Durch einen (für die Entwicklungspsychologie) glücklichen Zufall lernte Piaget Théodore Simon kennen, der bei der Entwicklung von Intelligenztests Pionierarbeit geleistet hat. Simon, dem Alfred Binets Laboratorium an einer Elementarschule in Paris zur Verfügung stand, schlug vor, Piaget solle Binets Intelligenztests mit Pariser Kindern standardisieren. Diese Aufgabe übernahm Piaget ohne sonderliche Begeisterung. Sein Interesse erwachte jedoch, als er die Kinder nach den Gründen fragte, die ihren richtigen oder falschen Antworten zugrunde lagen. Er war fasziniert von den Denkprozessen, die zu ihren Antworten zu führen schienen. In diesen „Gesprächen" setzte Piaget Techniken aus der Psychiatrie ein, die er sich angeeignet hatte, als er für seine Kurse an der Sorbonne psychisch gestörte Patienten befragte. Ohne Simons Wissen führte Piaget seine Forschungsarbeiten zwei Jahre lang fort. Diese Erfahrung faßte er folgendermaßen zusammen:

> „Endlich hatte ich mein Forschungsgebiet gefunden. In erster Linie wurde mir klar, daß die Theorie der Beziehungen zwischen dem Teil und dem Ganzen experimentell untersucht werden kann mit Hilfe der Analyse der psychischen Vorgänge, die den logischen Operationen innewohnen. Dies bedeutete das Ende meiner theoretischen Periode und den Beginn einer induktiven und experimentellen Ära auf dem Gebiete der Psychologie, in das ich schon immer eindringen wollte, für das ich bis zu jener Zeit jedoch noch keine angemessenen Fragestellungen gefunden hatte ... Schließlich war mein Ziel, eine Art Embryologie der Intelligenz zu entdecken, mit meiner biologischen Ausbildung im Einklang; seit dem Beginn meiner theoretischen Überlegungen war ich überzeugt gewesen, daß das Problem der Beziehungen zwischen Organismus und Umwelt sich auch auf dem Gebiete der Erkenntnis stellte, das in diesem Zusammenhang als das Problem der Beziehungen zwischen dem handelnden und denkenden Subjekt und den Gegenständen seiner Erfahrungen erscheint. Es bot sich mir die Gelegenheit, dieses Problem im Rahmen der Psychogenese zu studieren."
>
> [Pongratz, 1979, Bd. 2, S. 161 f]

Aufgrund der Veröffentlichung von drei Artikeln zu seinen Arbeiten in Binets Forschungslaboratorium bot man Piaget 1921 die Stelle des Studienleiters am J. J. Rousseau-Institut in Genf an. Piaget wollte nur fünf Jahre lang auf dem Gebiet der Kinderpsychologie tätig sein (ein Plan, der sich glücklicherweise zerschlug). Die mit seiner Position verbundene wissenschaftliche Freiheit und die zur Verfügung stehenden Forschungseinrichtungen beflügelten Piagets Produktivität, so daß er schließlich fünf Bücher veröffentlichte: *Sprechen und Denken des Kindes* (1923, dt. 1972), *Urteil und Denkprozeß des Kindes* (1924, dt. 1972), *Das Weltbild des Kindes* (1926, dt. 1978), *La causalité physique chez l'enfant* (1927) und *Das moralische Urteil beim Kinde* (1932, dt. 1973). Zu seiner Überraschung wurden die Bücher tatsächlich gelesen und in weiten Kreisen diskutiert. Er machte sich einen Namen als Kinderpsychologe, obwohl er keinen akademischen Grad in Psychologie besaß. Man lud ihn zu zahlreichen Vorträgen ein und kannte ihn bald in ganz Europa. Diese öffentliche Aufmerksamkeit war für Piaget ein wenig beunruhigend – nicht zuletzt deshalb, weil er die in seinen Büchern angestellten Überlegungen als ziemlich vorläufig und unbedeutend betrachtete und sie nicht für die endgültigen Aussagen hielt, als die viele andere sie ansahen.

In den folgenden Jahren setzte Piaget seine Untersuchungen am Institut fort, lehrte Philosophie an der Universität von Neuchâtel, machte sich mit der Gestaltpsychologie vertraut, beobachtete seine eigenen Kinder und arbeitete in seiner Freizeit sogar noch über Weichtiere! Von 1929 bis 1945 hatte er verschiedene akademische und administrative Positionen an der Universität Genf und gleichzeitig verschiedene internationale Ämter inne, unter anderem war er Vorsitzender der Schweizer UNESCO-Kommission. Es entwickelte sich eine fruchtbare Zusammenarbeit mit Alina Szeminska, Bärbel

Inhelder und Marcel Lambercier auf den Gebieten der Manipulation von Objekten, der Entwicklung der Wahrnehmung und der Konzepte der Zahl, der physikalischen Menge und des Raumes. Albert Einstein ermutigte Piaget dazu, auch die Konzepte der Zeit, der Schnelligkeit und der Bewegung zu untersuchen. Aus dieser Anregung entstanden zwei provozierende Bücher: *Die Bildung des Zeitbegriffs beim Kinde* (1946, dt. 1974) und *Les notions de mouvement et de vitesse chez l'enfant* (1946b).

Die vierziger und fünfziger Jahre waren geprägt von Forschungsarbeiten auf einem erstaunlich breiten Spektrum von Gebieten, zu denen verschiedene Aspekte der geistigen Entwicklung, der Erziehung, der Ideengeschichte und der Logik sowie Piagets alte Leidenschaft, die Epistemologie, die Erkenntnistheorie, zählten. Piaget war unter anderem Professor der Psychologie an der Universität Genf und der Sorbonne, Direktor des Institut des Sciences de l'Education und Direktor des Bureau International de l'Education. Darüber hinaus gründete er das Centre d'Epistémologie Génétique, ein geistiges Zentrum für Philosophen und Psychologen.

1969 wurde Piaget von der American Psychological Association mit dem Distinguished Scientific Contribution Award ausgezeichnet – „für seine revolutionäre Beschreibung der Natur des menschlichen Wissens und der biologischen Intelligenz" (Evans, 1973, S. 143). Er war der erste Europäer, der diesen Preis erhielt.

Piaget versuchte bis zu seinem Tod am 16. September 1980 im Alter von 84 Jahren, das Rätsel des kindlichen Denkens zu lösen. Noch in seinen letzten Lebensjahren schrieb er in seinem Heimatinstitut, dem Centre d'Epistémologie Génétique, zahlreiche Bücher und Artikel. In Genf erkannte man ihn an seinem wallenden weißen Haar, der Pfeife, der Baskenmütze und dem Fahrrad. Im Alter von 70 Jahren wurde er einmal folgendermaßen beschrieben: „Er geht bedächtigen Schrittes, doch aus seinen blauen Augen leuchten seine Jugendlichkeit, seine gute Laune und seine Begeisterung. So wohlwollend wie der Nikolaus, aber nicht so schwerfällig, erinnert er uns ein wenig an die Bilder, die uns von Franz Liszt überliefert sind" (Tuddenham, 1966, S. 208).

Von Piagets erstaunlicher Produktivität muß man einfach beeindruckt sein. Bei einer vorsichtigen Schätzung seiner Veröffentlichungen kommt man auf mehr als 40 Bücher und mehr als 100 Artikel allein auf dem Gebiet der Kinderpsychologie. Zählt man seine Veröffentlichungen in der Philosophie und der Pädagogik hinzu, dann steigt diese Zahl weiter an. Piaget selbst führte diese Produktivität zum Teil auf die tatkräftige Hilfe seiner Mitarbeiter zurück, hat uns aber auch mit folgender Erläuterung Einblick in seine Persönlichkeit nehmen lassen:

„Ich verdanke es auch einer besonderen Eigenschaft meines Charakters. Im Grunde bin ich ängstlich, nur die Arbeit vermag mich davon zu befreien. Zwar bin ich umgänglich, unterrichte gern und nehme an Versammlungen aller Arten teil, aber ich verspüre ein großes Bedürfnis nach Einsamkeit und Kontakt zur Natur. Wenn ich einen Vormittag mit andern verbracht habe, beginne ich den Nachmittag mit einem Spaziergang, auf dem ich meine Gedanken sammle und ordne, um nachher an meinen Arbeitstisch bei mir zu Hause auf dem Lande zurückzukehren . . . Es ist dieser Zwiespalt in mir zwischen dem sozialen Wesen einerseits und dem naturverbundenen Menschen (in welchem die dionysische Begeisterung in intellektueller Tätigkeit Ausdruck findet), der mir gestattet hat, einen ständigen Hintergrund von Angst zu überwinden und in ein Arbeitsbedürfnis zu verwandeln."

[Pongratz, 1979, Bd. 2, S. 177f]

Allgemeiner Überblick über die Theorie

Der kluge Tourist erkundet eine ihm fremde Stadt, indem er sich mit dem Stadtplan in der Hand einer Stadtrundfahrt mit Fremdenführer anschließt. Diese Erfahrung vermittelt ihm ein „Gefühl" für die Stadt – für ihre Topologie, ihr Tempo und ihre wichtigsten Wahrzeichen. Ganz ähnlich nähert man sich Piagets Theorie am besten durch einen Überblick, der einem Piagets Landkarte erschließt. Unsere kurze Führung versucht, dem Leser ein „Gefühl" für Piagets Theorie zu vermitteln, bevor er alle ihre Ecken und Winkel erkundet – und sich vielleicht verirrt. Da Piagets Theorie komplex und bekanntermaßen schwer zu verstehen ist, betrachten wir sie zunächst auf einer allgemeinen und erst danach auf eher spezifischen Ebenen. Wir werden uns mit den folgenden herausragenden Merkmalen der Theorie befassen: genetische Erkenntnistheorie, biologischer Ansatz, Strukturalismus, Stadien der Entwicklung und Methodologie Piagets. Unser Überblick beschreibt diese Charakteristika und stellt den Zusammenhang zu den weiter oben dargestellten Interessen und Zielen Piagets her.

Anstelle eines Vorworts zum Rest dieses Kapitels weisen wir darauf hin, daß Piaget den wissenschaftlichen Beitrag seiner Mitarbeiter anerkennend hervorhebt. Zwar ist dies ein Kapitel über die Theorie Piagets, doch wurde ein Großteil der dargestellten Forschungsarbeiten zusammen mit einer Reihe von Mitarbeitern, insbesondere in Kooperation mit Bärbel Inhelder, geleistet.

Genetische Erkenntnistheorie

„Das Unbegreiflichste an der Welt ist vielleicht, daß sie begreifbar ist."

[Albert Einstein]

Piaget hätte Einstein sicherlich zugestimmt, denn er war ein Leben lang von der Frage fasziniert, wie der Mensch die Welt begreift. Das Teilgebiet der Philosophie, das sich mit der Wissenslehre befaßt, wird als Erkenntnistheorie bezeichnet. In Piagets Sicht stellt die Erkenntnistheorie sich „das Problem der Beziehungen zwischen dem handelnden und denkenden Subjekt und den Gegenständen seiner Erfahrungen" (Pongratz, 1979, Bd. 2, S. 162). Piaget befaßte sich mit den Fragen, die schon jahrhundertelang Philosophen beschäftigt haben: Wie erwerben wir Wissen? Ist objektives, nicht von der Natur des Wissenden beeinflußtes Wissen überhaupt möglich? Gibt es bestimmte angeborene Ideen, oder muß alles Wissen erst erworben werden? Piagets sämtliche Schriften können als Versuche betrachtet werden, diese Fragen in inhaltlich verschiedenen Gebieten, beispielsweise der Mathematik, der Moralphilosophie und der Sprache, zu beantworten. Wie aus unserem biographischen Abriß deutlich wird, hat Piagets philosophische Suche ihn durch verschiedene Schulen der Philosophie, Biologie, Geschichte, Mathematik und Psychologie geführt. Sie endete schließlich bei der Entwicklungspsychologie, die zur damaligen Zeit noch nicht einmal ein durchstrukturiertes wissenschaftliches Gebiet war.

Piagets Weg zur Entwicklungspsychologie führt uns zu dem Begriff des „Genetischen" in der *genetischen Erkenntnistheorie*. „Genetisch" heißt hier nicht angeboren – wie der Begriff heutzutage eher gebraucht wird –, sondern bezeichnet eine „Entwicklung" oder „Epigenese". Piaget war der Auffassung, daß er durch die Untersuchung von entwicklungsbedingten Veränderungen im Prozeß des Wissenserwerbs und der Organisation von Wissen Antworten auf die traditionellen erkenntnistheoretischen Fragen finden würde. Aus seinem Interesse für die klassischen Themen der Erkenntnistheorie erklärt sich auch sein Interesse an dem, was die Philosophie als grundlegende Kategorien des Denkens betrachtet: Zeit, Raum, Kausalität und Quantität. Diese Kategorien des Denkens sind für Erwachsene offensichtlich, müssen aber – so Piagets Gedankengang – für Kinder nicht ebenso offensichtlich sein. Piaget fragte sich, wie und wann Kinder begreifen, daß zwei Objekte nicht denselben Raum einnehmen können, daß zwei benachbarte Phänomene in einer kausalen Beziehung zueinander stehen können, und daß ein spezifisches Phänomen nicht gleichzeitig vor und nach einem anderen auftreten kann. Für kleine Kinder sind diese Konzepte vielleicht genauso schwer zu begreifen wie für einen Erwachsenen die Schwarzen Löcher im All oder die Relativitätstheorie.

Man könnte Piaget als experimentellen Erkenntnistheoretiker bezeichnen. Anders als die meisten Erkenntnistheoretiker, die ihre Auffassung durch logische Argumente zu stützen suchten, verwarf Piaget diesen „am Schreibtisch" entstandenen Ansatz und formulierte statt dessen empirische Hypothesen, die sich überprüfen ließen. Die Frage, wie der Mensch das Konzept der Zeit, des Raumes und der Kausalität herausbildet, untersuchte er beispielsweise, indem er die Entwicklung dieser Konzepte nachzeichnete. Das Markenzeichen von Piagets Erkenntnistheorie ist demnach die Verbindung von Philosophie und wissenschaftlicher Methode, von Logik und Beobachtungstatsachen.

Im folgenden soll Piagets Lösung des erkenntnistheoretischen Problems kurz dargestellt werden. Seine einfache, aber revolutionäre Behauptung besagt, daß Wissen kein Zustand, sondern ein Prozeß ist. Es handelt sich dabei um ein Phänomen oder eine Beziehung zwischen dem Wissenden und dem Gewußten. Ein Kind weiß oder begreift einen Ball oder eine Rassel, indem es darauf einwirkt – körperlich oder geistig. In gewissem Sinne „konstruieren" Menschen ihr Wissen. Im Prozeß des Wissenserwerbs spielen sie eine aktive Rolle und bestimmen mit darüber, welche Form ihr Wissen annimmt. Der erkennende Mensch selegiert und interpretiert aktiv die Informationen aus seiner Umwelt. Er saugt nicht passiv Informationen auf, die er dann als Wissen einlagert.

Das kindliche Weltbild verändert sich im Verlaufe der Entwicklung des kognitiven Systems. Mit dem Wissenden verändert sich das Gewußte. Ein konkretes Beispiel sind die Beziehungen im Raum. Ein Kleinkind erwirbt sich ein praktisches Wissen um nah und fern, hinauf und hinunter. Das ältere Kind entwirft eine abstraktere „kognitive Landkarte" der Beziehungen zwischen den Objekten in seiner Umgebung. Säuglinge erwerben ihre „Kenntnis" des Raumes, indem sie in ihm krabbeln und nach Gegenständen greifen, während ältere Kinder den Raum begreifen, indem sie geistige Symbole auf eine ganz spezifische Weise manipulieren. Man beachte, daß in beiden Fällen eine fortdauernde Interaktion zwischen dem Wissenden und seiner Außenwelt erfolgt.

Piagets Theorie des Wissenserwerbs impliziert unter anderem, daß Wissen subjektiv gefärbt ist. Jede Erfahrung wird durch die altersbedingten Verstehensstrukturen gefiltert. Der Geist des Kindes ist keine Kamera, die wirklichkeitsgetreue Abbilder liefert, sondern im Laufe der geistigen Entwicklung wird das Bild immer mehr auf die Realität abgestimmt.

Der biologische Ansatz

Schon mit seinem kindlichen Interesse an Muscheln und Vögeln war Piagets Denken fest in der Biologie verwurzelt. Piaget ragt jedoch insofern heraus, als er in den Mollusken mehr sah als die meisten Biologen. Er erkannte in den niederen Mollusken allgemeine Prinzipien der Anpassung des lebendigen Organismus an seine Umwelt. Mollusken passen sich an die Umwelt an und assimilieren sie zugleich in einer Weise, die durch ihre biologische Struktur vorgegeben ist. Piaget war der Auffassung, daß diese Prinzipien auch für das menschliche Denken Geltung besitzen. Seine allgemeinste Definition der Intelligenz bezeichnet sie als Anpassung an die Umwelt. So, wie sich menschliche und nichtmenschliche Organismen physisch an ihre Umwelt anpassen, paßt sich das Denken auf einer psychologischen Ebene seiner Umwelt an. Piaget stellte die Hypothese auf, die psychologischen Funktionsweisen dieser Adaptation seien allgemein oder universal.

Er entlehnte ein weiteres Konzept aus der Biologie, als er behauptete, die Entwicklung der Kognition gleiche der Entwicklung des Embryos: Eine organisierte Struktur differenziert sich im Laufe der Zeit immer weiter aus. Tatsächlich bezeichnete Piaget (1970) die kognitive Entwicklung gelegentlich auch als „geistige Embryologie".

Adaptation, Organisation und Struktur sowie weitere biologische Konzepte wie Äquilibration, Assimilation und Akkommodation sollen weiter unten in diesem Kapitel diskutiert werden, wenn wir uns mit den Prozessen der Entwicklung befassen. Wir weisen allerdings darauf hin, daß diese biologischen Konzepte lediglich als Analogien für das Funktionieren der Intelligenz dienen. Die Biologie hat Piaget nicht zu einer Physiologie der Intelligenz geführt.

Der strukturalistische Ansatz

Gemeinsam mit anderen herausragenden Wissenschaftlern wie dem Anthropologen Claude Lévi-Strauss und dem Sprachwissenschaftler Ferdinand de Saussure zählt Piaget zu den sogenannten *Strukturalisten*. Strukturalisten befassen sich mit den strukturellen Erscheinungsformen ihres Untersuchungsgegenstands. Piaget postulierte, daß eine geringe Anzahl geistiger Operationen die Grundlage für eine breite Spanne von Denkprozessen bildet. Es gibt also eine Struktur, die der offensichtlichen Vielfalt der Inhalte zugrunde liegt. In einer strukturalistischen Theorie wird festgestellt, wie Teile im Verhältnis zu einem Ganzen organisiert sind und welche Muster der Veränderung sich abstrahieren lassen. Strukturalisten interessieren sich insbesondere für Beziehungen – zwischen Teilen und dem Ganzen und zwischen früheren und späteren Stadien. Das Denken von jüngeren und älteren Kindern beispielsweise setzt sich aus denselben Elementen zusammen, doch diese Elemente werden unterschiedlich kombiniert, um das strukturierte Ganze des Denkens zu bilden.

Nach dem Strukturalisten Piaget verändert sich das Wesen der geistigen Strukturen im Verlaufe ihrer Entwicklung. Die kognitiven Strukturen bezeichnet er als „Schemata". Ein *Schema* ist ein strukturiertes Verhaltensmuster, das eine spezifische Form der Interaktion mit der Umwelt widerspiegelt. Für Piaget gehört alles Wiederholbare und Generalisierbare in einer Handlung zum Schema. Das Saugschema beispielsweise beschreibt die Art, wie Säuglinge verschiedene Objekte in den Mund nehmen und daran saugen. Mit der Ausdifferenzierung des Schemas klassifizieren sie Objekte in „saugbare" und „nicht saugbare" Objekte mit verschiedenen Subkategorien wie etwa harte, weiche, schmiegsame oder haarige (Papas Bein) saugbare Objekte.

Die kognitiven Strukturen älterer Kinder von etwa sieben Jahren an werden im Gegensatz dazu als abstrakte geistige Operationen beschrieben, die logisch-mathematischen Systemen ähneln. Der strukturalistische Rahmen zeigt sich an der Art, wie diese Schemata und Operationen sich selbst zu einem strukturierten Ganzen organisieren und für verschiedene Inhalte anwendbar werden. Addition, Subtraktion, Multiplikation und Division beispielsweise sind Operationen, die in einem Zahlbegriff koordiniert sind, der das mathematische Verhalten in weiten Teilen begründet (erzeugt). (Auf den Begriff der kognitiven Strukturen werden wir weiter unten zurückkommen.)

Der Ansatz der Entwicklungsstadien

„Meilensteine, Phasen und Lebensalter
schaffen allgemeine Maßstäbe,
Während Perioden, Ebenen und Stadien
Seite um Seite erfordern."
[Leland van den Daele, 1969, S. 303[2]]

Die vielleicht kühnste und umstrittenste Behauptung Piagets besagt, daß sich die kognitive Entwicklung in Stadien vollzieht. Für Piaget ist dabei ein *Stadium* ein Zeitabschnitt, in dem das Denken und Verhalten des Kindes in vielfältigen Situationen eine spezifische geistige Grundstruktur widerspiegelt. Piagets Betonung der Entwicklungsstadien ist nicht überraschend, wenn man bedenkt, wie viele Jahre lang er als Student der Zoologie seinen Untersuchungsgegenstand gewissenhaft beobachtete und klassifizierte. Man kann sich die Stadien als aufeinanderfolgende Ebenen der Anpassung vorstellen. So wie sich verschiedene Spezies in unterschiedlicher Weise an ihre Umwelt anpassen, so bieten verschiedene kognitive Ebenen unterschiedliche Möglichkeiten der Anpassung an die Umwelt. Da es in der Entwicklungspsychologie eine Fülle von Stadientheorien gibt, in denen Stadien, Phasen und Stufen eine Rolle spielen, empfiehlt es sich, Piagets spezifische Theorie der Entwicklungsstufen genauer zu charakterisieren. Sie zeichnet sich durch fünf herausragende Merkmale aus:

1. *Ein Stadium ist ein strukturiertes Ganzes in einem Zustand des Gleichgewichts.* Der Strukturalist Piaget sieht ein Stadium als durchstrukturiertes und integriertes Ganzes. Die Schemata oder Operationen jedes einzelnen Stadiums sind also untereinander zu einem organisierten Ganzen verbunden. Jedes Stadium ist gekennzeichnet durch eine spezifische Struktur, die einen spezifischen Typus der Interaktion zwischen Kind und Umwelt ermöglicht und dadurch ein von anderen Stadien grundlegend verschiedenes Weltbild hervorbringt. Piagets Stadientheorie postuliert vor allem, daß mit dem Durchlaufen der Stadien strukturelle Veränderungen verbunden sind, die qualitativ (Veränderungen des Typus oder der Art) sind – und nicht quantitativ (Veränderungen des Grades, der Menge, der Schnelligkeit oder der Leistungsfähigkeit). Es handelt sich beispielsweise um eine qualitative Veränderung, wenn ein Kind von den handlungsgestützten Strukturen des frühen Kindesalters im Vorschulalter zu Strukturen der mentalen Repräsentation übergeht. Am *Ende* eines jeden wichtigen Entwicklungsstadiums befinden sich die kognitiven Strukturen in einem Zustand der Ausgeglichenheit oder des Gleichgewichts. (Auf den Prozeß der Äquilibration werden wir in diesem Kapitel noch näher eingehen.)
2. *Jedes Stadium geht aus dem vorangehenden Stadium hervor, integriert und transformiert es und bereitet das nachfolgende vor.* Jedes vorangehende Stadium ebnet

---

[2] Übersetzt aus: Leland van den Daele *Qualitative Models in Development Analysis.* In: *Developmental Psychology* 1 (1969) S. 303–310. Copyright © 1969 American Psychological Association.

dem nachfolgenden den Weg. Auf diesem Weg der Vervollkommnung wird das vorangehende Stadium überarbeitet. Sobald das Kind also ein neues Stadium erreicht hat, ist ihm das vorangegangene nicht mehr zugänglich. Zwar bleiben ihm seine früheren Fertigkeiten erhalten, doch ihre Position oder Rolle innerhalb der Strukturen seines Denkens haben sich verändert. Ein Grundschulkind beispielsweise kann einen Ball immer noch rollen oder anstoßen (eine Fertigkeit, die es als Kleinkind erworben hat), doch es bettet diese Fertigkeit nun in eine Reihe anderer Fertigkeiten ein. Zudem werden die alten Fertigkeiten des Rollens oder Anstoßens nun von einer differenzierteren Ebene des Denkens gesteuert. Rollen und Anstoßen werden mit anderen Handlungen kombiniert, die dem Ziel dienen, das Spiel zu gewinnen. Dieses Charakteristikum impliziert unter anderem, daß eine Regression in ein früheres Stadium nicht möglich ist, weil dieses gar nicht mehr existiert. Piagets Konzept steht hier im Gegensatz zur Freudschen Entwicklungstheorie, nach der ein von Angst überwältigter Mensch in eine frühere Phase der Entwicklung zurückfallen kann.

3. *Die Stadien bilden eine invariante Sequenz.* Die Stadien der Entwicklung folgen in einer bestimmten Reihenfolge aufeinander. Kein Stadium kann übersprungen werden. Mit anderen Worten, da das erste Stadium nicht alle Elemente enthält, die zur Herausbildung des dritten erforderlich wären, ist das zweite unabdingbar. Dieses Postulat von der invarianten Abfolge der Stadien ergibt sich aus der zweiten Behauptung, nach der jedes Stadium aus dem vorangehenden entsteht.

4. *Die Stadien sind universell.* Da Piaget sich für die Frage interessierte, wie der Mensch sich als Spezies psychologisch an seine Umwelt anpaßt, befaßte er sich vor allem mit Strukturen und Konzepten, die von allen Menschen erworben werden. Natürlich können geistige Retardierung aufgrund einer Schädigung des Gehirns, schwere Fälle von Deprivation oder andere Ursachen dazu führen, daß manche Menschen nicht alle Stadien der geistigen Entwicklung hinter sich bringen oder daß sie sie langsamer durchlaufen. Entscheidend ist das Postulat, daß sie die jeweils tatsächlich erreichten Stadien in der für alle Menschen vorausgesagten Reihenfolge erreichen. Auch Menschen ohne Entwicklungsverzögerungen bilden die einzelnen Stadien unterschiedlich schnell heraus. Aber auch hier wieder gilt das Postulat, daß sich bei Kindern im afrikanischen Dschungel, in der amerikanischen Vorstadt und in den Schweizer Bergen dieselbe Abfolge der Entwicklungsstufen feststellen läßt.

5. *Jedes Stadium schreitet voran vom Werden zum Sein.* Zu jedem Stadium gehört eine anfängliche Periode der Vorbereitung und eine abschließende Periode der Vervollkommnung. Der Übergang von einem Stadium zum nächsten ist gekennzeichnet durch instabile, lose organisierte Strukturen. Wir werden im folgenden jedoch die einzelnen Stadien in ihrer endgültigen, stabilen, generalisierten und straff organisierten Struktur beschreiben.

Zusammenfassend dargestellt sind Piagets Stadien der Entwicklung strukturierte Ganzheiten, die aus vorangehenden Stadien hervorgehen, diese transformieren, eine invariante und universelle Sequenz bilden und sich über eine instabile Periode des Übergangs zu einer endgültigen stabilen Struktur entwickeln.

Methodologie

Im einleitenden Kapitel sollte unter anderem vermittelt werden, daß der Wissenschaftler, seine Theorie und seine Art der Datenerhebung einander sowohl fördern als auch einschränken. Alle drei Faktoren weisen gemeinsam in eine bestimmte Richtung. Piaget, der zunächst Spatzen beobachtet und Weichtiere gesammelt hatte, setzte seine Fertigkeiten der Beobachtung und Klassifizierung ein, als er sah, wie Säuglinge die Objekte in ihrer Umgebung beherrschen lernen und wie Kleinkinder sich abmühen, ihre Gedanken in spontane Worte zu fassen. Als Piaget während seines Studiums an der Sorbonne Gespräche mit psychisch gestörten Patienten führte, war er bald bekannt als der Mann, der Fragen zu Träumen, zum Ursprung des Universums und zu Quantitäten stellt. Piaget stützte sich in seiner frühen Arbeit mit Vorschulkindern und Schulkindern gewöhnlich auf das *klinische Gespräch*, eine kettenartige verbale Interaktion zwischen Versuchsleiter und Kind. Den Anfang macht dabei der Versuchsleiter, indem er eine Aufgabe oder eine Frage stellt, doch in seinen nachfolgenden Fragen läßt er sich von den Antworten des Kindes leiten. Über dieses Wechselspiel versucht er, den Gedankengang nachzuvollziehen, der den Antworten des Kindes zugrunde liegt. Ein geschickter Interviewer vermeidet es, die Antworten des Kindes allzu suggestiv zu beeinflussen.

Das folgende Gespräch zwischen Piaget und einem Fünfjährigen veranschaulicht die klinische Methode:

METR (5;9): „Woher kommt der Traum? – *Ich glaube, man schläft so gut, daß man träumt.* – Kommt er aus uns oder von außen? – *Von außen.* – Womit träumt man? – *Ich weiß nicht.* – Mit den Händen? – . . . – Mit nichts? – *Ja, mit nichts.* – Wenn du im Bett bist und träumst, wo ist dann der Traum? – *In meinem Bett, in der Decke. Ich weiß nicht. Wenn sie in meinem Bauch wären (!), dann wären die Knochen da, und man würde es nicht sehen.* – Ist der Traum da, wenn du schläfst? – *Ja, er ist in meinem Bett neben mir.*" Wir versuchen, METR eine andere Idee zu suggerieren: „Ist der Traum im Kopf? – *Ich bin im Traum: Er ist nicht in meinem Kopf (!). Wenn man träumt, weiß man nicht, daß man im Bett ist. Man weiß, daß man geht. Man ist im Traum. Man ist in seinem Bett, und weiß nicht, daß man darin ist.* – Können zwei Leute den gleichen Traum haben? – *Es gibt nie zwei* (identische) *Träume.* – Woher kommen die Träume? – *Ich weiß nicht. Sie entstehen.* – Wo? – *Im Zimmer, und dann kommen sie zu den kleinen Kindern. Sie kommen ganz allein.* – Siehst du den Traum, wenn du in deinem Zimmer bist? Und wenn ich auch in deinem Zimmer wäre, würde ich ihn sehen? – *Nein, die Männer träumen nie.* – Können zwei Leute den gleichen Traum haben? – *Nein, nie.* – Wenn der Traum im Zimmer ist, ist er dann nahe bei dir? – *Ja, hier!* (30 cm vor den Augen)."

[1926 (1978, S. 89)][3]

In seinen späteren Arbeiten kombinierte Piaget diese Gespräche oft mit der Manipulation von Gegenständen durch den Versuchsleiter oder das Kind, und zwar vor allem, als er numerische und physikalische Konzepte und die Entwicklung im Bereich der Wahrnehmung untersuchte. Piaget breitete dann beispielsweise eine Reihe von Gegenständen vor dem Kind aus und fragte es bei einem zweiten Durchgang, ob sich die Anzahl der Gegenstände verändert habe.

---

[3] Die in eckigen Klammern genannten bibliographischen Angaben zu Piagets Werk beziehen sich auf die in der Regel auf Französisch erschienene Originalausgabe. Die runden Klammern enthalten das Erscheinungsjahr und die Seitenzahlen der dem vorliegenden Kapitel zugrunde gelegten deutschen beziehungsweise englischen Übersetzung.

Kleinkindern kann man natürlich keine sinnvollen Fragen zu ihrem Denken stellen. Deshalb beobachtete Piaget seine eigenen Kinder genau bei ihren alltäglichen Aktivitäten. Gelegentlich wurde er auch zum beobachtenden Mitspieler, wenn er aus der Situation heraus kleine Experimente erfand, in denen er etwa ein Spielzeug versteckte und beobachtete, ob das Kind danach suchte.

Da Piaget die wörtlichen Protokolle und Verhaltensstudien mit den Augen des Erkenntnistheoretikers und des theoretischen Biologen ansah, wurden seine Beschreibungen immer abstrakter. Piaget erkannte in den vielfältigen und konkreten Verhaltensformen allgemeine Denkstrukturen. Dieser Prozeß der Abstraktion oder Generalisierung schlägt sich in seinen Schriften nieder, in denen die theoretische Interpretation im Verhältnis zur tatsächlichen Beobachtung oft deutlich überwiegt.

Wer sich mit Piagets Theorie zum ersten Mal auseinandersetzt, steht unter anderem vor der schwierigen Aufgabe, einen Zusammenhang zwischen den vielen schwer faßbaren, abstrakten Merkmalen der Theorie und der Fülle spezifischer Verhaltensformen in jedem einzelnen Stadium herstellen zu müssen. Zunächst muß sich der Leser wohl einfach darauf verlassen, daß abstrakte Schlußfolgerung und konkrete Beobachtung tatsächlich in irgendeiner Beziehung zueinander stehen. Diesen Zusammenhang begreift man vielleicht am besten, wenn man zwischen Theorie und Beobachtung hin- und herpendelt. Wir werden deshalb an den abstrakten Überblick eine Beschreibung der stadienspezifischen Veränderungen anschließen und dann wieder zu einer neuen Reihe abstrakter Merkmale zurückkehren, zu den Mechanismen der Veränderung.

Die einzelnen Stadien

Im einleitenden Kapitel dieses Buches wurde die Forderung aufgestellt, eine Entwicklungstheorie müsse Entwicklung sowohl beschreiben als auch erklären können. Im folgenden soll nun dargestellt werden, welche Stadien der kognitiven Entwicklung der Prototyp des Piagetschen Kindes durchläuft. Daran anschließend befassen wir uns mit der Frage, wie und warum die Entwicklung gerade diesen Verlauf nimmt.

Um jedes einzelne Stadium verstehen zu können, müssen wir nicht nur wissen, woraus es entsteht, sondern auch, wozu es sich weiterentwickelt. Jedes Stadium birgt die Früchte der Vergangenheit ebenso in sich wie die Keimzellen der Zukunft. Wir geben dem Leser einen Überblick über die Stadien und schließen dann eine detailliertere Darstellung an. Die Altersangaben bei jedem Stadium sind nur als annähernde Werte zu verstehen, da das Alter, in dem Kinder die einzelnen Stadien durchlaufen, bis zu einem gewissen Grad auch variiert.

1. *Sensumotorisches Stadium oder sensumotorische Periode* (etwa von der Geburt bis zum Alter von zwei Jahren). Kinder begreifen die Welt über ihre manifesten physischen Einwirkungen auf sie. Ihr Verhalten entwickelt sich von einfachen Reflexen über verschiedene Schritte hin zu einer durchstrukturierten Reihe von Schemata (strukturierten Verhaltensformen).

2. *Präoperatives Stadium oder präoperative Periode* (etwa von zwei bis sieben Jahren). Kinder passen sich nicht mehr nur perzeptionell und motorisch an Objekte und Phänomene an, sondern können nun auch Symbole (mentale Repräsentationen, Worte, Gesten) verwenden, die an die Stelle dieser Objekte und Phänomene treten. Sie setzen diese Symbole zunehmend strukturiert und logisch ein.

3. *Konkret-operatives Stadium oder konkret-operative Periode* (etwa von sieben bis elf Jahren). Kinder erwerben bestimmte logische Strukturen, die es ihnen ermöglichen, verschiedene geistige Operationen auszuführen, die internalisierte und reversible Handlungen darstellen.
4. *Formal-operatives Stadium oder formal-operative Periode* (etwa von elf bis 15 Jahren). Geistige Operationen sind nicht mehr auf konkrete Objekte beschränkt, sondern finden nun auch Anwendung auf rein verbale oder logische Aussagen, auf das Hypothetische wie das Reale, die Zukunft wie die Gegenwart.

Bevor wir die einzelnen Stadien der Entwicklung darstellen, sollten wir kurz auf Piagets Terminologie eingehen. Piaget spricht zwar von „Stadien" der Entwicklung, bezeichnet aber die vier Hauptstadien auch als „Perioden", wie etwa die „sensumotorische Periode". Unterteilt er innerhalb dieser vier Hauptperioden weiter, dann gebraucht er den Begriff „Stufe". Wir werden im folgenden nur noch von Stadien und, als deren Unterteilung, von „Stufen" sprechen.

Das sensumotorische Stadium
(etwa von der Geburt bis zum Alter von zwei Jahren)

Nach Piagets Auffassung verfügt der Mensch von Geburt an über eine Reihe von Reflexen, eine der Spezies Mensch vorbehaltene physische Ausstattung, und über ererbte Formen der Interaktion mit seiner Umwelt. Diese ererbten Formen der Interaktion betreffen die Tendenz des menschlichen Denkens, sich zu strukturieren und an die Umwelt anzupassen. Selbst das Denken eines Einstein wurzelt in diesen bescheidenen Anfängen. Säuglinge wissen zwar fast noch nichts über die Welt, verfügen aber über ein Potential, das es ihnen erlaubt, alles Wissen zu erwerben. Entsprechend trägt auch eines von Piagets Werken zur Entwicklung des Kleinkindes den Titel *Das Erwachen der Intelligenz beim Kinde* (1975, I). Wir verfolgen nun, wie ein Kleinkind sich mit Hilfe seines sensorischen Systems (Wahrnehmung) und seines motorischen Systems (Körperbewegungen) ein Weltbild aufbaut. Bei diesem Aufbau eines sensumotorischen Denksystems durchläuft es sechs Stufen.

Die erste Stufe: Reflexmodifikation
(etwa von der Geburt bis zu einem Monat)

Ein Neugeborenes ist ein Bündel von Reflexen oder „integrierten" Reaktionen, die von spezifischen Stimuli ausgelöst werden. Berührt man seine Lippen, dann saugt es, piekt man es in den Fuß, beugt es das Knie, legt man einen Finger in seine Hand, hält es ihn fest. Werden diese Reflexe immer wieder aktiviert, so verändern sie sich ganz allmählich im Laufe der Zeit. Das Kind paßt sie in kleinen Schritten den Erfordernissen von leicht veränderten Umständen an. Es muß beispielsweise in unterschiedlichen Situationen mit seinem Mund die Brustwarze der Mutter aus leicht verschiedenen Winkeln heraus suchen, und die Art, in der es mit seinem Mund und seiner Zunge an einer harten Plastikrassel saugt, unterscheidet sich von seiner Art, an einem Finger zu saugen.

Da der Reflex an immer mehr und verschiedenen Typen von Objekten ausprobiert wird, vergrößert sich die Klasse der „saugbaren Gegenstände" und reicht schließlich von den Brustwarzen über die Decke bis hin zu den Stäben des Kinderbettes. Während Säuglinge nun ihr Saugverhalten auf zahlreiche Objekte ausdehnen, nimmt gleichzeitig ihr Unterscheidungsvermögen zu. Hungrige Säuglinge verwechseln niemals einen Finger mit einer Brustwarze. In gewissem Sinne „erkennen" sie die Objekte.

Verhaltensweisen wie Saugen, Greifen und Sehen bleiben keine Reflexe, sondern können spontan produziert werden. Tatsächlich wird auch dann manchmal gesaugt, wenn es gar nichts zu saugen gibt. Piaget behauptet, daß Menschen über die angeborene Tendenz verfügen, ihre Fertigkeiten zu üben. Säuglinge saugen, weil sie es können. Das Saugen verstärkt die Fertigkeit des Saugens und führt, weil Gleiches auch Gleiches hervorbringt, zu weiterem Saugen.

Kurz gesagt heißt dies, daß ein Säugling im ersten Stadium Verhaltensweisen verstärkt, generalisiert und differenziert, die als Reflexe begonnen haben. Von diesem Zeitpunkt an gebraucht Piaget den Begriff des Schemas, der weiter oben im Abschnitt über den strukturalistischen Aspekt seiner Theorie eingeführt wurde. Die Schemata – strukturierte Verhaltensmuster – werden auch im weiteren Verlauf des sensumotorischen Stadiums das Verhalten verstärken, generalisieren und differenzieren. Der Säugling erschafft sich eine Welt aus Dingen, an denen man saugen, die man ergreifen, anschauen, anstoßen, fühlen, anhören und so weiter kann. Die primitiven Schemata des ersten Stadiums stellen kleine, aber bedeutsame Schritte beim Aufbau dieser Welt dar.

Die zweite Stufe des sensumotorischen Stadiums: Primäre Zirkulärreaktionen (etwa ein bis vier Monate)

Die für die erste Stufe charakteristischen Verhaltensweisen können insofern nur sehr eingeschränkt als Schemata bezeichnet werden, als der jeweilige Reflex kaum modifiziert wird. Bei dieser zweiten Stufe entwickeln sich rasch zahlreiche Schemata, weil nun primäre Zirkulärreaktionen ablaufen. Eine Zirkulärreaktion ist ein Verhalten, das ständig wiederholt und dadurch zirkulär wird. Der Säugling entdeckt irgendwann zufällig, daß ein bestimmtes Verhalten ein interessantes Ergebnis hervorbringt, und versucht dann, dieses Ergebnis erneut herbeizuführen. Wird das Verhalten und sein Ergebnis erfolgreich wiederholt, kann man davon sprechen, daß sich eine „Gewohnheit" herausbildet. Die Zirkulärreaktionen dieses Stadiums werden auf dieser Stufe als „primär" bezeichnet, weil bei den Reaktionen des Kindes nicht andere Objekte im Mittelpunkt stehen, sondern sein eigener Körper.

Piaget beobachtete bei seinen eigenen Kindern zahlreiche Fälle von primären Zirkulärreaktionen. Betrachten wir das folgende Beispiel (die drei Zahlen geben das Alter des Kindes in Jahren, Monaten und Tagen an):

„Bb.53. Mit 0;2(3) erscheint bei Laurent eine Zirkulärreaktion, die sich nach und nach präzisiert und den Beginn des systematischen Greifens darstellt: kratzen und versuchen zu ergreifen, loslassen, kratzen und von neuem zu ergreifen versuchen usw. Von 0;2(3) bis 0;2(6) beobachtet man dieses Verhalten nur während des Fütterns; Laurent kratzt leicht an der nackten Schulter seiner Mutter. Aber von 0;2(7) an tritt dieses Verhalten ganz deutlich auch in der Wiege auf, Laurent kratzt an dem über die Decke geschlagenen Leinentuch, ergreift es dann und hält es einen Augenblick fest, um es dann wieder loszulassen und von neuem zu kratzen, und so geht es endlos weiter. Mit 0;2(11) dauert dieses Spiel ununterbrochen eine gute Viertelstunde, und zwar mehrere Male im Verlauf des Tages. Mit 0;2(12) kratzt und greift er unaufhörlich meine Faust, die ich an seinen rechten Handrücken gelegt habe. Es gelingt ihm sogar, abtastend meinen Mittelfinger ausfindig zu machen, ihn allein zu ergreifen und während einiger Augenblicke festzuhalten. Mit 0;2(14) und 0;2(16) notiere ich ausdrücklich, wie deutlich das spontane Ergreifen des Bettuches die Eigenschaften einer Zirkulärreaktion zeigt: zuerst tasten, dann regelmäßige rhythmische

Tätigkeit (kratzen, ergreifen, festhalten und loslassen) und schließlich in zunehmendem Maße Desinteressiertheit.

[1936 (1975, I, S. 100)]

Eine primäre, wahrscheinlich universelle Primärreaktion ist das Daumenlutschen. Obwohl es schon mit (oder sogar vor) der Geburt auftritt, entwickelt es sich erst jetzt zu einem systematischen, koordinierten Verhalten. Das Kind bringt den Daumen gezielt zum Mund und behält ihn dort. Weitere Beispiele für primäre Zirkulärreaktionen sind die aktive visuelle Exploration von Objekten und das Zuhören bei der eigenen Lautbildung.

Die Performanz der Zirkulärreaktionen scheint von Lustgefühlen begleitet zu sein. Piaget beschreibt die folgende Beobachtung: „Von 0;3 an spielt T. mit seiner Stimme, nicht allein aus phonetischem Interesse, sondern aus ‚Funktionslust', wobei er über seine eigenen Fähigkeiten vor Freude lacht" [1945 (1975, V, S. 122)].

Die dritte Stufe: Sekundäre Zirkulärreaktionen
(etwa vier bis acht Monate)

Kinder begnügen sich niemals mit dem Status quo, sondern versuchen, ihre Welt immer weiter zu erkunden. Diese Erweiterung ihres Horizonts zeigt sich ganz besonders deutlich beim Übergang von der primären Zirkulärreaktion zur sekundären. Während bei der primären Zirkulärreaktion der eigene Körper im Mittelpunkt steht, sind sekundäre Zirkulärreaktionen auf die äußere Welt ausgerichtet. Das Kind tut zufällig etwas, das in seiner Umwelt ein interessantes Ergebnis hervorbringt: Es schüttelt eine Rassel und bringt damit ein Geräusch hervor; es wirft einen Ball, der daraufhin rollt. In der vorangehenden Stufe war das Rasseln oder Werfen selbst interessant, nun sind es die Auswirkungen auf die Umwelt.

Sobald sich die sekundären Zirkulärreaktionen generalisieren, bezeichnet Piaget sie als „Vorgehensweisen, die dazu dienen, interessante Erscheinungen andauern zu lassen." Wenn heftiges Strampeln mehrmals dazu führt, daß sich ein Mobile bewegt, dann nehmen Kinder dieses Strampeln vielleicht in ihr Verhaltensrepertoire auf. Von nun an werden sie, sobald sie eine interessante Bewegung wahrnehmen, zu strampeln beginnen, um diese Bewegung zu erhalten und zu reproduzieren. Manchmal führt dieses Verhalten zum gewünschten Resultat, manchmal aber auch nicht: Nachdem der sieben Monate alte Laurent einmal fasziniert seinen Vater beim Trommeln auf eine Blechschachtel beobachtet hatte, fixierte er die Schachtel zunächst mit den Augen, schüttelte dann seinen Arm, stützte sich auf, schlug auf seine Decken und schüttelte den Kopf beim Versuch, die Blechschachtel zu ergreifen – aber vergebens!

Eine von Piagets neuen Beobachtungen ist das „motorische Erkennen", das auf dieser Stufe durch die wiedererkennende Assimilation entsteht:

„Es geschieht nämlich, daß das Kind in Gegenwart von Gegenständen oder von Ereignissen, die für gewöhnlich eine sekundäre Zirkulärreaktion auslösen, sich damit begnügt, die gewohnte Handlung nur anzudeuten, statt sie tatsächlich auszuführen. Anscheinend gibt es sich damit zufrieden, diese Gegenstände oder diese Ereignisse wiederzuerkennen und dieses Wiedererkennen angemessen zum Ausdruck zu bringen. Das Kind kann sie aber nur dadurch zur Kenntnis nehmen, daß es das Verhaltensschema, das dem Wiedererkennen dient, von neuem vollzieht, statt es bloß zu denken."

[1936 (1975, I, S. 191)]

Als Piagets Tochter Lucienne beispielsweise eine Puppe sieht, die sie zuvor oft geschüttelt hat, begnügt sie sich damit, ihre Hände zu öffnen und zu schließen und mit den Beinen zu strampeln. Hier handelt es sich um eine reduzierte und vereinfachte Version des ursprünglichen Verhaltens.

Auf der zweiten und dritten Stufe gelangt das Kind zu einigen einfachen Koordinationen seiner Schemata. Die Integration von Sehen und Greifen ist bei der Herausbildung zirkulärer Reaktionen besonders hilfreich. Säuglinge können nun einen Gegenstand sehen, nach ihm greifen und ihr Repertoire von „Dingen, die man mit Gegenständen tun kann", durchspielen. Diese Koordination der Schemata des Sehens, Greifens, Saugens, Hörens, und so weiter setzt sich während des gesamten sensumotorischen Stadiums fort, so daß die kognitiven Strukturen zunehmend komplexer strukturiert werden.

Die vierte Stufe: Koordination der sekundären Verhaltensschemat
(etwa acht bis zwölf Monate)

Nun können Kinder ihre Schemata auf komplexe Weise kombinieren. Vor allem entwickeln sich jetzt Planung und Intentionalität. Eine solche neue Verhaltenssequenz setzt sich zusammen aus einem oder mehreren Übergangsschemata (oder instrumentellen Handlungen) und einer Zielhandlung. Kinder wissen nun, was sie wollen, und können ihre Fertigkeiten einsetzen, um an ihr Ziel zu gelangen. Sie unterscheiden zwischen Mittel und Zweck. Während die Kinder auf der dritten Stufe nur zufällig entdecken, welche Erlebnisse interessant sind, und erst *im nachhinein* versuchen, dasselbe Resultat erneut hervorzubringen, ist es auf der vierten Stufe ein spezifisches Charakteristikum des Mittel-Zweck-Verhaltens, daß es nun gezielt auf *neue* Situationen angewandt wird. Die Schemata sind jetzt übertragbar; sie haben sich aus ihrem ursprünglichen Kontext gelöst und können willkürlich eingesetzt werden, um viele unterschiedliche Ziele zu erreichen.

Piaget beschreibt mehrere Situationen, in denen er seine Hand vor eine Zündholzschachtel legte, die ein Kind greifen wollte. Hatte Laurent während der dritten Stufe nur das ihm vertraute Greifschema (erfolglos) auf die Zündholzschachtel angewandt, so schlägt er auf der vierten Stufe auf die Hand seines Vaters ein (Mittel) und ergreift die Schachtel (Zweck). Laurent hat ein Hindernis beseitigt, um an ein Ziel zu gelangen.

Das Kind kann jetzt nicht nur Verhaltensschemata koordinieren, um Hindernisse zu überwinden, sondern es kann auch Gegenstände als Mittel zum Zweck einsetzen. Ein Beispiel aus unserer Zeit wäre das Kind, das die Hand seiner Mutter auf den Einschaltknopf des Fernsehgeräts legt, um zu sehen, wie der dunkle Bildschirm sich belebt.

Ein weiteres Ergebnis der Differenzierung zwischen Mittel und Zweck ist die Vorwegnahme von Ereignissen:

„Mit 0;9(16) beginnt sie bei den Mahlzeiten auf komplexere Zeichen als früher zu reagieren. Sie liebt den Traubensaft, den man in ihr Glas gießt, aber schätzt die Suppe gar nicht, die sich in ihrer Schale befindet. Sie achtet nun genau auf das, was die Mutter tut: Wenn der Löffel vom Glas kommt, öffnet sie weit den Mund, wenn er dagegen aus der Schale kommt, bleibt der Mund geschlossen. Die Mutter versucht, sie zu überlisten, indem sie einen Löffel aus der Schale nimmt und damit über das Glas fährt, bevor sie ihn Jacqueline anbietet. Aber diese läßt sich nicht täuschen."

[1936 (1975, I, S. 254)]

Die fünfte Stufe: Tertiäre Zirkulärreaktionen (etwa zwölf bis 18 Monate)

Auf dieser Stufe beobachten wir das Kind als Wissenschaftler und die Umwelt als sein Labor. Kinder führen nun kleine Experimente durch, in denen sie eine Handlung absichtlich variieren, um zu sehen, zu welchem Ergebnis diese Variationen führen. Sie erkunden das Potential eines jeden Gegenstands, indem sie gleichsam fragen: „Gibt es an diesem Gegenstand irgend etwas Neues?" Wie in früheren Zirkulärreaktionen wechseln auch hier Wiederholung und Variation einander ab.

Laurent liefert uns freundlicherweise auch hier wieder ein aufschlußreiches Beispiel:

> „Mit 0;10(11) liegt Laurent auf dem Rücken, nimmt aber nichtsdestoweniger seine Versuche vom Vortag wieder auf. Er ergreift nacheinander einen Schwan aus Zelluloid, eine Schachtel usw., streckt den Arm aus und läßt sie fallen. Dabei variiert er ganz deutlich die Fallstellungen. Bald streckt er den Arm senkrecht hoch, bald hält er ihn schräg nach vorne oder nach hinten (relativ zu den Augen) usw. Wenn der Gegenstand auf einen neuen Platz fällt (z. B. auf das Kopfkissen), läßt er ihn zweimal oder dreimal hintereinander auf diesen Ort fallen, wie um diese spezielle Relation genau zu studieren; dann verändert er die Situation. Einmal landet der Schwan auch nahe bei seinem Mund. Er beginnt jedoch nicht etwa daran zu lutschen (obwohl der Gegenstand für gewöhnlich diesem Zweck dient), sondern läßt ihn dreimal auf dieser Bahn hinunterfallen, wobei er nur undeutlich die Geste des Mundöffnens andeutet."

> [1935, I, S. 272)]

Durch absichtliche Versuch-und-Irrtum-Exploration weiten Kinder das Mittel-Zweck-Verhalten der vorangegangenen Stufe aus, um neue Mittel zu entwickeln. Sie koordinieren nicht mehr nur alte Schemata. Daher charakterisiert Piaget die fünfte Stufe auch oft als „die Entdeckung neuer Mittel durch aktives Experimentieren." Beispiele für solche neuen Mittel wären etwa das Ziehen an einer Decke, um an einen Gegenstand zu gelangen, der auf der Decke liegt, oder das Verschieben eines langen, dünnen Gegenstands, bis er so liegt, daß er durch die Gitterstäbe des Kinderbettes gezogen werden kann.

Die sechste Stufe: Die Erfindung neuer Mittel durch geistige Kombination (etwa 18 bis 24 Monate)

Die sechste Stufe schließt das sensumotorische Stadium ab und eröffnet das präoperative Stadium. Die Leistungen des einen Stadiums schaffen bei jedem Kind die Voraussetzungen dafür, daß es zum nächsten Stadium übergehen kann. Auf der sechsten Stufe des sensumotorischen Stadiums wird das Denken immer mehr verinnerlicht. Bisher hat das Kind seine Gedanken vor der Welt ausgebreitet; von nun an verbirgt sich das bisher Manifeste. An die Stelle der externen Exploration tritt die interne geistige Exploration. All das wird möglich, weil das Kind nun mentale Symbole verwenden kann, die Objekte und Phänomene *geistig abbilden*.

Betrachten wir einmal, wie diese mentale Repräsentation zu einer neuen Art der Problemlösung führt:

> „Bb.181a. – Mit 1;6(23) spielt Lucienne zum ersten Mal mit einem Puppenwagen, dessen Griff bis in die Höhe ihres Gesichtes reicht. Sie rollt ihn über einen Teppich, indem sie daran stößt. An der Wand angelangt, zieht sie den Wagen, indem sie rückwärts geht. Da ihr aber diese Stellung unbequem ist, unterbricht sie ihre Tätigkeit und wechselt ohne Zögern die Seite. Nun kann sie den Wagen von der anderen Seite stoßen. Sie hat also das richtige

Vorgehen durch einen Einsichtsakt entdeckt, selbstverständlich in Analogie zu anderen Situationen, aber ohne Dressur, auch nicht in einem Lernvorgang und ohne Mitwirkung des Zufalls."

[1936 (1975, I, S. 340)]

Diese Episode veranschaulicht die entscheidenden Merkmale des Verhaltens auf der sechsten Stufe:

1. Kinder geben ihr manifestes Versuch-und-Irrtum-Verhalten auf, weil dieses Verhalten nicht mehr notwendig ist.
2. Sie erfinden spontan neue Lösungen (Mittel zum Zweck).
3. Sie manipulieren Vorstellungsbilder, die äußeren Phänomenen entsprechen (für sie stehen, sie repräsentieren).

Das Entstehen eines mentalen Symbols läßt sich an der vielleicht erstaunlichsten Beobachtung Piagets erkennen. Piaget hat mit der 16 Monate alten Lucienne ein Spiel gespielt, bei dem er eine Uhrenkette in einer leeren Streichholzschachtel versteckte. Lucienne konnte die Kette herausholen, indem sie alte Schemata anwandte – sie kippte die Schachtel um, so daß der Inhalt durch die Öffnung herausfiel, oder sie steckte, als die Öffnung kleiner war, ihre Finger in die Schachtel, um die Kette zu ergreifen. (Lucienne konnte übrigens nicht sehen, wie ihr Vater die Schachtel öffnete und schloß, um die Größe der Öffnung zu verändern.) Piaget legte die Kette dann wieder in die Schachtel zurück, verkleinerte aber den Spalt so weit, daß er, wie Lucienne entdeckte, zu klein war, als daß sie mit ihren Fingern die Kette hätte erreichen können. Und nun sehen wir ein interessantes Verhalten:

„Sie betrachtet aufmerksam den Spalt, dann öffnet und schließt sie den Mund mehrmals hintereinander, zuerst nur ganz wenig, dann immer mehr und mehr. Offensichtlich versteht Lucienne, daß unterhalb des Spaltes eine Höhlung besteht, und sie wünscht, diese Höhlung zu erweitern. Ihre Anstrengung, sich das vorzustellen, äußert sich in dieser plastischen Weise. Da sie die Situation nicht in Worten oder visuellen Bildern denken kann, benützt sie als ,Bedeutungsträger' oder Symbol eine einfache motorische Handlung."

[1936 (1975, I, S. 339)]

Ist Lucienne mit einem Problem konfrontiert, das sie mit ihren bisherigen Vorgehensweisen nicht lösen kann, dann denkt sie über das Problem nach, indem sie den Mund bewegt und zugleich reflektiert. Sie befindet sich jetzt in einem Übergangsstadium zum wirklichen Gebrauch mentaler Symbole. Die Bewegungen ihres Mundes repräsentieren die Vorstellung, daß sie die Öffnung der Streichholzschachtel vergrößert.

Eine Leistung dieses Stadiums besteht darin, daß ein in der Vorstellung repräsentiertes Phänomen zu einem späteren Zeitpunkt wieder ins Gedächtnis gerufen werden kann. Dieses nicht mehr präsente Phänomen wird, wie die folgende Beobachtung zeigt, teilweise reproduziert:

„Bb.52. – Mit 1;4(3) bekommt J. Besuch, und zwar von einem kleinen Jungen von 1;6, den sie von Zeit zu Zeit sieht und der sich im Verlauf des Nachmittags in eine fürchterliche Wut hineinsteigert: Er heult und versucht, aus seinem Laufställchen herauszukommen, und stampft mit den Füßen auf den Boden des Ställchens. J., die noch niemals solche Szenen gesehen hat, betrachtet ihn überrascht und bewegungslos. Doch am folgenden Tag ist sie es, die im Laufställchen schreit und es zu verschieben versucht, wobei sie mehrfach nacheinander leicht mit dem Fuß aufstampft. Die Nachahmung des ganzen Verlaufs ist frappierend; diese Nachahmung hätte natürlich eine Vorstellung nicht impliziert, wenn sie unmittelbar gewesen wäre, aber nach einer Zwischenzeit von mehr als zwölf Stunden setzt sie zweifellos ein Element der Vorstellung oder Vor-Vorstellung voraus."

[1945 (1975, V, S. 85)]

Kommentar

Das sensumotorische Stadium ist relativ ausführlich dargestellt worden, weil es die folgenden Charakteristika aller vier Stadien konkret veranschaulicht:

1. Das Kind gewinnt Erkenntnisse über die Eigenschaften von Objekten und über die Beziehungen zwischen ihnen. Im sensumotorischen Stadium erwirbt es dieses Wissen über manifeste Handlungen und damit eine „Logik des Handelns".
2. Kognitive Strukturen werden straffer organisiert. Das Kind koordiniert Schemata und wendet sie als Lösungen auf neue Situationen an.
3. Das Verhalten des Kindes wird immer stärker intentional. Das Kind differenziert zwischen Mittel und Zweck, erfindet neue Mittel und wendet diese in neuen Situationen an, um neue Ziele zu erreichen.
4. Das Selbst differenziert sich allmählich in Abgrenzung von seiner Umwelt. Das Kind entdeckt die Grenzen seines eigenen Körpers und erkennt sich selbst als Objekt in einer Welt von Objekten.

Würde dieses Buch sich ausschließlich mit Piagets Theorie befassen, so könnte in einem nächsten Schritt aufgezeigt werden, wie sich aus den sechs Stufen des sensumotorischen Stadiums heraus verschiedene grundlegende Konzepte entwickeln. Da wir uns aber noch mit verschiedenen anderen Theorien befassen wollen, können hier in Kürze nur einige dieser Entwicklungen angedeutet werden. Eine ausführliche Beschreibung würde aber auch nichts gänzlich Neues bringen, da die Konzepte lediglich erweiterte Anwendungen der bereits beschriebenen allgemeinen sensumotorischen Fähigkeiten eines jeden Stadiums darstellen.

Das vielleicht wichtigste Konzept, das im sensumotorischen Stadium entwickelt wird, ist die *Objektpermanenz*. Dieses Konzept beeinhaltet das Wissen darüber, daß es Entitäten mit einer von den eigenen Handlungen des Kindes unabhängigen Realität gibt. Ein Objekt existiert also weiter, auch wenn das Kind es nicht sehen, hören oder fühlen kann. Piaget postuliert im wesentlichen, daß Kinder allmählich mit dem Herausbilden ihres Konzepts der Objektpermanenz begreifen, daß ihr eigenes Einwirken auf ein Objekt von diesem Objekt selbst getrennt ist. Die Annahme, daß Objekte auch dann existieren, wenn sie nicht gesehen werden, ist zweifellos eine der grundlegendsten Voraussetzungen dafür, daß der Erwachsene sich die Welt als stabil und vorhersehbar vorstellen kann. Kurz zusammengefaßt entwickelt sich dieses Konzept nach Piaget folgendermaßen:

Während der ersten Lebensmonate werden Säuglinge, wenn ein Gegenstand aus ihrem Gesichtsfeld verschwindet, nicht danach suchen (erste und zweite Stufe des sensumotorischen Stadiums). Ihr Verhalten folgt der Regel „aus den Augen, aus dem Sinn".

Später suchen Kinder den Gegenstand, wenn er nur teilweise verborgen ist, oder wenn sie ihn im Moment des Verschwindens manipuliert haben (dritte Stufe). Sie geben ihre Suche allerdings rasch auf, wenn der Gegenstand nicht bald wieder sichtbar wird. Die Kinder halten jeden Gegenstand für eine Extension ihres eigenen Einwirkens auf ihn.

Wenn zu einem späteren Zeitpunkt die Schemata koordiniert werden, verfügen Kinder über die nötigen Fertigkeiten, um nach verborgenen Gegenständen zu suchen (vierte Stufe). Sie suchen allerdings immer wieder an derselben Stelle, wo sie von Anfang an gesucht haben. Als Piaget einen Spielzeugpapagei zweimal unter einer Matratze links von seiner Tochter und dann (vor ihren Augen) rechts von ihr versteckte, suchte sie auch beim dritten Mal sofort auf der linken Seite – also im ursprünglichen Versteck. Piaget erklärt diese Beharrlichkeit damit, daß das Kind ein Objekt auch teilweise über seine Position definiert – als „Papagei unter der Matratze".

Der nächste Fortschritt besteht darin, daß Kinder einen Gegenstand auch dann, wenn seine Position mehrmals verändert wird, angemessen suchen – vorausgesetzt allerdings, sie sehen, wie der Gegenstand von neuem versteckt wird (fünfte Stufe). Schwierigkeiten haben sie mit unsichtbaren Positionsveränderungen, wie beispielsweise in dem Fall, in dem Piaget eine Münze in seine Hand nimmt, sie zuerst unter einem Kissen, dann unter einer Decke versteckt und sie dann wieder offen zeigt.

Bei dieser letzten Stufe gibt Jacqueline allerdings ihre Suche nach der Münze nicht auf, weil sie weiß, daß sie irgendwo sein muß (sechste Stufe). Sie kann das Objekt mental repräsentieren, ist also nicht davon abhängig, daß sie das Objekt sieht oder darauf einwirkt. Sie versteht zuletzt, daß alle Objekte, einschließlich ihrer selbst, Dinge sind, die in und aus sich selbst existieren.

Neben dem Konzept der Objektpermanenz hat Piaget auch die Entwicklung des Zeit-, Raum- und Kausalitätsbegriffs untersucht. Das ist nicht überraschend, wenn man bedenkt, wie sehr sich Piaget für diese klassischen philosophischen Probleme der Erkenntnistheorie interessierte. Eine ausführliche Darstellung der sensumotorischen Entwicklung dieser Konzepte findet sich in Piagets *Der Aufbau der Wirklichkeit beim Kinde* (1937, dt. 1974). Die Konzepte der Zeit, des Raumes und der Kausalität hängen eng mit dem Konzept der Objektpermanenz zusammen, denn Objekte existieren, bewegen sich und beeinflussen einander in einem raum-zeitlichen Feld. Wie bei der Objektpermanenz sind auch diese Konzepte nach Piaget Variationen eines sensumotorischen Themas.

Das präoperative Stadium (etwa zwei bis sieben Jahre)

Der Abschluß des ersten Stadiums und der Beginn des zweiten kann damit verglichen werden, daß man einen Berg besteigt und auf seinem Gipfel feststellt, daß er nur ein Vorberg des Mount Everest ist. Die Leistungen des sensumotorischen Stadiums sind zwar gewaltig, dienen zugleich aber auch der Vorbereitung des Kommenden. In gewissem Sinne fangen die Kinder nun noch einmal von vorn an. Was sie auf der Ebene ihres Einwirkens auf die Welt erreicht haben, wird nun auf der Ebene der mentalen Repräsentationen neu entwickelt. Die Kinder übertragen ihre Konzepte von Objekten, Beziehungen, Kausalität, Raum und Zeit auf ein neues Medium (mentale Repräsentation) und eine höher organisierte Struktur.

Die semiotische Funktion

Wie schon erwähnt, stellt die Entstehung mentaler Repräsentationen auf der sechsten Stufe des sensumotorischen Stadiums einen Brückenschlag zum präoperativen Stadium dar. Die mentalen Repräsentationen werden durch einen allgemeineren Meilenstein der Entwicklung möglich: durch die *semiotische Funktion*, das heißt, die Fähigkeit, ein Objekt oder Phänomen durch ein anderes zu ersetzen. Formaler ausgedrückt *laut   Brckl.*

bezeichnet ein *Signifikant* ein *Signifikat*. Worte, Gesten, Objekte und Vorstellungsbilder können als Signifikanten dienen. Ein vier Jahre altes Kind kann das Wort „Flugzeug", eine durch die Luft sausende Handbewegung, das Vorstellungsbild eines Flugzeugs oder ein Spielzeugmodell verwenden, um ein „wirkliches Flugzeug" zu repräsentieren.

Es gibt Vorläufer zu dieser wirklichkeitsgetreuen Verwendung von Signifikanten. Einer davon ist die bereits in Zusammenhang mit der sechsten sensumotorischen Stufe erwähnte Nachahmung. Luciennes Lösung des Problems der Uhrenkette in der Streichholzschachtel veranschaulicht den Übergang vom manifesten Handeln zum Gebrauch eines mentalen Symbols. Solche reduzierten Nachahmungen werden im Laufe der Entwicklung zu inneren Symbolen.

Es gibt zwei Typen von Signifikanten: *Symbole* und *Zeichen*. Symbole besitzen eine gewisse Ähnlichkeit mit den Objekten oder Phänomenen, für die sie stehen. Sie tragen noch Spuren ihrer Herkunft aus der Nachahmung in sich. Symbole zeigen sich oft im *symbolischen Spiel*, beispielsweise, als Jacqueline ein Tuch nimmt und so tut, als sei es ihr Kissen und als schlafe sie, wobei sie gleichzeitig herzhaft lacht.

Anders als bei Symbolen ist die Beziehung zwischen Zeichen und Objekten oder Phänomenen willkürlich. Es gibt keine Beziehung zwischen dem Wort „Tisch" und dem vierbeinigen Gegenstand, an dem wir sitzen, außer eben derjenigen, daß unsere Sprache ihnen eine Beziehung zugewiesen hat. Die Vorstellung, daß Wörter oder Zeichen den Objekten willkürlich zugeordnet sind, ist für ein Kind nicht leicht zu begreifen. Kleinere Kinder denken, der Name eines Gegenstands gehöre ebenso zum Wesen dieses Objekts wie Farbe und Form. Wenn man sie fragt, warum Spaghetti „Spaghetti" heißen, könnte ein kleineres Kind antworten, daß sie aussähen wie Spaghetti, sich anfühlten wie Spaghetti und schmeckten wie Spaghetti, deshalb hießen sie eben Spaghetti!

Das repräsentative Denken hat im Vergleich zum sensumotorischen Denken verschiedene Vorteile. Es ist schneller und flexibler. Es kann in einem großen Schwenk Vergangenheit, Gegenwart und Zukunft zusammenfassen und einzelne Teile neu kombinieren, um Vorstellungen hervorzubringen, die sich auf nichts Reales beziehen (beispielsweise auf Monster, die nachts herumpoltern). Die sensumotorische Intelligenz dagegen beschreibt Piaget als einen langsam ablaufenden Film, „bei dem man nacheinander alle Bilder zwar sieht, aber unabhängig voneinander, ohne die zum Verständnis des Ganzen unerläßliche kontinuierliche Schau" [1947 (1971, S. 137)].

Piaget schließt sich im übrigen nicht der häufig vertretenen Auffassung an, daß das repräsentative Denken den Gebrauch von Wörtern voraussetzt, sondern vertritt vielmehr gerade das Gegenteil: Erst die Entwicklung des repräsentativen Denkens ermöglicht den Gebrauch der Sprache und anderer Signifikanten. Das Denken geht also der Sprache voraus und reicht über sie hinaus. Sprache ist primär ein Modus, in dem das Denken zum Ausdruck kommt. Diese Priorität des Denkens vor der Sprache setzt sich durch die gesamte Entwicklung hinduch fort. Wer etwa einem Kind beibringt, die Wörter „mehr", „größer" und „gleich" zu gebrauchen, bringt ihm damit noch nicht die quantitativen Konzepte bei, die diesen Wörtern zugrunde liegen.

Aber auch wenn Denken nicht von der Sprache abhängt, kann Sprache die kognitive Entwicklung fördern. Sprache kann bei Kindern die Aufmerksamkeit auf neue Objekte oder Zusammenhänge in der Umwelt lenken, sie mit entgegengesetzten Standpunkten und Perspektiven vertraut machen und ihnen abstrakte Informationen vermitteln, die sie sich nicht ohne weiteres unmittelbar erschließen können. Sprache ist eines der vielen Instrumente im „Werkzeugkasten" des kognitiven Systems.

Denken in Symbolen und Zeichen ist zwar ein ungeheurer Fortschritt im Vergleich zum sensumotorischen Denken, aber auch dieses Denken ist noch in vielerlei Hinsicht eingeschränkt. Wie es im Begriff *präoperativ* schon zum Ausdruck kommt, können Kinder in diesem Stadium noch keine reversiblen, erst für das Denken des nachfolgenden Stadiums charakteristischen und als konkret bezeichneten geistigen Operationen ausführen.

Das präoperative Stadium ist in vielerlei Hinsicht eine Vorbereitung auf das nachfolgende Stadium, und Piaget selbst beschrieb präoperative Kinder eher über das, was sie nicht können, als über das, was sie können. Dennoch definierte er eine Reihe von neuen Errungenschaften, wie Identität, Funktion und Regulierung, die später noch beschrieben werden sollen. Die Hauptmerkmale des präoperativen Denkens sind Egozentrismus, Rigidität des Denkens, prä-logisches Schlußfolgern und begrenzte soziale Kognition.

1. *Egozentrismus.* Mit Egozentrismus ist nicht Selbstsucht oder Arroganz gemeint, und Piaget gebraucht den Begriff auch nicht in einem wertenden Sinne. Der Terminus bezeichnet vielmehr (a) die noch unvollständige Unterscheidung zwischen dem Selbst und der Außenwelt, einschließlich anderer Menschen, und (b) die Tendenz, die Welt in der Perspektive des Selbst wahrzunehmen, zu begreifen und zu interpretieren. Daraus ergibt sich unter anderem, daß ein Kind die perzeptionelle oder konzeptionelle Perspektive eines anderen Menschen nicht bemerkt, weder eine Perspektive der Wahrnehmung noch eine Perspektive des Denkens. Ein präoperatives Kind kann beispielsweise nicht erkennen, daß eine andere Person eine bestimmte Anordnung aus einer anderen Perspektive sieht, wenn sie die Anordnung von einem anderen Standort aus betrachtet. Es kann in diesem Stadium beispielsweise ein Buch hochhalten, auf ein Bild zeigen und seine ihm gegenübersitzende Mutter fragen: „Was ist das?" Dem Kind ist nicht bewußt, daß seine Mutter nur den Rücken des Buches sehen kann. Egozentrisches Denken erschwert es, die Rolle oder den Blickwinkel einer anderen Person zu übernehmen. Das zeigt sich beispielsweise auch beim Kartenspiel, wenn ein fünfjähriges Kind kichert, sobald es den „Schwarzen Peter" bekommt. Es erkennt noch nicht, daß ein „Pokerface" beim Kartenspielen eine notwendige Strategie darstellt.

Da Kinder die Rolle einer anderen Person noch nicht ohne weiteres übernehmen können, bemühen sie sich auch kaum darum, sich beim Sprechen nach den Bedürfnissen des Zuhörers zu richten. Piaget schreibt dazu: „Das Kind empfindet nicht das Bedürfnis, auf den Gesprächspartner einzuwirken, ihm wirklich etwas beizubringen. Es geht hier wie bei so manchem Kaffekränzchen zu: Jeder redet von sich und keiner hört zu" [1923 (1979, S. 21)]. So könnte ein Kind seiner Mutter beispielsweise nach einer Geburtstagsfeier berichten, „er hat sie damit gehauen", ohne lange zu erklären, was mit „er", „sie" und „damit" gemeint ist. Auch die Abfolge der Ereignisse stellt es vielleicht falsch dar, so daß seine Mutter nicht versteht, wie die Aussagen „er hat geweint" und „er hat die Kerzen ausgeblasen" miteinander zusammenhängen.

Wenn Kinder zusammen spielen, kann man eine Fülle von Beispielen für egozentrische Rede beobachten. Kinder, die in ihrer Spielgruppe miteinander zu sprechen scheinen, sprechen zwar – aber nicht unbedingt miteinander. Die Äußerungen eines Kindes haben jeweils keinerlei Bezug zu den Äußerungen aller anderen Kinder. Was wir beobachten, ist eher eine Art kollektiver Monolog als ein Gespräch. Auf die Äußerung eines Kindes, „Ich glaube, ich habe gestern Superman in einer Telefonzelle gesehen", könnte von einem anderen Kind der Satz folgen: „Mein Pulli kratzt."

Präoperative Kinder werden zwar als egozentrisch betrachtet, aber sie sind weniger egozentrisch als im sensumotorischen Stadium. Das frühe sensumotorische Denken spiegelt eine mangelnde Unterscheidungsfähigkeit zwischen dem eigenen Handeln und den Eigenschaften von Objekten wider. Nach dem präoperativen Stadium nimmt der Egozentrismus zwar weiter ab, wird aber niemals ganz verschwinden, auch nicht beim Erwachsenen.

2. *Rigidität des Denkens.* Piaget charakterisiert das präoperative Denken als starr. Ein Beispiel dafür ist die *Zentrierung,* die Tendenz, die Aufmerksamkeit nur auf ein herausragendes Merkmal eines Objekts oder Phänomens zu richten oder nur über dieses Merkmal nachzudenken und andere zu ignorieren. Wenn beispielsweise zwei identische Gefäße dasselbe Volumen an Wasser enthalten und der Inhalt des einen Behälters in ein schmaleres und höheres Gefäß geschüttet wird, so zentrieren die Kinder ihre Aufmerksamkeit auf die Höhe des Wasserstandes und ignorieren die Querschnitte der Behälter. Das führt zu dem Fehlschluß, der dritte Behälter enthalte mehr Wasser, weil der Wasserstand höher ist. Zentrierung und Egozentrismus ähneln sich insofern, als sie beide eine Unfähigkeit reflektieren, gleichzeitig mit verschiedenen Aspekten einer Situation umzugehen, und insofern eine verzerrte Weltsicht hervorrufen.

Rigidität oder mangelnde Flexibilität des Denkens zeigt sich auch in der Tendenz, sich auf *Zustände* und nicht auf die Transformationen *zu konzentrieren,* die diese Zustände miteinander verbinden. Mit dem Problem der Wasserbehälteraufgabe konfrontiert, denkt das Kind über den Zustand „vorher" und den Zustand „nachher" nach, ignoriert aber das Umschütten, das heißt, den Prozeß der Veränderung von A nach B. Kinder konzentrieren sich vergleichsweise mehr auf den *Schein* als auf das *Sein.* Wenn ein Stock beim Eintauchen in Wasser scheinbar abgeknickt wird, trauen kleine Kinder dem Augenschein. Die Untersuchungen zur Unterscheidung von *Scheinrealitäten* hat mit dem aktuellen Interesse an den kindlichen Konzepten des Geistig-Mentalen ein Comeback erlebt (Flavell, 1986).

Am deutlichsten zeigt sich die Rigidität des Denkens im präoperativen Stadium vielleicht in der *fehlenden Reversibilität.* Präoperative Kinder können eine Folge von Ereignissen, Transformationen oder Denkschritten nicht mental umkehren. Sie sind beispielsweise nicht in der Lage, das umgeschüttete Wasser in ihrer Vorstellung wieder in den ersten Behälter zurückzuschütten. Ihre Fähigkeit, Handlungen zu verinnerlichen, ist noch unvollständig, weil nicht bidirektional.

Gegen Ende des präoperativen Stadiums erkennen wir allmählich, wie die Starre des Denkens „aufweicht", wenn die Tendenz zur Zentrierung des Denkens, zur Konzentration auf Zustände und zur Irreversibilität, teilweise korrigiert wird. Wir sehen nun drei positive Errungenschaften des präoperativen Stadiums: Gruppierung, Regulierung und Identität. Diese kognitiven Fertigkeiten bereiten den Übergang zur mentalen Reversibilität im konkret-operationalen Stadium vor.

Eine *Funktion* ist dann gegeben, wenn verschiedene Faktoren, wie in der Gleichung $y = f(x)$, voneinander abhängig sind. Je mehr man beispielsweise an einem Vorhang zieht, desto weiter öffnet er sich. Oder wenn man am Seil eines Flaschenzuges zieht, wird die eine Seite des Seiles länger, wenn die andere kürzer wird. Das Kind kann aber in diesem Stadium die präzise und quantitative Natur der Beziehung noch nicht erkennen.

Eine *Regulierung* ist ein teilweise dezentrierter geistiger Akt. Wenn wir wieder das Beispiel zur Invarianz der Quantitäten heranziehen, stellen wir fest, daß Kinder beim Einschätzen der Wassermenge zwischen den Kriterien Wasserstand und Gefäßweite hin- und herpendeln. Sie schließen, daß ein Glas mehr Wasser als ein anderes enthält, weil der Wasserstand höher ist, oder daß es weniger enthält, weil es schmaler ist.

Die dritte Errungenschaft, das Erkennen der *Identität,* bezeichnet die Vorstellung, daß ein Objekt sein äußeres Erscheinungsbild verändern kann, ohne daß sich deshalb auch seine grundlegende Natur oder Identität verändern muß. Wasser sieht vielleicht anders aus, wenn man es von einem Behälter in einen anderen geschüttet hat, aber es ist immer noch dasselbe Wasser. Und anders als es sich kleine Kinder vorstellen, wird durch eine Hexenmaske niemand zu einer Hexe. Das Denken ist nun weniger starr, weil ein Konzept trotz oberflächlicher äußerer Veränderungen aufrechterhalten werden kann.

3. *Prä-logisches Schlußfolgern.* Als junger Psychologe befragte Piaget Kinder zu ihren Ansichten über die Welt. Diese Interviews offenbarten verschiedene faszinierende Merkmale des präoperativen Schlußfolgerns. In den Gesprächen finden sich zahlreiche Beispiele für den Egozentrismus und die Rigidität des Denkens in diesem Stadium. Wir behandeln sie gesondert, weil sie einige spezifische und auch überraschende Charakteristika des prä-logischen Denkens verdeutlichen.

Das folgende Protokoll veranschaulicht verschiedene Facetten des prä-logischen Schlußfolgerns bei einem sechsjährigen Kind.

ROY (sechs Jahre): „Wie hat die Sonne angefangen? – *Das war, als das Leben angefangen hat.* – Ist die Sonne immer dagewesen? – *Nein.* – Wie hat sie angefangen? – *Weil sie wußte, daß das Leben begonnen hatte.*- Wie ist das geschehen? – *Mit Feuer.* – Wie denn? – *Weil es Feuer dort oben hatte.* – Woher kam dieses Feuer? – *Vom Himmel.* – Wie ist es im Himmel entstanden? – *Weil es ein Zündholz hatte, das sich entzündet hat.* – Woher kam es? – *Der liebe Gott hatte es hingeworfen. . . .* Wie hat der Mond angefangen? – *Weil wir angefangen haben, lebendig zu sein.* – Was hat das bewirkt? – *Das hat den Mond größer gemacht.* – Ist der Mond lebendig? – *Nein . . . ja.* – Warum? – *Weil wir lebendig sind.*"

[1926 (1978, S. 209)]

Das Kind versucht, sich die rätselhaften Naturereignisse seines Alltags zu erklären. Das kann es zum Beispiel in Analogie zum menschlichen Verhalten tun. Sonne und Mond sind so lebendig wie der Mensch, wurden durch eine quasi-menschliche Handlung (einen Gott, der ein Streichholz anzündete) erschaffen und sind verbunden mit den Aktivitäten des Menschen (der Mond entstand, weil der Mensch entstand). Ähnlich könnte ein präoperatives Kind behaupten, es gebe Schnee, damit Kinder in ihm spielen können, und die Wolken bewegten sich, weil sie gezogen würden, wenn die Menschen gehen.

Gedanken werden häufig nur lose verknüpft und noch nicht logisch in Beziehung gesetzt. Lucienne beispielsweise folgerte an einem Nachmittag, an dem sie keinen Mittagsschlaf gehalten hatte, es könne nicht Nachmittag sein, weil sie noch nicht geschlafen habe. Ein Kind in diesem Stadium könnte auch sagen, ein Freund sei hingefallen, weil er verletzt worden ist. Das Kind schließt vom Besonderen auf das Besondere.

4. *Begrenzte soziale Kognition.* Piaget behauptet, daß seine Beschreibung des Denkens gleichermaßen für natürliche wie soziale Objekte und Phänomene gilt. Unsere Darstellung des präoperativen Denkens verweist auf diese Parallele zwischen physischem und sozialem Bereich. Beispiele dafür sind die im Egozentrismus begründeten Defizite bei der Übernahme verschiedener Rollen und in der Kommunikation, die Verwechslung von natürlichen und menschlichen Ereignissen und schließlich die Vorstellungen, die Kinder zur Identität von Personen haben, wenn diese sich äußerlich verändern. Darüber hinaus untersucht Piaget in seinem Werk zum moralischen Urteil beim Kind insbesondere das soziale Denken. Ein präoperatives Kind beurteilt das Unrecht einer Handlung nach externen Variablen, wie etwa danach,

wieviel Schaden angerichtet wurde oder ob die Tat bestraft wurde. Es ignoriert interne Variablen, beispielsweise die Absichten einer Person. Demnach ist der Junge, der seiner Mutter beim Tischdecken helfen will und dabei 15 Tassen zerbricht, schuldiger, als der Junge, der sich heimlich ein Plätzchen aus dem Schrank holen will und dabei nur eine Tasse zerbricht.

Das konkret-operative Stadium (etwa sieben bis elf Jahre)

Piaget bezeichnet das Alter von zwei bis elf Jahren gelegentlich zusammenfassend als Alter der „Vorbereitung und Vollendung der konkreten Operationen". Trotz seiner beachtlichen Errungenschaften bereitet das operative Stadium in vielerlei Hinsicht nur auf den Höhepunkt der kognitiven Entwicklung vor: die Operationen. Regulierungen, Funktionen und Identitäten entwickeln sich zu Operationen, indem sie vollständiger, differenzierter, quantitativ und stabil werden. Diese Operationen wollen wir nun näher betrachten.

Eine *Operation* ist eine verinnerlichte Handlung und Teil einer organisierten Struktur. Mit der Fähigkeit, solche Operationen oder Konzepte zu gebrauchen, sind die Repräsentationen des Kindes nicht mehr – wie im präoperativen Stadium – einfach isoliert oder nebeneinandergestellt, sondern sie gewinnen ein Eigenleben.

Wie Operationen funktionieren, zeigt sich uns am deutlichsten in Piagets berühmter Aufgabe zur *Erhaltung der Mengen*, die wir als Aufgabe zur Invarianz einer Flüssigkeitsquantität beschrieben haben. Betrachten wir diese Aufgabe einmal näher. Das Kind sieht zwei identische Behälter vor sich, die bis zur gleichen Höhe mit Wasser gefüllt sind, und es nimmt an, daß die Behälter jeweils dieselbe Menge Wasser enthalten. Vor seinen Augen wird nun der Inhalt des einen Behälters in einen Behälter mit anderen Abmessungen oder in mehrere kleine Behälter umgeschüttet. Ein Kind, das den Erhaltungsbegriff noch nicht entwickelt hat, behauptet nun, die Flüssigkeitsmenge habe sich verändert, und begründet das gewöhnlich damit, daß sich der Wasserspiegel verändert habe. Da der Wasserspiegel in einem schmaleren Gefäß höher steigt, schließt das Kind, daß sich die Quantität erhöht hat. Ein Kind dagegen, das den Erhaltungsbegriff bereits entwickelt hat, ist überzeugt davon, daß die Flüssigkeitsmenge unverändert geblieben ist, und das, obwohl sich der äußere Anschein verändert hat. Bevor Piaget annimmt, daß ein Kind den Erhaltungsbegriff tatsächlich entwickelt hat, verlangt er in der Regel, daß es in der Lage ist, eine logische Erklärung für sein Urteil zu geben.

Kinder stützen sich sowohl vor als auch nach der Entwicklung des Erhaltungsbegriffs auf eine bestimmte Grundlage für ihre Antworten und halten sie für ganz vernünftig. Tatsächlich kann es einem Versuchsleiter passieren – wenn er dasselbe Kind vor und nach der Entwicklung des Konzepts testet – daß das Kind sich jedesmal über ihn ärgert. Es hält seine Fragen wahrscheinlich in beiden Fällen für dumm – wo die „richtige" Antwort doch so offensichtlich ist!

Der Erhaltungsbegriff ist deshalb so wichtig, weil er der äußeren Welt eine gewisse Stabilität verleiht. Piaget mißt der Aufgabe zur Invarianz der Menge unter anderem deshalb so viel Bedeutung bei, weil sie anzeigt, ob geistige Operationen vollzogen werden oder nicht. Bei dieser Aufgabe handelt es sich um ein diagnostisches Instrument, mit dem sich die kognitiven Strukturen sondieren lassen. Piaget behauptet, daß Kinder den Erhaltungsbegriff erst auf der Grundlage bestimmter geistiger Operationen entwickeln. Diese Operationen lassen sich an den Erklärungen der Kinder verdeutlichen:

„Wenn man es wieder dahin zurückschüttet, wo es war, hat man wieder in beiden Behältern dieselbe Menge." (*Reversibilität*)
„Das Wasser steigt höher, aber das Glas ist enger." (*Komposition sich kompensierender Beziehungen*)
„Sie haben kein Wasser hinzugefügt und keins weggeschüttet."
(*Addition – Subtraktion*)

Das präoperative Kind, das noch nicht über diese Operationen verfügt, konzentriert sich auf Zustände, und in diesem Fall besonders auf die Höhe des Wasserspiegels.

Weitere Beispiele für Operationen sind die mathematischen Grundoperationen der Multiplikation, der Division, des Ordnens (größer als, kleiner als) und der Substitution (etwas ist einem anderen gleich). Jede Operation hängt von einer Gesamtstruktur ab, deren Teil sie ist, und erhält aus dieser Gesamtstruktur ihre Bedeutung. Die Addition beispielsweise ist also mit der Subtraktion, der Multiplikation und der Division koordiniert und bildet mit ihnen zusammen ein System geistiger Operationen. Piagets Interesse an Logik und Mathematik zeigt sich in seinem Versuch, diese Systeme von Operationen als logisch-mathematische Strukturen darzustellen. Er zieht sie als Modell zur Definition des konkret-operativen Denkens heran. (Seine Verwendung dieses Modells werden wir untersuchen, wenn wir die formalen Aspekte seiner Theorie besprechen).

Die verschiedenen Operationen werden auf eine Vielzahl von sinnlich wahrnehmbaren und sozialen Situationen angewandt, von denen an dieser Stelle nur wenige beschrieben werden können. Neben der Flüssigkeitsmenge bleiben verschiedene andere Eigenschaften invariant. Die Anzahl der Objekte einer Sammlung beispielsweise bleibt gleich, auch wenn sie verteilt werden, die Gesamtlänge eines Stockes bleibt gleich, auch wenn er vor einen anderen gelegt wird, und das Gewicht von Ton bleibt gleich, auch wenn er in einzelne Stücke geteilt wird.

Operationen zeigen sich auch in einem anderen grundlegenden Entwicklungsfortschritt, der *Inklusion von Klassen*. Der Versuchsleiter zeigt dem Kind beispielsweise 20 Holzperlen, darunter 17 braune und drei weiße. Er fragt das Kind, ob es mit den braunen oder den hölzernen Perlen eine längere Kette auffädeln könnte. Das präoperative Kind behauptet, es gebe mehr braune als hölzerne Perlen. Es kann nur mit den Teilen (braune oder weiße Perlen) oder mit dem Ganzen (Holzperlen), aber nicht mit beidem gleichzeitig umgehen. Die Reversibilität der Teile und des Ganzen kann es noch nicht begreifen. Dem konkret-operativen Kind dagegen stehen die grundsätzlichen Operationen zur Verfügung, die zur Herleitung der richtigen Antwort erforderlich sind.

Operationen lassen sich nicht nur auf Klassen, sondern auch auf *Beziehungen* anwenden. Wenn ein konkret-operatives Kind weiß, daß John größer ist als Bill, und Bill größer ist als Henry, kann es daraus schließen, daß John größer sein muß als Henry. Darüber hinaus kann es eine Reihe von Puppen nach ihrer Größe ordnen und ihnen ebenfalls Stäbe passender Länge zuordnen.

Operationen werden auch auf *raum-zeitliche Repräsentationen* angewandt. Präoperative Kinder zeichnen beispielsweise die Flüssigkeit in einem Behälter so, daß sie (wie in Abbildung 1.1) parallel zum Boden oder zur Seite des Behälters bleibt. Ihre Wahrnehmung wird von der unmittelbaren Umgebung beeinflußt. Konkret-operative Kinder dagegen zeichnen die Flüssigkeit parallel zum größeren Kontext, das heißt zur Erdoberfläche.

Wenn wir uns der sozialen Ebene zuwenden, stellen wir fest, daß die Kinder viele der Einschränkungen überwinden, die ihre Schlußfolgerungen über die soziale Welt beeinträchtigen. Sie gehen weniger egozentrisch vor, haben aber immer noch gelegent-

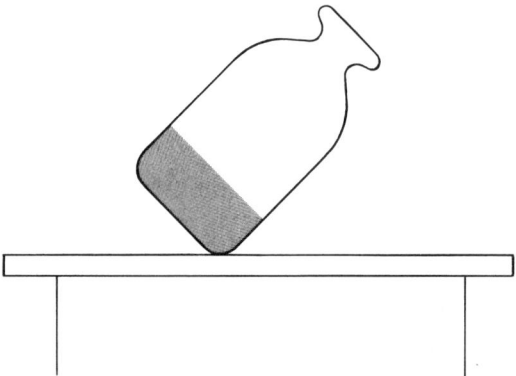

1.1 Ein für die präoperative Periode typischer Fehler bei der Wasserspiegelaufgabe.

lich Schwierigkeiten bei der Übernahme anderer Rollen und der Kommunikation. In ihrem moralischen Urteil beginnen sie nun, auch Absichten und Intentionen zu berücksichtigen. Die subtilen sozialen Beziehungen innerhalb der Familie, des Bekanntenkreises und der Gesellschaft im weiteren Sinne werden den Kindern nun zunehmend bewußt.

Wir könnten die Liste der Entwicklungsfortschritte bis zum Ende dieses Buches fortsetzen, aber die genannten Beispiele können als repräsentativ gelten. Zwei Beobachtungen sind in diesem Zusammenhang jedoch bemerkenswert: Erstens entwickeln sich die verschiedenen Konzepte oder Operationen nicht gleichzeitig – in der Tat bilden sich einige Konzepte, wie das Konzept von der Erhaltung des Gewichts, oft erst gegen Ende des konkret-operativen Stadiums. Zweitens vollzieht sich jeder kognitive Entwicklungsschritt über einen gewissen Zeitabschnitt hinweg; er tritt zunächst nur vorübergehend, nur zeitweise auf, bildet sich dann aber allmählich stärker aus, stabilisiert sich und wird dann für eine Vielzahl von Situationen verallgemeinert.

Wir haben gesehen, wie Kinder von einem Verständnis der Welt, das sich auf Handlungsschemata stützte, über Repräsentationen zu verinnerlichten, strukturierten Operationen gelangen. Das Denken ist schließlich mehr dezentriert als zentriert, eher dynamisch als statisch, stärker reversibel als irreversibel. Zum ersten Mal scheint sich die Gesetzmäßigkeit der Welt in einem logischen Denksystem widerzuspiegeln. Denken und Umwelt stimmen miteinander überein, befinden sich in einem Gleichgewicht. Konkrete Operationen sind allerdings immer noch „konkret". Sie lassen sich nur auf konkrete, tatsächlich vorhandene oder mental repräsentierte Objekte anwenden. Sie befassen sich mit dem, was „ist" und nicht mit dem, was „sein könnte". Der letzte Schritt besteht nun darin, Operationen auf rein verbale oder logische Aussagen und auf das potentiell Mögliche ebenso wie auf das aktuell Faktische anzuwenden. Dieser Schritt wird mit der Herausbildung der formalen Operationen vollzogen.

Das formal-operative Stadium (etwa elf bis 15 Jahre)

Während des konkret-operativen Stadiums werden mentale Operationen auf Objekte und Phänomene angewandt. Die Kinder klassifizieren Objekte, ordnen sie und kehren sie um. Im Stadium der formalen Operationen gehen Heranwachsende einen Schritt über die konkreten Operationen hinaus. Sie können nun auf der Grundlage der Ergebnisse konkreter Operationen zu den logischen Beziehungen dieser Ergebnisse Hypothesen (Behauptungen, Aussagen) aufstellen. Wir haben es jetzt also mit Operationen auf Operationen zu tun: Das Denken ist tatsächlich logisch, abstrakt und hypothetisch geworden.

Formal-operatives Denken gleicht dem Denken, das wir oft als wissenschaftliche Methode bezeichnen. Die Kinder formulieren eine Hypothese zu einem tatsächlichen oder potentiellen Phänomen und überprüfen diese Hypothese an der Wirklichkeit. Sie können gegebenenfalls alle möglichen Ergebnisse oder Kombinationen schon vorab entwickeln. Piaget stellt in der Regel eine Aufgabe aus der Physik oder der Chemie und beobachtet, auf welchem Weg der Heranwachsende sie löst. Es interessiert nicht so sehr die richtige Antwort selbst als vielmehr der Prozeß der Problemlösung.

Eine prototypische Aufgabe ist die Pendelaufgabe. Ein Heranwachsender beobachtet einen an einem Faden befestigten Gegenstand und versucht herauszufinden, welche Faktoren darüber bestimmen, wie schnell dieses Pendel hin- und herschwingt. Man zeigt ihm, wie er die Länge des Fadens, die Höhe, aus der das Pendel losgelassen wird, die Kraft beim Anstoßen des Pendels und das Gewicht variieren kann. Eine oder mehrere dieser Variablen könnten für die Geschwindigkeit der Pendelschwingung entscheidend sein. Konkret-operative Kinder experimentieren mit den Variablen und kommen so bisweilen sogar auf die richtige Antwort. Ihr Ansatz ist aber vom Zufall bestimmt und ohne übergreifenden Plan. Sie variieren nicht systematisch einzelne Faktoren, während die anderen konstant gehalten werden. So vergleicht ein konkret-operatives Kind vielleicht ein langes, leichtes Pendel mit einem kurzen, schweren und schließt daraus, daß beide Faktoren eine Rolle spielen. Tatsächlich aber ist die Fadenlänge die Hauptdeterminante für die Geschwindigkeit des Pendels.

Anders als konkret-operative Kinder stellen sich formal-operative Heranwachsende zunächst einmal alle möglichen Einflußfaktoren der Pendelgeschwindigkeit vor, variieren dann systematisch einen Faktor nach dem andern, beobachten die Ergebnisse richtig und verfolgen sie genau, bevor schließlich die richtigen Schlußfolgerungen gezogen werden (das heißt, der Faktor, der die Schwingungsgeschwindigkeit bestimmt, identifiziert wird). Auf diese Weise können formal-operative Heranwachsende systematisch den entscheidenden Faktor isolieren und durchgängig Aussagen und Prämissen durchdenken, statt nur die konkreten Objekte selbst zu bearbeiten. Indem sie die Vorhersagen einer jeden Hypothese überprüfen, legen sie hypothetisch-deduktives Denken an den Tag. Flavell drückt das etwas allgemeiner aus, wenn er sagt: „So wird die Realität als spezifische Teilmenge innerhalb der Totalität aller Dinge begriffen, die aufgrund der Daten als Hypothesen in Frage kommen; die Realität ist demnach die „ist"-Menge einer „könnte sein"-Totalität, der Anteil, den das Subjekt zu entdecken hat" (1963, S. 204 f).

Piaget formulierte verschiedene andere Aufgaben.

1. Bestimme, welche Mischung aus fünf farblosen Flüssigkeiten eine gelbe Flüssigkeit hervorbringt.
2. Stelle fest, welche Variablen (beispielsweise Gewicht, Länge, Art des Materials) bewirken, daß eine über Wasser aufgehängte Rute sich so weit biegt, daß sie die Wasseroberfläche berührt.
3. Finde heraus, welche Beziehung zwischen dem Winkel, unter dem eine Billardkugel auf die Bande auftrifft, und dem Winkel, unter dem die Kugel weiterrollt, besteht. Formuliere das entsprechende Gesetz.
4. Führe einen Beweis aus der Geometrie.
5. Stelle proportionale Beziehungen fest (beispielsweise 16 verhält sich zu 4 wie 4 zu 1).

6. Bewerte Syllogismen wie: „Alle Kinder hassen Spinat; Mädchen sind Kinder; deshalb hassen Mädchen Spinat."

Die Herausbildung formaler Operationen setzt im übrigen keinen unmittelbaren Unterricht im wissenschaftlichen Denken voraus. Jahrelange alltägliche Erfahrung trägt unmerklich zu diesem Entwicklungsfortschritt bei. Einstein stellte dazu fest: „Die ganze Wissenschaft ist nichts anderes als eine Verfeinerung des alltäglichen Denkens."

Wie schon beim konkret-operativen Stadium wendet Piaget auch in diesem Stadium logisch-mathematische Modelle auf das Denken des Kindes an. Er definiert 16 elementare Operationen, die er als geistige Voraussetzung für die Lösung seiner verschiedenen Aufgaben für Heranwachsende betrachtet. Dieses *System von 16 binären Operationen* bildet ein eng geknüpftes Netz logischer Beziehungen. Zwar sprengt Piagets komplexes Modell den Rahmen dieses Kapitels, doch wir wollen zumindest zwei logische Verknüpfungen näher betrachten: Die Konjunktion und die Disjunktion. Die *Konjunktion* ist eine Operation, die x und y als gleichzeitig gegeben zugrunde legt. Eine weitere Operation ist die *Disjunktion*, die drei Möglichkeiten zuläßt: x und y, x und *nicht y*, sowie y und *nicht x*. Angesichts der Frage, was bewirkt, daß eine Rute sich neigt, überprüfen wir zwei der vielen möglichen Ergebnisse: (1) große Länge und starke Neigung (Konjunktion) sowie (2) große Länge, starke Neigung; geringe Länge, starke Neigung; große Länge, geringe Neigung (Disjunktion).

Neben den binären Operationen enthält Piagets logisches Modell ein System von Regeln für logische Verknüpfungen, die durch die binären Operationen erzeugt werden. Bei einer Waagebalken-Aufgabe zum Gleichgewicht beispielsweise kann ein Ungleichgewicht negiert werden, indem man auf der schwereren Seite das überschüssige Gewicht subtrahiert oder auf der leichteren Seite das fehlende Gewicht addiert.

Die Fähigkeit, über abstrakte Vorstellungen, die Zukunft und verschiedene Alternativen nachzudenken, zeigt sich deutlich in der sozialen Welt der Heranwachsenden. Sie träumen von ihrer Zukunft und stellen sich verschiedene berufliche und soziale Rollen vor, die sie selbst ausfüllen könnten. Mit einigen dieser Rollen experimentieren sie vielleicht genauso wie mit Hypothesen zu Experimenten der Physik. Sie interessieren sich für die Welt der Ideen. Mit Freunden diskutieren sie über eine Vielzahl moralischer und politischer Themen, beispielsweise darüber, ob ein Krieg jemals gerecht sein kann, ob der Schwangerschaftsabbruch legal sein sollte, ob es grundlegende und unveräußerliche Menschenrechte gibt und wie eine ideale Gesellschaft aussehen sollte. Heranwachsende können diese Themen aus vielen verschiedenen Perspektiven betrachten und erkennen, in welchem größeren sozialen Zusammenhang sie stehen. Doch auch hier noch ist ein latenter Egozentrismus zu beobachten. Heranwachsende sind von der Macht des Denkens beeindruckt und unterschätzen naiv die praktischen Probleme, die der Verwirklichung einer idealen Zukunft für jeden einzelnen oder die Gesellschaft im Wege stehen. Sie haben das Gefühl, daß allein die Macht ihrer Logik Berge versetzen kann. Wie Piaget feststellt, wird dieser idealistische Egozentrismus von der Realität erdrückt, sobald Jugendliche ihre erste richtige Arbeitsstelle antreten!

Ein weiterer Unterschied zwischen dem konkret-operativen und dem formal-operativen Denken wirkt sich sowohl auf die soziale als auch auf die physische Entwicklung aus. Heranwachsende können über ihr eigenes Denken (und das anderer Menschen) reflektieren. Sie können über Behauptungen – und damit über Denken – nachdenken. Auf der sozialen Ebene finden wir beispielsweise die folgende Überlegung: „Er denkt, daß ich denke, daß er an sie denkt."

Mit den formalen Operationen vervollständigen Heranwachsende ihre kognitiven Möglichkeiten. Die verschiedenen konkret-operativen Systeme werden zu einem einzigen, straff durchorganisierten Denksystem – einem vereinigten Ganzen – verbunden. Das Denken ist logisch, abstrakt und flexibel. Es entwickelt sich insofern weiter, als die formalen Operationen während des gesamten Erwachsenenlebens auf immer mehr Inhaltsbereiche und Situationen angewandt werden. Der Egozentrismus nimmt in dem Maße ab, in dem Menschen ihren Erfahrungshorizont in der Welt der Arbeit und der sozialen Beziehungen erweitern. Diese Veränderungen im Alter von über 15 Jahren betreffen aber nicht mehr die Struktur des Denkens, sondern nur noch dessen Inhalt und Stabilität.

Ein Überblick

Nachdem wir nun auf der Höhe der Theorie Piagets angekommen sind, sollten wir noch einmal zurückblicken. Am deutlichsten zeigen sich die Unterschiede zwischen den verschiedenen Stadien vielleicht, wenn wir betrachten, wie ein typisches Kind in jedem Stadium verschiedene Aspekte der Wirklichkeit begreift. Was ist ein „Objekt" zunächst einmal überhaupt für ein Kind in den unterschiedlichen Stadien? Im sensumotorischen Stadium wird ein Objekt, das zuerst nur ein Stimulus zur Auslösung eines Reflexes ist, zu etwas, auf das man einwirken kann. Dann wird das Objekt zu einer selbständig existierenden Einheit, die von den eigenen Handlungen unabhängig ist und mental repräsentiert werden kann. Für ein präoperatives Kind kann ein Objekt andere Objekte repräsentieren, sich äußerlich verändern und dennoch (selbst bei einer Veränderung seiner Quantität) seine Identität bewahren und mit anderen Objekten zu einer Klasse von Objekten zusammengefaßt werden. Während des Stadiums der konkreten Operationen bestimmen Operationen die Repräsentation eines Objekts. So können beispielsweise alle Veränderungen des Objekts umgekehrt werden, und das Objekt läßt sich in eine Reihe von Objekten in einer linearen Ordnung einfügen. Während des formal-operativen Stadiums ermöglichen es schließlich Operationen höherer Ordnung, die Repräsentation des Objekts zu bearbeiten. Alle potentiellen Aspekte des Objekts können nun wissenschaftlich überprüft werden.

Die Entwicklungsstadien lassen sich auch anders, nämlich vertikal aufteilen, indem man verfolgt, wie ein Kind in jedem einzelnen Stadium ein spezifisches Problem angeht. Betrachten wir einmal, was geschieht, wenn wir Kindern in jedem Stadium eine Wanne mit Wasser und verschiedene kleine Objekte geben, die sich nach Dichte, Größe, Gewicht, Form und Farbe unterscheiden. Kleinkinder würden sofort planschen, die Gegenstände ins Wasser werfen, sie auf den Grund der Wanne stoßen und wahrscheinlich versuchen, sie zu essen.

Gegen Ende des sensumotorischen Stadiums würden sie die Gegenstände aus verschiedenen Höhen fallen lassen und feststellen, daß das Wasser bei den größeren und schwereren Gegenständen stärker spritzt als bei den kleineren und leichteren Objekten. Die Kinder könnten auch wahrnehmen, daß manche Gegenstände untergehen und andere nicht. Präoperative Kinder werden sich vielleicht vorstellen, daß die Gegenstände Boote oder Fische sind. Sie würden bemerken, daß manche Objekte schwimmen, während andere sinken, doch sie würden sich bei der Erklärung ihrer Beobachtungen damit begnügen, von Fall zu Fall wechselnde Begründungen zu finden. Beispielsweise könnte behauptet werden, daß ein Objekt schwimmt, weil es klein ist, oder in einem anderen Fall, weil es trocken ist, bei einem dritten Fall schließlich, weil es ein Boot ist, und so weiter. Konkret-operative Kinder machen sich dann aber Gedanken über Widersprüche, die ihnen im vorhergehenden Stadium noch gleichgültig waren; sie denken etwa über die Tatsache nach, daß manche kleinen Gegenstände untergehen, während andere kleine Objekte schwimmen. Sie stellen Vergleiche zwischen verschiedenen Objekten an, aber diese Vergleiche sind weder systematisch noch erschöpfend. So wird beispielsweise das Gewicht variiert, aber die Menge dabei nicht konstant gehalten. Dennoch entwickeln Kinder in diesem Stadium verschiedene Kategorien der „Sinkbarkeit", beispielsweise „schwimmt immer" (geringes Gewicht), „sinkt immer" (hohes Gewicht) oder „sinkt oder schwimmt je nach den Umständen" (kleine Gegenstände, Deckel). Formal-operative Heranwachsende verfügen sowohl über einen Plan als auch über die zur Problemlösung erforderlichen Operationen. Sie variieren systematisch die verschiedenen Faktoren, um ihren Einfluß zu bestimmen, und wenden die Ergebnisse an, um ihre Hypothesen zu überprüfen. Sie wissen, daß die Dichte sich aus dem Verhältnis von Gewicht und Volumen ergibt und daß die Dichte des Objekts im Verhältnis zur Dichte des Wassers die entscheidende Größe ist. Heranwachsende können eine Behauptung aufstellen, die sich aus zwei anderen Behauptungen zur Dichte der Objekte und des Wassers zusammensetzt. Dies sind Operationen auf Operationen. Mit Hilfe dieses allgemeinen Gesetzes können sie vorhersagen, ob ein bestimmtes Objekt sinkt oder schwimmt.

Gedächtnis

Einige seiner wichtigsten Behauptungen leitete Piaget aus seinen Arbeiten zum Gedächtnis ab. Betrachten wir das folgende typische Experiment von Piaget und Inhelder (1968, dt. 1974). Sie zeigten Kindern eine Anordnung von zehn unterschiedlich langen Stäben, die der Größe nach geordnet waren. Eine Woche später forderten sie die Kinder auf, die Anordnung der Stäbe, die sie gesehen hatten, aus dem Gedächtnis zu zeichnen. Dabei zeigten sich entwicklungsbedingte Unterschiede. Im allgemeinen reihten die Drei- und Vierjährigen ein paar gleich lange Stäbe nebeneinander auf. Die Fünf- und Sechsjährigen zeichneten tendenziell einige lange und einige kurze Stäbe. Unter den Siebenjährigen konnten die meisten Kinder die ursprüngliche Anordnung korrekt wiedergeben. Piaget und Inhelder schlossen daraus, daß die Kinder die ursprüngliche Anordnung je nach ihrem aktuellen Verständnis von geordneten Beziehungen verarbeitet und interpretiert hatten. Erst wenn dieses Verständnis voll entwickelt ist, kann das Kind sich korrekt an die dargebotene Anordnung erinnern. Das Gedächtnis spiegelt also die gesamte kognitive Struktur wider und hängt von ihr ab. Erinnern ist ein aktives Verstehen und nicht ein statischer und passiver Zustand.

Diese Befunde sind interessant, aber nicht so überraschend wie die sechs Monate später bei einem Anschlußtest festgestellten Ergebnisse. Den Kindern wurden die Stäbe dabei nicht noch einmal gezeigt, aber trotzdem zeichneten 75 Prozent der Kinder Anordnungen, die im Vergleich zu den sechs Monate zuvor produzierten Zeichnungen auf einen kognitiven Fortschritt hinwiesen. Ein Kind beispielsweise, das ursprünglich drei gleich lange und drei gleich kurze Stäbe nebeneinander aufgereiht hatte, zeichnete ein halbes Jahr später eine Reihe von drei langen, drei mittleren und drei kurzen Stäben. Piaget interpretiert diesen Fortschritt als plausibel, wenn man voraussetzt, daß sich die Kinder in den dazwischenliegenden sechs Monaten kognitiv weiterentwickelt haben. Wenn sich nämlich im Gedächtnis eines Kindes die kognitiven Strukturen manifestieren, so müßten Veränderungen in diesen Strukturen auch Veränderungen im Gedächtnis bewirken.[4] Wir weisen darauf hin, daß eine im Laufe der Zeit eintretende

Verbesserung der Gedächtnisleistung genau das *Gegenteil* von dem ist, was man nach den meisten Gedächtnistheorien oder nach dem allgemeinen Verständnis erwarten würde. In der Regel wird angenommen, daß die Gedächtnisspur mit der Zeit verblaßt und zerfällt oder daß der Abruf durch neuere Gedächtnisinhalte blockiert wird.

Piagets Behauptung, daß man sich auf sein Gedächtnis nicht immer verlassen kann, wird durch seine Darstellung einer Erinnerung aus seinem zweiten Lebensjahr auf interessante Weise deutlich:

> „Ich saß in meinem Kinderwagen, der von einer Amme auf den Champs-Elysées (nahe beim Grand Palais) geschoben wurde, als ein Kerl mich entführen wollte. Der gestraffte Lederriemen über meiner Hüfte hielt mich zurück, während sich die Amme dem Manne mutig widersetzte (dabei erhielt sie einige Kratzwunden im Gesicht, deren Spuren ich noch heute vage sehen kann)."

[1945 (1975, V, S. 240)]

Als Piaget 15 war, erhielten seine Eltern einen Brief seiner früheren Kinderfrau, die gerade in einen religiösen Orden eingetreten war. In diesem Brief hieß es, sie wolle die Armbanduhr zurückgeben, die sie seinerzeit als Belohnung für die Rettung des kleinen Jean vor dem Entführer bekommen hatte. In Wahrheit hatte sie die ganze Geschichte nämlich nur erfunden und sich sogar die Kratzer im Gesicht, an die Piaget sich so lebhaft „erinnerte", selbst beigebracht! Piaget vermutet, was er im Gedächtnis gespeichert hatte, sei eine visuelle Erinnerung an die Geschichte gewesen, die ihm als Kind von seinen Eltern erzählt worden war.

Neben der Gedächtnisleistung untersuchte Piaget auch die Gedächtniskonzepte von Kindern. Dieser Forschungsgegenstand wurde 50 Jahre später von amerikanischen und englischen Psychologen wiederentdeckt und unter dem Begriff „Metagedächtnis" geführt, der in Kapitel 4 erläutert werden wird. Einen Eindruck von Piagets Arbeiten vermittelt das folgende Interview mit einer achtjährigen Nativistin, die das Gedächtnis für angeboren hielt:

> KAUF (8;8) „. . . *Das Gedächtnis ist ein Ding, das sich im Kopf befindet und das macht, daß wir denken.* – Wie, glaubst du, sieht dieses Gedächtnis aus? – *Es ist ein kleines Viereck, in einer Haut, ein wenig oval, und darin sind die Geschichten.* – Wie sind diese Geschichten darin? – *Sie sind auf das Fleisch geschrieben.* – Womit? – *Mit Bleistift.* – Wer hat sie aufgeschrieben? – *Der liebe Gott. Bevor ich geboren worden bin, hat er sie hineingetan.*"

[1926 (1978, S. 54)]

Mechanismen der Entwicklung

Nachdem wir die Stadien der kognitiven Entwicklung und ihren Zusammenhang mit Wahrnehmung und Gedächtnis dargestellt haben, wenden wir uns nun Piagets Erklärung zum Entwicklungsverlauf über diese Stadien hinweg zu. Wir fragen also, durch welche Prozesse sich das Denken des Kindes entwickelt. Und welche Regeln gelten

---

[4] Wir weisen darauf hin, daß dieser Untersuchungstypus eine Vielzahl methodologischer Probleme aufwirft. Zudem ließen sich in Wiederholungsuntersuchungen auch nicht alle Ergebnisse Piagets bestätigen (einen Überblick gibt Liben, 1977).

für den Übergang von einer Stufe zur nächsten? Wenn wir versuchen, diese Fragen zu beantworten, vertiefen wir unser Wissen über die Theorie Piagets und integrieren zugleich die vorausgegangenen Abschnitte, in denen die Theorie zusammenfassend dargestellt und die entwicklungsbedingten Veränderungen beschrieben wurden. Am Ende werden sich das Abstrakte und das Spezifische – zumindest nach Piaget – verbinden.

Wenn wir die großen Stadien der Entwicklung in den Mittelpunkt unseres Interesses rücken, übersehen wir leicht, daß das Denken sich tatsächlich in den momentanen, alltäglichen Begegnungen zwischen Kindern und ihrer Umwelt entwickelt. Stadienspezifische Entwicklungen sind letzten Endes auf unzählige solche Minientwicklungen zurückzuführen. Eine adäquate Theorie der kognitiven Entwicklung muß diese kleinen, aber bedeutsamen Schritte erklären.

Nach Piagets Theorie werden diese kleinen Schritte durch bestimmte funktionale Invarianten vorangetrieben. Diese *funktionalen Invarianten* sind geistige Funktionen, die während der Entwicklung konstant bleiben. Die beiden elementarsten funktionalen Invarianten sind Organisation und Adaptation. Ein weiterer Bezug zur Biologie wird dadurch hergestellt, daß sich diese Invarianten auch in physiologischen Vorgängen feststellen lassen. Physiologische wie geistige Funktionen zeichnen sich durch einige abstrakte Eigenschaften (funktionale Invarianten) aus, die die Beziehung zwischen Organismus und Umwelt bestimmen. Diese funktionalen Invarianten sind Teil des kollektiven Erbes lebender Organismen. Die Tendenz, unser Denken in Strukturen zu organisieren und uns an unsere Umwelt anzupassen, ist uns angeboren. Man könnte sagen – Descartes möge es mir verzeihen – „Ich bin, also denke ich."

Kognitive Organisation

Der Begriff der kognitiven *Organisation* bezeichnet die Tendenz des Denkens, integrierte Systeme auszuformen, deren einzelne Teile sich zu einem Ganzen verbinden. Diese Systeme sind ihrerseits auch wieder koordiniert; die verschiedenen kognitiven Vorgänge stehen in Beziehung zueinander. Der menschliche Geist ist kein Grabbelsack voller Tatsachen, sondern er bringt ein kohärentes Weltbild hervor. Dieses Weltbild wird mit zunehmender Entwicklung des Kindes immer kohärenter und strukturierter. Der Säugling beispielsweise verfügt zunächst über verschiedene Strukturen für das Saugen an Objekten und für das Ergreifen von Gegenständen. Erst später organisieren sich diese beiden Strukturen in einer Struktur höherer Ordnung, die es ihm erlaubt, in einer koordinierten Handlung nach einem Objekt zu greifen und es zum Mund zu führen, um daran zu saugen.

Auch hier sieht Piaget wieder Parallelen zwischen psychologischen und biologischen Vorgängen. Der menschliche Körper setzt sich aus Systemen wie dem Verdauungssystem, dem Herz-Kreislauf-System und dem Nervensystem zusammen. Jedes ist in sich selbst organisiert und interagiert mit anderen Systemen. Jede Veränderung in einem dieser Systeme wirkt sich auf die anderen aus. Die Verdauung einer Mahlzeit beispielsweise verändert nicht nur den zeitweiligen Zustand des Verdauungssystems, sondern auch den Blutfluß und die Körpertemperatur.

Die Entwicklung über die verschiedenen Stadien hinweg schließt strukturelle Veränderungen der kognitiven Organisation ein, während sich die Denkstrukturen von einem Stadium zum anderen verändern. Mit fortschreitender Entwicklung organisiert sich das Denken in Schemata, Regulierungen (partielle Reversibilität), Funktionen, konkrete Operationen und formale Operationen. So spiegelt sich im Saugen eines

Kleinkindes an einem Spielzeug ebenso wie in Einsteins Relativitätstheorie die Organisation der Kognition wider. Im Prinzip ließe sich sogar eine Entwicklungslinie zwischen beidem ausziehen.

Kognitive Adaptation

„Wir leben nicht, um zu denken, sondern denken – ganz im Gegenteil –, um überleben zu können."

[José Ortega y Gasset]

Die zweite elementare funktionale Invariante, die kognitive *Adaptation*, bezeichnet die Interaktion zwischen Organismus und Umwelt. Piaget behauptet, daß jeder Organismus über die angeborene Tendenz verfügt, sich an seine Umwelt anzupassen. Intelligentes Verhalten ist ein Verhalten, das den Erfordernissen der Umwelt gerecht wird. Das folgende Zitat von Piaget verdeutlicht die enge Beziehung zwischen Adaptation und Organisation:

„Vom biologischen Standpunkt aus kann die Organisation nicht von der Anpassung getrennt werden. Anpassung und Organisation sind die beiden sich ergänzenden Prozesse ein und desselben Mechanismus, wobei die Organisation den internen Aspekt dieses Zyklus und die Adaptation seinen äußeren Aspekt darstellt . . . Die Übereinstimmung des Denkens mit den Dingen und die Übereinstimmung des Denkens mit sich selber drücken diese doppelte invariante Funktion der Anpassung und der Organisation aus. Diese beiden Aspekte des Denkens sind aber untrennbar miteinander verbunden: Indem sich das Denken den Dingen anpaßt, strukturiert es sich selbst, und indem es sich selbst strukturiert, strukturiert es auch die Dinge."

[1936 (1975, I, S. 18)]

Zur Anpassung gehören zwei komplementäre Prozesse, die Assimilation und die Akkommodation. Bei der *Assimilation* handelt es sich um denjenigen Prozeß, in dem das Individuum die Realität in seine aktuelle kognitive Organisation einpaßt. Bei jeder kognitiven Auseinandersetzung mit Objekten oder Phänomenen verbiegen oder verzerren Menschen ihre jeweilige Erfahrung bis zu einem gewissen Grad, um diese Erfahrung einbeziehen, verstehen oder interpretieren zu können. Das heißt, sie wenden ihr Wissen an, um die Eigenschaften von Objekten oder Phänomenen sowie deren Beziehungen untereinander zu verstehen.

Die Assimilation tritt in allen Stadien und Entwicklungsstufen in vier Typen auf. Besonders deutlich lassen sie sich im sensumotorischen Stadium beobachten:

1. *Reproduktive (oder funktionale) Assimilation.* Die Kinder üben Schemata, indem sie sie immer wieder anwenden und dadurch konsolidieren.
2. *Generalisierende Assimilation.* Die Spanne der Stimuli, die zu einem Schema assimiliert werden können, vergrößert sich.
3. *Wiedererkennende Assimilation.* Verschiedene Objekte werden gleichzeitig mit der Generalisierung der Schemata differenziert. Die Kinder „erkennen" ein Objekt, wenn sie es adäquat assimilieren; sie saugen an der Brustwarze, wenn sie hungrig sind, und an einer Rassel, wenn sie satt sind.
4. *Gegenseitige Assimilation der Schemata.* Schemata können sich gegenseitig assimilieren (koordinieren), und ein umfassenderes, stärker durchorganisiertes Schema bilden.

Die vier Arten der Assimilation lassen sich beim Saugschema beobachten. Säuglinge tendieren dazu, wiederholt (*Reproduktion*) an ihren Fingern, an den Brustwarzen ihrer Mutter, an Decken und Spielzeugen (*Generalisierung*) zu saugen, aber jeweils in etwas unterschiedlicher Weise (*Erkennen*), und sie kombinieren das Saugen oft damit, daß sie Gegenstände beobachten, nach ihnen greifen, sie ergreifen und zum Mund führen (*Koordination*).

Die *Akkommodation* ist die andere Seite der Medaille. Sie beinhaltet Anpassungen der kognitiven Organisation an die Erfordernisse der Wirklichkeit. Jedes Objekt oder Phänomen besitzt spezifische Eigenschaften, die früher oder später berücksichtigt werden müssen. Die Akkommodation tritt gewissermaßen deshalb auf den Plan, weil ein spezifisches Objekt oder Phänomen sich mit den vorhandenen Strukturen nicht hinreichend interpretieren läßt. Die daraus resultierende Neuorganisation des Denkens führt zu einer andersgearteten und befriedigenderen Anpassung der jeweiligen Erfahrung. Ein spezifischer Stimulus wird nie zweimal in genau derselben Weise erfahren. Oder wie Oliver Wendell Holmes es formuliert: „Der menschliche Geist, der sich bis zu einer neuen Vorstellung ausgedehnt hat, kehrt niemals zu seinen ursprünglichen Dimensionen zurück."

Von der Geburt bis zum Tod sind Assimilation und Akkommodation bei jedem kognitiven Vorgang eng miteinander verflochten. Bei jedem Versuch, die Wirklichkeit zu assimilieren, werden die kognitiven Strukturen zwangsläufig ein wenig verändert, weil sie sich an die neuen Erfahrungen anpassen. Tatsächlich hängen Assimilation und Akkommodation so eng zusammen, daß Piaget die Adaptation gelegentlich als ein Gleichgewicht zwischen Assimilation und Akkommodation definiert. In einem Zustand des Gleichgewichts überwiegt weder die Assimilation noch die Akkommodation.

Dem Stil Piagets entsprechend müssen nun sowohl ein biologisches als auch ein psychologisches Beispiel folgen. Auf der biologischen Ebene heißt Assimilation, daß Nahrung durch den Körper umgewandelt wird, wenn er sie in eine Form bringt, die er verwerten kann. Oder wie Piaget es ausdrückt: „Ein Hase, der einen Kohlkopf frißt, wird nicht zu einem Kohlkopf; vielmehr wird der Kohlkopf zu einem Hasen – das ist Assimilation" (Bringuier, 1980, S. 42). Das Verdauungssystem paßt sich durch Akkommodation an die Nahrung an, indem es sich durch das Öffnen des Mundes, das Kauen, die Sekretion von Verdauungssäften, die Kontraktion der Magenmuskeln und so weiter anpaßt. Auf diese Weise verändert das Verdauungssystem sowohl sich selbst als auch seine Umgebung aufgrund des Nahrungsangebots in der Umwelt.

Auf der psychologischen Ebene können wir uns ein Kleinkind vorstellen, das zum ersten Mal mit einer Zeitungsseite in Berührung kommt. Bei dem Versuch, dieser neuen Erfahrung einen Sinn zu verleihen, spielt das Kind sein Repertoire an Einwirkungsmöglichkeiten auf Gegenstände durch. Es wendet seine verfügbaren Strukturen (habituelle Verhaltensmuster) an. Es ergreift das Papier, schlägt darauf ein, saugt daran, dreht es um, schüttelt es, hält es über seinen Kopf, und so fort – all das in dem Versuch, diesen neuen Gegenstand in etwas schon Bekanntes einzufügen. Nun hat Zeitungspapier aber einige Eigenschaften, die sich nicht in die vorhandenen Schemata des Kindes einfügen lassen. Es ist also gezwungen, diese Schemata geringfügig auszudehnen oder umzuorganisieren (durch Akkommodation). Seine Vorstellungen darüber, wie Dinge klingen, wenn man sie schüttelt, müssen so verändert werden, daß sie das Rascheln von Zeitungspapier mit einschließen. Auch das geringe Gewicht und das neue Gefühl beim Anfassen sind ähnliche Herausforderungen für das kindliche Verständnis der Welt.

Die meisten Eigenschaften und Schemata, die in unserem Beispiel assimiliert und akkommodiert werden, stehen mit früheren Erfahrungen in irgendeinem Zusammenhang; andere jedoch (beispielsweise das Zerreißen des Papiers) können für das Kind vollkommen fremd – und erschreckend – sein. Aus dieser mehr oder weniger großen Diskrepanz zwischen den jeweiligen Schemata und einer gegebenen Erfahrung ergibt sich die Frage, welche Grenzen der Akkommodation gesetzt sind. Piaget beantwortet sie dahingehend, daß eine Akkommodation nur bei geringfügigen Diskrepanzen der Phänomene oder Eigenschaften möglich ist; große Sprünge sind ausgeschlossen. Unterscheidet sich die Wirklichkeit allzusehr vom individuellen Erkenntnisstand, so kann die Kluft nicht überbrückt werden. Eine radikale Loslösung vom Alten ist nicht möglich; Entwicklung vollzieht sich also immer in kleinen Schritten.

Um diese graduelle, kontinuierliche Entwicklung zu verdeutlichen, betrachten wir einmal, was geschehen würde, wenn man Kindern unterschiedlichen Alters zum ersten Mal einen Magneten gäbe. Sechs Monate alte Säuglinge könnten den unvertrauten metallischen Geschmack, die seltsame Hufeisenform und den Klang beim Fallenlassen des Magneten akkommodieren, Merkmale wie die magnetischen Eigenschaften jedoch nicht. Gibt man einem dreijährigen Kind eine Reihe von magnetischen Gegenständen, so kann es die Tatsache akkommodieren, daß einige der Objekte an dem Magneten hängenbleiben, und es könnte als Erklärung in Betracht ziehen, daß sie besonders „klebrig" sind oder „zusammenbleiben wollen." Mit neun Jahren könnten Kinder die Hypothese aufstellen, daß nur Objekte mit bestimmten Eigenschaften von dem Magneten angezogen werden, und sie könnten die Bedingungen ausprobieren, unter denen magnetische Kräfte wirksam werden – durch Glas hindurch, im Wasser, über bestimmte Entfernungen hinweg. Aber erst in der Adoleszenz geht die Akkommodation so weit, daß eine abstrakte Theorie des Magnetismus formuliert wird und gleichzeitig alle fraglichen Variablen – wie die Größe und Form des Magneten und seine Distanz zum jeweiligen Objekt – berücksichtigt werden können. Akkommodation vollzieht sich also immer in kleinen Schritten und hängt vom jeweiligen kognitiven Entwicklungsstadium ab. Säuglinge können die Eigenschaften des Magnetismus noch nicht akkommodieren.

Zusammenfassend heißt dies, daß die funktionalen Invarianten der Assimilation und der Akkommodation in jedem einzelnen Akt gleichermaßen präsent sind und die Entwicklung des Denkens stimulieren. Versuche, die jeweils vorhandenen kognitiven Strukturen anzuwenden, sind in der Regel nur teilweise erfolgreich, weil die meisten Begegnungen mit der Umwelt in irgendeiner Weise neu sind. Aufgrund solcher mißglückten Versuche, ein Objekt oder Phänomen zu „verstehen", werden kleinere kognitive Anpassungen oder Akkommodationen vorgenommen, so daß sich ein geringfügig höheres kognitives Niveau entwickelt. Damit rücken die Kinder der Wirklichkeit jeweils einen Schritt näher. Auf dem neuen kognitiven Niveau werden nun allerdings weitere Diskrepanzen zur früheren Erfahrung bewußt, wieder wird die Assimilation mit neuen Elementen konfrontiert, und wieder erfolgt eine Akkommodation. Jede Akkommodation ermöglicht zukünftig weitere Akkommodationen. Diese Spirale setzt sich in jedem Augenblick, mit jeder Auseinandersetzung mit der Umwelt und über die ganze Entwicklung hinweg fort.

Kognitive Äquilibration

Aus den beiden elementaren funktionalen Invarianten Organisation und Adaptation entsteht als dritte funktionale Invariante die *Äquilibration*. Nach Piaget strebt jeder Organismus nach einem *Gleichgewicht* mit der Umwelt und (innerhalb der kognitiven Elemente) mit sich selbst. Befinden sich Assimilation und Akkommodation in einem

Zustand der ausgeglichenen Koordination, in dem keiner der beiden Faktoren überwiegt, ist ein Gleichgewicht erreicht. Dieses Gleichgewicht entsteht durch die Entwicklung organisierter Strukturen, die verschiedene Formen der Interaktion mit der
Umwelt ermöglichen. Jede Veränderung des Organismus oder der Umwelt führt zu
einem Ungleichgewicht, das wieder ausgeglichen werden muß. Aus anderen Zusammenhängen in Piagets Theorie wird deutlich, daß der Begriff des Gleichgewichts
dynamisch und nicht statisch zu verstehen ist. Bei ständiger Aktivität bildet sich ein
Gleichgewicht oder ein Muster dieser Aktivitäten aus.

Piaget zog als Beispiel häufig die Aufgabe zur Invarianz der Mengen heran, um den
Prozeß der Äquilibration zu veranschaulichen. Kinder durchlaufen hier vier Schritte:

1. Zentrierung auf die Höhe des Wasserspiegels.
2. Zentrierung auf die Weite der Behälter und schließlich Hin- und Herpendeln zwischen Höhe und Weite.
3. Einbeziehung von beidem, Höhe und Weite.
4. Anwendung mentaler Operationen wie Kompensation von Höhe und Weite, was
   zur Annahme einer invarianten Flüssigkeitsmenge führt.

Bei diesem letzten Schritt gelangt ein Kind zu einem Gleichgewicht, indem es verschiedene Informationen in eine Balance bringt. Seine Interaktion mit der Umwelt
wird nicht mehr durch die Zentrierung auf ein spezifisches Merkmal verzerrt.

Die Äquilibration ist eines der wichtigsten Konzepte in Piagets Theorie, aber wahrscheinlich auch das komplizierteste und am schwersten faßbare. Zum Teil mag diese
Schwierigkeit damit zusammenhängen, daß die Äquilibration verschiedene Zeitspannen umfassen kann, vom Bruchteil einer Sekunde bis hin zu mehreren Jahren. In allen
diesen Fällen folgt auf eine Periode des Gleichgewichts ein Zustand des Ungleichgewichts und daraufhin eine Äquilibration, die wieder ein Gleichgewicht herbeiführt.

Piaget scheint zumindest drei unterschiedliche Zeitspannen im Sinn zu haben, wenn
er den Begriff der Äquilibration gebraucht.

1. Die Äquilibration von Augenblick zu Augenblick entsteht durch das Zusammenwirken von Assimilation und Akkommodation im Verlaufe der Adaptation. Ein
   vorübergehendes Ungleichgewicht tritt ein, wenn Kinder auf neue Eigenschaften
   von Objekten stoßen, die nicht in ihre vorhandenen kognitiven Strukturen passen.
   Sobald sich der Prozeß der Assimilation und der Akkommodation vollzieht und die
   kognitiven Diskrepanzen aufgehoben sind, wird wieder ein Zustand des Gleichgewichts erreicht. Assimilation und Akkommodation gleichen sich wieder aus. Auf
   dieser Ebene läuft der Prozeß der Äquilibration kontinuierlich in den alltäglichen
   Aktivitäten jedes Kindes, unabhängig davon, wie banal und spezifisch diese Aktivitäten auch sein mögen.
2. Die Äquilibration bezeichnet die Entwicklung, die auf eine Vervollkommnung der
   einzelnen Entwicklungsstadien ausgerichtet ist. Zu Beginn eines neuen Stadiums
   befindet sich das Kind in einem Zustand des relativen Ungleichgewichts, weil die
   neue kognitive Organisation erst im Entstehen begriffen und daher unvollständig
   und instabil ist. Gegen Ende des neuen Stadiums hat das Kind im Hinblick auf die
   Strukturen dieses Stadiums ein Gleichgewicht erreicht. Am Ende des sensumotorischen Stadiums beispielsweise befindet sich das Kind mit der Umwelt im Gleichgewicht, was die Handlungsschemata betrifft, nicht aber im Hinblick auf die Operationen. Mit jedem neuen Stadium wird auf immer höherem Abstraktionsniveau
   ein Gleichgewicht erreicht.

3. Der gesamte Verlauf der kognitiven Entwicklung läßt sich als Prozeß der Äquilibration verstehen, da sich Kinder über immer „bessere" Formen des Gleichgewichts weiterentwickeln. Das vollkommenste Gleichgewicht ist dann erreicht, wenn formale Operationen ein vollständig reversibles und abstraktes Denken ermöglichen. Piaget sieht eine Gerichtetheit der Entwicklung hin zu generalisierten, flexiblen und stabilen Beziehungen zwischen Subjekt und Objekt. Die anfänglichen Gleichgewichtszustände sind unvollkommen und brechen daher an irgendeinem Punkt zwangsläufig zusammen. So hebt sich schließlich in gewissem Sinne jedes Stadium selbst auf.

Für Piaget ist die Äquilibration der entscheidende Prozeß, in dem alle Elemente der Entwicklung zusammengefaßt sind. Die Äquilibration integriert und reguliert die drei anderen Hauptfaktoren der Entwicklung: körperliche Reifung, Erfahrungen mit der physikalischen Welt und Einflüsse des sozialen Umfeldes. Alle diese Faktoren treiben die Entwicklung über die verschiedenen Stadien hinweg voran. Diese Faktoren sind stadienunabhängige Kräfte, durch die kognitive Entwicklung möglich wird.

Kommentar

Am einfachsten läßt sich dieser Abschnitt über die Mechanismen der Entwicklung vielleicht zusammenfassen, wenn man den Bezug zu vorangegangenen Abschnitten des Kapitels herstellt. Das kindliche Verständnis der Welt entwickelt sich über eine Abfolge diskreter Gleichgewichtszustände (Stadien) zwischen Organismus und Umwelt. Dies ist der Kern von Piagets genetischer Erkenntnistheorie. Die kognitiven Strukturen dieses Gleichgewichts werden durch die organisierte Interaktion des Organismus mit Objekten erworben. Hier erkennen wir den Strukturalismus bei Piaget. In den angeborenen Tendenzen zur Organisation und Adaptation (Assimilation und Akkommodation) zeigt sich der Biologe Piaget. Die spezifischen Stadien schließlich, die die kognitive Entwicklung des Menschen kennzeichnen, ergeben sich angesichts der Natur des menschlichen Organismus (seiner physischen Strukturen und seiner kognitiven Funktionen) und der Natur seiner Umwelt ganz von selbst.

Piagets Standpunkt zu grundlegenden Fragen der Entwicklung

Im einleitenden Kapitel wurden vier grundlegende Fragen zur Entwicklung formuliert, zu denen jeder Entwicklungspsychologe Stellung nimmt. Vor dem Hintergrund dieser Fragen können wir Piagets Theorie unter einer neuen Perspektive betrachten. Sie liefern uns zugleich einen Maßstab, der sich an die verschiedenen in diesem Buch behandelten Theorien anlegen läßt.

Die menschliche Natur

Piagets Weltbild paßt zweifellos eher zur organismischen als zur mechanistischen Weltsicht. Er postuliert einen Organismus, der aus sich heraus aktiv ist. Kinder erkunden unermüdlich ihre Umwelt, stellen Hypothesen auf, überprüfen und beurteilen sie.

Das geschieht entweder in einer manifesten Form (insbesondere im sensumotorischen Stadium) oder einer verinnerlichten Form (wie bei der Verwendung von Symbolen oder bei konkreten und formalen Operationen).

Entwicklung bedarf keiner externen Motivation, der Organismus motiviert sich vielmehr aus sich heraus selbst. Schemata werden einfach deshalb angewandt, weil sie da sind. Einmal aktiviert, werden sie tendenziell immer wieder angewandt. Anders ausgedrückt: „Sein ist Tun." Für Piaget ist ein Kind eine sich selbst steuernde, organisierte Ganzheit, da es danach strebt, einen Zustand des Gleichgewichts in sich selbst und mit seiner Umwelt aufrechtzuerhalten. Es korrigiert jedes kognitive Ungleichgewicht, soweit es dazu in der Lage ist. Die Tendenzen zur angeborenen Aktivität und Selbstregulierung bringen einen Organismus hervor, der sich unablässig verändert.

Piagets organismisches Weltbild kommt schließlich auch darin zum Ausdruck, daß sich die Teile nur anhand des Ganzen verstehen lassen. Jedes Verhalten, jedes Schema und jede Operation wird von der Gesamtstruktur beeinflußt und leitet aus ihr seine Bedeutung ab. Ein und dasselbe Verhalten (beispielsweise das Schwingenlassen eines Pendels) kann ganz offensichtlich unterschiedliche Bedeutung haben – je nachdem, ob es bei einem zweijährigen oder einem zwölfjährigen Kind beobachtet wird.

Qualitative versus quantitative Entwicklung

Piaget beschreibt sowohl qualitative als auch quantitative Veränderungen, unterstreicht aber die Bedeutung der qualitativen Veränderungen, die mit einem Wandel der gesamten kognitiven Struktur einhergehen. Diese strukturellen Veränderungen entstehen natürlich dann, wenn ein Kind sich von einem Stadium zum nächsten oder von einer Stufe zur nächsten weiterentwickelt. So wie sich die farbigen Kunststoffelemente in einem Kaleidoskop neu anordnen, wenn man es dreht, so verändert sich die Organisation des Denkens und bildet während der kognitiven Entwicklung neue Muster.

Anders als die qualitativen Veränderungen treten quantitative Veränderungen dann auf, wenn Schemata, Operationen oder andere kognitive Fertigkeiten stabiler, leichter aktivierbar, effizienter oder konsistenter werden. Man könnte auch sagen, es gibt insofern eine quantitative Entwicklung, als die Zahl der Schemata oder Gewohnheiten im Repertoire des Kindes oder die Anzahl der verfügbaren „Tatsachen" sich erhöht. Ein Kind, das die Hauptstädte aller Bundesstaaten in den USA aufzählen kann, verfügt über mehr Informationen als ein Kind, das nur fünf Hauptstädte nennen kann. Natürlich sollte dabei bedacht werden, daß solche Informationen immer in Strukturen assimiliert werden, die qualitativen Veränderungen unterliegen. So gehen qualitative und quantitative Veränderungen Hand in Hand.

Qualitative und quantitative Veränderungen bauen in der Entwicklung aufeinander auf. Jede qualitative Veränderung der kognitiven Struktur ermöglicht bestimmte quantitative Veränderungen. Sobald das Kind beispielsweise die Inklusion von Klassen verstanden hat, kann es rasch Klassifikationen und Beziehungen auf vielen inhaltlichen Gebieten, wie etwa bei Tieren, Menschen, Bäumen, Formen und Farben, erlernen. Eine quantitative Zunahme der Informationen kann weiteren qualitativen Veränderungen den Weg ebnen, wenn neue Informationen neue Herausforderungen für die vorhandenen Strukturen beinhalten. Gespräche mit Gleichaltrigen und mit Erwachsenen erweitern beispielsweise rasch das Wissen der Kinder und fordern sie heraus. Diese neuen Informationen können weitere qualitative Veränderungen anregen, wenn das kognitive System versucht, die Widersprüche im Wissen der Kinder aufzulösen.

Ob wir in Piagets Theorie vor allem quantitative oder qualitative Veränderungen entdecken, hängt teilweise davon ab, welchen Zeitmaßstab wir anlegen. Betrachten wir Veränderungen, die sich in Minuten, Tagen oder Wochen vollziehen, so fällt auf, wie stetig Entwicklung verläuft. Betrachten wir dagegen Veränderungen, die sich nach Ablauf von Monaten oder Jahren einstellen, so staunen wir angesichts der qualitativen Veränderungen von einem Stadium zum anderen oder von einer Stufe zur anderen. Zwischen vier und viereinhalb Jahren beispielsweise können Kinder verschiedene Objekte ihrer Form nach konsistenter einordnen. Im Laufe dieser sechs Monate wird es also immer wahrscheinlicher, daß sie vom Beginn bis zum Ende der Aufgabe dieselben Zuordnungskriterien beibehalten. Diese stetige Verbesserung steht im Gegensatz zu den qualitativen Veränderungen der Zuordnungskriterien zwischen vier und sieben Jahren – Siebenjährige können verschiedene Objekte nach hierarchischen Klassen geordnet sortieren, beispielsweise Tiere, Säugetiere, braune Säugetiere und so fort.

Vererbung versus Umwelt

Piaget ist von Grund auf Interaktionist. Alle psychologischen Phänomene, vom hochspezifischen und ganz konkreten sensumotorischen Verhalten bis hin zum allgemeinsten und abstraktesten formalen Denken sind Ergebnis der unauflösbar miteinander verflochtenen Einflüsse angeborener und erfahrungsgebundener Faktoren. Zu den angeborenen Faktoren zählen anatomische und physiologische Eigenschaften des Körpers (beispielsweise der Aufbau und die Stellung der Augen einer bestimmten Spezies), Reflexe, körperliche Reifung und invariante Funktionen (Organisation und Adaptation). Betrachtet man diese angeborenen Faktoren und die Natur der physischen und sozialen Umwelt als gegeben, dann kann Entwicklung nur so ablaufen, wie sie es tatsächlich tut – und nicht anders.

Piaget würde Anastasi (1958) darin zustimmen, daß die richtige Frage heißt, *wie* angeborene Faktoren und Umweltfaktoren interagieren. Piaget hat die folgende „Formel" zur Beschreibung der Entwicklung vorgeschlagen:

Entwicklung = Körperliche Reifung + Erfahrung mit der physikalischen Außenwelt + Soziale Erfahrung + Äquilibration

1. Es ist offensichtlich, daß die körperliche Reifung des Nervensystems, des Muskelapparats und so fort dem kognitiven System neue Möglichkeiten eröffnet und bestimmte Anpassungen erfordert. Wenn beispielsweise die körperliche Reifung das Laufen ermöglicht, dann ergeben sich für die Kinder neue Aussichten. Wenn sie ihre neue Fertigkeit aktiv umsetzen, sind sie gezwungen, sich durch Assimilation und Akkommodation an neue Erfahrungen anzupassen. Die neuropsychologische Forschung (siehe Diamond, 1991; Thatcher, Walker und Gindice, 1987) hat einige zerebrale Veränderungen während der Entwicklung festgestellt, die anscheinend mit den qualitativen Veränderungen der Kognition zusammenhängen, wie sie Piaget beschreibt.
2. Im Zusammenhang mit den Erfahrungen mit der physikalischen Außenwelt stellt Piaget die *logisch-mathematische Erfahrung* heraus. Dieser Begriff bezeichnet die Reflexion über das eigene Einwirken auf Objekte und nicht die Reflexion über die Objekte selbst. Um diese beiden Erfahrungstypen zu veranschaulichen, beschreibt Piaget die folgende Erinnerung eines Freundes aus seiner Kindheit:

„Das Kind saß im elterlichen Garten auf dem Boden und zählte Kieselsteine. Um sie zählen zu können, legte es sie in eine Reihe und zählte dann eins, zwei, drei, bis zehn. Dann hörte es auf, sie auf diese Weise zu zählen, und begann, sie in die andere Richtung zu zählen. Es fing am anderen Ende der Reihe an und stellte wieder fest, daß es zehn Kieselsteine hatte. Das fand es fabelhaft ... Nun legte es also seine Kieselsteine zum Kreis, zählte sie erneut und stellte wieder fest, daß es zehn waren."

[1964, S. 12]

Das Kind betrachtete die Ergebnisse seines wiederholten Zählens und Umordnens der Kieselsteine und schloß daraus, daß eine Zahl konstant bleibt, unabhängig von der Anordnung der einzelnen Elemente. Es entdeckte etwas (die Zahl), das den Objekten selbst nicht inhärent ist. Damit ging das Kind über ein einfaches Registrieren von Farbe, Form, Größe und Gewichten der Kieselsteine hinaus.

3. Der dritte Faktor, die soziale Erfahrung, bezeichnet die Auswirkungen des kulturellen oder erzieherischen Umfelds. Andere Menschen vermitteln dem Kind Wissen – entweder direkt oder über Bücher, Fernsehen oder dergleichen. So kann ein Kind von der Erfahrung anderer profitieren, sofern es grundsätzlich kognitiv weit genug entwickelt ist, um die jeweiligen Informationen assimilieren zu können.

Anhand der drei Faktoren läßt sich die Frage behandeln, was an der kognitiven Entwicklung universell ist. Da es in den verschiedenen Kulturen Ähnlichkeiten im Hinblick auf die körperliche Reifung, die Natur der Außenwelt, und, in einem geringeren Maße, das soziale Umfeld gibt, ist es nicht überraschend, daß die vier Hauptstadien in allen untersuchten Kulturen in gleicher Weise aufeinanderfolgen. Nicht geklärt ist hingegen, ob die Entwicklung einzelner Stufen *innerhalb* dieser vier Stadien in allen Kulturen die gleiche Abfolge aufweist. Diese Unklarheit entsteht aus den methodologischen Problemen bei interkulturellen Forschungsarbeiten (ein Überblick zu dieser Frage findet sich bei Ghuman, 1981). Selbst wenn sich herausstellen sollte, daß einige oder alle der von Piaget identifizierten Sequenzen universell sind, würden wir immer noch erwarten, daß sich auf verschiedenen inhaltlichen Gebieten Variationen im Hinblick darauf zeigen, wie rasch die kognitiven Stadien aufeinander folgen. Diese Variationen können durch Unterschiede in der körperlichen Reifung, der Erfahrung mit der physikalischen Außenwelt oder der sozialen Erfahrung bedingt sein. Wir nehmen an, daß innerhalb einer spezifischen Kultur eine gewisse Variationsbreite und interkulturell einige Unterschiede feststellbar sein dürften. Ein Beispiel dafür, wie die jeweilige Erfahrung innerhalb einer spezifischen Kultur Entwicklung beeinflussen kann, ist in einer Untersuchung von Price-Williams, Gordon und Ramirez (1969) enthalten. Sie stellten fest, daß Erfahrungen mit Ton die Entwicklung des Erhaltungsbegriffs (mit Ton als Medium) fördern. Mexikanische Kinder im Alter von sechs bis neun Jahren, die in einer Töpferfamilie aufgewachsen waren, entwickelten früher das Konzept von der Erhaltung der Substanz als mexikanische Kinder, die aus einer anderweitig berufstätigen Familie kamen. Auch Piaget weist darauf hin, daß seine Tochter Jacqueline, die im Winter geboren wurde, häufig in einen Wagen gepackt war und deshalb weniger als die in einer wärmeren Jahreszeit geborenen Kinder Gelegenheit hatte, die Koordination von Auge und Hand zu entwickeln.

4. Der vierte Faktor, die Äquilibration, verbindet und bestimmt die Interaktion von angeborenen Faktoren und Erfahrungseinflüssen. Reifung, physikalische Erfahrungen und der Einfluß des sozialen Umfelds rufen immer wieder vorübergehende Ungleichgewichte hervor. So ist das kognitive System gezwungen, sich zu verän-

dern, indem es sich anpaßt. Mit der Wiederherstellung des Gleichgewichts gelangt das kognitive System auf ein höheres Niveau. Auf diese Weise wirken erfahrungsbedingte und angeborene Faktoren im Spiel der Kräfte innerhalb des Äquilibrationsprozesses gemeinsam auf die Kognition ein.

Aus unserer Darstellung geht eindeutig hervor, daß Erfahrung nicht auf einem passiven, unbeschriebenen Blatt aufgezeichnet wird, sondern kindliche Intelligenz ist immer aktiv und selbstregulierend, von der ersten Modifikation eines Reflexes bis hin zu den formalen Operationen im Denken des Heranwachsenden.

Vermutlich spielt auch der Zeitpunkt eine Rolle, an dem das Kind eine spezifische Erfahrung macht. Wir begegnen hier dem Konzept der „Bereitschaft" für eine bestimmte Erfahrung. Ein Kind kann nur dann von einer Erfahrung profitieren, wenn es in der Lage ist, diese Erfahrung an seine jeweiligen kognitiven Strukturen zu assimilieren oder seine Kognition an die Erfahrung zu akkommodieren. So hätte es bei den meisten Fünfjährigen wenig Sinn, ihnen die Infinitesimalrechnung beizubringen.

Was entwickelt sich?

Piaget sagt, das Wesen der kognitiven Entwicklung sei die strukturelle Veränderung – die Veränderung der Schemata, der Regulierungen, der Funktionen und verschiedener logisch-mathematischer Strukturen des konkret-operativen und formal-operativen Stadiums. Die strukturelle Veränderung verleiht der Veränderung der Denkinhalte Sinn und bestimmt sie. Piaget hebt also die Veränderung auf einer molaren Ebene hervor, die zu Veränderungen auf verschiedenen eher molekularen Ebenen führt.

Die Frage, was sich entwickelt, muß im Zusammenhang mit Piagets Methodologie gesehen werden. Er stützt sich auf Beobachtungen und Gespräche (die klinische Methode) sowie auf Beurteilungssituationen, die den Versuchsleiter mit einschließen. Auf diese Weise bleibt die Organisation des Denkprozesses so intakt wie möglich; eine allzu starke experimentelle Beeinflussung oder Steuerung würde den normalen Gedankenfluß des Kindes verzerren.

Metatheoretische Klassifikation

Unsere Darstellung der Piagetschen Theorie ist nun im wesentlichen abgeschlossen. Wir können jetzt auf unsere Diskussion der Theoriebildung im vorangegangenen Kapitel zurückblicken und Piagets Theorie einordnen. Dieser *metatheoretische* Überblick führt uns dann zu einer abschließenden Kritik der Theorie.

Wie stellt Piaget funktionale Beziehungen in seiner Theorie dar, deduktiv, induktiv, modellierend oder beschreibend? Die beste Antwort auf diese *Multiple-choice*-Frage lautet: „Von allem ein bißchen." In verschiedenen Phasen seines Lebens hat Piaget sich an unterschiedlichen Formen der Theoriebildung orientiert. Sehen wir nun, welche Aspekte seiner Theorie sich als Modell, als deduktive Theorie, als funktionalistische Theorie oder als induktive Theorie klassifizieren lassen.

Piagets Theorie enthält zwei wichtige Modelle, das Modell der Äquilibration und das logisch-mathematische Modell. Beide wurden weiter oben in diesem Kapitel dargestellt, sollen nun aber unter dem Aspekt ihrer Funktion innerhalb der Theorie untersucht werden. Im Einführungskapitel hatten wir ein Modell als Rahmenstruktur oder

System charakterisiert, das auf einem Gebiet entwickelt wurde und auf ein anderes übertragen wird. Ein Modell ist ein heuristisches Instrument, das Forschung und Theoriebildung bestimmt, selbst aber nicht von deren Ergebnissen beeinflußt wird.

Unter den vielen Typen von Äquilibrationssystemen in der Natur entschied sich Piaget für ein System, das ein eher dynamisches als statisches Gleichgewicht aufrechterhält. Das dynamische Gleichgewichtsmodell stammt aus der Physik (mit ihren Fließgleichgewichten in Thermodynamik und Mechanik) und der Biologie. Ein Thermostat und ein Mollusk beispielsweise sind selbstregulierende Äquilibrationssysteme. Für Piaget halten sich Systeme psychologischen Handelns trotz ständiger Aktivität und Veränderung im dynamischen Gleichgewicht, um einen stabilen Zustand aufrechtzuerhalten. Kräfte, die auf das System einwirken, werden durch innere stabilisierende Mechanismen kompensiert. Das genaue Gegenteil von Piagets aktivem System wäre ein statisches System, wie beispielsweise eine Waage mit gleichen Gewichten auf beiden Waagschalen. Ein solches geschlossenes statisches System böte keinerlei Möglichkeit eines Austausches zwischen System und Umwelt. Würde man auf eine Waagschale mehr Gewicht legen, so hätte das System keine Möglichkeit, aus eigener Kraft wieder in ein Gleichgewicht zu kommen – dazu ist ein äußerer Anstoß erforderlich, beispielsweise das Auflegen zusätzlicher Gewichte auf der leichteren Waagschale.

Das Gleichgewichtsmodell wurde von verschiedenen Theoretikern, darunter auch Freud, Gesell und die Vertreter einer Theorie der kognitiven Dissonanz, übernommen. Piaget hat jedoch, mehr als jeder andere, dem Gleichgewicht eine zentrale und integrative Rolle bei der kognitiven Entwicklung zugewiesen. Die Äquilibration integriert die einzelnen Elemente der Theorie Piagets durch eine generelle und umfassende regulative Funktion. Die verschiedenen Kräfte der Erfahrung und der Reifung werden im Prozeß der Äquilibration miteinander verbunden und organisiert. Das Gleichgewichtsmodell vereinheitlicht Piagets Theorie auch dadurch, daß es die Ursachen und das Wesen der Übergänge von einem Stadium zum anderen erklärt. Ein kognitives Ungleichgewicht regt das System zur Aktivierung kognitiver Handlungen an, die wiederum das System selbst in einen höheren Zustand des Gleichgewichts überführen. Eine integrative Rolle hat das Gleichgewichtsmodell in Piagets Theorie schließlich auch insofern, als es die Möglichkeit bietet, die verschiedenen kognitiven Ebenen und die verschiedenen Bereiche innerhalb einer kognitiven Ebene gegenüberzustellen und zu vergleichen. Kognitive Ebenen können hinsichtlich ihrer Stabilität und Mobilität variieren.

Das zweite wichtige Modell Piagets ist das logisch-mathematische Modell, am deutlichsten zu erkennen an der Anwendung logisch-mathematischer Strukturen im konkret- und formal-operativen Denken. Logik und Algebra sind rein formale, nichtpsychologische Systeme. Aber Piaget erkannte, daß viele Aspekte des Denkens den abstrakten logisch-mathematischen Strukturen nahekommen und daß es fruchtbar sein könnte, nach verschiedenen von diesem Modell angeregten Formen des Denkens zu forschen. Darüber hinaus sind logische Modelle oft klarer und spezifischer als verbale Formulierungen.

Da eine umfassende Darstellung der verschiedenen logisch-mathematischen Strukturen den Rahmen eines einzigen Kapitels über Piaget sprengen würde, soll durch ein Beispiel veranschaulicht werden, wie das Modell angewandt wird. Während des konkret-operativen Stadiums stellte Piaget neun Gruppierungen fest – logische Strukturen, die bestimmte logische Operationen und die Beziehungen zwischen ihnen beschreiben. Betrachten wir das psychologische Konzept der Klasseninklusion, das Piagets „Gruppierung I" entspricht. (In der Logik bezeichnet man die Relation zwischen einer Klasse und ihren Teilklassen als Inklusion.) Diese elementarste Gruppierung beschreibt die einfache Addition. Verschiedene Fahrzeuge beispielsweise bilden eine Klassifikationshierarchie, bei der die Fahrzeuge (C) an der Spitze der Hierarchie sich aus zwei Unterklassen, den Landfahrzeugen (B) und anderen Klassen von Fahrzeugen (B') zusammensetzen. B wiederum umfaßt Autos (A) und andere Landfahrzeuge (A'). Die einzelnen Elemente des Systems (A, A', B, B', C) lassen sich nach bestimmten Regeln verknüpfen. Im Falle der Gruppierung I beziehen sich die Regeln auf die folgenden Eigenschaften der Gruppierung: Komposition (A + A'+ B), Assoziation [(A + B) + C = C], allgemeine Identität (A + 0 = A), Negation (A – A = 0) und spezielle Identitäten (A + A = A oder A + B = B). Diese in einer formalen, nicht-psychologischen Form definierten Eigenschaften dienen als Modell für die Eigenschaften des Denkens, die dem Konzept der Klasseninklusion zugrunde liegen. Es handelt sich hier um eine logische Form der Darstellung, die das Wesen des Denkens beschreibt.

Die Gruppierung läßt sich wahrscheinlich als idealisierte Version der kognitiven Strukturen betrachten, über die ein Kind verfügen muß, um Aufgaben zur Inklusion von Klassen lösen zu können. In der Analogie von Flavell (1963) ist ein Kind, das die Inklusion von Klassen begreift, wie ein Computer mit einem Gruppierungsprogramm. Die Gruppierung versorgt den Computer mit den nötigen Operationen zur Lösung des Inklusionsproblems, und Kinder lösen dieses Problem auf ganz analoge Weise. Der tatsächliche Denkprozeß allerdings kann sich in verschiedener Hinsicht von dem in der Gruppierung dargestellten unterscheiden. Verschiedene Computerprogramme können zur selben Lösung gelangen. Anders gesagt ist Gruppierung I eine logisch mögliche, aber im Einzelfall nicht zwangsläufig die tatsächliche kognitive Struktur eines Kindes. Dies ist – in aller Kürze – das Wesen von Modellen. Modelle sind heuristisch; sie sagen uns, wonach wir suchen müssen, und liefern einen Erklärungsrahmen für Verhalten. Ein Spiegel der Wirklichkeit können, müssen sie aber nicht sein.

Als nächstes läßt sich festhalten, daß Piagets Theorie insgesamt den Ansprüchen an eine deduktive Theorie eindeutig nicht genügen kann. Eine deduktive Theorie hatten wir ja als formalisiertes System von logisch miteinander verknüpften Aussagen charakterisiert. Die aus diesen Aussagen abgeleiteten Hypothesen werden empirischen Überprüfungen unterzogen, und die Ergebnisse der Tests dienen dazu, die jeweilige Theorie zu bestätigen oder zu modifizieren. Piagets Theorie stellt allenfalls eine Reihe lose miteinander verknüpfter verbaler Aussagen zur Verfügung. Wir könnten beispielsweise Piagets Behauptungen zu den einzelnen Stadien in eine Reihe von Aussagen übersetzen und aus diesen Aussagen bestimmte Hypothesen zum Verhalten in den jeweiligen Stadien ableiten. Nur läßt sich keine logisch stringente Abfolge von Schritten von den allgemeinen Aussagen über die Stadien bis hin zu spezifischen Hypothesen ableiten. Es fehlen einige Schritte in dieser logischen Abfolge, und manche Aussagen sind zu vage (beispielsweise die Aussagen zur Äquilibration). So können wir nur ganz allgemeine Vorhersagen zum Verhalten in den einzelnen Stadien machen, und die empirischen Forschungsergebnisse können die allgemeineren Aussagen über die Stadien nicht immer eindeutig bestätigen oder widerlegen. Dies bedeutet nicht, daß sich Piagets Theorie niemals als deduktive Theorie formulieren lassen wird, sondern lediglich, daß sie zum gegenwärtigen Zeitpunkt ebenso wie die meisten anderen Entwicklungstheorien nicht hinreichend formalisiert ist. Daher sind ihre allgemeinen Aussagen schwer zu überprüfen.

Wir sollten darauf hinweisen, daß Piagets Theorie in einem eingeschränkten Sinne durchaus als deduktives System gelten kann. Insbesondere das logisch-mathematische Modell kann diese deduktive Rolle übernehmen. Die meisten Modelle besitzen keine hierarchische, organisierte Struktur, aus der sich Deduktionen ableiten lassen. Das logisch-mathematische Modell jedoch besteht aus einer Reihe von logisch miteinander zusammenhängenden formalen Aussagen. Da die verschiedenen logischen Operationen logisch miteinander verbunden sind, kann man, sobald bestimmte logische Operationen im Denken des Kindes festgestellt werden, voraussagen (deduzieren), daß es auch bestimmte andere logische Operationen durchführen können müßte. Piagets Modell würde beispielsweise einen bestimmten Typus der logischen Beziehung zwischen der Operation des Klassifizierens von Objekten und der Operation des Einordnens dieser Objekte in bezug auf eine bestimmte Dimension voraussagen.

Im Hinblick auf funktionalistische Theorien könnten wir beim Durchblättern neuerer Zeitschriften zur Entwicklungspsychologie den Eindruck gewinnen, daß Piagets Theorie diesem Ansatz entspricht. Verschiedene amerikanische Psychologen haben bestimmte Piagetsche Aufgaben zur Invarianz, zur Objektpermanenz und zur Perspektive untersucht. Im Falle des Erhaltungsbegriffs behauptet Piaget, daß sich bei Kindern, die über dieses Konzept verfügen, bestimmte konkrete Operationen wie die mentale Reversibilität und die Kompensation zeigen müßten, und daß das Üben des Erhaltungsbegriffs bei denjenigen Kindern am erfolgreichsten sein müßte, die „bereit" sind, den Begriff auch aus sich selbst heraus zu entwickeln. Diese und andere Behauptungen sind in Hunderten von Experimenten überprüft worden. Bei diesen Experimenten gibt es eine enge Wechselbeziehung zwischen erklärenden Hypothesen und erhobenen Daten.

Der induktiven Theoriebildung schließlich lassen sich bei Piagets Theorie nur wenige Elemente zuordnen. Das heißt, die Theoriebildung beschränkt sich nicht auf deskriptive Aussagen, die im wesentlichen lediglich Daten zusammenfassen und keine Schlußfolgerungen beinhalten. Zwar enthält die Piagetsche Theorie auf einer relativ niedrigen Ebene auch einige deskriptive Aussagen, die eng mit dem vorhandenen Datenmaterial zusammenhängen, aber wie wir gesehen haben, springt Piaget immer wieder von empirischen Beobachtungen zu abstrakten höheren Ebenen der Theorie. Induktive Theoretiker würden einfach nicht von kognitive Strukturen, Äquilibration und ähnlichem sprechen. Und anders als die Vertreter dieser Richtung wechselt Piaget ebenso leicht von der Theorie zu den Tatsachen wie von den Tatsachen zur Theorie.

Kritik der Theorie

Wir haben schon weiter oben darauf hingewiesen, daß Piaget nach dem Erscheinen seiner ersten Arbeiten über Kinder bestürzt feststellte, daß man sie als endgültige Aussagen über bestimmte kognitive Fragestellungen verstand – und nicht als vorläufige Lösungsversuche, als die sie gedacht waren. Piaget hätte auf eine Ausarbeitung seiner Theorie wahrscheinlich selbst im hohen Alter, mehr als ein halbes Jahrhundert später, wieder ähnlich reagiert: Er selbst hat seine Theorie noch im Alter von über achtzig Jahren erweitert und verändert, solange er seine Arbeit fortsetzte. Wenn wir die Theorie nun kritisch beurteilen, indem wir den Blick auf ihre wichtigsten Stärken und Schwächen richten, sollten wir das ihr inhärente Potential der Veränderung und Weiterentwicklung nicht aus den Augen verlieren.

Stärken der Theorie

Wir konzentrieren uns auf fünf Stärken der Theorie Piagets: die Erkenntnis der zentralen Rolle der Kognition in der Entwicklung, ihren Wert als integrative und heuristische Theorie, ihre Entdeckung überraschender Merkmale im Denken von Kleinkindern, ihren umfassenden Erklärungsanspruch und ihre ökologische Validität.

Die zentrale Rolle der Kognition

Piaget hat das Feld der Entwicklungspsychologie grundlegend beackert. Ein Entwicklungspsychologe, den man aus den fünfziger Jahren herausnehmen und irgendwie in die Gegenwart versetzen würde, fände sich überhaupt nicht mehr zurecht. Er würde hören, wie Psychologen über Strategien, regelgesteuertes Verhalten, kognitive Strukturen, Schemata, Pläne und Repräsentationen diskutieren anstatt über Stimulusgeneralisierung, durchschnittliche Äußerungslänge, Intelligenzalter, Konditionierung, Unterscheidungslernen und Lerneinstellung. Für diese Veränderung ist weitgehend Piaget verantwortlich. Er gab der Psychologie eine neue Richtung, indem er neue Fragen stellte, die Entwicklungspsychologen erstaunt fragen ließen, warum sie selbst jemals andere Fragen gestellt hatten. Psychologen, die die Entwicklung einmal mit Piagets Augen betrachtet haben, sehen Kinder niemals wieder genauso wie zuvor. Bevor wir uns den spezifischen Konzepten zuwenden, die die Entwicklungspsychologie revolutionierten, sollten wir einen Blick auf die Psychologie werfen, wie Piaget sie aufnahm und assimilierte.

Sowohl der theoretische Stand der Psychologie als auch die Geschichte der Entwicklungspsychologie in den Vereinigten Staaten boten in den fünfziger und sechziger Jahren einen fruchtbaren Boden für Veränderungen. Die theoretische Psychologie hatte den Behaviorismus im allgemeinen und die Lerntheorie im besonderen bis an ihre Grenzen getrieben und sie als unzureichend erkannt. Selbst als die Lerntheorie durch Konzepte wie verbale Vermittlung, soziale Verstärkung, Nachahmungslernen, innere Verstärkung und Aufmerksamkeit modifiziert wurde, konnte sie die Psychologen nicht wirklich zufriedenstellen. Unbefriedigend war die Definition des Triebbegriffs, die Erklärung der Sprachentwicklung auf der Basis von Nachahmung, Übung und Verstärkung sowie die formale Theoriebildung der Hullschen Psychologie. Gleichzeitig jedoch gab es vielversprechende Ansätze aus unterschiedlichen Richtungen: Noam Chomskys Transformationsgrammatik, Donald Broadbents Filtermodell und die Arbeiten der Computerwissenschaftler zur Informationsverarbeitung. Dies alles waren kognitive Ansätze. Der Wind der Veränderung fegte über das Feld der Psychologie. Amerika war bereit für Piaget.

Aber nicht nur der Stand der psychologischen Theoriebildung in den USA, sondern auch die spezifische Geschichte der Entwicklungspsychologie ebnete den kognitiven Theorien den Weg. Bis in die fünfziger Jahre waren Wissenschaftler, die sich für Fragen der kindlichen Entwicklung interessierten, seltener im psychologischen Fachbereich einer Universität als in einem Kinderheim oder einem Fachbereich wie Hauswirtschaftslehre, Pädiatrie, Gesundheitswesen, Pädagogik, Klinische Psychologie oder Kinderkrankenpflege zu finden. Die konkreten Probleme der körperlichen und geistigen Wohlfahrt von Kindern brachten es oft mit sich, daß Entwicklungspsychologen in Kinderheimen tätig und damit praktisch wie theoretisch von der universitären Psychologie abgeschnitten waren. Die meisten Entwicklungspsychologen waren gezwungen, zumindest mit einem Bein in der Praxis und mit dem anderen im Forschungslabor zu stehen. So hinderte ihre Beschäftigung mit Mangelernährung, körperlicher und geistiger Retardierung, Lernstörungen und Affektstörungen viele Entwicklungspsychologen daran, sich dem behavioristisch-experimentellen Zeitgeist in der theoretischen Psychologie der vierziger und fünfziger Jahre bedingungslos anzuschließen. Außerdem interessierten sich die Entwicklungspsychologen damals vor allem dafür, normative Daten zu sammeln – Beschreibungen des Verhaltens, das in einem bestimmten Lebensalter erwartet werden konnte. Aus all diesen Gründen gab es auch Raum für Piagets naturkundlich orientierten, deskriptiven Ansatz. Für die Entwicklungspsychologen wurden die Schwierigkeiten, die sich daraus ergaben, daß Piaget keine einheitlichen Testverfahren anwandte, keine statistischen Analysen erstellte und nur eine kleine Stichprobe untersuchte, durch seine erstaunlichen naturkundlichen Beobachtungen wettgemacht.

Wer kein Insider auf dem Gebiet der Entwicklungspsychologie ist, könnte sich fragen, warum Piaget fast sein gesamtes Lebenswerk vorlegen mußte, bevor amerikanische Wissenschaftler darauf aufmerksam wurden. Eine wichtige Ursache ist zweifellos der damalige Stand der psychologischen Theoriebildung, eine weitere die Sprachbarriere. Bis in die sechziger Jahre war ein Großteil von Piagets Werk nicht ins Englische übersetzt. Hinzu kommt, daß Piagets Schriften in jeder Sprache schwer zu verstehen sind! Glücklicherweise haben dann Ende der fünfziger und Anfang der sechziger Jahre John Flavell, David Elkind, Hans Furth, Joachim Wohlwill und andere sich als psychologische Übersetzer Piagets an die Arbeit gemacht. Flavells Buch *The Developmental Psychology of Jean Piaget* (1963), das genau zum richtigen Zeitpunkt erschien, machte Piaget für englischsprachige Psychologen verständlich.

Alles übrige ist, wie man so sagt, Geschichte. In der Psychologie gab es eine Flut von Wiederholungsuntersuchungen, und man versuchte, Piagets Theorie mit der damaligen Entwicklungspsychologie zu verbinden. Berlyne (1965) beispielsweise bemühte sich, Lerntheorie und Piagets Theorie zu integrieren. Danach wurde auch versucht, den Erwerb verschiedener Konzepte – darunter vor allem den Erhaltungsbegriff – mit Kindern zu üben. Zur gleichen Zeit wurden eher für die amerikanische Psychologie charakteristische Laborstudien zu verschiedenen Variablen, beispielsweise zur Art des in den Aufgaben verwendeten Materials und zu den Instruktionen des Versuchsleiters, zu den Bewertungsmaßstäben und zur sozioökonomischen Schichtzugehörigkeit der Kinder, durchgeführt. Tatsächlich wuchs das Interesse an Piagets Theorie dermaßen an, daß fast 20 Prozent aller zwischen 1969 und Mitte 1972 in der Zeitschrift *Developmental Psychology* veröffentlichten Artikel Bücher von oder über Piaget (Looft und Svoboda, 1971) zitierten. Später wurde Piagets Theorie auch auf Bereiche wie die Sozialarbeit, die klinische Psychologie und die Erziehungswissenschaften ausgedehnt. In der Pädagogik beispielsweise wandte man Piagets Vorstellung an, daß Lernen dann am ehesten auftreten wird, wenn sich das Kind aktiv beteiligt, wenn Aufgaben eher konkrete als abstrakte Lösungswege haben und wenn das Kind die kognitive Bereitschaft zum Lernen hat. Kurzum, die sechziger und siebziger Jahre wurden zum „Piagetschen Stadium" der Entwicklungspsychologie.

Mit diesem historischen Exkurs sollte der Einfluß einer Theorie gezeigt werden, die die zentrale Rolle der Kognition für die Entwicklung erstmals dargestellt hat. Piaget erforschte die Formen des Denkens, die dem manifesten Verhalten zugrunde liegen, für das sich die Behavioristen und Kinderpsychologen in ihrem Bemühen, Normen der Entwicklung zu definieren, interessierten. Mit dieser herausragenden Rolle der Kognition eröffnete sich einer ganzen Generation von Entwicklungspsychologen eine neue Perspektive.

Der integrative und heuristische Wert der Piagetschen Theorie

Im einführenden Kapitel wurden einer Theorie zwei Aufgaben zugeschrieben. Sie sollte erstens Beobachtungstatsachen integrieren und sie in einen Sinnzusammenhang einordnen und zweitens der weiteren Forschung ein heuristisches Instrument an die Hand geben. Piagets Theorie erfüllt beide Forderungen. Was ihre integrative Funktion angeht, postuliert sie für eine breite Spanne scheinbar unzusammenhängender Handlungen eine grundlegende Kontinuität und Organisation. Kontinuität und Organisation sind zu einem gegebenen Zeitpunkt durch die Stadien und über die Zeit hinweg durch die invarianten Funktionen gegeben. Die integrative Natur der Stadienkonzepts zeigt sich beispielhaft in den logischen Strukturen, die dem Zahlen-, Zeit- und Kausalitätsbegriff und dem Menschenbild der konkret-operativen Phase zugrunde liegen. Als Beispiel für die integrative Natur der invarianten Funktionen nennen wir nur die graduellen und selektiven Veränderungen in der räumlichen Vorstellung. Über die Zeit hinweg entwickelt sich von jedem Augenblick zum nächsten eine Kontinuität, wenn Schemata und Operationen auf breitere Bereiche ausgedehnt werden, um neue Informationen zu integrieren. Eine weitere, stadienübergreifende Kontinuität zeigt sich, wenn sich das Verständnis räumlicher Beziehungen von äußeren Handlungen über Symbole und konkrete Operationen zu formal-operativen Systemen weiterentwickelt.

Auch ihrer zweiten Funktion als heuristisches Instrument, das eine neue Forschung begründet, ist Piagets Theorie gerecht geworden. Ihr spezifischer empirischer Beitrag wird im Zusammenhang mit ihren Stärken noch betrachtet; hier wollen wir uns auf ihren heuristischen Wert beschränken. Wesentlich ist in diesem Zusammenhang Piagets Auffassung, daß ein Kind sein Wissen aktiv aufbaut. Das hat nicht nur auf die gesamte entwicklungspsychologische Forschung abgefärbt, sondern insbesondere auch die Erforschung von Teilgebieten wie Gedächtnis, Aufmerksamkeit, Lernen, Sprache und soziale Wahrnehmung geprägt. Auf diesen Gebieten achten die Forscher sehr genau auf die Strategien und Pläne von Kindern. Das „aktive Kind" ist inzwischen ein Klischee.

Eine zweite Piagetsche Aussage von heuristischem Wert beinhaltet, daß Entwicklung sich in einer invarianten Abfolge von Stadien darstellt, in der spätere Stadien auf früheren aufbauen und sie integrieren. Psychologen, die heute ein von Piaget inspiriertes Konzept wie etwa das Konzept der Klassifikation, der Zahl oder der Kausalität untersuchen, forschen zunächst nach geistigen Vorläufern der reifen Ausformungen dieser Konzepte. Wer den Zahlbegriff untersucht, sucht zunächst automatisch nach früher nachweisbaren Teilfertigkeiten wie dem Zählen und der Aufmerksamkeit, die schließlich zu einem reifen Verständnis der Zahl führen.

Piagets Theorie umfaßt weitere Grundaussagen zur Entwicklung:

1. Kinder suchen von sich aus den stimulierenden Reiz und warten nicht passiv (wie es die Freudsche Theorie und die Theorie des Reiz-Reaktions-Lernens behaupten).
2. Das Denken von Grundschulkindern hat Ähnlichkeit mit logisch-mathematischen Strukturen.
3. Die „falschen" oder „niedlichen" Vorstellungen, wie sie Vorschulkinder von der Welt haben, sind symptomatisch für ein komplexes, forschendes Denksystem, das versucht, die Wirklichkeit zu begreifen.
4. Die kognitive Entwicklung hängt zu großen Teilen nicht von unserer Fähigkeit zur Sprachverwendung ab.
5. Kinder bringen sich vieles selbst bei.

Diese Liste ließe sich fortsetzen.

Die Entdeckung überraschender Merkmale im kindlichen Denken

Piagets großartigstes Vermächtnis ist wohl seine umfassende Darstellung dessen, was sich entwickelt. Tausende seiner eigenen Beobachtungen in Verbindung mit den Tausenden von ihm angeregten Untersuchungen stellen einen beachtlichen Informationsfundus dar. Unabhängig davon, wie seine theoretischen Postulate letztendlich bewertet werden, seine detaillierten, einfühlsamen und scharfsinnigen Beobachtungen werden Bestand haben.

Piaget zeigte neue Phänomene der Entwicklung auf, von denen viele überraschend scheinen oder mit gesundem Menschenverstand nicht zu vereinbaren sind. Besonders bemerkenswert sind die folgenden Beobachtungen: Säuglinge erwarten offensichtlich nicht, daß Objekte permanent da sind. Vorschulkinder glauben, daß sich die Zahl der Objekte verändert, sobald diese Objekte neu angeordnet werden, und sie behaupten, eine Handlung sei umso falscher, je mehr Schaden angerichtet werde. Im allgemeinen braucht die Entwicklung der meisten Konzepte nicht nur länger, als wir vermuten würden, sondern sie durchläuft auch eine Reihe interessanter Schritte. Überraschend ist auch, daß Kinder über eine solche Vielfalt von Dingen nachdenken. Ihr Denken reicht von Überlegungen zum Ursprung des Universums bis hin zu der Frage, wie sie eine Tür öffnen könnten, ohne das fallen zu lassen, was sie gerade in der Hand halten, oder von Überlegungen zur Moral einer Gesellschaft bis hin zur Bestimmung der Geschwindigkeit eines schwingenden Pendels. Für ein Fachgebiet, in dem es wenige „Entdeckungen" gibt, die sich mit der Entdeckung eines neuen Planeten oder der Entschlüsselung der DNA-Struktur messen können, sind Piagets überraschende Beobachtungen zur kognitiven Entwicklung wohltuende Anstöße und besonders bemerkenswert, wenn man bedenkt, daß ja nur alltäglich überall beobachtbares Verhalten untersucht wurde. Piaget hat gezeigt, daß entwicklungspsychologische Beschreibungen höchst interessant sein können.

Der breite Anwendungsbereich

Piagets Theorie setzt hohe Maßstäbe im Hinblick auf die Anwendungsbreite – sie spannt ihr Netz von der Erklärung des Spieles mit Kieselsteinen bis hin zum kausalen Schlußfolgern, vom Saugreflex bis hin zu formal-operativen Strukturen. Sie versucht, sowohl kognitive Stadien als auch die Übergänge zwischen diesen Stadien zu beschreiben und zu erklären. Piaget beschäftigt sich nicht nur mit der kognitiven Entwicklung, sondern verfolgt auch ihre Implikationen für andere Bereiche, wie etwa die soziale und affektive Entwicklung und das soziale und affektive Lernen. Darüber hinaus befaßt er sich mit anderen Disziplinen wie Erkenntnistheorie, Wissenschaftsphilosophie und Pädagogik. Kurzum, Piagets Theorie deckt mehr Bereiche des Verhaltens ab als jede andere Entwicklungstheorie. Bei ihm ahnt man, wie eine vollständige Entwicklungstheorie aussehen könnte.

Der breite Anwendungsbereich macht die Theorie besonders attraktiv, zugleich aber auch besonders angreifbar. Vielleicht hat die Theorie allzu früh allzu vieles zu leisten beansprucht.

Die ökologische Validität

Jeder Psychologe setzt intuitiv Prioritäten im Hinblick darauf, was eine gute Theorie leisten sollte. Auf vielen Prioritätenlisten dürfte die Forderung stehen, daß eine Theorie etwas über die wirkliche Welt der Kinder aussagen muß. Zwar ist selbst die reinste Grundlagenforschung im Labor für das alltägliche Verhalten durchaus relevant, aber einige Ansätze kommen dem Alltagsverhalten näher als andere. Piagets Theorie scheint in dieser Hinsicht gut abzuschneiden. Er stellt die Adaptation der Kinder an die Welt, mit der sie jeden Tag konfrontiert sind, in den Mittelpunkt. Säuglinge versuchen, eine Rassel zu greifen, die sich etwas außerhalb ihrer Reichweite befindet, stecken ihren Schnuller wieder in den Mund und stellen fest, wo ein Ball hingerollt ist. Vorschulkinder teilen ihre Kekse mit Freunden, versuchen, ihre Gedanken anderen mitzuteilen, und bestrafen Spielkameraden, die Spielregeln übertreten haben. Schulkinder mühen sich mit Mathematikaufgaben ab, versuchen, soziale Normen zu begreifen, und finden ihren Weg in ihrem Viertel oder ihrer Stadt.

Die ökologische Validität der Theorie Piagets zeigt sich in seinen Untersuchungen zum Kleinkind deutlicher als in seinen Arbeiten zu späteren Stadien der Entwicklung. Bei Verhaltensforschungen mit älteren Kindern neigte Piaget dazu, den Fluß des Verhaltens durch Fragen zu unterbrechen oder sogar von vornherein bestimmte Aufgaben zu stellen. Das hängt damit zusammen, daß sich das Denken von Kleinkindern in ihren manifesten Handlungen äußert, während das Denken älterer Kinder sich nicht so offensichtlich zeigt und erst manifest gemacht werden muß.

Schwächen der Theorie

Die Begeisterung und das Interesse für Piagets Theorie wurden inzwischen etwas gedämpft und sind zunehmend dem Eindruck gewichen, daß die Theorie nicht alles leistet, was sie tatsächlich leisten könnte. Sie hat Neuland eröffnet, zweifellos, aber sie hat einige gravierende Schwächen, die offen zutage liegen.

Piaget gibt in vielerlei Hinsicht eine gute Zielscheibe ab. Seine ungewöhnliche Methodologie, der umfassende Anwendungsbereich und seine Anleihen aus der Biologie und der Philosophie ermutigen die Psychologen nachgerade zum Suchen nach Mängeln in dieser Theorie. In diesem Abschnitt geht es darum, die einzelnen Mängel aufzuzeigen und jeweils festzustellen, welche sich am einfachsten beheben lassen. Dabei untersuchen wir folgende Schwächen der Theorie: unzureichende Bestätigung des Stadienbegriffs, unzureichende Erklärung der Mechanismen von Entwicklung, Bedarf nach einer Theorie der Performanz, Vernachlässigung der sozialen und emotionalen Aspekte der Entwicklung sowie methodologische und stilistische Unzulänglichkeiten. Darüber hinaus geben wir einen Überblick über jüngere Forschungsarbeiten, insbesondere in den USA, die durch die Auseinandersetzung mit diesen Mängeln angeregt wurden.

Unzureichende Bestätigung des Stadienbegriffs

Die heftigste Kritik richtet sich gegen das Konzept der Entwicklungsstadien, das Herz der Piagetschen Theorie. Gibt es tatsächlich größere Entwicklungspannen mit Merkmalen, die sämtlichen psychologischen Phänomenen des jeweiligen Stadiums zu eigen sind? Oder stiftet der Begriff des Stadiums nur Verwirrung, indem er die Entwicklung allzu sehr vereinfacht und eine stärkere Kohärenz der einzelnen Konzepte postuliert, als tatsächlich vorhanden ist? Hier geht es im wesentlichen um die Frage, welcher Zusammenhang zwischen den Stadien und der tatsächlichen geistigen Aktivität von Kindern besteht. Piaget behandelt zwar die Stadien – und insbesondere ihre logischen Strukturen – gelegentlich als idealisierte Modelle des Denkens, postuliert jedoch insgesamt, daß den Stadien eine eigene psychologische Realität zukommt, sie also nicht nur Modelle oder andere heuristische Hilfsmittel sind. Die Stadien beschreiben also die tatsächliche psychologische Organisation des kindlichen Wissens und sagen es im Hinblick auf eine Reihe von Objekten und Phänomenen voraus. Piagets wichtigster Beleg für die Existenz der Stadien ist die Ähnlichkeit des Denkens in bezug auf viele unterschiedliche Inhalte und der Eindruck, daß der Erwerb kognitiver Strukturen unumgänglich ist. Er zitiert beispielsweise ein Kind, das gesagt hat: „Wenn man einmal weiß, weiß man für immer und ewig" (1971, S. 5). Piaget behauptet, daß die logischen Strukturen diesen Eindruck der logischen Notwendigkeit begründen.

Die Befunde sprechen nicht für eine strenge strukturalistische Auffassung von Stadien, die für alle Bereiche des Denkens gleichzeitig übergreifende Veränderungen beinhalten. Piaget selbst hat angemerkt, daß eine Struktur sich möglicherweise nur auf einen bestimmten Inhaltsbereich anwenden läßt und für viele andere Bereiche innerhalb desselben Stadiums neu aufgebaut werden muß. Er sprach von *décalages horizontal*, wenn ein allgemeines Konzept bei bestimmten Aufgaben früher auftritt als bei anderen. Zum Beispiel entwickelt sich der Erhaltungsbegriff für Materialien typischerweise ein bis zwei Jahre vor dem des Gewichts. Piaget wäre auch nicht überrascht gewesen, daß bei Wunderkindern die kognitiven Fertigkeiten in einem speziellen Gebiet, etwa Mathematik, viel weiter entwickelt sind als in den übrigen Bereichen. Insofern könnte eine abgeschwächte strukturalistische Auffassung der Stadien ein gangbarer Ausweg sein, bei der man gewisse Unebenheiten über die verschiedenen Bereiche hinweg akzeptiert. Aber selbst mit dieser Einschränkung führen Anwendungen eines inhaltlich begrenzten Konzepts wie dem Erhaltungsbegriff für Material zu Widersprüchen. Beispielsweise hat Uzgiris (1968) den Erhaltungsbegriff mit Hilfe von Knetkugeln, Metallwürfeln, Drahtrollen und Plastikkabeln untersucht. Dabei zeigte sich die Anwendung des Erhaltungsbegriffs bei einigen Materialien oder Transformationstypen früher als bei anderen. Überdies zeigt sich ein Konzept, das, wie wir noch sehen werden, bei weniger anspruchsvollen Aufgaben früher in Erscheinung tritt als bei komplexeren Aufgaben. Und oft schneiden „formal-operative" Erwachsene, die in bestimmten Situationen wie ein Wissenschaftler Hypothesen testen können, in anderen Bereichen, über die sie nur intuitive, oft falsche Vorstellungen haben, beim Überprüfen ihrer Hypothesen schlecht ab (Kuhn, 1989). Hier werden Daten sogar ignoriert oder verzerrt, die den jeweiligen Meinungen zuwiderlaufen. Sind Geist und Kognition schlicht eine „Ansammlung verschiedener, nicht aufeinander bezogenen Minikognitionen" (Flavell, 1992)?

Selbst wenn man einen schwächeren Stadienbegriff zugrunde legt, bleibt das Problem bestehen, daß Piaget keine befriedigende Beschreibung liefert, was den Ausschlag dafür gibt, ob eine Struktur in einem gegebenen Inhaltsbereich zur Anwendung kommt oder nicht. Wann ist Generalisierung zu erwarten und wann nicht? Piagets Annahme, daß die *décalages* dadurch zustande kommen, daß sich unterschiedliche Stimuli der Anwendung kognitiver Strukturen unterschiedlich stark „widersetzen", ist nicht hinreichend ausgearbeitet.

Es ist schwer zu entscheiden, ob der Stadienbegriff falsch oder lediglich unvollständig ist. Sind die logisch-mathematischen Strukturen ein Traum der Philosophen, oder bisher einfach zu vage und zu allgemein beschrieben und deshalb zu weit vom Verhalten entfernt? Looft und Svoboda formulieren einige dieser Zweifel:

„Beim Lesen der neueren Schriften Piagets beschleicht einen manchmal das dunkle Gefühl, daß im Werk dieses Mannes etwas ganz Eigenartiges vor sich geht. In seinen frühen Schriften lasen wir von fröhlichen Kindern, die an den Ufern des Genfer Sees spielten und ihre Überraschung und Freude zum Ausdruck brachten, wenn sie in ihrer kleinen Welt Entdeckungen machten. Heute dagegen sehen wir uns einer Art von kybernetischen Automaten gegenüber, die sich selbst regulieren und auf immer höhere Ebenen der Differenzie-rung und Komplexität vorantreiben. Kurz gesagt scheint es so, als sei der Mensch in den vergangenen fünf Jahrzehnten, in denen Piagets Theorie auf ein immer höheres Abstrak-tionsniveau weiterentwickelt wurde, irgendwie aus dieser Theorie herausgefallen und durch sterile logisch-mathematische Strukturen ersetzt worden."

[1971, S. 15]

Flavells Analysen des Stadienbegriffs (1971b, 1982) zeigen sowohl Mängel als auch Möglichkeiten, die Piagetsche Theorie zu verbessern. Flavell schlägt verschiedene Modifikationen des Stadienbegriffs vor:

1. Stadienspezifische, qualitative Veränderungen scheinen kausal mit eher graduellen, quantitativen Formen entwicklungsbedingter Veränderungen zusammenzuhängen, beispielsweise einer zunehmenden Fähigkeit zur Aufmerksamkeit oder einer zu-nehmenden Stabilität und Generalisierung der Konzepte.
2. Die Entwicklung einer kognitiven Fertigkeit ist ein ausgedehnter, sich ständig erweiternder Prozeß. Möglicherweise erreichen Kinder die „volle funktionale Rei-fe" eines Stadiums erst dann, wenn es formal bereits abgeschlossen ist.
3. Konzepte oder Strukturen, die ein Stadium charakterisieren, sind in ihrer Entwick-lung oft nur annähernd synchron. So kann beispielsweise die Entwicklung zweier Konzepte gleichzeitig einsetzen, aber zu unterschiedlichen Zeitpunkten abge-schlossen sein. Oder aber sie beginnt und endet zu unterschiedlichen Zeitpunkten, wobei es eine beträchtliche zeitliche Überlappung gibt. Auch andere zeitliche Zu-sammenhänge sind vorstellbar. Der zeitliche Zusammenhang unterschiedlicher Entwicklungen ist für eine adäquate Beurteilung der logisch-mathematischen Strukturen besonders wichtig. Inwiefern handelt es sich bei diesen Strukturen um ein sich simultan entwickelndes, komplexes System?
4. Die kognitiven Elemente eines spezifischen Stadiums können sich *letztendlich* zu einem echten, durchstrukturierten und komplexen Stadium verbinden, auch wenn sie sich im Verlaufe des Stadiums nicht synchron entwickelt haben.
5. Die kognitive Performanz zeichnet sich – mit unterschiedlichen Implikationen für Piagets Theorie – durch verschiedene Typen der Homogenität und der Heterogeni-tät aus. Das spontane Alltagsdenken beispielsweise ist wahrscheinlich eher durch kognitive Homogenität gekennzeichnet als das Denken in einer Prüfungssituation, und in manchen kognitiven Bereichen wird das Denken homogener sein als in anderen.

Flavell macht zwar einerseits die Ambiguität und Komplexität des Stadienbegriffs deutlich, doch er zeigt andererseits auch, daß Piagets Theorie interessante und über-prüfbare Hypothesen hervorbringen kann. Selbst wenn die Stadien weniger kohärente Einheiten sind, als Piaget es dargestellt hat, organisieren sie doch sinnvoll eine Viel-zahl von unterschiedlichen Verhaltensformen und liefern einen nützlichen Rahmen, um die geordneten Strukturen des Denkens zu erklären. Bei Flavell und Wohlwill heißt es dazu: „Um es mit einer Paraphrase von Voltaires Diktum zum Wesen des Gottesbegriffs auszudrücken: Gäbe es keine solchen Strukturen im Geiste des Kindes, so müßten wir sie erfinden, um das Maß an Konsistenz und Ordnung in seiner kogniti-ven Entwicklung erklären zu können" (1969, S. 94).

Methodisch begründen läßt sich Piagets Stadienbegriff wahrscheinlich am ehesten, wenn wir nach stadiengebundenen Veränderungen forschen, die auf einen spezifischen inhaltlichen Bereich begrenzt sind (Feldman, 1980), wobei sich dann jeder Bereich bis zu einem gewissen Grad unabhängig von den anderen entwickeln mag. Diese Möglichkeit wird in einem späteren Abschnitt über die Neo-Piagetianer besprochen.

Bereichsspezifisches Wissen steht auch bei den wissensbasierten Ansätzen (siehe Chi, Glaser und Farr, 1988 und Kapitel 4 dieses Buches) im Vordergrund. Aus dieser Sicht verändert sich ein Kind innerhalb eines spezifischen Bereichs wie Schach, Fußball oder Dinosaurier vom Anfänger zum Experten. Auch in der modularen Theorie (siehe Einführung) und bei verschiedenen anderen biologischen Ansätzen (siehe Carey und Gelman, 1991) wird ein bereichsspezifisches Wissen angenommen. Ganz ähnlich schlägt der neue „theoriebasierte" Ansatz (siehe Carey, 1985; Kail, 1989) vor, daß das Wissen in einem spezifischen Bereich eine informierte, intuitive „Theorie" ist – eine kohärente Menge von aufeinander bezogenen, kausal erklärenden Konzepten. Beispiele solcher Bereiche sind Biologie, Physik und Psychologie (Wellman und Gelman, 1992). Zu den derzeit aktivsten Forschungsgebieten gehört hier derzeit die *Theory of Mind*, eine Art *Psychologie im Alltag* (Premack und Woodruff, 1978). Wissen in diesem Sinne umfaßt eine Reihe von Konzepten, nämlich (1) daß ein denkendes Bewußtsein (*mind*) existiert, daß es (2) mit der Außenwelt verbunden ist, daß es (3) von der Außenwelt unterschieden und separiert ist, daß es (4) Objekte und Ereignisse repräsentieren kann, ob korrekt oder inkorrekt, und daß es (5) aktiv vermittelt, wie eine Person die Wirklichkeit interpretiert (Flavell, Miller und Miller, 1993). Zum Beispiel verstehen Dreijährige nicht, daß eine Person auf der Grundlage von – wahren oder falschen – Ansichten handelt. Denn sie verstehen nur begrenzt, daß mentale Repräsentationen das Verhalten bestimmen. Sie realisieren nicht, daß eine Person ein Objekt, das in ihrer Abwesenheit und ohne ihr Wissen an einen anderen Ort gebracht wurde, zunächst an dem Platz suchen wird, an dem es ursprünglich stand, aber kaum an dem Ort, wo es sich nunmehr wirklich befindet (Perner, Leekam und Wimmer, 1987).

Unzureichende Erklärung von Mechanismen der Entwicklung
Wir brauchen nicht nur Klarheit über die Kriterien bei der Definition der einzelnen Stadien, sondern auch bei den überleitenden Mechanismen innerhalb und zwischen den Stadien. Piaget beschreibt den Verlauf der Entwicklung besser, als er ihn erklärt. Die funktionalen Invarianten, Assimilation und Akkommodation, liefern bestenfalls einen allgemeinen Rahmen für die Untersuchung kognitiver Veränderungen. Damit gibt es aber noch keine spezifischen und exakten Aussagen darüber, wie das sensumotorische Denken zum präoperativen oder das präoperative zum operativen Denken wird. Oder der Äquilibrationsprozeß ist zwar eine intuitiv einleuchtende Vorstellung, aber es bleibt unklar, wie das Aufmerksamwerden auf einen Widerspruch Kinder dazu führt, diesen Widerspruch aufzulösen (Bryant, 1986). Wenn sie nur bemerken, daß etwas nicht stimmt, können sie die Ursache des Problems damit allein noch nicht identifizieren.

Eine Möglichkeit, die Mechanismen der Veränderung zu untersuchen, besteht darin, bestimmte Erfahrungen experimentell vorzugeben und zu beobachten, welche kognitiven Veränderungen sie hervorrufen. Piaget war skeptisch und warnte: „Jedesmal, wenn man einem Kind vorzeitig etwas beibringt, das es auch selbst hätte entdecken können, hält man es davon ab, es zu erfinden und damit auch ganz zu verstehen" (Piaget, 1983, S. 113).

Verschiedene Piagetianer, darunter insbesondere Inhelder, haben in verschiedenen Studien versucht festzustellen, wie Lernen durch Üben stimuliert wird (Inhelder, Sinclair und Bovet, 1974). Auch britische und amerikanische Psychologen haben Hunderte von Studien dazu durchgeführt. Viele davon vermittelten Kindern erfolgreich ein neues Konzept, indem sie einen kognitiven Konflikt erzeugten, die zugrundeliegenden Operationen wie Reversibilität und Kompensation einübten, die jeweilige Regel für das Kind verbalisierten oder ein Modell zur Verfügung stellten, durch das sie das neue Konzept veranschaulichten. Andere Ansätze zielten vor allem darauf ab, Leistungsbarrieren abzubauen, indem sie die Aufmerksamkeit des Kindes auf das relevante Merkmal, beispielsweise die Zahl, lenkten, oder indem sie dafür sorgten, daß die jeweils relevante Information im Gedächtnis behalten wurde.

Leider haben diese Studien zum Lernen durch Übung nur minimale Einblicke in die Mechanismen der Entwicklung ermöglicht. Zunächst einmal gibt es keine Garantie, daß die im Experiment beobachteten Mechanismen auch in der Alltagsumgebung so ablaufen. Selbst wenn der Versuch zeigt, daß ein Training auf der Grundlage von Piagets Entwicklungsmechanismen (wie etwa dem kognitiven Konflikt) Kinder dazu veranlaßt, ein spezifisches Konzept zu erwerben, ist nicht auszuschließen, daß die spontane, natürliche Entwicklung vielleicht ganz anders verläuft.

Zweitens, selbst wenn das Training zum Erfolg führt, ist dieser Erfolg möglicherweise auch auf andere Mechanismen zurückzuführen als die, die der Versuchsleiter bei seinem experimentellen Ansatz testen wollte. So sollte Gelmans (1969) Verfahren die Aufmerksamkeit der Kinder von irrelevanten Dimensionen (etwa die Länge einer Reihenanordnung von Objekten) wieder auf die relevante Dimension (die Zahl) zurücklenken. Der Erfolg dieses Verfahrens könnte aber vielleicht auch auf einem kognitiven Konflikt beruhen, der dadurch entstand, daß die erste Antwort der Kinder nicht regelmäßig zu einer Verstärkung führte – darauf weist Beilin (1971) hin. Drittens schließlich fehlt eine spezifische Begründung dafür, warum eine bestimmte Trainingserfahrung nur bei einigen Kindern Veränderungen hervorruft und bei anderen nicht.

Ganz allgemein wird mit zunehmendem Alter eines Kindes die Wahrscheinlichkeit zunehmen, daß es ein Konzept durch Üben erwirbt; weit schwieriger ist es jedoch, genauere Vorhersagen zu machen, weil noch unklar ist, wie man den Grad der Lernbereitschaft bei gleichaltrigen Kindern bestimmen soll.

Bedarf nach einer Theorie der Performanz

Piaget hat ein sorgfältig ausgearbeitetes System kognitiver Strukturen entworfen, die das Wissen des Kindes über die Welt repräsentieren, und zugleich eine umfassende Beschreibung des Verhaltens geliefert. Allerdings fehlt das Verbindungsstück, nämlich eine detaillierte Erklärung dafür, *wie* die kognitiven Strukturen in Verhalten umgesetzt werden. Eine solche Erklärung könnte man als Performanztheorie bezeichnen – es wäre eine Theorie, die erklären würde, wie das Wissen eines Kindes zu einem beliebigen Zeitpunkt in seinem Verhalten zum Ausdruck kommt. Eine Performanztheorie bezieht kognitive Prozesse wie Gedächtnis, Aufmerksamkeit, geistigseelisches Leistungsvermögen und Sprachverstehen mit ein. Sie müßte sich also mit Variablen befassen, die diese Prozesse beeinflussen. In die Liste der Variablen müßten beispielsweise die Bedeutung der verschiedenen Materialeigenschaften (Farbe, Form), die Vertrautheit mit den Materialien, der Umfang der zu erinnernden Information und die Komplexität der Instruktionen zu einzelnen Aufgaben aufgenommen werden. Diese Performanzfaktoren könnten – teilweise – der sich ständig ausweitenden Entwicklung Rechnung tragen, die Flavell (1971b, 1982) in seinen bereits zitierten Arbeiten beschrieben hat. Es könnte zum Beispiel sein, daß die frühe, noch fragile Konzeptform nur anwendbar ist, wenn keine zu großen Anforderungen an Gedächtnis, Aufmerksamkeitsspanne und Sprachfertigkeiten des Kindes gestellt werden.

Die Aufgabe zur Invarianz der Zahl bietet uns ein konkretes Beispiel für die Art und Weise, in der eine Performanztheorie analysieren könnte, wie Kinder ihre kognitiven Strukturen anwenden. Ein Test zur Invarianz der Zahl erfordert, daß ein Kind verschiedene Schritte durchläuft, wenn die Stimuli (Gegenstände und Instruktionen) die für den Erhaltungsbegriff relevanten kognitiven Operationen anregen. Ein Auszug aus dieser Liste umfaßt insbesondere die folgenden Schritte: (1) Verstehen, daß es in der Aufgabe um die Anzahl der Gegenstände und nicht um ein anderes Merkmal geht; (2) Beachten der relevanten Eigenschaft (Zahl) und Ignorieren irrelevanter Eigenschaften (Farbe, Länge, Ausrichtung); (3) Zählen der Gegenstände; (4) Enkodieren der Informationen zur Anzahl der Gegenstände; (5) Beobachten des Versuchsleiters, wie er die Gegenstände verschiebt; (6) Erinnern der von Anfang an gegebenen Gleichheit und der Tatsache, daß durch die Transformation nichts hinzugefügt oder weggenommen wurde. Darüber hinaus kann das Kind (7) frühere Erfahrungen mit dem Zählen oder Bewegen von Gegenständen aus seinem Gedächtnis abrufen, (8) nach einer geeigneten Regel oder kognitiven Operation suchen, und (9) die geeignete Operation anwenden, also beispielsweise die Transformation mental umkehren. Zum Schluß würde es dann (10) auf die richtige Antwort schließen und (11) diese Antwort einschließlich einer logischen Erklärung in Worte fassen. Diese Schritte müssen im übrigen nicht unbedingt nacheinander erfolgen, sondern können auch gleichzeitig stattfinden.

Piaget hat die Bedeutung dieser kognitiven Handlungen nicht geleugnet; sie interessierten ihn nur weniger als die allgemeineren kognitiven Strukturen. Dagegen stellen andere theoretische Ansätze wie die Informationsverarbeitung, Gibsons Wahrnehmungslernen, die Lerntheorie und die Kontexttheorie das Wesen der Performanz in den Mittelpunkt. Wir werden diesen Theorien in späteren Kapiteln begegnen; vielleicht könnten sie sogar das fehlende Verbindungsglied zwischen Strukturen und Verhalten in Piagets Theorie liefern.

In ihren späten Arbeiten haben Piaget und seine Mitarbeiter [Inhelder und Piaget, 1980; Piaget 1981 (1987)] dem Performanzmodell mehr Aufmerksamkeit geschenkt – etwa in ihrer Forschung zum prozeduralen Wissen. Piaget betrachtete das prozedurale Wissen zwar als andersgeartet, aber doch als komplementär zum strukturellen Wissen. Eine Sequenz von bestimmten Verfahren oder kognitiven Handlungen stellt die Mittel zum Erreichen eines Zieles bereit. Dazu gehören Strategien zum Sammeln relevanter Informationen oder zu deren weiterer Verarbeitung beim Problemlösen. Diese Verfahren tragen also dazu bei, daß Kinder ihre kognitiven Strukturen anwenden können.

Verschiedene Entwicklungspsychologen haben sich mit Performanzvariablen in Piagets kognitiver Entwicklungstheorie befaßt. Flavell und Wohlwill (1969) unterscheiden zwischen Kompetenz (Wissen) und Performanz (Umsetzung und Ausführung) in der kognitiven Entwicklung und formulieren eine Reihe von Fragestellungen zu dieser Unterscheidung. Empirische Forschungen haben die Bedeutung des Gedächtnisses (Trabasso, 1977), der Aufmerksamkeit (Gelman, 1969), der Stimuluskomplexität (Gzesh und Surber, 1985), der Enkodierung (Siegler, 1978), der in den Testverfahren verwendeten Sprache (S. A. Miller, 1976c), der Stimulusvariablen (P. H. Miller, 1978) und der Informationsverarbeitungskapazität (Case, 1985) erwiesen. Als Stimulusvariablen wurden beispielsweise Klassenkameraden und sogar lebendige Grillen (S. A. Miller, 1982) mit einbezogen.

Vernachlässigung der sozialen und emotionalen Aspekte der Entwicklung

Piaget interessierte sich relativ wenig für (1) soziokulturell und historisch bedingte Einflüsse und Emotionen im Prozeß der kognitiven Entwicklung und (2) für das Wesen der kognitiven Entwicklung im Hinblick auf einzelne Menschen oder soziale Phänomene. Was den ersten Kritikpunkt angeht, so geht die Rede, daß Piagets erkenntnistheoretisches Subjekt keine soziale Schichtzugehörigkeit, kein Geschlecht, keine Nationalität oder Kultur, keine Persönlichkeit – und auch keinen Spaß am Leben hat (Murray, 1983b). In späteren Kapiteln zur Theorie des sozialen Lernens und zur Kontexttheorie wird sich zeigen, daß auch soziale Einflüsse berücksichtigt werden müssen. Piagets Vernachlässigung sozialer Faktoren spiegelt die Tatsache wider, daß er andere Faktoren als wichtiger ansah. Piaget war alles andere als nachlässig oder faul! Gleichwohl hat sein Unterschätzen der sozialen Einflüsse möglicherweise sogar seine Beurteilung physikalischer Konzepte beeinflußt. Das Standardverfahren Piagets beispielsweise, in dem ein Erwachsener Kinder zweimal (nämlich vor und nach einer Transformation) zu einer Menge befragt, kann Kinder zu der Meinung veranlassen, sie müßten beim zweiten Mal anders antworten, weil der Erwachsene das Testmaterial manipuliert hat oder weil zweimal gefragt wurde, was möglicherweise für sie zu implizieren schien, daß die erste Antwort falsch war. Es hat sich gezeigt, daß der Erhaltungsbegriff stärker wirksam ist, wenn nur einmal gefragt wird (Samuel und Bryant, 1984).

Eigenartigerweise werden die emotionalen Einflüsse auch in der heutigen Entwicklungspsychologie immer noch vernachlässigt. Piaget betrachtet Kognition und Emotion als parallel und interdependent: „. . . die Gefühle drücken die Interessen und Werte der Handlungen aus, deren Struktur die Intelligenz konstituiert" [1945 (1975, V, S. 263)]. Er postuliert, Emotionen seien gewissermaßen die Energiequelle hinter dem Verhalten. Gefühle beeinflussen beispielsweise die Inhalte, auf die kognitive Strukturen angewandt werden (siehe Renninger, Hidi und Krapp, 1992 zur gegenwärtigen Erforschung der Rolle, die Interessen spielen). Ein Kind, das sich sehr für Flugzeuge interessiert, wird wahrscheinlich viel über sie lernen.

Was das Denken des Kindes hinsichtlich sozialer Objekte und Phänomene angeht, behauptet Piaget, daß sich die Entwicklung kognitiver Strukturen auf der Ebene der sozialen und physikalischen Objekte und Phänomene zeigt. Aber sein philosophisches und biologisches Interesse hat Piaget vor allem zu Konzepten wie dem Zeit-, dem Raum- und dem Kausalitätsbegriff geführt. Sein wichtigster Beitrag zur Erforschung der sozialen Entwicklung sind seine Schriften zum moralischen Urteil, zum Egozentrismus und zur Kommunikation. Kohlberg (1969) übernahm Piagets Ansatz des Stadienbegriffs für moralische Urteile, erweiterte und veränderte das Modell aber erheblich. Angeregt von Kohlberg und Piaget werden ständig neue Untersuchungen zum moralischen Urteil veröffentlicht. Gerade in jüngster Zeit gab es ein verstärktes Interesse an der sogenannten „sozialen Kognition". Dieser Begriff bezeichnet die Art und Weise, wie Kinder (a) Gedanken, Absichten, Gefühle, Ansichten und Verhaltensweisen anderer Menschen und (b) soziale Beziehungen wie Freundschaft verstehen. Anregungen zu diesen Arbeiten kommen sowohl von Piaget als auch von der Attributionsforschung – vor allem an Erwachsenen. So gleichen also andere Wissenschaftler Piagets Forschungslücken auf dem Gebiet der sozialen Entwicklung bis zu einem gewissen Grade aus.

Methodologische und stilistische Unzulänglichkeiten

Piagets Kritiker haben einige Schwachstellen bei der Durchführung und Protokollierung seiner Studien spezifiziert. Um die Entwicklung des Kleinkindes wissenschaftlich zu klären, beobachtete er seine drei eigenen Kinder. Leider hatte er keine vierzig oder fünfzig Kinder, so daß seine Stichprobe ansehnlicher gewesen wäre! Mit seiner kleinen Anzahl von Versuchspersonen, der möglicherweise subjektiv beeinflußten Bewertung des Verhaltens der eigenen Kinder, der mangelnden Reliabilitätsprüfung durch die Hinzuziehung eines zweiten und unabhängigen Beobachters und der fehlenden Kontrolle über die unmittelbare Umgebung der Kinder, wie sie ja nur in einem Labor möglich ist, machte sich Piaget bei den experimentellen Psychologen nicht gerade beliebt. Spätere Untersuchungen mit mehr Versuchspersonen und einer besser kontrollierten Testsituation haben aber im allgemeinen dieselbe Entwicklungssequenz im Verlaufe der Kindheit ergeben, wenn auch die Veränderungen nicht immer auf genau derselben Altersstufe festgestellt wurden.

Bei seiner Arbeit mit älteren Kindern stützte sich Piaget in der Regel auf die klinische Methode. Dieses Verfahren hat zwar gewisse Vorteile, weil die Fragen beispielsweise auf die Antworten eines jeden Kindes individuell zugeschnitten werden können, doch es hat auch eine ganze Reihe von Nachteilen. Zwei Hauptnachteile liegen darin, daß der Versuchsleiter Gefahr läuft, mit seinen Fragen zu stark oder zu wenig zu steuern, und daß den Kindern leicht unterschiedliche Fragen gestellt werden. Dagegen bilden gleichbleibende Instruktionen, Stimuli und Bewertungsmaßstäbe für die Reaktionen das Rückgrat eines jeden Tests in der experimentellen Psychologie. Es bleibt uns nichts anderes übrig, als uns einfach darauf zu verlassen, daß Piaget tatsächlich ein einfühlsamer und genauer Beobachter war. Piaget scheinen diese Schwierigkeiten bewußt gewesen zu sein:

> „Schwierig ist es vor allem, selbst nicht zuviel zu reden, wenn man einem Kind Fragen stellt, insbesondere für einen Pädagogen! Und schwierig ist es, das Kind nicht zu beeinflussen! Schwierig ist es vor allem auch, den Mittelweg zwischen einer Systematisierung, die auf vorgefaßte Ideen zurückzuführen wäre, und einer Inkohärenz, die auf das Fehlen jeder Leithypothese zurückginge, zu finden!"
>
> [1926 (1978, S. 19)]

Was die sprachliche Ausrichtung der Tests angeht, stellte sich auch die Frage, ob Kinder die Testinstruktionen, also beispielsweise die Bedeutung von „gleiche Anzahl" oder „Menge", möglicherweise gar nicht ganz verstehen. Es kann nämlich auch sein, daß Kinder ihre Vorstellungen über Mengen, den Ursprung des Universums, das Wesen der Träume und so weiter nicht in Worte fassen können. Darüber hinaus könnten Kinder möglicherweise bereits über den Erhaltungsbegriff verfügen, ohne jedoch ihre Antwort in jedem Fall angemessen begründen zu können – eines von Piagets Kriterien für das Konzept der Erhaltung. Mithin könnte das Wissen von Kindern dadurch unterschätzt werden.

Dieses Problem und die beträchtlichen sprachlichen Anforderungen in den Aufgabenstellungen Piagets haben zu einer Reihe interessanter Versuche geführt, nonverbale oder zumindest weniger stark verbal orientierte Testverfahren zu entwickeln. Verschiedene Psychologen haben sich in sehr einfallsreicher Weise den Ausdruck der Überraschung (Gelman, 1972), die Pulsfrequenz (T. G. R. Bower, 1974) und die Auswahl von Süßigkeiten (S. A. Miller, 1976b) zunutze gemacht, um das Vorhandensein oder Fehlen bestimmter Konzepte zu überprüfen. Gelman (1972) stellte beispielsweise fest, daß Dreijährige überrascht reagieren, wenn sich die Anzahl von Spielzeugmäusen verändert (weil der Versuchsleiter heimlich eine weggenommen hat). Ganz ähnlich könnten Piagets Anforderungen bei der Suche nach verborgenen Objekten, die er für das Konzept der Objektpermanenz stellte, bei Kleinkindern eine Unterschätzung ihrer tatsächlichen Kompetenz mit sich bringen. Baillargeon (1987) beobachtete bei vier Monate alten Säuglingen, die nach Piaget noch nicht über das Konzept der Objektpermanenz verfügen, daß sie überrascht waren, wenn sie einen nach hinten wegkippenden Schirm präsentiert bekamen, der scheinbar durch eine dahinter verborgene Schachtel hindurchfiel, die sie zuvor am Ort hinter dem Schirm gesehen hatten. Bei anderen Versuchen stellte sich kindliche Frühreife in anderen Bereichen heraus, etwa beim Verstehen von physikalischen Konzepten (Spelke, 1991), und von Kausalität (Leslie, 1988), beim Problemlösen (Williams, 1989) und bei der Repräsentation. Es gibt einige Debatten darüber, ob diese Studien ein Hinweis darauf sind, daß sich die Konzepte früher entwickeln, als Piaget angenommen hat, oder ob in den früheren nonverbalen oder motorisch weniger anspruchsvollen Aufgaben frühere, weniger fortgeschrittene Formen dieser Konzepte zum Ausdruck kommen. Einige Theoretiker interpretieren diese Ergebnisse als Hinweis auf ein bereits hochentwickeltes Wissen beim Säugling und gehen so weit zu behaupten, daß eine leistungsfähige biologische Ausstattung den raschen Erwerb von bestimmtem Wissen über Sprache, mentale Zustände, Objekte und ihr Verhalten ermöglicht (Carey und Gelman, 1991). Hierzu sei angemerkt, daß diese Befunde die Piagetsche Theorie nicht unbedingt vernichten, auch wenn Konzepte schon früher entwickelt werden, als Piaget vermutete. Piaget ging es um die Abfolge, in der bestimmte Konzepte erworben werden, und nicht um den spezifischen Zeitpunkt ihrer Entwicklung.

Ein wesentlicher Schwachpunkt, Piagets möglicherweise zu komplexe Vorgehensweisen und die damit verbundene Gefahr, das Wissen des Kindes unterschätzen, ließe sich möglicherweise beheben, daß man einfachere Materialien verwendet. Kleine Kinder zeigen beispielsweise größere Fähigkeiten beim Zählen, wenn sie anstatt vieler Gegenstände nur wenige dargeboten bekommen (Gelman und Gallistel, 1978). Wichtig sind solche Veränderungen in Piagets Methodologie weniger, weil die Konzepte früher erworben sein könnten als von Piaget angenommen, sondern vielmehr, weil Vorformen der von Piaget untersuchten Konzepte entdeckt wurden. Gelman und Gallistel stellten eine Sequenz von einfachen Prinzipien des Zählens fest, beispielsweise das Prinzip, daß Zahlen einander immer in derselben Ordnung folgen müssen. Kinder, die „1, 2, 6, 9" sagen und diese Abfolge immer verwenden, halten sich also an das Prinzip des Zählens. Solche frühen Prinzipien ergänzen Piagets Erklärung des einige Jahre später erworbenen ausgereiften Konzepts der Zahl. Einfachere Formen von Konzepten lassen sich durch vereinfachte Formen der Piagetschen Untersuchungsmethoden sensitiver nachweisen.

Die methodologischen Unterschiede zwischen den Piagetianern der Genfer Schule und den nordamerikanischen oder britischen Psychologen spiegeln darüber hinaus unterschiedliche Forschungsziele wider. Piaget wollte vor allem „positive Irrtümer" vermeiden, das heißt, er wollte dem Fehlschluß entgehen, daß Kinder bereits über ein Konzept verfügen, wenn dies in Wirklichkeit noch nicht der Fall ist.

Auch in Piagets Untersuchungsprotokollen finden sich Unzulänglichkeiten, die es dem Leser erschweren, seine Arbeit zu bewerten. In der Regel sagen diese Protokolle nichts über die Anzahl der Versuchspersonen, das genaue Alter und die Schichtzugehörigkeit der Kinder oder über Einzelheiten des Testverfahrens aus. Manchmal läßt sich kaum sagen, ob Piaget von hypothetischen Kindern spricht oder von Kindern, die er tatsächlich getestet hat! Statistische Analysen interessieren ihn nicht besonders. Oder wie er selbst sagt: „Aber eine gut gemachte Beobachtung, vor allem, wenn man sie einem ... guten Beobachter ... verdankt, schlägt alle Statistiken aus dem Felde" [1936 (1975, I, S. 81)]. Anstatt statistische Auswertungen seiner Beobachtungen vorzulegen, liefert Piaget stichprobenartige Protokolle, die er ausführlich interpretiert. Der Leser hat keine Ahnung, ob diese Protokolle für alle getesteten Kinder repräsentativ sind. Wir bräuchten die Daten der gesamten Untersuchungsgruppe, um Piagets Behauptung überprüfen zu können, daß alle Kinder typische Stadien der kognitiven Entwicklung durchlaufen.

Welche Konsequenzen sollten wir aus den Unzulänglichkeiten in Piagets Methodologie ziehen? Flavell (1963) kommt zu dem Schluß, daß Piaget primär seine eigene Neugier befriedigen wollte und sich nicht so sehr für die Anforderungen der wissenschaftlichen Gemeinschaft interessierte. So wandte er bei seinen Forschungsarbeiten auch seine eigenen Spielregeln an und schrieb fast so, als spreche er mit sich selbst.

Die Unzulänglichkeiten in Piagets Methodologie und Darstellungsform mögen zwar für jeden, der seine Theorie verstehen und wissenschaftlich ausarbeiten will, ein Ärgernis sein, aber gerade darin könnte vielleicht auch ein Teil seines Erfolgs liegen. Wenn sich Psychologen auf wissenschaftliches Neuland vorwagen und vorläufige Hypothesen als Leitlinien für ihre Forschung formulieren, dann kann man durchaus begründen, daß sie in ihren Methoden flexibel sein müssen. Hätte Piaget von Anfang an standardisierte Methoden eingesetzt, dann wären ihm möglicherweise einige faszinierende Facetten der kognitiven Entwicklung entgangen. Wie Opper und Ginsburg schreiben: „Wenn Piaget versucht hätte, jeden Punkt zu beweisen, wäre er wahrscheinlich nicht über das Studium der verbalen Kommunikation von Kindern hinausgekommen (eines seiner ersten Forschungsgebiete)" (1989, S. 127).

Piagets eigene Revisionen an seiner Theorie

Seit auch die neueren Arbeiten Piagets in englischer Übersetzung für Entwicklungspsychologen verschiedener Länder zugänglich sind, muß der in diesem Kapitel dargestellte „klassische Piaget" revidiert werden. Viele Veränderungen in Piagets Theorie hat Beilin (1989, 1992) zusammengefaßt. Wir wollen die drei wichtigsten Aspekte – Äquilibrationsprozeß, logisch-mathematisches Modell und Stadienbegriff – im folgenden besprechen.

In den letzten Jahren interessierte sich Piaget [1978 (1985)] zunehmend für Mechanismen der kognitiven Veränderung und insbesondere für den Äquilibrationsprozeß.

Er betonte drei „Möglichkeiten" (wie die Dinge liegen könnten) und „Vorgehensweisen" (Strategien) bei diesem Prozeß. Diese Sicht steht im Gegensatz zu seiner früheren Betonung der logischen Notwendigkeit. Eine kognitive Struktur erzeugt neue Möglichkeiten, die ein Kind veranlassen, einen neuen Umgang mit den Objekten auszuprobieren. Durch Akkommodation dieser neuen Erfahrungen kann ein Kind ein neues Gleichgewicht erreichen. In diesem Prozeß sind Möglichkeit und Notwendigkeit miteinander verflochten, weil neue Möglichkeiten neue Notwendigkeiten setzen, die wiederum neue Möglichkeiten eröffnen, und so fort, hin und her.

Entwicklung schließt über längere Zeiträume hinweg eine wachsende Aufmerksamkeit im Hinblick auf die Möglichkeiten ein. Piaget (1981) zeigte Kindern zum Beispiel einen Kasten unter einem Tuch, von dem nur eine Seite zu sehen war. Für die verborgene Seite zogen Kinder im Alter von vier bis fünf Jahren nur die Möglichkeit in Betracht, daß diese Seite die gleiche Farbe hat wie die sichtbare. In gewissem Sinne liegt hier Notwendigkeit vor, weil die Kinder sich nur eine einzige Möglichkeit vorstellen können. Im Alter von sieben bis zehn Jahren erkennen die Kinder dann mehrere, wenn auch eingeschränkte Möglichkeiten: Die verborgene Seite könnte „grün, violett, blau, weiß, gelb . . . das ist alles" (1981) sein. Mit elf bis zwölf Jahren begreifen Kinder, daß die Zahl der Möglichkeiten unbegrenzt ist. Diese Entwicklung ist deshalb interessant, weil das Konzept der unbegrenzten Möglichkeiten nicht in der äußeren Umwelt beobachtbar ist, sondern intern konstruiert werden muß.

Ein wichtiger Aspekt der Äquilibration ist der Widerspruch. Dazu ein Beispiel: Piaget [1974 (1980)] zeigte Kindern eine Reihe von sieben Scheiben, von denen jede nur geringfügig und kaum wahrnehmbar größer war als die vorangehende. Die letzte und größte Scheibe der Reihe war nicht wie die übrigen Scheiben auf einer Platte befestigt und konnte neben jede der sechs anderen befestigten Scheiben gehalten und mit ihr verglichen werden. Das Kind sah sich also mit dem Widerspruch konfrontiert, daß alle nebeneinander befestigten Scheiben gleich groß zu sein schienen, daß aber die Scheibe am Ende der Reihe ganz offensichtlich größer war als die erste. Drei Stadien des Verstehens dieser Widersprüche ließen sich beobachten: Kleinen Kindern im ersten Stadium war der Widerspruch nicht bewußt. Im darauf folgenden Stadium fiel den Kindern der Widerspruch zwar auf, aber ihre Versuche, ihn aufzulösen, führten zu keinem befriedigenden Ergebnis. Ein Kind könnte bei seinem Lösungsversuch die Scheiben beispielsweise als kleine und große Scheiben klassifizieren und damit einige der wahrgenommenen Äquivalenzen zwischen benachbarten Scheiben (beide „klein") sowie den Größenunterschied zwischen der ersten („kleinen") und der letzten („großen") Scheibe erklären. Im Alter von elf oder zwölf Jahren schließlich lösten die Kinder den Widerspruch auf und stellten ein neues Gleichgewicht her, indem sie eine neue Struktur erzeugten – die quantifizierte Ordnung nach Größe. Die psychologische Forschung hatte Schwierigkeiten, Belege für Piagets Modell eines logisch-mathematischen Denkens zu finden.

Piaget hat tasächlich in späteren Jahren Modifikationen in sein Modell eingeführt. Er versuchte, eine „Sinnlogik" und eine „Kategorientheorie" zu integrieren, einen Zweig der Mathematik, der in den sechziger Jahren entstand. Eine Sinnlogik wird in einer posthum erschienenen Publikation (Piaget und Garcia, 1991) dargestellt. Kurz zusammengefaßt vertrat Piaget die Auffassung, daß die Logik in der Bedeutung der Objekte liegt. So lernen Kleinkinder, daß Handlungen an objekten mit anderen Handlungen in Zusammenhang stehen. In einer „Logik der Sinnzusammenhänge" kann mithin von einer Handlung auf eine andere geschlossen werden. Zum Beispiel kann ein Kleinkind, das ein Objekt wegstößt, schließen, daß es dieses Objekt zu sich zurückziehen kann. Andere Beispiele wären das Greifen nach einer Rassel, durch das ein Säugling einen Sinnzusammenhang zwischen Greifen und Sehen herstellt, oder der Schluß: „Wenn ich das Auto auf der Rampe loslasse, kracht es in das Haus auf dem Boden." Diese handlungsbasierte Logik führt später zu einer Logik der Operationen, etwa wenn der Zusammenhang zwischen Stoßen und Ziehen zur Umkehrung oder Negation einer mentalen Handlung führt. Der Sinnzusammenhang liegt bei einem Objekt nicht nur darin, was jeweils damit getan werden kann, sondern in der Beschreibung seiner Attribute und ihrer Klassifikation.

Bei der Kategorientheorie ergänzt Piaget seine frühere Betonung der Handlung in Form mentaler Transformationen durch hinzukommende „Korrespondenzen" zwischen zwei statischen Zuständen (Piaget, 1979). Die Vergleiche bei statischen Zuständen spielen eine zentrale Rolle, wenn etwa ein Kind Ähnlichkeiten zwischen einem Objekt, das es gerade sieht, und einem früher bereits wahrgenommenen Objekt bemerkt und so das gerade gesehene Objekt assimiliert. Dieses gegenwärtige Objekt oder Phänomen wird erkannt, kategorisiert oder charakterisiert und „korrespondiert" mit anderen Objekten – es ist ihnen ähnlich. Das Kind kann durch das Entdecken einer Korrespondenz zur Wahrnehmung einer Transformation geführt werden. Korrespondiert beispielsweise ein Bild mit einem identischen, aber auf dem Kopf stehenden Bild, dann verbindet eine mentale Rotation die beiden Zustände miteinander und begründet ihre Korrespondenz.

Eine letzte Veränderung betrifft den Stadienbegriff, dem Piaget in seinen letzten Jahren weniger Bedeutung beimaß. Er begann, Entwicklung weniger als schrittweises Durchlaufen von Stadien zu betrachten, sondern nahm längere Übergangsperioden zwischen den einzelnen Stadien an. Vuyk (1981, S. 192) schreibt dazu: Piaget „betrachtet Entwicklung inzwischen als eine Spirale, und selbst wenn man ein Stadium als eine ‚Umdrehung der Spirale' bezeichnen kann, ist dies ein Hinweis darauf, daß Perioden des Gleichgewichts relativ unbedeutend sind."

Piagets letzte Beiträge zur Äquilibration, dem logisch-mathematischen Modell und den Stadien geben zu so vielen wichtigen Fragen Anlaß, daß Kognitionsforscher noch über Jahre hinweg damit beschäftigt sein werden. Erst nach einer kritischen Prüfung dieser Fragen werden wir den Wert dieser neuen Ideen letztlich angemessen einschätzen können.

Die Neo-Piagetianer

Viele Fragen und Probleme der Piagetschen Theorie hat eine Gruppe von Entwicklungspsychologen weiter untersucht, die man als „Neo-Piagetianer" bezeichnet. Piagetianer sind sie insofern, als sie in irgendeiner Form von aufeinanderfolgenden Stadien und strukturellen Veränderungen ausgehen, wobei sie eine Art aktive Konstruktion der Stadien annehmen, bei der Konzepte einer niedrigeren Ebene zu neuen Konzepten integriert werden. Die Vorsilbe „Neo" weist auf neu hinzukommende Konstrukte wie Fertigkeiten, begrenzte Gedächtniskapazität und Automatisierung sowie die Betonung von bereichsspezifischen Konzepten hin. Bereichsspezifische Konzepte oder Stadien beziehen sich auf nur einen oder mehrere spezifische Bereiche, wie etwa die Übernahme der sozialen Rolle oder den Erwerb des Zahlenkonzepts. Piaget hob dagegen stärker auf die bereichsübergreifende Anwendung kognitiver Strukturen ab.

Robin Case (1985), ein herausragender Theoretiker und Wissenschaftler, steht hier stellvertretend für die Neo-Piagetianer. Wer sich für diese Richtung näher interessiert, sollte unbedingt auch andere Arbeiten lesen, wie die von Fischer (1980), Halford (im Druck), Pascual-Leone (1987) sowie Demetriou und Efklides (1989, im Druck). Case befaßt sich in seiner Arbeit im wesentlichen mit dem Konstrukt der Gedächtniskapazität, die er über den ausführenden Verarbeitungsraum (*executive processing space*) charakterisiert: „. . . die maximale Anzahl unabhängiger Schemata, die ein Kind zu einem gegebenen Zeitpunkt aktivieren kann" (Case, 1985, S. 289). Die Kapazität des Gedächtnisses steht auch beim Ansatz der Informationsverarbeitung im Mittelpunkt des Interesses. Da Case sich bemüht, Piagets Theorie und die Theorie der Informationsverarbeitung zu integrieren, hätte seine Auffassung auch im späteren Kapitel über die Informationsverarbeitung beschrieben werden können. Für Case ist nicht der logische Äquilibrationsprozeß, sondern eine zunehmende Effizienz bei der Ausnutzung vorhandener Kapazitäten der Hauptmechanismus der Entwicklung. Anwenden einer Fertigkeit wie Zählen führt zur schnelleren, stärker automatisierten Ausführung, die weniger Aufwand erfordert und folglich effizienter wird. Kinder können effektiv die *verfügbare* Kapazität erhöhen, indem sie die Verarbeitungsgeschwindigkeit erhöhen und damit weniger Kapazität beanspruchen. Darüber hinaus lassen sich vorhandene Kapazitäten erheblich effizienter nutzen, wenn nicht nur wenige, sondern viele Verarbeitungsprozesse gleichzeitig ablaufen. Die freiwerdende Kapazität kann dann für neue oder zusätzliche kognitive Aktivitäten genutzt werden. Je schneller beispielsweise ein Kind Gegenstände zählen kann, desto besser kann es in einem Test zur Gedächtnisspanne beim Zählen die Anzahl von in Mengen geordneten Gegenständen erinnern (Case, 1985).

Die Zunahme der verfügbaren geistigen Kapazitäten geht also auch auf neurologische Reifungsprozesse zurück. Case vermutet, daß eine zunehmende Myelinisierung (Isolation von Neuronen) im Verlaufe der Entwicklung die Leitfähigkeit für neurale Impulse erhöht. Er liefert Belege dafür, daß im Laufe der Entwicklung verschiedene Teile des Gehirns zu unterschiedlichen Zeiten myelinisiert werden. Diese biologischen Veränderungen könnten also die Übergänge von einem Stadium zum nächsten teilweise erklären, zumal die biologischen Veränderungen tendenziell gerade in den Altersstufen auftreten, bei denen auch ein Übergang zu einem neuen Stadium zu erwarten wäre.

Case und Piaget versuchen mit unterschiedlichen Ansätzen, Modelle für die mentalen Strukturen von Kindern zu entwickeln. Case (1992, S. 6) merkt an: „Es scheint, als sei Piagets Theorie besser geeignet, um die Struktur im Geist der Logiker darzustellen als die Struktur im Geist kleiner Kinder." Statt auf die symbolische Logik zurückzugreifen, wendet Case Konstrukte aus dem Bereich der Informationsverarbeitung an, insbesondere das Konstrukt der Ablauf- und Organisationssteuerung bei der Ausführung von Programmen für spezifische Problemsituationen. Man definiert dann einen Verarbeitungs- oder Problemlösungsraum, der den jeweils gegebenen Problemzustand und den angestrebten Sollzustand sowie Strategien zur Erreichung dieses Zieles darstellt. Kinder werden als Problemlöser betrachtet, die über Strukturen zur Steuerung kognitiver Prozesse verfügen. Diese Strukturen führen Aufgaben – wie etwa, sich Ziele zu setzen –, aus, indem sie bestimmte Prozesse (Abfolgen von Schemata) zum Erreichen dieser Ziele auf neuartige Weise aktivieren und die Ergebnisse bewerten. In weiteren Verarbeitungsschritten werden erfolgreiche Prozesse neu strukturiert, so daß sie später gezielt ausgeführt werden können, und schließlich werden diese Prozesse geübt und integriert, bis sie zum festen Programmbestandteil geworden sind. Beim Zählen heißt das beispielsweise, daß sich Kinder ein Ziel setzen (nämlich die Anzahl der Gegenstände zu bestimmen), daß sie bestimmte Zählverfahren aktivieren, um dieses Ziel zu erreichen, daß sie ihr Ergebnis bewerten, die erfolgreiche Lösungsabfolge „markieren" und die erfolgreichen Zählverfahren in ihren Gedächtnisspeicher integrieren.

Wenn Kinder bei ihren Problemlösungsversuchen experimentieren, greifen sie auf die folgenden allgemeinen Prozesse zurück: Sie untersuchen Gegenstände, beobachten und imitieren andere Personen und interagieren mit anderen gewissermaßen in der Form eines gemeinsamen Problemlösens. So könnten Kinder beispielsweise zählen lernen, indem sie ihre eigenen verbalen Etiketten anwenden, während sie die einzelnen Gegenstände im Verlaufe des Problemlösens berühren, indem sie bei ihrer Exploration unterschiedliche Typen von Gegenständen zählen, indem sie andere Personen beim Zählen beobachten und indem sie mit Unterstützung eines Erwachsenen eine große Anzahl von Gegenständen zählen.

Insgesamt können Kinder also, sofern sie über die nötige Verarbeitungskapazität verfügen, ihre angeborenen Verarbeitungsfähigkeiten anwenden, um anhand solcher Erfahrungen Verfahrensprozesse (beispielsweise Verfahren zur Bestimmung von Quantitäten) immer differenzierter zu steuern. Dies geschieht wie folgt: Case schlägt ein Kognitionssystem mit vielen Ebenen der Verarbeitung vor, die von allgemeinen bis hin zu spezifischen Ebenen reichen. Die Verarbeitungskapazität des gesamten Systems und das spezifische Erfahrungsangebot im kulturellen Umfeld ermöglicht den Kindern, bestimmte zentrale Begriffsstrukturen zu entwickeln. Diese Strukturen sind auf einer mittleren Ebene der Allgemeinheit anzusetzen; jede entspricht der Repräsentation eines bestimmten Wissensbereichs wie etwa dem Zahlenraum. Diese Strukturen interpretieren spezifische Aufgaben und übersetzen sie in Verarbeitungsprozesse zur Problemlösung dieser Aufgabe (Veränderung auf der spezifischen Ebene). Mit dem Ansatz der verschiedenen Ebenen kann dieses System sowohl die Gleichförmigkeit als auch die Ungleichförmigkeit in der kognitiven Entwicklung beschreiben. Die Verarbeitungskapazität setzt zu jedem Zeitpunkt in der Entwicklung die Obergrenze für die kognitive Leistungsfähigkeit, so daß der Gesamteindruck von einer Gleichförmigkeit des Denkens in den verschiedenen Bereichen entsteht, ähnlich wie bei den Stadien. Auch die Ausführung der Aufgaben weist gemeinsame Züge auf, solange die Komplexität vergleichbar ist und ähnliche Strukturen der Ablaufsteuerung beziehungsweise der Grundkonzepte für die Lösung erforderlich sind. Wenn jedoch diese Faktoren sehr unterschiedlich sind, kann bei einzelnen Aufgaben eine ungleichförmige Performanz entstehen.

Piaget und Case nehmen zwar ganz andere Mechanismen der Entwicklung an und greifen auf völlig verschiedene Modelle kognitiver Strukturen zurück, aber sie betrachten Entwicklung übereinstimmend als Veränderungen von Strukturen, aus denen eine Reihe von Stadien hervorgeht. Nach beiden Theorien werden Konzepte niedrigerer Ordnungen zu Konzepten höherer Ordnung differenziert und koordiniert. Case schlägt vier Stadien vor, die sehr vertraut klingen, wenn man gerade etwas über Piagets Theorie gelesen hat. Jedes Stadium ist durch eine spezifische Art von Verarbeitungsstrukturen gekennzeichnet.

1. *Sensumotorisches Verarbeitungsstadium* (Geburt bis einenhalb Jahre). Die mentalen Repräsentationen werden mit Körperbewegungen verbunden. Am Ende dieses Stadiums verstehen Säuglinge den Zusammenhang zwischen zwei Handlungseinheiten: Aktion und Reaktion.
2. *Interrelationales Verarbeitungsstadium* (einenhalb bis fünf Jahre). Kinder entdekken und koordinieren Relationen zwischen Objekten, Phänomenen oder Personen. Beispielsweise begreifen sie schließlich den Zusammenhang zwischen den unterschiedlichen Gewichten zweier Gegenstände und die Auswirkung, die dieser Unterschied auf die Balken einer Waage hat; sie verstehen also, daß der schwerere Gegenstand den Waagebalken weiter nach unten sinken läßt als der leichtere. Für ein Kind ist diese Dimension bipolar, etwa mit den „Polen" schwer versus leicht. Anders als Piaget, der dieses Stadium primär als eine Vorbereitung des konkretoperativen Stadiums betrachtet, sieht es Case als eigenes Stadium, das den anderen in seiner Bedeutung gleichkommt.
3. *Dimensionales Verarbeitungsstadium* (fünf bis elf Jahre). Kinder leiten die Dimensionen der Bedeutung aus der äußeren und sozialen Umwelt ab. Sie lernen, zwei Dimensionen quantitativ miteinander zu vergleichen, wie etwa die Bedeutung der Höhe und Breite in einer Aufgabe zur logischen Quantität: Eine Flüssigkeit, die in einen engeren Behälter gegossen wird, steigt höher.
4. *Abstraktes Verarbeitungsstadium* (elf bis $18\,^1/_2$ Jahre). Kinder erwerben abstrakte Denksysteme, mit deren Hilfe sie quantitative Schlüsse über Proportionen ziehen, verbale Probleme und Analogieprobleme lösen und Rückschlüsse auf psychologische Merkmale bei anderen Personen ziehen können. Die im dimensionalen Verar-

beitungsstadium entwickelten Strukturen dienen ihnen als Grundlage für dieses letzte Stadium.

Case interessiert sich darüber hinaus für Veränderungen innerhalb eines Stadiums. Seine Analyse von Noeltings (1980) Saftaufgabe zum dritten Stadium soll dies veranschaulichen. Bei der Aufgabe werden zwei Reihen kleiner Gläser und zwei Krüge verwendet. In jeder Reihe enthalten einige Gläser Orangensaft und einige Wasser. Die Kinder müssen nun vorhersagen, welcher Kruginhalt stärker nach Orangensaft schmeckt, wenn man den Inhalt der einen Gläserreihe in den einen Krug und den Inhalt der anderen Gläserreihe in den zweiten Krug schüttet. Sie sollen also bestimmen, welcher Krug den höheren Anteil an Orangensaft enthält. Hier lassen sich drei Stufen innerhalb des dritten Stadiums unterscheiden, und zwar anhand der Anzahl der Elemente, die repräsentiert werden müssen, und anhand der Art, wie diese Elemente organisiert werden müssen: (1) Erzeuge eine neue Struktur durch Koordinieren zweier bereits im Repertoire verfügbarer Strukturen; die neue Struktur kann dabei nur isoliert angewandt werden. (2) Wende zwei solche Einheiten nacheinander an. (3) Integriere zwei oder mehr Einheiten in ein kohärentes System, das die Grundlage des nächsten Stadiums bildet. Jedes Verarbeitungsstadium schließt diese drei Stufen ein. Am Ende des zweiten (interelationalen) Stadiums, das dem dimensionalen vorausgeht, urteilten drei- bis fünfjährige Kinder bei der Saftaufgabe ausschließlich aufgrund ihrer Wahrnehmung; sie stellten fest, daß die eine Reihe so aussah, als enthalte sie viel Orangensaft, und die andere nicht. Fünf- bis siebenjährige Kinder urteilten im nächsten Stadium nun in der ersten Stufe auf der Basis einer neuen quantitativen Struktur; sie meinten, daß diejenige Reihe, die mehr Orangensaftgläser enthielt, den Kruginhalt stärker nach Orangensaft schmecken ließ. Ihre Antwort war also richtig, wenn die Gesamtzahl der Gläser in beiden Reihen gleich war, aber falsch, wenn beispielsweise Reihe A vier Gläser mit Saft und vier mit Wasser enthielt und Reihe B drei Gläser mit Saft und zwei Gläser mit Wasser aufwies. In diesem Fall entschieden sich die Kinder für Reihe A als Lösung. Auf der zweiten Stufe dieses Stadiums berücksichtigten sieben- bis neunjährige Kinder auch die Anzahl der Wasser- und Saftgläser in beiden Reihen und urteilten beispielsweise: „Gleich, weil hier mehr Saft, aber dort mehr Wasser ist." Auf der dritten Stufe schließlich beachteten neun- bis elfjährige Kinder auch die unterschiedliche Anzahl der Wasser- und Orangensaftgläser in beiden Reihen. War der Unterschied zwischen den Saftgläsern größer, entschieden sie sich für die Reihe mit mehr Saft als „saftiger", war der Unterschied an Wassergläsern größer, beurteilten sie die Reihe mit mehr Wassergläsern als weniger saftig. Nach dieser, ebenso wie nach anderen von Case untersuchten Aufgaben werden im Verlaufe eines Stadiums (1) mehr Elemente berücksichtigt (weil die Verarbeitungskapazität zunimmt), und (2) diese Elemente stärker in eine Struktur integriert. Diese Veränderungen werden durch eine Zunahme der geistigen Kapazität möglich. Case hat neben Aufgaben, die denen Piagets gleichen, auch eine Vielzahl ganz anderer Aufgaben untersucht, wie etwa das Essen mit Besteck bei Kleinkindern, die soziale Verständigung durch Sprache oder Laute, die Einflußnahme auf Gefühle anderer Personen, Geschichtenerzählen und Beurteilen der Intelligenz anderer Personen.

Cases Theorie ist ein interessanter Versuch, ein strukturell logisches Modell der Entwicklung mit dem Informationsverarbeitungsansatz zu verbinden. Sie zeigt nämlich, wie die begrenzte Verarbeitungskapazität das logische Schlußfolgern einschränkt und dem Lernen der Kinder in jedem Entwicklungsstadium Grenzen setzt. Zugleich erschließt die Zunahme der Verarbeitungskapazität neue Möglichkeiten zur weiteren Entwicklung des logischen Denkens. Da die Theoriebildung bei Case noch nicht abgeschlossen ist, weisen Kritiker gewöhnlich auf die noch unzureichenden Belege hin, etwa im Hinblick auf die Befunde zur Myelinisierung und ihren Einfluß auf die mentale Effizienz oder sie fordern eindeutigere Kriterien bei der Beurteilung der für eine gegebene Strategie erforderlichen Kapazität (Flavell, 1984). Case arbeitet an der Weiterentwicklung seiner Theorie seit neuestem vor allem im Hinblick auf Bereiche wie emotionale Entwicklung, Lernstörungen, Repräsentation des Raumes und soziale Kognition (Case, 1992).

Die beiden wichtigsten wissenschaftlichen Beiträge der Neo-Piagetianer sind die vorgeschlagenen Prozesse, mit denen sich entwicklungsbedingte Veränderungen erklären lassen und eine differenziertere Klarstellung des Stadienbegriffs, beispielsweise durch Differenzierung zwischen bereichsübergreifenden und bereichsspezifischen Leistungen. Flavell (1982, S. 1) beschrieb seine Beobachtungen so: „Kognitive Entwicklung mag in viel höherem Maße allgemein und an Stadien gebunden sein, als viele von uns glauben; wenn wir nur wüßten, wie und wo wir das feststellen könnten."

Viele Psychologen behaupten zwar, Piagets Theorie verliere zunehmend an Einfluß, aber das scheint vielleicht nur so. Die Zahl der Untersuchungen mit Piagetschen Aufgaben zum Erhaltungsbegriff oder zur Inklusion von Klassen mag zwar abnehmen, aber viele Piagetsche Konzepte werden nach wie vor erforscht, zum Beispiel die Objektpermanenz, Zahlen-, Raum- und Kausalitätsverständnis, moralisches Urteil und Perspektive. Darüber hinaus sind viele Piagetsche Aussagen zum Wesen der kognitiven Entwicklung im wissenschaftlichen Denken bereits assimiliert, so daß Piagets Einfluß häufig gar nicht mehr bemerkt wird. Beispielsweise sucht man auch heute noch bei den meisten Untersuchungen zur Kognition nach einem allgemeinen Konzept, das verschiedenen Verhaltensweisen zugrunde liegt, und nach dem Prozeß, durch den ein neues Konzept aus einem bereits vorhandenen entsteht. Außerdem wird allgemein angenommen, daß Kinder ihr Wissen aktiv aufbauen.

Zusammenfassung

Piagets Theorie ist die bedeutendste Stadientheorie der Entwicklungspsychologie. Diese für alle Kinder gleichen Stadien beschreiben Veränderungen beim Wissenserwerb (genetische Erkenntnistheorie). Während der ersten beiden Lebensjahre entwickeln Kinder sensumotorische Schemata, indem sie von ihrem physischen Einwirken auf die Umwelt ausgehen. Mit der Zeit werden diese Schemata stärker verinnerlicht und koordiniert. Im präoperativen Stadium, etwa zwischen zwei und sieben Jahren, nutzen Kinder ihre neu erworbene symbolische Fähigkeit. Trotz der Einschränkungen aufgrund ihres Egozentrismus, ihres starren Denkens und ihrer begrenzten Fähigkeiten bei der Rollenübernahme und bei der Kommunikation kombinieren die Kinder nun Symbole zu einem semilogischen Schlußfolgern. Während des konkret-operativen Stadiums, etwa im Alter von sieben bis elf Jahren, erwerben Kinder logisch-mathematische Strukturen. Das Denken ist nun operativ und daher flexibler und abstrakter. Im formal-operativen Stadium schließlich, zwischen elf und 15 Jahren, bleiben diese Operationen nicht mehr auf konkrete Gegenstände beschränkt, sondern sie werden nun auf Operationen, verbale Aussagen und hypothetische Bedingungen ausgedehnt.

Diese stadienspezifischen Veränderungen bringen Veränderungen in der Struktur des Denkens mit sich. Das Denken wird zunehmend organisierter, wobei grundsätzlich auf die Strukturen des vorangegangenen Stadiums aufgebaut wird. Belege für diese strukturellen Veränderungen stammen aus Beobachtungen von Kleinkindern und aus Interviews und Problemlösungsaufgaben mit älteren Kindern.

Vier Faktoren treiben die Entwicklung über die Stadien hinweg voran: körperliche Reifung, Erfahrungen mit der physikalischen Umwelt, soziale Erfahrung und Äquilibration. Erfahrung setzt durch Assimilation und Akkommodation kognitive Prozesse in Gang. Diese funktionalen Invarianten erleichtern den Kindern die Anpassung an die Umwelt, indem sie ihr jeweiliges Weltbild konsolidieren und erweitern.

Piaget betrachtet Kinder als aktive und sich selbst regulierende Organismen, die sich durch die Interaktion angeborener und umweltbedingter Faktoren verändern. Er betont die qualitativen Veränderungen, identifiziert aber auch einige quantitative Veränderungen. Kognitive Veränderung ist im wesentlichen strukturelle Veränderung.

Was den theoretischen Aufbau der Theorie angeht, lassen sich vier Typen der Theoriebildung unterscheiden: Modelle, deduktive, funktionalistische und induktive Theorieanteile. Piaget stützt sich insbesondere auf das Äquilibrationsmodell und das logisch-mathematische Modell.

Die wichtigsten Stärken der Theorie liegen in der Erkenntnis, daß die Kognition im Laufe der Entwicklung eine entscheidende Rolle spielt, in ihrem Wert als integrative und heuristische Theorie, im Aufweis überraschender Merkmale im Denken von Kleinkindern, im umfassenden Anwendungsbereich und in ihrer ökologischen Validität. Zu den wichtigsten Schwächen gehören die unzulängliche Befundlage im Hinblick auf den Stadienbegriff, die unzureichende Erklärung von Mechanismen der Entwicklung, die Notwendigkeit einer Theorie der Performanz, die Vernachlässigung sozialer und emotionaler Aspekte der Entwicklung und methodologische wie stilistische Mängel. An einigen dieser Probleme haben die Neo-Piagetianer inzwischen gearbeitet. Darüber hinaus hat Piaget selbst in seinen späteren Jahren ständig Modifikationen an seiner Theorie vorgenommen.

Wie ist Piagets Theorie letztendlich zu bewerten? Ungeachtet ihrer Mängel ist es eine erstaunlich fruchtbare Theorie, die uns einen Rahmen liefert, um die Vielfalt und Komplexität der kognitiven Entwicklung betrachten zu können. Selbst dort, wo Piagets Theorie versagt, beispielsweise beim Erhaltungsbegriff, für den sich trotz hunderter von Untersuchungen keine befriedigende Erklärung finden ließ, zeigt sie interessante Aspekte der Entwicklung auf; dazu gehört die Bedeutung von Aufmerksamkeit bei der Entwicklung rudimentärer numerischer Fertigkeiten im Umgang mit Zahlen, die schließlich zum Erhaltungsbegriff führen könnten. Darüber hinaus hat die Theorie Fragen zur Entwicklung formuliert, die jede nachfolgende Entwicklungstheorie aufgreifen muß. Noch über Jahre hinaus werden neue Theorien an Piagets Theorie gemessen werden. Es war also kein Fehler, daß wir uns mit diesem „Giganten des Kinderzimmers" (Elkind, 1968) befaßt haben.

Weiterführende Literatur

Über Piaget wurde eine Vielzahl von Büchern geschrieben. Besonders bemerkenswert sind folgende:

Ginsburg, H. J.; Opper, S. *Piagets Theorie der geistigen Entwicklung.* 3. Aufl. Stuttgart (Klett-Cotta) 1989. Dieses Buch vermittelt einen aktualisierten Überblick über die Theorie.

Chapman, M. *Constructive Evolution: Origins and Development of Piaget's Thought.* Cambridge (Cambridge University Press) 1988. Dieses Buch stellt die Piagetsche Theorie für fortgeschrittene Studenten dar.

Die folgenden Bücher von Piaget gehören zu seinen leichter lesbaren und verständlichen Werken:

Piaget, J. *Six études de psychologie*. Genf (Gonthier) 1964. [engl. *Six Psychological Studies*. New York (Random House) 1967.]
Piaget, J.; Inhelder, B. *Die Psychologie des Kindes*. Olten (Walter-Verlag) 1973.

Piagets Arbeiten haben Anstöße zu vielen fruchtbaren Veröffentlichungen gegeben, in denen Fragen behandelt werden, die aus seiner Theorie entstanden sind. Drei wichtige Arbeiten sollen hier erwähnt werden:

Case, R. *Intellectual Development: Birth to Adulthood*. Orlando, Fla. (Academic Press) 1985.
Chandler, M.; Chapman, M. (Hrsg.), *Criteria for Competence: Controversies in the Conceptualization and Assessment of Children's Abilities*. Hillsdale, N. J. (Erlbaum) 1991.
Beilin, H.; Pufall, P. *Piagets Theory: Prospects and Possibilities*. Hillsdale, N. J. (Erlbaum) 1992.

2.
Freuds und Eriksons psychoanalytische Theorien

Ich habe geträumt, daß es Nacht ist und
ich in meinem Bett liege ...
Plötzlich geht das Fenster von selbst auf,
und ich sehe mit großem Schrecken, daß auf
dem großen Nußbaum vor dem Fenster
ein paar weiße Wölfe sitzen.
Es waren sechs oder sieben Stück.
Die Wölfe waren ganz weiß und
sahen eher aus wie Füchse oder Schäferhunde,
denn sie hatten große Schwänze wie Füchse und
ihre Ohren waren aufgestellt
wie bei den Hunden, wenn sie auf etwas passen.
Unter großer Angst, offenbar, von den Wölfen
aufgefressen zu werden, schrie ich auf
und erwachte.

[Freud, 1918 (1989, SA VIII, S. 149)]

Der am meisten auffallende Unterschied
zwischen den Geschlechtern
war die Neigung der Jungen, etwas zu bauen –
Gebäude, Türme oder Straßen ...
die Mädchen richteten den Tisch eher als das
Innere eines Hauses ein, wobei sie die Klötze auf
einfache Weise und nur selten – wenn überhaupt –
einbezogen ... Einfache geschlossene Mauern
geringer Höhe, die unverziert blieben,
waren die größten Einheiten, die von Mädchen
erstellt wurden. Allerdings wiesen diese Komplexe
häufig ein sorgfältig ausgearbeitetes Tor auf ...
Ein Versperren des Eingangs oder ein Verstärken
der Wände konnte bei näherer Untersuchung
als Ausdruck einer akuten Angst vor der
weiblichen Rolle gedeutet werden.

[Erikson, 1950, dt. 1984, S. 102–105]

Die psychoanalytische und die Piagetsche Theorie sind die beiden großen Theorien der Entwicklungspsychologie. Um nun an den Ursprung der psychoanalytischen Theorie zu gelangen, gehen wir von Genf nach Wien, die Stadt, in der Freud einen Großteil seines Lebens verbrachte. Die psychoanalytische Theorie entwickelte sich auf verschlungenen Pfaden und über eine Vielzahl erstaunlicher Einsichten, divergierender Meinungen und widerstreitender Persönlichkeiten. Obwohl die psychoanalytische Richtung durch viele Persönlichkeiten geprägt wurde, können wir hier nur auf Sigmund Freud, der am Anfang der Bewegung steht, und auf Erik Erikson, der in jüngerer Zeit eine über Kindheit und Adoleszenz hinausweisende Sicht der Entwicklung erarbeitet hat, näher eingehen. Beide postulierten eine an Stadien gebundene Entwicklung der Persönlichkeit. In jedem einzelnen Stadium muß das Kind bestimmte Konflikte bewältigen, die weitestgehend von biologischen Veränderungen verursacht sind. Wir werden die beiden Theorien in derselben Weise vorstellen, wie wir es im vorangehenden Kapitel bei Piaget getan haben; mit der folgenden Gliederung: Biographie, allgemeiner Überblick über die Theorie, Beschreibung der Entwicklungsstadien, Darstellung der Mechanismen der Entwicklung, der Positionen der Theorie zu einigen wichtigen Fragen, der theoretischen Besonderheiten der Theorie und einer kritischen Bewertung.

Freud

Biographischer Abriß

Sigmund Freud wurde 1856 in Freiberg (Mähren) geboren.[1] Als er vier Jahre alt war, zog seine Familie nach Wien, wo er fast 80 Jahre lang lebte. Er war das älteste von acht Kindern eines Wollhändlers und dessen Frau. Freud hielt sich für ein vom Schicksal begünstigtes Kind, von dem große Dinge erwartet wurden. Wie er es ausdrückte: „Wenn man der unbestrittene Liebling der Mutter gewesen ist, so behält man fürs Leben jenes Eroberergefühl, jene Zuversicht des Erfolgs, welche nicht selten den Erfolg wirklich nach sich zieht" (Jones, E., 1960, Bd. 1, S. 22). Er verschlang – genau wie Piaget – Bücher über Geschichte und Philosophie. Zusammen mit einem Freund brachte er sich Spanisch bei, um *Don Quixote* im Original lesen zu können. Auf dem Gymnasium las er einen naturwissenschaftlichen Aufsatz von Goethe, der sein Interesse an der Wissenschaft weckte. Sein Medizinstudium begann er mit dem Ziel, sein Leben der wissenschaftlichen Forschung zu widmen. Rückblickend erscheint es im Hinblick auf den späteren Kern seiner Theorie interessant, daß er sich bei seinem ersten größeren Forschungsvorhaben mit der Struktur der Hoden von Aalen befaßte.

Freud mußte seine Absicht, in der Forschung tätig zu werden, zunächst wieder aufgeben, da ihn seine finanzielle Situation und die Aufstiegsbarrieren für Juden in der Wissenschaft zwangen, eine private Praxis zu eröffnen. Sein schon lange vorhandenes Interesse für die Neurologie führte ihn ganz natürlich zur Behandlung nervöser Störungen. Zur damaligen Zeit steckte dieser Zweig der Medizin noch in den Kinderschuhen, und auch die Fachärzte auf diesem Gebiet konnten ihren Patienten wenig Hilfe geben.

---

[1] Ein Großteil der Materialien in diesem Abschnitt stammt aus Ernest Jones' Biographie *Das Leben und Werk von Sigmund Freud*. Bern (Huber) Bd. 1: 1960, Bd. 2: 1962, Bd. 3: 1962.

In der Regel wurden die Patienten mit Hydrotherapie (verschiedene Bäder) und Elektrotherapie (schwache Ströme, die durch den Körper geleitet werden) behandelt.

Freud war fasziniert von der Hysterie, einer Störung, zu deren typischen Symptomen Lähmungserscheinungen, Krampfanfälle, Schielen und Zittern zählen. Sein Interesse an der Hypnose, einer neuartigen Therapieform, erwuchs aus seiner Bekanntschaft mit dem französischen Neurologen Jean Charcot und dem Wiener Arzt Josef Breuer. Daß Charcot durch hypnotische Suggestion Symptome der Hysterie auslösen konnte, deutete darauf hin, daß die Krankheit psychische Ursachen hatte. Als Freud die Hypnose bei seinen eigenen Patienten anwandte, beeindruckte ihn, daß unter Hypnose wichtige Ereignisse und Gefühle erinnert wurden, die sich die Patienten normalerweise im wachen Zustand nicht ins Gedächtnis rufen konnten. Obwohl unter den Neurologen allgemein die Auffassung vorherrschte, daß es sich bei der Hypnose um Scharlatanerie handelt, experimentierte Freud begeistert mit der neuen Technik: „Sonst aber war die Arbeit mit der Hypnose wirklich verführerisch. Man hatte zum ersten Mal das Gefühl seiner Ohnmacht überwunden, der Ruf des Wundertäters war sehr schmeichelhaft" [1925a (GW XIV, S. 41)].[2]

Freud stand auch unter dem Einfluß von Breuers Entdeckung, daß hysterische Symptome schon zurückgingen, wenn Patienten über die emotional besetzten Erfahrungen ihrer Kindheit sprachen (und sie erneut „durchlebten"). Schließlich zeigte es sich, daß Hypnose oft nicht einmal erforderlich war, um hysterische Symptome zu beseitigen. Enthusiastisch arbeitete Freud mit der „Redekur", wie Breuer das Verfahren mit einem Ausdruck seiner berühmten Patientin „Anna O." nannte. In einem Brief vom 25. Mai 1895 an seinen Freund Wilhelm Fließ beschrieb Freud, wie sehr er von der Psychologie besessen war: „. . . ein Mensch wie ich kann ohne Steckenpferd, ohne einen Tyrannen, um mit Schiller zu reden, nicht leben, und der ist mir geworden. In dessen Dienst kenne ich nun auch kein Maß. Es ist die Psychologie, . . ." (Jones, E., 1960, Bd. 1, S. 403).

Aus Freuds Analyse der Träume und Kindheitserinnerungen seiner Patienten entstand seine erste größere Veröffentlichung *Die Traumdeutung* (1900). Dieses Werk wurde zwar von Ärzten und Wissenschaftlern und auch von einem breiteren Publikum ignoriert, aber Freud ließ sich nicht entmutigen. In den folgenden Jahren veröffentlichte er eine Reihe faszinierender Bücher. Zwar arbeitete er jahrelang fast völlig isoliert, doch allmählich fand sich eine kleine Anhängerschaft zusammen.

Besonders C. G. Jung und Alfred Adler unterstützen die neue psychoanalytische Bewegung, während das medizinische Establishment in Europa sie mit Verachtung strafte. Diese Zurückweisung ließ die Psychoanalytiker enger zusammenrücken, und sie gründeten die Internationale Psychoanalytische Vereinigung, die auch heute noch existiert. Ein Wendepunkt kam 1909, als der herausragende amerikanische Psychologe G. Stanley Hall Freud anläßlich der 20jährigen Gründungsfeier der Clark University in Worcester, Massachusetts, zu einem Vortrag einlud. Freud beschrieb seine Gefühle bei dieser Gelegenheit: „. . . in Europa fühlte ich mich wie geächtet, hier sah ich mich von den Besten wie ein Gleichwertiger aufgenommen. Es war wie die Verwirklichung eines unglaubwürdigen Tagtraumes, als ich in Worcester den Katheder bestieg, um meine „Fünf Vorlesungen über Psychoanalyse" abzuhalten. Die Psychoanalyse war

---

[2] Die in diesem Kapitel genannten Jahreszahlen in eckigen Klammern geben das Jahr der erstmaligen Veröffentlichung der jeweiligen Freudschen Werke an. In runde Klammern gesetzt sind die bibliographischen Angaben zu den Ausgaben, aus denen die Zitate in diesem Buch entnommen sind. (Siehe auch die Bibliographie am Ende des Buches.)

also kein Wahngebilde mehr, sie war zu einem wertvollen Stück der Realität geworden" [1925a (GW XIV, S. 78)].

Freud erwarb sich allmählich die Anerkennung internationaler Fachkreise, vor allem in der Zeit nach dem ersten Weltkrieg. Die Psychoanalyse beeinflußte nicht mehr nur die Psychiatrie und die Sozialwissenschaften, sondern auch die Literatur, die Kunst, die Ethik, die Pädagogik, und so fort. Das „Unbewußte" und das „Ich" wurden zu gängigen Begriffen. Insgesamt waren die Reaktionen auf die Psychoanalyse jedoch keineswegs positiv. Viele entsetzten sich über die Behauptung, daß bereits Kinder eine Sexualität haben. Die Angriffe auf die psychoanalytische Theorie setzten sich zu Freuds Lebzeiten unvermindert fort. Außerdem wurde sein Erfolg dadurch geschwächt, daß sich Jung und Adler sowie andere Protagonisten der Psychoanalyse später von ihm abwandten.

Im Laufe der Jahre entwickelte Freud seine Theorie weiter. Einige grundlegende Veränderungen führte er sogar erst im Alter von über 70 Jahren ein. Zuletzt füllten seine psychoanalytischen Schriften 23 Bände. In seinen letzten Jahren arbeitete er mit fortschreitender Kieferkrebserkrankung unter enormen Schmerzen. 1937 mußte er nach dem Einmarsch der Nazis in Österreich nach England fliehen. 1939 starb er in London.

Allgemeiner Überblick über die Theorie

Bei den ersten Versuchen, die Freudsche Theorie zu verstehen, ist man am Anfang zunächst einmal ziemlich frustriert, weil die Theorie in unterschiedlichen Quellen widersprüchlich dargestellt wird. Das Problem liegt darin, daß Freud seine Theorie im Laufe der Jahre selbst verändert hat – was bei einer Theorie zwar grundsätzlich positiv zu bewerten ist, aber auch entmutigt, wenn man darum ringt, sie zu verstehen. Glücklicherweise hat Freud nur einige Details seines Systems verändert, den allgemeinen Ansatz aber beibehalten. Aus den Einzelheiten seiner Theorie lassen sich sechs allgemeine Charakteristika ableiten: ein dynamischer Ansatz, ein strukturalistischer Ansatz, ein topographischer Ansatz, ein durch Entwicklungsstadien gekennzeichneter Ansatz, ein kontinuierliches Spektrum von normal bis anomal und die psychoanalytische Methode. Wir werden diese Merkmale im einzelnen betrachten und sie, sofern es zur Klärung beiträgt, mit den Merkmalen der Theorie Piagets vergleichen.

Der dynamische Ansatz

Freud beschrieb seine Theorie als eine Art Ökonomie der nervösen Energie. Diese nervöse Energie bezeichnet er abwechselnd als *psychische Energie, Triebenergie, Libido* oder *Triebspannung*. Analog zu einer physikalischen Energie wird nervöse Energie aufgebaut, die sich dann verteilt, an bestimmte Vorstellungen bindet, umwandelt und entlädt. So wie mechanische, elektrische oder thermische Energie physikalische Arbeit leistet, so leistet psychische Energie psychische Arbeit.

In Freuds Theorie mit ihrer allgemeinverständlichen Anleihe bei der Physik lassen sich verschiedene Energiesätze identifizieren. So wie physikalische Energie nicht verlorengeht, sondern umgewandelt wird, so wird auch psychische Energie in Angst umgewandelt, in eine organische Struktur übertragen, die ein Symptom wie eine Lähmung hervorruft, oder in eine psychische Struktur wie eine Zwangsvorstellung

verwandelt. Einem weiteren Energiegesetz entspricht das berühmte *Lustprinzip*, demzufolge sich Energie, wann immer möglich, sofort entlädt. Der Organismus strebt nach
einem unmittelbaren und direkten Spannungsabbau, der Unlust abschwächt und Lust
erzeugt. Hunger führt zum Essen; das Saugbedürfnis führt zum Daumenlutschen. Ein
letztes Beispiel ist das *Prinzip des kleinsten Innervationsaufwands*, demzufolge geringe Energiemengen nur verzögert und indirekt abströmen. Hier herrscht das *Realitätsprinzip*. Der psychische Apparat überprüft die Realität und bewertet verschiedene
Handlungsmöglichkeiten, bevor er Energie freisetzt. Ein zorniges Kind kann beispielsweise seinem Freund sagen, daß es seinetwegen verärgert ist, anstatt gleich zuzuschla-
gen und eine Bestrafung zu riskieren.

Woher stammt nun diese psychische Energie? Der Mensch verfügt über verschiedene Instinkte, die bestimmte Anforderungen an seinen Geist stellen. Instinkte (oder
biologische Triebe) lösen im Körper innere Reize aus. Diese innere Erregung stimuliert den menschlichen Geist und schafft ein „Bedürfnis". Psychische Energie ist also
aus biologischer Energie abgeleitet. Freud behauptet, daß es bei den Instinkten (Trieben) einen beständigen Austausch zwischen „Seele" und „Körper" gibt:

> „. . . so erscheint uns der „Trieb" als ein Grenzbegriff zwischen Seelischem und Somati-
> schem, als psychischer Repräsentant der aus dem Körperinnern stammenden, in die Seele
> gelangenden Reize, als ein Maß der Arbeitsanforderung, die dem Seelischen infolge seines
> Zusammenhanges mit dem Körperlichen auferlegt ist."
>
> [1915 (1989, SA III, S. 85)]

Nach Freuds letzter Triebtheorie sind *Eros* (Sexualtrieb, Selbsterhaltungstrieb, Liebe,
Lebenstriebe, Streben nach Einheit) und *Destruktionstrieb* (Aggression, Auflösung
von Verbindungen, Todestrieb, Haß) die beiden elementaren menschlichen Triebe.
Freud bezeichnete die verfügbare Erosenergie als *Libido*. Wir verfügen über keinen
analogen Begriff für die Energie eines Destruktionstriebes. Sein Interesse am Destruk-
tionstrieb kam erst später, was mit seinem Entsetzen über die Greuel des ersten
Weltkrieges und den Antisemitismus seiner Zeit in Verbindung gebracht wird. „Das
Ziel alles Lebens ist der Tod", sagt Freud [1920 (1989, SA III, S. 248)].

Am Beispiel des Sexualtriebes lassen sich vier Merkmale eines Instinkts veranschaulichen: seine Quelle, sein Ziel, sein Objekt und sein Drang.

1. Der Sexualtrieb hat seine *Quelle*, wie oben dargestellt, in physiologischen Bedürfnissen. Sexuelle Erregung geht von den erogenen Zonen des Körpers aus, insbesondere vom oralen, analen und genitalen Bereich. Diese im Laufe der Zeit sich
   verändernde Quelle der Erregung bildet, wie wir später sehen werden, die Grundlage für die Entwicklung von einem Stadium zum nächsten.
2. Das *Ziel* des Sexualtriebes, oder der Triebe insgesamt, besteht darin, die physiologischen Bedürfnisse zu befriedigen. Dieses oberste Ziel wird über untergeordnete
   Ziele erreicht, etwa durch Suchen von Sexualobjekten und Investieren von Energie
   in sie. Ein Trieb ist, mit Freuds Worten, *„ein dem belebten Organischen innewoh-
   nender Drang zur Wiederherstellung eines früheren Zustandes"* [1920 (1989, SA
   III, S. 246)]. Diese Rückkehr zu einem Zustand des seelischen und physiologischen
   Gleichgewichts (oder zur Abwesenheit von Erregung) wird durch die Befriedigung
   des Bedürfnisses erreicht.
3. Die Spannung steigt an, ein geeignetes Sexual*objekt* wird gefunden, die Spannung
   entlädt sich, und der Mensch empfindet Lust. Beim Sexualobjekt kann es sich um
   eine Person (die eigene oder eine andere), ein Objekt oder auch die Repräsentation

einer Person oder eines Objektes handeln. Ein Trieb kann auf vielerlei Weise befriedigt werden. Die Libido bindet sich an ein Objekt oder „besetzt" es, um Freuds Terminologie zu gebrauchen. Säuglinge besetzen ihre Mutter und andere Objekte, die ihre Bedürfnisse befriedigen.

4. Der *Drang* des Sexualtriebes ist abhängig von seiner Stärke (dem Maß an sexueller Energie). Je mehr Energie vorhanden ist, desto stärker ist der Trieb.

Verschiedene menschliche Verhaltensweisen lassen sich letztendlich auf die beiden elementaren Triebe mit ihren verschiedenen Partialtrieben zurückführen. Freud würde behaupten, daß das Schreiben eines Buches ebenso wie das Joggen, das Fernsehen oder das Schreinern eines Bücherregals ihre tiefsten Wurzeln in einem menschlichen Trieb haben. Die Verbindung zwischen Trieb und Verhalten mag aufgrund der Triebmobilität nur sehr indirekt sein. Psychische Energie ist eine allgemeine Energiequelle, vergleichbar einer Stromquelle, mit deren Hilfe man Brot toasten, sich rasieren, backen und vieles andere tun kann (Hall, 1954, S. 84). Freud sprach von den vielfältigen Ausdrucks- und Kombinationsmöglichkeiten der Triebe. Triebe können sich miteinander vermischen; beim Fußballspielen lassen sich beispielsweise sowohl aggressive als auch kooperative Bedürfnisse befriedigen, beim Essen sowohl der Hunger als auch der Destruktionstrieb (indem man beißt und kaut). Triebe lassen sich partiell und über Umwege befriedigen, indem beispielsweise jemand über seinen Feind Gerüchte in Umlauf setzt statt ihn körperlich anzugreifen. Freud war der Auffassung, daß Leonardo da Vincis Bedürfnis, Madonnen zu malen, ihm die Möglichkeit bot, sein Verlangen nach seiner Mutter, von der er bereits früh in seinem Leben getrennt worden war, teilweise zu befriedigen. Triebe lassen sich auch ersetzen, wenn beispielsweise tiefer Haß sich in Liebe oder sexuelle Begierde sich in platonische Liebe verwandelt. Auch ein Objekt läßt sich durch ein anderes ersetzen, wenn etwa ein Erwachsener seine oralen Bedürfnisse befriedigt, indem er Trompete spielt. In manchen Fällen wird das eigentlich begehrte Objekt durch ein kulturell oder moralisch „höherwertiges" Ziel ersetzt. Man spricht in diesem Fall von *Sublimierung*. Ein aggressiver Mensch kann sein Bedürfnis, andere Menschen anzugreifen, befriedigen, indem er gewalttätige Szenen malt. Ein weiterer häufiger Typus der Objektsubstitution ist die *Kompensation*, bei der man sein Versagen auf einem Gebiet ausgleicht, indem man sich auf ein anderes Gebiet verlegt. So wird der 1,68 Meter große Basketballspieler letzten Endes vielleicht Sportkommentator.

Freud und Piaget verfolgen beide einen dynamischen, wenn auch unterschiedlich gearteten Ansatz. Freud befaßte sich mit Trieb*kräften*, die die Energiequelle des Verhaltens sind, während Piaget sich für geistige *Handlungen* – Schemata, Operationen, Assimilation und Akkommodation – interessierte. Piaget war zwar der Ansicht, daß Emotionen das Denken vorantreiben, doch er unternahm nicht viel, um diesen Gedanken weiterzuentwickeln. Freud und Piaget waren beide fasziniert von einem anderen Aspekt der Dynamik, nämlich dem Konzept des Gleichgewichts aus der Physik. In beiden Theorien hat der Prozeß, der zum Gleichgewicht strebt, auf das ein Ungleichgewicht und dann wieder ein Gleichgewicht folgt, einen zentralen Stellenwert. Wie wir allerdings im Abschnitt über die Mechanismen der Entwicklung sehen werden, unterscheiden sich die beiden Theorien grundlegend im Hinblick auf die Natur dieses Gleichgewichts.

Der strukturalistische Ansatz

Der vorige Abschnitt hat die Vorstellung von einer Art menschlichem Hydrauliksystem aufgezeigt, in dem starke Kräfte durch Körper und Seele drängen. Nun sollen die psychischen Strukturen betrachtet werden, die von diesen Kräften durchsetzt sind. Diese Strukturen vermitteln zwischen Trieben und Verhalten, da Triebe nicht unmittelbar zum Verhalten führen. Wir setzen also eine Architektur der Psyche voraus. Innerhalb ihrer Strukturen, zwischen ihnen und durch sie laufen psychische Prozesse ab. Die drei wichtigsten Strukturen sind das Ich, das Es und das Über-Ich. In einer vorläufigen Definition könnte man sagen, das *Es* ist der Sitz der biologisch begründeten Triebe, das *Ich* der Mechanismus zur Anpassung an die Realität, und das *Über-Ich* entspricht dem Gewissen. Wir werden jede „Seelenprovinz" [1933a (1989, SA I, S. 510)] einzeln untersuchen und anschließend ihre übergreifende Organisation darstellen.

Das Es

Der Schriftsteller Peter de Vries schreibt in seinem Roman *Forever Panting*: „Das Es ist nicht bloß ein weiteres Wortungetüm." Es ist vielmehr der Sitz der angeborenen Triebe und die Hauptquelle der psychischen Energie. Nach Freud ist das Es „der dunkle, unzugängliche Teil unserer Persönlichkeit ... Wir ... nennen es ein Chaos, einen Kessel voll brodelnder Erregungen" [1933a (1989, SA I, S. 511)]. Dem weiter oben dargestellten Lustprinzip entsprechend verlangt es unmittelbare Befriedigung. Die Energie des Es wird entweder in Handlungen oder Objekte investiert, die einen Trieb befriedigen, oder aber in die Vorstellung eines Objekts, das eine teilweise Befriedigung gewährt. Säuglinge beispielsweise können ihr aus dem Hunger entstandenes orales Bedürfnis entweder unmittelbar befriedigen, indem sie an der Brust der Mutter oder an der Flasche saugen, oder sie können sich teilweise indirekt befriedigen, indem sie sich etwa eine Milchflasche vorstellen. Eine solche Wunschphantasie wird als *primäre Bearbeitung* bezeichnet. Die Energie des Es ist so mobil, daß sie sich ganz leicht entlädt oder von einem Objekt auf ein anderes, beziehungsweise von einer Vorstellung auf eine andere übertragen läßt.

Anders als Säuglinge haben Kleinkinder, Kinder und Erwachsene neben dem Es noch ein Ich und ein Über-Ich. Das Es bleibt jedoch über das gesamte Leben hinweg aktiv, insbesondere in nächtlichen Träumen, in Tagträumen, in der Phantasie und im impulsiven, selbstbezogenen und lustvollen Verhalten. Hall nennt das Es „das verwöhnte Kind unserer Persönlichkeit" (Hall, 1954, S. 27). In seinem tiefsten Innern will jeder von uns vollkommene Befriedigung – einen Zustand des Nirwana.

Freuds Kenntnisse über das Es stammen großenteils aus seiner Traumanalyse. Die Wünsche des Ich erscheinen im Traum entweder offensichtlich oder verschleiert. Man braucht keine psychoanalytische Erfahrung zu haben, um bei einer hungrigen Person den Traum von einem fetten Steak deuten zu können. Manche Bedürfnisse sind jedoch so bedrohlich, daß sie nicht so offensichtlich werden dürfen. Nach Freud stehen Kleider und Uniformen zuweilen für Nacktheit; Wasser kann eine Geburt bedeuten; und mit einer Reise kann der Tod gemeint sein. (Auf die Traumdeutung werden wir später eingehen).

Das Ich

Am Anfang ist das Es. Gewappnet mit der primären Bearbeitung (der halluzinatorischen Wunscherfüllung) stellt es seine Forderungen. Aber bald entdecken Säuglinge, daß das Denken allein noch keine Wirklichkeit schafft. Das Vorstellungsbild von der Mutter oder die Erinnerung an Milch und Wärme können den nagenden Hunger nicht stillen. Sie lernen, daß zwischen Vorstellung und Realität, zwischen dem Selbst und der Außenwelt, ein Unterschied besteht.

Die Unfähigkeit des Es, sich das begehrte Objekt auch immer zu verschaffen, führt zur Entwicklung des Ich.[3] Das Ich, mit dem sich die Seele ihren Weg in die Wirklichkeit bahnt, entwickelt sich, weil es für das physische und psychische Überleben gebraucht wird. Zum Überleben trägt es als *sekundäre Bearbeitung* bei. Das rationale Denken der sekundären Bearbeitung ist rational-organisierter, integrierter und logischer als der Primärvorgang, der voller Widersprüchlichkeiten steckt. Das Ich umfaßt geistige Tätigkeiten wie Wahrnehmung, logisches Denken, Problemlösen und Gedächtnisleistung. Die meisten von Piaget untersuchten geistigen Fähigkeiten würden bei Freud in den Bereich des Ich fallen. Das Ich übernimmt die Führungsrolle bei den schwierigen und einflußreichsten Entscheidungen. Unterstützt wird es dabei von Angstgefühlen, die ihm signalisieren, daß ein bestimmtes Verhalten bedrohlich wäre. Vor allem aber gehört zur Entscheidungsfindung des Ich die *Verzögerung* der Energieentladung, das bereits erwähnte Realitätsprinzip. Freud beschrieb das Denken des Ich als „ein probeweises Handeln mit kleinen Energiemengen, ähnlich wie die Verschiebungen kleiner Figuren auf der Landkarte, ehe der Feldherr seine Truppenmassen in Bewegung setzt" [1933a (1989, SA I, S. 524)].

Diese geringen Energiemengen, die dem Ich zur Verfügung stehen, kommen vom Es. Im Laufe der Entwicklung erwirbt das Ich über die sekundäre Bearbeitung immer mehr Energie und Erfahrung und wird damit stärker und differenzierter. Natürlich kann das Ich mit seiner sekundären Bearbeitung den Primärvorgang des Es nicht ersetzen, doch es schafft einfach eine weitere Ebene des Denkens. Befriedigung läßt sich entweder dadurch erzielen, daß man nach einer *Verzögerung* die geeigneten realen Objekte in seiner Umwelt findet, oder aber dadurch, daß man halluziniert und träumt. Unser ganzes Leben lang kombinieren wir primäre und sekundäre Bearbeitung, nur werden im Verlaufe der Entwicklung die Aspekte des Sekundärvorgangs für unser Denken wichtiger.

Das Ich dient „drei gestrengen Herren", dem Es, dem Über-Ich und der Außenwelt [1933a (1989, SA I, S. 514)]. Freud beschrieb die Position des Ich in einem Vergleich:

> „Man könnte das Verhältnis des Ichs zum Es mit dem des Reiters zu seinem Pferd vergleichen. Das Pferd gibt die Energie für die Lokomotion her, der Reiter hat das Vorrecht, das Ziel zu bestimmen, die Bewegung des starken Tieres zu leiten. Aber zwischen Ich und Es ereignet sich allzu häufig der nicht ideale Fall, daß der Reiter das Roß dahin führen muß, wohin es selbst gehen will."
>
> [1933a (1989, SA I, S. 514)]

Das Ich steht zwischen dem Es und der Außenwelt:

> „Das Ich kämpft also an zwei Fronten, es hat sich seiner Existenz zu wehren gegen eine mit Vernichtung drohende Außenwelt wie gegen eine allzu anspruchsvolle Innenwelt. Es

---

[3] Gegen Ende seines Lebens schränkte Freud sein Postulat, das Ich entwickle sich aus dem Es, bis zu einem gewissen Grade ein. Er sprach in dieser Phase von einem frühen, undifferenzierten Ich-Es.

wendet die gleichen Methoden der Verteidigung gegen beide an, aber die Abwehr des inneren Feindes ist in besonderer Weise unzulänglich. Infolge der ursprünglichen Identität und des späterhin innigsten Zusammenlebens gelingt es schwer, den inneren Gefahren zu entfliehen. Sie verbleiben als Drohungen, auch wenn sie zeitweilig niedergehalten werden können."

[1940 (GW XVII, S. 130)]

Diese konstanten Bedrohungen und Gefahren durch das Es und die Umwelt erzeugen Angst. Soweit wie möglich geht das Ich dieses Problem realistisch an, indem es seine Fertigkeiten des Problemlösens einsetzt. Wird die Angst allerdings so stark, daß sie droht, das Ich zu überwältigen, kommen *Abwehrmechanismen* ins Spiel. Sie kontrollieren und verringern die Angst, indem sie die Realität bis zu einem gewissen Grad verzerren. Auch wenn die Abwehrmechanismen nur eine partielle Triebbefriedigung zulassen, ist für den angespannten Organismus eine gewisse Befriedigung immer noch besser als gar keine. Freuds Liste der Abwehrmechanismen veränderte sich in dem Maße, in dem er oder seine Tochter Anna Freud sie in ihren Schriften kombinierten oder weiter differenzierten. Wir beschränken uns in unserer Diskussion auf die fünf wichtigsten Abwehrmechanismen Verdrängung (das Leugnen oder Vergessen der Gefahr), Reaktionsbildung (eine dem ursprünglichen Triebimpuls entgegengesetzte Verhaltensweise), Projektion (Verlagerung von eigenen, unerwünschten Triebimpulsen auf andere), Regression (Rückfall in Verhaltensweisen früherer Entwicklungsstadien) und Fixierung (Verharren in einem dem Lebensalter inadäquaten Entwicklungsstadium).

1. Die *Verdrängung* hindert einen bedrohlichen Gedanken daran, ins Bewußtsein zu dringen. Dieser Prozeß scheint dem Motto „Was ich nicht weiß, macht mich nicht heiß" (Hall, 1954, S. 85) zu folgen. Gelangen angsterregende Gedanken nicht an die Oberfläche, empfinden wir auch keine Angst. Angsterregend kann ein Gedanke sein, weil er die Selbstkontrolle zu erschüttern droht oder Frustrations- oder Schuldgefühle weckt. Wenn wir Angst vermeiden wollen, vergessen wir den Namen einer Person, die uns verletzt hat, oder wir vergessen, die Rechnung zu bezahlen, die unseren Geldbeutel belasten und uns in Schwierigkeiten bringen würde.
Oft muß ein ganzer Erinnerungskomplex verdrängt werden, weil das Erinnern neutraler Gedächtnisinhalte auch damit zusammenhängende schmerzhafte Erinnerungen wieder ins Bewußtsein rufen würde. Eine von Freuds Patientinnen fürchtete sich davor, auf die Straße zu gehen, weil das sie an ihre frühere Angst erinnerte, zur Prostituierten werden zu können, was wiederum mit ihrem Verlangen nach sexuellen Erfahrungen zusammenhing. Darüber hinaus werden nach Freud vom Grundschulalter an Erinnerungen an die kindliche Sexualität massiv verdrängt. Seinen erwachsenen Patienten konnte Freud nur unter Schwierigkeiten helfen, sich diese Inhalte wieder ins Gedächtnis zu rufen.
Freud entwickelte seine Überlegungen zur Verdrängung anhand von Beobachtungen bei der Therapie. Patientinnen berichteten ihre Gedanken in „freier Assoziation", hielten dann oft abrupt inne und behaupteten, sie könnten sich plötzlich an nichts mehr erinnern – gerade in dem Augenblick, in dem sie kurz davor standen, sich etwas Wichtiges aus ihrer Vergangenheit ins Gedächtnis zu rufen. Vielleicht hatte Nietzsche recht, als er sagte: „Das eigene Selbst ist gut versteckt; von allen Goldminen ist die eigene die letzte, die man ausgräbt" (zitiert nach Jones, E., 1960, Bd. 1, S. 376).
Ein Mensch, der allzusehr von seinen Verdrängungsmechanismen abhängig ist, kann eine verdrängte Persönlichkeit entwickeln – die Person kapselt sich ab, wird

unzugänglich, reagiert wenig spontan und starr. Zudem kann sie den Realitätsbezug insofern verlieren, als ihr in der Erinnerung, Rede und Wahrnehmung häufige und gravierende Fehler unterlaufen oder sie hysterische Symptome entwickelt. Eine hysterisch bedingte Taubheit beispielsweise kann einen Menschen daran hindern, zu hören, was er nicht hören will.

2. Bei der *Reaktionsbildung* maskiert das Ich ein unerwünschtes Gefühl, indem es sich in oft übertriebener Weise auf das entgegengesetzte Gefühl konzentriert. Eifersucht und Haß eines Kindes auf sein neugeborenes Geschwisterchen äußern sich dann als übertriebene Liebe. Ein Kleinkind, das seine Windeln schmutzig machen und „schmutzige" Dinge tun will, kann zwanghaft sauber werden und sich ständig die Hände waschen. Keuschheit kann unterdrückte sexuelle Impulse, Reinheit die Sünde verbergen.

3. Durch die *Projektion* werden angsterregende Gedanken nicht mit dem Selbst identifiziert, sondern auf Menschen und Objekte außerhalb übertragen. „Ich will ihn töten", wird dann zu „Er will mich töten". Damit ist jede Gewalttätigkeit gegen den anderen legitimiert, weil sie ja in Notwehr erfolgt. Für das Ich ist es leichter, mit objektiven, äußeren Gefahren als mit inneren Gefahren umzugehen.

4. Bei der *Regression* fällt der Betreffende auf ein früheres Entwicklungsstadium zurück. Wird es allzu schwierig, mit einer aktuellen Angst umzugehen, dann zieht man sich in einfachere Zeiten zurück, in denen es noch weniger Kontrollen gab. Der Mensch fängt dann an, sich kindisch zu verhalten. Er schlägt sich mit anderen, spielt anderen Streiche, ißt zu viel Eiskrem, schreit dem Schiedsrichter bei einem Fußballspiel Obszönitäten zu, sucht übertriebene körperliche Nähe oder betrinkt sich.

5. Bei der *Fixierung* kommt eine Komponente der Persönlichkeitsentwicklung zum Stillstand. Ein Teil der Libido bleibt an eine frühere Entwicklungsstufe gebunden und verhindert, daß das Kind vollständig zum nächsten Entwicklungsstadium weitergeht. Eine Fixierung kann dann entstehen, wenn eine gegebene Form der Befriedigung, beispielsweise das Saugen an der Brust oder der Flasche, so lustvoll ist, daß das Kind sie nicht aufgeben will, selbst wenn man es davon abzubringen versucht. Eine Fixierung kann sich auch dann entwickeln, wenn ein vorausliegender Schritt zu furchterregend oder schwierig oder unbefriedigend erscheint. Eine allzu rigide Sauberkeitserziehung kann beim Kleinkind bewirken, daß es teilweise dem oralen Stadium verhaftet bleibt, anstatt sich über das anale Stadium weiterzuentwickeln. Es kann dann auf eine spezifische Form der Befriedigung (Saugen), ein bestimmtes Objekt (die Mutter) oder eine bestimmte Form des Denkens (im Primärvorgang) fixiert bleiben. Fixierung und Regression hängen insofern miteinander zusammen, als eine Person angesichts von Hindernissen leichter regrediert, wenn sie in einem früheren Entwicklungsstadium schon eine Fixierung entwickelt hat.

Weitere in diesem Kapitel dargestellte psychologische Prozesse werden gelegentlich als Abwehrmechanismen definiert. Hierzu zählen die Sublimierung eines inakzeptablen Triebimpulses in eine sozial akzeptierte Aktivität, die Identifikation mit dem Aggressor (in der Regel dem Vater eines Jungen) und die Verschiebung von Triebimpulsen.

Abwehrmechanismen sind ein notwendiges Übel. Wir brauchen sie, um mit extrem angstbesetzten Situationen umgehen zu können, allerdings um den Preis, daß wir unsere Energie „vergeuden", anstatt sie für die Entwicklung des Ich, insbesondere etwa des kreativen Denkens oder der Problemlösefertigkeiten besser zu nutzen. Zudem kann sich die Persönlichkeit nicht normal entwickeln, wenn zu viel Energie in Abwehrmechanismen gebunden ist, weil der Betreffende die Realität verzerrt wahrnimmt und sich selber täuscht. Diese Tatsache erschwert spätere Schritte der Anpassung an die Realität noch mehr.

Das Über-Ich

Das Über-Ich entwickelt sich zuletzt. Es entsteht, wenn Kinder ihren Ödipuskomplex bewältigen und anfangen, sich mit ihren Eltern zu identifizieren. Wir werden im Abschnitt über die einzelnen Stadien näher auf dieses Thema eingehen.

Das Über-Ich entsteht aus zwei Komponenten, dem Gewissen und dem Ich-Ideal. Im allgemeinen ist das Gewissen negativ und das Ich-Ideal positiv. Das *Gewissen* setzt sich aus den Verboten der Eltern zusammen, aus ihren „Du sollst nicht". So wie die Eltern das Kind für seine Übertretungen bestraft haben, so bestraft das Gewissen den Erwachsenen mit Schuldgefühlen, damit, daß er sich „versehentlich" in den Finger schneidet oder daß er sich absichtlich selbstzerstörerisch verhält. Eigenartigerweise wird das Über-Ich oft strenger als es die Eltern waren. Menschen mit besonders starkem Über-Ich können wie „in einer Zwangsjacke" (Hall, 1954, S. 46) leben oder in ihrem Denken sehr viel stärker moralisch-idealistisch als realistisch sein.

Der Begriff des Ich-Ideals bezeichnet Verhaltensnormen, denen das Kind gerecht werden will. So wie es von seinen Eltern für ein bestimmtes Verhalten belohnt worden ist, so wird es vom Ich-Ideal mit einem hohen Selbstwertgefühl und Stolz belohnt. Dies ist der Nachhall der frühen Jahre, in denen Vater oder Mutter ihr Kind damit belohnten, daß sie es ein „braves Kind" nannten.

Das Über-Ich ist sowohl dem Es als auch dem Ich entgegengesetzt. Es belohnt, bestraft und stellt Anforderungen. Es versucht, sowohl das Lustprinzip als auch das Realitätsprinzip zu überwinden. Das Über-Ich wacht nicht nur über das Verhalten, sondern auch über die Gedanken des Ich. Aus der Perspektive des Über-Ich ist der Gedanke so schlimm wie die Tat. Wie das Es unterscheidet auch das Über-Ich nicht zwischen subjektiver Erfahrung und Realität.

Über das Über-Ich hält die Gesellschaft Ruhe und Ordnung aufrecht. Ungezügeltes sexuelles und aggressives Verhalten würden die prinzipiell immer gefährdeten sozialen Strukturen zerstören. Freud schreibt, wenn das Ich die „Macht der Gegenwart" und das Es die „organische Vergangenheit" repräsentiere, stehe das Über-Ich für die „kulturelle Vergangenheit" [1940 (GW XVII, S. 138)].

Strukturelle Zusammenhänge

Wir haben die Persönlichkeit in Es, Ich und Über-Ich aufgespalten. Und doch ist sie ein organisiertes Ganzes – eine einzigartige Konstellation von Kräften und Strukturen. Freud skizziert die Beziehung zwischen den einzelnen „Gebieten des Seelenlebens" wie in Abbildung 2.1 dargestellt. Er warnt aber davor, Es, Ich und Über-Ich als scharf voneinander abgegrenzte Gebiete zu sehen. Vielmehr könnten wir der „Eigenart des Psychischen ... eher durch verschwimmende Farbenfelder wie bei den modernen Malern" [1933a (1989, SA I, S. 516)] gerecht werden. Das Über-Ich beispielsweise greift in das Es ein und ist in der Tat eng mit ihm verbunden. Diese enge Verbindung zeigt sich ganz deutlich am Ödipuskomplex, bei dem starke Impulse des Es die Entwicklung des Über-Ich erforderlich machen, das wiederum diese Impulse in der Folge beherrscht. In einem anderen Fall können sich Es und Über-Ich zusammenschließen, um vermeintlich „unmoralische" Personen anzugreifen. Beispiele dafür sind die Hexenverbrennungen und all die anderen Greuel der Inquisition (Hall, 1954, S. 48).

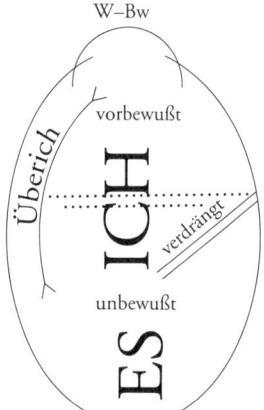

2.1 In Freuds Skizze der Struktur und Topographie der Psyche, in der zugleich der Verdrängungsprozeß veranschaulicht wird, bezieht sich die Bezeichnung „W-Bw" auf das in der Regel als Bewußtsein bezeichnete System Wahrnehmung-Bewußtsein. [Nachdruck aus Freud, S. *Studienausgabe, Bd. I, Vorlesungen zur Einführung in die Psychoanalyse und Neue Folge.* Frankfurt (Fischer) 1989, S. 515.]

Auch die Energie der drei Strukturen ist nicht scharf voneinander abgegrenzt. Ist eine Spannungsabfuhr des Es nicht möglich, kann diese Energie sich auf das Ich oder das Über-Ich übertragen. So kann sich sexuelle Energie in künstlerische Aktivität, kreatives wissenschaftliches Denken oder Frömmigkeit verwandeln. Tatsächlich besitzt das Ich keine eigene Energie, sondern leitet sie aus dem Es ab. Ähnlich wie nun die Energie vom Es auf das Ich übertragen werden kann, kann sie auch zum Es zurückkehren, wenn das Ich die Bedürfnisse des Es nicht ausreichend befriedigt. Eine solche Rückübertragung der Energie zum Es zeigt sich bei normalen Persönlichkeiten im Traum oder im Wunschdenken.

Die dargestellten Persönlichkeitsstrukturen bilden ein geschlossenes Energiesystem, in dem ein bestimmtes Quantum an Energie in die drei Teile eingespeist wird. Eine Zunahme der Energie in einem Teil macht diesen Teil stärker, schwächt aber zugleich die anderen Teile.

Es, Ich und Über-Ich sind auch insofern nicht voneinander zu trennen, als sie gemeinsam ein Verhalten oder einen Gedanken bewirken. Fast jede Aktivität spiegelt das Zusammenwirken von Es, Ich und Über-Ich wider. Eislecken ist Ausdruck der aus dem Es stammenden Triebe des Hungers und des Saugens, der erfolgreichen Suche nach einem geeigneten Objekt durch das Ich (Erwachsene lecken normalerweise nicht in der Öffentlichkeit an einem Lolli) und der Belohnung für ein gutes Verhalten durch das Über-Ich. Im Regelfall arbeiten die drei Instanzen relativ harmonisch zusammen, ohne sich zu bekriegen.

In diesem strukturellen Zusammenhang nimmt das Ich eine zentrale Rolle ein. Es wird in sämtliche Konflikte zwischen Es und Über-Ich hineingezogen, weil jedes das Ich zu seiner eigenen Bedürfnisbefriedigung einsetzen will. Das Ich muß Es, Über-Ich und Außenwelt gehorchen und sie zugleich kontrollieren. Es überlebt durch den Kompromiß. Sagt das Es „ja" und das Über-Ich „nein", dann sagt das Ich „Moment mal" (Hall, 1954, S. 47). Freud faßte diese Beziehung folgendermaßen zusammen:

„So vom Es getrieben, vom Über-Ich eingeengt, von der Realität zurückgestoßen, ringt das Ich um die Bewältigung seiner ökonomischen Aufgabe, die Harmonie unter den Kräften und Einflüssen herzustellen, die in ihm und auf es wirken, und wir verstehen, warum wir so oft den Ausruf nicht unterdrücken können: Das Leben ist nicht leicht!"

[1933a (1989, SA I, S. 515)]

Dennoch blieb Freud, was die menschliche Vernunft angeht, optimistisch:

„. . . die Stimme des Intellekts ist leise, aber sie ruht nicht, ehe sie sich Gehör geschafft hat. Am Ende, nach unzählig oft wiederholten Abweisungen, findet sie es doch. Dies ist einer der wenigen Punkte, in denen man für die Zukunft der Menschheit optimistisch sein darf, aber er bedeutet an sich nicht wenig."

[1927 (1989, SA III, S. 186)]

Freuds Modell könnte zu zwei Mißverständnissen Anlaß geben, denen wir vorbeugen wollen. Der Leser mag sich über die Vermenschlichung von Es, Ich und Über-Ich wundern. Freud sprach von ihnen, als seien es drei Homunculi, drei kleine Männchen – das eine leidenschaftlich und verwöhnt, die anderen rational und moralisch –, und alle drei liegen sich ständig in den Haaren. Diese menschliche Darstellung gefiel Freud nicht besonders gut, aber er hatte den Eindruck, sie könnte sowohl beim Kliniker als auch beim Laien zu einem intuitiven Verständnis der drei Systeme beitragen: „Vergleiche entscheiden nichts, das ist wahr, aber sie können machen, daß man sich heimischer fühlt" [1933a (1989, SA I, S. 510)]. Ein weiteres Mißverständnis wäre die Annahme, die drei Systeme hätten ihren Sitz in drei spezifischen Bereichen des Gehirns. Tatsächlich aber handelt es sich bei den drei Strukturen lediglich um eine Zusammenfassung dreier Aspekte der Persönlichkeit.

Der topographische Ansatz

„Jedermann ist ein Mond und hat eine dunkle Seite, die er nie jemandem zeigt."

[Mark Twain]

Freuds frühe Schriften zeichnen eine Geographie (oder Topographie) der Seele. In einem metaphorischen Sinne stehen die einzelnen „Teilgebiete" der Seele in einem räumlichen Zusammenhang. Diese Geographie wurde später durch die strukturalistischen Begriffe des Es, Ich und Über-Ich ersetzt. Wenn wir uns noch einmal Abbildung 2.1 zuwenden, sehen wir, daß die Landkarte der Seele in drei topographische Gebiete unterteilt ist: das Unbewußte, das Vorbewußte und das Bewußtsein (oder wie in Abbildung 2.1 auch als Wahrnehmung-Bewußtsein bezeichnet). Das Unbewußte ist ein weithin unbekanntes Territorium, Vorbewußtes und insbesondere Bewußtsein besetzen vertraute Gebiete.

1. Als *Unbewußtes* werden im wesentlichen Gedanken und Gefühle bezeichnet, die verdrängt und deshalb unbekannt sind. Ohne bestimmte Veränderungen oder Interventionen, wie etwa die Verstärkung eines Triebimpulses, die Schwächung der Ich-Abwehr oder die Führung durch einen Therapeuten, kann dieses Material nicht ins Bewußtsein dringen.
2. Das *Vorbewußte* kann bewußt werden, weil es nicht aktiv aus dem Bewußtsein ausgeschlossen wurde. Seine Nähe zum Bewußtsein ist erheblich größer als die des Unbewußten. Vorbewußte Gedanken werden bewußt, indem sie zu inneren Bildern gerinnen oder mit entsprechenden Wortvorstellungen verbunden werden.
3. Das *Bewußtsein* (oder das System Wahrnehmung-Bewußtsein) ist synonym mit dem, was einer Person aktuell bewußt ist. Es ist „überhaupt nur ein höchst flüchtiger Zustand" [1940 (GW XVII, S. 81)], weil Gedanken rasch zwischen dem Vorbewußten und dem Bewußtsein hin- und herwechseln können. Da ein Gedanke nicht

ohne einen bestimmten Energieaufwand ins Bewußtsein dringen kann, sind immer nur wenige Gedanken gleichzeitig bewußt.

Freud griff auf eine Metapher zurück, um die Beziehung zwischen Unbewußtem, Vorbewußtem und Bewußtsein zu beschreiben:

> „Wir setzen also das System des Unbewußten einem großen Vorraum gleich, in dem sich die seelischen Regungen wie Einzelwesen tummeln. An diesen Vorraum schließe sich ein zweiter, engerer, eine Art Salon, in welchem auch das Bewußtsein verweilt. Aber an der Schwelle zwischen beiden Räumlichkeiten walte ein Wächter seines Amtes, der die einzelnen Seelenregungen musterte, zensurierte und sie nicht in den Salon einläßt, wenn sie sein Mißfallen erregen."
>
> [1917 (1989, SA I, S. 293)]

Wenn wir uns nun wieder Freuds Skizze zuwenden, sehen wir, wie Es, Ich und Über-Ich (Strukturen) mit Unbewußtem, Vorbewußtem und Bewußtsein (Topographie) zusammenhängen. Das gesamte Es hat seinen Sitz im Unbewußten. Der Bereich des unbewußten Es ist ziemlich groß. Tatsächlich korrigierte Freud seine Zeichnung auch mit dem Hinweis, der Raum, den das unbewußte Es einnehme, hätte sehr viel größer sein müssen als der des Ich oder des Vorbewußten. Betrachtet man die Seele als einen Eisberg, dann bildet das Ich nur seine sichtbare Spitze, während sein größter Teil (das Unbewußte) verborgen bleibt. Ich und Über-Ich erstrecken sich beide über alle drei Schichten. Dem Ich beispielsweise ist die Funktion seiner Abwehrmechanismen nicht bewußt.

Auch in der relativen Größe von Unbewußtem, Vorbewußtem und Bewußtsein ergeben sich entwicklungsbedingte Veränderungen. Die Seele des Säuglings ist fast vollständig unbewußt. Mit zunehmendem Alter nehmen Vorbewußtes und Bewußtsein auf geistigem Gebiet immer mehr Raum ein. Aber selbst bei Erwachsenen bleibt das Unbewußte der größte Bereich.

Freud beschrieb Unbewußtes, Vorbewußtes und Bewußtsein zwar so, als seien sie separate Entitäten, wies aber immer wieder darauf hin, daß sie sich nicht trennen lassen und drei Aspekte der psychischen Funktion darstellen. Diese drei Funktionsaspekte erzeugen in einer ganzheitlichen Weise Verhalten. Dem Lesen von Todesanzeigen in der Zeitung beispielsweise können sowohl unbewußte (Todesangst) als auch bewußte Motivationen (verfolgen, was aus älteren Freunden geworden ist) zugrunde liegen.

Freud maß der Rolle des Unbewußten große Bedeutung bei, „. . . denn schließlich ist die Eigenschaft bewußt oder nicht die einzige Leuchte im Dunkel der Tiefenpsychologie" [1923 (1989, SA III, S. 287)]. Die Vorstellung, daß es ein weites Unbewußtes gibt, das das Verhalten kontrolliert, entstand aus Freuds frühen psychoanalytischen Sitzungen mit seinen Patienten. Die Patienten hatten sexuelle Phantasien oder sexuelle Impulse, die ihnen nicht bewußt waren, aber zu unerklärlichen Verhaltensweisen führten. Eine Patientin ohne jede organische Sehstörung beispielsweise konnte nichts sehen, weil es zu schmerzhaft für sie war; das Sehen aktivierte schmerzhafte Erinnerungen aus dem Unbewußten. Weitere Belege für die Existenz des Unbewußten liefern die post-hypnotische Suggestion, in der der Patient Handlungen ausführt, die ihm unter Hypnose suggeriert wurden, sowie Versprecher, Unfälle, die sich nicht wirklich zufällig ereignen, selektives Vergessen (wenn beispielsweise jemand einen Zahnarzttermin vergißt) und Träume.

Die Stadien der Entwicklung

Freud stellt zwei kühne Behauptungen zur menschlichen Entwicklung auf: Die ersten Jahre des Lebens sind für die Entwicklung der Persönlichkeit die wichtigsten, und diese Entwicklung vollzieht sich in psycho-sexuellen Stadien oder Phasen.

Dem heutigen Studenten der Entwicklungspsychologie erscheint es offensichtlich und außerhalb jeder Diskussion, daß frühe Erfahrungen die Entwicklung bestimmen. Diese Auffassung wurde allerdings erst ernsthaft vertreten, nachdem Freud sie systematisch entwickelt hatte. Nach Freud läßt sich ein Verhalten nur dann verstehen, wenn man weiß, wie es sich in der frühen Entwicklung jeweils herausgebildet hat. Die Wurzeln von normalem wie abnormem Verhalten reichen in die ersten Lebensjahre zurück, in denen die Grundstruktur der Persönlichkeit angelegt wird. Die frühen Interaktionen zwischen den Trieben der Kinder und ihrer sozialen Umwelt bestimmen das Muster ihres späteren Lernens, ihrer sozialen Anpassung und ihrer Angstbewältigung.

Interessant ist, daß ein Therapeut, der Erwachsene untersuchte und behandelte, eine Theorie der kindlichen Entwicklung ausarbeitete. Schon früh stellte Freud fest, daß seine Bemühungen, die Ursachen einer gestörten Persönlichkeit aufzuspüren, ihn in der Regel zu traumatischen und unbewältigten sexuellen Kindheitserfahrungen führten. In ihren Träumen, ihrer aus den verdrängten Wünschen des Kindes entstandenen Angst und ihren im Kindesalter erworbenen Abwehrmechanismen war die weit zurückliegende Vergangenheit im gegenwärtigen Leben seiner Patienten noch höchst lebendig. Aus den Informationen, die Freud in den psychoanalytischen Sitzungen mit seinen Patienten gewann, konnte er die Abfolge der Entwicklungsstadien in der Kindheit rekonstruieren.

Freud und Piaget sind die beiden großen Stadientheoretiker der Entwicklungspsychologie. Wie Piaget betont auch Freud die qualitativen Veränderungen im Laufe der Entwicklung. Wir betrachten zunächst einmal die allgemeinen Merkmale dieser Stadien und beschreiben weiter unten ihre inhaltlichen Aspekte.

Die Zeit der Entwicklung ist gekennzeichnet durch vier distinkte Phasen und eine Latenzperiode. Jede dieser Phasen definiert sich über die Körperregion, auf die sich die Triebimpulse richten. Im Mittelpunkt stehen in den ersten fünf Jahren zunächst der orale, dann der anale und schließlich der phallische Bereich. Der Latenzperiode zwischen dem sechsten und zwölften Lebensjahr folgt dann die genitale Phase der Adoleszenz. In jeder Phase entstehen neue Bedürfnisse, die von den psychischen Strukturen bewältigt werden müssen. Die Art und Weise, in der diese Bedürfnisse befriedigt (oder nicht befriedigt) werden, bestimmt nicht nur darüber, wie sexuelle Befriedigung erreicht wird, sondern auch darüber, wie die Beziehungen der Kinder zu anderen Menschen aussehen und welche Gefühle sie sich selbst gegenüber haben. Sie entwickeln charakteristische Einstellungen, Abwehrmechanismen und Phantasien. Unbewältigte Konflikte aus jedem Entwicklungsstadium können Menschen ihr ganzes Leben lang verfolgen.

Da der Übergang von einer Phase zur nächsten biologisch determiniert ist, vollzieht er sich auch dann, wenn die Entwicklungsprozesse der zu Ende gehenden Phase noch nicht abgeschlossen sind. Dieser Stadienbegriff unterscheidet sich grundlegend von Piagets Konzept, dem zufolge ein Stadium im wesentlichen abgeschlossen sein muß, bevor das nächste beginnen kann. Übereinstimmung besteht hingegen darin, daß die Abfolge der Entwicklungsstadien einer invarianten Ordnung folgt. Freud führt diese invariante Sequenz fast ausschließlich auf die körperliche Reifung zurück, während Piaget sie darüber hinaus auch als Folge äußerer und sozialer Erfahrungen und angeborener Formen der geistigen Aktivität betrachtet.

Freuds und Piagets Theorie unterscheiden sich weiterhin hinsichtlich der Beziehungen zwischen den einzelnen Stadien. Nach Freud ist jede Phase durch ein dominantes Merkmal (anale Bedürfnisse beispielsweise) charakterisiert, bildet aber kein eng verknüpftes, strukturiertes Ganzes, wie die Stadien in Piagets Theorie. Freuds Phasen liegen schichtenartig übereinander, wobei jede Phase nur lose in die nächste integriert ist. Die Neuorganisation bereits vorhandenen Wissens, die für jedes einzelne von Piagets Stadien kennzeichnend ist, zeigt sich bei Freuds Phasen viel weniger ausgeprägt. Außerdem bergen die einzelnen Phasen auch nicht, wie in Piagets Theorie, den Keim der jeweils nächsten in sich. Die orale Phase geht eben nicht so in die anale Phase über, wie die konkreten Operationen in formale Operationen transformiert werden (sich transformieren).

Auch wenn eine Phase auf die vorhergehende aufbaut und sie überlagert, tritt sie nach Freud nicht vollständig an deren Stelle. Keine Phase wird jemals vollkommen aufgegeben. Freud veranschaulicht dies am Beispiel einer Armee auf dem Vormarsch, die einen Teil ihrer Truppen zurückläßt, damit er für Nachschub sorgt oder gegebenenfalls eine Rückzugsmöglichkeit schafft. In gleicher Weise kann ein Kind einer unerträglichen Anspannung entfliehen, indem es auf ein genetisch früheres Verhalten regrediert und am Daumen lutscht oder das begehrte Objekt halluziniert.

In den späteren Phasen erkennen wir zahlreiche Spuren der früheren Phasen. So werden frühe Formen der Bedürfnisbefriedigung beibehalten, wenn ein Kind beispielsweise auch noch in den Grundschuljahren am Daumen lutscht. Oder diese früheren Formen der Befriedigung werden in die spätere sexuelle Bedürfnisbefriedigung integriert, wenn etwa das Küssen sich zu einem untergeordneten Teil der Erwachsenensexualität entwickelt. Anale Bedürfnisse sind vielleicht immer noch vorhanden, werden aber verdrängt, sublimiert und verschoben, bis sie nur noch wenig Ähnlichkeit mit ihrer früheren Form aufweisen (ein Beispiel wäre das Schenken bei Erwachsenen). In der letzten, der genitalen Phase, zeigt sich dann eine partielle Integration, sobald sich die einzelnen Triebkomponenten (anal, oral und phallisch) zur genitalen Sexualität des Erwachsenen verbinden.

Das Kontinuum Normal – Abnorm

Psychologen untersuchen oft das Auffällige oder Exotische, um das Gewöhnliche oder Häufige zu verstehen. Zum Auffälligen gehören beispielsweise geistesgestörte oder retardierte Personen, andere Kulturen oder ein sozial gestörtes Milieu. Auf dem Gebiet der Medizin, aus dem Freud ja kam, ist es noch weit üblicher, kranke oder funktionsgestörte Organismen zu untersuchen, um das Funktionieren des normalen Organismus zu verstehen. Durch Verletzungen des Gehirns entstehen – je nach Ort der Läsion – charakteristische Veränderungen, wie etwa eine halbseitige Lähmung des Körpers, der Verlust der Sprache oder der Verlust des Gleichgewichtssinnes. Anhand derartiger Befunde läßt sich die Rolle der einzelnen Hirnregionen im gesunden Zustand abklären.

Freuds erste Belege für das normale Funktionieren des Unbewußten stammen aus seinen frühen Untersuchungen zur Hysterie. Sehr viel mehr Belege sollten noch folgen. Manche Patienten litten beispielsweise unter der Wahnvorstellung, sie würden von einer unbekannten Person beobachtet, die ihnen mißtraut und erwartet, daß sie sich schuldhaft verhalten und bestraft werden müßten. Dieses abnorme Verhalten lieferte Hinweise auf die Funktion des Gewissens bei Gesunden. Anders war lediglich, daß in abnormen Fällen das innere Geschehen nach außen projiziert wurde. Freud erklärt den Wert der Erforschung solchen abnormem Verhaltens:

„Anderseits sind wir mit der Auffassung vertraut, daß die Pathologie uns durch ihre Vergrößerungen und Vergröberungen auf normale Verhältnisse aufmerksam machen kann, die uns sonst entgangen wären. Wo sie uns einen Bruch oder Riß zeigt, kann normalerweise eine Gliederung vorhanden sein. Wenn wir einen Kristall zu Boden werfen, zerbricht er, aber nicht willkürlich, er zerfällt dabei nach seinen Spaltrichtungen in Stücke, deren Abgrenzung, obwohl unsichtbar, doch durch die Struktur des Kristalls vorherbestimmt war. Solche rissige und gesprungene Strukturen sind auch die Geisteskranken ... Sie haben sich von der äußeren Realität abgewendet, aber eben darum wissen sie mehr von der inneren, psychischen Realität und können uns manches verraten, was uns sonst unzugänglich wäre."

[1933a (1989, SA I, S. 497 f)]

Bis hierher sind wir Freuds Argumentation gefolgt, daß die Untersuchung des Abnormen unser Verständnis des Normalen erhöht. Freud stellt nun allerdings eine weitere Behauptung auf. Er sieht zwischen Abnormem und Normalem keine scharfe Grenze, sondern abnorme und normale Persönlichkeiten verhalten sich nach denselben Prinzipien – wobei sie im Kontinuum zwischen sehr gestört bis sehr gesund nur unterschiedliche Positionen einnehmen. In der abnormen Persönlichkeit sind die normalen psychischen Prozesse übertrieben oder verzerrt. Ein melancholischer Patient hat ein allzu starkes Über-Ich. Ein sadistischer Mörder hat einen starken, unkontrollierten Aggressionstrieb. Ein amnestischer Patient muß alles aus einer unerträglichen Vergangenheit verdrängen. Umgekehrt zeigen sich auch in jeder normalen Persönlichkeit Spuren von Melancholie, Sadismus und unerklärlichem Vergessen, wie Freud es in seiner Arbeit mit dem treffenden Titel *Zur Psychopathologie des Alltagslebens* (1901) dargestellt hat. Wenn die Realität allzu unerträglich oder die Triebregungen des Es zu stark werden, versagen schließlich die heftigen Bemühungen des Ich, den Bezug zur Realität zu sichern und die Barrieren gegenüber dem Es oder dem Über-Ich aufrechtzuerhalten. Es entstehen neurotische Symptome oder sogar eine Psychose. Freud schreibt dazu: „Aber in der Psychose wird die Abwendung von der Realität auf zweierlei Weise hervorgerufen, entweder indem das Unbewußt-Verdrängte überstark wird, so daß es das an der Realität hängende Bewußte überwältigt, oder weil die Realität so unerträglich leidvoll geworden ist, daß sich das bedrohte Ich in verzweifelter Auflehnung dem unbewußten Triebhaften in die Arme wirft" [1933a (1989, SA I, S. 459)].

Methodologie

Es mag verwundern, daß Freud eine Entwicklungstheorie entwarf, ohne selbst Kinder untersucht zu haben. Sein Grundgedanke war, daß unsere Kindheit insofern immer erhalten bleibt, als unsere erwachsene Persönlichkeit ihr Residuum ist. Zudem hatte Freud praktisch nur erwachsene Patienten in Behandlung. Deshalb bemühte er sich um Methoden, mit denen er Erwachsene dazu bewegen konnte, Informationen aus ihrer Kindheit ans Licht zu bringen.

Freuds Methodologie stieß auf ebenso viel Interesse und war ebenso umstritten wie die Inhalte seiner Theorie. Die psychiatrische Fachwelt und die Öffentlichkeit waren zunächst entsetzt über freie Assoziation, Traumdeutung und Übertragung, Konzepte, von denen sich dann aber viele Therapeuten überzeugen lassen sollten.

Die Methode der *freien Assoziation* erfordert, daß der Patient seinen Gedankenfluß in Sprache faßt. Während der psychoanalytischen Sitzung entspannt sich der Patient in einem ruhigen Raum und liegt dabei in der Regel auf der berühmten Couch. Freud saß neben dem Patienten, aber so, daß dieser ihn nicht sehen konnte. Er wies den Patienten an, jeden Gedanken zu äußern, gleichgültig, wie banal er auch scheinen möge, und nichts auszulassen oder zu zensieren. Der entspannte und empfängliche Zustand des Patienten lockerte die Kontrolle des Ich über unbewußte Gedankeninhalte. So konnten verdrängte Gedanken in einer oft verschleierten Form ins Bewußtsein dringen. Wenn ein Patient schwieg, stellte Freud gelegentlich eine Frage oder legte ihm sogar „die Hand auf", das heißt, er legte ihm die Hand auf die Stirn und sagte ihm, es würden sich noch mehr Erinnerungen einstellen.

Der theoretische Grundgedanke der freien Assoziation beruht auf Freuds Überzeugung, daß jedem psychischen Phänomen Bedeutung zukommt. Jeder Gedanke und jedes Gefühl hat also eine Ursache und ist nicht zufällig. Führt ein Gedanke regelmäßig zu einem bestimmten anderen Gedanken, so gibt es einen Grund dafür. Spricht eine Patientin über ihren verstorbenen Vater und wechselt dann abrupt über zu einer Reise, die sie möglicherweise unternehmen will, würde Freud vielleicht daraus schließen, daß der Tod ihres Vaters sie beunruhigt. (Freud stellte fest, daß eine Reise oft ein Symbol des Todes ist). Der Patientin müssen diese angstvollen Gefühle nicht bewußt sein. Auf diese Weise abstrahierte Freud allgemeine Zusammenhänge, die den scheinbar unzusamenhängenden Gedanken und Verhaltensweisen eines Patienten zugrunde liegen könnten. Allgemeiner ausgedrückt, er versuchte, die Organisation der Psyche eines Patienten zu beschreiben.

Die zentralen Konzepte der Freudschen Theorie beruhen auf den in freier Assoziation bei psychoanalytischen Sitzungen gewonnenen Befunden. Freud stellte fest, daß seine Patienten sich häufig sexuellen Erinnerungen aus ihrer Kindheit zuwandten. Zunächst dachte er, seine Patienten hätten diese frühen sexuellen Erlebnisse tatsächlich gehabt, dann aber erschien es ihm unwahrscheinlich, daß so viele Wiener Eltern ihre Kinder sexuell mißbraucht haben sollten. Er folgerte also, daß es sich bei den sexuellen Erinnerungen seiner Patienten um Phantasien oder Wahrnehmungen handeln mußte, die von sexuellen Wünschen verzerrt wurden. Diese Frage wurde nie eindeutig geklärt, aber selbst wenn diese Erfahrungen nicht auf Tatsachen beruhen sollten, würde das ihre Bedeutung nicht mindern. Unsere frühen Wahrnehmungen und Erinnerungen, ob wahr oder falsch, beeinflussen den Verlauf unserer Persönlichkeitsentwicklung. Zudem ist die Art, in der Patienten ihre Erinnerungen verzerren, für den Therapeuten ein Hinweis auf ihre Persönlichkeit.

Es mag schwierig erscheinen, in der Therapie verdrängte Gedanken ins Bewußtsein zu holen und die frei assoziierten Äußerungen in einen sinnvollen Bezug zu setzen. Freud jedoch hielt diese Aufgabe gar nicht für besonders schwierig:

> „. . . ich hielt die Aufgabe für schwerer, als sie wirklich ist. Wer Augen hat zu sehen und Ohren zu hören, überzeugt sich, daß die Sterblichen kein Geheimnis verbergen können. Wessen Lippen schweigen, der schwätzt mit den Fingerspitzen; aus allen Poren dringt ihm der Verrat. Und darum ist die Aufgabe, das verborgenste Seelische bewußtzumachen, sehr wohl lösbar."
>
> [1905a (1989, SA IV, S. 147 f)]

Zum Thema der freien Assoziation sollten wir noch erwähnen, daß Freud sich selbst von 1897 bis zum Ende seines Lebens einer Selbstanalyse unterzog, für die er sich jeweils die letzte halbe Stunde des Tages vorbehielt. Diese Selbstanalyse verstärkte sein Vertrauen – wenn auch nicht das des wissenschaftlichen Establishments – in seine Persönlichkeitstheorie.

Eine zweite Methode ist die *Traumdeutung*. Wenn alle Gedanken ursächlich miteinander verbunden und bedeutungsvoll sind, können Psychologen den Traum nicht außer acht lassen. Tatsächlich vertrat Freud die Auffassung, daß im Schlaf mehr unbewußtes Material auftauchen kann als im Wachzustand. Während des Traumes „schlafen" die üblichen psychischen Kontrollmechanismen, so daß beunruhigende Gedanken zum Ausdruck kommen und Wünsche erfüllt werden können. Nur sind diese Gedanken oft verhüllt, bis sie in der Psychoanalyse aufgedeckt werden. Beispielsweise kann ein Haus mit glatten Mauern für einen Mann stehen, ein Haus mit Balkonen und Vorsprüngen dagegen für eine Frau, die Eltern erscheinen vielleicht als König und Königin, kleine Tiere und Ungeziefer können die Geschwister symbolisieren, Wasser bezieht sich auf die Geburt, und Schlangen und Truhen stehen für die Genitalien [Freud, 1916 (1989, SA I, S. 162–165)].

Die *Übertragung*, der dritte Aspekt bei der Psychotherapie, bezeichnet eine spezifische Beziehung zwischen Therapeut und Patient, die sich mit dem Fortgang der Behandlung entwickelt. Nach Freud sieht der Patient im Analytiker „eine Wiederkehr – Reinkarnation – einer wichtigen Person aus seiner Kindheit" [1940 (GW XVII, S. 100)]. Er überträgt die Gefühle, die er in bezug auf diese wichtige Person, meist einen Elternteil, hatte, auf die Gefühle und Reaktionen des Therapeuten. Die Übertragung hilft dem Therapeuten, aufzudecken, welcher Art die Beziehungen des Patienten zu seinen Eltern in seiner Kindheit waren. Bestimmte Muster der sozialen Interaktion werden das ganze Leben lang in verschiedenen Situationen, darunter auch in der Praxis des Analytikers, wiederholt. Der Patient agiert diese Interaktionen aus seiner Kindheit aus, anstatt einen möglicherweise ungenauen verbalen Bericht über sie zu geben.

Freuds Methodologie beruhte darauf, daß er seinen psychisch gestörten Patienten zuhörte. Freud führte keine kontrollierten Experimente durch und beobachtete auch nicht, wie Piaget es tat, Kinder in ihrer natürlichen Umgebung. Statt dessen untersuchte er intensiv einzelne Patienten, wobei er für einen Patienten oft Hunderte von Stunden aufwandte. Er setzte die Informationen aus den freien Assoziationen und Träumen seiner Patienten, aus dem Ausdruck ihrer Gefühle, ihren Abwehrmechanismen, Versprechern und so weiter wie bei einem Puzzle zusammen.

In seinen Fallstudien fügte Freud diese Informationen zu einem kohärenten Bild zusammen. Verschiedene langjährige Fallstudien wurden nach ihrer Veröffentlichung berühmt. Der „Rattenmann" (1909b) beispielsweise hatte die Zwangsvorstellung, daß sein Vater und seine Freundin durch hungrige, an ihr Gesäß gehängte Ratten bestraft würden. Der „Wolfsmann" (1918) reagierte darauf, daß er die „Urszene" (den Geschlechtsverkehr zwischen seinen Eltern) gesehen hatte, indem er von Wölfen träumte (siehe den Traumbericht am Anfang dieses Kapitels).

Die einzelnen Phasen

Wir haben schon weiter oben gesehen, daß Freuds theoretische Überlegungen zu den Stadien der Entwicklung sich auf die Überzeugung stützen, daß die Entwicklung über die frühen psycho-sexuellen Phasen hinweg den Grundstein für die Persönlichkeit legt. Man war bestürzt über diese Behauptung, stellte sie doch die allgemeine Auffassung in Frage, daß Kinder bis zur Pubertät sexuell unschuldig seien. Nach Freud entwickelt sich die orale Sexualität (von der Geburt bis zu einem Jahr) zur analen Sexualität (ein bis drei Jahre), die schließlich zur phallischen Sexualität (drei bis fünf Jahre) wird. Nach einer Latenzzeit, in der sexuelle Gefühle unterdrückt werden (fünf Jahre bis zum Beginn der Pubertät), entsteht die erwachsene, „wahre", genitale Sexualität. Jede

Phase, mit Ausnahme der Latenzzeit, zentriert sich um eine spezifische *erogene Zone*, einen Bereich des Körpers, der, wenn er stimuliert wird, eine sexuelle Erregung erzeugt, die nach Entladung drängt. Der folgende Abschnitt stellt diese psychosexuellen Stadien dar. Wie in Piagets Theorie sind auch hier die Altersangaben nur als annähernde Werte zu verstehen.

Die orale Phase (etwa von der Geburt bis zu einem Jahr)

Im Säuglingsalter spielt der Mund eine beherrschende Rolle. Orale Erfahrungen führen das Baby in Lust und Unlust der Welt ein. Lust gewinnt es aus der Befriedigung seiner oralen Triebe. Saugen, Kauen, Essen und Beißen befriedigen es sexuell, indem sie eine unangenehme sexuelle Spannung herabsetzen. Die oralen Aktivitäten verschaffen einem Säugling angenehme sinnliche Gefühle an Lippen, Zunge und Mundschleimhaut. Diese lustbetonten Gefühle müssen nicht mit einer Befriedigung des Hungers verbunden sein, da sie in sich selbst befriedigend sind. In der Freudschen Terminologie ist das Ergebnis dieser Aktivitäten, daß die orale erogene Zone mit Libido-Energie besetzt wird. Alle prägenden sozialen und nicht-sozialen Erfahrungen der oralen Phase zentrieren sich um orale Bedürfnisse.

Säuglinge erfahren aber nicht nur orale Lust, sondern über frustrierende und beängstigende Erfahrungen auch Unlust. Sexuelle Erregung erleben sie als lustvoll, wenn sie befriedigt wird, und als unerträglich, wenn sie nicht befriedigt wird und weiter zunimmt. Ein bevorzugtes Objekt, etwa die Brust der Mutter, ist vielleicht in dem Augenblick, in dem ein Säugling danach verlangt, nicht erreichbar. Er muß warten und empfindet das als frustrierend und angsterregend. Er stellt sich dann vielleicht die begehrte Brustwarze vor und verfällt in halluzinatorische Wunscherfüllung. Oder er lutscht an seinen Fingern, einer Decke oder einem weichen Spielzeug, was ihm aber auch keine vollständige Befriedigung verschafft. Weitere Frustrationen kommen hinzu, wenn die Eltern die nächtliche Mahlzeit streichen, wenn sie verlangen, daß das Kind auf bestimmten Gegenständen nicht herumkaut, weil sie unhygienisch oder gefährlich sind, und besonders, wenn das Kind die Brust oder die Flasche aufgeben und aus der Tasse trinken soll. Die kulturellen Normen einer Gesellschaft werden über die Eltern vermittelt. Eltern lehren ihre Kinder, wie sie ihre Triebwünsche auf eine Weise befriedigen können, die sozial akzeptiert ist. So entsteht unvermeidlich ein Konflikt. In kleinen Dingen entdecken die Kinder, daß das Leben ebenso mit Lust wie mit Unlust verbunden ist, daß es seine „Höhen" und „Tiefen" hat. Sie entwickeln Mechanismen, um mit diesen Frustrationen umzugehen, und schaffen damit die Grundlagen ihrer späteren Persönlichkeit.

Wenn Säuglinge Befriedigung suchen und heftig darum kämpfen, Hindernisse zu überwinden, die dieser Befriedigung im Wege stehen, wird ein wichtiges psychologisches Prinzip wirksam: Es gibt Probleme, wenn sie zu wenig oder auch zu viel orale Befriedigung erfahren. Die Auswirkungen einer zu geringen Befriedigung sind offensichtlich: erhöhte Neigung zu Ängstlichkeit und Pessimismus und auch in späteren Jahren ein verstärktes Bedürfnis nach oraler Befriedigung. Die Folgen einer übermäßigen Befriedigung sind weniger offensichtlich. In diesem Fall können Kinder Schwierigkeiten bekommen, die für ein neues Entwicklungsstadium charakteristischen neuen Objekte mit Libido-Energie zu besetzen, so daß unter Umständen eine Fixierung entsteht. Außerdem werden relativ geringe Ängste in einem späteren Stadium zu einer Regression auf hochbesetzte Objekte der oralen Phase führen. Der Beginn der Sauberkeitserziehung in der analen Phase kann ein Kind dann etwa dazu bringen, daß es prompt wieder zum Daumenlutschen zurückkehrt. Ziel der Erziehung ist es also, den Kindern ein optimales Maß an oraler Befriedigung zu verschaffen, so daß sie keine unerfüllten Bedürfnisse mit in spätere Phasen hinübernehmen müssen und sich auch nicht dagegen sperren, in eine neue Phase hineinzuwachsen.

Im Mittelpunkt unserer Darstellung der oralen Phase stand die Suche nach Objekten, die sexuelle Bedürfnisse eines Säuglings befriedigen. Während der oralen Phase können wir aber auch schon einen Blick auf die dunklere Seite der menschlichen Natur werfen. Wenn Säuglinge ihre ersten Zähne bekommen, wechseln sie von der passiv-rezeptiven oralen Phase in die oral-sadistische Phase. Beißen und Ausspucken sind destruktive, ablehnende Verhaltensweisen, wenn Säuglinge etwas als unangenehm empfinden. Wie wir später sehen werden, haben diese Verhaltensweisen ihren Gegenpart im aggressiven Verhalten des Erwachsenen. Während der Kindheit und im gesamten späteren Leben hegen Menschen anderen Personen oder Objekten gegenüber oft ambivalente Gefühle. Positive und negative Gefühle wechseln sich dann unmittelbar ab. Ähnlich wie ein Säugling sowohl an der Brustwarze saugt als auch hineinbeißt, so liebt der Mann seine Frau und haßt sie zugleich.

Freud postuliert, daß die Entwicklung in der oralen Phase die Grundlagen für die Persönlichkeit des Erwachsenen legt. Dieses Postulat soll eingehender erklärt werden. Die orale Phase ist durch mindestens fünf „Funktionsmodi" gekennzeichnet: (1) Sich einverleiben, (2) Festhalten, (3) Beißen, (4) Ausspucken und (5) Verschließen (Hall, 1954, S. 104). Jeder dieser Modi bildet einen Prototyp (ein Modell, einen Plan oder eine Blaupause) für spätere Persönlichkeitsmerkmale. Säuglinge erlernen bestimmte orale Reaktionen auf Situationen, mit denen sie sich auseinandersetzen müssen. Diese charakteristischen Reaktionen führen beim Erwachsenen zu bestimmten Einstellungen, Verhaltensweisen und Lebenszielen:

1. Ein Säugling, der sich lustvoll sein Essen einverleibt hat, wird zu einem Erwachsenen, der sich gierig Wissen oder Macht „einverleibt" oder erwirbt, und der sich mit bedeutenden Persönlichkeiten identifiziert und sie integriert.
2. Das Festhalten an der Brustwarze, wenn sie weggenommen wird, kann zu Entschiedenheit und Hartnäckigkeit führen.
3. Beißen ist der Prototyp der Destruktivität, des „beißenden" Sarkasmus, Zynismus und Herrschaftsstrebens.
4. Ausspucken wird zu Ablehnung.
5. Das feste Verschließen des Mundes führt zu Ablehnung, Negativität oder Introversion.

Man beachte, daß diese Verhaltensweisen des Erwachsenen vom buchstäblich Oralen, wie beim Rauchen, Nägelkauen und Essen, bis hin zum metaphorisch Oralen reichen, wenn etwa jemand leichtgläubig (alles schluckt) oder hartnäckig ist (nicht losläßt).

Alle diese Merkmale finden sich bei jedem Menschen bis zu einem gewissen Grad. Manche Personen haben allerdings eine Persönlichkeitsstruktur, die von einem oder mehreren dieser Prototypen der oralen Modi dominiert wird. Spezifische Merkmale dominieren insbesondere dann, wenn im Säuglingsalter besonders lustbetonte oder mit besonders viel Unlust verbundene Erfahrungen gemacht wurden. Ein Kind mit einer besonders abweisenden Mutter beispielsweise kann zu einem Erwachsenen werden, der danach strebt, sich Liebe symbolisch „einzuverleiben", indem er Macht oder Reichtum erwirbt.

Der wichtigste Vorgang der oralen Phase ist wahrscheinlich die Entstehung der Mutterbindung. Freud schreibt, es handle sich dabei um die „fürs ganze Leben unabänderlich festgelegte Bedeutung der Mutter als erstes und stärkstes Liebesobjekt, als Vorbild aller Liebesbeziehungen . . ." [1940 (GW XVII, S. 115)].[4] Da in der Regel die Mutter das Bedürfnis nach Nahrung, Saugen und Wärme befriedigt, wird sie zum primären Liebesobjekt im Leben des Kindes. Das Kind investiert einen Großteil seiner Libido-Energie in sie. Das Konzept der emotionalen Bindung an die Mutter gehört zu Freuds bedeutendsten Vermächtnissen an die Entwicklungspsychologie. Es regte Spitz (1945) zu seinen Arbeiten über gestörte Mutter-Kind-Beziehungen an. Nachdem er beobachtet hatte, daß viele in Findelhäusern zurückgelassenen Kinder depressiv wurden oder sogar starben, kam Spitz zu dem Schluß, daß der Mangel an mütterlicher Betreuung ein Grund für ihre psychischen und physischen Probleme war. Später bildete Bowlbys (1958) fruchtbares Werk zur Frage der Bindung die Grundlage für zahlreiche weitere Forschungsarbeiten in den letzten Jahren. (Die Ergebnisse dieser Forschung werden im einzelnen in Kapitel 5 dargestellt.)

Auch wenn es widersinnig erscheinen mag, führt die Bindung an die Mutter offenbar dazu, daß das Kind ein gesundes Gefühl für seine Eigenständigkeit entwickelt. Winnicott (1985) unterstreicht, daß eine graduelle Differenzierung erforderlich ist, damit später ein sicheres Selbstgefühl und normale interpersonale Beziehungen entwickelt werden können. Vor dieser Differenzierung kann die Mutter-Kind-Matrix dem Säugling kaum ein Gefühl für die Trennung des Selbst von der Welt vermitteln.

Wenn Winnicott von einer „genügend guten Mutter" (nicht unbedingt der leiblichen) spricht, setzt dies voraus, daß zwischen den Bedürfnissen und dem spontanen Verhalten des Kindes und den Aktivitäten der Person, die es betreut, eine Simultaneität oder Übereinstimmung besteht. Das Kind fühlt sich demzufolge omnipotent, weil ihm wie von Zauberhand jeder Wunsch erfüllt wird. Schritt für Schritt entwickelt sich sein Ich, wenn es seine Bedürfnisbefriedigung gelegentlich aufschieben muß, mit verschiedenen „Nicht-Ich"-Objekten interagiert und seine eigenen Mittel der Interaktion mit der Welt entdeckt. Die Vertrauensbeziehung zwischen Mutter und Kind bietet eine sichere Grundlage für diesen bedrohlichen Prozeß der Individuation. Mütter entwerfen auch „Spieldialoge", in denen die Interaktion zwischen ihnen und ihren Kindern wechselseitig geregelt wird. Die Mutter orientiert sich, was Tempo, Rhythmus und Intensität ihrer mimischen Reaktionen und ihres Sprechens angeht, am Blick des Kindes und an seinem Erregungszustand (Stern, 1974). Die ideale Mutter versucht also, sowohl ein Stimulusüberangebot als auch Langeweile zu verhindern. Daraus ergibt sich im wesentlichen, daß das Kind sich im Kontext einer sozialen Beziehung auf das Feedback seiner Wirkung auf die Mutter stützt, um daraus sein Selbstkonzept zu konstruieren. Mit anderen Worten, Säuglinge definieren und äußern ihr wahres Selbst im Zusammensein mit der Mutter und in der Wahrnehmung der Auswirkungen ihres spontanen Handelns auf sie.

Der Prozeß der Individuation setzt sich während der Entwicklung fort, wenn Kinder ihre „Kuscheldecke" oder andere kuschelige und tröstliche Objekte benutzen, um sich die Ablösung von der Mutter zu erleichtern (Winnicott, 1953). Mahler, Pine und Bergman (1987) beschreiben darüber hinaus eine Reihe von Schritten zur Differenzierung zwischen dem Selbst und der Mutter. Kleinkinder erleben ihre wachsende Selbständigkeit als ambivalent, und in schweren Fällen mündet ein mangelhafter Indivi-

---

[4] Die obsessive Beschäftigung mit den Müttern, die ja nicht nur für Freud und Erikson, sondern für die meisten Psychologen in der Zeit vor 1970 charakteristisch war, läßt inzwischen etwas nach, da sich die Aufmerksamkeit nun auch den Vätern zuwendet (siehe beispielsweise Lamb, M. (Hrsg.) *The Father's Role: Cross Cultural Perspectives*. Hillsdale, N. J. (Erlbaum) 1987.).

duationsprozeß in eine kindliche Psychose. Die genannten Psychoanalytiker – und nicht nur sie – betrachten den Objektverlust, und insbesondere den wirklichen oder subjektiv so erlebten Verlust der Mutter, als eines der einschneidendsten Phänomene in der frühen Kindheit.

Die Mutterbindung ist eine elementare Voraussetzung der Entwicklung, weil sie den Grundstein für spätere soziale Beziehungen legt. Darüber hinaus erleichtert sie es der Mutter, ihr Kind zu sozialisieren, indem sie erwünschtes Verhalten mit ihrer Aufmerksamkeit belohnt. In Freuds relativ pessimistischer Theorie ist allerdings jeder Silberstreif am Horizont von Wolken verdunkelt – die Mutterbindung hat auch ihre Gefahren. Ist sie allzu stark ausgebildet, kann das Kind in eine übermäßige Abhängigkeit von seiner Mutter geraten oder sich übermäßig davor fürchten, daß es von der Mutter abgelehnt wird. Dann wird es später in seinem Leben davon abhängig sein, daß andere an seiner Stelle handeln und sogar denken und eine insgesamt passive Persönlichkeit entwickeln.

Die anale Phase (etwa ein bis drei Jahre)

Gegen Ende der oralen Phase haben Kleinkinder ihre Persönlichkeit in groben Umrissen entwickelt. Diese Persönlichkeit besteht aus Einstellungen sich selbst und anderen gegenüber, aus Mechanismen, die ihm eine Bedürfnisbefriedigung innerhalb der Anforderungen der Realität erlauben, und aus Interessen an bestimmten Aktivitäten und Objekten. Mit der Entwicklung hin zur analen Phase verlagern sich die Bedürfnisse von der oralen auf die anale Zone. Die neuen Bedürfnisse dieser Phase lösen neue Konflikte zwischen den Kindern und der Welt aus, und die Art, in der die Kinder diese neuen Konflikte lösen, differenziert und determiniert ihre rudimentären Persönlichkeitsstrukturen. Natürlich kommen dann immer noch orale Bedürfnisse zum Ausdruck, aber die Kinder sind einfach mit neuen Bedürfnissen und Anforderungen konfrontiert, die ihre unmittelbare Aufmerksamkeit in Anspruch nehmen.

Das physiologische Bedürfnis der Defäkation erzeugt Spannung, die sich durch die Defäkation entlädt. Die anale Stimulation und die nachfolgende Spannungsverminderung erzeugen Lust. Wie in der oralen Phase schafft auch diese erogene Zone Frustration, Angst und Lust zugleich. Die durch die Eltern repräsentierten gesellschaftlichen Normen verlangen, daß die unwillkürliche Entleerung abgelöst wird von der verzögerten und willkürlichen Defäkation. Die Kinder müssen sich also mit der Sauberkeitserziehung auseinandersetzen, und ihr Bedürfnis nach unmittelbarer Bedürfnisbefriedigung wird frustriert. In einer kleinen, aber entscheidenden Angelegenheit geraten die Kinder mit der autoritären Erwachsenenwelt in Konflikt. Kinder auf der ganzen Welt sehen sich diesem Konflikt gegenüber und lösen ihn auf irgendeine Weise. Wie stark sie diesen Konflikt empfinden und wie sie sich jeweils an die gestellten Anforderungen anpassen, scheint von mehreren Variablen abzuhängen. Zu diesen Variablen zählen das Alter, in dem mit der Sauberkeitserziehung begonnen wird, die Rigorosität der Sauberkeitserziehung und die Einstellung der Mutter zu Defäkation, Darmkontrolle und Sauberkeit.

Ist die Sauberkeitserziehung besonders streng oder verfrüht, oder wird ihr von den Eltern allzuviel Bedeutung beigemessen, kann die Defäkation für Kinder zu einer Quelle großer Angst werden. Diese Angst überträgt sich unter Umständen auf andere Situationen, in denen eine äußere Autorität Anforderungen stellt oder eigene Triebregungen kontrolliert werden müssen. Einige Kinder reagieren auf eine strenge Sauberkeitserziehung, indem sie ihre Ausscheidungen zurückhalten und dann unter Verstopfung leiden, andere, indem sie den Darm an ungeeigneten Orten und zu ungeeigneten Zeiten, beispielsweise im Supermarkt, entleeren.

Aktivitäten und Vorgänge im Zusammenhang mit der analen Zone werden sowohl in der analen Phase als auch in den nachfolgenden Phasen zu Prototypen für eine Vielzahl von Verhaltensweisen. Die schlagartige, unkontrollierbare Entleerung ist der Prototyp für Wutausbrüche oder hartes und anstrengendes körperliches Training. Als Reaktion auf eine übertrieben strenge Sauberkeitserziehung kann das Kind unordentlich, schlampig und verantwortungslos werden. Oder aber – das wäre das andere Extrem –, es kann sich zu einem zwanghaft ordentlichen, asketischen und übermäßig kontrollierten Erwachsenen entwickeln. Freud prägte den Begriff des *Analcharakters*, um eine Persönlichkeit zu bezeichnen, die ordentlich, pedantisch und eigensinnig ist. Eine solche Persönlichkeit nimmt die Welt deshalb verzerrt wahr, weil sie vergeblich versucht, alles eindeutig, ordentlich und unzweideutig zu machen. Andererseits kann das Lob der Mutter für den Erfolg auf der Toilette eine Verbindung zwischen dem Schenken (der Faeces) und dem Empfangen von Liebe schaffen. Dann kann sich ein Kind zu einem freizügigen „Geber" entwickeln. Legt die Mutter sehr viel Wert auf das, was das Kind auf der Toilette produziert, kann das Kind kreativ und produktiv, oder aber auch depressiv werden, weil es einen Verlust empfindet. Zögert das Kind, seinen wertvollen Besitz auf der Toilette preiszugeben, kann es habgierig und geizig werden und Lust daraus ziehen, daß es zum Sammler wird. Diese Aufzählung von Persönlichkeitsmerkmalen spiegelt die Ambivalenz des Kindes zwischen Geben und Zurückhalten wider.

Die Liste der möglichen negativen Erziehungsfolgen in der analen Phase ist für angehende Eltern sicher nicht sehr tröstlich! Wie in der oralen Phase geht es auch hier darum, genügend, aber nicht allzuviel Befriedigung zuzulassen, und genügend, aber nicht allzuviel Selbstkontrolle zu entwickeln. Wird dieses Ziel einigermaßen erreicht, dann wird das Kind ein reiferes Ich entwickeln, weil es durch seine Konfrontation mit der Realität geschärft wurde. Ein Kind, das die anale Phase relativ unbeschadet überstanden hat, ist bereit für die phallische Phase.

Die phallische Phase (etwa von drei bis fünf Jahren)

Je nachdem, wie ein Kind die Schwierigkeiten der oralen und der analen Phase gelöst hat, ist das Muster für die Lösung späterer Probleme der Anpassung vorgezeichnet. Die Entwicklung führt nun in die phallische Phase, die ihren Namen daher hat, daß nach Freud der Besitz eines Phallus bei Jungen und das Fehlen eines solchen bei Mädchen für Kinder besonders wichtig ist. In dieser Phase sind Lust und Unlust auf die genitale Zone zentriert. Die Stimulation der genitalen Zone erzeugt Spannung, die, wenn sie sich entlädt, Lust verschafft. Die Schwierigkeiten dieser Phase entstehen, wenn der Sexualtrieb sich auf den gegengeschlechtlichen Elternteil richtet und die Situation des *Ödipuskomplexes* entsteht. (In der griechischen Mythologie tötete Ödipus seinen Vater und heiratete seine Mutter.) Da der Ödipuskomplex bei Jungen und Mädchen eine unterschiedliche Ausprägung hat, soll er für beide Geschlechter getrennt behandelt werden. Freud stellt die Entwicklung der Jungen während der phallischen Phase in den Mittelpunkt, weil er der Ansicht war, daß der Konflikt für sie heftiger ist. Ein kleiner Junge begehrt seine Mutter sexuell und will sie nicht mit dem Vater teilen. Zugleich fürchtet er, daß der Vater Vergeltung übt und ihn kastrieren könnte. Als Ausweg aus dieser extrem angstbesetzten Situation verdrängt der Junge sowohl sein Verlangen nach seiner Mutter als auch seine feindseligen Gefühle dem Vater gegenüber.

Das wichtigste Ergebnis des Ödipuskomplexes ist es, daß der Junge sich schließlich mit seinem Vater identifiziert. Er entwickelt eine enge emotionale Beziehung zum Vater, strebt danach, so zu werden wie er, und „internalisiert" ihn – seine Überzeugungen, Werte, Interessen und Einstellungen. Die Identifizierung stellt weitgehend die Grundlagen für die Sozialisation zur Verfügung. Vor allem die Entwicklung des Über-Ich und des als geschlechtsspezifisch akzeptierten Verhaltens sind Nebenprodukte dieser Identifizierung. Das Über-Ich verstärkt die Selbstkontrolle des Kindes und seine Anpassung an die Moral der Eltern.

Die Identifikation ist angesichts der Anforderungen des Ich und des Es in diesem Stadium eine sinnvolle Form der Konfliktlösung. Das Ich wird partiell befriedigt, weil Angst reduziert wird, und das Es wird partiell befriedigt, weil der Junge die Mutter stellvertretend durch den Vater „besitzen" kann. Auch hier wieder bemüht sich das Kind, seine Triebimpulse und die Verbote der Gesellschaft miteinander zu vereinbaren und gelangt zu einer Kompromißlösung, die seine psychische Reife fördert.

Im Vergleich zu Jungen stehen Mädchen während der phallischen Phase einem ähnlichen, aber weit weniger krassen Konflikt gegenüber. Das Objekt der sexuellen Wünsche des Mädchens ist natürlich der Vater. Nach Freud gehört der Penisneid zu diesen Wünschen: Das Mädchen stellt fest, daß der Vater ein wertvolles Objekt besitzt, das es selbst nicht hat. Wie Freud es formuliert: „Sie ist im Nu fertig mit ihrem Urteil und ihrem Entschluß. Sie hat es gesehen, weiß, daß sie es nicht hat, und will es haben" [1925b (1972, SA V, S. 261)]. Das Mädchen beginnt, den Vater der Mutter vorzuziehen. Sie hat das Gefühl, kastriert worden zu sein und gibt ihrer Mutter die Schuld an diesem Verlust, weil diese sie „mit so ungenügender Ausrüstung in die Welt geschickt hat" [1925b (1972, SA V, S. 262, 263)]. Dieser Zorn der Mutter gegenüber schwächt die Mutterbindung des Mädchens.

Wie bei den Jungen läßt auch hier die Gesellschaft nicht zu, daß das Mädchen seine sexuellen Wünsche im Hinblick auf den Vater voll zum Ausdruck bringt. Das Mädchen fühlt sich allerdings von der Mutter weniger bedroht als der Junge vom Vater. Es hat weniger zu befürchten, weil keine Kastration möglich ist. Freud behauptet, daß das Mädchen, weil es weniger Angst empfindet und folglich auch weniger verdrängt, eine schwächere Identifizierung mit der Mutter entwickelt als der Junge mit dem Vater und daß es demzufolge ein schwächer ausgebildetes Gewissen besitzt – ein Schluß, der sich durch die Forschung nicht belegen läßt. Bei Mädchen bleibt der Ödipuskomplex bis zu einem gewissen Grade über viele Jahre hinweg bestehen, kann sich aber langsam abschwächen oder verdrängt werden. Hier sei auf den grundlegenden Unterschied zwischen Jungen und Mädchen im Hinblick auf die Kastrationsangst hingewiesen. Bei Jungen führt sie zur Aufgabe des Ödipuskomplexes. Bei Mädchen entsteht der Ödipuskomplex unter anderem deshalb, weil – aufgrund des Penisneides – bereits die Überzeugung besteht, die Kastration sei schon erfolgt.

Tatsächlich ist diese Darstellung des Ödipuskomplexes allzu vereinfacht. In Wirklichkeit bildet sich immer eine Identifizierung mit beiden Elternteilen heraus. Die relative Stärke der beiden Identifizierungen variiert von Kind zu Kind und hängt von verschiedenen Variablen ab, beispielsweise vom Verhältnis maskuliner und femininer Komponenten in der physiologischen Veranlagung des Kindes (da ja, nach Freud, alle Menschen bis zu einem gewissen Grade bisexuell sind) und der Intensität der Kastrationsangst oder des Penisneides. Darüber hinaus bewahren sich beide Geschlechter eine starke Besetzung der Mutter (Mutterkathexis), die in den beiden ersten psychosexuellen Phasen ja das wichtigste Objekt ihrer Libido darstellt.

In psychoanalytischen Sitzungen mit seinen Patienten stellte Freud mächtige und überdauernde Einflüsse aus der phallischen Phase fest. Frauen hatten beispielsweise oft beunruhigende sexuelle Phantasien im Zusammenhang mit ihrem Vater, die niemals aufgelöst worden waren. Ein weiteres häufig auftauchendes Problem war die Unfähigkeit, die Bindung an die Eltern zu überwinden und sich zu verselbständigen. Ganz allgemein gesagt, konnten Einstellungen dem anderen Geschlecht und Autoritätspersonen gegenüber bis in diese Phase der Kindheit zurückverfolgt werden.

Mit der Vollendung der Identifizierung und dem Abschluß der phallischen Phase gehen die bestimmenden ersten Jahre ihrem Ende zu. Von nun an werden Konflikte auf eine charakteristische Weise gelöst. Die Persönlichkeit verändert sich zwar noch, aber im wesentlichen nur noch durch eine Ausdifferenzierung der Grundstruktur. Beeindruckend bleibt, daß der Erwachsene diese wichtigen ersten Jahre aufgrund einer massiven Verdrängung nur vage erinnert.

Latenzperiode (etwa von fünf Jahren bis zur Pubertät)

Dem *Sturm und Drang* der ersten drei Phasen folgt eine relativ ruhige Periode, in der die Sexualtriebe verdrängt werden und es keine neue Zone der körperlichen Erregung gibt. Die Kinder „vergessen" praktisch die sexuellen Impulse und Phantasien der ersten Jahre. Sie wenden ihre Gedanken der Schule zu und spielen vor allem mit ihren Geschlechtsgenossen. Dies ist eine Zeit, in der kognitive Fertigkeiten erworben und kulturelle Werte assimiliert werden, da die Kinder ihre Welt auf Lehrer, Nachbarn, Bekannte, Clubleiter und Trainer ausdehnen. Zwar fließt auch weiterhin sexuelle Energie, aber sie wird in soziale Beziehungen und in den Aufbau einer Abwehr gegen die Sexualität kanalisiert. Ich und Über-Ich entwickeln sich auf diesem Wege weiter. Die Kürze, in der diese Periode und die darauf folgende Phase dargestellt werden, spiegelt Freuds Betonung der ersten drei Phasen wider.

Die genitale Phase (Adoleszenz)

Im Gefolge der körperlichen Veränderungen während der Pubertät tauchen die in der Latenzperiode verdrängten sexuellen Impulse in voller Stärke wieder auf. Diese Impulse sind vermischt mit den früher schon vorhandenen, richten sich nun aber auf eine gegengeschlechtliche Person aus dem Bekanntenkreis. Das Ziel ist nun die reife, erwachsene Sexualität mit dem biologischen Ziel der Reproduktion. Liebe wird altruistischer, die Ich-Libido nimmt im Vergleich zu den vorangehenden Phasen ab. Natürlich erfolgt die Partnerwahl nicht unabhängig von der Entwicklung in den früheren Jahren. Eine Frau kann sich für eine „Vaterfigur" entscheiden, für einen passiven Mann, den sie dominieren kann, für einen sadistischen Mann, und so fort, je nachdem, welche Einstellungen und sozialen Muster sie in ihrer Kindheit herausgebildet hat.

Auch wenn es zwangsläufig während des gesamten Lebens innere Konflikte geben wird, erreichen die meisten Menschen bis zum Ende der genitalen Phase einen relativ stabilen Zustand. Sie entwickeln eine ziemlich starke Ich-Struktur, die es ihnen erlaubt, die Realität der Erwachsenenwelt zu bewältigen. Eine wichtige Errungenschaft dieser Phase ist ein ausgewogenes Verhältnis zwischen Liebe und Arbeit.

„Der kleine Hans" – eine Fallstudie

In unserer kurzen Darstellung der psychosexuellen Phasen lassen sich die lebhaften und starken Konflikte im Leben des individuellen Kindes nicht einfangen. Wir wenden uns also einer von Freuds berühmtesten Fallstudien zu, der „Analyse der Phobie eines fünfjährigen Knaben" (1909a) oder, wie sie häufiger genannt wird, der Falldarstellung „Der kleine Hans". Diese Fallstudie ist insofern einzigartig, als es Freuds einzige Analyse eines Kindes ist und die Analyse in Form eines Briefwechsels mit dem Vater des Kindes, einem Arzt, durchgeführt wurde, der den Jungen selbst beobachtete. Dennoch war die Studie entscheidend für die begriffliche Abgrenzung der Identifikation, einem entwicklungspsychologischen Konzept, dem bei Freud eine Schlüsselposition zukommt.

Als Hans fünf Jahre alt war, traten Angstanfälle, eine Phobie und eine Phantasie auf. Seine Phobie, daß ein Pferd ihn beißen oder umfallen könnte, war so stark, daß er nicht mehr aus dem Haus gehen wollte. Am meisten fürchtete er sich vor Pferden, die schwere Stellwagen oder Möbelwagen zogen, oder die weiß mit „etwas Schwarzem am Munde" waren und Scheuklappen trugen. Über seine Phantasie sagt Hans: „In der Nacht war eine große und eine zerwutzelte Giraffe im Zimmer, und die große hat geschrien, weil ich ihr die zerwutzelte weggenommen hab'. Dann hat sie aufgehört zu schreien, und dann hab' ich mich auf die zerwutzelte Giraffe draufgesetzt" [1909a (1969, Bd. VIII, S. 37)].

Nach der Überprüfung dieses Belegs identifizierte Freud drei Themen: den Ödipuskonflikt, die Geschwisterrivalität und die Furcht vor Strafe für die Masturbation. So stellte in der Phobie das Pferd Hansens Vater dar, der einen Schnurrbart (das Riemenzeug) und eine Brille (Scheuklappen) trägt und der, wie Hans bemerkt; „so weiß" ist (wie das weiße Pferd). Hans befürchtete, daß das Pferd ihn wegen seiner Sehnsucht nach Intimität mit der Mutter und wegen seines abendlichen Masturbierens beißen (kastrieren) würde. Was die Masturbation angeht, wurde seine Angst vor Strafe vielleicht durch die Drohung seiner Mutter ausgelöst, sie würde ihn, wenn er weiter masturbierte, zum Doktor schicken und seinen „Wiwimacher" abschneiden lassen. Die Furcht, daß ein Pferd umfallen könnte, wurde gedeutet als Angst, daß sein Vater sterben oder weggehen könnte, so wie Hans es manchmal wünschte, wenn er seine Mutter für sich allein haben wollte. Hans hatte bezeichnenderweise gesagt: „Vatti, renn mir nicht davon!" [1909a (1969, Bd. VIII, S. 43)]. Die Giraffenphantasie ließe sich als Wunsch deuten, von der Mutter Besitz zu ergreifen, da Hans sich vorstellt, er sitze auf der kleineren Giraffe (der Mutter), die er der größeren (dem Vater) weggenommen habe. Man beachte das phallische Symbol des langen Halses der Giraffe.

Hansens Gefühl, die Aufmerksamkeit und Liebe seiner Mutter nach der Geburt seiner Schwester verloren zu haben, kommen in der Furcht zum Ausdruck, daß ein schwer beladener Wagen umkippen und sein Inhalt herabstürzen könnte (daß seine Mutter erneut ein Kind gebären könnte). In seiner Phantasie zerstört Hans seine jüngere Schwester, als er sich auf sie (die kleine Giraffe) setzt.

Hans identifizierte sich schließlich mit seinem Vater, löste dadurch seine Konflikte und genas von seiner Angst vor Pferden. Er entwickelte auch in der Folge eine gesunde Persönlichkeit.

Mechanismen der Entwicklung

Im Abschnitt über die psychosexuellen Phasen ist das „Was", nicht aber das „Wie" oder das „Warum" der Entwicklung dargestellt worden. Unsere nächste Aufgabe wird es also sein, die Mechanismen der Entwicklung über diese Phasen hinweg zu untersuchen. In diesem Zusammenhang fällt eine Ähnlichkeit zwischen den Theorien Freuds und Piagets auf. Beide haben eine Entwicklungstheorie begründet, die auf „Konflikt" aufbaut. Die Entwicklung nimmt ihren Fortgang aufgrund von Störungen im System. Entwicklung ist ein schweres Stück Arbeit. Das Kind muß beständig versuchen, einen Zustand der relativen Ruhe wiederherzustellen. Die Störungen im Laufe der Entwicklung und ihre Auflösung werden allerdings von diesen beiden Theoretikern in ganz unterschiedlichen Konzepten beschrieben. Piaget geht von einem dynamischen System der Äquilibration aus, das drei unterschiedliche Aspekte integriert und harmonisiert: die körperliche Reifung, die soziale Erfahrung und die Erfahrungen mit der materiellen Umwelt. Diese Vorgaben stellen neue Informationen zur Verfügung, die den vorhandenen Schemata widersprechen oder sich zumindest nicht in sie einfügen lassen. Ein Gleichgewicht ist dann wiederhergestellt, wenn die Handlungen (Operationen oder Schemata) wieder integriert sind. Freud betrachtet die Äquilibration zwar auch als einen Prozeß zur Verringerung störender Elemente, sieht aber als Vorgabe nicht objektive Informationen über die Außenwelt, sondern gefühlsbesetzte Gedanken. Er interessiert sich weniger für logische Inkonsistenzen und das Gleichgewicht geistiger Handlungen, als vielmehr für psychische Unlust und die Entladung von Energie.

Ein weiterer Unterschied der beiden Theorien liegt darin, daß Freuds Äquilibrationssystem weniger offen (weniger für Informationen von außen empfänglich) ist als Piagets System. Piaget spricht davon, daß mit jeder neuen Erfahrung eine beständige Assimilation und Akkommodation stattfindet. In Freuds System wird einer Veränderung mehr Widerstand entgegengesetzt. Sein System ist auch insofern geschlossen, als ein bestimmtes Quantum an Energie vorhanden ist, das immer gleich bleibt, auch wenn sich die Form verändern läßt.

Nachdem wir nun die allgemeine Natur der Äquilibration in Freuds Theorie untersucht und sie mit Piagets Gebrauch des Begriffs verglichen haben, wollen wir feststellen, inwieweit die Äquilibration einen spezifischen Mechanismus der Entwicklung darstellt. Freud grenzt verschiedene Ursachen des psychischen Konflikts oder Bruches ab: körperliche Reifung, Frustrationen von außen, innere Konflikte, persönliche Unzulänglichkeiten und Angst (Hall, 1954, S. 72).

1. Mit dem Begriff der *Reifung* bezeichnet man Veränderungen des Nervensystems, motorische Entwicklung, hormonelle Veränderungen, die Triebentwicklung und so weiter. Jeder dieser Reifungsprozesse eröffnet neue Möglichkeiten und bringt neue Probleme mit sich. Wie wir schon weiter oben gesehen haben, spielen die Triebe eine besonders wichtige Rolle. Diese Kräfte der Reifung veranlassen Kinder dazu, aktiv zu werden, weil sie versuchen, Triebwünsche zu befriedigen, und wenn sich die Zonen der physischen Lust verschieben, stoßen diese Kräfte den Übergang zur nächsten Phase an.

2. *Frustrationen von außen* entstehen durch Personen oder Vorgänge, die ein unmittelbares Umsetzen der Bedürfnisse verbieten. Es kommt so zu einem unerträglichen Spannungsaufbau, und die Kinder sind gezwungen, ihre Energieabfuhr aufzuschieben und umzulenken.

3. *Innere Konflikte* entstehen aus dem Ringen zwischen Es, Ich und Über-Ich und, spezifischer, zwischen den Triebimpulsen und Mechanismen der Verdrängung.

4. *Persönliche Unzulänglichkeiten* entstehen durch Fehlen bestimmter notwendiger Fertigkeiten, Kenntnisse, Spezialkenntnisse oder Erfahrungen. Wenn ein Kind beispielsweise bei einer Gruppe Gleichaltriger mitspielen will, aber zu schüchtern ist, um sich der Gruppe anzuschließen oder sich bei dem Spiel, das gerade im Gange ist, zu unbeholfen anstellt, ist solch eine Unzulänglichkeit bedeutsam.
5. *Angst* schließlich ist ein mit Unlust verbundenes Gefühl, das auftritt, wenn Kinder physische oder psychische Schmerzen antizipieren. Die Angst vor dem Verlust eines wertvollen Objektes ist ein alltägliches Beispiel dafür.

Alle diese Elemente sind Ursachen für einen unlustbetonten Zustand der Erregung, den Kinder versuchen, nach dem Lustprinzip *und* dem Realitätsprinzip zu lösen. Diese Störungen des Systems setzen die Veränderung allerdings nur in Gang; andere Mechanismen vervollständigen sie. Die Verantwortung für den Verlauf der Entwicklung übernimmt primär das Ich. Seine Wahrnehmungssysteme und seine kognitiven Systeme sammeln relevante Informationen zu einer gegebenen Situation, rufen nützliche Erinnerungen aus vergangenen Erfahrungen aus dem Gedächtnis ab und wenden die als sinnvollste ausgewählten Abwehrmechanismen an. Das Ich entwickelt Methoden, um beunruhigende sexuelle Gedanken aus dem Bewußtsein fernzuhalten, und es beschwichtigt das Es und das Über-Ich. So erzeugt es ständig kleine Veränderungen, die insgesamt eine langfristige Veränderung mit sich bringen. Im Laufe der Zeit wird das Ich stärker, die Persönlichkeit kristallisiert sich heraus und differenziert sich aus – in komplexe Einstellungen, Interessen und Verhaltensweisen.

Auch verschiedene „Ergebnisse" der Entwicklung werden ihrerseits zu Mechanismen der Entwicklung. Hervorzuheben sind hier vor allem Bindung und Identifikation. Wie schon erwähnt, führen beide zu weiteren wichtigen Entwicklungsfortschritten, wie im Falle der Identifikation zur Geschlechtertypisierung und zur moralischen Entwicklung.

Freuds Standpunkt zu grundlegenden Fragen der Entwicklung

Die menschliche Natur

Hall und Lindzey fassen Freuds Sicht des Menschen folgendermaßen zusammen:

> „Über und vor allen anderen Vorzügen seiner Lehre steht dieser eine – daß sie versucht, das lebendige und ganze Individuum ins Auge zu fassen, das teils in einer Welt der Realität lebt und zum anderen Teil in einer Welt des Scheins – bedrängt von Konflikten und inneren Widersprüchen und doch vernünftiger Gedanken und Taten fähig; getrieben von Kräften, die es kaum kennt, und durch Strebungen, deren Grund ihm verborgen; abwechselnd verwirrt und klarblickend, enttäuscht und befriedigt, hoffnungsvoll und verzweifelnd, selbstisch und uneigennützig; kurz, ein komplexes menschliches Wesen."
>
> (1978, Bd. 1, S. 97)

Diese Darstellung der konfliktbeladenen, widersprüchlichen Natur des Menschen steht in deutlichem Kontrast zu dem rationalen Menschen der Piagetschen Theorie, der in einer verstehbaren Welt gelassen die epistemologische Wahrheit sucht. Freud befaßt sich mit den Emotionen und insbesondere mit ihrer Rolle als Triebkräfte der Entwicklung von Persönlichkeit und Kognition, in deren Verlauf Kinder danach streben, ihre Emotionen zu bewältigen. Menschen haben naturgemäß starke Emotionen und Leidenschaften, die zeitlebens ihre Wahrnehmung beeinflussen.

Nicht alle Freud-Exegeten würden zustimmen, daß Freuds Weltsicht eher organismisch als mechanistisch ist. Seine Theorie läßt sich allerdings auch nicht so eindeutig einordnen wie Piagets Theorie. Für Freud ist ein psychologisches Wesen ein lose organisiertes, fast durchgängig aktives und selbstregulierendes Ganzes. Freuds holistischer Ansatz wird am deutlichsten in seiner Behauptung, daß ein gegebenes Verhalten seine Ursachen in verschiedenen Aspekten der Persönlichkeit hat. Die in einem strukturierten Ganzen organisierten Aspekte Es, Ich und Über-Ich begründen zusammen ein spezifisches Verhalten. Natürlich schwankt der relative Einfluß einer jeden Komponente der Persönlichkeit von Verhalten zu Verhalten.

Menschen sind zwar insofern passiv, als Triebe sie zum Handeln zwingen, aber sie bemühen sich auch aktiv darum, mit diesen Trieben umzugehen und einen Zustand des Gleichgewichts herzustellen. Das Ich in seiner herausragenden Position ist das stärkste Agens der Persönlichkeit. Es organisiert die über das Selbst und die soziale Umwelt eingehende Information (beispielsweise die Angst wegen eines drohenden Ereignisses) und steuert das ausgewählte Verhalten.

Auch wenn die Freudsche wie die Piagetsche Theorie als organismische Theorie gelten kann, sollten zwei wichtige Unterschiede festgehalten werden. Zunächst einmal ist offensichtlich, daß Freuds psychologisches Ganzes nicht dasselbe ist wie das von Piaget beschriebene, eng geknüpfte, integrierte und ausbalancierte Ganze. Freud postuliert eine losere Organisation, auch wenn er der Gestaltpsychologie darin folgt, daß das Ganze mehr ist als die Summe seiner Teile. Zweitens handeln Kinder nach Freud triebgesteuert, während sie nach Piaget in sich aktiv und selbstregulierend sind.

Qualitative versus quantitative Entwicklung

Wie in Piagets Theorie impliziert auch bei Freud die in Phasen verlaufende Entwicklung eine qualitative Veränderung. Eine Veränderung entsteht dadurch, daß nacheinander verschiedene Aspekte des Sexualtriebes, der orale, der anale, der phallische und der genitale Aspekt, dominant werden. Eine qualitative Veränderung tritt auch insofern ein, als sich neue Errungenschaften, wie Abwehrmechanismen und das Über-Ich, herausbilden.

Freud stellt die qualitativen Veränderungen in den Mittelpunkt seiner Theorie, vernachlässigt aber gleichwohl keineswegs die quantitativen Veränderungen. Während der Entwicklung zeigt sich eine zunehmende Stärkung des Ich, des Über-Ich und verschiedener Abwehrmechanismen.

Vererbung versus Umwelt

Gelegentlich wird behauptet, Freuds Entwicklungstheorie sei biologistisch. Er betont zweifellos die körperliche Reifung und die biologisch begründeten Triebe, ist aber in Wahrheit ein Interaktionist: „Das konstitutionelle Moment muß auf Erlebnisse warten, die es zur Geltung bringen, das akzidentelle bedarf einer Anlehnung an die Konstitution, um zur Wirkung zu kommen" [1905b (1989, SA V, S.142)]. Die Triebe erwachsen zwar aus der biologischen Natur des Menschen, aber ihre Ausprägung wird immer durch das jeweilige soziale Milieu modifiziert. Die Menschen und Objekte der näheren

Umgebung und die von den Eltern oder anderen Autoritäten akzeptierten Verhaltensweisen steuern die Triebbefriedigung. Die kulturellen Anforderungen sind so real wie die Anforderungen des eigenen Körpers.

Im Bereich der Erziehung wirken sich nicht alle Erfahrungen gleichermaßen aus, vielmehr sind die Erfahrungen der ersten fünf Lebensjahre besonders bedeutsam. Sie müssen nicht traumatisch sein, um einen großen Einfluß auszuüben. Tatsächlich wirken sich viele intensive und starke Erlebnisse der Kindheit nur vorübergehend aus; mit Freuds Worten: „Gestrenge Herren regieren nicht lange" [1905b (1989, SA V, S. 143)]. Viel einflußreicher für das spätere Leben sind die alltäglich wiederkehrenden, sozial und psychisch positiv bewerteten Muster der Triebbefriedigung.

Variationen im sozialen Milieu oder der körperlichen Konstitution können die Ursache für unterschiedliche Persönlichkeitsstrukturen sein. Das scheint bei sozialen Faktoren offensichtlich, ist bei körperlichen Einflüssen aber vielleicht weniger einleuchtend. Freud behauptet, daß es angeborene Unterschiede im Hinblick auf die Stärke der verschiedenen Komponenten (oral, anal, phallisch) des Sexualtriebes und im Hinblick auf den Zeitpunkt gibt, zu dem die einzelnen psychosexuellen Phasen auftreten.

Was entwickelt sich?

Das Wesen der Entwicklung liegt in der Ausbildung der Strukturen – Es, Ich und Über-Ich –, die die sexuelle Energie kanalisieren, verdrängen und umwandeln. Diese Strukturen und ihre dynamischen Prozesse sind sowohl affektiver (emotionaler) als auch kognitiver Natur. Die Tendenz, Freud dafür zu kritisieren, daß er die Kognition vernachlässigt habe, ist nicht sehr fair. Das Denken – ob nun unbewußt, vorbewußt oder bewußt, ob im Primär- oder im Sekundärvorgang – ist von den Emotionen nicht zu trennen.

Metatheoretische Klassifikation

Freud war ein Praktiker, der sich als Therapeut mit den realen Problemen realer Personen befaßte. Er hatte sich auf ein Gebiet vorgewagt, das ihm so gut wie kein Instrumentarium zur Lösung dieser Probleme bot. So mußte er also seine eigenen Vorstellungen zur Struktur der Persönlichkeit entwickeln, um daraus therapeutische Verfahren abzuleiten. Dieses praktische Problem ließ ihm wenig Zeit zur formalen Theoriebildung. Dennoch lassen sich einige theoretische Besonderheiten seiner Theorie zusammenstellen.

Es hat verschiedene Versuche gegeben, Freuds Theorie zu systematisieren; hierzu zählt auch der fruchtbare Ansatz von Rapaport (1970), auch wenn bisher noch keine durchstrukturierte, formale, axiomatische Darstellung der Freudschen Theorie erreicht wurde. Es handelt sich also keinesfalls um eine deduktive Theorie, und sie ist allenfalls ansatzweise funktionalistisch. Freuds „Beobachtungen" (gewöhnlich die Berichte der Patienten über Gedanken, Träume, Verhalten) führten zu Modifikationen seiner Theorie, die dann in weiteren Beobachtungen überprüft wurden. Die Freudsche Theorie ist jedoch vor allem durch Modelle und deren Anwendung geprägt. Rapaport (1970) beschreibt vier Modelle, die in Freuds Theorie implizit enthalten sind: das Reflexbogen- (oder topographische) Modell, das energetische (oder ökonomische) Modell, das Darwinistische (oder genetische) Modell und das Jacksonsche (oder neurale Integrationshierarchie-) Modell.

1. Das *Reflexbogenmodell* hat Freud aus der Neurologie, seinem ursprünglichem Arbeitsgebiet, übernommen. Als Reflex wird der angeborene Zusammenhang zwischen einem spezifischen Reiz und einer spezifischen Reaktion bezeichnet. Wird ein Säugling beispielsweise in den Fuß gepikst, dann beugt er das Knie. Das Reflexbogenmodell steht also für die Tendenz des Organismus, auf einen Reiz mit einer Reaktion zu antworten. Dieses einfache Reiz-Reaktions- oder S-R-Modell einer „Input-Output"-Beziehung läßt sich zur Beschreibung der Beziehung zwischen zahlreichen Typen von Reizen und Reizreaktionen anwenden. Reize können sowohl von außen als auch von innen, etwa aus dem Unbewußten, kommen. Eine Triebspannung im Unbewußten erzeugt in der Regel ein bestimmtes Verhalten, kann aber auch im Vorbewußten oder im Bewußtsein enden.

2. Das *Energie-* oder *Entropie-Modell* wurde schon im Zusammenhang mit Freuds dynamischem Ansatz und den Mechanismen der Entwicklung umrissen. Menschen müssen etwas tun, um ihre Triebspannung abzubauen. Wenn die mit Hunger verbundene Spannung zunimmt, kann ein Säugling handeln (an einer Flasche saugen), halluzinieren (sich eine volle Milchflasche vorstellen) oder seine Erregung entladen (weinen). Mit einer Zunahme des inneren Druckes wird die Affektabfuhr immer notwendiger. Ist ein Ausweg „verschlossen", dann sucht sich der Betreffende einen anderen. Dieses Modell stammt natürlich aus der Physik und stützt sich auf viele physikalische Gesetze zur Verteilung, Umwandlung und Entladung von Energie. Ziel eines solchen Energiesystems ist es, einen homöostatischen (einem Gleichgewicht zustrebenden) Zustand zu erhalten, in dem jede Zunahme eines energetischen Gefälles (Entropiezunahme) durch eine Entladung korrigiert wird.

3. Das *Darwinistische Modell* veranschaulicht die biologische oder evolutionäre Perspektive. Nach Freuds Interpretation dieses Modells steuern Instinkte die Entwicklung, die wir mit den Tieren gemeinsam haben. Diese Triebe kommen in den psychosexuellen Phasen zur Wirkung. Die Evolution über viele Generationen hinweg und die entwicklungsbedingten individuellen Veränderungen im Laufe eines Lebens sind gleichermaßen Versuche des Organismus, sich an seine Umwelt anzupassen. Die in der frühen Kindheit entwickelten Formen der Anpassung beeinflussen später Persönlichkeit und Verhalten. Dabei können psychische Anpassung und äußere Anpassung parallel verlaufen. Die psychische Flucht vor einem gefährlichen Gedanken oder Impuls beispielsweise kann mit der tatsächlichen Flucht vor einem gefährlichen Verbrecher gleichgesetzt werden.

4. Freud machte Anleihen beim *Jacksonschen Modell* der neuralen Integrationshierarchie im Nervensystem. Diesem Modell zufolge ist das Nervensystem hierarchisch organisiert, das heißt, höhere Ebenen kontrollieren (fördern oder hemmen) tiefere Ebenen. Sind die höheren Ebenen aufgrund eines Traumas oder anderer Störungen funktionsunfähig, so geraten die niedrigeren Ebenen außer Kontrolle. Für das psychische System postuliert Freud eine analoge Organisation. Höhere psychische Ebenen (wie etwa das Ich) kontrollieren tiefere Schichten (das Es), es sei denn, die höheren Ebenen sind funktionsunfähig, weil das Ich beispielsweise von Angst überwältigt ist.

Kritik der Theorie

Die klinische Psychologie ist auch heute noch von der psychoanalytischen Theorie beeinflußt, aber in der experimentellen Psychologie hat sich in den letzten Jahren zunehmend eine anti-Freudsche Einstellung durchgesetzt. Psychoanalytisch orientierte Entwicklungspsychologen gehören zu einer bedrohten Art. Daß die Aktien der psychoanalytischen Theorie in den letzten Jahren fallen, hat vielerlei Ursachen. Einige davon werden im Abschnitt über die Schwächen der Theorie besprochen, insbesondere die unzulängliche Methodologie zur Bestimmung von Entwicklungsprozessen, die unzureichende Überprüfbarkeit zentraler Thesen zur Entwicklung und die Überbetonung der Sexualität. Darüber hinaus haben sicherlich auch die Popularisierung der Theorie und die in den letzten Jahren zu beobachtende Hinwendung der Forschung zur Kognition den derzeitigen Trend begünstigt.

Einige Aspekte der Freudschen Theorie werden mit Fug und Recht kritisiert, aber die pauschale Ablehnung durch die experimentelle Psychologie hat die Wissenschaft sicher um eine wertvolle Perspektive der Entwicklungspsychologie ärmer gemacht. In der Überzeugung, daß der Freudsche Ansatz durchaus einige aktuelle Fragestellungen der Entwicklungspsychologie erhellen könnte, sollen im folgenden Abschnitt einige Stärken der Theorie dargestellt werden.

Stärken der Theorie

Von den vielen Stärken der Freudschen Theorie scheinen zwei für die heutige Entwicklungspsychologie besonders relevant zu sein: die Einführung neuer psychologischer Prozesse für den westlichen Kulturkreis und die besondere Bedeutung für die gegenwärtige Forschung zur kognitiven Entwicklung.

Die Einführung neuer psychologischer Prozesse

Freuds Vorstellung, daß die Entwicklung der Persönlichkeit von starken unbewußten Trieben gesteuert wird, hat den Zeitgeist des 20. Jahrhunderts entscheidend beeinflußt. Konzepte wie die kindliche Sexualität, der Analcharakter und die drängenden Wünsche des Unbewußten erschütterten die Viktorianische Gesellschaft, die sogar noch die Beine des Klaviers verhüllte, um deren Nacktheit zu verbergen. Daß die Theorie schließlich zumindest teilweise doch akzeptiert wurde, sagt vielleicht mehr über gesellschaftliche Veränderungen als über die Theorie selbst aus. Nach zwei Weltkriegen und den politischen Verbrechen der damaligen Zeit ließ sich Freuds Sicht des destruktiven menschlichen Potentials nicht mehr so einfach abtun – es war die richtige Zeit für seine Theorie.

Unabhängig davon, wie man die wissenschaftlichen Verdienste der Freudschen Theorie beurteilt, bleibt sie zweifellos die historisch einflußreichste psychologische Theorie. Sie ist, was ihre Auswirkungen auf die Gesellschaft angeht, mit den Theorien von Marx und Darwin vergleichbar und hat fast alle Bereiche der Geistesgeschichte des 20. Jahrhunderts beeinflußt. Freud beschrieb unbewußte Motivationen auf dem Gebiet der Anthropologie [*Totem und Tabu*, 1913 (1989, SA IX)], der Kunst [*Der Moses des Michelangelo*, 1914 (1989, SA X)], der Religion [*Die Zukunft einer Illusion*, 1927 (1989, SA IX)], der Literatur [*Dostojewski und die Vatertötung*, 1928 (1989, SA X)], der Soziologie [*Das Unbehagen in der Kultur*, 1930 (1989, SA IX)] und der Geschichte [*Warum Krieg?*, 1933 (1989, SA IX)]. In seinen allgemeineren Schriften streifte Freud diese Bereiche auch indirekt. Viele Neo-Freudianer arbeiteten die Implikationen der Psychoanalyse für andere Disziplinen weiter aus, so Ernst Kris, der beispielsweise in *Die ästhetische Illusion, Phänomene der Kunst in der Sicht der Psychoanalyse* (1977) faszinierende Schlußfolgerungen zog. Neben Experten verschiedener Fachrichtungen wurde auch ein breiteres Publikum mit vielen Ideen Freuds vertraut. Versprecher wurden peinlicher als zuvor, und Millionen von Menschen begannen, ihre Träume ernst zu nehmen. Die Überzeugung, daß Entwöhnung und Sauberkeitserziehung nicht allzu abrupt und rigide erfolgen sollten, wird häufig auf eine Auseinandersetzung mit Freuds Ideen zurückgeführt.

Auch innerhalb der Psychologie und der Psychiatrie hatten Freuds Arbeiten zu den emotionalen und nicht-rationalen Aspekten der Persönlichkeit weitreichende Konsequenzen. Er hat in sämtlichen Bereichen seine Spuren hinterlassen, von der Sozialpsychologie bis hin zu den sensorischen Prozessen, von der Erwachsenentherapie bis zur Therapie von Kindern. Die weit auseinandergehenden Standpunkte der psychoanalytischen Theoretiker unserer Zeit lassen sich auf die verschiedenen Freud-Schüler zurückführen, die seine Theorie weiterentwickelten und sich in einigen Fällen auch von ihm abkehrten. Zu den bekanntesten Neo-Freudianern gehören C. G. Jung, Otto Rank, Alfred Adler, Karen Horney, Harry Stack Sullivan, Erik Erikson, Melanie Klein, Anna Freud, Heinz Hartmann und David Rapaport.

Da Freuds Theorie durch und durch eine Entwicklungstheorie ist, kann es nicht verwundern, daß sie die Entwicklungspsychologie tiefgreifend beeinflußt hat. Zunächst reagierten die Entwicklungspsychologen sehr unterschiedlich. Man interessierte sich für Freuds Theorie, zum Teil verstärkt durch das Aufkommen von Erziehungsberatungsstellen seit den zwanziger Jahren. Man erkannte, daß die emotionalen Triebkräfte der Persönlichkeit einen wichtigen Teil der Entwicklung darstellen. Zu den herausragenden Arbeiten auf dem Gebiet der psychoanalytischen Entwicklungspsychologie der vierziger und fünfziger Jahre zählen Eriksons Darstellung der Phasen der psychosozialen Entwicklung, die direkte Beobachtung von Kindern durch Anna Freud, Ernst Kris, Sybill Escalona und René Spitz, die interkulturellen Untersuchungen von John Whiting und Irvin Child sowie die frühen Schriften John Bowlbys zur sozialen Bindung des Kleinkindes.

Die psychoanalytische Theorie hat auch die frühen Arbeiten zum sozialen Lernen beeinflußt; insbesondere Robert Sears, Neal Miller und John Dollard haben psychoanalytische Inhalte in ihre Lerntheorie aufgenommen. In Sears Arbeiten zu den Abwehrmechanismen, zu Abhängigkeit und Identifikation und zur Eltern-Kind-Beziehung spielen unbewußte Motivationen eine wesentliche Rolle. Auch wenn Freuds Einfluß in der gegenwärtigen Entwicklungspsychologie selten explizit erwähnt wird, beeinflussen einige allgemeine theoretische Konzepte und empirische Elemente aus seiner Theorie bis heute die Entwicklungspsychologie. Zu den allgemeinen Konzepten, die besonders wichtig geworden sind, zählen der Phasenbegriff, die psychischen Strukturen, die unbewußte Motivation und die Bedeutung frühkindlicher Erfahrungen. Außerdem gab die Theorie zahlreiche Anregungen für die Forschung auf den Gebieten der moralischen Entwicklung, der Geschlechtertypisierung, der Identifikation, der Eltern-Kind-Beziehung, der Bindung, der Aggression und der Abhängigkeit. In diesen Bereichen wird immer noch intensiv geforscht. Viele Einzelbehauptungen mögen falsch sein, aber Freud hat uns die für die menschliche Entwicklung entscheidenden Faktoren aufgezeigt. In seiner Theorie ist vieles von Wert enthalten, auch wenn sie in ihrer Gesamtheit nicht akzeptiert wurde.

Freuds Theorie ist weiterhin in der klinischen Kinderpsychologie, in der Kinderpsychiatrie und in der Erziehungsberatung lebendig. Hier wirken sowohl die Therapiemethoden als auch die theoretischen Konzepte nach, insbesondere das kontinuierliche Spektrum von normal bis abnorm, die Unterscheidung zwischen bewußt und unbewußt und die psychischen Strukturen Es, Ich und Über-Ich.

Die Bedeutung der Theorie für die derzeitige Forschung zur kognitiven Entwicklung

Die einschneidendste Veränderung in der Entwicklungspsychologie seit Ende der sechziger Jahre ist das enorme Interesse an der kognitiven Entwicklung. Dieser Trend ist möglicherweise einer der Gründe dafür, daß das Interesse an der Freudschen Theorie in den letzten Jahren nachgelassen hat. Wenn man sich die Forschungsergebnisse ansieht, die in diesem Zeitraum auf dem Gebiet der Kognitionspsychologie erzielt wurden, kommt man vielleicht zu dem Schluß, daß sich einige Unzulänglichkeiten durch eine Rückbesinnung auf die psychoanalytische Theorie beheben ließen. Wir werden nun die Bedeutung der Theorie für die heutige Kognitionsforschung umreißen.

Während der letzten beiden Jahrzehnte hat sich die kognitive Entwicklungspsychologie vor allem mit dem rationalen Problemlösen befaßt, das heißt mit der Frage, wie das Denken zunehmend organisierter, effizienter, abstrakter und objektiver wird. Ein solches Denken ist typisch für den erwachsenen Wissenschaftler, und es gilt als Ende und Ziel der kognitiven Entwicklung. Diese Auffassung zeigt sich deutlich an der zentralen Bedeutung, die etwa Piaget den logischen Operationen und den Konzepten über die physikalische Umwelt beimißt. Auch der Informationsverarbeitungsansatz, der in einem späteren Kapitel beschrieben wird, stellt das sich entwickelnde Kind als einen Organismus dar, der unermüdlich und immer effizienter und rationaler nach Wahrheit sucht. Nun läßt sich ein Teil der kognitiven Entwicklung durchaus zutreffend in diesem Sinne beschreiben, aber hinreichend ist diese Erklärung nicht. Menschen sind wahrscheinlich nicht so rational, wie es diese Theorien postulieren. Wie Wason und Johnson-Laird (1972, S. 245) schreiben: „Im besten Falle lernen wir alle, so zu denken wie die Logiker, im schlimmsten Falle aber denken sie alle so wie wir."

Die „irrationalen Denkprozesse", auf die die psychoanalytische Theorie ihr Augenmerk richtet, könnte unser gegenwärtiges Wissen über das Denken von Kindern erweitern und bereichern. Die Freudsche Theorie setzt voraus, daß das Denken weitgehend auf Ursachen zurückzuführen ist, die dem Kind nicht bewußt sind. So kann es geistig durchaus in der Lage sein zu erkennen, daß es seinen kleinen Bruder haßt, weil er die Aufmerksamkeit der Eltern auf sich zieht, und doch glaubt es vielleicht aufgrund der psychisch unerträglichen Schuldgefühle, die dieses Wissen bei ihm hervorrufen würde, daß es für den kleinen Bruder nur Liebe empfinde. Selbst intelligente Erwachsene lassen sich von Gefühlen leiten, wenn sie beispielsweise ein Ferienhaus kaufen, ohne es jemals gesehen zu haben, wenn sie tagträumen, gutgläubig korrupte Politiker unterstützen oder jemanden heiraten, von dem sie wissen, daß er von seiner Persönlichkeit her nicht zu ihnen paßt. Man könnte auch sagen, daß solches Denken die Realität verzerrt und relevante Informationen ignoriert.

Die irrationalen Denkprozesse sind ebenso wichtig wie die häufiger untersuchten rationalen Denkprozesse; vielleicht nehmen sie sogar, quantitativ betrachtet, einen größeren Raum ein. Die Freudsche Theorie stellt die Entwicklungspsychologie also vor zwei Aufgaben. Erstens muß sie untersuchen, wie sich Emotionen auf das Denken von Kindern auswirken. Denken Kinder, wenn sie zornig oder frustriert sind, anders, als wenn sie ruhig sind? Und zweitens muß die Entwicklungspsychologie untersuchen, ob sich die Denkprozesse, die dem Primär- und dem Sekundärvorgang sowie den Abwehrmechanismen (wie Projektion, Reaktionsbildung, Verdrängung und Sublimierung) zugrunde liegen, sich von geistigen Prozessen unterscheiden, wie sie Piaget und die Vertreter des Informationsverarbeitungsansatzes beschreiben. Welcher Zusammenhang besteht beispielsweise zwischen Piagets Konzept der mentalen Reversibilität und Freuds Konzept der Reaktionsbildung, bei der eine negative Einstellung einer Person oder einem Objekt gegenüber in eine positive Einstellung umgewandelt wird? Werden widersprüchliche Gefühle und logische Widersprüche auf die gleiche Weise aufgelöst? Welche geistigen Prozesse bilden die Grundlage der Selbsttäuschung? Welche kognitiven Leistungen schaffen die Voraussetzung für das Verstehen verschobener Aggression (wenn man seinen Ärger an einem Unschuldigen ausläßt)? Haben die Begriffe der Verdrängung und des Unbewußten irgendeine Bedeutung für den Unterschied zwischen Kurzzeit- und Langzeitgedächtnis?

Wir sind bislang davon ausgegangen, daß die Denk*prozesse*, die in der psychoanalytischen Theorie identifiziert wurden, ein fruchtbares Objekt der entwicklungspsychologischen Forschung sein könnten. Anhand dieser Prozesse ließe sich unser Wissen über logisches Denken ergänzen und vielleicht auch modifzieren. Darüber hinaus könnte man aber auch annehmen, daß der *Inhalt* des kindlichen Denkens weiter reicht, als die neuere Forschung vermuten läßt. Freud würde darauf hinweisen, daß Kinder nicht nur über Quantitäten, räumliche Beziehungen, Gerechtigkeit, Objekte und Kausalitäten nachdenken. Sie versuchen auch, verschiedene Dinge zu verstehen und sich geistig an sie anzupassen, beispielsweise die Gewalt im Fernsehen oder in ihrer Familie, den Hunger, die äußere und emotionale Beziehung ihrer Eltern, ihre eigenen sexuellen oder aggressiven Gefühle, die Tendenz der Erwachsenen, das Gegenteil von dem zu tun, was sie sagen, die Ablehnung durch ihre Spielkameraden oder ihre Eltern, ihre Mißerfolge in der sozialen Interaktion und so weiter. Auch Träume und Phantasien werden von der derzeitigen Kognitionsforschung wenig beachtet. Würde sie diese Inhalte mit berücksichtigen, dann ergäbe sich ein ausgewogeneres Bild des kindlichen Denkens.

Eine solche neue Ausrichtung der kognitiven Entwicklungspsychologie wäre auch deshalb besonders vielversprechend, weil sie sich mit zwei jüngeren Forschungsrichtungen auf diesem Feld verbinden ließe: der *sozialen Kognition* und der *Alltagspsychologie* (*Theory of Mind*). Die Forschung zur sozialen Kognition, die sich mit dem zwischenmenschlichen Verhalten befaßt, müßte natürlich die oben genannten problematischen oder störenden Denkinhalte mit berücksichtigen – was bis jetzt allerdings kaum geschehen ist. Die Alltagspsychologie befaßt sich, wie schon erwähnt, mit Fragen des individuellen Verstehens von Denken, Gedächtnis, Sprache, Aufmerksamkeit und Einsicht. Die Alltagspsychologie eines Kindes würde Einfluß darauf haben, wie es eigene und fremde Abwehrmechanismen, das Wesen der Träume, den Unterschied zwischen Phantasie und Realität und so weiter versteht.

Schwächen der Theorie

Freud machte es jedem schwer, seine Theorie zu kritisieren: „Und doch mußten wir erkennen und als unsere Überzeugung verkünden, daß niemand das Recht hat, in die Psychoanalyse dreinzureden, wenn er sich nicht bestimmte Erfahrungen erworben hat, die man nur durch eine Analyse an seiner eigenen Person erwerben kann" [1933a (1989, SA I, S. 507)]. Wir wollen dennoch einen kritischen Blick auf die Schwächen der Theorie werfen: Hierzu zählen die unzulängliche Methodologie zur Untersuchung von Entwicklungsprozessen, die mangelnde Überprüfbarkeit zentraler Behauptungen zur Entwicklung und die Überbetonung der kindlichen Sexualität.

Unzureichende Methodologie zur Untersuchung von Entwicklungsprozessen

Wissenschaftliches Arbeiten setzt voraus, daß jede Theorie sich auf empirische Beobachtungen stützen muß, die sich von anderen Wissenschaftlern nachvollziehen lassen. Freuds Methodologie macht diese Art, Beobachtungstatsachen zu sammeln, nahezu unmöglich. Seine wichtigsten Methoden – freie Assoziation, Traumdeutung und Übertragung – führen zu drei Hauptschwierigkeiten.

1. Nach Freud setzt die Anwendung dieser Methoden voraus, daß der Versuchsleiter selbst psychoanalytische Erfahrung besitzt. Da eine entsprechende Ausbildung ein langer und kostspieliger Prozeß ist, verfügen nur wenige Wissenschaftler über die Qualifikation, die sie in die Lage versetzen würde, die Theorie zu überprüfen. Zudem wird jemand, der eine psychoanalytische Ausbildung hinter sich hat, tendenziell eher ein Anhänger der Theorie sein, so daß von ihm kaum ein objektives Urteil zu erwarten ist. (Dieser Einwand läßt sich natürlich gegen jeden Wissenschaftler erheben, der einer bestimmten theoretischen Richtung anhängt.) Wer der Auffassung ist, daß die Kindheit von starken psychosexuellen Kräften bestimmt wird, sieht diese Kräfte in jedem Wort und jeder Tat.
2. Freuds Methoden sind anfällig für Fehler des Versuchsleiters. Freud machte sich im Anschluß an die psychoanalytischen Sitzungen Notizen, oft jedoch erst Stunden später. Es ist nicht ohne Ironie, daß jemand, der die Verzerrung der Gedächtnisinhalte bei seinen Patienten aufzeigte, nicht bedacht haben sollte, daß dieselbe Möglichkeit auch bei ihm selbst bestand. So lief Freud also durchaus Gefahr, sich nur selektiv an das zu erinnern, was sich in seinen theoretischen Rahmen einfügte. Ein durch den Versuchsleiter verursachter Fehler kann auch dadurch entstehen, daß sich der Patient in seinem Assoziationsfluß von den Fragen des Therapeuten oder sogar vom Zeitpunkt seines Räusperns und seines Schweigens beeinflussen läßt.
3. Die Erinnerungen eines Erwachsenen an seine Kindheit oder seine Träume sind sehr wahrscheinlich nicht ganz präzise. Die Introspektion (Selbstbeobachtung) hat in der Psychologie einen schlechten Ruf. Es ist nicht einfach, auch nur die gegenwärtige psychische Verfassung oder kurz zurückliegende Träume objektiv darzustellen; umso mehr Schwierigkeiten entstehen bei der Darstellung einer psychischen Situation, die 50 Jahre zurückliegt. Kindheits- und Traumerfahrungen werden vom selektiven Gedächtnis des Patienten und durch sein kognitives System, insbesondere seine Sprache gefiltert, die sie in eine bestimmte Struktur einfügt. Freud selbst wußte, daß solche Aussagen nicht zuverlässig sind, nur war er der Ansicht, daß selbst Phantasien und Verzerrungen dem Therapeuten Aufschluß über seinen Patienten geben können. Für die Therapie kommt es vor allem darauf an, wie der Patient seine frühen Erfahrungen erlebt hat, und zwar unabhängig davon, ob er sie präzise oder verzerrt erinnert. Dennoch läßt sich die Realitätswahrnehmung des Patienten schon allein deshalb nur bedingt bewerten, weil Therapeuten in der Regel nicht feststellen können, wie objektiv ihre Patienten sich erinnern.

Mangelnde Überprüfbarkeit zentraler Behauptungen zur Entwicklung

Die wahrscheinlich häufigste Kritik an Freuds Theorie zielt darauf ab, daß sie nicht oder nur schwer überprüfbar ist. Dieses Problem ist zum Teil auf die genannten methodologischen Unzulänglichkeiten zurückzuführen. Ein in die Situation integrierter, möglicherweise parteiischer Beteiligter-Beobachter, der nur einen Teil der Reaktionen seines Patienten notiert, ist, was die Überprüfbarkeit der Theorie angeht, nur eine recht zweifelhafte Quelle für objektive Daten. Außerdem ist nicht sicher, ob die entscheidenden Entwicklungsschritte der Kindheit sich durch Informationen klären lassen, die von Erwachsenen stammen. Dem experimentellen Psychologen stellt sich auch das Problem der Begriffsdefinition. Freuds Theorie enthält viele vage, unpräzise und unzureichend definierte Begriffe. Da er sich weitgehend auf Analogien stützt, um die Bedeutung seiner Begriffe zu vermitteln, muß diese Bedeutung intuitiv bleiben. Freud hielt dieser Kritik entgegen, die Begrifflichkeit einer jeden neuen Wissenschaft sei ungenau. In den Anfängen der neuzeitlichen Physik beispielsweise waren die Begriffe der Kraft und der Masse auch nicht genau definiert.

Eine Facette des definitorischen Problems liegt darin, daß viele Freudsche Konzepte in einem nur schwer bestimmbaren Zusammenhang zum beobachtbaren Verhalten stehen, zum Teil auch deswegen, weil sie so weit voneinander entfernt sind. Der Therapeut stützt sich auf verbale Berichte und, in einem geringeren Maße, auf nonverbales Verhalten (beispielsweise den Gesichtsausdruck, Tränen und zufällige Mißgeschicke), die er dann über weit hergeholte theoretische Konzepte, wie beispielsweise Abwehrmechanismen, Triebimpulse und unbewußte Motivationen, deutet. Vor allem die aus Träumen, Fällen von Vergeßlichkeit und Witzen zitierten Belege scheinen manchmal ziemlich an den Haaren herbeigezogen. Freud kam beispielsweise bei einem Traumbericht, in dem ein Backofen vorkam, in einem riesigen Sprung zu der Deutung, dieses Bild stehe für die Gebärmutter. Das Problem läßt sich so formulieren, daß in Freuds System dasselbe psychologische Merkmal verschiedene Verhaltensweisen auslösen kann und umgekehrt dasselbe Verhalten sich auf unterschiedliche psychologische Merkmale zurückführen läßt. Ein „Analcharakter" beispielsweise verhält sich entweder zwanghaft ordentlich oder aber übertrieben schlampig. Und ein anderes Problem eines Patienten läßt sich als Ödipuskomplex diagnostizieren, wenn er entweder ununterbrochen von seiner Mutter spricht oder aber sie (aufgrund seiner Verdrängung) nie erwähnt. Beispielhaft für einen Zusammenhang, in dem ein Verhalten verschiedene Ursachen haben kann, steht die Unfähigkeit zu essen, die entweder durch eine Hysterie (vielleicht aus der Furcht heraus, schwanger zu erscheinen) oder aber durch eine Paranoia (vielleicht die Angst, vergiftet zu werden) verursacht sein kann. Wie solche Konzepte „überprüft" werden sollen, ist noch nicht geklärt. Dazu müßte die Theorie stärker systematisiert werden. Rapaport (1970) ist einen wichtigen Schritt in diese Richtung gegangen.

Es hat bereits zahlreiche Versuche gegeben, Freuds Theorie klinisch – durch Hypnose oder durch projektive Testverfahren, bei denen die Versuchsperson Tintenkleckse oder Bilder interpretieren muß – oder aber experimentell zu überprüfen.[5] Gegen die experimentellen Verfahren wurde allerdings eingewendet, daß sie keine sinnvolle Überprüfung der Theorie ermöglichen. Wenn beispielsweise ein Junge mit einem aggressiven, männlichen Erwachsenen konfrontiert wird und man anschließend beobachtet, wie weit der Junge das Verhalten des Mannes nachahmt, dann stellt das keine angemessene Überprüfung des Konzepts dar, nach dem der Ödipuskomplex zu einer Identifikation mit dem Aggressor führt. Die langfristig wirksamen, emotional prägenden Erfahrungen des wirklichen Lebens lassen sich nicht ohne weiteres auf eine kurze, vereinfachte experimentelle Situation übertragen. So befindet sich die Psychologie in einer Zwickmühle: Die wichtigsten theoretischen Konzepte lassen sich außerhalb der

---

[5] Einen Überblick über die Forschungsarbeiten zur Freudschen Theorie geben Fisher, S. und Greenberg, R. P. *The Scientific Credibility of Freud's Theories and Therapy.* New York (Basic Books) 1977 sowie Eagle, M. N. *Neuere Entwicklungen in der Psychoanalyse: Eine kritische Würdigung.* München (Verlag Internationale Psychoanalyse) 1988.

psychoanalytischen Sitzung nicht angemessen überprüfen, und die psychoanalytische Sitzung eignet sich nicht für experimentelle Verfahren.

Wenn sich die Theorie schon selbst nicht wissenschaftlich überprüfen läßt, dann eignet sie sich vielleicht als Sprungbrett, um von ihr ausgehend genauer begrenzte und überprüfbare Hypothesen zu formulieren. In den fünfziger Jahren beispielsweise wurde die Entwicklung einiger Freudscher Konzepte wie Geschlechtertypisierung, Abhängigkeit, Identifikation und Abwehrmechanismen im Rahmen eines lerntheoretischen Konzepts untersucht. In jüngerer Zeit wurde die Hypnose eingesetzt, um Hypothesen zum Unbewußten zu überprüfen (Hilgard, 1965). Reyher (1967) legte ein Beispiel dafür vor. Collegestudenten wurde unter Hypnose eine Geschichte erzählt, die in ihnen unbewußte ödipale Gefühle auslösen sollte. Man sagte ihnen, daß sie nach dem Aufwachen sich überhaupt nicht mehr an die Geschichte erinnern, aber bei der Erwähnung bestimmter Begriffe starke sexuelle Empfindungen haben würden. Dieser Prognose entsprechend verursachten die entscheidenden, aber nicht zufällig ausgewählten Wörter Schwitzen, Zittern und Schuldgefühle. Hypothesen zu unbewußten Konflikten lassen sich also überprüfen. Es hat sogar schon Versuche gegeben, auf Informationsverarbeitungsbasis (siehe Kapitel 4) Computermodelle zum Freudschen Konzept der Verdrängung für unlustbetonte Erinnerungen zu entwerfen (Wegman, 1985).

Wir sollten festhalten, daß Freuds Überlegungen zur Theoriebildung sich von den üblichen Konzepten unterscheiden. Was er suchte, waren übereinstimmende Belege für eine spezifische Deutung. Wenn Traumberichte, Kindheitserinnerungen, körperliche Symptome, Versprecher und zufällige Ereignisse alle darauf hindeuteten, daß ein Patient seine Geschwisterrivalität aus der Kindheit nicht bewältigt hatte, dann betrachtete Freud seinen Fall als klar. Er fügte Informationen aus verschiedenen Quellen zu einem Gesamteindruck zusammen. Wenn sich bei verschiedenen Patienten dieselben Zusammenhänge zwischen verschiedenen Variablen zeigten, betrachtete Freud dies als eine weitere Bestätigung seiner Auffassung. Patienten mit einem gelähmten Körperteil (Hysterie) berichteten beispielsweise oft über ungelöste sexuelle Konflikte aus der Kindheit. Nun sagt Freud nichts darüber aus, bei wie vielen Patienten er diese beiden Symptome feststellte. Und wir wissen auch nicht, ob das Zusammentreffen der beiden Variablen statistisch signifikant war oder nur zufällig. Freud war nicht in erster Linie an einer solchen experimentellen Präzision interessiert. Ihm kam es darauf an, klinische Erkenntnisse zu gewinnen, auf deren Grundlage er eine Theorie entwickeln konnte, die in der Therapie Fortschritte ermöglichte.

Überbetonung der kindlichen Sexualität

Freuds Betonung der Sexualität erinnert einen an die Grußkarte, die anfängt: „SEX – nachdem Sie nun darauf aufmerksam geworden sind . . ." Es ist nicht erstaunlich, daß Thesen zur kindlichen Sexualität die Aufmerksamkeit der Psychologen und eines breiteren Publikums auf sich zogen und daß viele sie ablehnten. Freud erwiderte seinen Kritikern auf den Einwand, daß nur weniges auf eine Sexualität während der Kindheit hindeute, sie hätten eben nur die eigenen starken sexuellen Erinnerungen aus ihrer Kindheit verdrängt! Wenn wir die Theorie kritisieren, laufen wir Gefahr, zu Patienten gemacht zu werden.

Für die meisten Entwicklungspsychologen stellen Thesen zur infantilen Sexualität bei normalen Kindern die Glaubwürdigkeit der Theorie in Frage. Ein Großteil der Forschungsarbeiten aus den vergangenen 20 Jahren zeigt Säuglinge und Kleinkinder als neugierige, intrinsisch motivierte und stimulationsbedürftige soziale Wesen, und nicht als getriebene, angsterfüllte Triebbündel, die nach Affektabfuhr streben. Neuere

Forschungen zur Aufmerksamkeit und zum Denken von Kleinkindern haben bewiesen, daß selbst Säuglinge weitaus mehr sind als nur ein Es. Natürlich sind die Freudsche und die kognitivistische Auffassung nicht unbedingt unvereinbar. Decaries (1965) Untersuchung zu Parallelen bei der Entwicklung von Freuds Objektbeziehungen und Piagets Konzept der Objektpermanenz, die neo-Freudianischen Fortschritte in der Ich-Psychologie (beispielsweise Hartmann, 1960) und schließlich Furths (1987) Integration der Theorien von Freud und Piaget sind durchaus erfolgreiche Versuche, eine Brücke zwischen den beiden Forschungsrichtungen zu schlagen.

Entwicklungspsychologen würden sicherlich nicht bestreiten, daß die meisten Kinder sich so für Sexualität interessieren, wie sie sich für vieles andere in ihrer Umwelt interessieren. Es geht lediglich um die Frage, welche Bedeutung der Sexualität zukommt. An Freuds Theorie wird deutlich, welche Zwänge sich aus dem in der Einführung dargestellten Zusammenhang von Methoden, Tatsachen und Theorie ergeben. Freuds Beobachtungen über die sexuellen Phantasien von neurotischen Erwachsenen aus der Mittel- und Oberschicht der sexuell repressiven Epoche des 19. Jahrhunderts lassen sich kaum auf Kinder übertragen, die sich heute entwickeln. Außerdem spiegeln sich in den spezifischen Aussagen zur Sexualität vielleicht auch die Vorurteile einer patriarchalisch geprägten Gesellschaft wider. Horney (1967) etwa behauptet, man könne bei Jungen, weil sie nicht gebären können, ebenso viele Belege für einen Gebärmutterneid finden, wie bei Mädchen für den Penisneid.

Freuds Betonung der Sexualität vernachlässigt die sozialen Einflüsse auf die Entwicklung. Obwohl er soziale Faktoren für wichtig hält, hat er ihre Rolle nirgends im einzelnen untersucht. Erikson und andere Neo-Freudianer haben dieses Versäumnis bis zu einem gewissen Grade nachgeholt. Aber selbst Eriksons Arbeiten befassen sich nicht sehr intensiv mit dem prosozialen Verhalten von Kindern, etwa mit Empathie und Altruismus, die inzwischen zu fruchtbaren Forschungsgegenständen geworden sind. Wir sollten auch darauf hinweisen, daß einige frühe Untersuchungen zur Bedeutung der sozialen Faktoren die Freudsche Theorie – von der sie ursprünglich angeregt worden waren – nicht durchweg bestätigen konnten. Unter den Trobriandern beispielsweise fand Malinowski (1977) nur wenige Belege für den von Freud beschriebenen Typ des Ödipuskonflikts.

Man kann bei Freud die Mittelpunktstellung der sexuellen Inhalte ablehnen, ohne deshalb die ganze Theorie verwerfen zu müssen. Die psychischen Strukturen (Es, Ich, Über-Ich) können ihren Wert auch dann behalten, wenn sie mit anderen Inhalten besetzt werden.

Kommentar

Was ist Freuds Vermächtnis an die Entwicklungspsychologie? Am Anfang seiner Theorie standen die Fragen nach den Ursachen der Leiden seiner Patienten, gegeben hat er uns letztendlich eine neue Bewertung der menschlichen Entwicklung. Seine Theorie ist eine fruchtbare Quelle für die Entwicklungspsychologie, um neue Hypothesen zu formulieren, und sie enthält ein Potential, das die heutige Kognitionspsychologie noch gar nicht für sich erschlossen hat. Umfang und Reichtum der Freudschen Theorie sind beeindruckend; sie schließt vieles mit ein, was andere Psychologen ignoriert haben: Träume, Versprecher, Witz und Phantasie. Freuds lockere, informelle Art der Tatsachensammlung und Theoriebildung schafft Probleme, doch dieser Stil kennzeichnet Pioniere einer Theorie auch in vielen anderen Wissenschaften. Hall und Lindzey schreiben, Freud sei vielleicht kein strenger Wissenschaftler oder „reiner"

Theoretiker gewesen, aber ein „geduldiger, peinlich genauer, eindringlicher Beobachter und ein zäher und mutiger, eigenwilliger und zugleich selbstbeherrschter, selbständiger und schöpferischer Denker" (1978, Bd. 1, S. 96, 97).

Erikson

Einflußreiche Theorien ziehen „Neos" nach sich: Neo-Piagetianer, Neo-Freudianer, Neo-Behavioristen und so fort. So regte Freuds Theorie trotz ihrer Defizite eine sehr heterogene Gruppe von brillianten und kreativen Theoretikern, Forschern und Therapeuten zu weiterführenden Arbeiten an. Sie erweiterten, ergänzten und modifizierten Freuds Sichtweise vor allem in zwei für die Entwicklungspsychologie relevanten Hinsichten.

Zunächst betonen viele Neo-Freudianer, insbesondere Hartmann (1960), die Entwicklung konfliktfreier Ich-Funktionen, wie Wahrnehmung, Gedächtnis und logisches Denken. Wo das Freudsche Ich verbietet und hemmt, wird durch das Neo-Freudsche Ich die Persönlichkeit integriert und strukturiert. Hartmann beschreibt ein Ich, das vom Es und von den Trieben partiell unabhängig ist. Das Ich entsteht nicht aus dem Es, sondern aus einer undifferenzierten Matrix, aus der sich sowohl das Es als auch das Ich entwickeln. Die kognitiven Prozesse des Ich stehen als eine Form der Anpassung an die Realität auch in den Arbeiten von Rapaport (1973), Gill (1959) und Klein (1970) im Mittelpunkt. White (1963) beschreibt darüber hinaus Exploration und Leistung als Möglichkeiten zur Befriedigung des Ich, die unabhängig von einer Befriedigung des Es sind. So wendet die psychoanalytische Theorie sich zunehmend nicht mehr nur dem abnormen, sondern auch dem normalen Verhalten zu.

Zweitens haben sich viele Neo-Freudianer von Freuds biologistischem Ansatz entfernt und die sozialen Determinanten der Entwicklung in ihre Theoriebildung mit einbezogen. Diese Hinwendung zu Fragen der Interaktion zwischen Ich und Gesellschaft verdankt die Entwicklungspsychologie im wesentlichen den Arbeiten von Erik Erikson, mit denen wir uns nun befassen wollen.

Biographischer Abriß

Erik Erikson wurde 1902 in Frankfurt am Main geboren und wuchs in Karlsruhe auf. Seine Wanderlust und sein Wunsch, Künstler zu werden, hinderten ihn daran, eine formale Ausbildung abzuschließen. Nach mehreren Jahren, in denen er umherzog, Kunst studierte und Kinderporträts zeichnete, engagierte ihn eine amerikanische Familie für ihre Kinder als Lehrer für Kunst und andere Fächer. Die Familie war nach Wien gekommen, weil die Eltern eine psychoanalytische Ausbildung absolvieren wollten. Nachdem Erikson auf diese Weise zufällig in den aufstrebenden Freudschen Zirkel hineingeriet, wurde er am Wiener Psychoanalytischen Institut zugelassen. Seine eigene Psychoanalyse, ein Teil der üblichen Ausbildung, wurde von Anna Freud geleitet. Eriksons Lehrer waren darüber hinaus Freud selbst, Heinz Hartmann, Ernst Kris, Helene Deutsch und andere herausragende Analytiker.

Die Bedrohungen durch den Faschismus zwangen Erikson 1933, in die Vereinigten Staaten zu emigrieren. Er wurde Bostons erster Psychoanalytiker für Kinder und erhielt eine Stelle an der Harvard Medical School. Später war er an zahlreichen bedeutenden Institutionen tätig, darunter in Yale, Berkeley und der Menninger Foundation. In der McCarthy-Ära sah Erikson im kalifornischen Loyalitätseid die persönliche und akademische Freiheit bedroht (Erikson, 1951) und ging wieder an die Ostküste zurück, insbesondere an das Austen Riggs Center in Stockbridge, Massachusetts, nach Harvard und an andere Universitäten. Schließlich kehrte er als Kliniker und Psychiater wieder an das Center for Advanced Study in the Behavioral Sciences in Palo Alto und das Mount Zion Hospital in San Francisco zurück.

Aus diesen unterschiedlichen Lebenssituationen, vom Kliniker bis hin zum Professor, speiste sich die Energie, mit der Erikson ein bemerkenswert breites Themengebiet bearbeitete. Er untersuchte die kriegsbedingten psychischen Störungen amerikanischer Soldaten, die am Zweiten Weltkrieg teilgenommen hatten, die Praktiken der Kindererziehung bei den Sioux in South Dakota und den Yurok an der Pazifikküste, das Spiel von psychisch gestörten und normalen Kindern, die Gespräche von Heranwachsenden in der Identitätskrise und das soziale Verhalten in Indien. Aus diesen Beobachtungen formten sich seine theoretischen Vorstellungen, die er in zahlreichen Veröffentlichungen, darunter den bekannten Schriften *Kindheit und Gesellschaft* (1984) und *Jugend und Krise* (1981), darstellte. Erikson beschäftigten durchgehend die sozialen Veränderungen in den Vereinigten Staaten – er schrieb über den Generationenkonflikt, Rassenkonflikte, jugendliche Kriminalität, sich verändernde Geschlechterrollen und die Gefahren des Atomkrieges. Hier hat sich die Psychoanalyse ganz offensichtlich weit von der Couch des Doktors in Wien entfernt.

Allgemeiner Überblick über die Theorie

Erikson übernimmt die allgemeinen Konzepte der Freudschen Theorie, die psychischen Strukturen, Unbewußtes und Bewußtsein, Triebe, psychosexuelle Phasen, das Kontinuum normal – abnorm sowie die psychoanalytische Methodologie. Da diese Konzepte und ihre Implikationen schon vorgestellt wurden, sollen in diesem Abschnitt Eriksons Ergänzungen der psychoanalytischen Theorie im Vordergrund stehen. Als Ergänzung der Freudschen Theorie führte Erikson acht psychosoziale Phasen ein, die den gesamten Lebenszyklus umfassen, und er untersuchte über Freud hinausgehend die Entwicklung der Identität und arbeitete Methoden aus, die über die strukturierte psychoanalytische Situation mit Erwachsenen hinausreichen. Ein Blick auf diese drei Beiträge soll als Orientierungshilfe für das Verständnis seiner Theorie dienen, wobei man beim Lesen der nun folgenden Zusammenfassung Bruners (1987, S. 8) Bemerkung im Gedächtnis behalten sollte – nämlich daß „es zwei Eriksons (gibt): der eine ein überraschend orthodoxer Psychoanalytiker, der sich mit den tradierten Lehren des Meisters identifiziert; der andere ein Moralist, Künstler und Intellektueller, der sich mit einer Kultur auseinanderzusetzen versucht, die anfängt, ihre Macht als Instrument zur Erfüllung des Potentials und der Erwartungen ihrer Mitglieder zu verlieren."

Psychosoziale Phasen

Erikson war aufgrund seiner Arbeit in verschiedenen Kulturen davon überzeugt, daß Freuds Theorie der psychosexuellen Entwicklung durch eine psychosoziale Dimension ergänzt werden mußte. Tabelle 2.1 stellt in Spalte A bis D verschiedene Aspekte der Theorie Eriksons sowie die Freudschen psychosexuellen Phasen (Spalte E) dar, die

Tabelle 2.1: Diagramm D

	A Psychosoziale Krisen	B Umkreis der Beziehungspersonen	C Elemente der Sozialordnung	D Psychosoziale Modalitäten	E Psychosexuelle Phasen
I	Vertrauen gg. Mißtrauen	Mutter	Kosmische Ordnung	Gegeben bekommen Geben	Oral-respiratorisch, sensorisch kinästhetisch (Einverleibungsmodi)
II	Autonomie gg. Scham, Zweifel	Eltern	»Gesetz und Ordnung«	Halten (Festhalten) Lassen (Loslassen)	Anal-urethral Muskulär (Retentiv-eliminierend)
III	Initiative gg. Schuldgefühl	Familienzelle	Ideale Leitbilder	Tun (Drauflosgehen) »Tun als ob« (= Spielen)	Infantil-genital Lokomotorisch (Eindringend, einschließend)
IV	Werksinn gg. Minderwertigkeitsgefühl	Wohngegend Schule	Technologische Elemente	Etwas »Richtiges« machen, etwas mit anderen zusammen machen	Latenzzeit
V	Identität und Ablehnung gg. Identitätsdiffusion	»Eigene« Gruppen, »die Anderen«. Führer-Vorbilder	Ideologische Perspektiven	Wer bin ich (wer bin ich nicht); das Ich in der Gemeinschaft	Pubertät
VI	Intimität und Solidarität gg. Isolierung	Freunde, sexuelle Partner, Rivalen, Mitarbeiter	Arbeits- und Rivalitätsordnungen	Sich im anderen verlieren und finden	Genitalität
VII	Generativität gg. Selbstabsorption	Gemeinsame Arbeit, Zusammenleben in der Ehe	Zeitströmungen in Erziehung und Tradition	Schaffen Versorgen	
VIII	Integrität gg. Verzweiflung	»Die Menschheit« »Menschen meiner Art«	Weisheit	Sein, was man geworden ist; wissen, daß man einmal nicht mehr sein wird	

jeweils den psychosozialen Phasen Eriksons entsprechen. Um die psychosexuelle und die psychosoziale Komponente zu veranschaulichen, kontrastiert Erikson (1973, S. 143) die autoerotische Lust des Kleinkindes am Sprechen (psychosexuelle Komponente) und die Rolle der sprachlichen Kommunikation beim Herausbilden der Beziehungen zu den Eltern und wichtigen anderen Personen (psychosoziale Komponente). In psychosozialer Sicht hat die körperliche Reifung sowohl individuelle als auch soziale Auswirkungen. Die Reifung verhilft dem Kind zu neuen Fertigkeiten und eröffnet ihm neue Möglichkeiten, erhöht aber auch die gesellschaftlichen Anforderungen – in diesem Falle die Forderung, daß es nicht mehr weinen, sondern sprechen soll, wenn es etwas will. Das Kind und seine Kultur „passen" zueinander. Jede Gesellschaft hat allgemein akzeptierte Normen entwickelt, um den Bedürfnissen eines Kindes in den verschiedenen Stufen der Reifung entgegenzukommen. Das gilt für die Erziehung durch die Eltern, die Schule, gesellschaftliche Institutionen, Beschäftigungen, bestimmte Wertvorstellungen und so weiter. Erikson spricht von einer „Verzahnung" der Lebenszyklen, wenn beispielsweise das Bedürfnis von Erwachsenen, für Kinder zu sorgen, mit dem Bedürfnis der Kinder nach elterlicher Fürsorge zusammenfällt. Anders gesagt ist jedes Kind ein Lebenszyklus „in einer Gemeinschaft von Lebenszyklen" (1973, S. 152). Das Kind ist von Menschen umgeben, die sich selbst über verschiedene Phasen weiterentwickeln. Während die Kultur sich über viele Generationen hinweg dem Kind angepaßt hat, paßt sich das Kind an die Kultur an, wenn sich beispielsweise ein Kindergartenkind an die als „Schule" bezeichneten verwirrenden neuen Erfahrungen anpaßt.

Die psychosoziale Entwicklung ist in zweierlei Hinsicht kulturell relativ. Kinder durchlaufen in allen Kulturen dieselbe Sequenz von Phasen, aber jede Kultur steuert und fördert das Verhalten des Kindes auf allen Altersstufen auf ihre eigene idiosynkratische Weise. Erikson beobachtete beispielsweise, daß Sioux-Mütter ihre Kinder im Sinne einer dem Wertesystem ihrer Gesellschaft entsprechenden grundsätzlichen Großzügigkeit mehrere Jahre lang stillen. Zugleich aber schlagen sie ihre männlichen Babys auf den Kopf, wenn sie die Mutter in die Brustwarze beißen – in der Überzeugung, daß die Kinder, wenn sie vor Wut ganz blau werden, zu tüchtigen Jägern heranwachsen. Ihre Mädchen erziehen sie dazu, im Hinblick auf ihre dienende Rolle im Verhältnis zu ihren Jäger-Ehemännern scheu und ängstlich zu reagieren. Zweitens gibt es innerhalb einer Kultur, bedingt durch historische Veränderungen, relative Unterschiede. Institutionen, die den Bedürfnissen einer älteren Generation entsprechen, können sich für die nächste durchaus als ungeeignet erweisen. Industrialisierung, Verstädterung, Immigration, Wirtschaftskrise und Bürgerrechtsbewegung bewirkten Veränderungen im Hinblick darauf, was Kinder lernen mußten, um in ihrer Zeit eine gesunde Persönlichkeit zu entwickeln.

Die psychosoziale Entwicklung folgt dem *epigenetischen Prinzip*. Dieser Begriff setzt sich zusammen aus *epi*, „auf", und *genesis*, „Werden", und ist dem Bereich der fötalen Entwicklung entlehnt:

> „Etwas verallgemeinert besagt dies Prinzip, daß alles was wächst, einen Grundplan hat, und daß die Teile aus diesem Grundplan heraus erwachsen, wobei jeder Teil seinen Zeitpunkt der speziellen Aszendenz besitzt, bis alle Teile entstanden sind, um ein funktionierendes Ganzes zu bilden . . . Bei der Geburt läßt der Säugling den chemischen Austausch des Schoßes hinter sich und tritt dafür in das soziale Austauschsystem seiner Gesellschaft ein, wo seine allmählich zunehmenden Fähigkeiten auf die Möglichkeiten und Einschränkungen seiner Kultur treffen."
>
> [Erikson 1981, S. 92]

Wie der Fötus differenziert sich auch die Persönlichkeit immer weiter und bildet eine hierarchisch organisierte Struktur aus, während sie sich in einer spezifischen Umwelt entfaltet und umgekehrt von ihr geformt wird. Wie Tabelle 2.1 zeigt, vollzieht sich diese Entfaltung in mehreren Dimensionen. Sie erfolgt im Prozeß der Reifung über eine Reihe psychosozialer „Krisen" oder Fragen, über die das Kind den Radius seiner signifikanten Beziehungen immer weiter ausdehnt. In anderen Dimensionen werden bestimmte Elemente der sozialen Ordnung oder Struktur in die Begrifflichkeit des Kindes übertragen, und es entwickelt sich über eine Reihe psychosozialer Modi oder Formen des „Seins" und Interagierens in der Gesellschaft. Kurzum, die Entwicklung des Kindes verläuft nach einer Reihe angeborener Gesetzmäßigkeiten, aus denen sich eine Abfolge von Möglichkeiten der signifikanten Interaktion mit den für das Kind wichtigen Personen entwickelt.

Wir wollen nun eine allgemeine Charakterisierung der acht Phasen geben, bevor wir sie im einzelnen darstellen. Körperliche Reifung und Anforderungen der Gesellschaft erzeugen acht Krisen oder Kernprobleme, die das Kind bewältigen muß. Jede Krise ist in einer spezifischen Phase des Lebenszyklus bestimmend, bleibt aber in irgendeiner Form über die gesamte Entwicklung hinweg präsent. Die Entwicklung der Autonomie beispielsweise ist das beherrschende Problem des zweiten Lebensjahres, sie wird aber auch im ersten Lebensjahr schon vorbereitet und in späteren Phasen weiter differenziert.

Erikson beschreibt jede Krise als eine Dimension mit potentiell positiven und negativen Ergebnissen, beispielsweise Autonomie versus Scham und Zweifel. Im Idealfall entwickelt das Kind innerhalb dieser Dimensionen ein günstiges Verhältnis, so daß die positiven Aspekte gegenüber den negativen überwiegen. Jeder Mensch muß beispielsweise wissen, wann es besser ist zu vertrauen und wann er besser mißtrauisch sein sollte, aber insgesamt gesehen sollte er dem Leben vertrauensvoll gegenüberstehen.

Werden die Krisen der Kindheit nicht befriedigend gelöst, dann trägt der Mensch diese frühen Kämpfe auch später in seinem Leben noch aus. Viele Erwachsene kämpfen immer noch um ihre Identität. Erikson nimmt optimistisch an, es sei niemals zu spät, diese Krisen zu lösen.

Im Hinblick auf die Integration der aufeinander folgenden Phasen ist Eriksons Theorie zwischen der stark integrierten Theorie Piagets und der schwach integrierten Freudschen Theorie angesiedelt. Jede Phase baut auf die vorangegangenen auf und nimmt Einfluß auf die Form der nachfolgenden Phasen. Wie Erikson es formuliert: „Jede Phase fügt allen nachfolgenden Phasen etwas Spezifisches hinzu und arrangiert alle früheren neu" (Evans, 1967, S. 41).

Die zentrale Rolle der Identität

Anders als Freud, der fragt, wie der Mensch sich seiner unlustbetonten Empfindungen erwehrt – ein Ansatz, der ein wenig negativ ist –, geht Erikson von einer positiveren Fragestellung aus. Er behauptet, daß ein wesentlicher Topos des menschlichen Lebens das Streben nach *Identität* ist. Mit diesem Begriff bezeichnet er „ein bewußtes Gefühl der individuellen Identität, . . . das unbewußte Streben nach einer Kontinuität des persönlichen Charakters, . . . ein Kriterium der stillschweigenden Akte der Ich-Synthese (und) . . . das Festhalten an einer inneren Solidarität mit den Idealen und der Identität einer Gruppe" (Erikson, 1973, S. 124 f). Anders formuliert heißt eine eigene Identität entwickeln, daß man das eigene Selbst und die Gesellschaft, in der man lebt, erkennt und akzeptiert. Unser Leben lang stellen wir uns die Frage „Wer bin ich?", die wir uns in jeder Phase anders beantworten. Wenn alles gutgeht, wird das Gefühl des Kindes für seine Identität am Ende einer jeden Phase auf einer neuen Ebene bestätigt. Die Entwicklung der Identität erreicht in der Adoleszenz ihren Höhepunkt, aber sie setzt, wie Erikson feststellt, bereits ein, wenn der Säugling „zunächst seine Mutter erkennt und sich von ihr erkannt fühlt, wenn ihre Stimme ihm sagt, daß er jemand mit einem eigenen Namen ist und daß er geliebt wird" (Evans, 1967, S. 35).

So wandelt sich die Identität von einer Phase zur nächsten, und frühe Formen der Identität beeinflussen die späteren Formen. Dieser Prozeß gleicht der Überarbeitung eines Konzepts (beispielsweise des Kausalitätsbegriffs) in den aufeinanderfolgenden Stadien der Theorie Piagets.

Erikson hatte in seinen Wanderjahren und als amerikanischer Einwanderer das Bedürfnis entwickelt, sich eine Identität zu schaffen: „Als Einwanderer . . . mußte ich mit einer jener elementaren Neudefinitionen der Identität fertig werden, vor die sich jeder Mensch gestellt sieht, der seine Landschaft und seine Sprache und zugleich alle 'Bezugspunkte' verloren hat, auf die sich seine ersten sensorischen und sinnlichen Eindrücke und damit auch einige seiner konzeptuellen Vorstellungen gestützt haben" (Evans, 1967, S. 41). Aus seinen Gesprächen mit Huey P. Newton (1973) wird deutlich, daß ihm besonders bewußt war, wie schwer es für Angehörige von Minderheiten ist, eine Identität herauszubilden. Er führte den Begriff der „Identitätskrise" ein, um den Verlust der Identität zu bezeichnen, den er bei Soldaten des Zweiten Weltkrieges beobachtet hatte. Ein ähnliches Problem sah er bei verhaltensauffälligen Jugendlichen, die „mit ihrer Gesellschaft im Kriegszustand stehen" (Erikson, 1981, S. 13). Schließlich erkannte er, daß sich das Problem der Identität, wenn auch gewöhnlich in geringerem Ausmaß, im Leben eines jeden einzelnen stellt und daß es zugleich ein zentrales Problem unserer Zeit ist: „Wenn es die Vater-Sohn-Beziehung war, die das letzte Jahrhundert beherrscht hat, dann ist es in unserem die Vorstellung vom Selfmademan, der sich die Frage stellt, was aus ihm werden soll" (Evans, 1967, S. 41).

Die Erweiterung der psychoanalytischen Methodologie

Erikson hat drei Methoden der entwicklungspsychologischen Forschung beigesteuert: die unmittelbare Beobachtung von Kindern, interkulturelle Vergleiche und psychologische Porträts historischer Persönlichkeiten. Durch seine frühen Erfahrungen mit Kindern und seine Kontakte zu Anna Freud, die sich mit der Beobachtung von Kindern und der Spieltherapie befaßte, war ihm vom Anfang seiner Laufbahn an sowohl die Welt von normalen als auch die von psychisch kranken Kindern vertraut. Die Verlagerung seines Arbeitsschwerpunkts von der Couch zum Spielzimmer begründete er: „. . . wir müssen den handelnden Menschen erforschen und nicht nur den Menschen, der über die Wirklichkeit reflektiert" (Evans, 1967, S. 91).

Eriksons Schriften sind durchsetzt mit kontrastierenden Beispielen aus unterschiedlichen Kulturen. Er ist fasziniert von den kulturspezifischen Ausprägungen der universellen Entwicklungsphasen. Seine Ausflüge in die Kultur-Anthropologie machen die Grenzen der ursprünglichen Freudschen Theorie deutlich, die sich fast ausschließlich auf die Krankengeschichte psychisch gestörter Patienten aus dem Wien der Jahrhundertwende stützte.

Zu Eriksons interessantesten Schriften gehören seine psychologischen Porträts historischer Persönlichkeiten. Es handelt sich dabei um Analysen der psychosozialen Entwicklung bekannter Persönlichkeiten, wie sie in ihren eigenen Schriften und Zeugnissen von Zeitgenossen zum Ausdruck kommt. Erikson ist der Auffassung, daß sich bei Hitlers Aufstieg die spezifische Identitätssuche eines Individuums und das Bedürfnis einer ganzen Nation nach einer positiveren Identität vermischten (Erikson, 1984). In *Der junge Mann Luther* (1975) beschreibt Erikson einen schwierigen Heranwachsenden, der sich weigerte, dem Wunsch seines strengen Vaters entsprechend das Studium der Juristerei aufzunehmen, der gegen die Autoritäten der Kirche aufbegehrte und einem Glauben anhing, aus dem er ein wahrhaftiges Gefühl der Identität zog. Zu Eriksons übrigen historischen „Patienten" zählen Maxim Gorki (1984) und George Bernard Shaw (1973). Für seine Biographie *Gandhis Wahrheit: Über die Ursprünge der militanten Gewaltlosigkeit* (1978) erhielt er den Pulitzer-Preis und den National Book Award in Philosophie und Religion.

Die einzelnen Phasen

Erikson unterteilt den gesamten Lebenszyklus in die „acht Lebensalter des Menschen." Bei diesen acht Lebensaltern handelt es sich um acht kritische Perioden, in denen verschiedene lebenslang vorhandene Ich-Bedürfnisse kulminieren. (Tabelle 2.1 vermittelt einen Überblick über diese Phasen).

Phase 1: Urvertrauen versus Mißtrauen
(von der Geburt bis zu etwa einem Jahr)

In Tabelle 2.1 erkennen wir, daß die Hauptaufgabe im Säuglingsalter darin besteht, ein günstiges Verhältnis von Vertrauen und Mißtrauen zu entwickeln. Neigt sich die Waage eher dem Vertrauen zu, hat das Kind eine größere Chance, die späteren Krisen zu bewältigen, als wenn sie sich dem Mißtrauen zuneigt. Erikson definiert das Urvertrauen als „sowohl ein wesenhaftes Zutrauen zu anderen als auch ein fundamentales Gefühl der eigenen Vertrauenswürdigkeit" (1981, S. 97) und das Gefühl, daß „es zwischen den eigenen Bedürfnissen und der eigenen Umwelt eine gewisse Übereinstimmung gibt" (Evans, 1967, S. 15).

Im Grunde ihres Wesens vertrauensvolle Kinder können vorhersehen, daß ihre Mutter sie füttert, wenn sie hungrig sind, und sie tröstet, wenn sie Angst oder Schmerzen haben. Sie werden zulassen, daß die Mutter sich aus ihrem Gesichtsfeld entfernt, weil sie darauf vertrauen, daß sie zurückkehrt. So wird die Mutter zur wichtigsten Bezugsperson, die das Urvertrauen ihres Kindes durch einfühlsames Eingehen auf die individuellen Bedürfnisse des Säuglings und ein sicheres Gespür für persönliche Verläßlichkeit im verläßlichen Rahmen ihrer gemeinsamen Kultur vermittelt (Erikson, 1963). Säuglinge entwickeln Selbstvertrauen, weil sie das Gefühl haben, von anderen akzeptiert zu werden, und weil ihnen ihre körperlichen Bedürfnisse immer vertrauter werden. Dieses Vertrauen in sich selbst und ihre kleine Welt entspricht dem religiösen Glauben an eine „kosmische Ordnung" (Spalte C).

Auch von der Seite der Mutter her muß Vertrauen da sein – Vertrauen in ihre Fähigkeiten als Mutter und in die Bedeutung ihrer Rolle. Erikson (1950b) verweist auf eine Äußerung von Benjamin Spock: „Um gute Eltern zu sein, muß man an die Spezies glauben – irgendwie."

Ein gewisses Maß an Mißtrauen ist in allen Altersstufen notwendig, um drohende Gefahren und unangenehme Erfahrungen voraussehen und zwischen aufrichtigen und unaufrichtigen Menschen unterscheiden zu können. Gewinnt das Mißtrauen allerdings die Oberhand über das Vertrauen, dann kann es passieren, daß ein Kind, oder später ein Erwachsener, frustriert und argwöhnisch wird, sich abkapselt und zu wenig Selbstvertrauen entwickelt.

Die spezifischen oralen Erfahrungen – Saugen, Beißen, Zahnen und Abstillen – sind Prototypen der psychosozialen Modi des Nehmens und Gebens (Spalte D). Der Säugling „verleibt sich" durch alle seine Sinne Stimulationen „ein", ganz ähnlich wie das Piagetsche Kind „assimiliert." Indem er von seiner Mutter und der Welt nimmt, legt er die Grundlagen für seine spätere Rolle als Geber an andere.

Phase 2: Autonomie versus Scham und Zweifel
(etwa von zwei bis drei Jahren)

Mit der weiteren neurologischen und muskulären Entwicklung lernt das Kind zu gehen, zu sprechen und seinen Stuhlgang zu kontrollieren. Mit zunehmender körperlicher und seelischer Unabhängigkeit öffnen sich neue Möglichkeiten der Persönlichkeitsentwicklung. Gleichzeitig aber wird es in neuer Weise verwundbar – es ängstigt sich vor Trennung von den Eltern, fürchtet, seinen Stuhlgang nicht immer kontrollieren zu können, und verliert bei Mißerfolgen an Selbstachtung.

Nun prallen unweigerlich verschiedene Willenskräfte aufeinander. Erikson spricht von den finsteren Mächten, „die gefesselt und entfesselt werden, zumal in dem Kleinkrieg verschieden starker Willenskräfte, denn das Kind ist seinen eigenen heftigen Trieben oft nicht gewachsen, und das Kräfteverhältnis Eltern – Kind ist ungleich" (1973, S. 76). Im Idealfall schaffen die Eltern eine das Kind unterstützende Atmosphäre, in der es ein Gefühl für Selbstkontrolle entwickeln kann, ohne seine Selbstachtung zu verlieren.

Während die positive Komponente dieser Phase die Autonomie ist, sind die negativen Scham und Zweifel: „Wer sich schämt, glaubt sich exponiert und beobachtet, ist unsicher und befangen. Man fühlt sich den Blicken der Welt höchst unvorbereitet ausgesetzt; so träumt man in Schamträumen, daß man unvollständig bekleidet, im Nachthemd, ohne Hosen auf der Straße steht. Scham drückt sich schon früh in dem Impuls aus, das Gesicht zu verstecken oder am liebsten in die Erde versinken zu wollen" (1973, S. 79). Zweifel hat zu tun mit dem unbekannten „Dahinter", das das Kind nicht sehen kann, aber zu kontrollieren versuchen muß. Scham und Zweifel im Hinblick auf die eigene Selbstkontrolle und Unabhängigkeit entstehen dann, wenn das Urvertrauen nicht ausreichend entwickelt wurde oder verlorenging, wenn die Sauberkeitserziehung zu früh oder zu rigide war, oder wenn der Wille des Kindes durch überkontrollierende Eltern „gebrochen" wurde.

Die durch die Eltern vermittelten kulturellen Normen formen die neuen Kompetenzen eines Kleinkindes und verleihen ihnen Bedeutung. So legen beispielsweise nicht alle Kulturen gleich viel Wert auf die anale Kontrolle. Erikson schreibt dazu: „Hier hat das Maschinenzeitalter offenbar das Ideal eines mechanisch trainierten, fehlerlos funktionierenden und stets sauberen, pünktlichen und geruchlosen Körpers beigesteuert" (1973, S. 77). In der Kultur der Sioux dagegen ist kein solches Interesse vorhanden. Die Kinder der Sioux versuchen, es den älteren Kindern gleichzutun und werden auf diese Weise bis zum Schuleintritt sauber.

Der psychosoziale Modus dieser Phase ist Festhalten versus Loslassen, der Gegenpart zu Retention und Elimination. Diese Ambivalenz prägt Einstellung und Verhalten des Kindes. Kleinkinder horten beispielsweise oft eifersüchtig ihre Spielsachen oder andere Gegenstände und bemühen sich, sie zu verstecken, und dann wieder werfen sie sie absichtlich aus dem fahrenden Auto oder geben sie einem Freund. Am einen

Morgen kommt die Mutter zu spät zur Arbeit, weil ihr Zweijähriger unerbittlich darauf beharrt hat, jeden einzelnen Knopf seines Hemdes selbst zuzuknöpfen, während der junge Dr. Jekyll-Mr. Hyde am anderen Morgen vor Wut brüllt, weil seine Mutter ihm nicht beim Anziehen geholfen hat. Eine mangelnde Koordination der sich widersprechenden Tendenzen zum Festhalten und Loslassen kann den von Freud beschriebenen „Analcharakter" hervorbringen, der überkontrolliert, zwanghaft, unordentlich, schlampig oder rigide ist.

In dieser zweiten Phase stößt das Kind auf Regeln, die bestimmen, wann es zur Toilette gehen kann oder welche Bereiche des Hauses es erkunden darf. Diese Regeln sind ein erster Hinweis auf die von „Recht und Ordnung" geprägte Gesellschaft, mit der es konfrontiert sein wird (Spalte C der Tabelle 2.1). Hier geht es nach Erikson um die Frage, „ob wir die Regeln beherrschen, mit welchen wir uns die Welt handlicher (nicht aber komplizierter) zu machen wünschen, oder ob die Regeln uns beherrschen" (1973, S. 85). In einer gut funktionierenden Gesellschaft wird das bei Kindern geförderte Gefühl der Autonomie ihr ganzes Leben lang durch entsprechende ökonomische und politische Strukturen aufrechterhalten.

Phase 3: Initiative versus Schuldgefühl (etwa von vier bis fünf Jahren)

„Das Kind weiß jetzt sicher, daß es ein Ich ist; nun muß es herausfinden, was für eine Art von Person es werden will. Und dabei greift es gleich nach den Sternen: es will so werden wie Vater und Mutter, die ihm sehr mächtig und sehr schön, obwohl ganz unvernünftig gefährlich erscheinen" (1973, S. 87). Der Topos dieser Phase ist die Identifikation der Kinder mit ihren Eltern, die als groß, mächtig und invasiv wahrgenommen werden. Erikson beschreibt die Identifikation über den Ödipuskomplex grundsätzlich so wie Freud, stellt aber die sozialen Komponenten gegenüber den sexuellen in den Vordergrund. Wie wir in der Freudschen Theorie gesehen haben, bringt die Identifikation die Herausbildung des Gewissens sowie eine Reihe von Interessen, Einstellungen und geschlechtsspezifischen Verhaltensweisen mit sich.

Der elementare psychosoziale Modus dieser Phase ist das „Machen", das heißt sich einen Weg bahnen, die Initiative ergreifen, Ziele entwickeln und verwirklichen und mit anderen konkurrieren. Mit T. S. Eliot könnten wir sagen, daß Kinder der dritten Phase es wagen, sich am Universum zu vergreifen. Dieser Modus „umfaßt das Eindringen auf und in andere durch physischen Angriff; das Eindringen in die Ohren und das Bewußtsein anderer durch aggressives Reden; das Eindringen in den Raum durch kraftvolles Umherlaufen; das Eindringen in das Unbekannte durch eine unersättliche Wißbegier" (1973, S. 89). Unterstützt wird die Initiative der Kinder durch zunehmende Mobilität, körperliche Geschicklichkeit, Sprachvermögen, kognitive Fertigkeiten und kreative Phantasie.

Ein Kind nimmt seine Position irgendwo entlang der Dimension von erfolgreicher Initiative und überwältigenden Schuldgefühlen ein, wie sie ein übertrieben strenges Gewissen hervorruft, das sexuelle Phantasien und unmoralische Gedanken oder Verhaltensweisen bestraft. Eine Gefahr liegt für ein Kind auch darin, daß es das Gefühl haben kann, es müsse ständig etwas tun, ständig konkurrieren, ständig etwas „machen", um als Person wertvoll zu sein.

Die zu dieser Phase gehörigen Elemente der sozialen Ordnung sind „ideale Leitbilder" (Spalte C). Sie beziehen sich auf soziale Rollen wie Polizist, Lehrer, Astronaut, Präsident und „Held".

Phase 4: Werksinn versus Minderwertigkeitsgefühl
(von etwa sechs Jahren bis zur Pubertät)

Nun beginnt das Lebensalter des „Unternehmergeistes". Kinder wollen nun in die größere Welt des Wissens und der Arbeit eintreten. Ihr Motto ist „Ich bin, was ich lerne" (1973, S. 98). Das große Ereignis ist der Schuleintritt, wo Kinder mit der Technologie ihrer Gesellschaft konfrontiert werden, mit Büchern, dem Einmaleins, Werk- und Handarbeitsunterricht, Landkarten, Mikroskopen, Filmen und Kassettenrecordern als Lernmittel. Sie lernen aber nicht nur in der Schule, sondern auch auf der Straße, bei Freunden und bei sich zu Hause.

Gelungene Erfahrungen vermitteln einem Kind das Gefühl, geschickt, kompetent und sachkundig zu sein, während Mißerfolge ihm das Gefühl geben, es sei unvollkommen, minderwertig und zu nichts zu gebrauchen. Kinder bemühen sich nun, die Dinge, die sie angefangen haben, gut zu machen und zu einem Abschluß zu bringen. Die Jahre, in denen Urvertrauen, Autonomie und Initiative aufgebaut wurden, waren die Vorbereitung für diesen energischen Eintritt in unsere technologische Zivilisation. Erikson stellt fest, daß sich dieses Stadium insofern von den drei ersten unterscheidet, als es „nicht aus einem heftigen inneren Aufschwung zu einer neuen Bemeisterung führt" (1973, S. 105). Es handelt sich um eine ruhigere Periode, eine Zeit der psychosexuellen Latenz.

Phase 5: Identität und Ablehnung versus Identitätsdiffusion
(Adoleszenz)

Erikson zitiert einen Spruch aus einer Cowboybar im Westen der USA: „Ich bin nicht, was ich sein sollte, ich bin nicht, was ich sein werde, aber ich bin nicht mehr, was ich war" (1973, S. 112). Weiter oben haben wir festgestellt, daß die Suche nach einer eigenen Identität der rote Faden ist, der sich durch alle Phasen der Entwicklung zieht:

> „Genetisch betrachtet, zeigt sich der Prozeß der Identitätsbildung als eine sich entfaltende Konfiguration, die im Laufe der Kindheit durch sukzessive Ich-Synthesen und Umkristallisierungen allmählich aufgebaut wird; es ist eine Konfiguration, in die nacheinander die konstitutionellen Anlagen, die Eigentümlichkeiten libidinöser Bedürfnisse, bevorzugte Fähigkeiten, bedeutsame Identifikationen, wirkungsvolle Abwehrmechanismen, erfolgreiche Sublimierungen und sich verwirklichende Rollen integriert worden sind."

[1973, S. 144]

Vertrauen, Autonomie, Initiative und Unternehmergeist tragen gemeinsam zur Identitätsbildung bei, die in der fünften Phase einen Höhepunkt erreicht. Rasch aufeinanderfolgende physiologische Veränderungen bringen einen „neuen" Körper hervor, mit dessen sexuellen Impulsen Heranwachsende nicht vertraut sind. Diese Veränderungen und der gleichzeitig einsetzende soziale Druck, sich für einen bestimmten Beruf oder eine Ausbildung zu entscheiden, zwingen Jugendliche, unter einer Vielzahl von Rollenmodellen ihre Wahl zu treffen. Im wesentlichen geht es jetzt darum, die verschiedenen aus der Kindheit übernommenen Identifikationen in eine vollständigere Identität zu integrieren. Erikson weist darauf hin, daß dieses Ganze (die Identität) mehr ist als die Summe seiner Teile (vorherige Identifikationen). Die neu zusammengesetzte Identität entspricht den neuen Bedürfnissen, Fertigkeiten und Zielen der Adoleszenz. Gelingt es den Heranwachsenden nicht, ihre Identifikationen, Rollen und Selbstheiten zu integrieren, droht eine „Identitätsdiffusion." Die Persönlichkeit wird zersplittert, es fehlt ihr an innerem Zusammenhalt. Erikson zitiert Biff aus Arthur Millers *Tod eines Handlungsreisenden*: „Ich kann es einfach nicht zu fassen kriegen, Mutter, ich kann das Leben nirgends festhalten" (1973, S. 110). Dieses Problem kann sich noch verschärfen, wenn ein Heranwachsender einer Minderheit angehört, hinsichtlich seiner sexuellen Orientierung unsicher ist, sich übermäßig mit einem Elternteil identifiziert oder allzu viele berufliche Rollenmodelle zur Auswahl stehen.

Im psychosozialen Modus dieser Phase geht es um die Frage, wer bin ich oder wer bin ich nicht. In Hamlets Monolog um „Sein oder Nichtsein" kommt diese Verwirrung und Rollenkonfusion zum Ausdruck (Erikson, 1988). Jugendliche suchen ihre wahre Identität in ihrem Bekannten- und Freundeskreis, in Clubs, religiösen Gemeinschaften, politischen Bewegungen und so weiter. Solche Gruppen bieten ihnen die Möglichkeit, neue Rollen auszuprobieren – ganz ähnlich wie das Anprobieren neuer Kleidungsstücke beim Einkauf. Die gesellschaftlich vorherrschende Ideologie ist auf der Ebene der sozialen Ordnung das Pendant dieser Phase, das Heranwachsende lenkt, indem vermittelt wird, welche Rollen in der sozialen Werteskala positiv besetzt sind.

Phase 6: Intimität und Solidarität versus Isolierung (Beginn des Erwachsenenalters)

Psychologisch ist Intimität mit anderen (oder auch sich selbst) nur möglich, wenn in der fünften Phase eine einigermaßen gut integrierte Identität ausgebildet wurde. Wenn Jugendliche fürchten, sich bei einem anderen Menschen selbst zu verlieren, dann können sie ihre Identität nicht mit jemand anderem verbinden. Zwar bauen junge Menschen in dieser Zeit gewöhnlich entscheidende Beziehungen zum anderen Geschlecht auf, aber diese Phase ist auch von gleichgeschlechtlichen Freundschaften und vom Zugang zu den eigenen innersten Gefühlen und Gedanken geprägt. Solche Beziehungen fördern die Identitätsbildung und damit die Entwicklung der Persönlichkeit. Ein Aspekt der Intimität ist das Gefühl der Solidarität der „Wir"-Gruppe gegenüber und die Abwehr von Einflüssen und Menschen, „die einem für das eigene Wesen gefährlich erscheinen" (1973, S. 115). Mißlingen diese Versuche, Intimität herzustellen, dann ziehen sich junge Erwachsene in die Isolation zurück. In diesem Fall werden die sozialen Beziehungen stereotyp, gefühllos und hohl.

Phase 7: Generativität versus Stagnation und Selbstabsorption (mittleres Erwachsenenalter)

Generativität bezeichnet „das Interesse an der Erzeugung und Erziehung der nächsten Generation" (1973, S. 117), also die Erziehung von Kindern oder andere kreative oder produktive Unterfangen. Nun verhalten sich Eltern natürlich nicht schon deshalb generativ, weil sie Kinder in die Welt setzen. Das Vertrauen in die Zukunft, der Glaube an die Menschheit und die Fähigkeit, sich auch für andere Menschen einzusetzen, scheinen in dieser Phase Voraussetzungen der Persönlichkeitsentwicklung zu sein. Man muß nicht unbedingt selbst Kinder haben, sondern kann durchaus auch etwas dafür tun, daß die Kinder anderer Menschen in eine bessere Welt hineingeboren werden. So stellt die siebte Phase also Mechanismen zur Verfügung, die dazu beitragen, daß die Kontinuität der menschlichen Gemeinschaft von Generation zu Generation gewahrt bleibt. Mangelnde Generativität führt zu Stagnation, Selbstabsorption (Selbstverwöhnung) und Langeweile und verhindert psychisches Wachstum.

Phase 8: Integrität versus Verzweiflung (spätes Erwachsenenalter)

In dieser letzten Phase muß jeder Mensch mit dem leben, was er im Leben aufgebaut hat. Im Idealfall hat er seine *Integrität* erreicht. Dazu gehört, daß man die Begrenztheit des menschlichen Lebens akzeptiert, daß man das Gefühl hat, Teil einer umfassenderen Geschichte zu sein, die auch frühere Generationen mit einschließt, daß man sich der Weisheit des Alters gewiß ist und alle vorhergehenden Phasen letztendlich integriert. Die Antithese der Integrität ist die Verzweiflung – die Trauer um das, was man in seinem Leben getan oder nicht getan hat, die Furcht vor dem nahenden Tod und der Ekel vor sich selbst. In dem vor kurzem erschienenen Buch *Vital Involvement in Old Age* (Erikson, Erikson und Kivnick, 1986) wird dargestellt, wie wichtig es ist, daß Menschen auch im Alter noch ihre Umwelt aktiv beeinflussen und herausfordern, während sie gleichzeitig umgekehrt selbst unter dem Einfluß dieser Umwelt stehen.

Kommentar: Neuere Forschungsarbeiten zum Phasenkonzept Eriksons

Marcia (1980) hat zwei Eriksonsche Konzepte, Krise und innere Verpflichtung, weiter untersucht: „Als Krisen werden Perioden im Leben des Heranwachsenden bezeichnet, in denen er aktiv zwischen verschiedenen beruflichen Orientierungen und Überzeugungen zu wählen scheint. Die innere Verpflichtung kennzeichnet das Maß des persönlichen Engagements für eine Beschäftigung oder eine Überzeugung" (1967, S. 119). Fehlen und Vorhandensein von Krise und innerer Verpflichtung bestimmen über den *Identitätsstatus* des einzelnen. Die von einer *Identitätsdiffusion* geprägte Persönlichkeit hat weder Identitätskrise noch Engagement jemals kennengelernt, läßt sich deshalb leicht von anderen beeinflussen und wechselt häufig ihre Überzeugungen. Die der Ausschließlichkeit verhaftete Persönlichkeit engagiert sich, ohne eine Identitätskrise durchgemacht zu haben. Sie übernimmt unbesehen Überzeugungen, Einstellungen und berufliche Orientierungen, die ihr von anderen vorgegeben sind. Die von einem *Moratorium* charakterisierte Persönlichkeit befindet sich in einem Zustand der hochgradigen Identitätskrise und kann sich noch nicht engagieren. Und die Persönlichkeit mit einer *abgeschlossenen Identität* hat eine Identitätskrise erfolgreich hinter sich gebracht und engagiert sich für eine Reihe persönlicher Interessen.

Eriksons Sequenzen müssen nicht universal gültig sein. So kann beispielsweise der Ablauf der Phasen bei Männern und Frauen und in verschiedenen Kulturen variieren. Gilligan etwa weist darauf hin, daß bei Männern die Identitätsbildung der Möglichkeit zur Intimität vorauszugehen scheint. Umgekehrt „erleben sich Mädchen, indem sie sich als weiblich identifizieren, als ihren Müttern gleichend und verschmelzen somit das Erlebnis der Bindung mit dem Prozeß der Identitätsbildung" (1988, S. 16).

Ein letztes Beispiel für die derzeitige Eriksonsche Forschung ist das neuerliche Interesse an der Ich-Entwicklung. Snarey, Kohlberg und Noam (1983) haben einen hilfreichen Bezugsrahmen für den Vergleich verschiedener Theorien der Ich-Entwicklung vorgelegt und diese Theorien in drei Kategorien eingeteilt. Der erste Typus ist – wie Piagets Theorie der kognitiven Stadien – durch strukturell definierte Stadien gekennzeichnet. Beim zweiten Theorientypus sind die Stadien über das Alter, beispielsweise den Beginn des Schulalters zwischen fünf und sieben Jahren, definiert. Der dritte Typus, für den Eriksons Theorie beispielhaft ist, setzt funktional definierte Stadien voraus, die aus der Interaktion von strukturellen und kulturellen Faktoren entstehen. Beim Schuleintritt etwa stehen Kinder vor der Aufgabe, bestimmten Leistungsanforderungen zu genügen, einmal, weil sie in der Regel über die dafür erforder-lichen kognitiven Strukturen verfügen, und auch, weil die Gesellschaft auf dem Stand-punkt steht, sie seien in einem Alter, in dem Kinder zur Schule gehen müssen. Auch Coté und Levine (1987), Meacham und Santilli (1982) und andere haben sich in jüngerer Zeit um eine Weiterentwicklung und Klärung der Eriksonschen Phasen be-müht.

Mechanismen der Entwicklung

Nach dem epigenetischen Prinzip beruht Entwicklung auf Kräften, die die Verände-rungen über die einzelnen Phasen hinweg vorantreiben. Die körperliche Reifung gibt den Zeitplan der Entwicklung vor. Innerhalb der von ihr gesetzten Grenzen kann die jeweilige Kultur antreiben, verzögern, fördern und zerstören. Nach Erikson übt die Gesellschaft ihren Einfluß auf den sich entwickelnden Organismus auf vielerlei Ebe-nen aus, die von der abstrakten Ideologie einer Gesellschaft bis hin zum Liebkosen der Eltern reichen. Viele der Freudschen Entwicklungsmechanismen lassen sich in Erik-sons Liste der Entwicklungsmechanismen einfügen: Hierzu zählen Triebe, innere und von außen kommende Frustrationen, Bindung und Identifikation. Erikson bezieht sich allerdings kaum auf Freuds Äquilibrationsprozeß der Spannungsreduktion, da er Ent-wicklung eher als Lösung von Konflikten durch einander widerstrebende Kräfte sieht. Das Kind lernt, Gegensätze wie Festhalten und Loslassen, Initiative und Schuldgefüh-le, biologische und psychologische Ebene und so weiter zu integrieren.

Erikson hat sich außerdem mit dem Spiel als einem spezifischeren Entwicklungsme-chanismus befaßt (*Kinderspiel und politische Phantasie: Stufen in der Ritualisierung der Realität*, 1978). Den Begriff „Spiel" gebraucht er in einem weiteren Sinne, wenn er davon ausgeht, daß der Mensch seine Phantasie einsetzt, um Formen der Herrschaft über die Welt und der Anpassung an sie auszuprobieren, um Gefühle zum Ausdruck zu bringen, um vergangene Situationen neu zu erschaffen oder sich zukünftige vorzustel-len und um neue Modelle seiner Existenz zu entwerfen. Probleme, die sich in der Realität nicht lösen lassen, lassen sich beim Puppenspiel, im Rollenspiel, durch sport-liche Wettkämpfe, durch Malen und Zeichnen, beim Spiel mit Bauklötzen, beim „Vater-und-Mutter-Spiel" und so weiter lösen. Nun ist das Spiel allerdings nicht auf Kinder beschränkt. Spiel in diesem Sinne schließt auch ein, daß ein Einstein vor seinem geistigen Auge ein Modell von Raum und Zeit entwirft, daß ein Heranwach-sender sich in der Phantasie vorstellt, verschiedene Berufe auszuüben, oder daß ein erwachsener Mann sich einprägt, was er seinem Chef am anderen Tag sagen will. Spiel ist häufig ritualisiert und wird dadurch in gewissem Sinne zur formalisierten, überdau-ernden, kulturell sanktionierten Form der Interaktion mit anderen. Ein Heranwachsen-der, der beispielsweise mit seinen Freunden „herumhängt", erwirbt dabei kulturell sanktionierte Muster der Interaktion mit anderen Menschen. Das gleiche gilt für die Begrüßungsrituale im Kleinkindalter, mit denen einem Kind vermittelt wird, wie man andere Menschen „richtig" erkennt und begrüßt. Rituale sind insofern Mechanismen der Entwicklung, als sie den einzelnen in jeder Phase seiner Entwicklung in die kulturell geprägten Normen integrieren und für die Probleme des Alltags vorgefertigte Lösungen bereitstellen.

Eriksons Standpunkt zu grundlegenden Fragen der Entwicklung

Abgesehen von der Bedeutung, die Erikson den vier grundlegenden Fragen beimißt, unterscheidet sich sein Standpunkt nicht wesentlich von Freud. Mit Piaget hat Erikson die optimistischere Auffassung vom Wesen des Menschen gemeinsam. Kinder und Erwachsene streben nicht nur danach, Unlust zu vermeiden, sondern bemühen sich auch aktiv um die Entwicklung eines positiven Identitätsgefühls. Die menschliche Existenz ist ein lebenslanger Prozeß des „Werdens". Diese Entwicklung ist ihrem Wesen nach insofern qualitativ, als aus Veränderungen neue Phasen der Entwicklung hervorgehen, aber insofern auch quantitativ, als die Identität des Menschen stabiler wird und sich seine Überzeugungen konsolidieren. Anders als Freuds Theorie enthält Eriksons Theorie Elemente eines kontextualistischen Ansatzes. Er sieht das sich ändernde Kind in einer sich ändernden Welt und ein System kulturell bedingter Kontexte, die die Sozialisation jedes Kindes prägen. Die Gegebenheiten tragen zur Entstehung wie zur Lösung der Krisen in den verschiedenen Phasen bei.

In Übereinstimmung mit Freud vertritt auch Erikson die Auffassung, daß die Abfolge der Entwicklungsstadien biologisch festgelegt ist und den Rahmen vorgibt, in dem Umwelteinflüsse wirksam werden können. Wenn bestimmte Krisen durch Vererbung vorherbestimmt sind, entscheidet die Umwelt darüber, wie sie gelöst werden. Erikson unterstreicht deutlicher als Freud die Rolle der Kultur in der Erziehung, die Kinder in ihrer Entwicklung und ebenso Erwachsene formt. Nicht nur die individuelle Vergangenheit und Gegenwart, sondern auch die Vergangenheit und Gegenwart der jeweiligen Kultur nehmen Einfluß auf die sich entwickelnde Persönlichkeit. Darüber hinaus widerspricht Erikson Freuds Behauptung, daß die Entwicklung der Persönlichkeit nach den ersten fünf Lebensjahren abgeschlossen ist. Entwicklung ist ein lebenslanger Prozeß; manche Kindheitskonflikte werden erst im Erwachsenenalter befriedigend gelöst. Für Erikson ist das Wesen der Entwicklung letztendlich das Herausbilden einer Identität, durch die die Persönlichkeit in einen inneren Zusammenhang eingebunden wird.

Metatheoretische Klassifikation

Erikson stellt seine Theorie eher wie ein Schriftsteller oder Künstler vor, weniger wie ein Wissenschaftler. Seine Überlegungen sind allenfalls eine lose miteinander verbundene Aneinanderreihung von Gedanken und Beobachtungen, die im strengen Sinne weder als deduktive noch als induktive oder funktionalistische Theorie gelten können. Implizit sind jedoch zwei Modelle in seiner Theorie enthalten. Das Darwinsche Modell der Evolution zeigt sich in der Entwicklung sozialer Institutionen, die das physische und psychische Überleben der Spezies gewährleisten. Das Modell des dialektischen Geschichtsverständnisses wird darin erkennbar, daß in jeder Phase der Entwicklung gegensätzliche Kräfte zu einer Synthese gelangen und daß jedes Entwicklungsstadium in das nächstfolgende integriert wird.

Kritik der Theorie

Da es sich bei Eriksons Theorie um eine Weiterentwicklung der Freudschen Theorie handelt, bleiben die bereits dargestellten Bewertungen der psychoanalytischen Theorie relevant. Statt sie hier noch einmal zu wiederholen, beurteilen wir hier nur noch Stärken und Schwächen, die für Eriksons Theorie spezifisch sind.

Stärken der Theorie

Weiterentwicklung der psychoanalytischen Theorie

Erikson hat die empirische Basis der psychoanalytischen Theorie erweitert und damit die Glaubwürdigkeit und den Anwendungsbereich der Theorie verbessert. Dem Psychosexuellen hat er das Psychosoziale, der Biologie die Kultur, den Abwehrmechanismen des Ich die Ich-Identität, dem Abnormen das Normale, dem Kulturspezifischen das Interkulturelle, den Kindheitserinnerungen Erwachsener die Beobachtung von Kindern und der Entwicklung des Kindes die Entwicklung des Erwachsenen hinzugefügt. Bemerkenswert ist das integrative Potential der Theorie im Hinblick auf eine Vielzahl unterschiedlicher Situationen. Eriksons Verständnis der Persönlichkeitsentwicklung scheint fest im Alltag der meisten Menschen verwurzelt, in dem sie um einen inneren Zusammenhalt und Sinn für ihr Leben kämpfen. Er „interessiert sich für den hoffnungsvollen und aktiven Anteil der Persönlichkeit und dafür, wie menschliche Erfahrungen und menschliches Potential sich innerhalb einer sozialen Gemeinschaft, innerhalb eines Radius signifikanter sozialer Erfahrungen organisieren" (Schlein, 1987, S. XXV). Dieser erweiterte psychoanalytische Rahmen ist zu einem wertvollen heuristischen Instrument für die Beratung und Therapie insbesondere von Erwachsenen geworden. Erikson hat die Entwicklungspsychologie auch in einem allgemeineren Sinne dadurch beeinflußt, daß er die Entwicklung der Persönlichkeit unter einer neuen Perspektive betrachtete. Besonders wichtig ist dabei die Betonung der kulturellen Faktoren und des lebenslangen Entwicklungsprozesses. Nur haben seine Arbeiten im Hinblick auf die spezifischen Behauptungen seiner Theorie kaum weitere Forschungsarbeiten angeregt – das gilt etwa für die Abfolge der Entwicklungsstadien oder, auf einer konkreteren Ebene, für geschlechtsspezifische Unterschiede im Spiel von Kindern.

Die breite Perspektive

Eriksons Bedeutung für die heutigen Ansätze der Entwicklung liegt darin, das Verhalten von Kindern unter einer breiten Perspektive zu integrieren. Das spezifische Verhalten eines spezifischen Kindes wird von seiner individuellen Vergangenheit und Gegenwart sowie von der Vergangenheit und Gegenwart der Kultur, in der es lebt, und sogar der gesamten Menschheit beeinflußt. Sämtliche sozialen Ebenen, von den internationalen Beziehungen über die politischen Strukturen des jeweiligen Heimatlandes bis hin zu den Interaktionen innerhalb der Familie beeinflussen das Verhalten eines Kindes. Eriksons Schriften beschwören das Bild eines Systems gekoppelter Kräfte herauf, die das Kind mit dem Universum und die weit zurückliegende Vergangenheit mit der fernen Zukunft zu einem Ganzen vereinigen. Viele Entwicklungspsychologen geben ein Lippenbekenntnis zu dieser Position ab, bemühen sich aber, abgesehen von einigen Ausnahmen (wie etwa Wygotskis Kontexttheorie, siehe Kapitel 7), kaum ernsthaft darum, diese sozialen und historischen Variablen zu untersuchen. Statt dessen wird das Verhalten von Kindern in der Regel isoliert untersucht.

Schwächen der Theorie

Mangelnde Systematik

Eriksons Theorie stellt eine lose Zusammenstellung von Beobachtungen, empirischen Verallgemeinerungen und abstrakten theoretischen Postulaten dar. So lassen sich seine Thesen auch schwerlich in eine Form bringen, die sie überprüfbar machen würde, und der Zusammenhang von empirischen Belegen und den abstrakteren Ebenen der Theorie bleibt unklar. Wie bei Freud entsteht ein Großteil der Probleme aus Eriksons methodologischen Unzulänglichkeiten, das heißt insbesondere dem weitgehenden Fehlen kontrollierter Experimente. Eriksons Beobachtungen stecken voller Interpretationen, die sich kaum bewerten lassen. Erinnern wir uns beispielsweise an seine zu Beginn dieses Kapitels zitierte Beobachtung. Bauen Jungen nun wegen ihrer phallischen und penetrierenden Orientierung Türme, wie Erikson vermuten würde, oder einfach deshalb, weil sie gern große Dinge umwerfen? Auch Eriksons psychologische Beschreibungen historischer Persönlichkeiten sind faszinierend, bleiben aber zwangsläufig spekulativ. Ein weiteres Problem liegt darin, daß Eriksons Begrifflichkeit oft eher irreführt als erklärt. *Generativität* und *Integrität* beispielsweise sind nicht in ihrer üblichen Bedeutung gebraucht. So ist es nicht erstaunlich, daß viele von Eriksons Konzepten oft mißverstanden werden.

Fehlende Spezifizierung der Entwicklungsmechanismen

Im Abschnitt über die Mechanismen der Entwicklung ist deutlich geworden, daß Erikson im einzelnen nichts darüber aussagt, wie ein Kind von einer Phase zur nächsten voranschreitet oder auch nur darüber, wie es die phasenspezifischen Krisen auflöst. Er stellt fest, *was* die Entwicklung beeinflußt (beispielsweise körperliche Reifung, Eltern, kulturelle Normen, das Ausmaß der Bewältigung früherer Krisen), sagt aber nichts dazu, *wie* dies geschieht. Durch welche Mechanismen lernt ein Kleinkind, wann es vertrauensvoll reagieren und wann es mißtrauisch sein sollte? Warum führt die Auflösung der Polarität von Initiative und Schuldgefühl zum Konflikt zwischen Werksinn und Minderwertigkeitsgefühl und nicht zu einem andersgearteten Konflikt? Die Validität vieler Konzepte Eriksons, beispielsweise des Modells der Konfliktlösung, hängt davon ab, wie sich die Mechanismen der Entwicklung spezifizieren lassen.

Zusammenfassung

Zwei Ideen Freuds haben sich zum Rückgrat der Entwicklungspsychologie entwickelt. Freud postuliert zum einen, daß den ersten Lebensjahren entscheidende Bedeutung zukommt, weil sich die Grundzüge der Persönlichkeit in dieser Zeit herausbilden. Zweitens nimmt er an, daß sich Persönlichkeit in dem Maße entwickelt, in dem ein Kind sich mit einer invarianten Sequenz von Konflikten auseinandersetzt. Im Mittelpunkt eines jeden Konflikts steht eine andere Körperzone: die orale, anale, phallische und erwachsen- genitale. Die Art und Weise, in der Kinder in den einzelnen Phasen der Entwicklung ihre Triebwünsche befriedigen, entscheidet darüber, welche elementaren Persönlichkeitsmerkmale sie herausbilden. Auch wenn Freuds psychosexueller Perspektive in der universitären Psychologie unserer Tage eine geringere Bedeutung beigemessen wird, hatte Freuds Konzept einer in Phasen verlaufenden Entwicklung entscheidenden Einfluß auf die entwicklungspsychologische Forschung und die Kindertherapie.

Freud beschreibt anhand eines Energiemodells aus der Physik ein System, in dem psychische Energie innerhalb einer psychischen Struktur verteilt, umgewandelt und entladen wird. Diese Struktur besteht aus einem labilen Gleichgwicht zwischen Es, Ich und Über-Ich. Das Ich zieht die verfügbaren Abwehrmechanismen, seine Realitätswahrnehmung, die Forderung des Es nach Triebreduktion sowie die Verbote des Über-Ich heran, bevor es über eine Handlung entscheidet. Die „Psyche" arbeitet im wesentlichen unbewußt, weil das Wissen um die in Es, Ich und Über-Ich verborgenen Gedanken und Wünsche unerträgliche Ängste auslösen würde. Freud stützt sich in seiner wissenschaftlichen Arbeit vor allem auf die freien Assoziationen seiner Patienten im Zusammenhang mit ihrer Kindheit, ihren Träumen und ihren aktuellen Problemen. Er nimmt an, daß sich aus Vorgängen in der abnormen Psyche Rückschlüsse auf die Eigenschaften der normalen Persönlichkeit ziehen lassen, weil beide auf einem Verhaltenskontinuum angesiedelt sind, das sich vom Abnormen bis zum Normalen erstreckt.

Freud sieht den Menschen als ein triebgesteuertes Wesen, das aber aktiv verschiedene innere und äußere Konflikte zu bewältigen sucht. Er betont die Bedeutung qualitativer, phasengebundener Veränderungen, nimmt aber auch quantitative Veränderungen an. Zwar stehen im Mittelpunkt seiner Theorie biologische Einflüsse, insbesondere die Triebe, doch er berücksichtigt auch, welche Rolle der Erfahrung vor allem in den ersten fünf Lebensjahren zukommt. Das Wesen der Entwicklung besteht darin, psychische Strukturen auszubilden, die alle Erfahrung und alles Verhalten vermitteln. Freuds Theorie zeigte erstmals verschiedene empirisch gespeicherte psychologische Erscheinungen auf; sie hat außerdem eine breite Grundlage für zukünftige Untersuchungen zur kognitiven Entwicklung geschaffen, die in Zukunft auch emotional besetzte Gedanken und Abwehrmechanismen mit einschließen könnten. Schwächen der Freudschen Theorie sind allerdings nach wie vor ihre methodologischen Unzulänglichkeiten, die Tatsache, daß sich ihre Postulate nicht ohne weiteres überprüfen lassen und ihre Überbewertung der kindlichen Sexualität, die dazu geführt hat, daß sie in der wissenschaftlichen Psychologie nur eingeschränkt akzeptiert wird.

Eriksons psychosoziale Entwicklungstheorie führte zwei wichtige Modifikationen in die Freudsche Theorie ein. Zunächst einmal wies er entscheidende soziale Einflüsse für die Entwicklung nach. Seine Forschungen in verschiedenen Kulturkreisen und verschiedenen sozialen Milieus innerhalb bestimmter Kulturen lassen vermuten, daß jede Kultur auf die zunächst biologisch begründeten Veränderungen während der Entwicklung Einfluß nimmt. Im Idealfall stimmen zu jedem Zeitpunkt der Entwicklung die Bedürfnisse des Kindes mit denen der Gesellschaft überein. Jede der acht Entwicklungsphasen, die Erikson annimmt, ist von einer psychosozialen Krise mit widersprüchlichen Möglichkeiten gekennzeichnet: (1) Vertrauen versus Mißtrauen, (2) Autonomie versus Scham und Zweifel, (3) Initiative versus Schuldgefühl, (4) Werksinn versus Minderwertigkeitsgefühl, (5) Identität und Ablehnung versus Identitätsdiffusion, (6) Intimität und Solidarität versus Isolierung, (7) Generativität versus Stagnation und Selbstabsorption und (8) Integrität versus Verzweiflung.

Eriksons zweiter wichtiger Beitrag zur psychoanalytischen Theorie ist sein Konzept von Entwicklung als Prozeß einer lebenslangen Identitätssuche. Er stellt also die Prozesse des Ich in den Mittelpunkt seiner Theorie. Seine Arbeiten zur Rolle sozialer Einflüsse und zur Entwicklung des Ich haben die psychoanalytische Theorie in hohem Maße bereichert und eine breite Perspektive zur Entwicklung der Persönlichkeit ermöglicht. Schwächen seiner Theorie sind ihre mangelnde Systematik und das Fehlen spezifischer Entwicklungsmechanismen.

Freud und Erikson haben zwei einzigartige Entwicklungstheorien geschaffen, die sich ergänzen. Wie sich beide Perspektiven integrieren lassen, kann man – in Anlehnung an Kierkegaard – so formulieren: Leben läßt sich nur im Rückblick verstehen, aber gelebt werden müsse es mit dem Blick nach vorn.

Weiterführende Literatur

Das folgende Taschenbuch bietet eine kurze und klare Einführung in die Freudsche Theorie.

Hall, C. S. *A Primer of Freudian Psychology*. New York (World) 1954.

Zur metatheoretischen Betrachtung der Freudschen Theorie seien David Rapaports Schriften empfohlen, darunter insbesondere:

Rapaport, D. *Die Struktur der psychoanalytischen Theorie*. 2. Aufl. Stuttgart (Klett) 1970.

Was die Darstellung jüngerer Entwicklungen in der Psychoanalyse angeht, empfehlen wir:

Eagle, M. N. *Neuere Entwicklungen in der Psychoanalyse: eine kritische Würdigung*. München (Verlag Internationale Psychoanalyse) 1988.
Tyson, P. und Tyson, R.L. *Psychoanalytic Theories of Development*. New Haven (Yale University Press) 1990.

Da Freuds eigene Schriften von seiner anregenden schriftstellerischen Begabung zeugen, sollten seine Werke im Original gelesen werden.

Freud, S. *Gesammelte Werke. Studienausgabe*. Frankfurt (Fischer) 1969–75.

Besonders empfohlen seien

Abriß der Psychoanalyse, G. W. Bd. 17, *Neue Folge der Vorlesungen zur Einführung in die Psychoanalyse*, Studienausgabe Bd. I sowie sämtliche Fallstudien.

Eine verständliche Einführung in Eriksons Theorie ist:

Gross, F.L. *Introducing Erik Erikson: An Invitation to his Thinking*. Lanham (University Press of America) 1986.

Zwei von Eriksons Schriften sowie eine vor kurzem erschienene Zusammenstellung seiner Abhandlungen vermitteln einen umfassenden Überblick über seine Theorie.

Erikson, E. H. *Kindheit und Gesellschaft*. Stuttgart (Klett-Cotta) 1984.
Erikson, E. H. *Jugend und Krise: Die Psychodynamik im sozialen Wandel*. München (DTV) 1988.
Schlein, S. (Hrsg.) *A Way of Looking at Things: Selected Papers from 1930 to 1980. Erik H. Erikson*. New York (Norton) 1987.

Eriksons psychologische Porträts historischer Persönlichkeiten stellen eine faszinierende Lektüre dar. Besonders empfohlen sei:

Erikson, E. H. *Der junge Mann Luther: Eine psychoanalytische und historische Studie.* Frankfurt (Suhrkamp) 1975.

Eine Biographie verdeutlicht einige von Eriksons Konzepten:

Coles, R.; *Erik H. Erikson: Leben und Werk* München (Kindler) 1974.

3.

Die soziale Lerntheorie

*Die Versuchspersonen wurden im Hinblick auf den
Umfang des Nachahmungslernens getestet . . .
Drei Nachahmungsmessungen wurden vorgenommen:*
Wir maßen die Nachahmung von
körperlicher Aggression: *Zu dieser Kategorie zählten
Handlungen, bei denen die Versuchspersonen mit
dem Schläger auf die aufblasbare Puppe einschlugen,
sich auf sie setzten und ihr
mit der Faust auf die Nase schlugen, bei denen sie
die Puppe traten und in die Luft schleuderten.*
Wir maßen die nachahmende verbale Aggression:
*Die Versuchsperson wiederholt die Sätze:
„Hau ihm eine rein", „gib's ihm",
„schmeiß ihn in die Luft" oder „Wumm!"*
Und wir maßen die nachahmenden nicht aggressiven
verbalen Reaktionen: *Die Versuchsperson wiederholt:
„Er kann nicht genug kriegen"
oder „Ein ganz schön harter Kerl."*

[Bandura, Ross und Ross, 1961, S. 33]

*Der Versuchsleiter führte die Trainingsaufgabe
folgendermaßen ein: „Jetzt lassen wir einmal
diese Dame (das Modell) das Spiel spielen.
Anschließend kannst Du (das Kind) es spielen.
Hier sind ein paar Karten. Welche davon sind gleich?
Welche gehören zusammen?"
Das Modell ordnete die Stimuli lediglich
der Größe nach. Der Versuchsleiter fragte das Modell:
„Warum sind diese Karten gleich?",
und das Modell antwortete:
„Weil die beiden (sie deutete auf die Karten) Bilder
von großen Dingen sind
und die beiden (sie zeigte darauf) Bilder von kleinen."
Dann wurden dieselben Items
dem Kind in derselben Weise dargeboten
(und nur nach einer Dimension gefragt).
„Jetzt bist du dran. Spiele das Spiel genau so,
wie die Dame es gespielt hat."*

[Zimmerman, 1974, S. 1035]

Mark Twain hat einmal gesagt: „Übung ist alles. Der Pfirsich war einst eine bittere Mandel, und Blumenkohl ist nichts anderes als ein Kohl mit höherer Schulbildung." Diese optimistische Auffassung umschreibt die Grundüberzeugung der Lerntheoretiker, der zufolge Entwicklung primär ein Ergebnis von Erfahrung ist. Kinder erwerben neues Verhalten und modifizieren altes in der Auseinandersetzung mit ihrer sozialen und materiellen Umwelt. Indem es viele spezifische Lernerfahrungen sammelt, entwickelt sich das Kind – und nicht, wie von Freud und Piaget dargestellt, über verschiedene Stadien.

In den beiden vorangegangenen Kapiteln haben wir Theorien einzelner „Nestoren" auf dem Gebiet der Entwicklungspsychologie vorgestellt. Dagegen wurde die soziale Lerntheorie – die dritte theoretische Hauptströmung – von vielen Forschern über mehr als 60 Jahre hinweg ausgearbeitet. Die Lerntheorie hat sich mehr als jeder andere theoretische Ansatz um das wissenschaftliche Ansehen der Entwicklungspsychologie verdient gemacht. Die aus ihr hervorgegangenen exakten und objektiven Methoden schufen seit den fünfziger und sechziger Jahren – die ja gewissermaßen die Gründerjahre der Entwicklungspsychologie waren – die Voraussetzungen dafür, daß Laborstudien mit Kindern durchgeführt werden konnten. Mit der Lerntheorie schlug die Entwicklungspsychologie einen neuen Kurs ein. Sie ist seitdem experimentell geblieben, auch wenn das wissenschaftliche Interesse nicht mehr nur auf das Lernen beschränkt ist, sondern ein breites Spektrum kognitiver Prozesse, wie Gedächtnis, Aufmerksamkeit und Repräsentation (siehe Kapitel 4), untersucht.

Die Lerntheorie ist die „amerikanischste" aller Entwicklungstheorien. Die meisten der in diesem Buch vorgestellten Theorien wurden in Europa entwickelt und beeinflußten die nordamerikanische Psychologie erst mit einer gewissen Verzögerung. Obwohl es in Rußland schon erste Arbeiten über Reflexe und Konditionierung gab und Hermann Ebbinghaus' Experimente mit sinnlosen Silben bereits zur Geschichte gehörten, entwickelte sich die Lerntheorie vor allem in den USA, wo ihr wissenschaftlicher Einfluß auch am größten war. Bis in die sechziger Jahre war die Geschichte der amerikanischen Psychologie weitgehend gleichbedeutend mit der Geschichte der Lerntheorie. Die Lerntheorie ist zu einem integrierten Bestandteil unserer Kultur geworden und über Schlagworte wie „Behaviorismus", „Rattenexperimente", „Verhaltensmodifikation", „Skinner-Box" und „Verstärkung" in die Sprache eingegangen.

Im Mittelpunkt dieses Kapitels steht die soziale Lerntheorie, diejenige Version der Lerntheorie, deren Einfluß auch auf die heutige Theorie und angewandte Forschung am entscheidensten ist. Wir werden uns dabei mit den Arbeiten von Albert Bandura (geboren 1925) befassen. Um die Annahmen und Zielsetzungen der sozialen Lerntheorie zu verstehen, müssen wir erst einmal ihre Wurzeln in der „klassischen" Lerntheorie ausführlicher betrachten. Deshalb haben wir im ersten Abschnitt die historische Entwicklung der Theorie auch eingehender dargestellt als bei den übrigen Theorien. Im zweiten Abschnitt, dem allgemeinen Überblick, unterscheiden wir zwischen der traditionellen Lerntheorie und der sozialen Lerntheorie. Im dritten Abschnitt über die Mechanismen der Entwicklung konzentrieren wir uns auf die soziale Lerntheorie, und am Ende des Kapitels befassen wir uns mit der Position der Theorie im Hinblick auf die wichtigsten Fragen der Entwicklung sowie mit ihrer theoretischen Klassifikation und ihren Stärken und Schwächen.

Geschichte der Theorie

Vor der Entwicklung der sozialen Lerntheorie formulierte die Lerntheorie eine Reihe von Fragestellungen, auf die die soziale Lerntheorie reagierte. Die historische Entwicklung ist also entscheidend für unser Verständnis der Theorie. Mit Henri Bergson könnten wir sagen: „Die Gegenwart birgt nichts anderes als die Vergangenheit in sich, und was wir in der Wirkung finden, war in der Ursache schon enthalten."

Behaviorismus

Zu Beginn unseres Jahrhunderts stützten sich die Psychologen bei ihren Bemühungen, die Struktur der Psyche und die Natur des Bewußtseins systematisch zu untersuchen, auf die Introspektion: Sie faßten ihre eigenen Gedanken und Gefühle in Worte. Aus dieser unbefriedigenden Situation heraus entstand 1913 John Watsons *Declaration of Behaviorism*, eine beeindruckende Erklärung, in der er proklamierte, Ziel der Psychologie müsse es sein, manifestes Verhalten vorherzusagen und zu steuern und nicht Bewußtseinszustände zu beschreiben und zu erklären. Damit formulierte Watson eine neue Gegenstandsbeschreibung der Psychologie. 1917 wurde ihm die damals beträchtliche Summe von 100 Dollar für seine Untersuchungen der Reflexe von Kleinkindern bewilligt. In seiner berühmtesten Studie konditionierte er eine Angstreaktion bei dem „kleinen Albert" (eine Meisterleistung, auf die wir weiter unten zurückkommen werden). Wie Skinner und manche anderen späteren Behavioristen ließ sich auch Watson von der Vision einer besseren Gesellschaft leiten. Wenn sich durch eine Veränderung der Umwelt auch das Verhalten ändern läßt, dann eröffnen sich der Menschheit vielversprechende Perspektiven. Watson wandte sich mit seinen Überlegungen an die Öffentlichkeit und vor allem an Eltern. Der folgende Auszug stammt aus seinem Handbuch *Psychological Care of Infant and Child*:

> „Kinder kann man vernünftig behandeln, sofern man sie wie kleine Erwachsene behandelt. Man kleide und bade sie mit Sorgfalt und Umsicht. Man behandle sie immer objektiv und mit freundlicher Strenge. Niemals sollte man sie herzen und küssen oder auf dem Schoß sitzen lassen. Wenn es sein muß, küsse man sie beim Zubettbringen einmal auf die Stirn. Morgens begrüße man sie mit einem Handschlag. Haben sie eine besonders schwierige Aufgabe herausragend gemeistert, so belohne man sie, indem man über ihr Haar streicht. Ein Versuch ist der Mühe wert. In nur einer Woche wird man feststellen, wie einfach es ist, seinem Kind gegenüber vollkommen objektiv und zugleich freundlich zu sein, und man wird sich dafür schämen, wie rührselig und sentimental man es bis dahin behandelt hat."
>
> [1928, S. 81 f]

Es spricht für die kluge Umsicht und den gesunden Menschenverstand der damaligen Elterngeneration, daß sie diese Überzeugungen nicht ohne weiteres übernahm. Watson selbst kehrte der Universität später den Rücken und wurde in den zwanziger Jahren Werbefachmann.

Am stärksten hat der Behaviorismus die Entwicklungspsychologie in den fünfziger und sechziger Jahren beeinflußt, als er die gesamte Psychologie beherrschte. Die Lerntheoretiker formulierten Fragestellungen, die sich wissenschaftlich beantworten ließen, und sie entwickelten eine Methodologie zur Untersuchung dieser Probleme. Ihr Interesse galt vor allem den folgenden Fragen: Tritt Lernen bereits auf, wenn lediglich ein Reiz und eine Reaktion vorliegen, oder bedarf es dazu grundsätzlich einer Verstärkung? Warum ist eine gelernte Reaktion dauerhafter, wenn sie nur während eines

Teiles der Lernzeit – und nicht während der gesamten Zeit verstärkt wurde? Gibt es ein „latentes" Lernen – ein Wissen, das einfach durch den Kontakt mit einer spezifischen Umwelt und ohne direkte Verstärkung erworben wird? Um mit Sheldon White zu sprechen, die Lerntheorien waren so erfolgreich, „weil sie für die Psychologie eine vernünftige Art psychologischer Realität abgrenzten und dann ein Paradigma kooperierender Forschungsmethoden entwickelten, mit deren Hilfe sie diese Realität in der Hoffnung auf signifikante Ergebnisse erforschtenm ... Dies war das Ende der Haarspaltereien und Verlegenheitslösungen, und man konnte mit der intensiven wissenschaftlichen Arbeit beginnen" (1970, S. 662). Die Lerntheorie befriedigte also ein spezifisches Bedürfnis der damaligen Zeit.

Nach mehreren Jahrzehnten intensiver Forschung geriet die Lerntheorie in den sechziger Jahren in Schwierigkeiten. Ein Teil der Unzufriedenheit war selbst verursacht: Trotz Hunderter von Forschungsarbeiten zum verbalen Lernen hatte man Gedächtnis und Lernen nicht befriedigend erklären können. Mehr noch, neue Erkenntnisse ließen vermuten, daß biologische Prädispositionen die Gesetze des Lernens einschränken oder modifizieren. Einer einzelnen Spezies fallen manche Lernaufgaben leichter als andere. Ratten beispielsweise lernen, Übelkeit mit einem bestimmten Geschmack zu assoziieren, aber die Assoziation mit einem Lichtreiz oder einem Ton lernen sie nicht (Garcia und Koelling, 1966). Gleichzeitig wurde die Lerntheorie durch externe Herausforderungen in Frage gestellt. Noam Chomskys (1959) Angriff gegen Skinners Erklärung des Spracherwerbs erschütterte die Lerntheorie in ihren Grundfesten; zeigte sie doch, daß es der Lerntheorie nicht gelingen konnte zu erklären, wie eine derart komplexe Fertigkeit wie die Sprache erworben wird. Gleichzeitig entstanden alternative Konzepte des Lernens. Der Informationsverarbeitungsansatz (siehe Kapitel 4), Chomskys Transformationsgrammatik und Piagets kognitive Theorie lieferten interessante, wenn auch gegensätzliche Erklärungsansätze: Sie definierten Lernen als Veränderung des Wissens und nicht als Veränderung der Wahrscheinlichkeit, mit der eine Reaktion eintritt. Versuche, die Lerntheorie durch die Annahme einer verbalen Vermittlung (Assoziation in bezug auf verbale Bezeichnungen), durch generalisierte Regeln und komplexe Hierarchien mentaler Assoziationen neu zu beleben, konnten den schwindenden Einfluß der Theorie nicht aufhalten. Mit der kognitiven Theorie begann ein Prozeß, den Hebb (1960) als die zweite Revolution der Psychologie in Amerika bezeichnete – in der ersten Revolution war jede auf Introspektion gegründete Psychologie beseitigt worden.

Frühe Forschung zum kindlichen Lernen

Eine analoge Situation entstand in der Entwicklungspsychologie, wenn auch mit zeitlicher Verzögerung. Bei den Lernstudien mit Kindern, die in den ersten Jahrzehnten unseres Jahrhunderts durchgeführt wurden, wandte man lediglich Lernparadigmen aus Untersuchungen an Tieren und Collegestudenten auf Kinder an. Die Experimente unterschieden sich von den früheren nur insofern, als die Versuchspersonen zufällig Kinder waren. Kinder wurden operant und klassisch konditioniert, lösten einfache Aufgaben zum Unterscheidungslernen und wanderten sogar durch Labyrinthe, wenn auch nicht auf der Suche nach einem Stückchen Käse, sondern nach einem Preis (Hicks und Carr, 1912). Es ist keine Überraschung, daß Kinder schneller lernten als Ratten, aber langsamer als Collegestudenten. 1954 wurde in einer zusammenfassenden Darstellung des Lernens von Kindern der Schluß gezogen, die Gesetzmäßigkeiten ihres Lernens seien dieselben wie bei anderen Bevölkerungsgruppen (Munn, 1954).

176

Allerdings zeigten Kinder sehr schnell, daß sie sich in vieler Hinsicht von Ratten unterscheiden. In den fünfziger und sechziger Jahren betrachteten die Lerntheoretiker, die nun ein wenig komplexere Aufgaben untersuchten, Kinder als „Ratten mit Sprache". Kinder konnten Attribute von Objekten bezeichnen, etwa Farbe und Größe, und sie konnten diese Bezeichnungen nutzen, um ihr Lernen danach auszurichten, welche Attribute immer zur Verstärkung führten. Lernen schien auch in anderer Hinsicht kognitiv gesteuert zu werden. Indem die Kinder relevante Informationen beachteten, Hypothesen über die richtige Antwort aufstellten und Strategien zum Sammeln von Informationen entwickelten, erhöhten sie ihre Lerngeschwindigkeit. In der Tat ist Lernen *per se* – Wählen des Stimulus, der immer zur Verstärkung führt – ziemlich trivial und wenig abwechslungsreich.

Nach Flavell und Hill ist der gelernte Respons „nur heute und in dieser spezifischen Situation richtig. Die ‚organismische Veränderung' entsteht also lediglich aus der vorübergehenden Paarung zweier Items, die im kognitiven Repertoire bereits vorhanden sind, und sie führt nicht zu einer genuinen und substantiellen Veränderung des Repertoires selbst" (1969, S. 44). Solches Lernen kommt erst zustande, nachdem bereits alle beschriebenen entwicklungspsychologischen Prozesse eingetreten sind. Darüber hinaus hat man abstrakte und sinnlose Stimuli, das heißt in der Regel farbige geometrische Formen, verwendet. Die Psychologen bedienten sich solcher einfachen, bedeutungslosen Aufgaben, weil sie „reine", elementare und von früheren Lernerfahrungen unbeeinflußte Lernprozesse messen wollten. Es ist somit eine Ironie, daß die interessantesten Einsichten der Lernforschung daher rühren, wie Kinder ihre bereits vorhandenen kognitiven, sprachlichen und sozialen Fähigkeiten einsetzen, um in der simplen und sinnlosen Aufgabe, die man ihnen vorgelegt hat, einen Sinn zu entdecken. Die „Verunreinigungen" waren interessant.

Gegen Ende der sechziger Jahre hielt man es in der Lernforschung weithin für fruchtbarer, die Entwicklung von Aufmerksamkeit, Sprache und Denken nicht indirekt über Lernaufgaben, sondern direkt zu untersuchen. Man war auch nicht mehr zufrieden mit der vereinfachenden Definition des Lernens als vermittelter Stimulus-Reaktion und bestenfalls neue Assoziationskette. Man begann, sich für Piagets komplexere Darstellung des Denkens zu interessieren. Das aktive, strategische, Hypothesen bildende Kind, das man bei Lernaufgaben beobachtete, sah dem Piagetschen Bild des Kindes sehr ähnlich. Piagets Ansatz war an diesem Wendepunkt in der Geschichte der Entwicklungspsychologie eine attraktive theoretische Alternative.

Eine andere Forschungsrichtung knüpfte bei der Erforschung des Lernens von Kindern bei Skinners Arbeiten an. Skinner (1904 – 1990) war wahrscheinlich der weltweit bekannteste Psychologe. Nach einer Umfrage in einer weitverbreiteten Zeitschrift nimmt er Platz 40 auf einer Liste der 100 wichtigsten Personen ein, die jemals gelebt haben – wobei an erster Stelle Jesus Christus genannt wurde. Skinner war der Ansicht, daß man Gedanken und Gefühle nicht empirisch untersuchen könne, und untersuchte deshalb nur beobachtbares Verhalten. Er befaßte sich in seinen Arbeiten damit, wie sich das Verhalten von Ratten durch Verstärkungspläne formen und steuern läßt. Bei der operanten (nicht-reizbezogenen) Konditionierung wird durch Verstärkung ein bestimmtes Verhalten häufiger auftreten. Diese Arbeiten regten die Psychologen dazu an zu fragen, ob sich das Verhalten von Kindern auf ähnliche Weise beeinflussen läßt. Skinner selbst entwarf in seinem Roman *Futurum Zwei* (1970) eine utopische Gesellschaft, in der Kinder von Verhaltensfachleuten erzogen werden, die auf die operante Konditionierung spezialisiert sind. In dieser fiktiven Gesellschaft werden erwünschte Verhaltensweisen wie Selbstkontrolle oder Selbständigkeit durch positive Verstärkung gefördert, während unerwünschte Verhaltensweisen wie Neid oder eine schlechte

Arbeitsmoral aufgrund der mangelnden Verstärkung aus der Umwelt ausgemerzt werden.

Zahlreiche Befunde aus den sechziger Jahren wiesen darauf hin, daß durch positive Verstärkung ein breites Spektrum von Verhaltensweisen bei Kindern und Jugendlichen gefördert werden könnte. Man interessierte sich insbesondere für die Tatsache, daß soziale Verstärker, beispielsweise Aufmerksamkeit, Lächeln und Lob, besonders effizient waren. Viele Studien befaßten sich auch mit der *Verhaltensmodifikation*, bei der die Prinzipien der operanten Konditionierung auf angeborene unerwünschte Verhaltensweisen wie die Neigung zu Wutanfällen, die Scheu vor sozialer Interaktion und die kommunikative Unfähigkeit autistischer Kinder angewandt werden. Dieser Ansatz stützt sich auf die Annahme, daß normales wie anomales Verhalten auf einigen gemeinsamen Lernprinzipien beruht. Die Grundüberlegung läuft dabei darauf hinaus, die Verstärkungskontingenzen so zu verändern, daß erwünschtes mögliches Verhalten positiv verstärkt und damit unterstützt und unerwünschtes Verhalten übergangen und damit geschwächt wird. Beim operanten Konditionieren bemüht man sich also, das Kind bei einem erwünschten Verhalten zu „erwischen" und positiv zu verstärken.

Soziales Lernen

Der oben geschilderte historische Kontext erleichtert es, die frühen sozialen Lerntheorien zu verstehen. Die Theorie des sozialen Lernens entstand in den dreißiger Jahren an der Yale University, möglicherweise in einem Seminar, das Clark Hull über die Zusammenhänge zwischen Lerntheorie und Psychoanalyse veranstaltete. Viele spätere Pioniere der sozialen Lerntheorie – O. H. Mowrer, Neal Miller, John Dollard, Robert Sears, Leonard Doob und John Whiting – nahmen an diesem Seminar teil. Aus einem der Seminarthemen ging die erste größere Veröffentlichung der Gruppe, *Frustration and Aggression* (Dollard et al., 1939), hervor, in der die Ursachen der Aggression erforscht wurden.

Die von Hull in die Lerntheorie eingeführte, gleichzeitig aber auch von Freud inspirierte Gruppe junger Wissenschaftler verband diese beiden Traditionen miteinander. Eine ihrer Veröffentlichungen, *Personality and Psychotherapy* (Dollard und Miller, 1950), widmeten sie daher auch Freud und Pawlow zugleich. Die Psychoanalyse lehnte diese Überarbeitung der Freudschen Konzepte im Sinne der Lerntheorie ab. Sie erklärte, die soziale Lerntheorie verzerre die Freudsche Theorie, weil sie sich über wichtige Konzepte wie das Unbewußte, die psychosexuelle Entwicklung und die Kontrollfunktionen des Ich hinwegsetze. Insgesamt gesehen übernahm die soziale Lerntheorie interessante und wichtige Inhalte aus der Freudschen Theorie, beispielsweise die Konzepte der Abhängigkeit, der Aggression, der Identifikation, der Gewissensbildung und der Abwehrmechanismen, suchte ihre Erklärungen für spezifische Verhaltensweisen aber auf der Grundlage des S-R-Lernens nach dem Stimulus-Reaktion-Muster, das sich im Gegensatz zu einem hydraulischen Modell beobachten ließ. Dollard und Miller schreiben dazu: „Anzustreben wäre letztendlich eine Kombination aus der Vitalität der Psychoanalyse, der Exaktheit des naturwissenschaftlichen Labors und den kulturspezifischen Gegebenheiten" (1950, S. 3). Die Vertreter der sozialen Lerntheorie gingen grundsätzlich davon aus, daß Persönlichkeit erworben wird. Sie übernahmen die überprüfbaren Elemente der Freudschen Theorie und ignorierten in ihren Laborstudien alles andere. Dabei erweiterten sie die Lerntheorie und veränderten deren Perspektive. Indem sie die lerntheoretischen Prinzipien auf wichtiges Sozialverhalten im Alltag übertrugen, machten sie die Theorie plausibler.

In den vierziger und fünfziger Jahren wurde ein großer Bereich der sozialen Lerntheorie untersucht: Nachahmung, Neurosen, interkulturelle Einflüsse auf die Persönlichkeit, Identifikation und elterliche Einstellungen zur Kindererziehung. Dollard und Miller wollten eine Psychotherapie auf der Basis des sozialen Lernens entwickeln:

„Wenn neurotisches Verhalten erworben ist, müßte es durch irgendeine Kombination derselben Prinzipien, durch die es erlernt wurde, auch wieder verlernt werden können . . . wir sehen den Therapeuten als eine Art Lehrer und den Patienten als Lernenden. So wie im Tennis aufgrund bestimmter Regeln eine schlechte Spieltechnik durch einen guten Trainer korrigiert werden kann, so lassen sich auch ungünstige mentale und emotionale Gewohnheiten durch einen Therapeuten korrigieren. Es gibt allerdings einen Unterschied: Zwar wollen nur wenige Menschen Tennis spielen, aber alle Welt strebt nach einem klaren, freien und effizienten Geist."

[1950, S. 7 f]

Ein Hauptinteresse der sozialen Lerntheorie galt der Sozialisation, dem Prozeß, durch den eine Gesellschaft den Kindern beizubringen versucht, sich wie ein idealer Erwachsener dieser Gesellschaft zu verhalten. Dollard und Miller schreiben dazu: „Ein an den Grundregeln des Lernens orientiertes systematisches Training von Kindern könnte im Hinblick auf das neurotische Elend unserer Zeit ebenso segensreich sein wie Pasteurs Arbeiten auf dem Gebiet der Infektionskrankheiten" (1950, S. 8). Man untersuchte den statistischen Zusammenhang zwischen bestimmten Persönlichkeitsmerkmalen von Eltern (wie etwa autoritäre Einstellung) oder ihren Erziehungsgrundsätzen (beispielsweise frühe Sauberkeitserziehung) und der späteren Persönlichkeit des Kindes. Das Interesse der Lerntheoretiker an Sozialisation, interkulturellen Vergleichen, Freudschen Konzepten und Lernprozessen wird in einer Untersuchung von Whiting und Child (1953) deutlich. Sozialisation impliziert weitgehend, daß lustvolle Aktivitäten aufgegeben werden müssen. Während des Abstillens beispielsweise lernen Kinder, das Saugbedürfnis zu hemmen. In den Sozialisationspraktiken unterscheiden sich die Kulturen – von streng bis sanft oder von stetig bis abrupt. Whiting und Child sahen einen Zusammenhang zwischen den Sozialisationspraktiken und den Überzeugungssystemen einer spezifischen Kultur, beispielsweise im Hinblick auf Krankheiten. In Kulturen, in denen kindliche Verhaltensweisen wie Saugen, abhängiges Verhalten und direkt geäußerte Aggressionen als lustvoll gelten und nur widerstrebend aufgegeben werden, müßte vergleichbares Verhalten bei Erwachsenen, beispielsweise Essen, im Falle einer Krankheit als heilsam gelten. Umgekehrt sollte in Kulturen, die Kindern solche infantilen Verhaltensweisen streng und abrupt abgewöhnen, dieses Verhalten mit Angst assoziiert sein und als Krankheitsursache gelten. Die Forschung bestätigte diese Vermutungen nur bedingt, aber die Arbeiten von Whiting und Child hatten enormen Einfluß auf die Entwicklungspsychologie.

In einer anderen prototypischen Studie der sozialen Lerntheorie wurden Abhängigkeit, Identifikation, Schuldgefühl und Gewissensbildung untersucht (Sears, Rau und Alpert, 1965). Ein Kind wurde in einen Raum voller interessanter Spielzeuge gesetzt und aufgefordert, auf einen Hamster aufzupassen, der in einem Kasten ohne Deckel saß. Der Versuchsleiter verließ den Raum – angeblich, um den Deckel fertigzustellen. Wenn nun ein Kind aufgrund der Verlockung, sich die Spielzeuge genauer anzusehen, den Hamster einen Augenblick lang aus den Augen ließ, verschwand dieser geräuschlos durch den doppelten Boden des Kastens. Als Maß für Gewissen und insbesondere Schuldgefühle des Kindes wurde unter anderem berücksichtigt, wie lange es den Hamster im Auge behielt, wie es auf sein Versäumnis reagierte, ob es zugab, daß es sich vom Hamster abgewandt hatte, und welche Erklärung es für dessen Verschwinden angab.

Die soziale Lerntheorie schloß die Annahme erworbener Triebe wie Aggression und Abhängigkeit ein, wobei sich solche sekundären Triebe aus primären biologischen Trieben ableiten. Das Bedürfnis nach Nahrung etwa führt zu einem Abhängigkeitsbedürfnis, dem Wunsch, in der Nähe der Mutter zu sein und sich von ihr umsorgen zu lassen. Die Anwesenheit der Mutter wirkt als Verstärker, und ihr Liebesentzug, selbst wenn er vorübergehend als Reaktion auf ein Fehlverhalten auftritt, ist eine Form von Strafe. Darüber hinaus könnte es für die Existenz eines allgemeinen sozialen Triebes sprechen, daß Kinder nach einer Periode der sozialen Deprivation für soziale Verstärkung empfänglicher sind (Gewirtz und Baer, 1958). Außerdem fanden sich Belege dafür, daß Kinder lernen, um soziale Verstärkung (ein „Gut gemacht!" des Versuchsleiters) zu erhalten.

Eine wichtige Veränderung erfuhr die soziale Lerntheorie im Hinblick auf die Nachahmung. Miller und Dollard (1941) vermuteten, daß die Nachahmung einer der wichtigsten Sozialisationsfaktoren ist. Sie postulierten, daß eine allgemeine Tendenz zur Nachahmung erlernt werde, weil verschiedene nachahmende Verhaltensweisen in einem Prozeß der operanten Konditionierung verstärkt werden. Diese Verstärkung kann schon sehr früh einsetzen, wie das Beispiel eines elf Monate alten Kindes illustriert:

> „Shamini (elf Monate) zieht, als sie ihre Großmutter schnarchen sieht, ein Gesicht mit weit geöffnetem, aber zu einem ‚O' geformtem Mund – als Imitation eines extremen Gesichtsausdrucks. Das löst beim Rest der Familie enorme, wenn auch leicht überraschte Heiterkeit aus. Shamini reagiert sofort auf das Gelächter der anderen, indem sie in die lachenden Gesichter schaut und mit großem Vergnügen ihr ‚Gesicht' noch einige Male zieht."

[Reddy, 1991, S. 145]

In einem späteren Entwicklungsstadium kann sich die Verstärkung beispielsweise bei einem Jungen darin äußern, daß er „genau wie der Vater" sein will. Vorbilder wie Eltern oder Geschwister, die das Kind auch früher schon belohnt haben, werden bevorzugt nachgeahmt.

Bandura und Walters (1963) führten das Konzept der Nachahmung einen Schritt weiter, indem sie nachwiesen, daß relativ neue Verhaltensweisen durch einfaches Beobachten eines Vorbilds oder Modells erworben werden können (was für Eltern kaum eine Überraschung sein dürfte). Es ist weder eine explizite Reaktion das Betrachters nötig, noch muß er verstärkt werden. Bestrafung oder positive Verstärkung des Modells haben auf den Beobachter dieselbe Wirkung, wie er sie am Modell vorgeführt sieht. Ein Kind, das beobachtet, wie ein fleißiger Mitschüler vom Lehrer gelobt wird, lernt, das Verhalten des Mitschülers zu erproben. Umgekehrt werden auf der negativen Seite Kinder, die mit ungezogenem Verhalten ungestraft davonkommen, ebenfalls rasch nachgeahmt. Bandura und Walters bezeichneten diesen Prozeß als *stellvertretende Verstärkung*. Ihrer Meinung nach bietet eine lediglich auf den S-R-Prozeß gestützte soziale Lerntheorie keine Erklärung für ein „Lernen ohne Versuch", wie Bandura das Lernen ohne offene Nachbildungsreaktion bezeichnet.

Banduras und Walters' Theorie beeinflußte die Entwicklungspsychologie vor allem in den sechziger und siebziger Jahren. Sie bildete die Grundlage für die meisten Laborstudien und Beobachtungen zur Aggression, zur Geschlechtertypisierung und zum Widerstehen angesichts einer Versuchung. Insbesondere versuchte man herauszufinden, welche Merkmale von Modellen wie Herzlichkeit, Autorität oder Ähnlichkeit mit dem Beobachter die Modellierung förderten. Außerdem wurde die Liste der sozialen Verstärker erweitert, um Freunde und Bekannte einzubeziehen.

In den letzten Jahren hat sich Bandura noch weiter von der traditionellen S-R-Erklärung des Lernens am Modell entfernt. Seine Theorie, wie er sie in seinen Arbeiten *Soziale Lerntheorie* (1979) und *Social Foundations of Thought and Action* (1986) und einem neueren Kapitel (1989) dargelegt hat, ist heute sehr viel stärker kognitiv orientiert. Er bezeichnet seine Theorie inzwischen explizit als „soziale Theorie" und definiert Lernen als „Wissenserwerb durch kognitive Informationsverarbeitung" (1986, S. xii). Dabei wendet er sich gegen eine radikal-behavioristische „kognitive Bypass-Operation" (Evans, 1989, S. 83) – jenen Ansatz, der die Kognition als vernachlässigbar betrachtet, weil sie im Einzelfall schlicht das Produkt externer Reize sei und somit in jeder beliebigen Erklärung von Verhalten eine Redundanz mit diesen Stimuli vorliege. Bandura interessiert sich nicht so sehr für die exakte Nachahmung von Verhalten (Imitation) sondern eher für das Beobachtungslernen als allgemeineren Prozeß, bei dem visuelle oder verbale Information von einer anderen Person aufgenommen wird. Banduras wissenschaftliche Leistung wurde 1980 mit dem Distinguished Scientific Contribution Award der American Psychological Association geehrt – für die „meisterhafte Modellierungsleistung als Forscher, Lehrer und Theoretiker" (*American Psychologist*, 1981, S. 27). Der derzeitige Stand seiner sozialen Lerntheorie sowie die Beiträge von Rosenthal, Zimmerman und anderen werden für den Rest dieses Kapitels im Mittelpunkt der Diskussion stehen.

Heutige Lerntheorien

Seit Ende der sechziger Jahre orientierte sich die Lernforschung bei Kindern sehr viel stärker an Piagets Ansatz und den Modellen der Informationsverarbeitung als an der Lerntheorie. Heute werden kaum noch Untersuchungen zum Lernen von Kindern im traditionellen Verständnis durchgeführt. Lernen wird inzwischen als Wissenserwerb betrachtet und läßt sich deshalb praktisch nicht mehr von kognitiven Veränderungen innerhalb kurzer Zeitspannen unterscheiden. Wenn ein Entwicklungspsychologe heute von Lernen spricht, meint er damit beispielsweise Rechnen- oder Lesenlernen, Üben und Übertragen von allgemeinen Lernstrategien (Überprüfen und Planen), Strategien zur Korrektur von Fehlern oder die Entwicklung vom Anfänger zum Experten im Hinblick auf Wissen oder motorische Fertigkeiten.

Im Hinblick auf soziales Lernen ist Banduras derzeitiger theoretischer Standpunkt nur noch schwer von der inzwischen einflußreicheren Forschungsrichtung der sogenannten „sozialen Kognition" abzugrenzen. Dieser sozial-kognitive Ansatz wurde von Piaget, Kohlberg und Vertretern einer Theorie der sozialen Attribuierung angeregt, die sich auf die Sozialpsychologie stützte. Dieser Ansatz hebt sehr viel stärker als Banduras Theorie die Rolle der kognitiven Entwicklung in der sozialen Entwicklung hervor. Die beiden Ansätze lassen sich durchaus miteinander vereinbaren. Beispielsweise beeinflußt das Fernsehen Kinder sowohl über kognitive Prozesse als auch über Modellierungsprozesse. Wenn Kinder die Geschichte eines Filmes begreifen (das heißt, die Motive der Hauptperson verstehen und ihre spätere Handlung mit dem vorangegangenen Konflikt in Zusammenhang bringen), wird dadurch sowohl die Wahrnehmung des Modells als auch die Tendenz zur Nachahmung beeinflußt.

Die Hoffnung, daß Untersuchungen zum Lernen bei Kindern zu einer plausiblen Erklärung entwicklungsbedingter Veränderungen des Lernens führen würden, haben sich nicht erfüllt. Zahlreiche Veröffentlichungen behandelten komplizierte Detailfragen, und manche Lerntheoretiker befaßten sich so intensiv mit den Parametern einer kleinen Auswahl von Aufgaben, daß sie völlig aus den Augen verloren, welche Frageansätze in der Entwicklungspsychologie ursprünglich mit diesen Aufgaben untersucht werden sollten. Außerdem wurden viele Untersuchungen mit intelligenten Kindern der oberen Mittelschicht einer Universitätsstadt durchgeführt – eine systematische Einschränkung, die nicht nur die Lerninhalte betrifft. (Einige Vierjährige begrüßten die Versuchsleiter mit „Welche Verstärkung bekomme ich diesmal?".) Trotz all dieser Schwierigkeiten war diese Phase der Entwicklungspsychologie eine interessante und fruchtbare Zeit. Das Fach wurde zu einer experimentellen Wissenschaft, und es kam rasch eine Fülle von „Fakten" zusammen. Einige bemerkenswert produktive und engagierte Forscher arbeiteten mit raffinierten Versuchsplänen. Ihre Untersuchungen bauten organisch auf frühere Forschungsarbeiten auf. Variablen wurden verändert und Hypothesen modifiziert. Man vertraute auf den Fortschritt in der Entwicklungspsychologie.

Allgemeiner Überblick über die Theorie

Es fällt schwer, einen allgemeinen Überblick über die Lerntheorie zu geben, weil es sich eigentlich um viele verschiedene Theorien und darüber hinaus auch um einige Ansätze handelt, die wie vor allem der Skinnersche Ansatz gar nicht den Anspruch erheben, eine Theorie zu begründen. Eine klärende Darstellung der Unterschiede zwischen den einzelnen Theorien würde den Rahmen dieses Kapitels sprengen. Aber es gibt einige gemeinsame Postulate oder Merkmale, aus denen eine gemeinsame psychologische Perspektive entsteht. Dabei stehen zwar die sozialen Lerntheorien (SLT) im Mittelpunkt, aber der Bezug zur traditionellen Lerntheorie (TLT) wird immer wieder hergestellt und reflektiert. Innerhalb jedes einzelnen Abschnitts befassen wir uns zunächst mit der traditionellen Lerntheorie und daran anschließend mit der modernen sozialen Lerntheorie sowie insbesondere mit der Position Banduras. Die soziale Lerntheorie geht zwar von denselben Grundannahmen aus wie die traditionelle Lerntheorie, doch sie weist auch einige wichtige Veränderungen auf, die wir hervorheben wollen. Hauptthemen sind dabei: das Lernen (TLT), insbesondere das Beobachtungslernen (SLT), ein kausales Modell, das die Umwelt (TLT) oder das System Umwelt-Person-Verhalten (SLT) einbezieht; erworbene Verhaltensweisen, die einfach (TLT) oder komplex (SLT) sein können, ein Blick auf beide beobachtbaren Verhaltensweisen (TLT und SLT) und die ihnen zugrundeliegenden kognitiven Prozesse (SLT) sowie die experimentellen Verfahren (TLT und SLT).

Lernen (TLT) und Beobachtungslernen (SLT)

Traditionelle Lerntheorie (TLT)
Ein Lerntheoretiker könnte nur wider besseres Wissen behaupten, sämtliches Verhalten sei ausschließlich erlernt. Die Biologie setzt jeder einzelnen Spezies ganz eindeutig Grenzen im Hinblick darauf, was, wann und wie rasch sie ein Verhalten lernen kann. Artspezifische Verhaltensweisen überlagern sich gelegentlich mit erlerntem Verhalten. Dieser Einfluß der Biologie auf das Lernen zeigt sich deutlich in einem Bericht von Breland und Breland (1961), beide aus Skinners Schule, die Tiere zu kommerziellen Zwecken trainierten. Bei ihrem Versuch, Waschbären beizubringen, Münzen in einen Schlitz zu werfen, stellten sie fest, daß die Tiere innehielten, um die Münzen zu „waschen" – wie sie es sonst bei Nahrung taten; dabei war kein Wasser in der Nähe.

Lerntheoretiker gestehen zwar biologische Einflüsse auf die Entwicklung ein, aber sie haben für ihre Untersuchungen immer die umweltbedingten, nicht-biologischen Einflüsse auf das Verhalten herausgegriffen. Das ist eine ganz andere Forschungsperspektive als etwa bei Piaget und Freud, die sowohl angeborene als auch erfahrungsbedingte Einflüsse in ihre Theorien integrierten und deren Interaktion untersuchten.

Es gibt viele Definitionen des Lernens, wobei jedoch gemeinhin akzeptiert wird, daß es sich dabei um „eine mehr oder weniger ständige Verhaltensänderung aufgrund von Übung" (Kimble, 1961, S. 2) handelt. Im einfachsten Falle besteht dieses Lernen aus der Assoziation oder Beziehung zwischen einem Stimulus und einem Respons. In seiner komplexesten Form schließt Lernen den Erwerb abstrakter Regeln oder Schlußketten ein.

Lernen wurde traditionell in zwei Typen unterteilt: die *operante* (oder instrumentelle) *Konditionierung* und die *klassische Konditionierung*. Die operante Konditionierung ist von Skinner erschöpfend untersucht worden. Sie nimmt ihren Ausgang in einem Verhalten, das ein Kind spontan zeigt. Es „operiert" in seiner Umwelt. Dieses Verhalten wird konditioniert, sobald es durch einen spezifischen Reiz gesteuert wird. Einige Reize lösen bei einem Kind spezifische Verhaltensweisen aus, mit denen es eine positive Verstärkung erreichen kann. So lernt ein Säugling, daß seine Eltern, wenn er sie beim Wiedersehen anlächelt (das operante Verhalten), ihn aufnehmen und mit ihm spielen (die Verstärkung). Wiederholt sich diese Sequenz einige Male, so kann man das Lächeln als operant konditioniert bezeichnen, sofern seine Häufigkeit zunimmt. In diesem Beispiel soll der Verstärker die Häufigkeit des Lächelns erhöhen, indem er unmittelbar nach diesem Verhalten auftritt.

So wie das Lächeln lassen sich Tausende anderer Verhaltensweisen operant konditionieren. Das reicht vom Sabbern bei Kindern (Johnston, Sloane und Bijou, 1966) bis hin zu den Tauben, die während des Zweiten Weltkrieges bei Skinners *Project Pigeon* Geschossen den Weg zu ihrem Ziel wiesen. Selbst problematische Verhaltensweisen lassen sich operant modifizieren. Harris, Wolf und Baer (1967) beobachteten ein extrem auf sich selbst zurückgezogenes Kind, das sich im Kindergarten meist – in 80 Prozent der Zeit – allein beschäftigte. Ihre Beobachtungen brachten ans Licht, daß die Erzieherinnen dieses Verhalten ungewollt verstärkten, indem sie immer dann mit dem Kind sprachen und es trösteten, wenn es allein war; solange es mit anderen Kindern spielte, ignorierten sie es. Mit einem Programm zur operanten Konditionierung konnten diese Kontingenzen umgekehrt werden. Der Junge erhielt nun die Aufmerksamkeit der Erzieherinnen, wenn er sich zu einer Gruppe gesellte, und wurde ignoriert, wenn er sich zurückzog. Bald verbrachte er 60 Prozent der Zeit im Spiel mit anderen Kindern.

Anders als die operante Konditionierung beginnt die klassische Konditionierung mit einem Reflex – einer angeborenen Reaktion auf einen Reiz. Zu den Verhaltensweisen, die klassisch konditioniert werden können, gehört die Speichelproduktion, sobald man etwas Eßbares im Mund hat, das Saugen des Babys, wenn man ihm einen Sauger in den Mund steckt und das Verengen der Pupille, wenn ein Lichtstrahl auf das Auge gerichtet wird. Die Reaktion wird ausgelöst und nicht – wie bei der operanten Konditionierung – spontan erzeugt. Ein *unbedingter Reiz* (Sauger wird in den Mund gesteckt) löst eine *unbedingte Reaktion* (Saugen) aus. Hinzu kommt nun ein *bedingter Reiz* (Anblick der Flasche) unmittelbar vor dem Flaschegeben. Wenn beides, Flasche und Saugen, wiederholt zusammentrifft, wird schließlich bereits das Zeigen der Flasche Saugen hervorrufen. Ein neuer Reiz ersetzt den alten, und Saugen ist zu einer *bedingten Reaktion* geworden. Ausgefallenere Beispiele sind Patienten, die einen Asthmaanfall erleiden, sobald sie mit einem Aufzug, einem Kinderchor, einem Fahrradrennen, einer politischen Rede oder der Nationalhymne konfrontiert sind (Dekker und Groen, 1956).

Das berühmteste Beispiel einer klassischen Konditionierung bei Kindern ist das Experiment mit dem „Kleinen Albert". Watson und Rayner (1920) konditionierten eine Furchtreaktion bei dem elf Monate alten Albert. Zunächst wurde dem Kind eine weiße Ratte vorgesetzt. Als es nach ihr griff, schlug man hinter seinem Rücken mit einem Hammer auf eine Eisenstange, woraufhin Albert hochschreckte und in Tränen ausbrach. Nachdem die beiden Reize Ratte und Geräusch auf diese Weise mehrmals miteinander verbunden worden waren, krabbelte Alfred auch dann schon weinend davon, wenn nur die Ratte dargeboten wurde. Alberts Furcht war eine bedingte Reaktion auf den bedingten Reiz der weißen Ratte. In einem ursprünglichen Reflex hatte er das erschreckende Geräusch (den unbedingten Reiz) als unangenehm wahrgenommen (unbedingte Reaktion). Im folgenden jedoch generalisierte er die bedingte Reaktion auch auf andere Objekte wie ein Kaninchen, einen Pelzmantel und eine Nikolausmaske. Leider wurde Albert von einer Familie außerhalb der Stadt adoptiert, bevor Watson die Möglichkeit hatte, ihn wieder zu dekonditionieren.[1]

Später stellte Mary Cover Jones (1924), eine Schülerin Watsons, fest, daß sich eine natürlich erworbene Furcht vor Tieren bei dem zweijährigen Jungen Peter durch Auslöschen der vermuteten bedingten Reaktion tatsächlich beheben ließ. Man setzte Peter in einen Hochstuhl und gab ihm etwas zu essen – ein Reizereignis, das eine positive Reaktion hervorrief. Während er aß, schob man ein weißes Kaninchen in einem Käfig immer näher zu ihm hin. Dabei vermied man es, den bedingten Reiz (das weiße Kaninchen) so stark werden zu lassen, daß beispielsweise durch ein plötzliches Näherrücken eine Furchtreaktion ausgelöst worden wäre. In dem Maße, in dem der Reiz ohne die damit verbundene Furchtreaktion auftrat, schwächte sich diese Assoziation ab. Gleichzeitig trat an die Stelle der negativen Furchtreaktion auf das Kaninchen die positive Reaktion des Essens. Dieses Verfahren war recht erfolgreich. Am Ende streichelte Peter das Kaninchen und ließ es an seinen Fingern knabbern. Eine solche Behandlung erfordert natürlich einen erfahrenen, sorgsam vorgehenden Psychologen, um zu vermeiden, daß das Kind aus mangelndem Einfühlungsvermögen darauf konditioniert wird, Essen und Furcht miteinander zu assoziieren.

Diesem Ergebnis muß noch eine interessante Fußnote hinzugefügt werden. Peter mußte später im Krankenhaus wegen Scharlach behandelt werden. Beim Verlassen des Krankenhauses kam es zu einem unglücklichen Zwischenfall; ein großer Hund sprang auf Peter zu und erschreckte ihn furchtbar. Bei einem späteren Test stellte Jones dann fest, daß Peter seine Furchtreaktion auf Tiere wieder erworben hatte und erneut dekonditioniert werden mußte.

Dieses Verfahren der Dekonditionierung zur Überwindung von Ängsten steht im Widerspruch zu Freuds psychoanalytischer Studie der Furcht des kleinen Hans vor Pferden. Freud befaßte sich mit den tief verwurzelten, elementaren Ängsten, während die Lerntheoretiker sich bemühen, Verhalten zu ändern. In der Sicht der Lerntheoretiker müßte sich Hansens bedingte Furchtreaktion abschwächen lassen, indem man ihn ganz allmählich zu Pferden in Kontakt bringt und gleichzeitig eine positive Reaktion

---

[1] Harris (1979) weist darauf hin, daß das Experiment mit dem kleinen Albert zwar zu den berühmtesten Versuchen in der Psychologie zählt, daß die Konditionierung der bedingten Furchtreaktion aber anscheind gar nicht so gut gelang, wie gemeinhin angenommen wird. Über die Jahre haben die Verfasser psychologischer Lehrbücher die Ergebnisse dieses inzwischen berühmten Falles „verbessert". Außerdem gab es methodologische Probleme, die eine klare Deutung der Ergebnisse verhindern.

auf Pferde konditioniert. Freud würde einwenden, daß ein solches Verfahren nur die Symptome und nicht die Ursachen des Problems kuriert und daß ein neues Symptom an die Stelle des alten treten kann.

Für Lerntheoretiker beinhaltet Entwicklung ein Akkumulieren von operant und klassisch konditionierten Reaktionen. Bijou und Baer schreiben dazu: „So läßt sich das in der Entwicklung begriffene Kind konzeptuell durchaus als Cluster miteinander zusammenhängender und mit verschiedenen Reizen interagierender Reaktionen begreifen" (1961, S. 15). Sowohl die operante als auch die klassische Konditionierung lassen sich bereits in den ersten Lebenstagen durchführen, auch wenn das Lernen über klassisches Konditionieren erst nach einer Vielzahl von Versuchen zum Erfolg führt. So verändert Lernen Verhalten und erzeugt damit vom ersten Lebenstag an Entwicklung.

Moderne soziale Lerntheorien

Auch bei den Lerntheoretikern unserer Zeit steht das Lernen im Mittelpunkt des Interesses, sie haben jedoch den Begriff des Lernens in zweierlei Hinsicht erweitert. Zum einen befassen sie sich vor allem mit dem Sozialverhalten und dem sozialen Kontext von Verhalten, da sie davon ausgehen, daß eine auf Tierexperimente gestützte Lerntheorie nicht in der Lage ist, menschliches Verhalten – das stets in einem sozialen Kontext auftritt – zu erklären. Kinder lösen zwar Aufgaben zum Unterscheidungslernen und werden klassisch und operant konditioniert, aber sie handeln auch aggressiv, teilen, spielen miteinander, erlernen geschlechtsspezifische Verhaltensweisen und entwickeln Autonomie. Die Sozialisation von Kindern besteht weitgehend darin, interpersonell orientiertes Verhalten auszubilden. Deshalb faßten die Vertreter der sozialen Lerntheorie den *Kern* der Lerntheorie weiter, indem sie postulierten, daß sich selbst soziales Verhalten durch Lerngesetze erklären läßt.

Auch ein Verhalten, das seinem Wesen nach nicht sozial ist, wird durch den jeweiligen sozialen *Kontext* beeinflußt, in dem es sich ereignet. So wird ein Junge, der Klavier spielen lernen will, von seinen Eltern vielleicht verstärkt, aber von seinen Mitspielern im Baseballteam zutiefst entmutigt. Mit zunehmendem Alter steigen die Erwartungen, die an ein Kind gestellt werden. Wenn ein Vierjähriger nicht addieren kann, ist das für Erwachsene noch kein Grund zur Panik, aber wenn ein Siebenjähriger dies nicht kann, muß er sich in der Schule gerade mit einem sozialen Kontext auseinandersetzen, der auf das Erlernen dieses Konzepts ausgerichtet ist.

Zweitens ergänzten die Lerntheoretiker das Spektrum der *Lerntypen*, die sie erklären wollen. Sie erkannten die Bedeutung des Beobachtungslernens, des Erwerbs neuer Fertigkeiten und Kenntnisse oder der Änderung alter Verhaltensweisen durch einfaches Beobachten anderer Kinder und Erwachsener. Tatsächlich postuliert Bandura (1986), daß in den meisten Fällen über Beobachtung und Instruktion und nicht über eigene Erfahrung mit Versuch und Irrtum gelernt wird. Vor langer Zeit schrieb Aristoteles dazu, daß die Nachahmung von Kindheit an der menschlichen Natur entspricht, denn anders als den niederen Tieren sei dem Menschen der Vorzug gegeben, daß er unter allen Lebewesen am meisten zur Nachahmung neigt und von Anfang an durch Nachahmung lernt.

Eine besonders wichtige Teilfertigkeit des Lernens ist das Nachahmen von Verhalten, wenn das Modell selbst gar nicht präsent ist. Auf diese Weise kann ebenso interpersonelles Verhalten, eine perzeptuell-motorische Fertigkeit oder eine konzeptuelle Regel erworben werden. Entscheidend dabei ist, daß das Kind das jeweilige Verhalten nicht unmittelbar produzieren muß und daß das Modell nicht verstärkt zu werden braucht. Insofern ist also das Beobachtungslernen besonders wichtig, wenn man verstehen will, wie neue, komplexe Verhaltensweisen im Laufe der Entwicklung erworben werden. Operante Konditionierung kann durch Verhaltensformung ständig relativ neue Verhaltensweisen hervorbringen, sie bietet aber keine Erklärung dafür, daß ein Kind plötzlich neue Verhaltensweisen zeigt, nachdem es seinen Spielkameraden bei einem neuen Spiel zugesehen oder die Possen eines Superhelden im Fernsehen beobachtet hat. Das Beobachtungslernen ist vor allem auf den Gebieten von Bedeutung, auf denen Fehler teuer zu stehen kämen oder sogar lebensbedrohlich wären. In der Gehirnchirurgie oder beim Autofahren kann man sich kaum leisten, über Versuch und Irrtum zu lernen.

Wir stellen im folgenden zwei Beispiele für Beobachtungslernen im Alltag und im Experiment dar. Fußballspielen ist eine Fertigkeit, die heutzutage von vielen Jungen und Mädchen erworben wird. Diese Fertigkeit umfaßt eine komplexe Reihe von konzeptuellen und perzeptuell-motorischen Fertigkeiten. Sie ließe sich wahrscheinlich nicht vermitteln, indem man einem Kind einfach sagt, wie es spielen soll, auch wenn eine solche Instruktion durchaus wichtig ist. Viel mehr aber lernt es, indem es Modelle – ältere Kinder, Erwachsene, Trainer und Fußballprofis im Fernsehen – beim Spielen beobachtet. Solche Modelle werden mit besonders großer Wahrscheinlichkeit nachgeahmt, weil das Kind ihnen einen hohen sozialen Status, Kompetenz und Macht zuschreibt – Merkmale, die es zur Modellierung ermutigen (Bandura, 1986). In Büchern über Fußball finden sich symbolische Modelle. Diese unterschiedlichen Typen von Modellen demonstrieren, wie man dribbelt, einen Paß schlägt, auf das Tor schießt, Eckbälle tritt und seine Freude über einen Treffer zum Ausdruck bringt.

Kinder erwerben ihr Verständnis des Spieles weitgehend über das, was Bandura als *abstrakte Modellierung* bezeichnet, das heißt über die Abstraktion einer allgemeinen Regel aus der Beobachtung eines spezifischen Verhaltens. Sie entwickeln Schritt für Schritt allgemeine Konzepte des Gruppenverhaltens im Spiel: eine Verteidigungsstrategie des Teams, die Möglichkeit, vorherzusagen, in welcher Position die Mitspieler sich zu einem bestimmten Zeitpunkt befinden, Strategien für die Möglichkeiten der eigenen Position und so weiter.

Beim Beobachtungslernen versuchen Kinder, Verhaltensweisen zu reproduzieren, die sie gesehen haben, und sie bekommen über ein Feedback Hinweise darauf, wie genau ihr Verhalten dem des Modells entspricht. Ein geschickt gespielter Paß ist dann erfolgreich, wenn er auf einen anderen Spieler trifft und vielleicht auch noch vom Trainer gelobt wird. Der erfolglose Versuch, den Ball ins Netz zu bekommen, gibt dem Spieler ein unmittelbares Feedback, so daß er beim nächsten Mal vielleicht versucht, in einem anderen Winkel zu schießen oder sich von anderen Tricks sagen oder zeigen zu lassen. Man beachte, daß diese Verstärkung oder Nicht-Verstärkung Kindern im Hinblick auf ihr Verhalten primär als Informationsquelle dient. Darüber hinaus ist solch ein Feedback Anstoß und Anreiz, weiterhin Selbstzufriedenheit, Leistung, Kompetenz oder die Aufmerksamkeit anderer durch Teilnahme am Fußballspiel zu gewinnen. Anders als bei der operanten oder der klassischen Konditionierung gibt es kein automatisches „Einprägen" einer Assoziation über die Verstärkung, und dieses Lernen reicht auch weit über Ausprobieren durch Versuch und Irrtum hinaus. Dieses Lernen entsteht aus der Beobachtung, aus dem Befolgen von Instruktionen und dem Erinnern.

Aus der sozialen Lerntheorie stammt der Begriff der *stellvertretenden Verstärkung*. Die Beobachtung, daß andere für ein spezifisches Verhalten verstärkt werden, kann dem Kind die Information vermitteln, daß das beobachtete Verhalten in einer bestimmten Situation wünschenswert ist, und so fühlt es sich ermutigt, dieses Verhalten nachzuahmen. Eine Bestrafung von anderen hat den gegenteiligen Effekt. Bandura hat allerdings festgestellt, daß Verstärkung oder Bestrafung des Modells oder des Kindes keine notwendige Voraussetzung für Beobachtungslernen sind. „Wenn sich die Fähigkeit zum Beobachtungslernen vollständig entwickelt hat, kann man Menschen nicht mehr davon abhalten zu lernen, was sie sehen" (Bandura 1977, S. 38).

Aus der Vielzahl der Studien zum Beobachtungslernen im Laborexperiment beschreiben wir eine besonders einflußreiche Untersuchung von Bandura, Ross und Ross (1961). In diesem Experiment sahen Vorschulkinder, wie ein aggressives erwachsenes Modell eine große, aufblasbare Puppe mit den Fäusten traktierte, mit einem Hammer auf ihren Kopf einschlug und Äußerungen wie „Hau ihm eine rein!" und „Wumm!" von sich gab. In einer Vergleichsgruppe spielte das Modell nicht aggressiv mit einem mechanischen Baukasten, und in einer Kontrollgruppe gab es gar kein Modell. Später wurden die Kinder in einen Raum gebracht, in dem einige aggressive Spielzeuge (die aufblasbare Puppe, Spielzeuggewehre mit Pfeilen, ein *Tetherball*[2] mit einem aufgemalten Gesicht) und einige nicht-aggressive Spielzeuge (Teeservice, Teddybären, Lastwagen) vorhanden waren, darunter auch diejenigen Spielzeuge, die das erwachsene Modell aggressiv benutzt hatte. Kinder, die das aggressive Modell beobachtet hatten, spielten aggressiver als Kinder, die das nicht aggressive oder gar kein Modell beobachtet hatten.

Die Frage, wie sich die Beobachtung von Aggression bei anderen auswirkt, würde von Bandura natürlich anders beantwortet werden als von Freud. Freud würde annehmen, daß auf diese Weise aggressive Spannungen abgebaut und weitere Aggressionen verringert werden. Bandura dagegen würde vorhersagen, daß das Beobachten aggressiven Verhaltens, besonders dann, wenn es nicht bestraft wird, tendenziell zur Nachahmung anreizt und die Aggression erhöht.

Wenn wir uns der Schlußfolgerung anschließen, daß Kinder aggressiver reagieren, wenn sie ein aggressives Modell beobachtet haben, stellt sich die Frage, wie genau es dazu kommt, daß das Modell Aggression erzeugt. Ein Modell kann auf unterschiedliche Weise die Nachahmung des Beobachtenden auslösen.

1. Vermittlung neuer Verhaltensweisen. Die Kinder in Banduras Verhaltensstudie haben vielleicht neue Formen der Aggression erlernt – etwa Einschlagen auf den Kopf der Puppe mit einem Hammer.
2. Stärkung oder Schwächung der Hemmungen bei den Kindern. Obwohl den Kindern von ihren Eltern vermutlich beigebracht worden war, daß sie sich nicht aggressiv verhalten sollten (und die Vergleichsgruppen verhielten sich ja auch nicht aggressiv), kann das aggressive Modell die Aggression der Kinder enthemmt haben. Eine Enthemmung ist deshalb besonders wahrscheinlich, weil das Modell nicht bestraft wurde. Auf eine allgemeine Aggressionsenthemmung deutet die Tatsache hin, daß sich einige der aggressiven Verhaltensweisen von den vom Modell vorgegebenen unterschieden, die Kinder „schossen" in ihrem Spiel beispielsweise auf verschiedene Gegenstände im Raum und riefen dabei „blöder Ball" oder „leg ihn um".
3. Lenkung der Aufmerksamkeit auf verschiedene Objekte und infolgedessen vielfältigerer Gebrauch dieser Objekte.
4. Erhöhung des emotionalen Aktivierungsniveaus, mit der in der Regel eine erhöhte Reagibilität einhergeht.

---

[2] *Tetherball* ist ein Spiel, bei dem zwei Mitspieler aus entgegengesetzten Richtungen auf einen Ball einschlagen. Der Ball hängt am Ende eines Seiles, das an einer Stange befestigt ist, die gleich lang ist wie das Seil. Ziel des Spieles ist es, das Seil vollständig um die Stange zu wickeln.

Ein weiteres bemerkenswertes Ergebnis dieser Studie belegte, daß Jungen körperlich aggressiver waren als Mädchen. So bestimmen also auch Persönlichkeitsmerkmale eines Kindes über seine Form der Nachahmung. In anderen Untersuchungen (Bandura, 1965) zeigte es sich allerdings, daß zwischen dem Erwerb und der Ausführung eines neuen Verhaltens unterschieden werden muß. Wir wissen, daß Mädchen durch das Modell ebensoviel Aggression *lernen* wie Jungen, weil sie die aggressiven Verhaltensweisen nachbilden, sobald man sie dazu auffordert oder ihnen eine Belohnung dafür in Aussicht stellt. Nur *produzieren* sie in der Regel nicht soviel körperliche Aggression, weil ein solches Verhalten bei ihnen wahrscheinlich einer stärkeren Hemmung unterliegt als es bei Jungen der Fall ist. Die Feststellung, daß Kinder das, was sie beobachten, lernen und erinnern, auch wenn sie es nicht unmittelbar reproduzieren, ist wichtig im Hinblick auf die Frage, welchen Einfluß gewalttätige Modelle im Fernsehen haben. Auch ein Kind, das eine im Fernsehen beobachtete Aggression nicht sofort reproduziert, kann sie für den späteren Gebrauch gespeichert haben.

Anhand des grundlegenden Paradigmas aus der Studie von Bandura wurden vielfältige (filmische, symbolische und reale) Modelle und Verhaltensweisen (prosoziales Verhalten, Stile der Informationsverarbeitung, Erhaltungsbegriff im Hinblick auf Zahlen) untersucht. Ganz eindeutig ist die weitreichende Bedeutung des Beobachtungslernens über die ganze Kindheit hinweg. Zur Akkulturation von Kindern gehört vor allem, daß sie die erwünschten sozialen Verhaltensweisen und Strategien des Problemlösens entwickeln. Viele der universellen Verhaltensweisen in einer spezifischen Kultur spiegeln die Tatsache wider, daß die Kinder dieser Kultur mit denselben oder vergleichbaren Modellen konfrontiert werden. Damit erweitert die wissenschaftliche Untersuchung des Beobachtungslernens den engeren Lernbegriff der traditionellen Lerntheorie erheblich.

Auch interkulturell unterschiedliche Persönlichkeitsmerkmale lassen sich bis zu einem gewissen Grad auf das Beobachtungslernen zurückführen. Verschiedene Kulturen unterscheiden sich beispielsweise darin, wie intensiv sie ihren Kindern aggressives Verhalten beibringen. Die Dugum Dani etwa, ein kriegerisches Volk im Hochland von Neuguinea, praktizieren ein Trainingsprogramm, durch das die Jungen immer näher an das wirkliche Kriegführen herangebracht werden (Gardner und Heider, 1969). In ihren Kriegsspielen spießen sie den Feind (Früchte) mit spitzen Stöcken auf, sie schießen auf einen Ring, der von den Gegenspielern in die Luft geschleudert wird, kämpfen mit Pflanzen-„Speeren" und sehen bei wirklichen Kämpfen aus der Entfernung zu. Die Polynesier der Gesellschaftsinseln dagegen steuern aggressivem Verhalten aktiv entgegen und bieten ihren Kindern nur selten aggressive Modelle (Levy, 1969). Sie lehren ihre Kinder, daß die Geister Aggression mit Krankheit und Unbill bestrafen.

Beobachtungslernen ist nicht nur ein Prozeß der normalen Sozialisation, sondern es kann bei Verhaltensstörungen auch therapeutisch eingesetzt werden, beispielsweise wenn man Kindern helfen will, ihre Ängste zu überwinden. In einer anderen Studie von Bandura (1967) beobachteten Kinder im Kindergartenalter, die sich vor Hunden fürchteten, wie ein Kind sich vergnügt und Schritt für Schritt einem Hund näherte und mit ihm spielte. Nach der Therapie und selbst noch einen Monat später fütterten die meisten der zuvor ängstlichen Kinder einen Hund aus der Hand und kletterten sogar mit ihm in einen Laufstall. Die Vorführung der Modellierungssequenz im Film erwies sich also auch zum Abbau von Ängsten als hilfreich.

Das kausale Modell des Umwelteinflusses (TLT) und das System Umwelt-Person-Verhalten (SLT)

„Der kindliche Geist läßt sich wohl ebenso leicht wie Wasser in diese oder jene Richtung lenken."

[John Locke]

Traditionelle Lerntheorie

Die Überzeugung, daß Verhaltensänderungen im wesentlichen auf Erfahrungen zurückzuführen sind, hängt eng mit der Bedeutung zusammen, die man dem Einfluß der Umwelt auf das Verhalten beimißt. Skinner behauptete, „nicht der Mensch wirkt auf die Welt ein, sondern die Welt auf den Menschen" (1971, S. 211). So gesehen, setzt sich die Umwelt aus verschiedenen Reizen zusammen, die verschiedene Funktionen haben können. Sie können die Signale sein, die eine Verstärkung bei der passenden Reaktion auslösen; sie lassen sich mit unbedingten Reizen verbinden und lösen dann schließlich bedingte Reaktionen aus; sie werden mit Reaktionen assoziiert, beispielsweise beim Lernen von sinnlosen Silbenpaaren; und sie können als Bestrafung oder Verstärkung wirken. Reize steuern Verhalten also insofern, als sie darüber bestimmen, welches Verhalten wann, wo und wie häufig auftritt, so daß die Entwicklung des Kindes einen ganz spezifischen Verlauf nimmt.

Interessant ist die Übereinstimmung zwischen der lerntheoretischen Betonung der Umwelteinflüsse und den demokratischen Idealen Amerikas. Wenn die Umwelt allen Menschen gleiche Möglichkeiten bietet, dann können auch alle Menschen ihr individuelles Potential in vergleichbarer Weise ausschöpfen. Eine extreme Form dieses Glaubens an die Steuerungsmöglichkeiten der Umwelt kommt in Watsons berühmtem Zitat zum Ausdruck:

„Gebt mir ein Dutzend gesunder, wohlgebildeter Kinder und meine eigene Umwelt, in der ich sie erziehe, und ich garantiere, daß ich jedes nach dem Zufall auswähle und es zu einem Spezialisten in irgendeinem Beruf erziehe, zum Arzt, Richter, Künstler, Kaufmann oder zum Bettler und Dieb, ohne Rücksicht auf seine Begabungen, Neigungen, Fähigkeiten, Anlagen und die Herkunft seiner Vorfahren."

[Watson, 1976, S. 123]

Watson sagt weiter: „Ich gehe damit über die Tatsachen hinaus und gebe dies auch zu, aber das tun die Vertreter des Gegenteils auch und haben es viele tausend Jahre lang getan."

In der Lerntheorie kommt der Verstärkung als zentralem Element der Verhaltenssteuerung eine herausragende Rolle zu. Wie bereits dargelegt, erhöht eine Verstärkung die Häufigkeit des spezifischen Verhaltens, dem sie folgt. Umgekehrt verringert sich entsprechend die Häufigkeit eines Verhaltens, dem keine Verstärkung folgt, bis dieses Verhalten schließlich ausgelöscht wird. Skinner selbst notierte regelmäßig, wieviel er geschrieben hatte, um sich auf diese Weise selbst zu verstärken (Skinner, 1967).

Eine andere Art der Verstärkung steuert Verhalten auch durch *Verhaltensformung*. Tauben spielen normalerweise kein Tischtennis. Übt man mit ihnen jedoch ihre beim Tischtennis brauchbaren Verhaltensweisen, dann kann man diese ganz allmählich zu einem für das Tischtennisspiel geeigneten Bewegungsablauf hin modifizieren. Im Verlaufe der Entwicklung, in der sich das Verhalten immer mehr dem gewünschten Verhalten annähert, hängt der Versuchsleiter „die Latte höher", das heißt, er erhöht die Anforderungen, die erfüllt sein müssen, bevor eine Verstärkung erfolgt. So wird die

Taube zu Beginn des Trainings beispielsweise schon dann verstärkt, wenn sie sich dem Ball nähert, später aber muß sie den Ball auf der Gegenseite fallenlassen, bevor eine Verstärkung erfolgt.

Skinner hat seinen ersten Versuch der Verhaltensformung beim Menschen so dargestellt:

> „Bald probierte ich das Verfahren an einem Menschen – unserer neun Monate alten Tochter – aus. Eines Abends hielt ich sie auf dem Schoß, als ich eine Tischlampe neben dem Stuhl anknipste. Sie sah hoch und lächelte, und ich beschloß herauszufinden, ob ich das Licht als Verstärker einsetzen konnte. Ich wartete, bis sie ihre linke Hand ein wenig bewegte und knipste dann das Licht kurz an. Fast unmittelbar darauf bewegte sie ihre Hand wieder, und wieder verstärkte ich sie. Ich wartete auf größere Bewegungen, und innerhalb kürzester Zeit hob sie ihren Arm in einem weiten Bogen – ‚um das Licht anzumachen‘).“
>
> [Skinner, 1980, S. 196]

In einer natürlichen Umgebung kann Verhaltensformung auch unbeabsichtigt erfolgen. Beispielsweise werden Kinder im Kindergartenalter rasch lauter und hartnäckiger, wenn ihre Mutter ihnen die gewünschte Aufmerksamkeit nicht zuwendet – bis die Mutter ihnen ihre Aufmerksamkeit schenkt und ihr Verhalten damit verstärkt. So wird ein rasch eskalierendes negatives Verhalten der Kinder geformt. Patterson schreibt dazu: „Die rasche Eskalation gilt als wichtige Komponente im Repertoire des trainierten Kämpfers und des im Quengeln geübten Kindes" (1980, S. 7).

Moderne soziale Lerntheorie

Die Vertreter der sozialen Lerntheorie sind sich darin einig, daß soziales Verhalten weitgehend durch die Umwelt gesteuert wird, aber sie betrachten die Umwelt nur als eine von vielen Kräften, die auf eine gegebene Situation einwirken. Zum gesamten Lernkontext gehören die biologischen und psychologischen Merkmale der einzelnen Person (P), ihr Verhalten (V) und die Umwelt (U) – drei Faktoren, die in hohem Maße voneinander abhängig sind. Sie beeinflussen und steuern sich wechselseitig über einen Prozeß, den Bandura als *reziproken Determinismus* bezeichnet. Betrachten wir eine Situation, in der ein Kind beobachtet, wie ein anderes einen Teil seines Taschengeldes für die Armen spendet. Verschiedene Persönlichkeitsmerkmale des Kindes bestimmen nun darüber, ob es dieses Verhalten nachahmt ($P \rightarrow V$) oder nicht. Ist es kognitiv und sozial weit genug entwickelt, um zu verstehen, was es heißt, arm zu sein? Was für Maßstäbe hat es im Hinblick auf Chancengleichheit und soziale Gerechtigkeit? Hat es überhaupt auf das Verhalten des Modells geachtet? Hat es früher schon beobachtet, daß seine Eltern für wohltätige Zwecke spenden? Zu den Umweltfaktoren kann auch zählen, ob das Modell einen sozial erstrebenswerten Status besitzt, inwieweit es gelobt wurde, nachdem es gespendet hat, und wie sehr es in dieser Situation unter anderen herausragt ($U \rightarrow P$, $U \rightarrow V$). Wenn das Kind nach dem Teilen zufrieden ist, wirkt das eigene Verhalten psychologisch auf seine Person zurück ($V \rightarrow P$).

Zwar erkennen viele Theorien an, daß solche individuellen und umweltbedingten Faktoren interagieren, der wesentliche Beitrag von Banduras reziprokem Determinismus besteht aber in der Erkenntnis, daß das Verhalten des Kindes seine Umwelt beeinflußt und in gewisser Weise auch „erzeugt" ($V \rightarrow U$, $P \rightarrow U$). In der eben dargestellten Situation des Teilens beispielsweise hat das Kind, das auch in der Vergangenheit schon regelmäßig mit anderen geteilt und bei ihnen ein Gefühl der Herzlichkeit und Dankbarkeit ausgelöst hat, für sich selbst ein positives Klima der Unterstützung geschaffen. Umgekehrt kann ein aggressives Kind eine negative Reaktion der anderen auslösen und sich damit eine feindselige Umwelt schaffen. Ein weiteres Beispiel dafür, wie Verhalten Umweltbedingungen erzeugt, liefern Kinder, die viel fernsehen und dadurch anderen Modellen ausgesetzt sind als Kinder, die statt dessen in der Regel mit Freunden spielen. Oder Kinder können spezielle Fertigkeiten wie Malen oder Tanzen vervollkommnen und sich dadurch eine Umwelt der sozialen Unterstützung durch das Lob von anderen schaffen. So wirken Kinder durch ihr Verhalten auf die Umwelt ein und verändern diese oft auch in signifikanter Weise. Anders als frühere theoretische Konzepte, die den Menschen als ein passives Wesen sahen, betrachtet die soziale Lerntheorie den Menschen als ein aktives, auf seine Umwelt einwirkendes Wesen.

Belege dafür, daß Kinder durch ihr Verhalten auch ihre soziale Umwelt ändern können, ergaben sich bei einer Untersuchung von Brunk und Henngeler (1984). In einer Versuchsanordnung, in der Mütter sich bemühten, zwei zehnjährige Jungen zu einer Partie Schach zu überreden, spielte der eine Junge ein ängstlich-zurückgezogenes Verhalten vor und der andere ein aggressiv-unwilliges. Dem ängstlich-zurückgezogenen Jungen ließen die Mütter mehr Hilfe und Belohnung zukommen als dem aggressiv-unwilligen Jungen, auf den sie eher mit Mißachtung, Befehlen und Disziplinierungsmaßnahmen reagierten. So „erzeugten" die Jungen zwei unterschiedliche soziale Umwelten.

Zu beachten ist dabei, daß Verhalten im reziproken Determinismus sowohl auf das Denken als auch auf die Umwelt einwirken kann. Verhalten schafft bestimmte Erwartungen, die wiederum Einfluß darauf nehmen, wie ein Kind denkt, was es selbst erwartet und wie es sich infolgedessen verhält. Ein Kind lernt vielleicht, erfolgreich Brettspiele zu spielen, und entdeckt dabei, daß es durch diese Leistung die Achtung und Bewunderung anderer erwirbt. Daraufhin sieht es sich selbst als guten Spieler und erwartet, durch seinen Zeitvertreib zu Erfolg und sozialer Verstärkung zu gelangen.

Nach Banduras Theorie wird der Einfluß der Umwelt kognitiv, wenn Kinder die Beziehung zwischen der Situation, eigenem Verhalten und dem daraus resultierenden Ergebnis symbolisch repräsentieren. Verstärkung gibt ihrem Wesen nach Informationen darüber, welchen Einfluß das eigene Verhalten auf die Umwelt hat. So lernen Kinder vielleicht, daß körperliche Aggressivität in bestimmten Situationen zu einem positiven Ergebnis führt – etwa beim Fußballspielen oder wenn man einem anderen Kind ein attraktives Spielzeug wegnehmen will –, daß das aber nicht der Fall ist, wenn Eltern oder Lehrer in der Nähe sind. Kinder entwickeln eine Reihe von Erwartungen im Hinblick darauf, welche Ereignisse zu welchen anderen Ereignissen führen. Diese Korrelationen zwischen verschiedenen Phänomenen erlernen sie durch unmittelbare Erfahrung, durch Instruktionen von anderen und Beobachtung anderer.

Die soziale Lerntheorie befaßt sich mit dem gesamten Verstärkungszusammenhang, in den ein spezifisches Ereignis eingebettet ist. Dieser systematische Ansatz zeigt sich deutlich bei Untersuchungen zu Systemen der Zwangsausübung innerhalb der Familie (Patterson und Reid, 1984). Patterson analysierte das Netzwerk von Verhaltensweisen einzelner Familienmitglieder beim Austragen von Konflikten, wobei er im wesentlichen beschrieb, welche Verhaltensweisen zu welchen anderen Verhaltensweisen führten. In der familiären Interaktion gibt es eine Reihe von typischen „Verstärkungsfallen". Eine Mutter fordert ihr Kind auf, sein Zimmer aufzuräumen, das Kind quengelt, die Mutter wiederholt ihre Aufforderung nachdrücklicher, das Kind widersetzt sich – der Konflikt eskaliert rasch. Wird das Verhalten des Kindes – beispielsweise ein Wutanfall – für die Mutter unerträglich aversiv, dann gibt sie schließlich vielleicht auf, und das Kind stellt sein aversives Verhalten ein. Jeder der beiden Beteiligten hat in diesem Fall das aversive Verhalten des anderen beendet. Die Mutter hat die Wahrscheinlichkeit erhöht, daß das Kind beim nächsten Mal wieder aversiv reagiert, um eine negative Verstärkung (Beenden des aversiven Reizes) zu erreichen. Sie ist ihrerseits (durch die Beendigung des Wutanfalls) negativ verstärkt worden, was die Wahrscheinlichkeit erhöht, daß sie in Zukunft nachgibt. Ein solches Verstärkungsmuster führt darüber hinaus auch dazu, daß bei zukünftigen Interaktionen Konflikte leichter eskalieren. Ganz allgemein unterscheiden sich Eltern in normalen und auffälligen Familien in ihren Fähigkeiten zur Disziplinierung. Normalerweise stellen Eltern für ein Fehlverhalten bestimmte Folgen als Regel auf und wenden diese Regeln konsequent an. Bei Familien dagegen, in denen ein solches System nicht funktioniert, lernen Kinder, daß Eltern auf Fehlverhalten explosiv reagieren oder mit Strafen drohen, ohne diese Drohungen dann wahr zu machen.

Ein weiteres Beispiel für komplexe Eventualitäten zeigt der Fall, in dem die kleine Schwester den großen Bruder so lange ärgert, bis der sie schlägt, was wiederum dazu führt, daß die Eltern den Jungen bestrafen – was seine Aggression möglicherweise erst eskaliert. Die Familie kann zu einem System der Zwangsausübung werden, in dem jeder lernt, mit dem aversiven Verhalten der anderen – mit Schlägen, Sticheleien, Mißachtung, verbalen Angriffen und Ermahnungen – fertigzuwerden, indem er zum Gegenangriff übergeht, was dem aversiven Verhalten oft ein Ende setzt. Auf diese Weise funktioniert aggressives Verhalten. Jedes Familienmitglied wird regelmäßig darin bestärkt, sich aggressiv und zwanghaft zu verhalten, weil es sich einem anderen Familienmitglied gegenüber mit diesem Verhalten erfolgreich durchsetzt. Der Unterschied zwischen normalen und gestörten Familien liegt in der Intensität und Häufigkeit solcher Interaktionen. Wenn einer solchen Problemfamilie dieser Zusammenhang bewußt gemacht wird, kann sie versuchen, das aversive Verhalten, mit dem das Kind zurechtkommen muß, zu reduzieren und die „Belohnung" für ein zwangausübendes Kind zu verringern. Sind die Kinder alt genug, kann die Familie gemeinsam einen Vertrag aufsetzen, der festlegt, welches Verhalten durch den Entzug von Belohnung bestraft wird. So lassen sich die Verhaltenserwartungen und die Folgen einer Mißachtung klar und folgerichtig in einer Weise festhalten, die ein aggressives Kind begreifen und symbolisch repräsentieren kann.

Erworbenes Verhalten – einfach (TLT) oder komplex (SLT)

Traditionelle Lerntheorie

Verhalten ist komplex. Menschen lernen, Schach zu spielen, Computerprogramme zu schreiben, Regierungen zu organisieren, Soufflés zu kreieren. Die Strategie der Lerntheoretiker besteht nun darin, komplexes Verhalten in einfache Einheiten zu zerlegen, diese Einheiten dann zu untersuchen und sie schließlich wieder zum komplexen Verhalten zusammenzusetzen. Auf diese Weise – so die Annahme – läßt sich komplexes Verhalten erklären, indem man gleichsam die Bausteine eines Baukastens zusammenfügt. Dabei sind die einfachsten Einheiten – die Atome der Psychologie – die Assoziationen. Die Forschung versucht nun, zunächst einfache Assoziationen, dann S-R-Assoziationen und dann vielleicht auch hierarchische Ketten zu untersuchen.

Das Zerlegen komplexer Konzepte in einfachere Einheiten und die Reihung der zu lernenden Einheiten ist auch ein typisches Merkmal des programmierten Lernens anhand einer Sequenz von Lerneinheiten. Bei diesem Verfahren, das durch Skinners Analyse des operanten Lernens angeregt wurde, kommen gelegentlich Lernmaschinen zum Einsatz: Kinder lesen einen kurzen Textabschnitt, beantworten eine Frage, drehen dann an einem Knopf und erhalten daraufhin eine Mitteilung, ob ihre Antwort richtig ist. Das Prinzip ist ähnlich wie beim Lernen mit dem Computer.

Im Gegensatz zu den Lerntheoretikern behaupten Freud und Piaget, daß jedes Verhalten – und sei es noch so einfach – nur in seinem strukturellen Zusammenhang Bedeutung besitzt und erklärt werden kann. Bei der Reduktion komplexeren Verhaltens auf einfachere Elemente wird diese Struktur und damit in gewisser Weise auch das Verhalten selbst eliminiert. Die Beziehung zwischen Kindern und ihren Eltern beispielsweise setzt sich jeweils aus einer komplexen, organisierten Gesamtheit von Handlungen, Einstellungen, Erwartungen und so weiter zusammen. Ein Lerntheoretiker würde behaupten, daß man ein solches komplexes Phänomen am besten durch eine Analyse der einzelnen Verhaltenselemente untersuchen kann, indem man sie getrennt nacheinander betrachtet. So könnte der Wissenschaftler erst einmal feststellen, welche Reize das Lächeln oder Weinen eines Kindes auslösen. Ein Strukturalist dagegen würde behaupten, das Lächeln oder Weinen eines Kindes lasse sich nur im Gesamtkontext der Eltern-Kind-Beziehung und der strukturierten Wahrnehmung dieser Beziehung durch das Kind verstehen.

Moderne soziale Lerntheorie

Wenn Kinder verschiedene Modelle beobachtet und so neue Verhaltensweisen erworben haben, können sie diese Verhaltensweisen zu einem komplexeren Verhalten kombinieren. Bei der Geschlechtertypisierung kann beispielsweise ein Mädchen spezifische Verhaltensweisen seiner Mutter, seiner älteren Schwester, seiner Lehrerinnen und weiblicher Rollenmodelle im Fernsehen nachahmen. Oder ein Kind beobachtet bei verschiedenen Gelegenheiten, wie andere Kinder Häuser malen, und integriert dann diese verschiedenen Stile auf kreative Weise zu seinem eigenen Malstil. Um Basketball spielen zu lernen, muß man eine Reihe einfachere Teilfertigkeiten integrieren – etwa mit dem Ball laufen, ihn abschirmen oder Körbe werfen. Diese Integration einfacherer Verhaltensweisen in komplexere Einheiten unterscheidet sich jedoch grundlegend vom traditionellen Lernen. In der sozialen Lerntheorie wird diese Integration vor allem als kognitives Geschehen beschrieben. Sie wird also nicht als einfache Aneinanderreihung von Reaktionen betrachtet, sondern als aktive Umstrukturierung von früher erlernten Verhaltensweisen angesehen. Kinder können einzigartige Kombinationen dieser Verhaltensweisen bilden, indem sie Symbole mental manipulieren.

Kinder bilden ihr komplexes Verhalten aber nicht nur auf der Grundlage verschiedener früher beobachteter Verhaltensweisen aus, vielmehr können sie auch komplexe Verhaltensweisen als Ganzes erlernen, ohne sie zuvor auf Teileinheiten reduzieren zu müssen. Beobachtungslernen ist nicht auf einfache Verhaltensweisen beschränkt. So kann ein Kind das Monopoly-Spiel schon früh lernen, nachdem es anderen dabei zugesehen hat. Umfangreiche Verhaltenseinheiten (Chunks) lassen sich effizienter durch Beobachtung erwerben als durch zeitaufwendiges Versuch-Irrtums-Lernen kleiner Verhaltenseinheiten und deren Kombination zu größeren Einheiten, wie es in der traditionellen Lerntheorie beschrieben wird.

Beobachtbares Verhalten (TLT) und kognitive Verarbeitung (SLT)

„What is matter? – Never mind.
What is mind? – No matter."

[Punch, 1855]

Traditionelle Lerntheorie

Als die Behavioristen gegen die auf Introspektion gegründete Psychologie des frühen 20. Jahrhunderts revoltierten, arbeiteten sie klar heraus, was sie als Forschungsgegenstand für angemessen hielten. Nicht geistige Strukturen oder bewußte Erfahrungen, sondern beobachtbares Verhalten wollten sie untersuchen – ähnlich wie Naturwissenschaftler. Beobachtbares Verhalten ist einer allgemeinen Überprüfung zugänglich und läßt sich objektiv messen. Natürlich gibt es auch in der Lerntheorie einige unbeobachtbare Entitäten – beispielsweise konnte noch niemand eine „Assoziation" zwischen Reiz und Reaktion unmittelbar beobachten. Und die Lerntheoretiker haben mit der Zeit auch immer mehr hypothetische Konstrukte eingeführt, um das beobachtbare Verhalten zu erklären. Beobachtbare Reize und Reaktionen gingen in den Untergrund und wurden zu mentalen S-R-Assoziationen. Mentale S-R-Ketten, Erwartungen, Konzepte und Regeln erweiterten das Vokabular der Lerntheorie. Aber auch heute versuchen Lerntheoretiker, sich auf möglichst wenige kognitive Prozesse zu stützen.

Banduras soziale Lerntheorie ist eine Synthese aus früheren Lerntheorien, in deren Mittelpunkt manifestes nachahmendes Verhalten stand, und der kognitiven Theorie, insbesondere der Theorie der Informationsverarbeitung (siehe Kapitel 4). Nach Bandura beeinflussen uns Modelle vor allem dadurch, daß sie Information zur Verfügung stellen, und nicht, weil sie ein Nachbildungsverhalten auslösen. Beobachtungslernen setzt deshalb nicht voraus, daß das Verhalten des Modells auch nur einmal offen ausgeführt werden müßte. Einiges weist sogar darauf hin, daß bei Kindern Beobachtungslernen mitunter effizienter sein kann als Lernen durch unmittelbare Partizipation (Kessler, White, Rosenthal und Phibbs, 1973). Wer einen anderen bei der Lösung eines Problems beobachtet, kann eine bessere und umfassendere Vorstellung von der Art des Problems gewinnen, als wenn er selbst darin verstrickt wäre.

Abbildung 3.1 zeigt Banduras (1986) Überblick über die kognitiven Prozesse, die dem Beobachtungslernen zugrunde liegen, sowie den Gesamtkontext der übrigen Teilprozesse des Beobachtungslernens. Ganz ähnlich wie ein Computer wählt das Kind Informationen aus und verarbeitet sie, es wendet allgemeine Regeln oder Prinzipien an, gewichtet Informationen und kommt zu einer Entscheidung.

Bei der Informationsverarbeitungstheorie stehen Prozesse der Aufmerksamkeit und des Behaltens im Mittelpunkt. Den Modellen muß Aufmerksamkeit zugewandt werden, damit sie überhaupt Einfluß gewinnen können, und nur die wichtigen Merkmale müssen beachtet werden, während die unwichtigen Merkmale der Modelle zu vernachlässigen sind. Die Aufmerksamkeit wird durch Persönlichkeitsmerkmale des Modells wie des Beobachters gesteuert. Manche Modelle ziehen die Aufmerksamkeit des Beobachters auf sich, weil sie sich durch einen hohen sozialen Status oder Macht auszeichnen. Bestimmte Verhaltensweisen von Modellen, beispielsweise aggressives Verhalten, fallen stärker auf als andere. Modelle, die im Fernsehen in Abenteuerfilmen auftreten, ziehen besonders viel Aufmerksamkeit auf sich. Selbst die Konsequenzen des Modellverhaltens beeinflussen die Aufmerksamkeit des Beobachters. Kinder achten eher auf Verhalten, das zu Belohnung oder zu Bestrafung führt (Yussen, 1974), wahrscheinlich, weil beides das Verhalten des Modells besonders hervorhebt. Wie in Abbildung 3.1 aufgelistet, zieht das Modell mit seinem Verhalten dann am ehesten

Modellierte Ereignisse →

Aufmerksamkeits-prozesse	Behaltens-prozesse	Produktions-prozesse	Motivations-prozesse
Modellierungsstimuli	Symbolische Kodierung	Kognitive Repräsentation	Äußere Bekräftigung
Deutlichkeit	Kognitive Organisation	Modell-Lernen	Stellvertretende Bekräftigung
Affektive Valenz	Symbolische Nachbildung	Feedback-Information	Selbstbekräftigung
Komplexität	Motorische Nachbildung	Konzeptvergleich	
Verbreitung			
Funktionaler Wert			
Beobachtungsmerkmale	*Beobachtungsmerkmale*	*Beobachtungsmerkmale*	*Beobachtungsmerkmale*
Wahrnehmungs-kapazität	Kognitive Fähigkeiten	Physische Fähigkeiten	Verstärkte Präferenzen
Erregungsniveau	Kognitive Strukturen	Verfügbarkeit der Teilreaktionen	Soziale Faktoren
Wahrnehmungs-einstellung			Interne Standards
Frühere Bekräftigung			

→ **Nachbildungsleistungen**

Abb. 3.1 Prozesse, die nach Bandura dem Wahrnehmungslernen zugrunde liegen. (Übersetzt nach Albert Bandura, Social *Foundations of Thought and Action*, Prentice-Hall, 1986)

Aufmerksamkeit auf sich, wenn es besonders auffällig ist und vorteilhaft gesehen wird (affektive Valenz), wenn sein Verhalten nicht zu komplex ist, wenn es viele Gelegenheiten gibt, das Verhalten zu beobachten (Prävalenz) und wenn das Verhalten des Modells sich als erfolgreich erweist (funktionaler Wert).

Die Fähigkeit zur selektiven Aufmerksamkeit und frühere Erfahrungen bestimmen darüber, auf welche Modelle Kinder achten und wie effektiv das geschieht. Eine gut entwickelte Wahrnehmung sowie ein optimales Aktivierungsniveau lenken die Aufmerksamkeit auf wichtige Aspekte des Modellverhaltens. Die perzeptuelle Einstellung (was Kinder zu sehen erwarten), die kognitive Fähigkeit, das Wahrnehmungsereignis zu verstehen, und individuelle Präferenzen (Interessen) bestimmen ebenfalls darüber, welche Merkmale zur Informationsverarbeitung ausgewählt werden.

Auch wenn das Verhalten eines Modells Aufmerksamkeit auf sich zieht, hat das kaum Folgen, solange die jeweilige Erfahrung nicht im Gedächtnis behalten wird und für zukünftige Situationen, in denen das Modell nicht mehr anwesend ist, verfügbar bleibt. Das Ereignis muß in Symbole übertragen, in die kognitive Organisation des Kindes integriert und wiederholt werden. Das kognitive Üben, bei dem man sich vorstellt, wie man die erwünschte Handlungssequenz erfolgreich ausführt, ist eine bei Spitzenathleten hoch entwickelte Fertigkeit, die sie zur geistigen Vorbereitung auf einen Wettkampf nutzen. Ein solches Lernen kann also sowohl aus der tatsächlichen Nachahmung des modellierten Verhaltens als auch aus einem bloßen verbalen Memorieren bestehen. Symbole sind entweder bildhafte Vorstellungen oder verbale Codes, je nachdem, welches Verhalten nachgeahmt wird und welchen Entwicklungsstand ein Kind erreicht hat. Bandura weist darauf hin, daß die Repräsentation des Modells strukturell nicht mit dem Verhalten des Modells übereinstimmen muß. Vielmehr kann es sich um ein Konzept, eine Regel oder eine Reihe von Propositionen handeln, die nicht das konkrete Ereignis selbst, sondern die zugrundeliegende konzeptuelle Struktur abstrahieren.

Zwei weitere Komponenten, Produktionsprozesse und Motivationsprozesse, spielen bei der Ausführung eines durch Beobachtung erlernten Verhaltens eine Rolle. Mit beiden Prozeßtypen hat sich die Lerntheorie seit ihren Anfängen befaßt. Die soziale Lerntheorie allerdings interpretiert sie kognitiv. Im Verlaufe der Produktion wählen Kinder mental die für eine Lernaufgabe verfügbaren Reaktionen aus und organisieren sie. Auf diese Weise entsteht in der Vorstellung ein Modell, an dem das ausgeführte Verhalten gemessen wird. Erhalten die Kinder während dieser Überprüfung ihrer Leistung ein Feedback, dann können sie ihre ursprüngliche Reaktion modifizieren. Schließlich führt man motivationale Prozesse als Grund dafür an, daß Kinder ein Verhalten, das erfahrungsgemäß ein wünschenswertes Ergebnis hervorruft, tendenziell eher reproduzieren. Statt wie Piaget nur die der Nachahmung zugrundeliegende Entwicklung zu untersuchen, fragt Bandura darüber hinaus auch, was ein Kind dazu motiviert, nur zu bestimmten Zeiten und an bestimmten Orten bestimmte Handlungen bestimmter Modelle nachzuahmen.

Banduras Konzept der abstrakten Modellierung ist eine radikale Abkehr von der traditionellen Lerntheorie. Nach Bandura können Kinder durch Extraktion der relevanten Elemente aus einer Reihe spezifischer Episoden des Beobachtungslernens eine abstrakte Regel formulieren. Die abstrakte Modellierung wird als wichtigster Mechanismus des Spracherwerbs betrachtet. Kinder beobachten, daß das Partizip Perfekt in der Regel durch die schwache Konjugation mit *ge-*, Verbstamm und *-t* gebildet wird, leiten daraus eine abstrakte Regel ab und sagen korrekt „gelacht" und „geweint", leiten aber auch falsche Partizipien wie „geschlaft" und „geeßt" ab. Möglicherweise gelangen sie auch zu sehr komplexen falschen Äußerungen wie „Er hat geaufeßt".

Unsere Diskussion zur Theorie Banduras läßt sich im Hinblick auf zwei Hauptaspekte zusammenfassen; erstens wird die traditionelle Fokussierung auf beobachtbares Verhalten durch eine Betrachtung der kognitiven Komponenten ergänzt, die dem
Beobachtungslernen zugrunde liegen. Im Vergleich zu Piagets kognitiver Theorie
allerdings bleibt das Denken etwas Äußerliches. Das heißt, äußere Phänomene werden
in eine symbolische Form übertragen und mit anderen symbolisch repräsentierten
Phänomenen kombiniert oder als Informationen genutzt, mit deren Hilfe sich eine
allgemeinere Regel herausbilden läßt. Die Theorie spezifiziert keine komplexe Überarbeitung der Informationen im Rahmen umfassender kognitiver Strukturen des von
Piaget beschriebenen Typs. Zweitens ist nach Bandura das Mißlingen eines Modellie-
rungsversuchs auf einen oder mehrere der vier involvierten Teilprozesse zurückzuführen: Unaufmerksamkeiten beim Beobachten des Verhaltens, unzulängliche Enkodierung und Speicherung im Gedächtnis, Scheitern bei der Ausführung, etwa durch
körperliche Einschränkungen, oder fehlende Motivation. Kognitive Faktoren beeinflussen also, was beobachtet wird, wie das beobachtete Modell oder Ereignis wahrgenommen wird, wie die neuen Informationen für die Zukunft organisiert werden, inwieweit das Beobachtungslernen eine bleibende Wirkung hat und worin diese Wirkung
besteht.

Bandura betrachtet Kognition schließlich auch deshalb als ein vermittelndes Verhalten, weil Selbstwahrnehmungen Einfluß darauf nehmen, welches verfügbare Verhalten
produziert wird. Er hebt die Bedeutung der *Selbstwirksamkeit* hervor und beschreibt
damit, wie Menschen ihre eigene Kompetenz im Umgang mit ihrer Umwelt wahrnehmen. Bei jedem Verhaltenstypus – ob in der Wissenschaft, im sozialen Kontext oder in
der Freizeit – spielt diese Selbstwirksamkeit eine Rolle. Auch wenn Kinder über die
erforderlichen Fertigkeiten zur Bewältigung einer Aufgabe verfügen, können sie versagen oder die Aufgabe gar nicht erst in Angriff nehmen. Collins (1982) beispielsweise legte zwei Gruppen von Kindern schwierige Mathematikaufgaben vor. In den
beiden mathematisch unterschiedlich begabten Gruppen befanden sich sowohl Kinder
mit hoher und als auch solche mit niedriger Selbstwirksamkeit in bezug auf Mathematik. Zwar beeinflußten die jeweiligen mathematischen Fähigkeiten deutlich die Leistungen der Kinder, aber auch die Auswirkungen der Selbstwirksamkeit waren signifikant. Innerhalb eines jeden Fähigkeitsniveaus lösten Kinder, die sich selbst als effizient wahrnahmen, mehr Aufgaben, sie verwarfen schneller Strategien, die sich als
unbrauchbar erwiesen, überarbeiteten bereitwilliger die Aufgaben, bei denen sie zu
keinem Ergebnis gekommen waren, und zeigten mehr positive Einstellungen zur Mathematik. In dieser positiven Reaktion gegenüber dem Mißerfolg bei Kindern mit
hoher Selbstwirksamkeit spiegelt sich die Tatsache wider, daß diese Kinder ihren
Mißerfolg auf unzureichende Bemühungen zurückführen. Kinder mit geringer Selbstwirksamkeit dagegen schreiben ihren Mißerfolg ihren geringen Fähigkeiten zu, was
sie nicht dazu motiviert, es erneut zu versuchen.

Die Untersuchungen zur Selbstwirksamkeit haben zwei weitreichende Folgen für
die Entwicklungspsychologie: Erstens betrachtet Bandura leichte Selbstüberschätzung
als eine der Entwicklung am meisten förderliche Beurteilung der Selbstwirksamkeit,
weil sie Kinder dazu motiviert, sich kleineren Herausforderungen zu stellen und ihre
jeweils bereits verfügbaren Fertigkeiten zu erweitern. Der zweite Aspekt betrifft die
Motivation von Kindern, selbstbestimmt zu lernen. Erwachsene können das intrinsische (selbst erzeugte) Interesse von Kindern an einer bestimmten Aktivität steigern,
indem sie sie umsichtig belohnen. Zimmerman (1985, S. 152) schreibt dazu: „Nicht so
sehr, *was* man Kindern als Belohnung gibt, entscheidet über ihre intrinsische Motivation, sondern vielmehr *wie* die Belohnung gegeben wird." Belohnt man Kinder, weil sie

bei einer Aufgabe ein bestimmtes Leistungsniveau erzielt haben, dann fühlen sie sich selbstwirksam, bewerten die jeweilige Aktivität positiv und entscheiden sich auch bei weiteren Gelegenheiten für sie. Eine Belohnung allein schon für das Ausüben einer Tätigkeit dagegen wird mit geringerer Wahrscheinlichkeit eine so positive Wirkung haben und kann das intrinsische Interesse sogar zerstören (Lepper, Greene und Nisbett, 1973).

Kinder entwickeln ihre Selbstwirksamkeit in verschiedenen Situationen im wesentlichen anhand von vier verschiedenen Informationstypen. Die Informationsquelle mit der größten Authentizität und Unmittelbarkeit ist der Erfolg oder Mißerfolg bei vorangegangenen vergleichbaren Versuchen. Eine zweite Informationsquelle ist stellvertretende Erfahrung durch Beobachten anderer, die bei vergleichbaren Aufgaben erfolgreich sind oder versagen. Stellen Kinder Ähnlichkeiten zwischen sich selbst und einem erfolgreichen Modell fest, dann erhöht das ihre Selbstwirksamkeit. Außerdem können Kinder durch die Beobachtung erfolgreicher anderer Kinder neue Bewältigungsstrategien erwerben. Eine dritte Informationsquelle ist die verbale Beeinflussung: Kinder werden beispielsweise durch die aufmunternden Worte des Trainers während der Halbzeitpause in der Umkleidekabine von anderen davon überzeugt, daß sie ihr Ziel durchaus erreichen können. Eine vierte Informationsquelle schließlich ist der physiologische Zustand – Aufregung, Müdigkeit oder körperliche Schmerzen.

Für alle vier Informationsquellen gilt, daß entwicklungsbedingte Veränderungen Einfluß darauf haben, wie genau ein Kind die jeweiligen Informationen verarbeiten kann. Entscheidend sind das Niveau des Spracherwerbs, die zunehmende Differenzierung innerer Zustände und die Entwicklung von Fertigkeiten der Selbsteinschätzung. Eine weitere relevante entwicklungsbedingte Veränderung ergibt sich daraus, daß die Selbstwirksamkeit des Kindes zunächst vor allem über die Familie entsteht, während später die Schule und der Freundeskreis immer wichtiger werden. Bandura weist darauf hin, daß während der gesamten Lebensspanne unterschiedliche Aspekte der Selbstwirksamkeit unterschiedlich bedeutsam sind. Während der Adoleszenz und im jungen Erwachsenenalter beispielsweise stellen sich für die Selbstwirksamkeit neue Herausforderungen im Hinblick auf heterosexuelle Beziehungen, äußere Erscheinung und berufliche Kompetenz. Im mittleren Lebensalter überdenkt man vielleicht sein Leben, zweifelt an seiner Selbstwirksamkeit, was die körperliche Leistungskraft angeht, und sucht sich neue Leistungsbereiche. Scheidung oder berufliche Neuorientierung können das Ergebnis sein. Ältere Menschen müssen sich vielleicht mit einer verringerten Selbstwirksamkeit auseinandersetzen, weil sie wahrnehmen, daß ihr Gedächtnis nachläßt, daß sich ihre Reaktionen verlangsamen und ihr Selbstwertgefühl abnimmt, weil sie nicht mehr berufstätig sind. Hier droht eine *selbsterfüllende Prophezeiung*: Ältere Menschen, die sich ihrer Leistungsfähigkeit nicht mehr sicher sind und die ihr Versagen erwarten, schränken ihren Aktivitätsradius unter Umständen ein und bemühen sich schließlich kaum noch, so daß sie ihr Scheitern selbst vorprogrammieren. Bandura behauptet, daß sich ein solcher Abbau im Alter erheblich reduzieren läßt, wenn man sein Leben lang lebenspraktische Erfahrungen und Bewältigungsstrategien erwirbt.

Selbstwirksamkeit hängt mit der in Abbildung 3.1 dargestellten Informationsverarbeitung zusammen. Dabei können sich interessante Verarbeitungstendenzen entwickeln. Wer primär die negativen Merkmale seiner Leistung beachtet und erinnert, unterschätzt wahrscheinlich seine Leistung. Eltern und Lehrer können also die Selbstwirksamkeit der Kinder erhöhen, indem sie die Aufmerksamkeit auf die positiven Aspekte ihrer Leistung lenken und diese besonders hervorheben.

Methodologie (TLT und SLT)

Traditionelle Lerntheorie

Die Lerntheorie orientiert sich am Vorbild der Naturwissenschaften – weshalb auch schon von „Physikneid" gesprochen wurde. Die bevorzugte Form der Untersuchung war das sorgfältig kontrollierte, eng eingegrenzte Laborexperiment. Diese Eingrenzung war, historisch betrachtet, ein wichtiger Fortschritt. Man übernahm eine Auffassung von William James Watson, der konstatiert hatte: „Indem ich die Psychologie als Naturwissenschaft begriff, wollte ich ihr helfen, eine zu werden." Die Experimente konzentrierten sich auf Veränderungen von einfachen, beobachtbaren Handlungen, die durch bestimmte Merkmale der Reizumgebung ausgelöst wurden. Reiz und Reaktion wurden objektiv und exakt beschrieben, um die Wiederholbarkeit der Experimente in anderen Laboratorien zu gewährleisten. Gemessen wurde, wie viele Versuche bis zur Lösung einer Aufgabe oder zur Begründung der bedingten Reaktion erforderlich waren und wie viele Reaktionen pro Zeiteinheit erfolgten.

Die wissenschaftliche Notwendigkeit, das experimentelle Umfeld festzulegen und zu kontrollieren, führte zur Entwicklung bestimmter darauf ausgerichteter Apparate und Paradigmen. Ein solcher Apparat ist der Skinnersche Kasten mit seiner speziellen Vorrichtung, durch die beim Drücken eines Hebels Futter in einen Behälter fällt. Die Anzahl der Reaktionen des Versuchstieres werden automatisch registriert, so daß der Versuchsleiter nicht anwesend zu sein braucht. Die „Skinner-Box" ist bei einem breiten Publikum so bekannt geworden, daß sie sogar in die großen Enzyklopädien Eingang gefunden hat. Skinners Interesse an der Steuerung der Umweltbedingungen zeigt sich an seiner weiteren Erfindung, einer Art vollständig nach außen abgeschirmtem, temperaturreguliertem, schalldichtem Laufstall, den er für eines seiner eigenen Kinder konstruierte. Man hat hier von „Baby-Box" oder sogar *Heir-Conditioner* („Erben-Konditionierer", Bradley, 1989) gesprochen, aber es handelte sich dabei keineswegs um eine Skinner-Box zur Konditionierung von Babys.

In den meisten experimentellen Studien zum Lernen wird eine Reihe von Versuchspersonen unter verschiedenen Versuchsbedingungen auf ihre gruppenspezifischen Merkmale hin untersucht, also beispielsweise daraufhin, wie viele Versuche durchschnittlich bis zur Problemlösung benötigt werden. In Untersuchungen zur operanten Konditionierung werden aber auch bei einzelnen Versuchspersonen die im Laufe der Zeit auftretenden Veränderungen erfaßt. Bei der Verhaltensmodifikation geht man häufig nach dem A-B-A-Versuchsplan vor. Nachdem beispielsweise festgestellt wurde, wie häufig ein Kind zuschlägt (A), verursacht der Versuchsleiter eine Abnahme in der Häufigkeit dieses Verhaltens, indem er es ignoriert und prosoziale Verhaltensweisen belohnt (B). Um beweisen zu können, daß die veränderten Kontingenzen Ursache der Verhaltensänderung sind, werden die neuen Kontingenzen ausgesetzt (A), und das Kind schlägt wieder häufiger zu. Anschließend wird natürlich das erwünschte Verhalten durch eine Fortsetzung der Verhaltensmodifikation wiederhergestellt.

Bei vielen Experimenten versucht man Umwelteinflüsse auf die Versuchspersonen dadurch zu kontrollieren, daß man neue Assoziationen oder neue Reaktionen etabliert. Bei den frühen Experimenten zur Paarassoziation verbaler Einheiten verwendete man sinnlose Silben (CVC-Trigramme wie beispielsweise WIC-GAF) und keine Wörter, um die Wahrscheinlichkeit zu verringern, daß bereits vorhandene Assoziationen das Lernen beeinflußten. In ähnlicher Weise zeigte man Kindern in den frühen, auf die soziale Lerntheorie gestützten Untersuchungen zur Nachahmung einen Erwachsenen, der mit einem lustigen Hut herumlief, umd wies nach, daß das Lernen tatsächlich in der Versuchssituation und nicht davor stattgefunden hatte.

Moderne soziale Lerntheorie

Methodologisch steht die soziale Lerntheorie nach wie vor dem Geist der traditionellen Lerntheorie nahe – sie hält an exakten, streng kontrollierten Laborversuchen fest, in denen Variablen identifiziert werden, die Lernen beeinflussen. Inhaltlich wurde der Rahmen weiter gefaßt, und inzwischen sind soziales Verhalten, soziale Verstärker und abstrakte Konzepte wie der Erhaltungsbegriff oder die Entwicklung moralischer Konzepte darin eingeschlossen, aber die Methodologie hat sich kaum verändert. Die meisten Untersuchungen, die sich an der sozialen Lerntheorie orientieren, werden im Labor durchgeführt, aber es gibt inzwischen auch einige sozial-kognitive Feldstudien. Eine frühe Untersuchung von Bandura und Walters (1959) befaßte sich mit der erstaunlichen Tatsache, daß heranwachsende Jungen mit antisozial-aggressivem Verhalten häufig aus „privilegierten" Mittelschichtsfamilien und einem Wohnumfeld kamen, in dem gesetzeskonformes Verhalten unterstützt wurde. Bandura und Walters stellten fest, daß die Eltern ihre Söhne davon abhielten, ihre Aggressionen den Eltern gegenüber zu äußern. Umgekehrt ermutigten sie sie dazu, ihre Probleme im Umgang mit der Peergruppe und mit Erwachsenen außerhalb der Familie aggressiv zu lösen. Wie eine solche Ermutigung zur Aggression aussah, wird in dem folgenden Gespräch zwischen dem Interviewer (I) und einer Mutter (M) deutlich:

I: Haben Sie Earl jemals dazu ermutigt, sich durchzusetzen?
M: Ja, ich habe ihn dazu erzogen, und sein Vater auch. Ich bin der Meinung, er soll sich für seine Rechte stark machen, damit er in der Welt vorankommt.
I: Wie haben Sie ihn dazu ermutigt?
M: Ich habe ihm gesagt, er soll auf sich aufpassen, damit ihn niemand herumschubst oder so, aber er soll keinen Streit suchen. Ich will nicht, daß mein Sohn ein Schwächling ist.
I: Haben Sie Earl jemals dazu ermutigt, sich mit seinen Fäusten zu verteidigen?
M: Aber ja, natürlich. Er weiß, wie man kämpft.

[1959, S. 115]

Die Jungen haben ihre Lektion gelernt. In einem Interview äußerte sich einer von ihnen voller Stolz darüber, wie sehr er den anderen im „Einstampfen", im Kämpfen mit den Füßen, überlegen war: „Wie mein Vater, der immer gesagt hat: ‚Wenn du mit den Füßen kämpfen kannst, hast du alles in der Hand, dann bist du fein raus' oder so ähnlich. ‚Dann brauchst du dich vor niemand zu fürchten'" (1959, S. 122). Diese Befunde stimmen mit den Ergebnissen von Laborstudien zur Verstärkung und Modellierung überein, vermitteln darüber hinaus aber auch einen Einblick in die Problematik der Aggression im Alltag, wie man ihn in einer kontrollierten Versuchssituation nicht hätte gewinnen können.

Mechanismen der Entwicklung

Es ist umstritten, ob die soziale Lerntheorie oder alle anderen gängigen Lerntheorien tatsächlich Entwicklungstheorien sind. Handelt es sich bei den Entwicklungsveränderungen einfach um viele kurzfristige Veränderungen, die sich über eine lange Zeitspanne hinweg akkumulieren? Bleiben die zentralen Lerngesetze immer dieselben, unabhängig vom kognitiven Stadium des Kindes? Wenn Entwicklung nur eine Akkumulation von Lernvorgängen ist, müßte sich die Entwicklung von Kindern durch ein entsprechendes Erfahrungsangebot beschleunigen lassen.

Im Mittelpunkt der Lerntheorie und der sozialen Lerntheorie stehen *Veränderungs-prozesse*, während Piaget und Freud sich mit *strukturellen* Veränderungen beim Durchlaufen der einzelnen Entwicklungsstadien befaßten. Bei der Erforschung des sozialen Lernens wurde vor allem untersucht, welche Situationsvariablen soziales Lernen begünstigen oder verhindern – und weniger danach gefragt, wie Alter und kognitives Stadium das Beobachtungslernen beeinflussen.

Banduras aktuelles Modell des sozial-kognitiven Lernens (wie wir es im vorigen Abschnitt beschrieben haben), definiert eine Reihe von Entwicklungsvariablen. Entwicklung ist danach im wesentlichen auf drei Faktoren zurückzuführen: körperliche Reifung, Erfahrungen im Umgang mit der sozialen Umwelt und kognitive Entwicklung. Der erste Faktor der *körperlichen Reifung* ist für die soziale Lerntheorie nicht besonders interessant. Relevant ist er im wesentlichen nur insoweit, als Kinder möglicherweise noch nicht die körperliche Reife besitzen, um alle beobachteten motorischen Muster auch zu reproduzieren. Sehr viel wichtiger sind die beiden anderen Faktoren.

Erfahrungen mit der sozialen Umwelt erzeugen auf zweierlei Weise Entwicklung. Zunächst erwerben Kinder ein gewisses Verhaltensrepertoire; sie lernen, in welchen Situationen welches Verhalten angemessen ist, und werden, weil andere dieses Verhalten verstärken, dazu motiviert, es auch auszuführen. Mit zunehmendem Alter verfügen Kinder über ein wachsendes und immer differenzierter werdendes Verhaltensrepertoire. Die zunehmende Auseinandersetzung mit verschiedenen Formen des Sozialverhaltens beruht zum Teil darauf, daß Kinder über Fernsehen, Filme, Bücher, Schule und Nachbarschaft immer mehr Modelle und Modelltypen kennenlernen.

Zweitens verändert sich mit zunehmendem Alter auch die soziale Umgebung der Kinder, schon allein deshalb, weil die Gesellschaft, von den Eltern bis hin zum Rechtssystem, ihre Erwartungen an ein Kind verändert. Diesen Aspekt haben Entwicklungstheoretiker wenig bedacht – mit Ausnahme von Erik Erikson, der das Ineinandergreifen von Entwicklungsstufen und gesellschaftlichen Erwartungen als Verzahnung darstellt. Von älteren Kindern erwartet man, daß sie durch die Beobachtung eines Modells rasch und mit einem Minimum an verbaler Instruktion komplexe neue Fertigkeiten erlernen. Ein Lehrer kann einem Erstkläßler durch Vorrechnen bei einer Additionsaufgabe sehr viel mehr helfen als einem Drittkläßler bei einer Divisionsaufgabe. Kurzum, Kinder sind je nach Alter unterschiedlichen sozialen Umwelten ausgesetzt.

Während die zentrale Bedeutung der Erfahrung unter Lerntheoretikern schon seit langer Zeit anerkannt ist, eröffnen sich mit Banduras Untersuchung der *kognitiven Entwicklung* als drittem Faktor neue Möglichkeiten, um entwicklungsbedingte Veränderungen des Lernens zu erklären. Kinder entwickeln ihr Weltbild und Selbstbild über vier Prozesse: die unmittelbare Erfahrung von Auswirkungen ihres Handelns, die stellvertretende Erfahrung von Auswirkungen des Handelns anderer, die Urteile anderer und Schlußfolgerungen aus eigenem vorhandenem Wissen.

Während der geistigen Entwicklung verändern sich alle vier Teilprozesse im Modell von Bandura (siehe Abbildung 3.1). Das gilt in besonderem Maße für Aufmerksamkeit, Gedächtnis und kognitive Organisation, wie sich im nächsten Kapitel im Zusammenhang mit der Informationsverarbeitung herausstellen wird. Beispielsweise verstehen und erinnern ältere Kinder sehr viel besser die Charaktere, Handlungen, Motivationen und Handlungskonsequenzen einer Geschichte im Fernsehen (Newcomb und Collins, 1979), während jüngere Kinder oft nicht einmal die Verbindung zwischen dem Verhalten eines Modells und den späteren Handlungskonsequenzen herstellen. Eine weitere wichtige Entwicklungsveränderung besteht darin, daß ältere Kinder das, was sie beobachtet haben, eher verbal memorieren als jüngere Kinder. Auch die motorische Reproduktion und die motivationalen Prozesse werden komplexer, differenzierter und effizienter, während die Kinder immer mehr Fähigkeiten gewinnen, um verschiedene Informationen zu integrieren, Feedback richtig zu interpretieren, Maßstäbe für ihre eigene Leistung zu entwickeln und so fort.

Bandura hebt eine besonders einschneidende entwicklungsspezifische Veränderung des Denkens hervor: die zunehmende Fähigkeit von Kindern, Beobachtungen in Symbole zu übertragen und diese Symbole neu zu kombinieren. Sehr junge Kinder müssen sich beim Repräsentieren zurückliegender Beobachtungen im wesentlichen auf bildhafte Vorstellungen stützen. Sobald sie aber Symbole gebrauchen können, ist ihr Beobachtungslernen erheblich flexibler und dauerhafter. Symbole lassen sich memorieren und deshalb besser im Gedächtnis speichern als bildhafte Vorstellungen. Hypothesen über äußere und soziale Phänomene können formuliert und überprüft werden. Eine zunehmend differenzierte Fähigkeit zur Symbolisierung eröffnet Kindern auch die Möglichkeit, nach dem Lesen einer Beschreibung oder dem Anhören einer Instruktion Verhalten zu modellieren, ohne daß sie das jeweilige Verhalten tatsächlich sehen müßten, bevor sie den Versuch unternehmen können, es zu reproduzieren. Die Nachbildung des Modellverhaltens kann symbolisch sein und muß nicht mehr auf der Ebene des äußeren Handelns stattfinden. Selbst die Auswirkungen der stellvertretenden Verstärkung werden von der symbolischen Fähigkeit des Beobachters beeinflußt. Jüngere Kinder lassen sich wahrscheinlich am ehesten zur Nachahmung anregen, wenn sie sehen, wie andere Kinder mit Bonbons oder Spielsachen für ein spezifisches Verhalten belohnt werden, während ältere Kinder sich auch subtilere Konsequenzen vorstellen können, beispielsweise ein höheres Selbstwertgefühl und Leistungsbewußtsein eines Modells. Wie wichtig Symbole für Motivationsprozesse sind, zeigt sich, wenn Kinder die zukünftigen Konsequenzen ihres Nachbildungsverhaltens repräsentieren und mit ihren persönlichen Maßstäben und Zielen in Beziehung setzen. Lassen sich diese Konsequenzen miteinander vereinbaren, so wird das beobachtete Verhalten wahrscheinlich ausgeführt.

Wie Symbolisierung experimentell untersucht wird, veranschaulicht ein Versuch von Bandura, Grusec und Menlove (1966). Eine Gruppe von siebenjährigen Kindern, die einen Film gezeigt bekam, erinnerte sich an mehr beobachtete Verhaltensweisen, wenn man sie aufforderte, die Handlungen des Modells in Worten wiederzugeben, als wenn die Instruktion lautete, sich den Film genau anzusehen. Noch weniger erinnerten die Kinder, wenn sie beim Anschauen des Filmes zählen sollten – eine Tätigkeit, die mit der Symbolisierung interferiert. Verbale Kodierung erleichtert offenbar die Symbolisierung. Wichtig für die Interpretation dieser Studie ist allerdings der Hinweis, daß die Verbalisierung der Kinder oder der Erwachsenen sowohl die Konzentration auf das Modell als auch die symbolische Repräsentation gefördert haben könnte.

Moralisches Urteil und Verhalten

Die von der sozialen Lerntheorie definierten Entwicklungsmechanismen werden deutlicher, wenn man sie denen von Strukturalisten wie Piaget auf zwei inhaltlichen Gebieten, dem moralischen Urteil und dem Erhaltungsbegriff, gegenüberstellt.

Lernen ist für Piaget eine Art „angewandte Kognition", da der Mensch seine kognitive Struktur gebraucht, um neue Situationen zu interpretieren. Was Kinder lernen können, hängt vom jeweiligen kognitiven Stadium ab. Sie entwickeln sich von einer objektiven Perspektive, in der sie die Höhe des Schadens und das Ausmaß der Strafe sehen, hin zu einer subjektiven Perspektive, in der sie Absichten und mildernde Umstände (wie Müdigkeit oder Lebensgefahr) mit berücksichtigen. Für Piaget werden diese Veränderungen durch den Äquilibrationsprozeß bewirkt, der soziale Erfahrungen, physikalische Erfahrungen und körperliche Reifung in Einklang miteinander bringt.

Rosenthal und Zimmerman (1978) behaupten, daß sich Strukturalisten primär mit den elementaren kognitiven Strukturen befassen und aus diesem Grund keine plausible Theorie der *Performanz* entwickeln konnten. Sie können also kaum erklären, wie sich das Wissen eines Kindes in Verhalten umsetzt oder welche Situationsvariablen darüber bestimmen, ob dieses Wissen in einer spezifischen Situation zum Ausdruck kommt. Die Vertreter der sozialen Lerntheorie untersuchen präzise, inwiefern die spezifische Situation, das frühere Beobachtungslernen und der spezifische Inhalt das moralische Urteil eines Kindes beeinflussen. Rosenthal und Zimmerman legen darüber hinaus Belege dafür vor, daß Stadien übersprungen werden können, daß Sequenzen nicht universell sein müssen und daß eine Regression möglich ist. Streng strukturalistisch betrachtet dürfte das alles gar nicht vorkommen.

Die soziale Lerntheorie erklärt entwicklungsbedingte Veränderungen im moralischen Urteil von Kindern insbesondere damit, daß sich die Bewertungskriterien im Hinblick auf Vorsätze und Intentionen, Ungeschicklichkeit, Schaden oder langfristige Folgen verändern. Bedeutsam sind dabei auch die persönlichen Wertmaßstäbe eines Kindes, spezifische Verbote von Erwachsenen, zu erwartende Bestrafung oder Belohnung und der Einfluß der Peergruppe. Die spezifischen Faktoren, die ein Kind für relevant hält, unterscheiden sich von Situation zu Situation, je nachdem, welche situativen Faktoren wirksam werden, welche Ursachen am auffallendsten sind und welche Wahrnehmungseinstellung das Kind hat. Das moralische Urteil entsteht aus einem komplexen Prozeß der Berücksichtigung und Abwägung verschiedener Kriterien in einer gegebenen sozialen Situation. Die soziale Lerntheorie nimmt also in Abhängigkeit von Zeitpunkt und Situation eine sehr viel größere Variabilität des moralischen Urteils an als die Theorie Piagets. In manchen Situationen urteilt ein Kind subjektiv (und orientiert sich an den Absichten, die einer Handlung zugrunde liegen), in anderen urteilt es objektiv (indem es den angerichteten Schaden betrachtet). Dies gilt vom Vorschulalter an bis zum gesamten Erwachsenenleben. Nach Rosenthal und Zimmerman gibt es keine dichotomen, sich gegenseitig ausschließenden Typen des moralischen Urteils, sondern es ändert sich lediglich die Häufigkeit, mit der unterschiedliche Kriterien in verschiedenen Situationen und Lebensaltern angewandt werden.

Die Zunahme subjektiver Urteile mit wachsendem Alter spiegelt verschiedene Einflüsse wider: eine wachsende Auseinandersetzung mit subjektiv urteilenden Modellen, steigende Erwartungen von Erwachsenen an ältere Kinder, zunehmende Mühelosigkeit, innere Zustände aus situativen Hinweisen abzuleiten, nachlassende Bedeutung von Handlungskonsequenzen und so fort. So erklären Eltern einem achtjährigen Kind wahrscheinlich eher, warum sie es disziplinieren, als sie das bei einem Dreijährigen tun würden. Jüngere Kinder sind mit Argumenten wie Gerechtigkeit und Gleichheit kaum zu beeindrucken und reagieren eher auf äußere Erziehungsmaßnahmen. Entsprechend werden Eltern ihren Kindern erst in der Vorreifezeit und der Adoleszenz gesetzliche Regelungen und soziale Strafen vor Augen führen. Welche Rolle Eltern hier spielen, zeigt sich beispielsweise daran, daß kleine Jungen ihr moralisches Urteil aufgrund von Regeln bilden, die in Form und Komplexität denen ihrer Mütter gleichen (Leon, 1984). Einige Mütter orientieren sich an einer einfachen eindimensionalen Regel, die lediglich den angerichteten Schaden berücksichtigt, während andere in einer komplexen Regel Absicht und Schaden abwägen oder sogar den angerichteten Schaden je nach Handlungsabsicht unterschiedlich gewichten.

Auch Piaget erkennt die Bedeutung von Eltern und Gleichaltrigen an, was Erfahrungen mit Autoritätspersonen und verschiedene Formen der Entscheidungsfindung betrifft, die gegensätzliche moralische Vorstellungen einbeziehen; entscheidend ist für ihn aber, daß diese Erfahrungen eine kognitive Umstrukturierung in die Wege leiten. Rosenthal und Zimmerman dagegen sehen keine Notwendigkeit, ein kognitives Ungleichgewicht und eine Veränderung logischer Strukturen während der Entwicklung vorauszusetzen, solange es einfachere Erklärungen gibt – nämlich soziale Erfahrungen und insbesondere das Beobachtungslernen. Dennoch räumen auch die Vertreter der sozialen Lerntheorie ein, daß Kinder ein bestimmtes kognitives Stadium erreicht haben müssen, bevor sie bestimmte Typen der moralischen Urteilsfindung verstehen können.

Für die Erklärung der sozialen Lerntheorie spricht vor allem, daß sich das moralische Urteil von Kindern bereits durch eine kurze soziale Erfahrung im Labor verändern läßt. In einer prototypischen Studie (Bandura und McDonald, 1963) wurden fünf- bis elfjährige Kinder zunächst mit Piagets Geschichten vom Dilemma konfrontiert und danach eingestuft, ob sie moralisch objektiv oder subjektiv orientiert waren. In diesen Geschichten handelt eine Person in bester Absicht, richtet aber erheblichen materiellen Schaden an, während eine zweite Person aus einer schlechten Absicht heraus nur einen minimalen materiellen Schaden hervorruft. Die am stärksten subjektiv oder objektiv orientierten Kinder wurden in der zweiten Phase jeweils einer von drei Versuchsbedingungen zugewiesen.

1. In einer Gruppe bewertete zuerst das Modell und dann das Kind verschiedene Geschichten. Das Urteil des Modells war dem Urteil des Kindes aus der ersten Phase jeweils entgegengesetzt. Der Versuchsleiter lobte die Urteile des Modells und auch die Urteile des Kindes, sofern es seine Meinung nach dem Anhören des Modells geändert hatte.
2. Eine zweite Versuchsbedingung unterschied sich lediglich insofern, als ein Kind für eine Veränderung seiner Bewertung nicht verstärkt wurde.
3. In der dritten Gruppe gab es kein Modell. Ein Kind wurde gelobt, wenn es seine Bewertung aus der ersten Phase revidierte.

In einer dritten Phase wurde die Generalisierung gemessen. Ein anderer Erwachsener erzählte in einem anderen Raum neue Geschichten, über die jedes Kind dann urteilte. Es gab kein Feedback. Wie von der sozialen Lerntheorie vorhergesagt, hatten die Kinder die moralischen Wertmaßstäbe des Modells übernommen und generalisierten diese neue moralische Sichtweise auf die neuen Geschichten der dritten Phase. Diese Generalisierung deutet darauf hin, daß die Kinder keine spezifische Reaktion nachahmten, sondern eine allgemeine Regel abstrahiert hatten. Die Ergebnisse hingen nicht davon ab, ob die Kinder verbal gelobt worden waren oder nicht. Mithin beobachten und übernehmen Kinder die moralischen Urteile anderer also auch dann, wenn sie nicht dafür verstärkt werden. In der Gruppe ohne Modell zeigte sich keine Veränderung. In einer später durchgeführten Untersuchung (Dorr und Fey, 1974) wurden dieselben Veränderungen mindestens einen Monat lang beibehalten.

Der Piagetsche Einwand gegen solche Untersuchungen argumentiert wie folgt: Der Nachweis, daß ein Konzept auf diese Weise erworben werden *kann*, läßt nicht unbedingt darauf schließen, daß Kinder dieses Konzept natürlicherweise so erwerben. Es ist sogar möglich, daß ein bestimmtes Konzept von verschiedenen Kindern auf verschiedene Weise entwickelt wird. Insofern ist keineswegs geklärt, ob Untersuchungen zum Beobachtungslernen die Piagetsche Theorie widerlegen, ergänzen, oder völlig unberührt lassen.

Nach der sozialen Lerntheorie lassen sich durch Beobachtungslernen sowohl neue moralische Regeln übertragen als auch vorhandene Regeln im Repertoire des Kindes daraufhin überprüfen, ob sie einer spezifischen Situation angemessen sind. Bei der Auswahl geeigneter Regeln können Modelle bestimmte moralisch relevante Dimensionen verdeutlichen und das Kind bei der Gewichtung der verschiedenen moralisch relevanten Dimensionen beeinflussen oder es dazu ermutigen, seine moralischen Überzeugungen zum Ausdruck zu bringen.

Für die Herausbildung eines moralischen Urteils ist nach der sozialen Lerntheorie von zentraler Bedeutung, daß ein Kind Maßstäbe für sein eigenes Verhalten setzt. Es handelt sich dabei um Regeln, Ziele und Erwartungen im Hinblick auf das eigene Verhalten, die aus Erfahrungen abstrahiert werden – etwa aus Beobachtungen im Hinblick auf die Standards der Selbstverstärkung oder Bestrafung bei anderen Personen und deren spezifisches Verhalten in einer gegebenen Situation. Wenn Kinder beispielsweise beobachten, wie ein Modell sein eigenes Verhalten als wenig lobenswert kritisiert, dann nimmt auch die Wahrscheinlichkeit ab, daß sie sich in Zukunft für ein vergleichbares Verhalten selbst belohnen werden (Bandura, 1971). Sind die Modelle des Kindes älter als es selbst – wie etwa ältere Geschwister oder die Eltern –, dann kann es vorkommen, daß ein Kind sich unerreichbar hohe Verhaltensstandards setzt. Wenn ein Modell von sich selbst wenig und von anderen viel verlangt, wird es tendenziell weniger attraktiv erscheinen und an Einfluß verlieren (Ormiston, 1972). So hat Scheinheiligkeit also keine Chance, und die Konsequenzen für Eltern, die nicht selbst tun, was sie predigen, sind offensichtlich.

Verstärkung kann für die Übernahme von Standards, die Kinder bei anderen beobachten, eine Rolle spielen. Ein Nachahmen von selbstkritischen Äußerungen wird durch positive Verstärkung gefördert. Wenn ein Kind zu seiner Mutter sagt, es sei nicht richtig gewesen, daß es die Keksdose geplündert habe, sinkt die Wahrscheinlichkeit, daß es bestraft wird. Aus Verhaltensstandards, die in spezifischen Situationen beobachtet oder zum Ausdruck gebracht und durch eine Belohnung verstärkt wurden, wird ein Satz allgemeiner Standards abstrahiert. In der Form von Symbolen im Gedächtnis gespeichert, leiten diese Wertmaßstäbe das Verhalten durch antizipierende Selbstachtung und Selbstkritik. So wird das Kind seine Kekse beispielsweise mit einem anderen Kind teilen, wenn es damit rechnet, danach mit sich zufrieden sein zu können.

Aus diesen inneren Wertmaßstäben setzt sich zusammen, was Freud als Über-Ich bezeichnet hat. Die soziale Lerntheorie betont allerdings, daß der gleichgeschlechtliche Elternteil nur eines von vielen Modellen ist, von denen das Kind lernt. Verinnerlichte Verhaltensstandards, die mit Selbstbelohnung und Selbstbestrafung einhergehen, sind besonders effizient, weil sie sich auf viele Situationen anwenden lassen und keiner äußeren Autorität mehr bedürfen.

Ein entscheidender Unterschied zwischen Piagets Analyse des moralischen Urteils und dem Ansatz der sozialen Lerntheorie zeigt sich in den allgemeinen Ansätzen beider Theorien, Verhaltensänderungen als Funktion des Alters zu erklären. Wie schon erwähnt, behauptet Bandura, daß Kinder jeden Alters verschiedene Merkmale einer Situation und Person heranziehen können, um den moralischen Wert des Verhaltens der betreffenden Person zu beurteilen. Je älter sie werden, desto leichter fällt es ihnen, diese verschiedenen Merkmale in jeder Situation gegeneinander abzuwägen. Piaget sieht in der Tatsache, daß diese situativen Merkmale überhaupt berücksichtigt werden können, eine Fähigkeit, die aufgrund der kognitiven Entwicklung erworben wurde. Ein kleines Kind ist gar nicht in der Lage, mildernde Umstände in Betracht zu ziehen. Deshalb nimmt Piaget weitreichende kognitive Veränderungen an, die erst die Grundlage dafür schaffen, daß situative Faktoren in ein moralisches Urteil mit einfließen. Allgemeiner betrachtet ist Piaget der Auffassung, daß Reize nur dann wirksam werden, wenn sie sich in die jeweilige kognitive Struktur eines Kindes assimilieren lassen.

Der Standpunkt der sozialen Lerntheorie zu grundlegenden Fragen der Entwicklung

Die menschliche Natur

Jahrelang wurde die Lerntheorie in den Lehrbüchern als Paradebeispiel für eine Theorie mit einer mechanistischen Sicht des menschlichen Verhaltens dargestellt. Das Kind – in Watsons Worten „ein lebhaft zappelndes Bündel" – ist der Stoff, der von Eltern und Gesellschaft geformt wird. In diesem Modell eines „mechanischen Spiegels" (Langer, 1969) wird das Kind „bar jeden Inhalts in eine Welt des kohärent organisierten Inhalts hineingeboren. Doch wie ein Spiegel reflektiert es diese Umwelt schließlich" (S. 51).

Das mechanistische Modell gibt allerdings nicht genau die Auffassung der sozialen Lerntheorie wieder, wobei der Hauptunterschied darin liegt, daß die moderne Lerntheorie den Menschen in vielen Hinsichten als aktiv beschreibt. Ein Mensch wirkt aktiv ebenso auf seine Umwelt ein wie die Umwelt auf ihn selbst. Jeder einzelne filtert seine Erfahrung durch sein verfügbares Wissen und seine Erwartungen im Hinblick auf die Umwelt. Er schafft sich eine eigene Umwelt, indem er seine Umwelt mit seinem Verhalten beeinflußt. Und er erzeugt neues Verhalten, indem er früher erlerntes Verhalten umstrukturiert. Auch durch seine Selbststeuerung ist der einzelne aktiv. Er setzt seine eigenen Maßstäbe, verstärkt sich selbst, wenn er diesen Maßstäben entsprechend handelt, und er mißt seinen Erfolg beim Beobachtungslernen am Feedback auf sein Verhalten.

Bandura schreibt den Menschen bei ihrer Entwicklung und beim Lernen sicherlich eine sehr viel aktivere Rolle zu als Freud, mißt der Aktivität jedoch weniger Bedeutung bei als Piaget. Zwar beschreibt Bandura ebenso wie Piaget symbolische Aktivität, doch in Piagets Theorie spielt diese geistige Aktivität eine größere Rolle. Nach Piaget lernen Kinder nicht einfach mehr oder minder automatisch, indem sie andere beobachten oder ihnen zuhören. Durch die Assimilation und Akkommodation an neue Informationen werden diese Informationen umgeformt und die jeweilige kognitive Struktur geringfügig umstrukturiert. Bandura verweist zwar gelegentlich auf diese Prozesse, stellt sie aber nicht besonders heraus.

Ein grundlegenderer Unterschied zwischen Piagets und Banduras Theorie zeigt sich bei der Rolle der Interaktion. Für Piaget erzeugt die Interaktion zwischen Kind und Umwelt eine Struktur, die sich später zu einer internalisierten kognitiven Struktur entwickelt. Handlungen wie Saugen, Schlagen und Manipulation von Objekten werden zu geistigen Schemata, die als Konzepte dienen. Für Bandura dagegen ist die Struktur der Interaktion zwischen Kind und Umwelt nicht von Bedeutung. Wichtig ist die neue Information, die aus dieser Interaktion gewonnen wird. Das Kind beobachtet am Modell ein neues Verhalten oder lernt, daß andere positiv verstärkt werden, wenn sie sich in einer bestimmten Weise verhalten.

Aus Banduras Sicht sind Menschen zwar eher aktiv als passiv und häufig intern motiviert, aber seine Theorie ist eher den mechanischen als den organismischen

Erklärungsansätzen zuzurechnen. Er betont die vorausgehenden Ursachen stärker als die inhärenten Eigenschaften und Ziele, Einzelverhalten stärker als ganzheitliche Strukturen und quantitative Veränderungen stärker als qualitative. Darüber hinaus ist die extrinsische Motivation für ihn ebenso wichtig wie die intrinsische. Die soziale Lerntheorie enthält darüber hinaus auch Elemente des kontextualistischen Standpunktes, da sie den Einfluß des sozialen Kontexts herausstellt.

Im Hinblick auf soziales Lernen lassen sich Piagets Theorie und Freuds Theorie schließlich auch danach vergleichen, inwieweit sie den Menschen als rational oder irrational betrachten. Für Piaget liegt es im Wesen der Entwicklung, daß Kinder umso logischer handeln, je mehr ihre geistigen Strukturen die Wirklichkeit widerspiegeln. Erwachsene haben das Stadium der formalen Operationen erreicht und verfügen über ein ausgeglichenes, logisches Denken. Zwar sehen alle drei Theoretiker das logische Denken als wichtig an, doch sowohl Freud als auch Bandura messen dem unlogischen, irrationalen Denken eine größere Bedeutung bei als Piaget. Vielleicht liegt das daran, daß sie soziale und emotionale Phänomene in den Mittelpunkt stellen. Erwachsene ignorieren häufig entscheidende Informationen, wenn sie sich ein Urteil bilden, glauben über sich selbst, was sie glauben wollen, fällen vorschnelle Urteile über andere, lassen sich bei Investitionsentscheidungen von ihren Intuitionen leiten und so fort. Für Bandura denken Kinder logisch oder unlogisch, je nachdem, welchen Modelltypen sie beim Problemlösen in einer spezifischen Situation begegnen. Sie erwerben Ihren Stil der Informationsverarbeitung von anderen. Deshalb können Kinder und sogar Erwachsene jeweils in unterschiedlichem Maße logisch handeln – sie zeigen dabei ein großes Ausmaß an Variabilität.

Qualitative versus quantitative Entwicklung

Traditionelle und moderne Lerntheorien betrachten Entwicklung gleichermaßen als einen Prozeß quantitativer Veränderungen, dessen Verlauf durch eine zunehmende Akkumulation von Lernepisoden gekennzeichnet ist. Entwicklung setzt sich also einfach aus einer Vielzahl kurzfristiger Veränderungen zusammen, wobei sich das Beobachtungslernen zwischen dem Kleinkindalter, in dem der symbolischen Repräsentation enge Grenzen gesetzt sind, und der mittleren Kindheit, in der das Denken weiter fortgeschritten ist, möglicherweise etwas ändert. In diesen Theorien finden wir jedoch beim Übergang von einem Stadium zum nächsten keine raschen qualitativen Veränderungen oder wesentliche kognitive Umstrukturierungen. Bandura hält die Suche nach solchen Stadien für kontraproduktiv, weil sie von den individuellen Unterschieden und den Verhaltensunterschieden desselben Individuums in unterschiedlichen Umgebungen ablenkt. Darüber hinaus kann ein Mißerfolg beim Lernen als mangelnde kognitive Bereitschaft mißdeutet werden, während er tatsächlich nur eine ungünstige Lernumgebung widerspiegelt. Bandura hält es für sehr viel erfolgversprechender, die Teilfertigkeiten zu analysieren, die für die Produktion eines bestimmten Verhaltens oder eines bestimmten Wissens erforderlich sind.

Für kleinere qualitative Veränderungen, die in ihrem Umfang begrenzt sind, gibt es innerhalb der sozialen Lerntheorie aber doch einige Anwärter. Der Erwerb einer neuen Regel oder einer neuen Strategie der Informationsaufnahme ist mehr als eine Veränderung der Quantität oder Intensität.

Vererbung versus Umwelt

„Ein junger Ast krümmt sich, wohin man ihn biegt."

[Chinesisches Sprichwort]

Die frühe kämpferische Milieutheorie betrachtete den kindlichen Geist in der Tradition des britischen Empiristen John Locke als eine *tabula rasa*, ein unbeschriebenes Blatt, das erst durch die Erfahrung beschrieben wird. Aus dieser Extremposition hat sich inzwischen ein gemäßigter Ansatz entwickelt, dem zufolge auch den Umwelteinflüssen Grenzen gesetzt sind. Bandura formuliert diesen Standpunkt der sozialen Lerntheorie folgendermaßen:

> „Aus dem Blickwinkel der sozialen Lerntheorie zeigt die menschliche Natur ein breites Spektrum von Möglichkeiten. Sie kann innerhalb ihrer biologisch bestimmten Grenzen durch unmittelbare und stellvertretende Erfahrung vielerlei Gestalt annehmen."
>
> [1979, S. 24]

Kinder sind also formbar, wenn auch nur innerhalb gewisser Grenzen. Im Rahmen der biologischen Möglichkeiten stellt die Erfahrung Informationen zur Verfügung, auf deren Grundlage Kinder anhand von Modellen und Instruktionen Regeln bilden und die Teilfertigkeiten des Beobachtungslernens verbessern. Welches spezifische Verhalten ein Kind entwickelt, hängt unter anderem davon ab, auf welche Verhaltenstypen es bei seinen Modellen trifft und wie andere auf diese Verhaltenstypen reagieren. Je älter Kinder werden, desto vielfältiger sind die oft auch widersprüchlichen Modelle, die sie kennenlernen. Eine wichtige Errungenschaft ist das Lesen, das die Bandbreite der potentiellen Modelle um die symbolischen Modelle erweitert.

Banduras Position zur Rolle der biologischen Ausstattung und der Erfahrung ist in seinem Konzept des *reziproken Determinismus* enthalten. In jedem einzelnen Phänomen werden die interdependenten Kräfte der Umwelt, des Individuums (einschließlich seines körperlichen Entwicklungsstandes) und seines Verhaltens wirksam. Freud und Piaget befaßten sich primär mit der Wechselbeziehung von biologischer Reifung und Erfahrung mit der Außenwelt (insbesondere Piaget) beziehungsweise mit dem sozialem Umfeld (insbesondere Freud). Dem fügt Bandura die Überlegung hinzu, daß der Mensch auch durch sein Verhalten die Umwelt verändern kann.

Die biologische Ausstattung setzt dem Lernen nicht nur Grenzen, sondern sie schafft auch die Voraussetzungen dafür. Die Lernfähigkeit des Organismus ist angeboren. Sie hat sich als Überlebensmechanismus in einer sich wandelnden Umwelt herausgebildet. Die Fähigkeit, aus Erfahrung zu lernen und insbesondere auf Verstärkung zu reagieren, schafft die Voraussetzungen für eine Anpassung an die jeweiligen Anforderungen der Umwelt. Die Fähigkeit, Information zu verarbeiten und zu speichern, daraus allgemeine Regeln abzuleiten und diese Information dann in Verhalten umzusetzen, gehört offenkundig zu den Anpassungsleistungen des Menschen.

Was entwickelt sich?

Da Lerninhalte größtenteils durch die Umwelt vorgegeben sind, nehmen die Lerntheoretiker nur wenige universelle Verhaltensweisen an, die sich in allen Kulturen gleichermaßen entwickeln. Während Piaget sicherlich vorhersagen würde, daß alle körperlich normal entwickelten Kinder auf der ganzen Welt das Konzept der Objektpermanenz, den Kausalitätsbegriff und den Erhaltungsbegriff entwickeln, und während Freud eine universelle Libido ebenso wie einen universellen Aggressionstrieb postulieren würde, scheint die soziale Lerntheorie nahezu „inhaltsfrei" zu sein – die Forschung befaßt sich mit Prozessen und nicht mit Inhalten der Entwicklung. So mag in einer Kultur aggressives Verhalten gefördert werden, während es in einer anderen verurteilt wird. Einige Kulturen achten und pflegen abergläubisches Verhalten, während andere wissenschaftliches und analytisches Denken fördern. Das heißt, Ziel und Zweck der Entwicklung sind nicht universell. Piaget dagegen betrachtet die Entwicklung als einen Prozeß, der sich auf die spezifische Art des Denkens in formalen Operationen zubewegt; und Freud sieht als Ziel der Entwicklung das Herausbilden einer reifen Sexualität und die Freiheit von übermäßigen Ängsten.

Eine universelle Entwicklung gibt es nach der sozialen Lerntheorie im Hinblick auf die Fähigkeit zu lernen, indem man andere beobachtet oder ihnen zuhört oder – in einigen Gesellschaften – sich an Modellen aus Filmen und Büchern orientiert. Diese Form des Lernens ermöglicht es einem Kind, ganze Bündel von Verhalten („Verhaltens-Chunks") zu erwerben. Es sind im wesentlichen vier Teilfertigkeiten, die sich dabei entwickeln: Aufmerksamkeit, Behalten, Produktion und Motivation. Durch symbolische Repräsentation von Modellverhalten können Kinder vorhersagen, welches Verhalten bestraft und welches belohnt wird, und sie können auf diese Weise auch einen Maßstab zur Bewertung des eigenen Verhaltens bekommen. Mit Hilfe ihres Repräsentationssystems können Kinder auch Symbole neu kombinieren, um neue Regeln, Hypothesen oder Reaktionen zu entwickeln oder zu überprüfen. Lerntheoretiker haben hier viele Verhaltenstypen untersucht, insbesondere jedoch die Bereiche Aggression, Altruismus, Geschlechterrollen sowie die Fähigkeit zu Selbststeuerung und Selbstkontrolle. Diese Fähigkeit entwickeln Kinder, indem sie ihre Handlungen, Gefühle und Gedanken anhand eigener Standards und durch Selbstverstärkung beziehungsweise Selbstbestrafung regulieren.

Metatheoretische Klassifikation

Die meisten neueren Arbeiten im Rahmen der sozialen Lerntheorie zählen zur Kategorie der funktionalistischen Ansätze und beschränken sich auf einen Vergleich von vorsichtigen, genau eingegrenzten Hypothesen und empirischen Daten. Die wissenschaftliche Fragestellung ist eng an spezifische experimentelle Ansätze gebunden, beispielsweise zum Beobachtungslernen von Aggression. Banduras Theorie ist kein formales und deduktives System von Aussagen, sondern eine lose Zusammenfassung von Hypothesen, die aufgrund von experimentellen Befunden modifiziert wurden.

Die moderne Lerntheorie ist durch eine funktionalistisch-konstruktivistische Theoriebildung geprägt, aber gleichwohl treten hier gelegentlich auch andere Formen der Theoriebildung auf (siehe Einleitung). Ein Standardbeispiel für eine deduktive psychologische Theorie ist die Lerntheorie Clark Hulls. Skinners Ansatz der operanten Konditionierung ist dagegen induktiv: Aus den beobachteten empirischen Zusammenhängen werden induktiv allgemeine Aussagen abgeleitet. Einige dieser Aussagen beschreiben beispielsweise das Verhalten der Ratte unter der Anwendung eines spezifischen Verstärkungsplanes. Im äußersten Falle besteht zwischen den vorliegenden Tatsachen und den allgemeinen Aussagen eine einseitige Beziehung. Die Aussagen enthalten keine hypothetischen Konstrukte, aus denen sich neue theoretische Fragestellungen ergeben würden. Schließlich wird beim Konzept der S-R-Assoziationen implizit ein Modell zugrunde gelegt, das eine Analogie zum Reflexbogen darstellt, wie er im 19. Jahrhundert von Neurologen beschrieben wurde. Unter Reflexbogen versteht man dabei die Verknüpfung zwischen einem Reiz (an irgendeinem Wirkungsort) und der Reaktion (am Erfolgsorgan). Das Modell einer solchen Verknüpfung im zentralen Nervensystem impliziert, daß Lernen linear (Reiz hin und Reaktion zurück) und automatisch verläuft, und es hatte den Vorteil, daß sich die grundlegenden erworbenen Assoziationen in einer den Naturwissenschaften entlehnten Form darstellen ließen.

Kritik der Theorie

In dieser Bewertung soll die inzwischen bekannte Liste von Stärken und Schwächen der traditionellen Lerntheorie, für die es ja einige hervorragende Quellen gibt (Bowers, 1973; White, 1970), nicht noch einmal aufgeführt werden. Statt dessen soll Banduras derzeitige soziale Lerntheorie im Mittelpunkt der Betrachtung stehen, weil die Entwicklungspsychologie gegenwärtig vor allem von dieser Version der Lerntheorie beeinflußt wird. Wie im vorangegangenen Kapitel zur psychoanalytischen Theorie konzentrieren wir uns auf die Frage, welchen Beitrag die Theorie heute und in Zukunft zur Forschung und Theoriebildung in der Entwicklungspsychologie leisten kann. Kritisiert und in gewisser Weise auch überdeckt wird die Lerntheorie einschließlich der Arbeiten Banduras inzwischen von Vertretern der Piagetschen Theorie sowie des Informationsverarbeitungsansatzes. Sie verfügt dennoch über einige Stärken, die ein Entwicklungspsychologe nicht übersehen sollte: das Herausstellen der situativen Verhaltensdeterminanten, der Schnittstellen zwischen Kognition und Gesellschaft, des sozial-emotionalen Verhaltens und der Motivation sowie die Überprüfbarkeit der Theorie. Gleichzeitig weist die Theorie zwei große Schwächen auf, weil sie die kognitive Entwicklung und die Entwicklung in einer natürlichen Umgebung nicht angemessen beschreiben kann und damit in ihrem Erklärungswert beschränkt ist.

Stärken der Theorie

Erklärung situativer Verhaltensdeterminanten

Ein charakteristisches Merkmal von strukturalistischen und organismischen Theorien sowie Persönlichkeitstheorien liegt darin, daß sie die Ursachen von Verhalten primär in der Persönlichkeit lokalisieren und deshalb vorhersagen, daß sich eine bestimmte Person in unterschiedlichen Situationen ähnlich verhält. So würde Freud beispielsweise annehmen, daß sich ein Kind mit einem starken Über-Ich in den meisten Situationen übermäßig kontrolliert verhält. Piaget hatte kaum Interesse dafür, daß der Erhaltungsbegriff in einigen Bereichen (Menge) früher erworben wird als in anderen (Gewicht), oder dafür, daß sich neu erworbenes Wissen in bestimmten Situationen beobachten läßt, in anderen jedoch nicht. Die Lerntheorie vertritt dagegen die Auffassung, daß sich das Verhalten einer Person in der Regel von Situation zu Situation ändert, je nachdem, welche auslösenden Reize und Verstärker wirksam sind und welche Erfahrungen der einzelne bereits in früheren vergleichbaren Situationen gemacht hat. Nach Bandura spielen sowohl die individuelle Persönlichkeit als auch ihr Verhalten und die jeweilige Situation eine Rolle. Untersucht hat er jedoch überwiegend situative Variablen, beispielsweise den jeweiligen Modelltyp oder die Reaktion des Beobachters auf das Modell. Allgemeiner betrachtet folgen die Lerntheoretiker unserer Zeit dem

Trend, die Kognition kontextgebunden zu erklären und die Interaktion zwischen Mensch und Umwelt herauszustellen.

Diese Hinwendung zu situativen Variablen ist für die gegenwärtige Forschung zum Denken, Erinnern und Lernen von Kindern auch nötig, denn es wurde immer wieder festgestellt, daß Kinder ein gegebenes Konzept nur auf bestimmte Inhalte anwenden (und nicht auf andere), daß ein spezifisches Konzept nicht in jeder Kultur zum gleichen Zeitpunkt erworben wird und daß man einem Kind ein Konzept oder eine Strategie zwar beibringen, aber nicht sicherstellen kann, daß es das Gelernte auch für andere Aufgaben als die Lernaufgabe anwendet. Was fehlt, ist eine allgemein anerkannte Erklärung dieser Befunde. Wie in Kapitel 1 dargestellt, haben die Neo-Piagetianer versucht, sich mit dieser Problematik auseinanderzusetzen. Auf der Grundlage einer Situationsanalyse, die sich an der sozialen Lerntheorie orientierte, haben diese Forscher herausgefunden, in welchen Situationen ein bestimmtes Verhalten mit großer Wahrscheinlichkeit auftritt, und welche sozialen und äußeren Umstände Einfluß darauf nehmen. Insbesondere muß auch untersucht werden, welche Anforderungen eine spezifische Aufgabe an die Informationsverarbeitung stellt, welchen Stil der Informationsverarbeitung die Modelle im sozialen Umfeld eines Kindes vorgeben, welche Instruktionen dem Kind gegeben werden (sofern es überhaupt instruiert wird), ob die Ausführung eines Verhaltens verstärkt wird und so weiter.

Wir haben in Kapitel 1 darauf hingewiesen, daß bei Piagets Theorie die Einschränkung zu machen ist, daß sie primär das Wissen des Kindes und die Entwicklung dieses Wissens beschreibt, und nicht so sehr den Versuch macht zu erklären, wie dieses Wissen in einer gegebenen Situation tatsächlich angewandt wird. Wenn man situative Faktoren berücksichtigt, läßt sich diese Lücke teilweise schließen. Beispielsweise vermuteten Rosenthal und Zimmerman, daß die Piagetianer die Rolle des Beobachtungslernens beim Erwerb des Erhaltungsbegriffs unterschätzt haben. Einige Erhaltungskonzepte werden häufiger als Modell beobachtet und verstärkt als andere. Schon früh in ihrem Leben beobachten Kinder in vielen verschiedenen Situationen, wie andere Menschen durch Zählen verschiedene Quantitäten vergleichen. Wenn Kinder vor dem Kindergartenalter bis zehn zählen können, gilt das in den Mittelschichten der westlichen Welt als Fertigkeit, die als wichtig angesehen und verstärkt wird. Verschiedene Gewichte vergleichen zu können gilt als weniger bedeutsame Fertigkeit. Sie wird im Alltag des Kindes weniger häufig angewandt und hat deshalb auch nur eine geringere Bedeutung. Man würde also *décalages* erwarten. Nach Rosenthal und Zimmerman wird ein solches zeitlich abgestuftes Auftreten des Erhaltungsbegriffs auch dadurch hervorgerufen, daß sich die Anzahl einer Reihe von Objekten leichter feststellen läßt als die Quantität einer zusammenhängenden Substanz, die sich nicht durch einfaches Zählen verifizieren läßt. Kinder erhalten ständig Informationen zur Anzahl von Objekten. Sie zählen Pfennige und wie oft sie bis zu ihrem Geburtstag noch schlafen müssen, und sie achten darauf, daß sie genauso viele Plätzchen bekommen wie ihre Geschwister. Wenn wir diese Einflüsse analysieren, werden wir entwicklungsbedingte Veränderungen im Denken des Kindes besser verstehen.

Bedeutung der Schnittstellen zwischen Kognition und Gesellschaft – sozial-emotional-motivationale Aspekte von Verhalten

Die meisten Theoretiker sind sich bewußt, daß Denken sich im sozialen Kontext entwickelt, können dieses Phänomen jedoch nicht umfassend erklären. Dieser Mangel ist ein ernstes Problem. Dabei geht es um zwei entscheidende Fragen. Erstens, wie beeinflußt soziale Erfahrung die kognitive Entwicklung? Zweitens, wie beeinflußt die kognitive Entwicklung das kindliche Verständnis sozialer Phänomene? Im Hinblick auf die erste Frage beschreibt die soziale Lerntheorie, wie Modellierung, Instruktion und stellvertretendes Lernen zur Verstärkung und Bestrafung Informationen an das Kind vermitteln. Viele neue Informationen gewinnt es über andere Personen und nicht beim eigenen Lernen durch Versuch und Irrtum. Selbst verschiedene Stile der Informationsverarbeitung, beispielsweise eine impulsive Art, Entscheidungen zu treffen, können durch Nachahmung erlernt werden. Was die zweite Frage betrifft, so nimmt Bandura an, daß die kognitive Entwicklung das soziale Verständnis auf folgende Weise beeinflußt: Kinder erwerben in zunehmendem Maße die Fähigkeit, ihre Aufmerksamkeit selektiv zu bündeln, Ereignisse symbolisch zu repräsentieren, Gedächtnisstrategien anzuwenden und bereits vorhandenes Wissen umzustrukturieren; sie können das beobachtete Verhalten schließlich immer besser verstehen.

Piaget erwähnt zwar die soziale Erfahrung als einen der verschiedenen Faktoren, die der kognitiven Entwicklung zugrunde liegen, aber er interessiert sich mehr für die Erfahrung mit physikalischen Objekten, für Äquilibration und Reifung. Er merkt auch an, daß Meinungsverschiedenheiten mit anderen eine Quelle des Konflikts sein können, der zur Überwindung des Egozentrismus beiträgt. Darüber hinaus vermitteln Erwachsene dem Kind verbale Information über die Welt, die es versteht oder nicht, je nachdem, ob es diese Information an seinen jeweiligen kognitiven Entwicklungsstand assimilieren kann oder nicht. Piagets Analyse der sozialen Erfahrung bleibt aber begrenzt, weil er sich nicht mit dem Beobachtungslernen, den Erwartungen im Hinblick auf Bestrafung oder Belohnung und anderen Einflüssen befaßt, die die soziale Lerntheorie beschreibt, und weil er nicht untersucht, welche sozialen Phänomene Einfluß darauf nehmen, wie Kinder ihre Überzeugungen verifizieren. Seiner Theorie zufolge überprüfen Kinder ihre Überzeugungen, indem sie, ähnlich wie ein Wissenschaftler, Experimente mit ihrer Umwelt anstellen oder die Schlüssigkeit eines Arguments untersuchen. Bandura schließt diese Formen der Verifikation mit ein, meint aber, daß Kinder ihre Vorstellungen darüber hinaus auch verifizieren, indem sie die Auswirkungen des Verhaltens von konkreten oder symbolischen Modellen beobachten oder ihre eigenen Vorstellungen mit denen von anderen Menschen vergleichen.

Bei Freud spielen soziale Einflüsse insofern eine zentrale Rolle, als Verbote der Gesellschaft Kinder dazu zwingen, Denkstrukturen zu entwickeln, die optimalen Lustgewinn verschaffen und dabei helfen, mit Angst fertigzuwerden. Diese Auffassung betont eher die negativen als die positiven sozialen Einflüsse – das heißt, das Erlernen neuer Verhaltensweisen durch die Beobachtung anderer. Zwei zentrale Begriffe von Freud, Identifikation und Abwehr, bekommen in der sozialen Lerntheorie eine neue Bedeutung. Die Identifikation mit dem gleichgeschlechtlichen Elternteil erfolgt weitgehend über das Beobachtungslernen. Freuds Vorstellung, daß das Kind diesen Elternteil „verinnerlicht" und auf diese Weise ein Über-Ich entwickelt, ist vielleicht dahingehend zu verstehen, daß Kinder die Wertvorstellungen, Überzeugungen und Verhaltensweisen der Eltern beobachten oder aus der Beobachtung ableiten. Außerdem kontrolliert das Kind sein eigenes Verhalten, indem es für sich selbst die zustimmenden oder mißbilligenden Äußerungen der Eltern wiederholt. Auch Abwehrmechanismen wie verschobene Aggression, Projektion oder Regression lassen sich erwerben, indem man beobachtet, wie andere diese Abwehrmechanismen einsetzen, und zwar insbesondere dann, wenn diese Verhaltensweisen offenbar Bestrafung und Unlust abwenden können. Freud befaßt sich nicht ernsthaft mit der Frage, wie die kognitive Entwicklung das Verständnis des sozialen Verhaltens beeinflußt, wenn man davon absieht, daß die Entwicklung von Ich-Funktionen – wie Gedächtnis und logisches Denken – es Kindern erleichtern, die soziale Realität wahrzunehmen.

Banduras soziale Lerntheorie zeichnet sich im Vergleich zu Piagets Ansatz und zu Kognitionstheorien auf der Basis der Informationsverarbeitung durch einen eindeutigen Vorteil aus: Sie unterscheidet zwischen der sogenannten „heißen" (Zajonc, 1980) und der „kalten" Kognition. Als heiße Kognition werden die emotionalen, motivationalen Aspekte des Denkens bezeichnet, als kalte Kognition die Art des Denkens, nicht aber seine emotionalen Aspekte. Heiße Kognition liegt beispielsweise dann vor, wenn Kinder darüber nachdenken, wie sie ihre Eltern zufriedenstellen können, wenn sie traurig sind, weil sie bei einer Aufgabe versagt haben, und wenn sie über sich selbst enttäuscht sind, weil sie ihren eigenen Verhaltensmaßstäben nicht gerecht werden. Außerdem interessieren sich Kinder für manche Aktivitäten mehr als für andere, und sie wenden deshalb ihr Wissen auch nicht immer gleich an. Motivation ist eine entscheidende Komponente des Lernens im Alltag, die aber in der Piagetschen Theorie und beim Informationsverarbeitungsansatz praktisch ignoriert wurde. Für Freud und Erikson ist Motivation dagegen ein zentrales Thema.

Bandura wendet seine Forschungsergebnisse auf ein breites Spektrum sozialer Themen an, zum Beispiel terroristische Taktiken, sexuelle und rassistische Stereotypen, transkulturelles Nachahmungsverhalten aufgrund des Satellitenfernsehens, Pornographie, präventive Maßnahmen zur Verbrechensbekämpfung und die Förderung eines gesundheitsbewußten Verhaltens.

Zusammenfassend läßt sich feststellen, daß die soziale Lerntheorie andere Erklärungsansätze zur kognitiven Entwicklung insofern ergänzt, als sie sozial-emotional-motivationale Aspekte dieser Entwicklung betrachtet. Sie spezifiziert, wie sich Denken und Gesellschaft – vermittelt durch Beobachtungslernen und symbolische Repräsentation – berühren.

Überprüfbarkeit

Selbst Kritiker räumen ein, daß die Lerntheorie wahrscheinlich die am besten überprüfbare Theorie in der Psychologie ist. In der gesamten Geschichte der Lerntheorie wurden die Begriffe klar definiert, die Hypothesen präzise formuliert und nicht-beobachtbare, intervenierende Variablen auf ein Minimum begrenzt. Man versucht, beim Erklären der Tatsachen mit wenigen Annahmen auszukommen. Wie schon erwähnt, ist es im wesentlichen der Lerntheorie zu verdanken, daß die Entwicklungspsychologie zu einer experimentellen Wissenschaft wurde. Die Überprüfbarkeit der Theorie führte zu Falsifizierungen, die mit der Zeit Veränderungen mit sich brachten. Die Lerntheoretiker reagierten auf Befunde, die ihre Aussagen widerlegten, mit neuen, fruchtbaren Modifikationen. Als beispielsweise Befunde darauf hindeuteten, daß Kinder beobachtetes Verhalten auch dann erwarben und ausführten, wenn sie es nicht eingeübt hatten und wenn das Modell nicht verstärkt worden war, ergab sich ganz offenkundig die Notwendigkeit, die ursprünglichen Versionen der sozialen Lerntheorie zu modifizieren.

In Banduras Theorie ist der Anteil von Konzepten, die sich nur schwer überprüfen lassen, größer als in früheren Lerntheorien, aber geringer als in Piagets oder Freuds Theorie. Symbolische Repräsentation, abstrakte Modellierung und Erwartungen stehen in keinem eindeutigen Zusammenhang zu beobachtbarem Verhalten. In Anbetracht des vom Kognitivismus geprägten Zeitgeistes in der Entwicklungspsychologie wird Banduras Theorie wahrscheinlich weitere kognitionspsychologische Konzepte übernehmen. Eine zunehmende Betonung der Kognition würde dieser Theorie (wie im nächsten Abschnitt dargestellt) mehr Einfluß verschaffen, aber wünschenswert bleibt nach wie vor eine Theorie, die uns daran erinnert, daß nicht nur das Denken, sondern auch das Verhalten unser Thema ist. Die Vertreter der sozialen Lerntheorie könnten darüber wachen, daß die kognitiven Psychologen, die das Verhalten gelegentlich zu vergessen scheinen, und wir alle uns daran erinnern, daß Schemata, Konzepte und mentale Operationen anderer Menschen sich letztendlich auf Verhalten beziehen.

Schwächen der Theorie

Unzulängliche Erklärung der kognitiven Entwicklung

Banduras Theorie ist vollständiger als frühere Lerntheorien, weil sie betont, daß Umwelt und individuelles Verhalten durch das kognitive System jedes Menschen miteinander verbunden sind. Es gilt jedoch nun, die Natur dieses kognitiven Systems genauer zu spezifizieren und herauszuarbeiten, wie es sich entwickelt, und wie diese Entwicklung das Beobachtungslernen beeinflußt. Auch wenn sich die Theorie insgesamt gesehen in ihrer Erklärung des Denkens auf den Informationsverarbeitungsansatz stützt, wurden bislang nur allgemeine Elemente wie symbolische Repräsentation, Aufmerksamkeit, Speicherung, Regelbildung und Verifikation einbezogen. Eine einzelne Folge von Phänomenen wird mit anderen Phänomenen in der Welt integriert, und durch Abstraktion wurden daraus allgemeine Konzepte entwickelt. Wissen erscheint dann aus den abgespeicherten empirischen Regelmäßigkeiten zu bestehen. Perry (1989) bezeichnet diese Repräsentationen als „zusammenfassende" oder „summarische" Kognitionen, weil sie eine Geschichte von sozialen Erfahrungen zusammenfassen. Dabei bleibt die enge Beziehung von Kognition und Verhalten bestehen. Bandura hat noch nicht im Detail ausgearbeitet, wie diese kognitiven Prozesse – insbesondere Abstraktion und Integration – aussehen, wie sich das kognitive System im Laufe der Entwicklung ändert und wie sich Veränderungen in der kognitiven Entwicklung auf das Beobachtungslernen auswirken.

Es ist beispielsweise noch nicht geklärt, wie das kindliche Denken organisiert ist und wie sich die Organisation des kindlichen Denkens während der Entwicklung verändert. Bandura macht keine Angaben über komplexe kognitive Organisationsformen, durch die ein spezifisches Stadium charakterisiert wäre und die sich beim Übergang von einem Stadium zum nächsten qualitativ verändern würden. Er vertritt aber auch nicht den gegenteiligen Standpunkt der traditionellen Lerntheorie, daß bei der Entwicklung spezifische Assoziationen, Assoziationsketten oder Informationen Schritt für Schritt erworben und dann auf ziemlich einfache Weise verknüpft werden. Bei Bandura ist bereichsspezifisches Wissen und die Fertigkeit, mit diesem Wissen zu operieren, ebenso einbezogen wie die Integration verschiedener Formen des Wissenserwerbs. Hierzu zählen: die abstrakte Modellierung, wenn aus verschiedenen miteinander zusammenhängenden Phänomenen allgemeine Merkmale abstrahiert werden; das kreative Modellieren, wenn bereits vorhandenes Wissen so umstrukturiert wird, daß neues Verhalten entsteht; und die Herausbildung von Schemata, beispielsweise von Gattungsbegriffen. Bandura scheint also von einfachen kognitiven Organisationsformen und Umstrukturierungen auszugehen, die aber weit hinter Piagets äquilibrierten, hochgradig durchorganisierten Strukturen zurückbleiben. Eine exakte Beschreibung der Natur dieser entwicklungsbedingten Veränderungen steht nach wie vor aus.

Eine solche exakte Beschreibung der kognitiven Veränderungen ist jedoch wichtig, weil die Art der Wissensorganisation zweifellos Einfluß darauf hat, wie ein Kind ein bestimmtes beobachtetes Verhalten zu unterschiedlichen Zeitpunkten in seiner Entwicklung interpretiert. So kann beispielsweise ein vierjähriges Kind das Teilen eines Spielzeugs mit einem Spielkameraden als isoliertes Verhalten beobachten, während dasselbe Verhalten für ein achtjähriges Kind im Bedeutungszusammenhang mit Gerechtigkeit und Gegenseitigkeit steht. Beide Kinder erwerben durch die Beobachtung desselben Verhaltens unterschiedliches Wissen. Außerdem sind dem Beobachtungslernen durch die jeweiligen kognitiven Fähigkeiten Grenzen gesetzt. Ein vierjähriges Kind lernt die Regeln der Division nicht dadurch, daß es ein zehnjähriges Kind beim Dividieren beobachtet. Die Verfechter der sozialen Lerntheorie nehmen zwar an, daß das Entwicklungsniveau mit entscheidend dafür ist, was während des Beobachtens gelernt wird, aber sie können diesen Prozeß nicht im Detail erklären.

Die entwicklungsbedingten Veränderungen der kognitiven Reorganisation müssen auch deshalb genauer spezifiziert werden, um dem Einwand Rechnung zu tragen, daß die soziale Lerntheorie Entwicklung lediglich als langfristig akkumuliertes Lernen beschreibt. Organisieren Kinder ihr Denken mit fortschreitender Entwicklung immer wieder anders, dann wird die soziale Lerntheorie zur Entwicklungstheorie.

Wenn es gelingt zu klären, wie die kognitive Organisation sich entwicklungsbedingt verändert, könnte dies schließlich auch Hinweise darauf geben, ob sich auch der Prozeß des Beobachtungslernens während der Entwicklung verändert. Bandura behauptet, daß ein Kind bereits sehr früh die Fähigkeit zur Nachahmung entwickelt. Tatsächlich deuten Befunde darauf hin, daß Säuglinge schon sehr früh Reaktionen nachahmen können, zumindest dann, wenn sie in ihrem Repertoire bereits vorhanden sind (Meltzoff und Moore, 1983). Bandura nimmt an, daß diese Fähigkeit mit zunehmender kognitiver, perzeptueller und motorischer Entwicklung effizienter und abstrakter wird. Diese Annahme wird bisher allerdings nur durch wenige experimentelle Befunde gestützt. Welche kognitive Fähigkeit muß entwickelt sein, bevor ein Kind das, was es beobachtet oder gelesen hat, kognitiv repräsentieren kann? Wie unterscheiden sich die Fähigkeit eines Säuglings, seine Mutter nachzuahmen, wenn sie ihre Zunge herausstreckt, und die Fähigkeit eines zehnjährigen Kindes, nach dem Lesen des Handbuches mit einem Computer umzugehen? Diese wichtige entwicklungspsychologische Fragestellung wird inzwischen nicht mehr nur von Bandura untersucht (Parton, 1976; Yando, Seitz und Zigler, 1978).

Weiterhin stellt sich die Frage, ob die Konzepte des sozialen Verhaltens und die Repräsentation physikalischer Gegebenheiten tatsächlich so ähnlich sind, wie Bandura es vorauszusetzen scheint. Beobachtungslernen könnte sowohl der Entwicklung des Erhaltungsbegriffs als auch der Aggression zugrunde liegen, müßte dann aber in beiden Fällen eine unterschiedliche Rolle spielen. Die meisten Ereignisse außerhalb des sozialen Bereichs sind entweder logisch oder empirisch begründet. Wenn Stock A länger ist als Stock B und Stock B länger als Stock C, dann ist es logisch zwingend, daß Stock A länger ist als Stock C. Eine andere Möglichkeit gibt es nicht. Beispielhaft für eine empirische Notwendigkeit ist es, daß in unserer Welt ein Stein, wenn man ihn losläßt, nach unten und nicht nach oben fällt. Logisch und empirisch zwingende Konzepte werden in unserer Erfahrung nicht in Frage gestellt. Bei den meisten sozialen Phänomenen dagegen verhält es sich anders. Ein Kind lernt, daß das Schlagen eines Spielkameraden in der Regel, aber eben nicht immer, mißbilligt wird. Es lernt, daß man „danke" sagen soll, wenn man etwas geschenkt bekommt, daß das aber nicht jeder tut. Die meisten sozialen Konzepte beruhen nicht auf logischer Notwendigkeit, sondern auf Konvention – auf einer sozialen Übereinkunft oder auf Regeln der sozialen Interaktion innerhalb der jeweiligen Kultur. Auch innerhalb einer Kultur kann es auf der sozialen Ebene wichtige Unterschiede geben. So unterscheiden Kinder im Schulalter zwischen sozialen Konventionen, wie dem Tragen von Bekleidung in der Öffentlichkeit, und logisch begründeten moralischen Urteilen (Weston und Turiel, 1980).

Der Unterschied zwischen logischen und sozialen Konzepten hat zweifellos Einfluß darauf, wie diese Konzepte im einzelnen durch Beobachtungslernen erworben werden. Es könnte beispielsweise bei physikalischen Vorgängen leichter sein als bei sozialen Phänomenen, bestimmte Erwartungen zu entwickeln, weil die physikalischen Erwartungen leichter mit der realen materiellen Welt in Einklang zu bringen sind. Man könnte auch fragen, ob es sowohl im physikalischen als auch im sozialen Bereich zeitliche Unterschiede in der Entwicklung (*décalages*) gibt. Einige physikalische Konzepte, beispielsweise der Erhaltungsbegriff, werden gewöhnlich nicht vor der frühen Adoleszenz erworben – vielleicht lassen sie sich nicht so leicht durch Beobachtung erwerben wie beispielsweise das Konzept von der Erhaltung der Zahl, das etwa fünf Jahre früher erworben wird. Möglicherweise gibt es beim Nachahmen interpersonalen Verhaltens keine derartigen Einschränkungen. Ein weiterer Unterschied könnte darin liegen, daß Kinder beim Konzepterwerb die Regeln ihrer physikalischen und sozialen Umwelt jeweils auf ganz andere Weise überprüfen. Vielleicht bewerten sie die Wahrheit von physikalischen Gesetzen primär anhand von logischen Tests oder physikalischen Experimenten und überprüfen ihre sich entwickelnden Regeln sozialen Verhaltens in der Beobachtung anderer Menschen.

Unzureichende Erklärung von Entwicklung in der natürlichen Umwelt
Wir wissen viel mehr über Variablen, die das Lernen sozialen Verhaltens möglicherweise beeinflussen *können*, als über Variablen, die *tatsächlich* im Leben von Kindern wirksam werden, oder über das Lebensalter, in dem ein spezifisches Verhalten in der Regel auftritt. Wir wissen, wie verschiedene Variablen im Experiment zu kurzfristigen Veränderungen führen, aber wir wissen nicht, wie sie in einer natürlichen Umgebung operieren. Wir wissen nichts über die Ökologie der Aggression, der Geschlechtertypisierung oder der Abhängigkeit. In Laborstudien, die von der sozialen Lerntheorie angeregt waren, konnten zwar zahlreiche Prozesse wie Nachahmung, abstrakte Modellierung, Verstärkung und Konzeptbildung identifiziert werden, aus denen sich geschlechtertypisiertes Verhalten entwickelt, aber welche Prozesse sind in einer spezifischen natürlichen Umgebung für das jeweilige Alter am wichtigsten? Nötig wäre hier eine Taxonomie der verschiedenen Situationen, mit denen Kinder während der einzelnen Phasen ihrer Entwicklung typischerweise konfrontiert sind. Die soziale Lerntheorie könnte um vieles mehr beitragen, wenn man für die typischen Umweltbedingungen einer jeden Entwicklungsphase die jeweiligen Modelle und Verstärkungskontingenzen untersuchen würde. Wahrscheinlich werden in unserer Kultur verschiedene Verhaltensweisen auf unterschiedlichen Entwicklungsniveaus belohnt. Beispielsweise müssen ältere Menschen, wenn sie Verstärkung bekommen wollen, offenbar lernen, sich „alt, krank und hilflos" zu verhalten und selbständiges Verhalten verlernen (Baltes und Barton, 1979).

Beobachtungslernen und Verstärkungsmuster müssen also auch systematisch mit sozio-ökologischen Variablen wie Berufstätigkeit der Mutter, Anwachsen der Scheidungsrate, Verstädterung, Rassenunruhen und Veränderung der Geschlechtsrollen in Beziehung gesetzt werden. Eine umfassende Analyse des sozialen Lernens sollte schließlich auch demographische Variablen wie sozio-ökonomischen Status, ethnische Zugehörigkeit, Geschlecht und Wohnumfeld mit einbeziehen.

Wir brauchen beispielsweise für entwicklungsbedingte Veränderungen der Aggression eine Beschreibung, die insbesondere auch in Betracht zieht, welche Fernsehprogramme Kinder aus verschiedenen Bevölkerungsgruppen sehen, wie die Kinder tagsüber betreut werden und welche Rolle der Vater bei ihrer Erziehung spielt. Es geht also insgesamt darum, einen Bezug zwischen den Prozessen des Beobachtungslernens und den Einflußvariablen bei der Modellbildung (wie etwa Merkmale des Modells) herzustellen, und zwar für jeden Punkt der Entwicklung und unter Berücksichtigung demographischer Variablen oder anderer Variablen zum sozialen Kontext.

Eine Studie zur interpersonalen Zwangsausübung zeigt, daß der angestrebte Ansatz auch praktikabel ist. Patterson (1980) beobachtete im Labor und in der natürlichen Umgebung Interaktionen zwischen Müttern und ihren Kindern. Aufgrund seiner Beobachtungen bezeichnete er die Mütter von Vorschulkindern als in unserer Gesellschaft „nicht anerkannte Opfer". Sie sind in dichter Folge aversiven Verhaltensweisen wie Weinen, Schreien, Quengeln, Trotzen und Schlagen ausgesetzt. Je jünger das Vorschulkind ist, desto höher ist die Frequenz, in der diese Verhaltensweisen auftreten. Verschiedene Familien bewältigen die aversiven Verhaltensweisen in unterschiedlichem Maße. In problematischen Familien haben Mutter und Geschwister mit Ausnahme des Vaters eine ungewöhnlich hohe Anzahl von längeren aversiven Interaktionen mit dem Problemkind. In diesen Familien muß die Mutter zusätzlich noch als Krisenmanager fungieren. Sie übernimmt Verhaltensweisen, die die aversiven Phänomene hinausschieben (das heißt, sie gibt den Forderungen des Kindes nach oder bestraft es oder zieht sich aus der Situation zurück). Es ist also möglich, die grundlegenden Regeln sozialen Lernens in ihrer Einbettung in einen spezifischen Kontext zu untersuchen und beispielsweise das Reifungsniveau des Kindes, die Rollen von Mutter und Vater und die relative Häufigkeit von aversiven und angenehmen Reizen zu berücksichtigen.

Der springende Punkt ist, daß wir zwar über Daten zum sozial-kognitiven Lernen verfügen, daß aber die dazugehörige ökologisch begründete Darstellung entwicklungsspezifischer Veränderungen noch aussteht. Umgekehrt verfügen wir in einigen Fällen über eine Beschreibung, aber nicht über Daten; das heißt, wir haben umfassende Darstellungen von entwicklungsbedingten Veränderungen in spezifischen sozialen Kontexten, aber die Prozesse, die diesen Veränderungen zugrunde liegen, sind aus der Sicht der sozialen Lerntheorie noch nicht untersucht worden. In jüngerer Zeit hat sich das wissenschaftliche Interesse beispielsweise auf die Interaktion zwischen Kleinkind, Mutter und Vater konzentriert. Es scheint, als werde das Wesen dieser Interaktion von Variablen wie dem Geschlecht des jeweiligen Elternteiles, dem sozio-ökonomischen Status der Eltern und der ethnischen Zugehörigkeit beeinflußt. Würde man nun die verfügbaren deskriptiven Daten mit den Lerngesetzen der sozialen Lerntheorie kombinieren, ließe sich eine aussagefähige deskriptive und explanatorische Darstellung der Entwicklung erreichen. Die verschiedenen Modelle für verbales und nonverbales Verhalten, stellvertretende Verstärkung und Bestrafung, und das Maß der Ermutigung zur abstrakten Modellierung haben zweifellos Einfluß auf den Charakter der Eltern-Kind-Interaktion.

Zusammenfassung

Die Theorie des sozialen Lernens ist als natürliche Weiterentwicklung aus der Tradition der S-R-Lerntheorie hervorgegangen. Sie bewahrt den Geist des Behaviorismus: die experimentell exakte Untersuchung dessen, wie elementares Lernen aus Umwelteinflüssen entsteht. Im Mittelpunkt steht allerdings nicht mehr die hungrige Ratte, die einen Hebel herunterdrückt, sondern das Kind, das mit anderen Menschen interagiert. Zunächst hat sich gezeigt, daß Kinder neues Verhalten lernen, indem sie andere nachahmen und daß sich Umwelteinflüsse über eine kognitive Vermittlung auswirken. Erkennbar ist dies an der verbalen Mediation, etwa bei der Sprachverwendung und beim Problemlösen. Diese Befunde wurden in der einflußreichsten heutigen sozialen Lerntheorie zusammengefaßt – in Albert Banduras sozial-kognitiver Theorie.

Bandura brach mit den psychoanalytischen Konzepten und der zentralen Fragestellung der frühen Lerntheorie, die klären sollte, wie Nachahmung durch Verstärkung gefördert wird. Er machte die soziale Lerntheorie zu einem überzeugenderen Erklärungsansatz des Lernens, indem er drei wesentliche Konzepte einführte.

1. Beobachtungslernen kann sehr viel umfassender sein als ein einfaches Kopieren des Verhaltens einer anderen Person. Das Kind kann, indem es einer anderen Person zuhört oder einfach liest, symbolisch ein neues Verhalten ausbilden. Auf diese Weise lassen sich sowohl komplexe neue Verhaltensweisen als auch einfache Modifikationen bereits vorhandener Verhaltensalternativen erlernen. Darüber hinaus kann selbst dann gelernt werden, wenn Verhalten nicht offen ausgeführt wird. Bandura (1989) faßt den Einfluß von Modellen dahingehend zusammen, daß sie anleiten, motivieren, hemmen, Hemmungen nehmen, soziale Hilfestellung geben und Emotionen wecken.
2. Kinder steuern ihr Lernen selbst. Verstärkung ist zwar keine Voraussetzung des Lernens, kann aber für die Selbstkontrolle hilfreich sein. Kinder beobachten, welches Verhalten in ihrem Umfeld verstärkt oder bestraft wird und nutzen diese Informationen, um Regeln abzuleiten, die eigene Performanz zu beurteilen, Verhaltensstandards zu entwickeln, sich Ziele zu setzen und zu entscheiden, in welchen Situationen sie das jeweils beobachtete Verhalten anwenden wollen.
3. Durch das Modell des reziproken Determinismus läßt sich Verhaltensmodifikation beschreiben. Drei Einflüsse – der Mensch, sein Verhalten und seine Umwelt – wirken zusammen, wobei die Umwelt nicht immer die Steuerung übernimmt.

Neu an diesem Modell ist die Erkenntnis, daß auch das Verhalten von Kindern ihre Umwelt formt, die ihrerseits wieder auf sie zurückwirkt.

Kinder entwickeln fünf Fertigkeiten, die für das soziale Lernen entscheidend sind: Symbolisierung, stellvertretendes Lernen, Selbststeuerung und Selbstkontrolle, Selbstwirksamkeit sowie die Fähigkeit, zukünftige Folgen momentanen Verhaltens vorauszusehen (Perry, 1989). Mit der Zeit beherrschen Kinder Aufmerksamkeit, Behalten, Produktion und Motivation – die vier Teilprozesse des Beobachtungslernens – immer besser. Insbesondere die zunehmende Fähigkeit, visuelle und verbale Symbole zu gebrauchen, beschleunigt das Beobachtungslernen. Die soziale Entwicklung des Kindes beruht weitgehend auf der Akkumulation und Integration von Episoden des Beobachtungslernens. In der sozialen Lerntheorie wurde bereits ein breites Spektrum entwicklungspsychologisch relevanter Verhaltensweisen untersucht, zum Beispiel Aggression, Konzeptbildung, Spracherwerb und moralische Entwicklung (insbesondere moralisches Urteil und selbstgesteuerte Verhaltensstandards). Rosenthals und Zimmermans Arbeiten zur sozialen Lerntheorie setzen sich kritisch mit Piagets struktureller Entwicklungstheorie auseinander.

Banduras Theorie ist überprüfbar, flexibel und integrativ. Flexibel ist sie insofern, als sie sich aufgrund neuer Erkenntnisse ständig weiter verändert. Integrativ ist sie, weil sie verschiedene, jeweils relativ begrenzte Bereiche zusammenfaßt, beispielsweise operante Konditionierung, Informationsverarbeitung, Verstärkungsprozesse (unmittelbare und stellvertretende) und Sozialisationsprozesse. Die soziale Lerntheorie verspricht durchaus, verschiedene Unzulänglichkeiten der gegenwärtig einflußreichsten kognitivistischen Ansätze – das heißt, der Theorie Piagets und der Theorie der Informationsverarbeitung – zu beheben. Zunächst eröffnet sie die Möglichkeit einer Konzeptualisierung der Frage, warum sich das Verhalten eines Kindes oder sein demonstriertes Wissen von Situation zu Situation unterscheiden kann. Zweitens hat sie gezeigt, daß die Beschränkung auf physikalische Konzepte und die Ausgrenzung des sozialen Kontexts, in dem sie erworben werden, zu einer unvollständigen Sicht des Lernens von Konzepten führt.

Die soziale Lerntheorie muß in zwei verschiedene Richtungen weiterentwickelt werden. Erstens müssen die Schnittstellen zwischen kognitiver Entwicklung und Beobachtungslernen detaillierter ausgearbeitet werden, bevor man die Theorie wirklich als Entwicklungstheorie betrachten kann. Zweitens könnte die Theorie Verhalten sehr viel besser vorhersagen und untersuchen, wenn sie sich eine breitere ökologische Grundlage schaffen würde. Sie hat uns gezeigt, daß Prozesse des sozialen Lernens die Entwicklung steuern können; ein nächster Schritt wäre, herauszufinden, wie diese Prozesse mit spezifischen Umweltgegebenheiten in verschiedenen Stadien der Entwicklung, bei verschiedenen Familien und unter verschiedenen sozio-ökonomischen Bedingungen zusammenhängen.

Weiterführende Literatur

Bandura faßt seine Theorie in folgenden Büchern systematisch zusammen.

Bandura, A. *Social Foundations of Thought and Action.* Englewood Cliffs, N.J. (Prentice-Hall) 1986.
Bandura, A. *Social Cognitive Theory.* In: Vasta, R. (Hrsg.) *Annals of Child Development.* Vol. 6. Greenwich, Conn. (JAI Press) 1989.

Das folgende lange Interview mit Bandura gibt interessante Einblicke in sein Denken.

Evans, R. L. *Albert Bandura: The Man and His Ideas – a Dialogue.* New York (Praeger) 1989.

Im folgenden Beitrag richtet sich die Perspektive sozial-kognitives Lernen – soziale Interaktion auf die soziale Interaktion innerhalb der Familie.

Patterson, A.; Bank, C. L. *Some Amplifying Mechanisms for Pathologic Processes in Families.* In: Gunnar, M. R.; Thelen, E. (Hrsg.) *Minnesota Symposia on Child Psychology: Vol. 23. Self Processes and Development.* Hillsdale, N.J. (Erlbaum) 1989.

Eine aktuelle Darstellung des Lernens bei Kindern, die man heute als „experimentelle Verhaltensanalyse" bezeichnet, findet sich im folgenden Abschnitt.

Bijou, S. W. *Behavior Analysis.* In: Vasta, R. (Hrsg.) *Annals of Child Development.* Vol. 6. Greenwich, Conn. (JAI Press) 1989.

4.
Die Theorie der Informationsverarbeitung

1PDV1   ((*GOAL GETREL BLUE RED)
(HEARD (BIGGER)) (VALUE RED)
(VALUE BLUE) (HEARD BLUE) (HEARD RED)
NIL NIL NIL NIL NIL)
2P4   ((*GOAL COMPARE BLUE RED)
(*GOAL GETREL BLUE RED) (HEARD
BIGGER)) (VALUE RED) (VALUE
BLUE) (HEARD BLUE) (HEARD RED)
NIL NIL NIL NIL)

[In der Programmiersprache LISP dargestellte Leistung in einer Aufgabe zum
Erhaltungsbegriff, Klahr und Wallace,
1976, S. 137]

E: Wieviel ist 6 + 3?
L: (Lange Pause) Neun.
E: OK, Woher wußtest du das?
L: Ich glaube, ich sagte . . . Ich glaube,
ich sagte . . . also, ähm . . . Ich glaube, er
sagte . . . 8 wäre 1 und . . . ähm . . . ich
meine, 7 wäre 1, 8 wäre 2, 9 wäre 3.
E: OK.
L: Sechs und drei sind neun.
E: Wieso konntest du das? Warum hast du
nicht gezählt „1, 2, 3, 4, 5, 6, 7, 8, 9"?
Wieso „6, 7, 8, 9"?
L: Dann muß man nicht all die Zahlen zählen.
E: OK, woher wußtest du nun, daß du
nicht all diese Zahlen aufzählen mußtest?
L: Warum ich nicht mußte . . . also, ich
muß nicht, wenn ich nicht will.

[Siegler und Jenkins, 1989, S. 66]

In den letzten 20 Jahren hat sich der Informationsverarbeitungsansatz ohne viel Aufhebens in der kognitiven Entwicklungspsychologie durchgesetzt. Dieser Ansatz „wurde nie geboren, sondern er wuchs allmählich zusammen" (Kendler, 1987, S. 364). Der Informationsverarbeitungsansatz kam ohne viel Lärm und brachte überraschend wenig Konflikte mit der Theorie Piagets. Die Forschung läßt sich gegenwärtig von beiden Ansätzen inspirieren, auch wenn der Informationsverarbeitungsansatz vorherrscht.

Die Piagetsche und die Freudsche Theorie sowie die Lerntheorie sind leicht als Theorien zu erkennen, und ihre Anhänger sind sich der Zugehörigkeit zur jeweiligen Schule bewußt. Umgekehrt ist vielen Entwicklungspsychologen, die sich mit Gedächtnis, Aufmerksamkeit und Problemlösen befassen, nicht bewußt, daß sie bestimmte Annahmen und Methoden des Informationsverarbeitungsansatzes übernommen haben. Sie sind überzeugt, schlicht einige empirische, nicht-theoretische Untersuchungen zu verschiedenen Aspekten des Denkens durchzuführen. In diesem Kapitel soll diese unausgesprochene Übereinkunft explizit dargestellt werden – im Hinblick darauf, was unter Denken zu verstehen ist, welche Aspekte des Denkens sich während der Entwicklung verändern, welche Fragestellungen formuliert und wie sie untersucht werden sollten. Wir beginnen mit einer kurzen Darstellung des Informationsverarbeitungsansatzes, skizzieren kurz seine Geschichte, geben schließlich einen allgemeinen Überblick und stellen dann die wichtigsten informationstheoretisch orientierten entwicklungspsychologischen Ansätze und die Entwicklungsmechanismen dar. In den nachfolgenden Abschnitten betrachten wir den Standpunkt des Informationsverarbeitungsansatzes zu entwicklungspsychologischen Fragen und die wesentlichen Merkmale der Theorie. Das Kapitel schließt mit einer Bewertung ihrer Stärken und Schwächen.

Der Informationsverarbeitungsansatz ist keine in sich abgeschlossene Theorie, sondern eher ein Rahmen für eine große Anzahl von Forschungsprogrammen. Untersucht wird dabei der Fluß der Informationen durch das kognitive System. Dieser Fluß beginnt mit einem *Input*, in der Regel einem Reiz, der in das System der menschlichen Informationsverarbeitung eingegeben wird, und er endet mit einem *Output*, der in unterschiedlicher Form ausgegeben werden kann: als Information, die im Langzeitgedächtnis gespeichert wird, als manifestes Verhalten, als sprachliche Äußerung oder als Entscheidung. Zwischen Input und Output laufen in Echtzeit mentale Operationen ab; die Information wird beispielsweise aufmerksam beachtet, in eine Form der mentalen Repräsentation umgeformt, mit Informationen aus dem Langzeitgedächtnis abgeglichen und, nachdem ihr eine Bedeutung zugeschrieben ist, angewendet, um eine Reaktion zu formulieren. Solche mentalen Prozesse lassen sich in gewisser Weise mit den Abläufen in einem Computer vergleichen, der ja auch Informationen registriert, bestimmte Operationen daran ausführt und deren Ergebnis speichert. Allgemeiner gesprochen heißt dies, daß Mensch und Computer Symbole manipulieren und Input in Output transformieren. Natürlich gilt diese Analogie nur zum Teil. Die Schaltkreise eines Computers unterscheiden sich grundlegend von der Anatomie des menschlichen Gehirns. Dennoch lieferte die Computermetapher, wie wir später sehen werden, eine wertvolle Heuristik bei der Entwicklung des Informationsverarbeitungsansatzes.

Um dies zu veranschaulichen, betrachten wir einmal, was geschieht, wenn ein Kind zum ersten Mal die Geschichte von Dr. Doolittle und dem Stoßmich-Ziehdich hört, einem pferdeähnlichen Wesen mit einem Kopf an jedem Ende. Das begeisterte Kind achtet nur noch auf das Bild dieses Wesens, übersieht alles andere auf der Seite und enkodiert das Bild visuell, als Bild, oder verbal, als „Stoßmich-Ziehdich" oder als zweiköpfiges Pferd. Diese visuelle oder verbale Repräsentation verarbeitet es weiter, indem es sie mit früher gespeicherten Informationen über Pferde oder Fabelwesen wie dem Einhorn vergleicht. Darüber hinaus kommt es vielleicht zu einigen Folgerungen darüber, wie es ist, zwei Köpfe zu haben („Wie weiß es, ob es kommt oder geht?"), und speichert die neue Information so, daß es bei zukünftigen Gelegenheiten Stoß-mich-Ziehdichs wiedererkennt. Schließlich wird es vielleicht lachen und seinen Vater bitten, die Seite noch einmal vorzulesen, oder es blättert weiter im Buch, um noch mehr Bilder vom Stoßmich-Ziehdich zu finden.

So transformiert das Kind Informationen über eine gewisse Zeit hinweg. Ein auf (Stoßmich-Ziehdichs spezialisierter?) Psychologe würde im Rahmen des Infor-mationsverarbeitungsansatzes nun beispielsweise fragen: Hat das Kind den Input nur oberflächlich verarbeitet und nur die äußeren Merkmale wahrgenommen, oder hat es sie tiefer verarbeitet und zu einem Bedeutungszusammenhang verknüpft? Wie schnell hat es die Informationen verarbeitet? Hat es die Merkmale des Stoßmich-Ziehdich gleichzeitig oder nacheinander verarbeitet, oder wurde beides kombiniert? Ist der Umfang der Informationen, die das Kind beim Betrachten des Bildes analysieren kann, begrenzt? Hat das Kind die Bezeichnung „Stoßmich-Ziehdich" „memoriert", indem es sie mehrmals laut oder in Gedanken wiederholte? Wie unterscheidet sich das im Langzeitgedächtnis gespeicherte Stoßmich-Ziehdich vom Input, dem äußeren Reiz? Wenn man dem Kind eine anderes Bild von einem Stoßmich-Ziehdich zeigt, wie ruft es dann die relevanten Informationen aus dem Gedächtnis ab, um das Bild „wiederzu-erkennen"? Wenn es gelänge, Antworten auf diese Fragen zu finden, ließe sich ein Satz von Regeln formulieren, die beschreiben, wie das Kind Informationen verarbeitet.

Wie dieses Beispiel zeigt, betrachten Informationstheoretiker, welche mentalen Pro-zesse ein Kind auf die Information anwendet und wie es diese Information dabei transformiert, manipuliert und verwendet. Mit anderen Worten, Informationstheoreti-ker würden sich primär dafür interessieren, wie das System der Informationsverarbei-tung in einer gegebenen Situation in Echtzeit funktioniert – wie dieses System äußere Objekte oder Phänomene aufgrund bestimmter Regeln in eine kognitiv verarbeitbare Form bringt.

Am Beispiel des Stoßmich-Ziehdich läßt sich der „Stil" der informationstheoretisch orientierten Psychologie aufzeigen, aber dabei bleibt dann die Vielfalt der unterschied-lichen Ansätze auf diesem Gebiet verborgen. Diese Ansätze unterscheiden sich vor allem darin, welche Rolle dem Computer in Forschung und Theorie zugewiesen wird. Eine Extremposition verfolgt das Ziel der *Computersimulation* durch Computerpro-gramme, mit denen das menschliche Denken nachgebildet werden soll. „Kogniti-visten" übernehmen die formale Sprache der Computer und sehen Mensch und Com-puter tatsächlich als zwei Realisationen physikalischer Symbolsysteme. Ein Beispiel für die formale Sprache in einer frühen Computersimulation haben wir am Anfang des Kapitels zitiert.

Die andere Extremposition verwendet den Computer nur als eine freie Metapher, an der sich Forscher orientieren können, wenn sie über Prozesse der mentalen Repräsen-tation, des Gedächtnisses oder des Problemlösens nachdenken – wobei Wörter, Bilder, Objekte oder Ereignisse verarbeitet werden können. Bei den informationstheoretisch orientierten Entwicklungspsychologen trifft man sehr viel häufiger auf diesen „wei-chen" Informationsverarbeitungsansatz als auf das „harte" Simulationsmodell (Klahr, 1989). Die meisten dieser „weichen" Informationstheoretiker übernehmen zwar viele Begriffe, nicht aber die formale Sprache der Computerwissenschaft. Das heißt, sie sprechen von „Information", „Kapazität" und „Regeln", ohne jedoch die kognitiven Prozesse in die Programmiersprache eines Computers zu übersetzen. Sie übernehmen viele Aussagen und Konzepte aus der Computerwissenschaft, untersuchen Kognition aber eher experimentell mit ähnlichen Methoden wie viele experimentelle Psychologen vor ihnen bei Prozessen des Lernens (siehe Kapitel 3). Ein einfaches Beispiel für den „weichen" Informationsverarbeitungsansatz wäre eine Studie, in der einigen Kindern eine Reihe von Bildern und einigen anderen eine Liste von Wörtern statt dieser Bilder dargeboten werden. Der Versuchsleiter vergleicht nun die Gedächtnisleistung der Kinder in der Bild- und der Wort-Bedingung. Er betrachtet die Beziehung zwischen verschiedenen Inputs (visuell-bildhaft oder visuell-verbal) und ihren Outputs (Fehlertypen, Reihenfolge, in der die Objekte erinnert werden) und versucht, zu Schlußfolgerungen darüber zu gelangen, welche mentalen Prozesse die Kinder in den beiden Versuchsgruppen auf den jeweiligen Input angewandt haben. Zu diesen Prozessen zählen beispielsweise das verbale Memorieren, die Klassifizierung der Objekte oder die Konstruktion visueller Repräsentationen.

Einen Mittelweg zwischen beiden Extremen geht eine dritte Gruppe von Psychologen, die sich am Informationsverarbeitungsansatz orientieren. Sie zeichnen Flußdiagramme (siehe Abbildung 4.1, die weiter unten beschrieben wird), das heißt Diagramme, in denen die einzelnen Schritte der Verarbeitung dargestellt sind und die zumindest im Prinzip zur Simulation des Denkens herangezogen werden könnten. (Solche Simulationen werden wir weiter unten eingehend betrachten.)

Historische Entwicklung der Theorie

Informationsverarbeitung bei Erwachsenen

Als sich die Entwicklungspsychologen Anfang der sechziger Jahre scharenweise der experimentellen Psychologie zuwandten, spiegelten sich darin wichtige Entwicklungen der experimentellen Erwachsenenpsychologie wider. Die Theorie der Informationsverarbeitung war die erste wichtige Kognitionstheorie, die nach der Wandlung der Entwicklungspsychologie zur experimentellen Wissenschaft aufkam. Diese Minirevolution innerhalb der experimentellen Erwachsenenpsychologie veränderte nach und nach auch die entwicklungspsychologischen Auffassungen zum Denken von Kindern. Was den Informationsverarbeitungsansatz für die Entwicklungspsychologie so interessant machte, wird verständlich, wenn wir verfolgen, wie die experimentelle Erwachsenenpsychologie schrittweise vom Neobehaviorismus zum Informationsverarbeitungsansatz überging. Im Anschluß an diesen historischen Überblick werden wir die sehr viel kürzere Geschichte des Informationsverarbeitungsansatzes innerhalb der Entwicklungspsychologie darstellen.

Zwei grundlegende Entwicklungen in den vierziger und fünfziger Jahren veränderten die experimentelle Erwachsenenpsychologie. Zum einen befand sich der Neobehaviorismus in der Krise, und zum anderen brachte der technologische Fortschritt auch in der Psychologie unwiderrufliche Veränderungen mit sich. Die Krise des Neobehaviorismus, die bereits im vorangegangenen Kapitel beschrieben wurde, beruhte unter anderem darauf, daß viele Psychologen ihr Vertrauen in die Fortschritte bei der Erforschung des verbalen Lernens von Erwachsenen – Markenzeichen des Neobehaviorismus – verloren (Lachman, Lachman und Butterfield, 1979). Man untersuchte, wie Versuchspersonen sinnlose Silben, etwa GAV-HIG, erinnerten, und variierte systematisch die einzelnen Parameter der Lernaufgaben, beispielsweise die Länge der zu erinnernden Liste und die *a priori* vorhandenen Assoziationen zwischen verschiedenen Wörtern, was zahlreiche Experimente mit sich brachte. Aber dieser Ansatz führte nicht zu vielversprechenden theoretischen Erklärungen des menschlichen Denkens in Alltagssituationen.

Gleichzeitig wurde die Krisenstimmung durch eine Herausforderung von außerhalb der Psychologie verstärkt. Ein junger Linguist, Noam Chomsky, griff die lerntheoretische Erklärung des Spracherwerbs an, insbesondere in seiner inzwischen berühmten Kritik (1959) von Skinners Buch *Verbal Learning*. Chomsky behauptete, daß die lerntheoretische Beschreibung von Sprache falsch sei, weil sie sich auf den Output der Sprachproduktion und einen vereinfachten Satz von spezifischen, konditionierten Assoziationen von Worten konzentriere. Wesentlich für eine Sprache sind jedoch nach Chomsky abstrakte Regeln zur Generierung von Sätzen. Diese Regeln sind nicht beobachtbar und müssen aus der Beziehung zwischen sprachlichem Input und Output erschlossen werden.

Die zweite wichtige Entwicklung bestand darin, daß die Psychologen durch neue Technologien mit einem veränderten Menschenbild konfrontiert wurden. Lachman, Lachman und Butterfield (1979) haben einige dieser neuen Einflüsse beschrieben. Zunächst einmal hatte man im Zweiten Weltkrieg die Psychologen aus ihren Laboratorien geholt, weil man sie brauchte, um Kriegsgerät und Waffen durch den Menschen effizienter handhabbar zu machen. Die Beobachtung, wie die Piloten der Luftwaffe ihre Aufmerksamkeit zwischen den Instrumenten ihres Flugzeugs und den über Funk erteilten Befehlen teilten, wie sie die Leuchtpunkte auf dem Radar erfaßten, die Angaben ihrer Instrumente interpretierten und entschieden, wann sie den Feind unter Beschuß nehmen wollten, bewirkte, daß die Psychologen den Menschen als Vermittler von Information und als Entscheidungsträger aufzufassen begannen. Mensch und Maschine (Flugzeug oder Waffe) operieren als Einheit. Angestrebt wurde nun, daß diese Einheit effizient operierte, um verhängnisvolle Fehler, etwa den Absturz eines Flugzeugs ins Meer, zu vermeiden.

Weitere Anstöße kamen von der Kommunikationstechnik und der Informationstheorie. Ingenieure, die sich mit der Entwicklung von Kommunikationssystemen wie Telefon, Fernschreiber, Radio und Fernsehen befaßten, prägten den Begriff der „Kommunikationskanäle", der schließlich auch als Metapher für das menschliche Denken gebraucht wurde. Die Psychologen sprachen nun ebenfalls von „Kanälen mit begrenzter Kapazität", „seriellen" (nacheinander folgenden) und „parallelen" (gleichzeitig ablaufenden) Prozessen, von der „Kodierung der Information" in größere Einheiten, von „Unsicherheit" (nicht eindeutiger Information) und von „Strukturen".

Der technologische Einfluß der Computerwissenschaft wirkte sich auch auf andere Weise auf die Psychologie aus. Digitale Computer, Roboter und andere symbolverarbeitende Systeme veranlaßten Psychologen zu der Überlegung, daß der Mensch vielleicht ebenfalls als symbolverarbeitendes System betrachtet werden könnte. Insbesondere Newell und Simon (1961) argumentierten überzeugend, daß sich logische Fähigkeiten des Menschen durch geeignete Computerprogramme simulieren lassen.

Die Vertrauenskrise in der Psychologie und der technologische Fortschritt auf anderen Gebieten ließ eine Generation von Psychologen aufkommen, die – anders als die Behavioristen – bereit waren, den menschlichen Geist zu ihrem Thema zu machen. Sie entwickelten Modelle einer menschlichen Informationsverarbeitung. In einigen Modellen wurde dargestellt, welchen Weg die Information über verschiedene distinkte *Verarbeitungsstadien* unter Einbeziehung von Aufmerksamkeit und Gedächtnis nimmt (siehe Abbildung 4.1). Diese Modelle wurden später von Craik und Lockhart (1972) in Frage gestellt, deren Ansicht nach Gedächtnis nicht durch einzelne Stadien, sondern durch viele *Verarbeitungsebenen* gekennzeichnet ist. Je tiefer ein gegebenes Material verarbeitet wird, desto größer ist die Wahrscheinlichkeit, daß es im Langzeitgedächt-

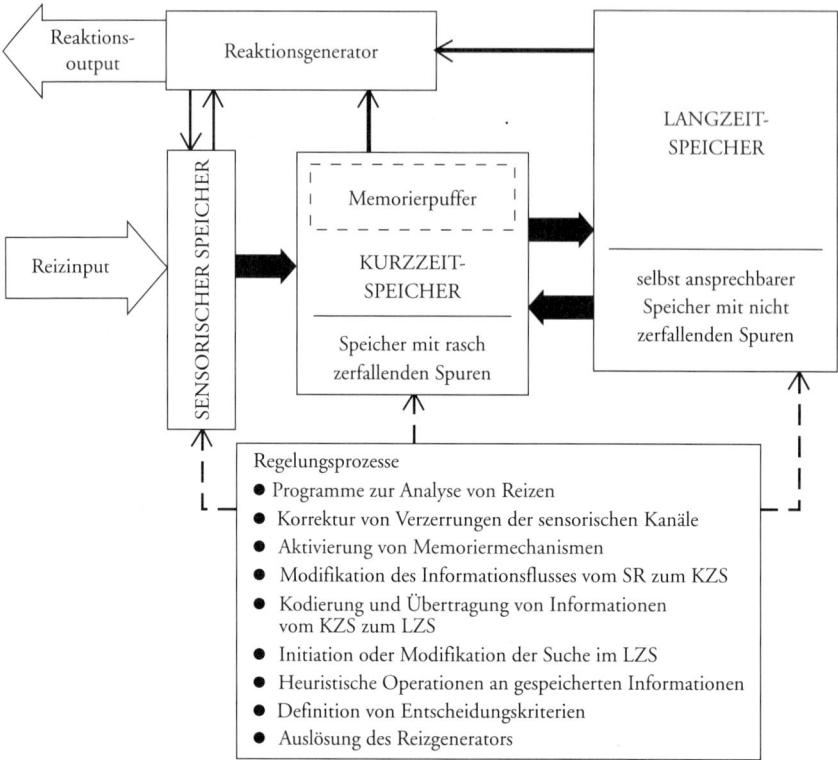

4.1 Ein Flußdiagramm des Gedächtnissystems. SR = sensorisches Register. KZS = Kurzzeitspeicher. LZS = Langzeitspeicher. [Aus Shiffrin, R. M.; Atkinson, R. C. *Storage and Retrieval Processes in Long-Term Memory* In: *Psychological Review* 76 (1969) S. 179–193. Abdruck mit Genehmigung der Verfasser.]

nis gespeichert und später wieder erinnert wird. So werden Überlegungen dazu, inwiefern ein Stoßmich-Ziehdich einem Pferd gleicht oder sich von ihm unterscheidet, auf einer tieferen Ebene verarbeitet als die Wahrnehmung seiner Farbe und Form. Es fordert mehr Aufmerksamkeit und Aufwand, die Bedeutung eines Reizes auf einer tieferen Ebene zu verarbeiten. Seit kurzem gibt es außerdem eine Forschungsrichtung, die sich als *Kognitionswissenschaft* bezeichnet und aus der Verschmelzung von kognitiver Psychologie, Computerwissenschaft, Neurowissenschaft und Linguistik hervorgegangen ist. Innerhalb der Computerwissenschaft werden im Bereich der *künstlichen Intelligenz* Roboter, Computerprogramme oder andere Instrumente entwickelt, die Schach oder verwandte Spiele spielen, Texte übersetzen, Drinks servieren, rechnen, Inventur machen und Akten von einem Büro ins andere transportieren können. Ziel ist dabei, möglichst effiziente intelligente Systeme zu produzieren. In der Regel wird dafür nicht die menschliche Intelligenz nachgebildet – in spezifischen Bereichen übertreffen diese Systeme sogar häufig die durchschnittlichen mentalen Fertigkeiten des Menschen – wie jeder weiß, der schon einmal von einem Schachcomputer vernichtend geschlagen wurde. Zum Beispiel hat das derzeit führende Schachprogramm *Deep Thought* fast alle menschlichen Herausforderer besiegt (Lindsay, 1991).

Seit den Tagen der neobehavioristischen Untersuchung zum verbalen Lernen ist man in der Gedächtnisforschung dazu übergegangen, statt sinnloser Silben sinnvolles

Testmaterial (Sätze und Geschichten) zu verwenden und nicht mehr das Verhalten, sondern das Denken in den Mittelpunkt zu stellen. Außerdem wurde die Vorstellung von einem passiv Lernenden zugunsten der des aktiv Lernenden aufgegeben. Während man früher der Überzeugung war, daß alle bereits vorhandenen Kenntnisse und Strategien die „reine" Messung von Gedächtnis oder Assoziation verzerren, betrachtet man diese Variablen inzwischen als interessanten Forschungsgegenstand. Die Psychologen haben ihre Meinung darüber, was ein sinnvoller Forschungsgegenstand sein könnte, geändert, und – was noch wichtiger ist – sie haben gewagt, mentalistisch zu sein und Verhalten nur noch als einen Indikator für die interessanteren mentalen Phänomene zu betrachten, die diesem Verhalten zugrunde liegen.

Der Informationsverarbeitungsansatz hat sich – nachdem er anfangs in der Psychologie durchaus für Aufregung sorgte –, inzwischen Schritt für Schritt zu einem sehr weit ausgereiften Forschungsbereich entwickelt. Die siebziger und achtziger Jahre waren, so gesehen, in der Tat ein Zeitalter des menschlichen Geistes.

Informationsverarbeitung bei Kindern

Die meisten Entwicklungspsychologen haben die einschneidenden Veränderungen in der experimentellen Erwachsenenpsychologie zunächst nur als Beobachter verfolgt, aber recht bald erkannten viele die Tragweite des Informationsverarbeitungsansatzes für die Erforschung des kindlichen Denkens. Ende der sechziger Jahre hatten viele Entwicklungspsychologen Zweifel am grundlegenden Wert der lerntheoretisch orientierten Untersuchungen, und es war unklar, inwieweit Piagets Theorie eine vernünftige Erklärung für kognitive Veränderungen liefern konnte. Der Informationsverarbeitungsansatz schien vielversprechend, weil er – wie die Lerntheorie – kontrollierte Experimente ermöglichte und darüber hinaus fruchtbare neue Ansätze in Methodologie, Sprache und Metapher bot, um die Entwicklung des Denkens zu untersuchen. Außerdem interessierte man sich bereits damals für einige Forschungsobjekte der Informationstheoretiker. Nachdem die Entwicklungspsychologen den Aspekt der Aufmerksamkeit beim Unterscheidungslernen bereits untersucht hatten, wandten sie sich aufgrund der Arbeiten Chomskys zunehmend dem Problem des Spracherwerbs zu. Darüber hinaus begannen immer mehr junge Psychologen, die ihre wissenschaftlichen Meriten in der Forschung zur Erwachsenenkognition erworben hatten, sich mit Kindern zu beschäftigen.

Aufgrund all dieser Faktoren wurde der Informationsverarbeitungsansatz von der Entwicklungspsychologie übernommen. Untersuchungen zu Gedächtnis des Kindes und – in geringerem Maße –, zu Aufmerksamkeit, Verstehen und Problemlösen haben seit den sechziger Jahren exponentiell zugenommen, und diese Entwicklung scheint noch nicht zu Ende. Bei den meisten der frühen Studien wurden unmittelbar die Untersuchungen aus der Erwachsenenforschung angewandt – wobei eben Kinder als Versuchspersonen beteiligt waren. Man legte Kindern beispielsweise einfachere Versionen der für Erwachsene entworfenen Aufgaben zu Gedächtnis und Aufmerksamkeit vor. Später ging die Entwicklungspsychologie – wie zuvor auch die Lerntheorie (siehe Kapitel 3) – über diese einfachen Übertragungen hinaus und untersuchte spezifisch entwicklungspsychologische Aspekte der Kognition.

Allgemeiner Überblick über die Theorie

Woran erkennen wir, daß ein Kognitionspsychologe den Informationsverarbeitungsansatz vertritt? Diese „Spezies" zeichnet sich durch einige spezifische Merkmale aus, die dem „Beobachter der psychologischen Szene" das Identifizieren erleichtern. Der folgende Führer durch die Psychologie beschreibt verschiedene Merkmale der informationstheoretisch orientierten Erwachsenenpsychologie: Der Mensch wird als ein informationsverarbeitendes System betrachtet, Entwicklung als Selbstmodifikation verstanden, Probleme werden analytisch beschrieben und die Methodologie der Informationsverarbeitung zugrunde gelegt.

Der Mensch als informationsverarbeitendes System

In unserem Computerzeitalter mußte zwangsläufig irgendwann die Frage auftauchen, was Mensch und Maschine gemeinsam haben. Computer, Taschenrechner, Videospiele und Menschen verarbeiten alle in irgendeiner Form Information. Insbesondere operieren sie alle mit Symbolen, und zwar nach wohldefinierten Regeln, und speichern dann das Ergebnis ab. Darüber hinaus lassen sich bemerkenswerte Parallelen in der Art feststellen, wie Mensch und Maschine den Informationsinput verarbeiten. Die Wahrnehmung ist dann das Pendant zum „Input", das Denken entspricht einem „Computerprogramm", die Speicherkapazität dem „Speicherplatz in Kilobyte", das Gedächtnis einer „Datenbank", eine Entscheidung dem „Output" und mentale Operationen den „Unterprogrammen". Beim Informationsverarbeitungsansatz stellen Psychologen also im Grunde die Frage, wie der menschliche Organismus programmiert ist, so daß er seine komplizierte Umwelt in einen sinnvollen Zusammenhang bringen kann, und wie ein informationsverarbeitendes System aussehen müßte, um ein vergleichbares Verhalten wie Kinder zu zeigen (Klahr und Wallace, 1976, S. 5). Mit der Computeranalogie versuchen Psychologen, die Veränderungen des Informationsflusses im einzelnen nachzuvollziehen. Schritt für Schritt wird analysiert, wie der Mensch mit Informationen umgeht. Dieser neue Ansatz bricht in vielem mit der Tradition, wie sich schon an der Sprache deutlich zeigt. „Input-Output" beispielsweise impliziert eine ganz andere Sicht des Menschen als „Reiz-Reaktion" oder „Assimilation-Akkommodation".

Der Input, die Information, kann in vielerlei Form vorliegen: als Wort, als Textabschnitt, als mathematisches oder logisches Symbol, als Leuchtpunkt auf einem Radarschirm oder als eine bildhafte Vorstellung. Das informationsverarbeitende System führt an dieser Information verschiedene Operationen durch; es vergleicht sie beispielsweise mit zuvor gespeicherten Informationen oder transformiert sie in eine Repräsentation (*Enkodierung*), beispielsweise indem es ein geschriebenes Wort in eine bildhafte Vorstellung überführt.

Ein Erwachsener kann Millionen von Einzelinformationen effizient organisieren. Wie konnte sich ein solches System entwickeln? Entwicklungspsychologisch befinden sich Kinder unterschiedlichen Alters oder kognitiven Niveaus in unterschiedlichen Stadien. Aus der Sicht des Informationsverarbeitungsansatzes erlaubt der Zusammenhang zwischen Input und Output Rückschlüsse auf den jeweiligen Wissensstand. So ist jedes entwicklungsspezifische Niveau durch eine spezifische Input-Output-Beziehung gekennzeichnet.

Das läßt sich veranschaulichen, wenn man Kinder dabei beobachtet, wie sie mit Hilfe einer Balkenwaage mit zwei Waagschalen einen Satz von Klötzen nach dem Gewicht sortieren. Wie sammelt das Kind Informationen über das Gewicht der einzelnen Klötze (Input) und wie wendet es diese Informationen an, um seine Entscheidungen im Hinblick auf die Anordnung der Klötze zu treffen (Output)? Baylor und Gascon (1974) haben mit dieser Versuchsanordnung untersucht, wie Kinder Information verarbeiten. Sie analysierten präzise die Verhaltenssequenzen der einzelnen Kinder: Welchen Klotz sie auf die Waagschale legten, wieviele Klötze gleichzeitig gewogen wurden, ob nach dem Wiegen der schwerere oder der leichtere Klotz von der Waagschale genommen wurde, und so weiter. Nehmen wir an, wir würden einem fünfjährigen und einem elfjährigen Kind denselben Input, nämlich eine Reihe von sieben Klötzen darbieten. Die Unterschiede in ihrem Output ließen dann auf ein unterschiedliches Entwicklungsniveau, das heißt unterschiedliche Inputverarbeitung schließen. Das fünfjährige Kind wiegt vielleicht jeweils zwei Klötze gleichzeitig, aber jedes Paar nur einmal. Wenn es mit dem Wiegen fertig ist, weiß es, welcher Klotz jedes einzelnen Paares schwerer ist, aber es weiß nicht, wie sich die Klötze der verschiedenen Paare zueinander verhalten. Das elfjährige Kind dagegen vergleicht vielleicht einen Klotz mit allen übrigen und läßt dabei immer den schwereren auf der Waagschale liegen. Wenn es auf diese Weise den schwersten Klotz identifiziert hat, verfährt es mit den verbleibenden Klötzen in genau derselben Weise, bis kein Klotz mehr übrig ist. Damit hat das Kind die sieben Klötze der Reihe nach geordnet. Aus dem Verhalten und unter Umständen auch aus den Beschreibungen, die Kinder selbst über ihr Verhalten geben, läßt sich ableiten, welche Regeln sie in welchem Stadium oder Alter anwenden. Wenn man den jeweiligen Input verändert und verfolgt, wie sich der Output dadurch bei Kindern verschiedener Altersstufen ändert, lassen sich die Merkmale des informationsverarbeitenden Systems in jedem Entwicklungsstadium zuverlässiger beschreiben.

Auf einer detaillierteren Analyseebene betrachtet man die entwicklungsspezifischen Veränderungen vom Input zum Output bei den einzelnen Verarbeitungsschritten. Wie wir später sehen werden, zeigen sich solche Veränderungen in fast jeder Phase der Verarbeitung – von der Aufmerksamkeit über das Enkodieren und die Reproduktion bis hin zur Entscheidungsfindung. Jede dieser Veränderungen könnte für die unterschiedlichen Strategien der jüngeren und älteren Kinder in der Aufgabe zum Ordnen von Gewichten verantwortlich sein.

Im Rahmen des Informationsverarbeitungsansatzes untersuchen Psychologen die Aufgabe ganz anders als im Rahmen der Piagetschen Theorie. Zwar geht es in beiden Fällen um die Frage, wie die Kinder zu einer Lösung gelangen, aber Piaget ging es darum festzustellen, ob ein Kind schon über elementare mentale Operationen wie Reversibilität und Transitivität verfügt. (Wenn A schwerer ist als B und B schwerer als C, muß A schwerer sein als C.) Baylor und Gascon dagegen leiteten aus dem Verhalten des Kindes ab, welche spezifischen Regeln es zum Ordnen der Gewichte angewandt hatte. Sie analysierten die Reaktionen des Kindes im einzelnen und brachten sie mit den Reizmerkmalen der Aufgabe in Zusammenhang, also beispielsweise damit, wie die Klötze angeordnet waren und wieviele es insgesamt waren. Schließlich schrieben sie anhand der Regeln, die sie aus ihren Beobachtungen abgeleitet hatten, ein Computerprogramm, um festzustellen, ob sich die Handlungssequenz der Kinder damit erzeugen ließ.

Nachdem wir nun die menschliche Informationsverarbeitung und ihre Entwicklung im allgemeinen betrachtet haben, wollen wir uns eingehender mit dem Fluß der Informationen durch dieses System befassen. Man könnte die Informationsverarbeitung auch als „Psychologie der Kästchen und Pfeile" bezeichnen. Ein bekanntes Beispiel ist das in Abbildung 4.1 dargestellte Flußdiagramm von Atkinson und Shiffrin (1969). Solche Flußdiagramme heißen auch „Modelle". Sie veranschulichen die theoretischen Aussagen zur menschlichen Informationsverarbeitung – Informationstheoretiker formulieren ihre Theorien auf diese Weise. Ein solches Modell skizziert die zeitlichen und funktionalen Beziehungen zwischen den einzelnen Verarbeitungsstadien im System. Soweit bekannt, lassen sich diese Stadien nicht mit einzelnen Gehirnregionen in Verbindung bringen.

Das Modell von Atkinson und Shiffrin ist insofern typisch für Modelle der Informationsverarbeitung, als es sensorische Speicher, einen Kurzzeitspeicher (Kurzzeitgedächtnis) und einen Langzeitspeicher (Langzeitgedächtnis) einbezieht. *Sensorische Speicher*, gleich welcher Form, enthalten für kurze Zeit sämtliche Informationen, die bei Sinnesorganen eingehen, wobei je nach Sinnesorgan nur für wenige Sekunden oder Bruchteile einer Sekunde alles gespeichert bleibt. Die Kapazität der sensorischen Speicher von Kindern scheint gleich groß zu sein wie die von Erwachsenen, auch wenn Kinder sensorische Repräsentationen langsamer bilden als Erwachsene.

Jede zur weiteren Verarbeitung ausgewählte Information wird an einen Kurzzeitspeicher weitergegeben. Der *Kurzzeitspeicher* kann einen begrenzten Umfang an Informationen (beim Erwachsenen etwa fünf bis neun Einheiten) für etwa 15 bis 30 Sekunden speichern. Diese Speicherzeit verlängert sich, wenn die Information verbal memoriert (wiederholt) oder auf andere Weise weiterverarbeitet wird. Inhalte des Kurzzeitspeichers, denen keine Aufmerksamkeit gewidmet wird oder die nicht ins Langzeitgedächtnis überführt werden, sind bald für immer verloren. Deshalb müssen wir die Telefonnummer, die wir nachgeschlagen haben, entweder gleich wählen oder aber oft genug wiederholen, um sie zu erinnern. Informationen aus dem sensorischen Speicher und aus dem Langzeitspeicher können zum Rechnen oder zum Ausführen anderer Tätigkeiten im Kurzzeitgedächtnis zusammengeführt werden. Aus diesem Grund wird der Kurzzeitspeicher zu Recht auch manchmal als *Arbeitsspeicher* bezeichnet. Der *Langzeitspeicher* schließlich mit seiner großen Kapazität hält Informationen für unbegrenzte Zeit innerhalb einer komplexen mentalen Organisation abrufbar. Die Informationen aus dem Langzeitspeicher können abgerufen und wieder in den Kurzzeitspeicher geholt werden.

Das kognitive System führt unterschiedliche Arten von Aufgaben aus. Wenn beispielsweise Erstklässler lesen, filtern sie irrelevante Informationen wie etwa die Farbe der Buchstaben aus und zerlegen die vorliegenden Informationen zunächst in einer vorläufigen Analyse in Buchstaben oder Wörter, die damit „erkannt" werden. Außerdem transformieren sie die visuellen Reize – in einen verbalen Code („sieh mal, da rennt Spot") oder in eine visuelle Repräsentation (des rennenden Spot) – und suchen ihren Langzeitspeicher nach damit zusammenhängenden Informationen ab. Überall kann dabei Information verlorengehen, so daß keine weitere Analyse mehr möglich ist. Ähnlich wie bei einem Fließband wird eine Sequenz von Operationsschritten auf den Input angewandt, wobei die Information den Pfeilen folgend die Kästchen gleichsam wie Fließbandstationen durchläuft.

Eine entscheidende Rolle spielen dabei die Prozesse zur Steuerung des Ablaufs, eine Art „Management des Unternehmens". Wie Computersoftware zur Ablaufsteuerung dirigieren sie die Aktivitäten in jeder Phase der Verarbeitung, überwachen alles, was innerhalb des Systems abläuft und stellen sicher, daß das gesamte System reibungslos funktioniert. Steuerungs- und Organisationsprozesse helfen dem Menschen, strukturelle Einschränkungen der Verarbeitungskapazität zu überwinden. Entwicklungsbedingte Veränderungen in der Informationsverarbeitung sind auf der Ebene der Ablaufsteuerung besonders deutlich.

Im Hinblick auf Beschreibung und Erklärung von Entwicklung könnte man zwei Fragen zu den Verarbeitungsschritten im Flußdiagramm 4.1 formulieren: Inwieweit unterscheiden sich die Verarbeitungsschritte in den verschiedenen Phasen der Entwicklung – und wenn sie sich unterscheiden, sind diese Unterschiede quantitativ oder qualitativ? Und was bewirkt, daß sich Kinder von einem Stadium zum nächsten weiterentwickeln? Beruhen die Veränderungen beim Vergleich der Gewichte von Klötzen auf einer zunehmenden Kapazität des Kurzzeitspeichers oder auf einem effizienteren Abruf relevanter Regeln aus dem Langzeitspeicher, oder kommt beides zusammen?

Entwicklungspsychologische Modelle beziehen beides, Verarbeitungsebenen wie Verarbeitungsschritte, mit ein. Modelle der Verarbeitungsebenen beschreiben das Gedächtnis als einen Satz von Handlungen, in denen Informationen auf verschiedenen Ebenen verarbeitet werden. Diese Ebenen reichen von einer oberflächlichen Analyse von Reizmerkmalen bei der Wahrnehmung bis hin zu einer tiefgehenden Bedeutungsanalyse. Wie Brown (1976) bemerkt, ist der Ansatz der Verarbeitungsebenen für die Entwicklungspsychologie besonders geeignet, weil Kinder die aufgenommene Information in zunehmendem Maße aktiv mit ihrem Begriffssystem und ihren Zielen verknüpfen.

Entwicklung als Selbstmodifikation

Im Hinblick auf die Entwicklungspsychologie gehörten Computerprogramme, die sich selbst korrigieren und modifizieren (siehe beispielsweise Wallace, Klahr und Bluff, 1987, sowie Simon, Newell und Klahr, im Druck), zu den wichtigsten Durchbrüchen in der Computerwissenschaft. Nehmen wir an, ein Computerprogramm simuliert das kognitive Stadium eines Kindes zu einem gegebenen Zeitpunkt. Da es auf sich selbst als Informationsquelle einwirken kann, kann es sich im Prinzip selbst verändern. Inzwischen gibt es einige Computersimulationen, bei denen das Programm alle als unnütz erkannten Prozeduren verwirft, die vorhandenen Schritte neu organisiert und die Anzahl der Situationen, in denen eine bestimmte Operation angewandt wird, erhöht oder verringert. Diese Selbstmodifikationen treiben das Simulationsprogramm von einem Stadium zum nächsten oder von einem Entwicklungsniveau zum nächsten.

Viele Psychologen, die die Informationsverarbeitung im Computer nur als Metapher aufgreifen, gehen von einer Selbstkorrektur durch Feedback aus. Bei dem Versuch, die Ereignisse des Alltags zu beachten, sie zu verstehen und zu erinnern, probieren Kinder verschiedene Regeln oder Strategien aus. Sie lernen, die aussichtsreichsten Lösungswege für ein gegebenes Problem auszuwählen. Indem sie wenig sinnvolle Methoden verwerfen und erfolgversprechende beibehalten, entwickeln sie eine immer effizientere Informationsverarbeitung.

Den Begriff der Verhaltensmodifikation durch Feedback hatten wir schon bei der Lerntheorie und der Theorie Piagets kennengelernt. Alle drei Theorien betrachten Feedback als eine Form von Information, deren Verarbeitung und Anwendung eine Verhaltensänderung bewirkt. Anders als die Lerntheorie befassen sich jedoch weder der Informationsverarbeitungsansatz noch die Theorie Piagets mit der Frage, wie dieses Feedback als positive oder negative Verstärkung die Häufigkeit einer Reaktion erhöhen oder verringern kann, sondern diese Theorien konzentrieren sich beide auf die Rolle des Feedbacks beim Wissenserwerb.

Problemanalyse

Ein Charakteristikum des Informationsverarbeitungsansatzes ist die sorgfältige, fast schon penible Analyse der experimentellen Aufgabe oder des Alltagsproblems, mit dem ein Kind oder Erwachsener konfrontiert ist. Der Forscher analysiert die jeweilige Aufgabe im Hinblick auf die verschiedenen notwendigen und hinreichenden kognitiven Fertigkeiten, die zu ihrer Ausführung erforderlich sind. Diese Betonung von Einzelmerkmalen einer spezifischen Aufgabe ergibt sich ganz natürlich aus dem Ansatz, die im Reiz enthaltene Information, die Grenzen der individuellen Verarbeitungskapazität, die Ziele einer Aufgabe und die individuellen Verarbeitungsfertigkeiten in den Mittelpunkt zu stellen. Die einzigartigen Anforderungen einer jeden spezifischen Aufgabe lösen unterschiedliche Verarbeitungsaktivitäten aus. So können beispielsweise konzeptuell nicht miteinander verbundene Objekte verbal memoriert werden, während konzeptuell verwandte Objekte in „kleine und große Küchenutensilien" oder „große und kleine Wohnzimmergegenstände" eingeteilt und dann nur kurz verbal memoriert werden. Bei der Analyse einer Aufgabe kann man zwei Klassen von Verhaltensweisen unterscheiden: solche, die Kinder als notwendige Anpassung an die Aufgabe entwickeln, und solche, die auf unzureichenden Fertigkeiten bei der Informationsverarbeitung beruhen (Siegler, 1991).

Für Entwicklungspsychologen ist die Frage der Problemanforderungen besonders interessant. Ist die Fülle der Informationen so groß, daß sie die Kapazitäten des Kindes übersteigt und deshalb nicht verstanden werden kann, auch wenn das Kind über die angemessenen Regeln verfügt? In diesem Fall wird das Wissen des Kindes vielleicht unterschätzt. Unter Umständen kann ein Kind vier Klötze durchaus nach ihrem Gewicht ordnen, während es bei sieben Klötzen scheitert. Möglicherweise enthält eine Aufgabe auch auffällige, aber irrelevante Informationen, welche die Aufmerksamkeit des Kindes von den wichtigen Informationen ablenken. Vielleicht achtet das Kind auf die unterschiedliche Größe der Klötze und übersieht dabei ihr unterschiedliches Gewicht. Gibt es entwicklungsspezifische Veränderungen im Verhaltensrepertoire, das ein Kind anwenden kann, um eine spezifische Aufgabe zu lösen? Kinder wiegen, vergleichen und ordnen die Klötze je nach Alter auf unterschiedliche Weise.

Das Interesse für die Problemanalyse hängt mit einem zentralen Thema der Neo-Piagetianer, dem bereichsspezifischen versus allgemeinen Wissen, zusammen. Informationstheoretiker neigen zu der Annahme, daß ein Kind einen Satz von bereichsspezifischen Regeln erwirbt, die auf eine bestimmte Aufgabe oder eine bestimmte Gruppe von Aufgaben begrenzt sind. Eine sorgfältige Analyse verschiedener Aufgaben kann Klarheit darüber verschaffen, warum ein Kind eine Regel (beispielsweise eine Zählregel) oder einen Satz von Regeln nur auf bestimmte Aufgaben (Addition) anwendet und nicht auch auf andere wichtige Anwendungen (Klasseninklusion) überträgt.

Informationsverarbeitungsansatz und Lerntheorie sind gleichermaßen vom analytischen Vorgehen inspiriert. Beide zerlegen Aufgaben oder Verhalten in einfache Komponenten. Darüber hinaus spielt bei beiden Ansätzen die Natur der Aufgabenstimuli eine zentrale Rolle. Der Informationsverarbeitungsansatz läßt dabei allerdings sehr viel komplexere Reaktionen auf Reizinformationen zu – beispielsweise die menschliche Fähigkeit, neue Information mit einer komplex organisierten Wissensbasis über Objekte, Menschen und Phänomene in Beziehung zu setzen.

Methodologie

Im Rahmen des Informationsverarbeitungsansatzes untersuchen Psychologen Bereiche der Kognition, die traditionell von experimentellen Psychologen erforscht wurden: Gedächtnis, Aufmerksamkeit, Textverarbeitung, Sprache und Problemlösen. Ihre Experimente erfassen aber oft nur mikroskopische Ausschnitte – häufig werden sehr kurze Ereignisse untersucht, wie etwa beim Wiedererkennen einer nur kurz auf einem Bildschirm erscheinenden Zeichnung, die schon früher dargeboten und danach nur rotiert wurde. Solche Studien untersuchen oft zeitliche Variablen, beispielsweise die Dauer der Reizdarbietung (wie viele Millisekunden dauerte der Reiz) und die Reaktionszeit (wie lange braucht eine Versuchsperson, um zu entscheiden, ob eine Zeichnung rotiert wurde). Vorausgesetzt wird, daß jede mentale Aktivität eine bestimmte Zeit braucht. Es kann allerdings Unterschiede in der Verarbeitungsgeschwindigkeit geben, sei es zwischen Kindern verschiedener Altersstufen, zwischen normalen und geistig retardierten Kindern oder zwischen guten und schlechten Lesern (Stanovich, 1978). Die vorrangige Bedeutung zeitlicher Abläufe ist nicht überraschend, wenn man bedenkt, daß die Chronologie des Informationsflusses im Mittelpunkt des Interesses steht. Unter bestimmten Bedingungen kann man annehmen, daß die kognitive Aktivität um so größer ist, je mehr Zeit zwischen Input und Output verstreicht. Folglich kann man auch davon ausgehen, daß zwei Aufgaben, die sich nur dadurch unterscheiden, daß eine der beiden Aufgaben eine zusätzliche kognitive Operation erfordert, indirekt Rückschlüsse auf die Ausführungszeit für die zusätzliche Operation erlauben – anhand der unterschiedlichen Zeiten, die zur Lösung benötigt werden.

Eine weitere wichtige Methode ist die *Regelbewertung* auf der Basis der Fehleranalyse. Das Muster der richtigen und falschen Antworten über verschiedene Typen von Versuchen hinweg zeigt, welche Regel oder welche Regeln Kinder anwenden, um eine bestimmte Aufgabe zu lösen. Ein klassisches Beispiel dafür ist Sieglers (1978) Waagebalkenaufgabe, die später noch beschrieben wird. Schon Piaget hat sich intensiv mit den Fehlern der Kinder beschäftigt, aber er hat sie noch nicht so elegant und systematisch analysiert, wie man es bisweilen in Untersuchungen zur Informationsverarbeitung findet. Eine weitere Bewertungsmöglichkeit bietet die Analyse der Augenbewegungen. Was Kinder ansehen, wie lange sie einen Reiz betrachten, und die Abfolge, in der sie verschiedene Reize untersuchen, liefert Hinweise auf ihre Aufmerksamkeits- und Enkodierungsprozesse.

Seit kurzem stützen sich Siegler und andere Vertreter des Informationsverarbeitungsansatzes auch auf Wygotskis *mikrogenetische Methode* (siehe Kapitel 7). Dabei wird den Kindern die Möglichkeit geboten, für einen allgemeinen Problemtyp viele verschiedene Lösungsversuche zu machen (Siegler und Crowley, 1991). Das kann in vielen Einzelsitzungen geschehen, die sich über Wochen oder Monate verteilen. Solche Untersuchungen zeigen, welche kognitiven Veränderungen sich im Ausführen der Aufgaben während einer Sitzung oder einer Folge von Sitzungen entwickeln. Zum Beispiel wechseln Kinder gewöhnlich bei ihren Lösungsversuchen zwischen verschiedenen Strategien, wenn sie Aufgaben zur Addition, zum Gedächtnis oder zum Lesen gestellt bekommen (Siegler, 1991; Siegler und Crowley, 1991). Einige Strategien scheinen dabei zeitweise miteinander zu konkurrieren, wobei die erfolgreicheren allmählich häufiger angewandt werden. Aber selbst wenn Kinder eine überlegene Strategie entdeckt haben, behalten sie die nicht so ausgereiften Alternativen bei. Die mikrogenetische Methode ermöglicht es, den Zeitpunkt abrupter Veränderungen oder kognitiver Einsichten zu erfassen. Beispielsweise zeigen Kinder oft, kurz bevor sie im nächsten Lösungsversuch eine neue Strategie anwenden, ein Verhalten des „nicht-mit-der-Sprache-Herausrückens" (Siegler und Jenkins, 1989). Sie brauchen länger, um zu antworten, oder können sich gar nicht artikulieren. Manchmal stehen ihre Aussagen sogar zu ihrem tatsächlichen Verhalten im Widerspruch – so schwor ein Junge, daß er keinesfalls gezählt habe, obwohl er hörbar vor sich hin gezählt hatte. Derart merkwürdige Verhaltensweisen könnten ein Hinweis auf verstärkte kognitive Aktivität im Zusammenhang mit dem Entdecken neuer Strategien sein.

Abgesehen von den traditionellen experimentellen Methoden haben die Psychologen im Rahmen des Informationsverarbeitungsansatzes zwei weitere Forschungsinstrumente entwickelt: Modelle und Computersimulationen. Dabei sind Flußdiagramme als Modelle nicht nur auf den Informationsverarbeitungsansatz beschränkt. Wie in einem früheren Kapitel erwähnt, hat auch Freud seine theoretischen Begriffe in Diagrammen dargestellt. Allerdings hat sich kein anderer Ansatz so stark auf Modelle gestützt wie der Informationsverarbeitungsansatz. Das Flußdiagramm in Abbildung 4.1, das bereits kurz besprochen wurde, ist dabei ein typisches Modell, das in schematischer Weise die zeitlichen und funktionalen Beziehungen zwischen verschiedenen Verarbeitungsschritten darstellt. Andere Modelle stützen sich auf mathematische Symbole, die Aussagenlogik und formale Grammatiken.

Mit dem Computer bekamen Psychologen und Wissenschaftler anderer Disziplinen nicht nur ein effizientes Werkzeug zur Analyse von Daten, sondern auch ein Testinstrument für ihre Theorien des menschlichen Denkens. Bei der Computersimulation versucht man, Programme zu schreiben, die jeweils so spezifisch, präzise und vollständig sind, daß ihr Output dem modellierten Ergebnis menschlichen Denkens möglichst nahe kommt. Ein Psychologe könnte etwa fragen, wie ein informationsverarbeitendes System aussehen muß, damit es sich annähernd so verhält wie ein Kind. Entwickelt wird dann ein Computerprogramm, das für eine bestimmte Aufgabe die Ausführung des Kindes simulieren soll. Angenommen, der Input ist identisch, wird das Computerprogramm dann auch denselben Output produzieren wie das Kind? Machen beide dieselben Fehler, und können sie dieselben Aufgaben lösen? Je höher die Übereinstimmung, desto besser die Computersimulation.

Eine gelungene Simulation kann langwierig und mühsam sein. Psychologen beginnen in der Regel damit, Beschreibungen zur Lösung einer spezifischen Aufgabe durch Versuchspersonen zu sammeln. Sie halten beispielsweise fest, in welcher Reihenfolge Kinder Klötze auf einer Waage wiegen, und fordern sie vielleicht außerdem auf zu beschreiben, was sie bei der Lösung dieser Aufgabe denken und tun, während sie die Gewichte ordnen. Diese Daten werden in einem Protokoll zusammengefaßt. Darüber hinaus können von den Sitzungen, in denen die Aufgabe bearbeitet wird, Videoaufnahmen gemacht werden, die immer wieder herangezogen werden können. Anhand all dieser Materialien versuchen Psychologen, Regeln oder Abläufe zu spezifizieren, die ein Kind oder eine Gruppe von Kindern beim Ordnen der Gewichte anwenden. Anhand dieser Regeln kann schließlich ein Computerprogramm geschrieben werden. Das Programm muß spezifische Aussagen zur Kapazität des Systems, zur Repräsentation der Information und zu den spezifischen Merkmalen der kognitiven Prozesse enthalten. Wenn Psychologen die Regeln nicht vollständig in das Programm aufnehmen, also einige Schritte vergessen oder falsch ableiten, oder wenn die Befehle des Programms logisch inkonsistent sind, wird das Programm nicht laufen oder aber einen Output liefern, der dem des Kindes nicht entspricht. In solchen Fällen versucht man, das Programm zu verbessern und es noch einmal laufen zu lassen. Dieser Kreislauf muß oft viele Male wiederholt werden. Mit jeder Wiederholung wird die Anzahl der unerklärten Verhaltensweisen des Kindes geringer, und letztendlich läßt sich vielleicht eine hinreichende Übereinstimmung zwischen menschlichem und maschinellem Output erreichen. Anders gesagt, das Programm reproduziert in diesem Stadium im wesentlichen das Protokoll, aus dem es entstand.

An diesem Punkt wenden Psychologen weitere, stringentere Tests an. Kann das Programm vorhersagen, was andere gleichaltrige, jüngere oder ältere Kinder tun würden? Kann es vorhersagen, wie ein Kind sich verhalten würde, wenn man ihm statt sieben 15 Klötze darbieten würde oder wenn die Klötze andere Größen hätten? Kann es vorhersagen, was das Kind in einer Aufgabe zum Ordnen nach Längen tun würde? Zum Beispiel kann es erforderlich werden, zusätzliche Informationen einzubeziehen, etwa bei Rechenfertigkeiten Hilfsmittel wie das Abzählen an den Fingern beim Addieren oder die Häufigkeit, mit der das Problem jeweils schon gestellt wurde, oder auch der Einfluß vorhandenen Wissens auf dem jeweiligen Gebiet (Siegler und Jenkins, 1989). Zum Schluß sollten in der Simulation die gleichen Aufgaben zu Schwierigkeiten führen wie bei Kindern und die gleichen Strategien zur Lösung gewählt werden.

Irgendwann wird der Punkt erreicht, an dem Psychologen ihr Programm als zufriedenstellendes Modell für menschliches Verhalten beim Lösen einer spezifischen Aufgabe akzeptieren, beispielsweise für das Ordnen von Gewichten oder Schachspielen. Im Idealfall läßt sich daraus ein allgemeineres Modell entwickeln, das Verhalten für ein breiteres Spektrum von Aufgaben erklärt, etwa für die Gedächtnisfunktion beim Problemlösen. So können Programme durch weitere Veränderungen zugleich spezifischer und allgemeiner werden. Ein gutes Modell läßt sich für mehr Verhaltensweisen verallgemeinern, als in dem begrenzten Protokoll, aus dem es hervorging, ausgewiesen sind, aber seine Voraussagen sind andererseits spezifisch genug, um durch empirische Belege bestätigt oder widerlegt werden zu können. Durch den dargestellten Prozeß der ständigen Verbesserung gewinnt das Modell an Aussagefähigkeit und die Theorie des menschlichen Denkens an Überzeugungskraft.

Ein unerwarteter Vorteil der Computersimulation liegt darin, daß sie oft neue Hypothesen nahelegt. Eine Simulation kann Implikationen deutlich machen, die Psychologen bislang noch nicht bemerkt haben, etwa wenn ein unerwarteter Output des Programms einen Hinweis auf eine zuvor unberücksichtigte Variable liefert. Wenn ein Programm beispielsweise für die Gedächtnisleistung bei Listen mit fünf und zehn Items denselben Output voraussagt, dann kann der Psychologe nach einem „Chunking"-Mechanismus suchen, der implizit im Programm enthalten ist und bei einer großen Zahl von Items wirksam wird.

Der Informationsverarbeitungsansatz verdeutlicht, inwieweit die Forschungsmethoden auch bestimmte Metaphern begünstigen können. Zum Beispiel wurde behauptet, daß Tolmans Rattenlabyrinth als experimentelle Anordnung eines frühen Lerntheoretikers für seine Sicht der räumlichen Kognition und der mentalen Landkarten entscheidend war (Gigerenzer, 1991). Ähnlich könnte heute für Kognitionsforscher, die gewöhnlich zur Datenerhebung und Datenanalyse Computer einsetzen, die Computermetapher attraktiv sein. Das Werkzeug wird zur Metapher.

Die wichtigsten entwicklungspsychologischen Forschungsrichtungen

Die Informationsverarbeitung bei Kindern ist ein vielfältiges und facettenreiches Forschungsthema. Einige Psychologen verwenden hier Buchstaben, die nur kurz auf einem Bildschirm auftauchen, andere bieten den jeweiligen Reiz eine halbe Stunde lang dar. Einige Forscher beobachten die Reaktionszeit, andere interessieren sich für die Erklärungen der Kinder zur jeweiligen Problemlösung. Diese Vielfalt sollte nicht durch die Gemeinsamkeiten des Informationsverarbeitungsansatzes verdeckt werden. In der nun folgenden Zusammenstellung sollen exemplarisch einige aktuelle Forschungsprogramme und wichtige ältere Studien zur Informationsverarbeitung vorgestellt werden. Wir betrachten dabei die Entwicklung von Gedächtnis, Repräsentation, Problemlösen und Intelligenz, wobei die Gliederung in vier Bereiche lediglich zur Vereinfachung der Darstellung dient. Tatsächlich sind diese vier Bereiche bei psychologischen Prozessen untrennbar miteinander verbunden. Die Programme werden jeweils relativ ausführlich vorgestellt, um zu veranschaulichen, welche Fragestellungen als relevant gelten, welche theoretischen Konzepte ausformuliert wurden, und wie Entwicklungspsychologen die kognitive Entwicklung im Rahmen des Informationsverarbeitungsansatzes konkret untersucht haben.

Gedächtnis

„Das Gedächtnis ist ein Netz; man findet es voller Fische, wenn man es aus dem Bach zieht, aber viele Kilometer Wasser sind hindurchgeflossen, ohne darin hängenzubleiben."
[Oliver Wendell Holmes]

Das Gedächtnis von Kindern ist ein faszinierendes Forschungsgebiet, das voller Widersprüche steckt. Einerseits wird weithin angenommen, daß kleine Kinder nur ein sehr schlechtes Gedächtnis haben. In Gedächtnis-Untertests von Intelligenztests oder in Laboraufgaben zum Gedächtnis zeigen sie im Vergleich zu Erwachsenen nur geringe Leistungen, und in einer natürlichen Umgebung fällt es ihnen schwer, sich die eigene Telefonnummer oder Adresse zu merken. Dennoch wissen Eltern und Lehrer von Vorschulkindern, daß sich Kinder an Geschichten oft im Wortlaut erinnern, wenn man sie ihnen nur wenige Male vorgelesen hat. Tatsächlich reagieren Kinder oft ganz empört, wenn der Leser einmal aus Versehen (oder weil die Schlafenszeit schon überschritten ist) ein oder zwei Wörter ausläßt.

Laborstudien zum Gedächtnis von Kindern sind ein typisches Beispiel für psychologische Forschung im Rahmen des Informationsverarbeitungsansatzes. Die Erkenntnis, daß das Gedächtnis in allen Phasen des Denkens eine wichtige Rolle spielt, hat die Entwicklungspsychologie mit der Erwachsenenpsychologie gemeinsam. Hunderte von solchen Studien haben die entwicklungspsychologischen Fachzeitschriften in den letzten 25 Jahren gefüllt. Die Investition an Zeit und Energie hat sich gelohnt. Man hat nicht nur über das Gedächtnis von Kindern neue Erkenntnisse gewonnen, sondern auch über die Entwicklung von Sprache, über Aufmerksamkeit und komplexe kognitive Strukturen wie die Organisation der Wissensbasis. Die Psychologen verfügen zwar noch nicht über ein ganzheitliches Bild, aber einige Verallgemeinerungen sind bereits absehbar. Vier Hauptfaktoren werden als Ursache der entwicklungsbedingten Gedächtnisveränderungen vorgestellt, wobei die beschriebenen Studien einen Eindruck von der Gedächtnisforschung vermitteln. Die vier Faktoren sind Strategie, Wissen, Metagedächtnis und Kapazität.

Strategien

Einige Gedächtnisaktivitäten laufen mühelos und scheinbar automatisch ab: Ein Baby erkennt das Gesicht seines Vaters, ein Junge erzählt seinem Freund eine Episode aus seiner Lieblingssendung, die er am Abend zuvor im Fernsehen gesehen hat, ein Erwachsener summt beim Weihnachtseinkauf „Stille Nacht, heilige Nacht". Ihnen allen ist nicht bewußt, daß sie sich an etwas erinnern, und sie müssen sich dazu auch nicht anstrengen. Solche Gedächtnisakte geschehen „von allein". Es handelt sich eher um ein simples Wiedererkennen als um ein aktives Erinnern, oder aber dieses Erinnern ist nur ein Nebenprodukt einer bedeutungshaltigen Aktivität. Solche Formen des Erinnerns ändern sich mit der Entwicklung allenfalls geringfügig. Das einfache Wiedererkennungsgedächtnis (das anzeigt, daß man ein Objekt oder Bild schon einmal gesehen hat) ist auch schon bei kleinen Kindern sehr gut ausgeprägt. Hier sind von der Kindheit bis zur Reife nur geringe Fortschritte zu verzeichnen, sieht man einmal von Unterschieden in der Effizienz der Enkodierung ab. Gegen Ende des Vorschulalters werden zusammenhängende und verständliche Geschichten oder vergangene Erfahrungen, die für das Kind interessant waren, recht gut erinnert.

Wenn allerdings das zu erinnernde Material *nicht* in einem Kontext steht, der für das Kind bedeutsam ist, sondern das bloße Erinnern als primäres Ziel verfolgt werden muß, zeigt sich tatsächlich eine erhebliche Verbesserung der Gedächtnisleistung im Verlaufe der Entwicklung. In diese Kategorie fallen Telefonnummern, verschiedene nicht miteinander zusammenhängende Objekte oder die Reihenfolge, in der Bilder von Spielzeugen dargeboten werden. Nicht-willentliches und willentliches Erinnern zeichnen sich durch sehr unterschiedliche Merkmale aus und erfordern unterschiedliche theoretische Erklärungen.

Es ist unbestritten, daß es entwicklungsspezifische Unterschiede im Hinblick darauf gibt, was Kinder tun, wenn sie sich bemühen, etwas zu erinnern. Um zusammenhanglose Informationen speichern zu können, müssen sie mit dem vorliegenden Material etwas Bestimmtes unternehmen. Dieses „etwas" ist eine Strategie. In einer formaleren Sprache sind Strategien „subjektgesteuerte Aktivitäten, die zur Erreichung eines Gedächtniszieles angewandt werden" (Ornstein und Naus, 1985, S. 118). Wer beispielsweise eine Einkaufsliste im Gedächtnis behalten will, kann die einzelnen Artikel entweder immer wieder im Geiste wiederholen oder sie in Kategorien wie „Milchprodukte" oder „Gemüse" einteilen. Er kann sich eine ganz alberne Geschichte dazu ausdenken („Die Karotten schwammen auf dem Rücken des Thunfisches durch den Milchsee . . ."), in seiner bildhaften Vorstellung vom Supermarkt den Ort markieren, an dem sich der jeweilige Artikel befindet, oder er kann einfach eine Liste schreiben. Diese Strategien sind Hilfsmittel, die der Mensch in seinem ständigen evolutionären Kampf mit den Grenzen seiner Verarbeitungskapazitäten entwickelt hat.

In einer frühen, sehr einflußreichen Untersuchung zu den Strategien von Kindern haben Flavell, Beach und Chinsky (1966) kleinen Kindern Bilder verschiedener Gegenstände dargeboten und sie aufgefordert, sich die Reihenfolge zu merken, in der der Versuchsleiter jeweils auf Bilder von verschiedenen Gegenständen zeigte. Zwischen der Darbietung und dem Reproduktionstest konnten die Kinder die Bilder nicht sehen – sie trugen einen Raumfahrthelm, dessen Visier in dieser Zeit herabgelassen wurde. Ein im Lippenlesen geübter Beobachter notierte alle erkennbaren Äußerungen verbalen Memorierens. Wenige Fünfjährige, mehr als die Hälfte der Siebenjährigen und die meisten Zehnjährigen memorierten die Reihenfolge der Bilder. In einem später durchgeführten Experiment fanden Keeney, Cannizzo und Flavell (1967) Belege für einen unmittelbaren Zusammenhang zwischen Memorieren und Gedächtnis. Kinder, die spontan memorierten, reproduzierten mehr Items als die anderen. Und als die Versuchsleiter die Nicht-Memorierer anwiesen, die Namen der Gegenstände in der Zeit zwischen der Darbietung und dem Reproduktionstest zu wiederholen, erinnerten sich auch diese Kinder erfolgreich an die Reihenfolge der dargebotenen Objekte. Daraus lassen sich zwei Schlußfolgerungen ableiten. Kleine Kinder sind in der Lage, das

Memorieren als Gedächtnisstrategie einzusetzen, wenn sie dazu aufgefordert werden, aber sie wenden diese Strategie nicht in jedem Fall spontan von sich aus an. Flavell bezeichnete diesen Sachverhalt als *Produktionsdefizit*. Kleine Kinder verfügen über geeignete Strategien, wissen aber nicht immer, wann, wo und wie sie sie effizient anwenden (produzieren) können. Seit den Untersuchungen von Flavell sind bei zahlreichen anderen Gedächtnisaufgaben und bei vielen anderen Strategien Produktionsdefizite festgestellt worden. Zu diesen Strategien zählen die Verwendung von Hinweisen, die den Abruf aus dem Gedächtnis erleichtern, oder die Klassifizierung der Items nach bestimmten Kategorien (Tiere, Möbel, Nahrungsmittel). Es hat sich gezeigt, daß ältere Kinder mit höherer Wahrscheinlichkeit Beziehungen höherer Ordnung zwischen verschiedenen Reizen, also etwa Kategorien, heranziehen als jüngere Kinder.

Kinder verbessern Strategien, die sie bereits entwickelt und angewandt haben, ständig weiter. Ornstein, Naus und Liberty (1975) stellten fest, daß das verbale Memorieren im Laufe der Entwicklung systematischer und stärker durchorganisiert wird. In ihrer Gedächtnisaufgabe sollten die Kinder verschiedene Wörter während der Darbietung laut nachsagen. Drittkläßler tendierten dazu, jedes dargebotene Wort einzeln nachzusagen oder vielleicht noch das vorherige Wort dazuzunehmen. Achtkläßler dagegen memorieren kumulativ und listen die bereits dargebotenen Wörter einschließlich des neuen Wortes im Zusammenhang auf.

Im Alter von etwa zehn Jahren können Kinder in der Regel eine Strategie auswählen, die einer spezifischen Aufgabe angemessen ist, und sie können diese Strategie spontan, rasch und effizient anwenden. Bestimmte Strategien allerdings werden auch während der Adoleszenz noch weiterentwickelt. Ein Beispiel dafür ist die Bearbeitung oder Elaboration beim Aufbau eines Vorstellungsbildes anhand des zu erinnernden Materials (Pressley, 1982).

Eine wesentliche entwicklungsspezifische Veränderung im Grundschulalter und der Adoleszenz hängt mit der Fähigkeit zusammen, begrenzte Kapazitäten möglichst effizient einzusetzen. Während des Grundschulalters beispielsweise lernen Kinder, ihre Arbeitszeit effizienter zu nutzen. Ältere Grundschulkinder wählen in höherem Maße relevantes Material aus – und ignorieren irrelevantes – als jüngere Grundschulkinder (Miller, 1990). Zum Beispiel konzentrieren sich ältere Kinder, wie man an ihren Unterstreichungen und Notizen erkennen kann, zunehmend auf die wichtigen Textelemente. Brown (1978) verweist hier auf die zunehmende Beherrschung von Strategien und anderen kognitiven Prozessen. Als würden sie lernen, ein Orchester zu dirigieren, bringen Kinder allmählich die Teile in eine vollendete Harmonie und gewinnen zunehmend Kontrolle über das Ganze. Diese Steuerungsprozesse reifen schließlich zu einer komplexen Organisation beim Erwachsenen heran, wie sie im Flußdiagramm 4.1 dargestellt sind.

Drei neuere Forschungsrichtungen veranschaulichen die aktuellen Fragestellungen bei Untersuchungen zu Gedächtnisstrategien. Zunächst einmal haben Wissenschaftler in jüngerer Zeit bei Kleinkindern und Vorschulkindern rudimentäre Strategien nachgewiesen. Zum Beispiel wurde in einer Untersuchung (De Loache, Cassidy und Brown, 1985) vor den Augen von 18 bis 24 Monate alten Kindern ein großer ausgestopfter Vogel versteckt. Sie wurden aufgefordert, sich das Versteck zu merken, um den Vogel später selbst wiederfinden zu können. Danach wurden sie für einige Minuten vom Versuchsleiter mit interessantem Spielzeug vom Vogel abgelenkt, aber sie unterbrachen trotzdem häufig ihr Spiel, um vom großen Vogel oder seinem Versteck zu sprechen, dort nachzusehen oder dorthin zu zeigen, sich in der Nähe des Verstecks aufzuhalten oder um zu versuchen, den Vogel zu bekommen. Diese Verhaltensweisen traten unter verschiedenen Kontrollbedingungen weit weniger häufig auf, etwa wenn der Versuchsleiter sich das Versteck merken sollte – und weniger die Kinder.

Eine zweite Forschungsrichtung untersucht Gedächtnisstrategien unter dem allgemeineren Gesichtspunkt entwicklungsspezifischer Veränderungen, die unabhängig von ihrer spezifischen Funktion als Gedächtnisstütze *per se* von Interesse sind (Bjorklund, 1990). Das zu Beginn dieses Kapitels zitierte Interview mit L ist ein Beispiel für Untersuchungen zu mathematischen Strategien. Die Anwendung von Strategien hat bei den schon beschriebenen Steuerungs- und Organisationsprozessen eine wichtige Funktion. Das zeigt beispielsweise auch der Befund, daß es für jüngere Kinder mühsamer ist, eine Strategie einzusetzen, als für ältere (Guttentag, 1984). Jüngere Kinder haben, wenn sie memorieren, weniger Kapazitäten für andere Aufgaben, während für diese Gedächtnisstrategie bei älteren Kindern weniger Kapazitätsreserven verbraucht werden.

Eine dritte Fragestellung betrifft die Ursachen, die zur Strategieentwicklung führen. Strategien lassen sich unmittelbar lernen, und je nach Kultur werden sie in unterschiedlichem Umfang in der Ausbildungspraxis gelehrt. Zum Beispiel verwenden deutsche Eltern und Lehrer mehr Zeit darauf, Kinder mit Gedächtnisstrategien vertraut zu machen als amerikanische (Carr, Kurtz, Schneider, Turner und Borkowski, 1989). Die Entwicklung von Strategien könnte darüber hinaus von der Entwicklung des Wissens, des Metagedächtnisses und der Kapazität profitieren, die in den folgenden Abschnitten beschrieben wird.

Wissen

Das Gedächtnis ist kein isolierter mentaler Prozeß, der sich von der übrigen Kognition trennen ließe, sondern es ist in ein umfassendes Denksystem eingebunden. Entsprechend wurde Gedächtnis auch schon als „angewandte Kognition" (Flavell, 1971a) bezeichnet, weil dabei das kognitive System für eine spezifische Gruppe von Aufgaben, nämlich Speichern und Abruf, eingesetzt wird. Daraus ergeben sich für die Entwicklung zwei Folgerungen. Zunächst einmal werden sich Kinder an Material, das in einem ihnen bekannten Bedeutungszusammenhang steht, eher erinnern. Gibt es eine Entsprechung zwischen dem, was ein Kind bereits weiß, und dem, was es erinnern soll, so liegt eine – wie Brown (1975) es nennt – „Kopfanpassung" vor. Die Aufgabe ist den geistigen Fähigkeiten des Kindes angepaßt. Als zweite Konsequenz ist zu erwarten, daß ein Kind mit zunehmendem „Weltwissen" und einer wachsenden Wissensbasis über Objekte, Phänomene und Menschen in seiner Umwelt bessere Gedächtnisfähigkeiten entwickelt.

Zum ersten Phänomen, dem Erinnern bedeutungshaltigen Materials, gibt es zahlreiche Experimente. Beispielsweise können Kinder, die gute Schachspieler sind, die Positionen von Schachfiguren auf einem Schachbrett besser wiedergeben als Erwachsene, die weniger vom Schachspielen verstehen (Chi, 1978), wenn eine typische Konstellation in der Mitte eines Spieles dargeboten wurde. Ähnliche Ergebnisse zeigten sich im Hinblick auf Wissen über Fußball (Schneider, Korkel und Weinert, 1989) und Baseball (Recht und Leslie, 1988).

Die Beispiele, in denen vorhandenes Wissen den Abruf von Informationen aus dem Gedächtnis erleichtert, lassen sich auf verschiedene Weise erklären. Die erste Möglichkeit wäre, daß Kinder mit einer umfassenden Wissensbasis automatisch auf die zu erinnernden Items zugreifen können, weil diese Items in einem assoziativen Netzwerk mit anderen Items und mit übergeordneten Konzepten verbunden sind (Bjorklund, 1987). Auf diese Weise lassen sich Items mit Hilfe vieler ganz verschiedener Hinweisreize aus dem Gedächtnis abrufen und sind so leichter zugänglich. In Piagets Terminologie würde man sagen, daß das Erinnern erleichtert wird, weil Kinder das Material problemlos an ihre kognitiven Strukturen assimilieren können.

Nach einer zweiten Erklärung wächst mit der Wissensbasis auch die Wahrscheinlichkeit, daß eine geeignete Strategie angewandt wird, was wiederum den Abruf aus dem Gedächtnis erleichtert. Demnach würde indirekt eine Strategie die Auswirkungen der Wissensbasis vermitteln. In einer anderen Formulierung dieses Erklärungsansatzes lautet das Argument wie folgt: Die Fähigkeit, Information schneller zu verarbeiten, indem sie mit vorhandenem Wissen verknüpft wird, setzt Kapazitäten frei, die dann für die Anwendung einer Strategie verfügbar sind (Bjorklund, 1987). Siegler (1986, S. 251) zieht den Schluß, daß „vertraute Inhalte als eine Art Übungsfeld dienen können, auf dem Kinder neue kognitive Fertigkeiten, beispielsweise neue Gedächtnisstrategien, üben können." Sechsjährige gruppieren ähnliche Items beim Abruf aus dem Gedächtnis gewöhnlich noch nicht, aber wenn man sie nach den Namen ihrer Mitschüler fragt, wird deutlich, daß sie ansatzweise gruppieren, indem sie sich an der Sitzordnung oder am Geschlecht orientieren. Zusätzlich zu den beiden genannten wichtigsten Erklärungsansätzen wird vermutet, daß eine umfangreichere Wissensbasis den Abruf möglicherweise dadurch erleichtert, daß sie die Motivation des Kindes verstärkt oder zu einem besseren Verständnis im Hinblick auf das Ziel der Aufgabe führt.

Wenn man den Zusammenhang zwischen Wissensbasis und Abruf untersucht, steht man vor dem Problem, daß die Wissensbasis eines Kindes präzise und in allen Einzelheiten beschrieben werden müßte. Ein seltener Versuch einer solchen Darstellung ist die Untersuchung eines vierjährigen Jungen, der verrückt war nach allem, was mit Dinosauriern zu tun hat (Chi und Koeske, 1983). Er wußte die Namen von 40 verschiedenen Dinosauriern, kannte den Unterschied zwischen einem Pachycephalosaurus und einem Rhamphorhynchus und brachte seine geduldige Mutter dazu, ihm durchschnittlich drei Stunden pro Woche aus seinen Dinosaurierbüchern vorzulesen. Das semantische Netzwerk der Gruppe von Dinosauriern, über die er am besten Bescheid wußte, ist in Abbildung 4.2 dargestellt. Dieses Programm wurde in zwei Verfahrensschritten erzeugt. Zunächst beobachteten Chi und Koeske, welche Dinosaurier der Junge der Reihe nach nannte, als man ihn aufforderte, alle Dinosaurier zu benennen, an die er sich erinnert. In einem zweiten Schritt ermittelten sie sein Wissen und seine Organisation der Dinosauriereigenschaften mit Hilfe eines Spieles: Eine Person nannte zwei oder drei Eigenschaften, und die andere mußte raten, um welchen Dinosaurier es sich handelte. Wie die Abbildung zeigt, waren die assoziativen Verbindungen innerhalb einer Dinosaurierkategorie stark, zahlreich und konzeptuell eng miteinander verbunden, beispielsweise bei den gepanzerten Arten (im schattierten Bereich links gruppiert) und bei den pflanzenfressenden Riesensauriern (im schattierten Bereich rechts). Eine solche Struktur konnte bei den weniger bekannten Dinosauriern nicht festgestellt werden. Das heißt, daß das Wissen über zehn bekannte Dinosau-

4.2 Im semantischen Netzwerk gespeicherte Repräsentation des Wissens eines Kindes über bekannte Dinosaurier (die sieben rechteckig eingerahmten Dinosaurier). Die beiden Kategorien des Kindes sind durch schattierte Felder dargestellt: gepanzerte Dinosaurier (G) und pflanzenfressende Riesensaurier (P). Zu den spezifischen Merkmalen zählen äußere Erscheinungsform (Ä), Verteidigungsmechanismen (V), Ernährung (E), Lebensraum (L), Fortbewegung (F), Spitzname (S) und andere (A). Weitere mit den sieben Zieldinosauriern assoziierte Dinosaurier sind durch Hexagone gekennzeichnet. [Überarbeitet aus: Chi, M. T. H.; Koeske, R. D. *Network Representation of a Child's Dinosaurier Knowledge*. In: *Developmental Psychology* 19 (1983) S. 29–39. Abdruck mit Genehmigung der Verfasser; © 1983 American Psychological Association, Inc.] ▶

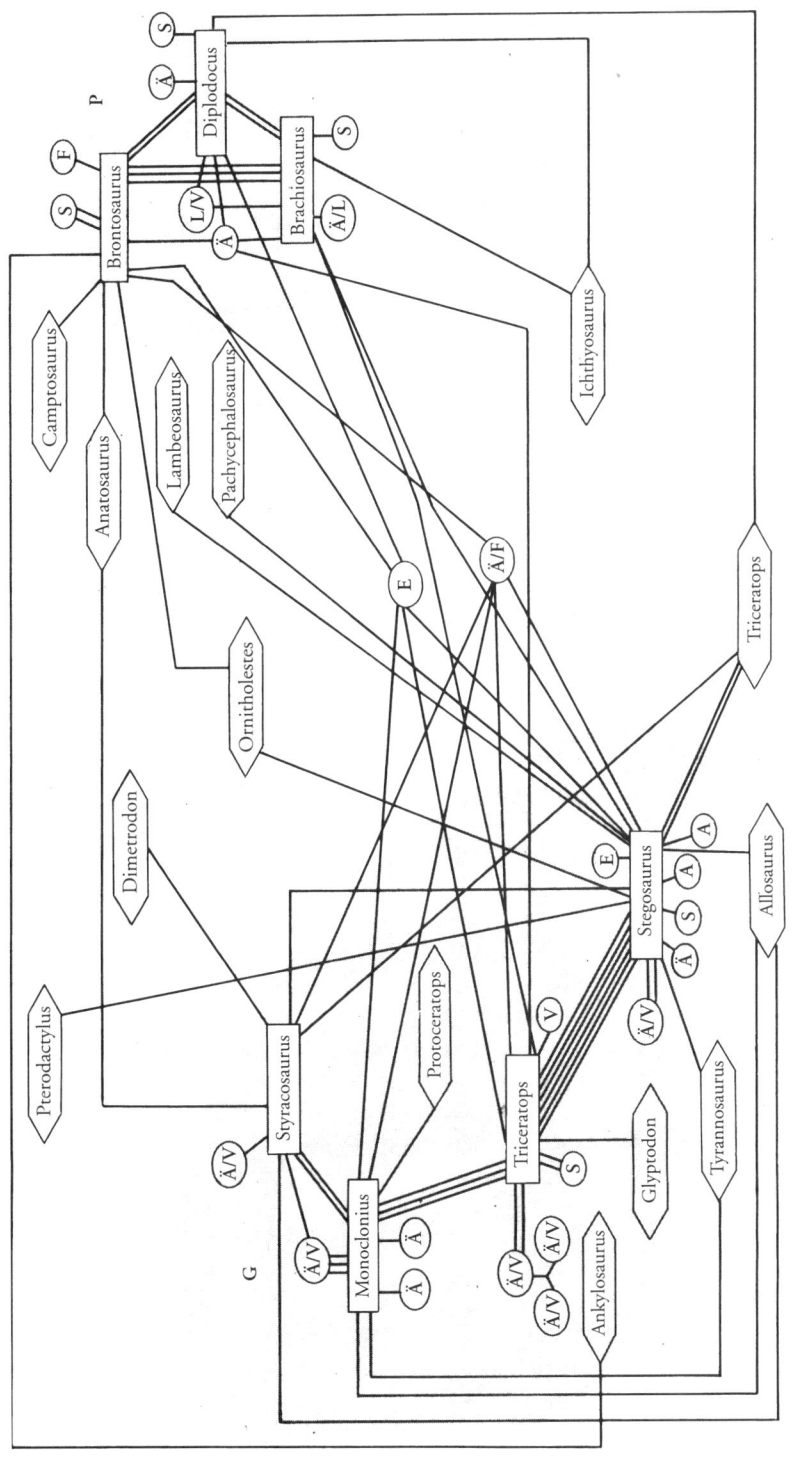

rier (in den schattierten Bereichen) stärker organisiert war als das Wissen über weniger bekannte Dinosaurier. Der Junge konnte beispielsweise sagen, daß Diplodocus und Brachiosaurus Pflanzenfresser sind, wußte das aber bei zwei relativ unbekannten Dinosauriern nicht. Die Struktur der Wissensbasis besteht im wesentlichen aus dem Verknüpfungsmuster des semantischen Netzwerkes. Das Wissen über die Eigenschaften von Dinosauriern war für den Jungen nützlich, um sie je nach Ernährung, Aussehen und anderen Merkmalen in Untergruppen zusammenzufassen. Wie zu erwarten, erinnerte sich der Junge bei bekannten Dinosauriern an mehr Merkmale als bei unbekannten, vielleicht weil bei ersteren mehr Verbindungen zu anderen Dinosauriern vorhanden und die Items stärker in eine Konzeptstruktur integriert waren.

Die Zunahme des Wissens ist wichtig für die Gedächtnisentwicklung, aber vielleicht noch wichtiger ist die Frage, *wie* Wissen repräsentiert wird, genauer gesagt, in welcher Form es organisiert ist. Ein Beispiel dafür liefert die Dinosaurierstudie von Chi und Koeske. Jüngere Kinder bilden Kategorien wahrscheinlich auf der Grundlage der wahrgenommenen Objekteigenschaften, während ältere Kinder wohl eher Konzeptmerkmale heranziehen. Wird eine Gedächtnisaufgabe so repräsentiert, daß sie die Wissensbasis des Kindes nicht berührt, dann nützt dem Kind sein möglicherweise durchaus beträchtliches Wissen über das jeweilige Material gar nichts. Im Hinblick auf Chis und Koeskes Versuchsperson heißt das beispielsweise, daß die Gedächtnisleistung höher sein sollte, wenn man Kategorien wie pflanzenfressende Riesensaurier und gepanzerte Dinosaurier darbietet, also Kategorien, die mit denen des Jungen übereinstimmen, während der Abruf bei anderen Kategorien wie beispielsweise Aggressivität oder evolutionsgeschichtliche Einordnung schlechter gelingen müßte.

Eine letzte Beobachtung zum Zusammenhang zwischen Wissensbasis und Gedächtnisleistung zeigt, daß sich Kinder primär an ganz andere Dinge erinnern als Erwachsene, da sich ihre Interessen und ihre Wissensbasis deutlich unterscheiden. So antwortete ein Fünfjähriger, als man ihn fragte, ob er sich noch an die Wohnung erinnere, aus der er zwei Jahre zuvor umgezogen war: „Ich weiß noch viel über Michigan. Ich erinnere mich, wie du hinten im Kühlschrank ein Stück Käse vergessen hast, der dann ganz grün war."

Im Zusammenhang mit der Wissensbasis wurde behauptet, daß ein entwicklungsspezifischer Wissenszuwachs auch eine Verbesserung der Gedächtnisleistung mit sich bringen müßte. Die im ersten Kapitel dargestellten Untersuchungen Piagets zum Gedächtnis haben anschauliche Beispiele für einen solchen Prozeß geboten.

Mit wachsender Wissensbasis neigen Kinder zunehmend dazu, Schlußfolgerungen zu ziehen, die über die dargebotenen Informationen hinausgehen. Hebb (1949) vergleicht dieses Charakteristikum der Gedächtnisfunktion mit der Art und Weise, in der ein Paläontologe ein prähistorisches Lebewesen rekonstruiert. So wie ein Paläontologe aus einzelnen Knochenstücken anhand seiner anatomischen Kenntnisse einen vollständigen Dinosaurier rekonstruieren kann, so kann ein Kind ein Ereignis rekonstruieren, indem es die Lücken zwischen den erinnerten Fragmenten auffüllt. In einer Studie (Paris und Carter, 1973) wurde Kindern beispielsweise gesagt: „Der Vogel ist im Käfig" und „Der Käfig ist unter dem Tisch". Später wurden ihnen einige neue und einige zuvor schon gehörte Sätze dargeboten. Schon Siebenjährige meinten, auch den Satz „Der Vogel ist unter dem Tisch" zuvor bereits gehört zu haben, obwohl er nicht dargeboten worden war. Sie hatten spontan aus den Informationen, die man ihnen gegeben hatte, eine begründete Schlußfolgerung gezogen.

Das konstruktive Gedächtnis von Kindern spiegelt auch ihre sozialen Überzeugungen, Einstellungen und Erwartungen wider. Schulkinder mit ausgesprochen stereotypen Auffassungen zur Geschlechterrolle erinnerten sich beispielsweise an mehr Bilder von traditionellen Rollen – beispielsweise Sekretärin – als von nicht traditionellen Rollen – beispielsweise Sekretär (Signorella und Liben, 1984). Darüber hinaus rekonstruierten sie sogar die Bilder in einigen Fällen und erinnerten sich beispielsweise an eine Sekretärin, obwohl ein Sekretär auf dem Bild gewesen war. In einer anderen Studie (Ceci, Caves und Howe, 1981) „erinnerten" sich sieben- und zehnjährige Kinder, daß eine Figur, die sie für stark hielten (beispielsweise Batman), in einer drei Wochen zuvor gehörten Geschichte auch stark gewesen war. In Wirklichkeit jedoch war die Figur in dieser Geschichte als schwach dargestellt worden. Bei unbekannten fiktiven Figuren wurde die Erinnerung nicht in dieser Weise verzerrt.

Erinnerung kopiert nicht einfach die Welt; vielmehr „konstruieren" sich Kinder ihre Erinnerung aus Schlußfolgerungen auf der Basis ihres verfügbaren Wissens. Kleinere Kinder ziehen seltener solche Schlüsse (Liben und Posnansky, 1977). Das „kreative Gedächtnis" ist, kurz gesagt, ein Nebenprodukt der kognitiven Entwicklung.

Diese Beispiele illustrieren, wie Gedächtnis und Wissen miteinander zusammenhängen, und sie zeigen, wie sich das unwillkürliche Erinnern von dem weiter oben dargestellten willkürlichen und gezielten Erinnern unterscheidet. Verfügen Kinder über das nötige Wissen, um ein gegebenes Material verstehen zu können, dann werden sie sich auch ohne weiteres daran erinnern.

Metagedächtnis

„‚Dieses grauenvolle Erlebnis', fuhr der König fort, ‚werde ich nie und nimmer vergessen.' ‚Da irrst du', sagte die Königin, ‚falls du es nicht sogleich aufnotierst.'"

[Lewis Caroll]

Wenn man sich in einer Vorlesung Notizen macht, wenn man die Schlüsselbegriffe in einem Lehrbuch entwicklungspsychologischer Theorien unterstreicht, wenn man vor dem Gang zum Supermarkt eine Einkaufsliste schreibt, wenn man seine Schultasche mit den erledigten Hausaufgaben am Abend neben die Wohnungstür stellt oder wenn man im Geist noch einmal den vergangenen Tag durchgeht, um sich zu erinnern, wo man seine Jacke hat liegen lassen, dann spielt in all diesen Fällen das Metagedächtnis eine Rolle. *Metagedächtnis* ist das Wissen über das Gedächtnis und ein Sonderfall der *Metakognition*, des Wissens über alle Aspekte des menschlichen Denkens. Während der Entwicklung lernen wir, daß manchmal eine zusätzliche Anstrengung oder eine außergewöhnliche Handlung notwendig ist, um uns an etwas zu erinnern, und daß bestimmte Faktoren der Erinnerung förderlich oder hinderlich sind. Zu diesen Faktoren gehören personelle, aufgabenspezifische oder strategische Variablen (Flavell und Wellman, 1977). Zum Beispiel wissen wir, daß der Gedächtniskapazität Grenzen gesetzt sind (personelle Variable), daß Wiedererkennen leichter ist als der Abruf aus dem Gedächtnis (aufgabenspezifische Variable), und daß verbales Memorieren den Abruf aus dem Gedächtnis erleichtert (strategische Variable). Auf diese Weise werden Kinder zu Amateurpsychologen.

Abgesehen von dieser einfachen Form des Metagedächtnisses wissen Vorschulkinder wenig über das Gedächtnis. Sie behaupten etwa, übermenschliche Gedächtnisleistungen vollbringen zu können, also beispielsweise sich an sieben Items zu erinnern, obwohl es in Wirklichkeit nur drei oder vier sind (Flavell, Friedrichs und Hoyt, 1970). Bei einfachen Testverfahren zeigen sie jedoch eine gewisse Kompetenz im Bereich des Metagedächtnisses. So können Vierjährige, die Videoaufnahmen von zwei Strategien sehen, die nützlichere auswählen. Oder sie wissen, daß sie sich leichter an das

Versteck des Krümelmonsters erinnern, wenn sie sein Versteck mit einem Farbplättchen markieren und nicht wegschauen, wenn die dargebotene Szene gedreht wird (Justice, 1989).

Die feineren Facetten des Metagedächtnisses entwickeln sich später. Flavell und Wellmann (1977) beschreiben eine Zunahme der Wissensbasis bei Kindern im Hinblick darauf, daß Gedächtnis von Merkmalen der jeweiligen Person (begrenzte Gedächtniskapazität), von der Aufgabe (Anzahl der Objekte) und der Strategie (Abruf oder bildhafte Vorstellung) beeinflußt wird. In einer Studie von Kreutzer, Leonard und Flavell (1975) wurden Kinder gefragt, ob sie, wenn man ihnen eine Telefonnummer nennt, besser gleich telefonieren, oder ob sie zuerst noch ein Glas Wasser holen könnten. Etwa 40 Prozent der Kindergartenkinder, aber mehr als 75 Prozent der Fünftkläßler hielten es für besser, zuerst zu telefonieren. Vermutlich wird Kindern immer stärker bewußt, daß das Kurzzeitgedächtnis ziemlich flüchtig ist. In der Grundschulzeit begreifen Kinder im allgemeinen, daß Strategien nützlich sind. Kreutzer, Leonard und Flavell beispielsweise entwarfen eine Abrufaufgabe, in der ein Kind versucht, sich daran zu erinnern, bei welchem Weihnachtsfest es seinen Hund bekommen hat. Fast die Hälfte der Kindergartenkinder konnte keinen Vorschlag dazu machen, wie das Kind sich an das richtige Weihnachtsfest erinnern könnte, während dies umgekehrt allen Fünftkläßlern gelang. Sie überlegten sich beispielsweise, daß man im Geiste alle vergangenen Weihnachtsfeste durchgehen und sich die jeweiligen Geschenke ins Gedächtnis rufen könnte, oder daß man in der Hoffnung auf einen Hinweis versuchen könnte, sich an andere Dinge zu erinnern, die passierten, als man den Hund geschenkt bekam.

Kreutzer, Leonard und Flavell stellten fest, daß – wie im folgenden Gespräch mit einem Drittkläßler deutlich wird – die Überlegungen von Kindern zu Strategien ziemlich komplex werden können:

> „Sagen wir, die Telefonnummer ist 633-8854. Was ich dann tun würde – also wenn meine eigene Nummer 633 wäre, dann müßte ich mir den Teil schon mal gar nicht merken. Und dann würde ich mir überlegen, jetzt muß ich mir 88 merken. Ich bin acht Jahre alt, also merke ich mir einfach zwei Mal, wie alt ich bin. Und dann sage ich, wie alt mein Bruder ist und wie alt er letztes Jahr war. Und so würde ich mir normalerweise diese Telefonnummer merken. (Merkst Du Dir so die meisten Telefonnummern?) Nein, meistens schreibe ich sie mir auf."
>
> [1975, S. 11]

Eine wichtige theoretische Frage betrifft den Zusammenhang zwischen dem Wissen über das Gedächtnis und der Gedächtnisleistung. Intuitiv würde man einen engen Zusammenhang erwarten. Wenn ein Kind meint, es erinnere sich automatisch, und wenn ihm nicht bewußt ist, daß es etwas Besonderes tun muß, um sich zu erinnern, wird es wohl nicht memorieren oder nach Ähnlichkeiten von Gegenständen suchen, und so fort. Ein schlecht entwickeltes Metagedächtnis kann also die Ursache für die bereits erwähnte Produktionsschwäche bei Strategien sein. Außerdem müssen Kinder beim erstmaligen Anwenden einer Strategie auch ein Gespür dafür haben, ob diese Strategie überhaupt praktikabel ist, bevor sie sich entscheiden können, die Strategie weiterzuverfolgen oder fallenzulassen. Der Zusammenhang zwischen dem Wissen über das Gedächtnis und der Gedächtnisleistung scheint jedoch nicht ganz so einfach zu sein. Wissen hat nicht zwangsläufig zur Folge, daß es auch angewandt wird. Kinder werden jedoch mit höherer Wahrscheinlichkeit eine Strategie weiterverfolgen, wenn sie ihren Erfolg beim Lösen einer Aufgabe auf diese Strategie zurückführen (Fabricius und Hagen, 1984).

Kapazität

Eine naheliegende Erklärung der Gedächtnisentwicklung wäre, anzunehmen, daß die Gedächtnisspanne (die Kapazität des Kurzzeitgedächtnisses) zunimmt. Zum Beispiel können Kinder mit zunehmendem Alter immer längere Zahlenreihen (etwa 3281734) wiederholen. Es gibt auch Belege dafür, daß mit zunehmender Reifung des Nervensystems die geistige Kapazität zunimmt (Case, 1985). Bildlich gesprochen hätten Kinder demnach gleichsam kleinere Wissenskästchen im Kopf als Erwachsene (Schneider und Weinert, 1989) oder ältere Kinder hätten mehr geistige Muskelkraft (Flavell et al., 1993). Die Dinge liegen jedoch komplizierter. Wie bereits erwähnt, werden kognitive Fertigkeiten durch Übung immer stärker automatisiert und beanspruchen dadurch immer weniger Kapazität. Folglich dürfte die entwicklungsabhängige Kapazitätszunahme zum Teil auch die zunehmende Effizienz widerspiegeln, mit der die gleiche Kapazität genutzt wird, und nicht ausschließlich auf strukturelle neurologische Veränderungen zurückgehen. Zum Beispiel werden Kinder mit zunehmender Lesefertigkeit auch einzelne Wörter schneller erkennen, und entsprechend nimmt die Aufnahmekapazität zu. Auf diese Weise trägt beides, Reifung und Übung, dazu bei, daß ältere Kinder eine größere Gedächtnisspanne haben als jüngere.

Interessanterweise scheint diese Zunahme der Gedächtniskapazität bereichsspezifisch zu sein. Wie Untersuchungen zur Reaktionszeit (der Zeitspanne zwischen Reizdarbietung und Antwort des Kindes) zeigen, stehen bei einigen Aufgaben die Gedächtniskapazitäten von Kindern und Erwachsenen im selben Verhältnis zueinander (Hale, 1990; Kail, 1991). Hale (1990) beispielsweise stellte fest, daß Zehnjährige einige sehr unterschiedliche Aufgaben etwa 1,8mal langsamer lösten als Collegestudenten, während Zwölfjährige bei den gleichen Aufgaben nur 1,6mal länger brauchten. Diese Befunde stützen die Behauptung von Case, daß es im Laufe der Entwicklung einige bereichsübergreifende Veränderungen der Kapazität gibt – ganz im Sinne der Neo-Piagetianer.

Unabhängig von den Ursachen der Kapazitätszunahme – seien es nun überwiegend Reifungsprozesse mit strukturellen Veränderungen der neuronalen „Hardware" oder aber die wachsende Effizienz aufgrund von Übung – sind die Auswirkungen auf das Gedächtnis klar. Wie bereits beschrieben, nutzen ältere Kinder die wachsende Kapazität, um mehr Items im Kurzzeitgedächtnis zu behalten, und investieren sie in Strategien des Gedächtnisses und Metagedächtnisses – eine kluge Investition, wie wir gesehen haben.

Repräsentation

Die bislang dargestellte Gedächtnisforschung macht deutlich, daß Repräsentationsprozesse eng mit Gedächtnisprozessen zusammenhängen. Als *Repräsentation* bezeichnet man die mentale Form, in der Informationen dargestellt werden. Das Kind speichert Repräsentationen von äußeren Objekten und Phänomenen und ruft sie dann gegebenenfalls aus dem Gedächtnis ab. Wissen kann auf unterschiedliche Weise repräsentiert werden, in Form von Wörtern oder Sätzen, Handlungen, Vorstellungsbildern und abstrakten Propositionen (allgemeinen „Ideen", die einer Aussage zugrunde liegen). Für Entwicklungspsychologen stellt sich die Frage, ob es altersabhängige Unterschiede in der Fähigkeit und Häufigkeit gibt, mit denen Kinder diese verschiedenen Typen von Repräsentationen anwenden. Wahrscheinlich unterscheiden sich Zweijährige, Fünfjährige und Zehnjährige darin, wie sie ein Fahrrad repräsentieren – ob durch das Wort „Fahrrad", durch eine bildhafte Vorstellung eines Fahrrades, durch eine mentale

Vorstellung vom Gefühl, Fahrrad zu fahren, oder durch eine Reihe von Aussagen zur Natur des Fahrrades.

Da Erwachsene ihr Wissen im wesentlichen über Sprache repräsentieren, haben sich die Psychologen egozentrisch auf das Bedeutungssystem der Sprache konzentriert – das heißt auf die Frage, wie Objekte oder Phänomene verbal enkodiert und innerhalb eines semantischen Netzwerkes interpretiert werden. (Diese Forschung stützt sich in der Regel auf Gedächtnisaufgaben; deswegen wurden im vorangegangenen Abschnitt die Befunde zur Gedächtnisforschung bei Kindern zusammengefaßt.) Mit zunehmendem Alter memorieren Kinder eher verbal und ziehen Schlußfolgerungen aus Sätzen, indem sie deren Bedeutung analysieren. Allerdings wenden Kinder in jedem Alter, aber insbesondere Säuglinge und Kleinkinder, nonverbale Repräsentationen wie bildhafte Vorstellungen an. Einige Belege weisen darauf hin, daß Säuglinge schon sehr früh einfache mentale Repräsentationen konstruieren können.

Ein für Entwicklungspsychologen besonders interessanter Repräsentationstyp sind *Scripte*, die Kognitionspsychologen bei Untersuchungen Erwachsener herausgearbeitet haben (Minsky, 1975; Schank und Abelson, 1977). Scripte sind generalisierte Repräsentationen einer geordneten zeitlichen Abfolge von Ereignissen, wie sie im täglichen Leben vorkommen. Sie beschreiben für bestimmte Situationen, „was jeweils vermutlich passieren wird", und geben Kindern eine Orientierung über die zeitliche Abfolge, die bei bestimmten Ereignissen zu erwarten ist. Wird diese Reihenfolge dann nicht eingehalten, reagieren Kinder leicht verwirrt. Beispielsweise regte sich eine Zweijährige sehr auf, als sie einmal vor dem Abendbrot gebadet wurde – und nicht, wie sonst, danach –, weil sie dachte, sie bekäme nun nichts mehr zu essen (Hudson, 1990). Anhand von Scripten können Kinder alte und neue Objekte oder Phänomene verstehen und interpretieren. Nach Nelsons Definition (1978) enthält ein Script „(1) eine Sequenz von bestimmten elementaren und obligatorischen Ereignissen, sagt (2) Freiräume für Optionen, Objekte und Phänomene und deren potentielle Inhalte voraus und bestimmt (3) die Rollen und Akteure" (1978, S. 256–257). Nelson stellte fest, daß auch kleine Kinder schon Scripte für vertraute Situationen entwickeln. Als Beispiel führt er das Script eines Kindes für das Essen in einem Fast-Food-Restaurant an:

> „Ich gehe hinein und ich, ich, ich frage meinen Papa, und dann fragt der Papa die Frau, und die Frau holt es. Eine kleine Cola, einen Cheeseburger . . . Sie wollen hier essen, darum brauchen sie kein Tablett. Dann suchen wir uns einen Tisch. Ich esse alles auf. Alles. Und werfe das . . . Papier . . . die Cheeseburger in den Abfalleimer . . . Tschüs. Tschüs. Dann ins Auto . . . Brumm, brumm! Tschüs."
>
> [1978, S. 260]

Scripte zeichnen sich durch drei bemerkenswerte Merkmale aus: Erstens werden sie wahrscheinlich sowohl aus sprachlichen Repräsentationen als auch aus nonverbalen Vorstellungsbildern gebildet. Damit sind Scripte in geringerem Maße verbal und statisch als Repräsentationen in semantischen Netzwerken, die Informationen über die Bedeutung von Wörtern und Begriffen herausstellen. Zweitens scheint der Scriptansatz die Art, wie Kinder komplexe Ereignisse ihres Alltags repräsentieren, in viel genauerer Annäherung zu beschreiben als viele andere Ansätze, die wir vorgestellt haben. Drittens läßt sich dieser Ansatz unmittelbar auf das soziale Umfeld von Menschen und Ereignissen anwenden. Aus diesen Gründen bieten Scripte eine interessante Alternative zu den Ansätzen, die sich enger an die Metapher des Computers anlehnen.

Wir haben in diesem Abschnitt verschiedene Typen der Repräsentation dargestellt: verbale oder nonverbale Repräsentationen von einzelnen Objekten oder Phänomenen, Netzwerke von Repräsentationen wie die semantischen Netzwerke von Wörtern oder

Propositionen, und Scripte als Repräsentationen einer Abfolge von Ereignissen in Raum und Zeit. Darüber hinaus werden wir (im nächsten Abschnitt) auf die Repräsentation von Regeln beim Problemlösen eingehen. Alle diese verschiedenen Typen von Repräsentation lassen sich in zwei Kategorien einteilen, je nachdem, ob Information über das *Wie* eines Vorgangs (prozedurales Wissen) oder das *Daß* (deklaratives Wissen) repräsentiert werden soll. Beispielsweise wird das Wissen, wie man subtrahiert, wahrscheinlich anders repräsentiert als das Wissen, daß Grundschullehrer lächeln, wenn Kinder richtig subtrahieren.

Problemlösen

Im Rahmen des Informationsverarbeitungsansatzes wird seit langem die Frage untersucht, wie Menschen Probleme lösen. Wir wollen zwei Ansätze zur Beantwortung dieser Fragen betrachten.

Siegler (1978) hat untersucht, welche Regeln Kinder anwenden, um Probleme zu vielen von Piaget untersuchten physikalischen Phänomenen zu lösen – sein Ansatz entspricht der im Methodenabschnitt beschriebenen Regelbewertung. Ein gutes Beispiel ist Inhelders und Piagets Waagebalkenaufgabe. Siegler verwendet eine Waage, bei der sich auf beiden Hebelarmen vier Zapfen befinden, auf die Gewichte aufgesteckt werden können; die Abstände zwischen den Zapfen sind dabei einheitlich. Die Kinder sollen nun vorhersagen, auf welcher Seite sich die Waage jeweils senken wird. Für diese Voraussage sind zwei Informationen relevant: die Anzahl der (gleich schweren) Gewichte auf jeder Seite und ihr Abstand vom Drehpunkt. Siegler konnte vier Regeln identifizieren:

1. Kinder berücksichtigen nur die Anzahl der Gewichte, sagen also voraus, daß sich der Hebelarm mit den meisten Gewichten senken wird.
2. Kinder berücksichtigen nur die Anzahl der Gewichte, es sei denn, auf beiden Hebelarmen befinden sich gleich viele Gewichte; in diesem Fall berücksichtigen sie auch den Abstand vom Drehpunkt.
3. Kinder berücksichtigen sowohl die Gewichte als auch ihren Abstand vom Drehpunkt, wissen aber nicht, was sie vorhersagen sollen, wenn auf der einen Seite der Abstand, auf der anderen das Gewicht größer ist.
4. Kinder können den Beitrag von Gewicht und Abstand präzise bewerten, indem sie die Anzahl der Gewichte auf jedem Zapfen mit der Ordnungsnummer des Zapfens – das heißt dem Ordinalabstand zum Drehpunkt – multiplizieren. (Die Ordinalposition kann verwendet werden, weil der Abstand der Zapfen gleichmäßig ist. Der vierte Zapfen hat zum Drehpunkt einen viermal so großen Abstand wie der erste.) Durch den Vergleich der Ergebnisse dieser Berechnung für beide Seiten kann das Kind vorhersagen, welcher Hebel sich senkt.

Welche Regel ein Kind jeweils anwandte, bestimmte Siegler, indem er in einer Reihe von Aufgaben systematisch die Anzahl der Gewichte und ihren Abstand vom Drehpunkt variierte. Über die Aufgabenreihe hinweg führte jede Regel zu einem charakteristischen Muster richtiger und falscher Voraussagen. Sieglers Studie ist ein Beispiel für die weiter oben erwähnte Fehleranalyse. Betrachten wir beispielsweise eine „Konfliktsituation", bei der sich auf der einen Seite der Waage mehr Gewichte befinden, während die Gewichte auf der anderen Seite einen größeren Abstand zum Drehpunkt haben. Die Anordnung ist jedoch so gewählt, daß sich der Hebelarm mit der größeren

Anzahl von Gewichten senkt. Ein Kind, das Regel 1 oder 2 anwendet, wird deshalb immer richtig vorhersagen, daß die Seite mit der größeren Anzahl von Gewichten sich senkt, denn es berücksichtigt nur die Anzahl der Gewichte. Kinder, die Regel 3 anwenden, werden dagegen nur in etwa einem Drittel aller Fälle die richtige Voraussage machen, weil sie schlicht raten. Sie wissen, daß sowohl der Abstand zum Drehpunkt als auch die Anzahl der Gewichte eine Rolle spielen, können aber den jeweils exakten Beitrag nicht bemessen. Kinder, die Regel 4 anwenden, machen korrekte Vorhersagen. Man beachte, daß die Fehler der Kinder ebenso viel aussagen wie ihre richtigen Antworten. Es zeigte sich, daß die vier Regelmodelle bei 89 Prozent der Kinder im Alter von fünf, neun, 13 und 17 Jahren die beobachteten Vorhersagemuster aus den unterschiedlichen Versuchsdurchgängen exakt beschrieben. Außerdem wandten die älteren Kinder, wie erwartet, kompliziertere Regeln an als die jüngeren. Siegler hat mit vielen anderen Aufgaben, unter anderem zur Invarianz, Projektion von Schatten, Wahrscheinlichkeit, Geschwindigkeit und zur mathematischen Berechnung, ähnliche Analysen durchgeführt.

Dieser einfache Satz von Regeln, die Siegler spezifiziert hat, ist ein ansprechend einfaches Entwicklungsmodell, hat aber gerade wegen seiner Einfachheit Kritik hervorgerufen. So wurde eingewandt (Strauss und Lewin, 1981), daß sich diese einfachen Regeln nur deshalb ergeben, weil Sieglers methodischer Ansatz die Kinder in ihren Regeln entsprechend einschränkt. Würde dieselbe Aufgabe nicht so gestellt, daß statt einer gebundenen Wahlantwort (*forced-choice*) eine offen gelassene Antwort möglich ist, könnten vielleicht andere, viel komplexere Regeln zutage treten. Solche Probleme und Einschränkungen bei der Bewertung der Regeln diskutieren Ferretti und Butterfield (1986), Kerkman und Wright (1988) und Siegler (1983).

Ein weiteres Forschungsprogramm zum Problemlösen bei Kindern verfolgt Klahr, teilweise in Zusammenarbeit mit Wallace, Siegler, Simon, Newell und anderen.

Klahr entwickelt seit Jahren Computerprogramme, um das Problemlösen von Kindern zu simulieren. Untersucht hat er dabei die Klasseninklusion, den Erhaltungsbegriff, das transitive Denken, das Zählen, die Beurteilung von Gewichten und andere Konzepte. Klahr forscht nach dem „programmierbaren Piaget" (Quillian, Wortman und Baylor, 1964). So haben Klahr und seine Kollegen (Simon et al., im Druck) ein Computermodell dafür entwickelt, wie Kinder durch Übung den Erhaltungsbegriff bei Zahlen erwerben könnten. Das Flair dieses Ansatzes läßt sich am besten vermitteln, wenn man Sieglers vier Regeln zum Lösen der Waagebalkenaufgabe in ein Computerprogramm übersetzt. Ein erster Schritt dabei wäre, die vier Regeln wie in Abbildung 4.3 als Flußdiagramm darzustellen. Dieses Diagramm zeigt die einzelnen Schritte bei der Anwendung jeder Regel. „Ja"- und „Nein"-Antworten führen zu einem unterschiedlichen Verlauf der Produktion. Das Aufstellen eines Flußdiagramms ist ein Zwischenschritt zwischen den umgangssprachlich formulierten Regeln und einem Programm, das in einer für den Computer verständlichen Sprache Regeln formuliert. Ein Flußdiagramm definiert dabei ein Produktionssystem, das dann in eine Computersprache übersetzt werden kann (Abbildung 4.4). Verschiedene Begriffe sind an dieser Stelle erklärungsbedürftig. Ein *Produktionssystem* besteht aus einem Satz von im Langzeitgedächtnis gespeicherten Produktionen, wobei man unter *Produktionen* Be-

4.3 Entscheidungsbäume der Modelle I – IV, in denen die Regeln dargestellt sind, die bei der Waagebalkenaufgabe zu einer Entscheidung führen. [Modifiziert nach Klahr, D.; Siegler, R. S. *The Representation of Childrens' Knowledge*. In: Reese, H. W.; Lipsitt, L. P. *Advances in Child Development and Behavior*. Bd. 12. © 1978. Nachdruck mit Genehmigung der Academic Press Inc. und der Verfasser.] ▶

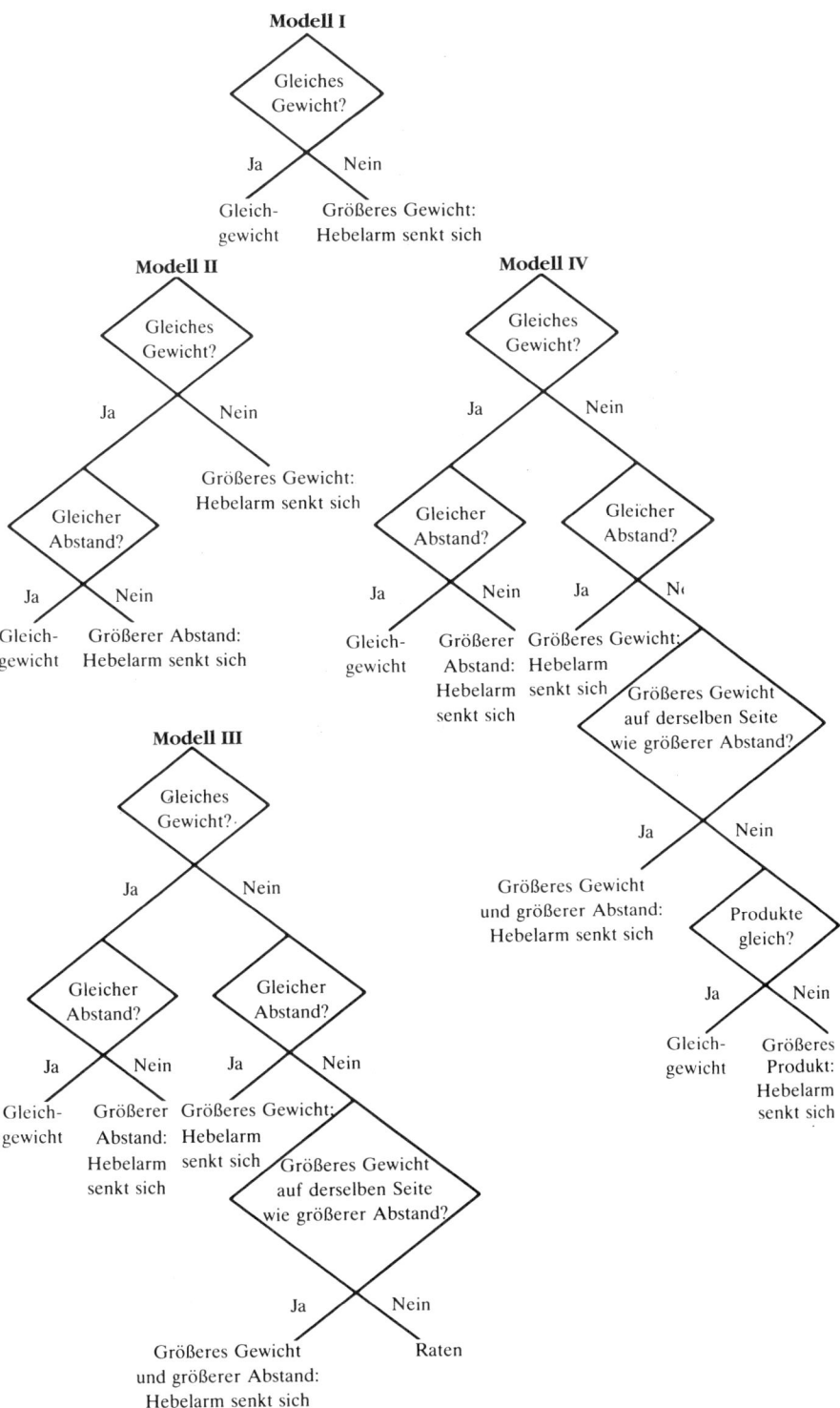

Modell I
P1: Gleiches Gewicht --> Sage „Gleichgewicht"
P2: Größeres Gewicht --> Sage „Hebelarm senkt sich"

Modell II
P1: Gleiches Gewicht --> Sage „Gleichgewicht"
P2: Größeres Gewicht --> Sage „Hebelarm senkt sich"
P3: Gleiches Gewicht, größerer Abstand --> Sage „Hebelarm senkt sich"

Modell III
P1: Gleiches Gewicht --> Sage „Gleichgewicht"
P2: Größeres Gewicht --> Sage „Hebelarm senkt sich"
P3: Gleiches Gewicht, größerer Abstand --> Sage „Hebelarm senkt sich"
P4: Größeres Gewicht, kleinerer Abstand --> Raten
P5: Größeres Gewicht, größerer Abstand --> Sage „Hebelarm senkt sich"

Modell IV
P1: Gleiches Gewicht --> Sage „Gleichgewicht"
P2: Größeres Gewicht --> Sage „Hebelarm senkt sich"
P3: Gleiches Gewicht, größerer Abstand --> Sage „Hebelarm senkt sich"
P4: Größeres Gewicht, kleinerer Abstand --> Bilde das Produkt
P5: Größeres Gewicht, größerer Abstand --> Sage „Hebelarm senkt sich"
P6: Gleiches Produkt --> Sage „Gleichgewicht"
P7: Größeres Produkt --> Sage „Hebelarm senkt sich"

Bedingungen für den Übergang von einem Modell zum nächsten

	Produktionen	Operatoren
I --> II	füge P3 hinzu	füge Enkodierung und Vergleich des Abstands hinzu
II --> III	füge P4, P5 hinzu	
III --> IV	modifiziere P4; füge P6, P7 hinzu	füge Berechnung und Vergleich der Produkte hinzu

4.4 Repräsentationen der Modelle I–IV im Produktionssystem; dargestellt sind die Regeln, die bei der Waagebalkenaufgabe zu Entscheidungen führen. [Modifiziert nach Klahr, D.; Siegler, R. S. *The Representation of Childrens' Knowledge*. In: Reese, H. W.; Lipsitt, L. P. *Advances in Child Development and Behavior*. Bd. 12. © 1978. Nachdruck mit Genehmigung der Academic Press Inc. und der Verfasser.]

dingung-Handlung-Regeln zur Veränderung der im kognitiven System zu einem gegebenen Zeitpunkt aktivierten Informationen versteht. Produktionen verlaufen in der Form: „Wenn X gegeben ist, dann erfolgt Y". Wenn bei der Waagebalkenaufgabe in Produktion 1 (P1) beispielsweise die Anzahl der Gewichte gleich ist, sagt ein Kind bei allen vier Regeln (Modelle I bis IV in Abbildung 4.4), sie glichen sich aus. Wir haben also zuerst das Wiedererkennen (X ist gegeben) und dann die Handlung (Y tritt ein).

Ein Wiedererkennen findet statt, wenn die Bedingungen gegeben sind, wenn also eine Übereinstimmung vorliegt. Sind die Bedingungen nicht erfüllt, so wird die Produktion nicht aktiviert. Sind zwei Produktionsbedingungen erfüllt, so muß ein Konfliktlösungsprinzip entscheiden, welche Produktion abläuft. Beim Anwenden der Bedingung-Handlung-Regeln wird über mehrere Arbeitsdurchgänge hinweg der ursprüngliche Wissensstand insofern verändert, als einzelne Elemente hinzugefügt, gestrichen oder verändert werden. Während das Produktionssystem die verschiedenen Arbeitsgänge durchläuft, wird auch der Ablauf festgehalten, so daß für jeden einzelnen Schritt nachvollziehbar ist, was mit dem Produktionssystem passierte (Abbildung 4.5).

Betrachten wir eines der vier Modelle in Abbildung 4.4 näher. Wir erinnern uns, daß bei Regel 2 (Modell II) der Abstand vom Drehpunkt nur dann eine Rolle spielt, wenn die Anzahl der Gewichte gleich ist. Modell II ist ein Produktionssystem mit drei Produktionen (Bedingung-Handlung-Regeln). Im „Bedingungsteil" der Bedingung-Handlung-Regel wird überprüft, ob Gewichte oder Abstände gleich oder unterschiedlich sind. Der „Handlungsteil" – jeweils nach dem Pfeil in den Produktionen in Abbildung 4.4 – enthält die Verhaltensreaktion. Wenn also in P1 die Anzahl der Gewichte auf beiden Seiten gleich ist (Bedingung), sagt das Kind, sie glichen sich aus (Handlung). Nach P2 senkt sich Seite X, wenn sich auf dieser Seite mehr Gewichte befinden als auf Seite W. Und nach P3 schließlich sagt das Kind dann voraus, daß X sich senkt, wenn die Anzahl der Gewichte auf beiden Seiten gleich und auf der Seite X der Abstand größer ist. Die Liste im unteren Teil von Abbildung 4.4 gibt an, wie sich die Produktionsreihe verändert, wenn ein Kind in seiner Entwicklung von einem Modell zum nächsten übergeht.

Die formale Darstellung von Produktionssystemen könnte bei der Beschreibung des Verhaltens einzelner Kinder den vielleicht wichtigsten Beitrag leisten. Abbildung 4.5 zeigt den Ablauf für das Produktionssystem des siebenjährigen Jan. Die meisten Angaben sind für unsere Zwecke nicht von Belang; eine detaillierte Erläuterung findet der interessierte Leser bei Klahr und Siegler (1978). Wichtig für uns sind die Abschnitte, in denen der Zustand des „Arbeitsgedächtnisses" (die zu einem gegebenen Zeitpunkt verfügbaren Informationen) für jeden Durchgang bei der Anwendung des Produktionssystems festgehalten ist. Zu Beginn von Durchgang 2 beispielsweise besteht das Arbeitsgedächtnis (WM) aus vier Elementen: ein größerer Abstand auf dem rechten Hebelarm, mehr Gewichte auf dem linken Hebelarm, Zielsetzung: Vorhersage, Vorhersagekriterium: Gewicht. Beim Wiedererkennungstest vergleichen P2 und P4 (die Produktionen 2 und 4 in Jans spezifischem Modell) diese Elemente, und da P4 zufällig ein Sonderfall von P2 ist, wird P4 ausgelöst. Der Output steuert das System, um festzustellen, was schwerer ist (FIND BIG). Danach geht das Produktionssystem weiter zu Durchgang 3. Das Ergebnis von Durchgang 2 bildet den Anfang von Durchgang 3, und so fort. Man beachte, daß das System in einigen Durchgängen einen Konflikt zwischen zwei Produktionen erkennt und versucht, diesen Konflikt aufzulösen.

Als wäre dieses Modell nicht schon kompliziert genug, gibt es noch weitere Informationen, die es zusätzlich einbeziehen muß: die allgemeinen Problemlösefähigkeiten und das semantische Wissen, die ein Kind in unterschiedlichen Entwicklungsstadien für die Aufgabe mitbringt. Das Modell wird auch dadurch komplexer, daß ein Kind aufgrund zunehmender Übung bei den Lösungsdurchgängen für eine Aufgabe seine Strategien ändert. Psychologen, die sich mit Computersimulation befassen, haben gelernt, sich um einer umfassenden und spezifischen Theorie willen mit dieser Komplexität zu arrangieren.

Ein formales Modell stellt im Detail und in jedem einzelnen Schritt explizit dar, wie ein Kind ein Problem löst. Im Idealfall enthält es alle relevanten Informationen über

```
                    (0003|0020)
        Cycle 1
        WM: ((PREDICT) (CRITERION WEIGHT))

            Fire P8: ((PREDICT) (<DIMENSION.1>) ABS --> ATTEND)
                Output from ATTEND (input to WM) ::> (weight more left)(distance more right)

        Cycle 2
        WM: ((DISTANCE MORE RIGHT) (WEIGHT MORE LEFT) (PREDICT) (CRITERION WEIGHT) )
                CONFLICT.SET: (P2 P4)
        Fire P4: ((PREDICT) (WEIGHT MORE) (DISTANCE MORE) --> FIND.BIG)
                Output from FIND.BIG (input to WM) ::> (distance big right)(weight big left)

        Cycle 3
        WM: ((WEIGHT BIG LEFT) (DISTANCE BIG RIGHT) (PREDICT) (WEIGHT MORE LEFT)
                (DISTANCE MORE RIGHT) (CRITERION WEIGHT))
                CONFLICT.SET: (P2 P4 P5 P6 P7)
                CONFLICT.SET: (P4 P5) AFTER SPECIAL.CASE.ORDER
                CONFLICT.SET: (P5) AFTER WM.ORDER
        Fire P5: ((PREDICT) (CRITERION <DIMENSION.1>)(<DIMENSION.1> BIG <SIDE.1>)
                (<DIMENSION.2> BIG <SIDE.2.) --> (MADE **) (EXPECT <SIDE.1> DOWN) SAY.D)

        ********** LEFT down

        Cycle 4
        WM: ((EXPECT LEFT DOWN) (MADE (PREDICT)) (CRITERION WEIGHT) (WEIGHT BIG LEFT)
                (DISTANCE BIG RIGHT) (WEIGHT MORE LEFT) (DISTANCE MORE RIGHT))
        Fire E1: ((EXPECT) --> LOOK)
                Output from LOOK (input to WM) ::> (see right down)

        Cycle 5
        WM: ((SEE RIGHT DOWN) (EXPECT LEFT DOWN) (MADE (PREDICT)) (CRITERION WEIGHT)
                (WEIGHT BIG LEFT) (DISTANCE BIG RIGHT) (WEIGHT MORE LEFT) (DISTANCE MORE RIGHT))
                CONFLICT.SET: (E1,E3)
        Fire E3: ((EXPECT <SIDE.1> <DIRECTION>)
                (SEE <SIDE.1> <DIRECTION>) ABS (SEE) --> (DID **) (SEE ===> SAW)
        (RESULT WRONG))

        Cycle 6
        WM: ((RESULT WRONG) (DID (EXPECT LEFT DOWN)) (SAW RIGHT DOWN) (MADE (PREDICT))
                (CRITERION WEIGHT) (WEIGHT BIG LEFT) (DISTANCE BIG RIGHT) (WEIGHT MORE LEFT)
                (DISTANCE MORE RIGHT))
        Fire SW2: ((RESULT WRONG) (CRITERION WEIGHT) --> (OLD **) (WEIGHT ===> DISTANCE))

        Cycle 7
        WM: ((OLD (RESULT WRONG)) (CRITERION DISTANCE) (DID (EXPECT LEFT DOWN))
                (SAW RIGHT DOWN) (MADE (PREDICT)) (WEIGHT BIG LEFT) (DISTANCE BIG RIGHT)
                (WEIGHT MORE LEFT) (DISTANCE MORE RIGHT))
```

4.5 Spuren des Produktionssystems (P) bei dem siebenjährigen Jan in einem Konflikt-Abstand-Problem in der Waagebalkenaufgabe. ABS = fehlt. WM = Arbeitsgedächtnis. E = Aufgabe Nr. x. [Aus: Klahr, D.; Siegler, R. S. *The Representation of Childrens' Knowledge.* In: Reese, H. W.; Lipsitt, L. P. *Advances in Child Development and Behavior.* Bd. 12. © 1978. Nachdruck mit Genehmigung der Academic Press Inc. und der Verfasser.]

das jeweilige Kind und die zu lösende Aufgabe. Klahrs und Sieglers Studie ist vielleicht das beste Beispiel für den Ansatz der Problemanalyse, der im allgemeinen Überblick dargestellt wurde. Eine Stärke dieses Ansatzes liegt darin, daß nicht nur die formale Struktur der Problemlösung eines Kindes dargestellt wird, sondern auch die Anforderungen der experimentellen Situation berücksichtigt werden, beispielsweise die Art des Feedbacks und die Art, in der die Waage dargeboten wird. Da sich vor allem bei Kindern nicht nur der kognitive Entwicklungsstand, sondern auch die Situation auf die Leistung auswirkt, müssen in jeder Theorie des Problemlösens beide Faktoren spezifiziert sein.

Andere Untersuchungen zum Problemlösen schließen auch Planung, Kausalschlüsse, Analogien, Hilfsmittel und logische Deduktionen ein (Siegler, 1991, Kapitel 8). Es gibt Computersimulationen zum mathematischen Denken bei Kindern (Siegler, 1987, 1988) und zum Spracherwerb (MacWhinney, 1987). Einige Untersuchungen decken auch das Kindergartenalter ab; zum Beispiel wurde Kindern dieser Altersstufe ein „Hund-Katze-Maus"-Problem gestellt, bei dem jedes Tier zu seinem Lieblingsfutter gebracht werden sollte Klahr, 1985). Nur bestimmte Bewegungsmuster waren zugelassen. Die Art, wie die Kinder den Hund zum Knochen, die Katze zum Fisch und die Maus zum Käse brachten, ließ ihre Strategien beim Problemlösen erkennen. Schließlich hat Klahr auch die Entwicklung von Stategien des wissenschaftlichen Schlußfolgerns untersucht (zum Beispiel Dunbar und Klahr, 1989). Dabei wurden Kinder mit einem Roboter konfrontiert, wobei sie zuerst lernten, das Gerät zu bedienen. Anschließend wurden sie aufgefordert, weitere Eigenschaften des Roboters herauszufinden, also Hypothesen zu generieren und zu testen.

Intelligenz

Robert Sternbergs Theorie ist ein Versuch, die Vorzüge von drei Erklärungsansätzen zu verbinden. Er konzentriert sich dabei, der Tradition des Informationsverarbeitungsansatzes folgend, auf kognitive Prozesse, Kapazität und zeitliche Abläufe des Denkens sowie auf sorgfältige Problemanalysen. Den psychometrischen Ansatz (bei dem beispielsweise IQ-Tests zur Intelligenzmessung herangezogen werden) greift er insofern auf, als er individuelle Unterschiede untersucht. Sein Interesse für kognitive Entwicklung und logische Operationen schließlich läßt den Einfluß Piagets erkennen.

Sternberg (1985) charakterisiert Intelligenz als ein Zusammenwirken von verschiedenen Komponenten – von elementaren Prozessen, die innere Repräsentationen von Objekten, Phänomenen oder Symbolen verändern. Diese Komponenten lassen sich in drei verschiedene Typen einteilen: die (weiter unten dargestellten) *Komponenten des Wissenserwerbs*, die *Performanzkomponenten* und die *Metakomponenten*. Verfügt ein Kind nicht über das zur Lösung einer Aufgabe erforderliche Wissen, so stellen Komponenten des Wissenserwerbs relevante Informationen bereit. Die Metakomponenten, die bei der Ausführung der Aufgabe zur Planung und Entscheidungsfindung eingesetzt werden, verbinden diese neuen Informationen mit dem bereits vorhandenen Wissen, so daß mit Hilfe der Performanzkomponenten eine geeignete Problemlösungsstrategie entwickelt werden kann. Die Performanzkomponenten lösen dann schließlich das Problem. Ganz ähnlich wie die weiter oben dargestellten Prozesse der Ablaufsteuerung und Metakognition dirigieren die Metakomponenten die beiden Komponenten des Wissenserwerbs und der Performanz so, daß ein zielgerichtetes Verhalten erreicht wird. Aufgabe der Metakomponenten ist es beispielsweise zu entscheiden, wie die mentale Kapazität während der begrenzten Zeit zum Problemlösen auf die anderen Komponenten verteilt wird, sie registrieren den Ablauf des Problemlösens und entscheiden über die Reaktion auf Feedback. Verfügt ein Kind schon über das für die Lösung des Problems erforderliche Verständnis, dann sind nur Metakomponenten und Performanzkomponenten im Spiel.

Um die Funktion der Performanzkomponenten zu veranschaulichen, betrachten wir die folgende Analogieaufgabe von Sternberg (1979): N.J.:N.Y.::N.H.:(a.R.I.,b.N.D.). Die richtige Antwort lautet R.I. Die sieben Performanzkomponenten dieses Aufgabentyps sind die folgenden: Zunächst ist eine *Enkodierung* erforderlich, das heißt, es müssen verschiedene Merkmale der ersten beiden Ausdrücke identifiziert werden. N.J. könnte also beispielsweise als New Jersey, N.Y. als New York enkodiert werden. Zweitens wird in einem *Schluß* die Beziehung zwischen dem ersten und dem zweiten Ausdruck spezifiziert; es handelt sich beispielsweise in beiden Fällen um Abkürzungen, die beiden Staaten grenzen aneinander an, und beide beginnen mit N. Drittens werden durch *Abbilden* die enkodierten Merkmale des ersten und des dritten Ausdrucks verglichen; dabei wird beispielsweise festgestellt, daß es sich in beiden Fällen um Staaten handelt, die mit N beginnen. Viertens wird in der *Anwendung* eine Beziehung zwischen dem dritten Ausdruck und einer der möglichen Antworten abgeleitet, die der Beziehung zwischen dem ersten und dem zweiten Ausdruck analog ist. Fünftens werden im *Vergleich* die möglichen Antworten verglichen und gegenübergestellt. Sechstens wird in einem *Abgleich* die gewählte Antwort mit den eigenen Vorstellungen vom Ideal einer Antwort verglichen, um festzustellen, ob die Antwort, für die man sich entschieden hat, hinreichend ist. Siebtens schließlich erfolgt die *Reaktion* oder *Antwort*.

Schulkinder und Erwachsene setzen zwar dieselben Performanzkomponenten ein, um Analogieprobleme zu lösen, aber sie unterscheiden sich darin, wie die kognitiven Ressourcen den verschiedenen Performanzkomponenten zugewiesen werden (Sternberg und Rifkin, 1979). Erwachsene brauchen beispielsweise für die Enkodierung der Ausdrücke mehr Zeit als für die nachfolgenden Schritte, bei Siebenjährigen ist es gerade umgekehrt. Kinder mit einem hohen Intelligenzquotienten verhalten sich in dieser Hinsicht eher wie Erwachsene.

Bei den Komponenten des Wissenserwerbs scheint es einen auffallenden Unterschied zwischen durchschnittlich begabten und überdurchschnittlich begabten Kindern zu geben. Überdurchschnittlich begabte Kinder können besonders gut *selektiv enkodieren* (relevante und irrelevate Informationen trennen), *selektiv kombinieren* (Informationen in einen Bedeutungszusammenhang integrieren) und *selektiv vergleichen* (eine Beziehung zwischen neu enkodierten Informationen und bereits vorhandenem Wissen herstellen). Überdurchschnittlich begabte Menschen können diese Fertigkeiten in höherem Maße nutzen, um mit neuartigen Situationen umzugehen, als durchschnittlich Begabte. Sternberg (1986) untermauerte diese Behauptung in einer Studie mit Einsichtsproblemen wie dem folgenden:

> „Wenn man in seiner Schublade schwarze und blaue Socken im Verhältnis von vier zu fünf hat, aber wegen der Dunkelheit nicht sehen kann, welche Farbe die Socken haben, wieviele Socken muß man dann herausnehmen, um sicher sein zu können, daß in jedem Fall ein Paar in derselben Farbe dabei ist?"
>
> [S. 213]

Ohne selektives Enkodieren kann man nicht feststellen, daß das Verhältnis der schwarzen und blauen Socken irrelevant ist. Unabhängig von diesem Zahlenverhältnis ist bei drei Socken immer ein Paar derselben Farbe dabei.

Die beiden anderen Komponenten des Wissenserwerbs – selektiv kombinieren und vergleichen – lassen sich an Entdeckungen berühmter Wissenschaftler illustrieren. Die selektive Kombination war entscheidend für Darwins Fähigkeit, Fakten, die er über Jahre hinweg gesammelt hatte, in eine kohärente Struktur zu bringen – seine Evolutionstheorie. Auf selektiven Vergleich stützte sich der Chemiker August Kekulé von Stradonitz: Nachdem er im Traum eine Schlange gesehen hatte, die sich zusammenrollte und in den eigenen Schwanz biß, erkannte Kekulé beim Aufwachen in diesem Bild eine Metapher für die Struktur des Benzolringes.

Während der Entwicklung eines Kindes werden alle drei Komponenten des Wissenserwerbs in zunehmendem Maße verfügbar, zugänglich und ausführbar. Bei einem älteren Kind oder einem Experten setzt die zunehmende Automatisierung der Komponenten auf einem bestimmten Gebiet Kapazitäten für andere Aufgaben frei. Sternberg nimmt an, daß retardierte Kinder eine geringere Automatisiertheit entwickeln. Wenn Teilfertigkeiten wie das Wiedererkennen von Buchstaben oder Wörtern nicht automatisiert werden, können sich die zum flüssigen Lesen erforderlichen Fertigkeiten höherer Ordnung nur sehr langsam entwickeln. Die wahrscheinlich wichtigste Entwicklungsänderung betrifft die Metakomponenten, insbesondere den Erwerb von Strategien zur Anwendung der eigenen Fertigkeiten der Informationsverarbeitung. Wenn die Metakomponenten nicht angemessen entwickelt sind, zeigt sich das beispielsweise bei einem noch kleinen oder retardierten Kind daran, daß es für seine Strategien die falschen Performanzkomponenten und Wissenserwerbkomponenten auswählt oder daß es die Strategie nicht wechselt, obwohl längst klar ist, daß die gewählte Strategie nicht zum Ziel führt.

Sternberg nennt seine Theorie eine „triarchische Theorie der Intelligenz", weil sie aus drei Teiltheorien besteht: einer *Komponententheorie*, die sich mit den oben dargestellten Komponenten der Intelligenz befaßt, einer *Erfahrungstheorie*, die die bereits diskutierten Fähigkeiten, mit neuartigen Anforderungen umzugehen und die Informationsverarbeitung zu automatisieren, beschreibt, und eine *Kontexttheorie*, die den kulturellen Kontext des Denkens in den Mittelpunkt stellt. Intelligentes Verhalten ist Sternbergs Theorie zufolge soziales und praktisches Verhalten; es paßt sich an spezifische natürliche Gegebenheiten an und wird von sozio-kulturellen Einflüssen mitbestimmt. Intelligente Menschen suchen sich beispielsweise aktiv eine Umgebung, in der ihre Stärken zur Geltung kommen oder die dazu beiträgt, ihre Schwächen zu kompensieren. Sternberg testet Alltagsintelligenz beispielsweise, indem er Versuchspersonen auffordert, auf Photographien echte und falsche Paare zu identifizieren, oder indem er ihr Wissen über Karriereplanung beurteilt. Diese breit angelegte, komplexe Theorie der Intelligenz hat sich weit von ihren Ursprüngen in Sternbergs „Siebtkläßler-Wissenschafts-Projekt" entfernt, in dem er einen „nicht gerade weitverbreiteten Sternbergschen Intelligenztest" entwarf (American Psychologist, 1982, S. 74).

Kommentar

An dieser Stelle sollten wir die Abschnitte über Gedächtnis, Repräsentation, Problemlösung und Intelligenz noch einmal zusammenfassen. Die Entwicklungspsychologie ist bei der Modellierung der kognitiven Prozesse zwar noch nicht so weit wie die Erwachsenenpsychologie, aber es gibt bereits einige Fortschritte. Ein adäquates Entwicklungsmodell muß die folgenden Aufgaben erfüllen:

1. Es muß verbale und nonverbale Repräsentationen erklären.
2. Es muß anhand von Konzepten wie Verarbeitungstiefe, Verarbeitungsstufen (sensorischer Speicher, Kurzzeitspeicher, Langzeitspeicher) oder einem anderen Verarbeitungsmodell die Operationen des willentlichen wie nicht-willentlichen Erinnerns erklären.
3. Es muß die Funktion der Steuerungsprozesse einschließlich der Strategien erklären.
4. Es muß das Zusammenspiel von Gedächtnis, Kapazitätsgrenzen, Strategien, Metagedächtnis und Wissenssystem mit seinen Regeln und Organisationsstrukturen erklären.

5. Es muß für Problemlösen und Intelligenz allgemein die grundlegenden Regeln oder mentalen Komponenten sowie deren Organisation spezifizieren und beschreiben.

6. Es muß die Entwicklung dieser vier Aspekte des Informationsverarbeitungssystems erklären, indem es die selbstmodifizierenden Prozesse und ihren Bezug zu biologischen und umweltbedingten Einflüssen spezifiziert.

Der Informationsverarbeitungsansatz hat neue Sprachen entwickelt, um das Denken von Erwachsenen und Kindern darzustellen. Siegler (1986) schreibt dazu, daß sich zwar jede Art von Information in jeder dieser vier neuen Sprachen darstellen lasse, aber jede einzelne Sprache für einen spezifischen Informationstyp besonders geeignet sei. Semantische Netzwerke sind ein besonders gutes Modell für Faktenwissen oder deklaratives Wissen (allgemeines Weltwissen und grundlegende Konzepte). Produktionssysteme und Flußdiagramme modellieren in der Regel Verfahrenswissen oder prozedurales Wissen (wie man Tennis spielt, Waagebalkenaufgaben oder Mathematikaufgaben löst). Scripte schließlich eignen sich besonders zur Darstellung von Sequenzen abstrakter Phänomene, beispielsweise von alltäglichen Ereignissen in der sozialen Umwelt.

Mechanismen der Entwicklung

Klahr und Wallace haben Forschungsprioritäten für den Bereich der Informationsverarbeitung von Kindern formuliert: „Eine Theorie des Übergangs kann niemals besser sein als die damit zusammenhängende Theorie über das, was sich im Übergang befindet" (1976, S. 14). Anders gesagt: „Man sieht nie die Übergänge selbst, sondern nur die Nebenprodukte von Übergängen; empirische Schnappschüsse sind damit eine der wichtigsten Quellen für Theorien des Übergangs" (Klahr, 1984, S. 106). Zunächst muß also, wie bei den vier Modellen in Abbildung 4.4, sorgfältig jeder einzelne Schritt beim Erwerb eines Konzepts dargestellt werden. Erst dann lassen sich Mechanismen identifizieren, die eine Veränderung bewirken könnten. Genauso wurde in den meisten im vorigen Abschnitt skizzierten Forschungsprogrammen auch vorgegangen; begonnen wurde jeweils mit einem Vergleich der Verarbeitungsprozesse in unterschiedlichen Lebensaltern. Einige Forschungsprogramme befinden sich immer noch in diesem deskriptiven Stadium, andere suchen bereits nach Mechanismen der Entwicklung.

Man hat inzwischen sowohl allgemeine als auch spezifische Ursachen für Veränderungen bei den Verarbeitungsprozessen identifiziert. Zwei allgemeine Ursachen sind der Erwerb spezifischer kognitiver Fertigkeiten und die zunehmende Geschwindigkeit der Verarbeitung. Zu den kognitiven Fertigkeiten, die die Informationsverarbeitung verändern, gehören zunehmendes Wissen über verschiedene Aspekte der physikalischen und sozialen Umwelt, Wissen über das Gedächtnis und andere geistige Phänomene, die Fähigkeiten zur mentalen Repräsentation sowie kognitive Fähigkeiten höherer Ordnung, wie sie beispielsweise Piaget angenommen hat. Achtjährige, die sich das Einmaleins – das Schreckgespenst der dritten Klasse – merken sollen, verfügen über bestimmte Hilfsmittel, auf die Fünfjährige nicht zurückgreifen können. Sie beherrschen elementare mentale Operationen, beispielsweise die erforderlichen „Gruppierungen" aus Piagets Theorie, die eine bedeutungshaltige Struktur zur Verfügung stellen, in die das Auswendiglernen ohne besondere Strategien integriert werden kann. Achtjährige haben im Alltag schon mehr Erfahrungen mit abstrakten Konzepten wie Mengen und Summen gesammelt. Und schließlich können sie beim Betrachten von

Tabellen die Items memorieren, nach Zusammenhängen suchen (wie $6 \times 8 = 8 \times 6$) und vielleicht durch Selbstbeobachtung den eigenen Fortschritt überprüfen und so fort.

Die zweite allgemeine Ursache, die Zunahme der Verarbeitungskapazität oder -geschwindigkeit, läßt sich als Mechanismus der Entwicklung nicht so eindeutig festmachen. Experimentell kann man entscheiden, ob jeweils die absolute Verarbeitungskapazität oder -geschwindigkeit zugenommen hat oder ob eine erhöhte Verarbeitungseffizienz aufgrund einer wachsenden Fertigkeit in der Anwendung von Strategien oder durch eine Automatisierung mentaler Prozesse vorliegt. Je stärker automatisiert (und je weniger beansprucht) ein Prozeß ist, desto weniger Kapazität erfordert er. Damit steht mehr Kapazität für andere Prozesse zur Verfügung. Eine Zunahme der absoluten Kapazität oder der Effizienz bei gleichbleibender Kapazität eröffnet dem sich entwickelnden Organismus neue Möglichkeiten (Case, 1985; Pascual-Leone, 1970).

Eine befriedigende Erklärung der entwicklungsbedingten Veränderungen müßte jedoch über diese allgemeinen Mechanismen hinausgehen und spezifische Mechanismen der Veränderung bestimmen. Um solche spezifischen Mechanismen der Veränderung zu untersuchen, wurden vor allem zwei Forschungsmethoden angewandt: Trainingsstudien und selbstmodifizierende Computerprogramme. Trainigsstudien, die jeweils zu Veränderungen der Verarbeitungsprozesse führen, weisen darauf hin, daß entwicklungsbedingte Veränderungen auf spezifische Erfahrungen zurückzuführen sind. Dazu gehört die Erfahrung mit widersprüchlichen Vorhersagen, die wachsende Vertrautheit mit dem Aufgabenmaterial, das Ausprobieren einer erfolgreichen Strategie und neues Wissen über die physikalische und soziale Umwelt. Aus diesen Erfahrungen entstehen neue Regeln oder Strategien, die zu Fortschritten (oder zumindest Veränderungen) bei Gedächtnis, Repräsentation und Problemlösen führen. Siegler (1978) beispielsweise stellte fest, daß Kinder bei der Waagebalkenaufgabe durch entsprechende Anleitung lernten, die relevante Information (sowohl den Abstand der Gewichte vom Drehpunkt als auch die Anzahl der Gewichte) zu enkodieren, und dadurch die Fähigkeit entwickelten, aus dem Feedback auf ihre Vorhersagen zu lernen uns sich so neue Regeln des Problemlösens anzueignen.

Eine sehr viel kleinere Gruppe von Psychologen hat versucht, die Mechanismen der Entwicklung über Computersimulationen zu erforschen. Die meisten Computersimulationen stellen einfach (oder gerade nicht so einfach!) das Verhalten von Kindern unterschiedlichen Alters dar, aber seit kurzem wird auch versucht zu beschreiben, wie sich Veränderungen des Denkens vollziehen. Die meisten Modelle wurden dabei aus Studien entwickelt, in denen die Versuchspersonen über kurze Zeitspannen – während der Versuchssitzung – lernen. Mit ähnlichen Modellen sollten sich im Prinzip auch entwicklungsbedingte Veränderungen über längere Zeitspannen hinweg beschreiben lassen (Klahr, 1982).

Klahr (1984) nimmt an, daß Lernen auftritt, sobald Kinder ihr gespeichertes Protokoll von früheren Handlungen und deren Ergebnis analysieren. Zu den Prinzipien einer solchen Analyse zählen das Entdecken von Regelmäßigkeiten, das Eliminieren von Redundanzen, die Organisation von Subsystemen anhand von Ähnlichkeit und Verwandtschaft, sowie globale Informationsverarbeitung, die in den Anfangsstadien gegenüber verfeinerter und verbesserter Verarbeitung überwiegt. Anhand dieser Prinzipien könnte ein Kind neue Regeln zum Problemlösen entwickeln, bestimmte alte Regeln konsolidieren oder generalisieren und die Situationen präziser definieren, in denen eine alte Regel Anwendung findet (Klahr, 1989). Insbesondere vergleicht das Kind verschiedene verwandte Erfahrungen (Sequenzen von Erfahrungen) und leitet daraus ein gemeinsames Merkmal ab, das es dann auf andere verwandte Situationen überträgt (Klahr, 1984). Ein sehr einfaches Beispiel wäre, daß ein Kind bei vielen Gelegenheiten Gegenstände zählt, sie anders anordnet, wieder zählt und die Ergebnisse vergleicht. Die Art der Gegenstände und der Veränderungen mag variieren, aber die Konstanz der Zahl vor und nach der Veränderung wäre allen diesen Situationen gemeinsam. Die daraus abgeleitete Regel würde schließlich generalisiert und beispielsweise auch größere Zahlen einschließen. Zuletzt könnte die Redundanz beseitigt werden, indem das Kind etwa auf das Nachzählen verzichtet, weil sich dies bei einer einfachen Umordnung der Gegenstände erübrigt. Komplexere Beispiele und eine ausführlichere Darstellung dieser und anderer Prinzipien der Veränderung findet sich bei Klahr (1984). Das Entscheidende bei all diesen Prinzipien ist, daß sie die Funktion eines selbstmodifizierenden Systems widerspiegeln. Das System erzeugt, indem es auf sich selbst wirkt, Veränderungen bei sich selbst.

Klahr sieht den entscheidenden Punkt darin, für die Mechanismen des Übergangs spezifische, explizite, formale Erklärungen zu entwickeln – im Gegensatz zu vagen verbalen Aussagen: „40 Jahre lang haben wir jetzt die *Assimilation* und die *Akkommodation* gehabt, jene rätselhaften und unbestimmten Kräfte der Äquilibration, den ‚Batman und den Robin‘ entwicklungsbedingter Prozesse . . . Warum wissen wir nach all dieser Zeit noch immer nicht mehr über sie als zu dem Zeitpunkt, als sie auf die Bühne kamen?" (1982, S. 80). Wahrscheinlich bietet der Informationsverarbeitungsansatz eine bessere theoretische Ausstattung für *spezifische* Erklärungen kognitiver Veränderungen als andere Theorien.

Der Standpunkt des Informationsverarbeitungsansatzes zu grundlegenden Fragen der Entwicklung

Die Natur des Menschen

In einer modernen Form der Newtonschen Sichtweise, die den Menschen als Maschine betrachtet, wird der Mensch jetzt zum Computer (und Kinder vermutlich zum Mikrocomputer). In dieser mechanistischen Sicht haben wir einen Input, dem eine Reihe von Ereignissen und schließlich ein Output folgt. Der Informationsverarbeitungsansatz ist zwar insofern mechanistisch, als er maschinenartige Input-Output-Abläufe postuliert, aber er trägt auch insofern organistische Züge, als er eine umfassende Organisation und einen aktiven Organismus betont. Letztlich zielen Informationsverarbeitungsmodelle ja darauf ab, die Organisation der kognitiven Verarbeitung in einem System zu beschreiben – und nicht nur als Aggregat einzelner Teile darzustellen. Die Theoretiker nehmen an, daß eine solche „holistische" Informationsverarbeitung durch Steuerungsprozesse möglich wird, welche die unterschiedlichen kognitiven Komponenten organisieren und koordinieren. Die meisten Vertreter des Informationsverarbeitungsansatzes legen jedoch kein so eng verknüpftes, organisiertes System von elementaren logischen mentalen Operationen zugrunde wie Piaget.

Ähnlich wie die soziale Lerntheorie wurde der Informationsverarbeitungsansatz kritisiert, weil er einen passiven Organismus voraussetzt (Shaw und Bransford, 1977). Diese Kritik ist wahrscheinlich gegenüber den meisten Forschern dieser Richtung nicht berechtigt. Der unverdiente Vorwurf, sie würden einen passiven Organismus postulieren, mag durch die Modelle und Metaphern des Informationsverarbeitungsansatzes entstanden sein. So scheinen Flußdiagramme manchmal statische Strukturen darzustellen, die von eindringenden Pfeilen in Aktivität versetzt werden, und Computer wirken so, als würden sie nur auf einen Input aus ihrer Umgebung warten. Natürlich werden Computer und Flußdiagramme – wenn man einmal von Robotern absieht – gewöhnlich nicht herumlaufen, sie werden Erwachsene nicht mit Fragen bestürmen, keine Telefonate mit Freunden führen und auch nicht ein gutes Buch zum Lesen hernehmen. Aber der Informationsverarbeitungsansatz enthält auch nichts, was zur Annahme eines passiven Organismus zwingen würde. Der Mensch reagiert auf einen Input mit dem, was auch als „aufwärtsgerichtete" oder „datengesteuerte Verarbeitung" bezeichnet wurde – vom Reiz „aufwärts" zu den höheren Ebenen des kognitiven Systems. Und wenn die Verarbeitung automatisch abläuft, läßt sich der Organismus als passiv charakterisieren. Aber es gibt auch eine „abwärtsgerichtete" oder „konzeptgesteuerte Verarbeitung", bei der das Langzeitgedächtnis den Input interpretiert, Regeln und Strategien anwendet, nach weiteren Informationen aus der Umwelt sucht oder sogar neue Informationen „konstruiert", indem es anhand des Inputs und des bereits gespeicherten Wissens Schlüsse zieht. Auch Menschen sind aktive selbstmodifizierende kognitive Systeme (eine Eigenschaft, die eben auch einige Computerprogramme aufweisen). Menschen sind dabei natürlich selbst der Motor ihres Lernens und ihrer Entwicklung, auch wenn ihre Erfahrungen mit ihrer Umwelt dazu beitragen. Zudem werden Kinder mit zunehmendem Alter kognitiv aktiver, weil sie Prozesse entwickeln, um ihr Gedächtnis durch Memorieren, schriftliche Gedächtnisstützen und die Verknüpfung von neuen und alten Informationen zu verbessern.

Der Informationsverarbeitungsansatz hat schließlich auch Kontextbezüge, allerdings nur im Hinblick auf die Spezifizierung der einzelnen Aufgabentypen und Situationen, mit denen Kinder beim Problemlösen operieren. Für den sozialen Kontext der Informationsverarbeitung interessiert sich die Forschung bislang kaum.

Qualitative versus quantitative Entwicklung

Der Informationsverarbeitungsansatz schließt beides, qualitative wie quantitative Entwicklung, ein. Zwar stellen die meisten Theorien nicht die qualitativen Entwicklungsstadien in den Mittelpunkt, wie man sie bei Freud und Piaget findet, aber auf der anderen Seite werden mehr qualitative Veränderungen identifiziert als in der sozialen Lerntheorie. Beispiele für qualitative Entwicklung sind das Ausbilden neuer Strategien zum Speichern oder Abrufen von Information im Gedächtnis, der Erwerb von Regeln beim Problemlösen und von neuen Repräsentationsformen (etwa die verbale Repräsentation, die nach dem Spracherwerb entwickelt wird). Beispiele für quantitative Entwicklung sind die zunehmende Anzahl erinnerter Items, der wachsende Umfang des semantischen Netzwerkes und die wachsende Zahl der verfügbaren Strategien. Häufig wirken quantitative und qualitative Entwicklungen zusammen, etwa wenn bei der Waagebalkenaufgabe Erfahrungen mit Gewichten zu neuen Regeln führen, die dann auf eine Vielzahl von Situationen immer effizienter und konsistenter angewandt werden.

Vererbung versus Umwelt

Anders als die meisten entwicklungspsychologischen Theorien machen die Theorien des Informationsverarbeitungsansatzes kaum Aussagen zum Einfluß von Vererbung versus Umwelt. Im Mittelpunkt des Interesses steht vielmehr, exakt zu spezifizieren, wie Informationen aus der Umwelt und der jeweilige Zustand des Informationsverarbeitungssystems an einem oder mehreren gegebenen Zeitpunkten zusammenwirken. Implizit wird allerdings davon ausgegangen, daß Umwelteinflüsse und Erbanlagen zusammenwirken und dadurch Veränderung hervorrufen. Der Einfluß der Umwelt ist offensichtlich, da sie kontinuierlich den Input für das kognitive System bestimmt. Bei der Vererbung gehören zu den wichtigen Einflüssen beispielsweise die neurologische Entwicklung, durch die neuronale Impulse mit zunehmender Effizienz übertragen werden, und die Entwicklung des visuellen Systems, insbesondere im Hinblick darauf, wie lange Information im visuellen sensorischen Register gespeichert werden kann und welche Grenzen jeweils dabei gesetzt sind. Die Rolle der körperlichen Reifung hat zwar kaum Beachtung in den einschlägigen Untersuchungen gefunden, aber Klahr und Wallace (1976) vermuten, daß die Tendenz zur ökonomischen, redundanzfreien und effizienten Verarbeitung angeboren ist. Darüber hinaus nehmen die modularen Theorien an, daß das Informationsverarbeitungssystem möglicherweise von vornherein darauf eingestellt ist, bestimmte Reiztypen, beispielsweise sprachlichen Input, zu verarbeiten. Neuere vielversprechende Untersuchungen zu neuropsychologischen Aspekten der Erwachsenenkognition finden gerade Eingang in die am Informationsverarbeitungsansatz orientierte Entwicklungspsychologie (siehe Diamond, 1990).

Was entwickelt sich?

Sehr allgemein ausgedrückt ist das, was sich entwickelt, die kognitive Verarbeitung. Sie wird in ihren Operationen immer effizienter und organisierter und nimmt immer mehr neue Inhalte auf, während ein Kind seine Welt erkundet. Genauer gesagt erwerben Kinder Strategien, Regeln, Scripte, Repräsentationen, Verarbeitungstiefe oder eine umfassendere Wissensbasis – hier unterscheiden sich die theoretischen Ansätze in den Details. Eine andere Beschreibung dessen, was sich entwickelt, findet sich bei Brown (1975), der zwischen „Wissen" (Entwicklung von Wissen über die Welt) „Wissen über das Wissen" (Metakognition) und „Wissen, wie man weiß" (Entwicklung von Strategien) unterscheidet. Eine Hauptaufgabe der gegenwärtigen Forschung besteht darin, die entwicklungsbedingten Zusammenhänge zwischen diesen drei Bereichen darzustellen.

Metatheoretische Klassifikation

Der Informationsverarbeitungsansatz läßt sich vor allem durch seine Modelle charakterisieren. Hier war insbesondere der Computer als formales theoretisches Modell oder als freie Metapher das zentrale Thema dieses Kapitels. Alle vorgestellten Theorien des Informationsverarbeitungsansatzes orientieren sich an diesem Modell, ob sie nun Flußdiagramme, Entscheidungsbäume und Computerprogramme oder einfach die Computersprache als Metapher zur Beschreibung von Laborstudien verwenden, in denen Gedächtnis, Repräsentation und Problemlösen untersucht werden. Wir müssen hier zum ersten Mal in diesem Buch berücksichtigen, daß Modelle zur induktiven, deduktiven und funktionalistischen Theoriebildung führen können.

   Die meisten Vertreter des Informationsverarbeitungsansatzes betrachten den Computer als geeignete Metapher, um für die Erforschung elementarer kognitiver Prozesse in Laborstudien passende Begriffe bilden zu können. In Anlehnung an die traditionelle

Rolle empirischer Psychologen sammeln sie entweder Daten aus vergleichbaren Studien und bleiben dicht an den beobachteten Tatsachen (induktive Theoriebildung) oder – der häufigere Fall – sie bewegen sich zwischen Tatsachen und hypothetischen Konstrukten wie dem Kurzzeitgedächtnis hin und her (funktionalistische Theoriebildung). Die sehr viel kleinere Gruppe von psychologischen Informationstheoretikern, die detaillierte Flußdiagramme oder Computerprogramme entwickeln, orientiert sich an der funktionalistischen oder der deduktiven Theoriebildung. Funktionalistische Ansätze zeichnen sich dabei dadurch aus, daß Flußdiagramme, Entscheidungsbäume oder Computerprogramme entwickelt, auf dem Hintergrund der Tatsachen überprüft, korrigiert und über viele Durchgänge hinweg erneut überprüft werden. Ein solcher Ansatz kann andererseits auch deduktiv werden – freilich auf einer völlig neuen Ebene. Sobald alle psychologischen Annahmen in eine formale Sprache – eine mathematische, logische oder computergerechte Sprache – übersetzt sind, kann das Programm „laufen" und aus diesen Annahmen Implikationen generieren oder Deduktionen aus ihnen ableiten. Ein Computerprogramm kann also als deduktive Theorie fungieren. Die Möglichkeiten eines solchen Ansatzes sind faszinierend, weil der Computer oft Deduktionen sehr viel schneller und exakter vornehmen kann als der Mensch.

Kritik der Theorie

Der Informationsverarbeitungsansatz beherrscht nicht nur die Laborstudien zur kognitiven Entwicklungspsychologie, sondern er dringt derzeit auch in andere Bereiche vor. Im Hinblick auf die soziale Entwicklung sind Begriffe des Informationsverarbeitungsansatzes ebenso in Banduras soziale Lerntheorie eingegangen wie in Beschreibungen zur Entwicklung des moralischen Urteils (Leon, 1980), zur Interaktion in der Peergruppe (Dodge, 1986) und zu sozialen Scripten (Nelson, 1986). Bei den Untersuchungen zum Verstehen von Geschichten oder zum Textverstehen überhaupt ist der Einfluß des Informationsverarbeitungsansatzes deutlich spürbar. Und schließlich werden im Rahmen des Informationsverarbeitungsansatzes nach wie vor das Lesen und Lehrmethoden erforscht, die pädagogisch wichtig sind.

Trotz des wachsenden Einflusses wird der Informationsverarbeitungsansatz nicht oft als Ansatz für die Entwicklungspsychologie auf Stärken und Schwächen geprüft. Inwieweit er sich als Modell oder Metapher der Entwicklung beziehungsweise der Entwicklungspsychologie eignet, soll im folgenden dargelegt werden. Die Stärken des Ansatzes liegen darin, daß er die Komplexität des Denkens wiedergibt, Performanz spezifisch erklären kann und methodisch streng vorgeht. Schwächen liegen darin, daß das Computermodell unzulänglich ist, einige Aspekte der Entwicklung nicht ohne Probleme einbeziehen kann und der soziale Kontext des Verhaltens zu wenig berücksichtigt wird.

Stärken der Theorie

Eine Theorie zur Komplexität des Denkens

Im vorangegangenen Kapitel wurde die soziale Lerntheorie dahingehend kritisiert, daß sie für Denken und Lernen nur eine unzulässig vereinfachende Erklärung anbietet. Im Gegensatz dazu ist der Informationsverarbeitungsansatz bemüht, eine Vielzahl von kognitiven Prozessen exakt zu spezifizieren, vom einfachen Entdecken eines Reizes bis hin zur Entwicklung komplexer Regeln. Darüber hinaus versucht er zu beschreiben, wie Wahrnehmung, Aufmerksamkeit, Gedächtnis, Sprache und abstrakte mentale Operationen zusammenhängen könnten. Der Informationsverarbeitungsansatz geht von einer komplexen Organisation des Denkens aus, das von Steuerungsprozessen dirigiert und überwacht wird. Beispielsweise lernen Kinder, daß sich umfangreiche Informationen leichter handhaben lassen, wenn sie mit bereits vorhandenem Wissen verknüpft oder zu größeren Einheiten – sogenannten Chunks – organisiert werden.

Produktionssysteme und Regeln zum Problemlösen werden oft nur für einzelne Versuchspersonen protokolliert und publiziert, aber sie können gleichwohl feine Unterschiede bei der Informationsverarbeitung von gleichaltrigen Personen sichtbar machen. So lassen sich individuelle Unterschiede des Problemlösens untersuchen und Lehrmaterialien entwerfen, die den individuellen Bedürfnissen einzelner Schüler angepaßt sind.

Eine Theorie der Performanz

Die vielleicht wichtigste Stärke des Informationsverarbeitungsansatzes sind spezifische Voraussagen zum Verhalten eines Kindes beim Problemlösen in einer bestimmten Situation, wobei sich diese Voraussagen jeweils auf eine detaillierte Analyse der Aufgabe und des kognitiven Entwicklungsstandes stützen. Das gilt insbesondere für Computersimulationsprogramme, bei denen man versucht, alle Annahmen und relevanten Variablen zu spezifizieren. Auf diese Weise sind die Psychologen gezwungen, alle Unklarheiten in ihren theoretischen Überlegungen zu beseitigen.

Der Informationsverarbeitungsansatz hat vieles mit der Piagetschen Theorie gemeinsam: Er versucht ebenfalls zu beschreiben, wie aus einfachen Begriffen kompliziertere entwickelt werden und wie das kognitive System dabei insbesondere Einschränkungen und zugleich neues Wissen ermöglicht. Allerdings wird im Rahmen des Informationsverarbeitungsansatzes stärker nach expliziten Erlärungen dafür gesucht, wie Kinder in einer gegebenen Situation ihre spezifischen kognitiven Fertigkeiten anwenden. Insofern liegt hier eine Theorie der Performanz vor, die – wie in Kapitel 1 erwähnt – in Piagets Theorie fehlt. Im Rahmen des Informationsverarbeitungsansatzes wird beschrieben, wie Aufmerksamkeit, Gedächtnis, Strategien, Prozesse der Repräsentation und logische Operationen mit einer Aufgabe verknüpft sind. Verlangt eine Aufgabe beispielsweise eine Entscheidung über Gewichtsverhältnisse, so wird der Informationsverarbeitungsansatz spezifizieren, wie ein Kind bestimmte Informationen über die Objekte oder ihre Gewichte auswählt, enkodiert und den Regeln aus dem Langzeitgedächtnis unterwirft. Piagets *décalages*, also asynchrone Anwendungen eines Konzepts bei unterschiedlichen, aber vergleichbaren Aufgaben und Inhaltsbereichen, erscheinen weniger rätselhaft, wenn man für jede einzelne Aufgabe die Anforderungen an die Informationsverarbeitung analysiert (Baylor und Lemoyne, 1975). Im allgemeinen hebt der Informationsverarbeitungsansatz stärker als die Piagetsche Theorie die Grenzen der Verarbeitung hervor und betont stärker die Strategien zur Überwindung dieser Einschränkungen, das bereichsspezifische Wissen für die jeweils bearbeitete Aufgabe sowie spezifische Verhaltensweisen, die mit einer veränderten Bearbeitung einhergehen (Siegler, 1991).

Strenge Methodik

Als spezifische Theorie der Performanz führt der Informationsverarbeitungsansatz zu überprüfbaren Vorhersagen – ein Vorzug, den er mit der sozialen Lerntheorie gemeinsam hat. Die Psychologen verwenden hier strenge und exakte Methoden – oder wie es der folgende Kommentar formuliert: „Viele von uns sind zu methodologischen Behavioristen geworden, um gute Kognitivisten werden zu können" (Mandler, 1979, S. 281). Bei den Laboruntersuchungen zu grundlegenden Verarbeitungsprozessen werden präzise Messungen zur Verarbeitungszeit gemacht. Auch ein ganzheitliches (eher molares) Verhalten und größere Zeiteinheiten sind Gegenstand von Experimenten, die unter sorgfältig kontrollierten Bedingungen durchgeführt werden. Die Computersimulation erfordert, alle relevanten Informationen zur Aufgabe und zum jeweils untersuchten Kind in den Programmen zu spezifizieren. Lücken, Widersprüche und vage Aussagen sind nicht zulässig. Diese strengen Anforderungen an die Computersimulation sind nicht leicht zu erfüllen.

In der entwicklungspsychologischen Forschung hat sich die Fehleranalyse als besonders wertvolles Beurteilungsverfahren erwiesen. Mit Hilfe von geschickt konstruierten Aufgabentypen hat man bei kleinen Kindern dabei zwei Einschränkungen feststellen können. Die erste läßt sich durch Sieglers Waagebalkenaufgabe veranschaulichen: Jüngere Kinder wenden einfachere und unvollständigere Regeln, Verfahren oder Strategien an als ältere Kinder. Dagegen beruht die zweite Einschränkung darauf, daß Kinder in manchen Fällen im Grunde die richtige Regel fehlerhaft anwenden. Brown und Burton (1978) beispielsweise führten eine Fehleranalyse zur Anwendung des Subtraktionsverfahrens durch, um herauszufinden, über welche Fehler Schüler stolpern. Sie schrieben dazu ein Computerprogramm, das sie „Buggy" nannten (in Anspielung an einen Typ von Programmfehlern, den man als *bug* bezeichnet, was wörtlich etwa mit „Haken" oder „Macke" übersetzt werden könnte). Mit Buggy sollten angehende Lehrer solche systematischen Fehler in den Mathematikarbeiten von Schülern kennenlernen. Beim schriftlichen Subtrahieren machen Kinder beispielsweise oft den Fehler, den Übertrag nicht zu berücksichtigen, wenn als obere Ziffer 0 steht – während sie den Übertrag ansonsten korrekt anwenden.

Schwächen der Theorie

Nach dem kurzen Abschnitt über die Stärken des Informationsverarbeitungsansatzes folgt nun ein sehr viel längerer Abschnitt über die Schwächen. Das bedeutet nicht unbedingt, daß die Schwächen der Theorie überwiegen. Vielmehr wurden die meisten Stärken schon früher in diesem Kapitel herausgestellt, während nur wenige Schwächen angesprochen wurden – deshalb gilt ihnen an dieser Stelle unsere Aufmerksamkeit.

Unzulänglickeiten des Computermodells

Ein grundlegendes Problem ergibt sich bei Flußdiagrammen oder Computersimulationen daraus, daß diese Modelle einen menschlichen Output (Verhalten) zwar durchaus angemessen beschreiben können, sofern der Input bekannt ist, daß sie sich aber in wichtigen Aspekten von der Art, wie Menschen denken, deutlich unterscheiden. Beispielsweise könnte ein Computerprogramm die eingegebenen Informationen nacheinander verarbeiten, während ein Kind sie gleichzeitig verarbeitet – bei einer gegebenen Aufgabe kann trotzdem derselbe Output zustande kommen. Und unterschiedliche Programme können eine bestimmte Performanz durchaus gleich gut vorhersagen – was eine Einschränkung der bereits erwähnten Überprüfbarkeit mit sich bringt. Um das Problem zu umgehen, hat Simon (1992) Kriterien vorgeschlagen, die Modelle erfüllen müssen. Zum Beispiel dürfen keine Widersprüche zur bekannten Physiologie des Nervensystems oder zum Problemlöseverhalten bei anderen untersuchten Aufgaben auftreten. Die Modelle sollten außerdem eine hinreichende Voraussetzung sein, um das fragliche Verhalten zu reproduzieren, und sie sollten eindeutig und konkret sein. Aber selbst bei einem Modell, das diesen Anforderungen genügt, läßt sich die psychologische Validität bisweilen nur schwer beurteilen.

Die Modelle des Informationsverarbeitungsansatzes bieten höchst fruchtbare Ansätze, können aber auch – wie alle Modelle – falsch angewandt werden. Die Vertreter des Informationsverarbeitungsansatzes haben viele Modelle vielleicht zu kritiklos übernommen. In der Literatur wimmelt es von Gedächtnismetaphern, die weit weniger formalisiert und viel unvollständiger sind als Flußdiagramme oder Computersimulationen. Roediger (1979) weist darauf hin, daß es sich bei den Gedächtnismetaphern in der Regel um räumliche Metaphern handelt, wobei dann etwa ein mentaler Raum nach gespeicherten Objekten des physikalischen Raumes „abgesucht" wird. Es scheint fast so, als durchsuche ein Homunculus die im Gedächtnis gespeicherten Dateien, bis er das gewünschte Dokument findet. In diesen Dateien oder den semantischen Netzwerken sind Konzepte in unterschiedlichen „Abständen" oder „Distanzen" gespeichert. Auch beim Ansatz der verschiedenen Verarbeitungsebenen müssen wir tiefer und tiefer ins Dunkel des Geistes hinabsteigen. Roedigers Liste verzeichnet Metaphern wie beispielsweise eine Werkbank, einen Stapelmechanismus (wie er etwa in einem Restaurant zum Stapeln sauberer Teller auf der Warmhalteplatte dienen könnte), ein Säurebad, ein Wörterbuch und eine Karte des U-Bahnnetzes. In einer fingierten Zusammenstellung von Gedächtnismodellen verglich Hintzman (1974) das Gedächtnis mit einem „Kuhmagen", bei dem Informationen einen „Vormagen" (Kurzzeitspeicher) durchlaufen, bevor sie (im Langzeitspeicher) verdaut werden. Auf diese Weise werden Vorstellungen „wiedergekäut" und Informationen „verdaut".

Auch der jeweilige Stand der Technologie hat viele Gedächtnismetaphern nahegelegt. Das beginnt mit Platons Vorstellung, daß das Gedächtnis dem Abdruck eines Siegels auf einer Wachstafel gleicht – zu Platons Zeit ein übliches Mittel der Informationsspeicherung. Viel später kamen dann das Grammophon, das Schaltbrett, das Tonbandgerät, der Computer und der Holograph als Metaphern hinzu. Sogar der Geldautomat wurde schon als Metapher für die Kognition eines Kindes vorgeschlagen (Langlois, Cooper und Woodson, 1985). Der Automat verarbeitet Informationen, ist interaktiv, befolgt gewöhnlich die Instruktionen und hat bisweilen auch seinen eigenen Kopf! Welche Metaphern wird uns die Technologie der Zukunft bringen? Irgendwann könnte unsere heutige Computermetapher genauso hinken wie Platons Bild von der Wachstafel.

Metaphern sind nicht unbedingt schlecht. Sie erklären abstrakte kognitive Strukturen und Prozesse anhand vertrauter Begriffe von konkreten Objekten. Darüber hinaus haben sie den Psychologen eine neue Perspektive eröffnet und neue Forschungsarbeiten zur Kognition angeregt. Dennoch sollten wir sie mit Bedacht verwenden, denn sie sind ein zweischneidiges Schwert. George Eliot hat einmal gewarnt: „Wir alle lassen uns in Gedanken von Metaphern einspinnen und handeln zwangsläufig so, wie sie es uns eingeben." Metaphern – die formaleren eingeschlossen – umfassen oft eine breitere Bedeutung, als sie zum Ausdruck bringen sollen. So könnten Flußdiagramme uns dazu verleiten, das Gedächtnis als passiv, räumlich organisiert, frei von Emotionen und unabhängig von anderen kognitiven Prozessen zu betrachten. Darüber hinaus könnten Flußdiagramme als etwas Räumliches interpretiert werden, weil sie stets räumlich dargestellt werden. Man muß berücksichtigen, daß ein Modell nur in ganz bestimmten Hinsichten dem Phänomen gleicht, auf das es angewandt werden soll.

Ein weiterer Grund zur Vorsicht ergibt sich daraus, daß ein Modell die Bandbreite unserer Überlegungen erheblich einschränken kann. Als die Psychologen anfingen, das Gedächtnis als eine Abfolge diskreter Schritte (Kästchen im Flußdiagramm) zu betrachten, dauerte es mehrere Jahre, bis ein Ansatz einer stetigen Änderung der Verarbeitungsebenen ernsthaft in Betracht gezogen werden konnte.

Ein spezifisches Problem der Computersimulationsmodelle hängt mit der Computertechnik zusammen. Das größte Hindernis im Hinblick auf die Akzeptanz des Informationsverarbeitungsansatzes ist die „Sprachbarriere". Die meisten Psychologen arbeiten zwar mit Computern, aber nur wenige beherrschen wirklich die Computersprache wie ihre Muttersprache. Es kann Stunden dauern, bis ein Anfänger das Computerprotokoll zu einer halbstündigen Sitzung mit einem Kind versteht. Ein Teil des Problems liegt darin, daß ein Programm, wenn es vollständig sein und richtig laufen soll, sehr viele psychologisch triviale Aufgaben enthalten muß – beispielsweise dazu, welchen Bauklotz das Kind zuerst in die Hand nimmt. Die zugrundeliegende Erklärung des Verhaltens kann so elegant wie einfach sein, doch die augenscheinliche Komplexität schreckt viele Psychologen ab, die der Computersimulation als Ansatz positiv gegenüberstehen. Je mehr die Psychologen mit dem Computer und seiner Sprache arbeiten, desto geringer wird die Bedeutung dieses Problems werden.

Computerprogramme bereiten nicht nur beim Verstehen Schwierigkeiten, sondern vor allem auch beim Schreiben. Selbst für geübte Programmierer sind Simulationen eine zeitaufwendige und oft mühsame Aufgabe. Eine Schwierigkeit besteht darin, das Selbstverständliche im Programm explizit auszuformulieren. Ein Beispiel (das Kendler, 1987, zitiert) ist ein Programm zur Vermittlung von Bekanntschaften zwischen Collegestudenten, das lediglich die Interessen und Einstellungen der Studenten bei der Auswahl der Paare berücksichtigte. Nicht besonders begeistert waren ein Bruder und seine Schwester, als der Computer sie als Paar vermitteln wollte. Beim Programmieren hatte keiner daran gedacht, dem Computer die Anweisung einzugeben, daß er keine Geschwister verkuppeln sollte.

Eine weitere Schwierigkeit liegt bei Computermodellen darin, daß sie tendenziell hochspezifische, exakte Modelle für sehr spezifische, eingeschränkte Verhaltensweisen sind. Da alle relevanten Variablen berücksichtigt werden müssen, ist es schwierig, allgemeinere Modelle zu entwickeln, die ebenso erfolgreich anwendbar sind.

Schwierigkeiten bei der Beschreibung von Entwicklung

Der Informationsverarbeitungsansatz hat dazu beigetragen, daß wir das kognitive System des Erwachsenen besser verstehen. Wie erfolgreich hat er entwicklungspsychologische Fragen beantworten können? Im einleitenden Kapitel wurden drei Aufgaben einer Entwicklungstheorie postuliert. Sie soll (1) Veränderungen *innerhalb* eines oder verschiedener Verhaltensbereiche beschreiben, (2) Veränderungen in den Beziehungen *zwischen* verschiedenen Verhaltensweisen beschreiben und (3) den Verlauf der beschriebenen Entwicklung erklären. Im Hinblick auf die erste Zielsetzung verdient der Informationsverarbeitungsansatz gute Noten für die genaue Darstellung des Gedächtnissystems auf verschiedenen kognitiven Ebenen – wenn man einmal davon absieht, daß nur relativ wenige Arbeiten zur Informationsverarbeitung von Heranwachsenden oder Kleinkindern und Säuglingen vorliegen. Hier haben die Fortschritte bei den Untersuchungsmethoden bei Säuglingen erste Hinweise auf eine unerwartet frühe Repräsentationskompetenz erbracht. Der bisherige Mangel an solchen Untersuchungen ist insofern bedauerlich, als der Informationsverarbeitungsansatz erst dann eine akzeptable Entwicklungstheorie sein kann, wenn er auch die präverbalen Anfänge des kognitiven Reifungsprozesses beschreibt. So wäre es beispielsweise wichtig zu wissen, zu welcher Art nonverbaler Repräsentation Kleinkinder in der Lage sind und warum ihr Widererkennungsgedächtnis so stark ausgeprägt ist. Eine wichtige Frage ist darüber hinaus, wie diese nonverbalen Reräsentationssysteme und die späteren verbalen Repräsentationssysteme in ihrer Entwicklung zusammenhängen.

Im Hinblick auf die zweite Aufgabe – die Beschreibung simultaner Veränderungen in verschiedenen Bereichen – hat der Informationsverarbeitungsansatz einige Beziehungen zwischen Gedächtnis, Sprache, kognitiven Prozessen höherer Ordnung und Wahrnehmung skizziert. Diese Ansätze müssen in den nächsten Jahren noch sehr viel detaillierter ausgearbeitet werden. Am weitesten fortgeschritten ist die Arbeit im Bereich von Sprache und Denken, beispielsweise bei Textverständnis, verbalem Memorieren und semantischem Gedächtnis.

Die größten Wissenslücken klaffen bei den ersten beiden Aufgabenstellungen noch bei den Wechselbeziehungen zwischen Kognition und Emotion, Motivation sowie sozialer Entwicklung. Im Grunde gibt es keine Erklärung für diese Wissenslücke. Informationen über Menschen müssen genauso verarbeitet werden wie Informationen über irgendwelche Gegenstände. Zu den wichtigen Fragen im Hinblick auf die Beziehungen zwischen kognitiven und sozio-emotionalen Variablen zählen beispielsweise die folgenden Fragestellungen: Welchen Einfluß hat der emotionale Zustand eines Kindes in den verschiedenen Altersstufen auf sein Lernen? Werden Enkodierungs- und Abrufstrategien auf soziale Phänomene ebenso angewandt wie auf physikalische Objekte und Phänomene? Bringt der Erwerb sozialer Erfahrungen und die Entwicklung sozialer Scripte (Schank und Abelson, 1977) auch die Fähigkeit der Aufmerksamkeit, Enkodierung, Interpretation und Speicherung sozialer Phänomene mit sich? Freud beobachtete schleichende Verzerrungen der Erinnerung und eine Verdrängung von Kindheitserfahrungen, die vom Informationsverarbeitungsansatz kaum beachtet wurden. Neuere Arbeiten zur Erinnerungsverzerrung durch Scripte und Stereotype sind hier ein vielversprechender Ansatz. Die Beschränkung auf wissenschaftliche Konzepte mag eine vernünftige Anfangsstrategie bei einer neuen Theorie sein, aber die Grenzen sollten dabei erkannt und schließlich überwunden werden. Glücklicherweise wächst inzwischen das Interesse an den Schnittstellen von Informationsverarbeitung und Sozialpsychologie (siehe Dodge, 1986).

Die dritte Aufgabe – Entwicklung zu erklären – wirft beim Informationsverarbeitungsansatz genauso große Probleme auf wie bei allen anderen in früheren Kapiteln dargestellten Theorien. Wichtige Veränderungsursachen wurden bereits identifiziert, darunter ein umfassenderes Enkodieren, Erwerb von Strategien, eine zunehmend komplexe Wissensbasis, die Automatisierung von Fertigkeiten, das Entdecken von Regeln, die Generalisierung, Metakognition und das Eliminieren von Redundanzen. Aber welche entwicklungsbedingten Veränderungen innerhalb dieser Mechanismen selbst auftreten und wie sie im einzelnen operieren, um Veränderungen hervorzubringen, versteht man nur unzulänglich. Es ist beispielsweise eine bekannte Tatsache, daß kleine Kinder nur sehr unzulängliche Strategien produzieren, eine Schwäche, die im Hauptschulalter ausgeglichen wird, doch die Ursachen dieses Produktionsdefizits und seines Verschwindens entziehen sich bislang der wissenschaftlichen Erklärung. Oder es ist bekannt, daß Strategien des Problemlösens immer komplexer werden, wir wissen aber kaum etwas über die Kräfte, die diese Entwicklung vorantreiben. Im Hinblick auf Gedächtnis und Problemlösen scheinen zwar die Steuerungs- und Organisationsprozesse und die verbesserte Enkodierung entscheidende Entwicklungen zu sein, aber wie sie zustande kommen, konnte der Informationsverarbeitungsansatz bisher nicht erklären.

Auch andere Probleme sind noch ungelöst. Warum können kleine Kinder einige Dimensionen wie die Anzahl der Gewichte bei der Waagebalkenaufgabe leichter enkodieren als andere Dimensionen, beispielsweise den Abstand der Gewichte vom Drehpunkt? Was veranlaßt Kinder, in ihrer natürlichen Umgebung plötzlich Dimensionen zu enkodieren, die sie zuvor ignoriert haben? Schließlich ist auch unklar, wie eine komplexe, gut organisierte Wissensbasis im einzelnen zum besseren Abruf aus dem Gedächtnis beiträgt. Die Hauptschwierigkeit liegt darin, daß als Belege in erster Linie nur Korrelationen vefügbar sind: Mit einer größeren Wissensbasis geht auch eine höhere Abrufleistung einher, aber inwieweit diese Korrelation einen Kausalzusammenhang belegt, ist unklar (siehe DeMarie-Dreblow, 1991). Eine umfassendere Wissensbasis kann Strategien wie das Chunking, eine erhöhte Zugriffsgeschwindigkeit im semantischen Gedächtnis, ein besseres Verständnis der Aufgabe und ihrer Zielsetzung oder eine gezieltere Aufmerksamkeit für relevante Informationen bewirken. Kontextinformation oder erhöhte Motivation könnten dabei die Ursachen sein. Die Wissensbasis ist also eine sehr allgemeine Variable, die genauer spezifiziert werden müßte.

Eine zentrale Frage der Entwicklungspsychologie lautet: Läßt sich die entwicklungsbedingte Veränderung der Wissensbasis mit dem Übergang vom Laien zum Experten bei Erwachsenen vergleichen? Sind also die Veränderungen bei Erwachsenen, die auf einem neuen Gebiet neue Kenntnisse und Sachkunde erwerben, dem Wissenserwerb eines Kindes äquivalent? Vom Standpunkt des Informationsverarbeitungsansatzes scheint Entwicklung sehr eng mit den Theorien zu kognitiven Veränderungen bei Erwachsenen zusammenzuhängen. Ein Kind scheint dann in gewissem Sinne ein „universeller Laie" (Brown und DeLoache, 1978) zu sein, dem es in mehr Bereichen an Wissen mangelt als Erwachsenen. Allerdings gibt es wichtige Unterschiede. Wenn Erwachsene während einer Sitzung bei einem Experiment „lernen", dann besteht das Lernen darin, bereits bekanntes Wissen effizienter anzuwenden. Soll beispielsweise Schachspielen gelernt werden, so können Erwachsene die Regeln leichter verstehen, indem sie bekannte Brettspiele heranziehen und ihr Wissen über diese Spiele generalisieren und neu organisieren, um es dem Schachspiel anzupassen. Darüber hinaus verfügen Erwachsene wahrscheinlich über komplexere Lernstrategien als Kinder, so daß sie rascher vom Laien zum Experten werden und neues Wissen leichter auf andere Situationen übertragen können. Im Gegensatz dazu beruhen die entwicklungsbedingten Veränderungen bei Kindern großenteils auf dem Erwerb von *neuen* Regeln, Konzepten oder kognitiven Fertigkeiten und weniger auf einem Neuorganisieren von bereits vorhandenem Wissen. Bevor ein Kind lernen kann, Schach zu spielen, muß es die Fähigkeit entwickeln, die Figuren nach bestimmten Regeln im Geiste auf dem Spielbrett zu bewegen, es muß eine mentale Landkarte der Figuren auf dem Spielbrett entwerfen und so weiter. Bisher ist nicht geklärt, inwieweit sich diese Art von Veränderungen bei Kindern mit Untersuchungen an Erwachsenen besser verstehen läßt.

Ein verwandtes Problem besteht darin, daß der Zusammenhang zwischen kurzfristigen Veränderungen, wie sie beim Informationsverarbeitungsansatz untersucht werden, und langfristigen qualitativen Veränderungen, wie sie Piaget zwischen den einzelnen Stadien annimmt, unklar ist. Möglicherweise lassen sich die scheinbar revolutionären Veränderungen von einem Stadium zum nächsten auf kurzfristige, quantitative Veränderungen zurückführen, wenn die Analyse hinreichend vertieft und differenziert wird. Eine andere Möglichkeit wäre, daß der Informationsverarbeitungsansatz einige neue

Funktionsprinzipien einbeziehen muß, die dann auch größere qualitative Veränderungen der kognitven Organisation erklären könnten.

Hier gibt es im Rahmen des Informationsverarbeitungsansatzes eine neue Richtung, die insbesondere die Computersimulation kognitiver Veränderungen beeinflußt. Unter Schlagworten wie „Konnektionismus" und „neuronale Netze" steht ein Ansatz (siehe McClelland, 1989), der kognitive Prozesse in Computersimulationen nach dem Vorbild der vernetzten Neuronen des Gehirns modelliert. (Konnektionismus ist eine Bezeichnung, die auf die Bedeutung der Verbindungen – englisch: *connections* – zwischen simultanen Prozessen hinweist.) Solche Modelle stellen Lernen oder Entwicklung als eine Veränderung von Verbindungen im neuronalen Netz dar – einige Verbindungen werden intensiviert, andere geschwächt. Auf diese Weise können Verbindungen aktiviert oder „erregt" beziehungsweise desaktiviert oder „gehemmt" werden – ganz analog zu den Neuronen des Gehirns. Dabei läuft eine sehr große Zahl von neuronalen Prozessen ab, die gleichzeitig von verschiedenen Verarbeitungseinheiten ausgeführt werden, aber miteinander verbunden sind – man spricht von Parallelverarbeitung. Ein Reiz, etwa ein Wort, aktiviert das neuronale Netzwerk der erregenden und hemmenden Verbindungen und erzeugt ein bestimmtes Aktivierungsmuster – jeweils eine ganz bestimmte Auswahl von Verarbeitungseinheiten ist aktiviert. Die Folge ist, daß sich die Verbindungen – oder Assoziationen – leicht verändern, so daß auch ein neues Assoziationsmuster entstehen kann. All das mag vertraut klingen, denn in gewisser Hinsicht handelt es sich hier um eine komplexe „High-tech"-Version der Theorie des assoziativen Lernens (siehe Kapitel 3).

Bislang gibt es nur wenige konnektionistische Modelle für die entwicklungsbedingten Veränderungen bei Kindern. Aber ein neueres Modell (McClelland und Jenkins, 1991) simuliert den Erwerb von Regeln für Sieglers Waagebalkenaufgabe. Es ist noch zu früh, den Beitrag des Konnektionismus für die Entwicklungspsychologie angemessen zu beurteilen, aber zweifellos könnte die Betrachtung der Verbindungsmuster die traditionelle Betrachtung von Symbolverarbeitung sehr gut ergänzen.

Das Problem des Verhaltenskontexts

Einige Kritiker (beispielsweise Neisser, 1985) beanstanden am Informationsverarbeitungsansatz die mangelnde Sensibilität für den natürlichen Verhaltenskontext. Das Bild vom Kind sei das eines „rationalen, aus dem Kontext herausgelösten, isolierten und im Hinblick auf sein Wissen beschränkten Verstandswesens, ohne Interessen, ohne Gefühl, ohne Einstellungen oder Ansichten über die Welt" (Sigel, 1986, S. 99). Der Informationsverarbeitungsansatz befaßt sich hauptsächlich mit der Frage, welche Verarbeitungsmechanismen eine Person in einer bestimmten Aufgabe oder Versuchsanordnung anwendet und welche Parameter es bei dieser Aufgabe gibt, während das Zusammenspiel zwischen den Anforderungen und den Möglichkeiten des experimentellen Gesamtzusammenhangs einschließlich der Bedürfnisse, Ziele und Fähigkeiten der jeweiligen Person weniger intensiv untersucht wird. Shaw und Bransford weisen darauf hin, daß „wir tendenziell vergessen, daß Menschen und Tiere aktive, wißbegierige, von festen Absichten durch eine komplexe, sich verändernde und auf einer Vielzahl von Analyseebenen bedeutungshaltige Umwelt getriebene Wesen sind" (1977, S. 3f). Sie behaupten, daß der passive, von keinen Absichten und Zwecken beeinflußte Computer ein wenig ergiebiges Modell der menschlichen Kognition sei. Einige Entwicklungspsychologen (A. L. Brown, 1978; Meacham, 1977) haben darauf hingewiesen, daß Gedächtnisaktivität auf die Ziele eines Kindes in seiner natürlichen Umwelt angewandt wird. Dieses ökologische Verständnis von Wissen läßt sich auch folgendermaßen formulieren: „Frage nicht, was in Deinem Kopf drin ist, sondern worin Dein Kopf ist" (Mace, 1977).

Hier scheint ein Forschungsgebiet verspätet in eine natürliche historische Anfangsphase zu kommen. Während die meisten Theorien mit der Beobachtung von Menschen in ihrer natürlichen Umwelt begannen, nahm der Informationsverarbeitungsansatz im Labor und mit der Erforschung künstlicher Situationen seinen Anfang. Erst jetzt betrachtet man den ökologischen Kontext und sucht nach realistischeren und ökologisch validen Materialien und Aufgaben (siehe Resnick, Levine und Teasley, 1991). Inzwischen befassen sich die Psychologen auch im Rahmen des Informationsverarbeitungsansatzes mit Lesen, Zeichensprache, Gesprächen, Geschichten, Sozialverhalten in natürlichen Situationen und dem Gedächtnis für Ereignisse, die Jahre zurückliegen. So bezieht Sternbergs Intelligenztheorie soziale Einflüsse und die Anforderungen des Alltags ein – wobei es zwischen der Intelligenz eines Menschen und den Herausforderungen seiner Umgebung offenbar Anpassungen gibt.

Viele Schwächen des Informationsverarbeitungsansatzes lassen sich in einem Schluß von James Anderson (1991) zusammenfassen. Anderson fragte sich, was der Leser eines heutigen 904-Seitenbuches zur Kognitionswissenschaft nach der Lektüre über den menschlichen Geist schließen würde. Sein Schluß: „Ein menschlicher Geist sagt viel . . ., bewegt sich ein wenig, fühlt aber ansonsten nicht viel" (S. 287).

Zusammenfassung

Der Informationsverarbeitungsansatz untersucht, wie menschliche symbolverarbeitende Systeme, deren Kapazitäten begrenzt sind, arbeiten. Die Vertreter dieses Ansatzes benutzen dabei Computerprogramme als Modell – sei es als heuristische Metapher oder als Instrument, um ihre Hypothesen über die Natur des menschlichen Denkens zu simulieren und zu testen. Entwicklungsbedingte Veränderungen zeigen sich insbesondere in der Art, wie Kinder Informationen beachten, repräsentieren, speichern und kombinieren. Diese Veränderungen vollziehen sich an verschiedenen Stellen des kognitiven Systems: im sensorischen Speicher, im Kurzzeitgedächtnis und im Langzeitgedächtnis. Diese Entwicklung entsteht großenteils durch Selbstmodifikation, wenn Kinder Regeln zur Entscheidungsfindung formulieren und sie anhand eines Feedback modifizieren. Viele Untersuchungen beginnen mit einer Aufgabenanalyse. Danach wird ein Computerprogramm geschrieben, das simuliert, wie ein Kind beim Problemlösen oder Speichern von Information vorgeht, oder es wird experimentell geprüft, wie effizient das Kind Information verarbeitet.

Die menschliche Verarbeitungskapazität ist insofern begrenzt, als jeder Mensch zu einem bestimmten Zeitpunkt nur eine begrenzte Menge an Information mit einer begrenzten Geschwindigkeit verarbeiten kann. Entwicklung impliziert weitgehend, daß der Mensch lernt, diese Grenzen durch den Erwerb von effizienten Steuerungsprozessen zu erweitern. Hier zeigen die Untersuchungen zum Gedächtnis, dem am besten erforschten Bereich bei der entwicklungsabhängigen Informationsverarbeitung, daß die Gedächtnisentwicklung zum großen Teil auf dem Erwerb geeigneter Strategien, der Zunahme bereichsspezifischen Wissens, verbessertem Metagedächtnis sowie größerer funktionaler Kapazität beruht.

Veränderungen bei der Repräsentation von Informationen und bei den Regeln zum Problemlösen wirken sich auch auf die Informationsverarbeitung aus. All diese Veränderungen von Gedächtnis, Repräsentation und Problemlösen hängen nicht nur untereinander, sondern auch mit anderen Aspekten kognitiver Veränderungen eng zusammen, beispielsweise mit dem zunehmenden Weltwissen und dem Erwerb mentaler Operationen, wie sie Piaget annimmt. Man kann Intelligenz so gesehen als effiziente und einsichtige Anwendung von Komponenten der Informationsverarbeitung verstehen.

Mechanismen wie Enkodierung, Generalisierung, Aufbau von Strategien oder Automatisierung führen im Laufe der Entwicklung zu einer effizienteren Verarbeitung (Siegler, 1991). Der Informationsverarbeitungsansatz beschreibt den Menschen als aktives, organisiertes, selbstmodifizierendes System. Entwicklung beinhaltet quantitative wie qualitative Veränderungen und genetische wie umweltbedingte Einflußfaktoren. Entwicklung ist im wesentlichen eine Zunahme der Effizienz bei der Steuerung des Informationsflusses durch das kognitive System.

Die Stärken der Theorie liegen darin, daß sie die Komplexität des Denkens darstellen kann, eine spezifische Erklärung der Performanz bietet und sich durch eine exakte Methodologie auszeichnet. Zu den Schwächen zählen einige Unzulänglichkeiten des Computermodells, Schwierigkeiten bei der Erklärung von Entwicklung und die mangelnde Berücksichtigung des natürlichen Verhaltenskontexts.

Weiterführende Literatur

Die folgenden Bücher stellen neuere Forschungsarbeiten zu spezifischen Themen aus den Bereichen Gedächtnis, Aufmerksamkeit und Problemlösen vor.

Kail, R. *The Development of Memory in Children.* 3. Aufl. New York (W. H. Freeman) 1990.
Siegler, R. S. *Children's Thinking.* 2. Aufl. Englewood Cliffs, N. J. (Prentice Hall) 1991.

Einen Einblick in Forschungsarbeiten zur Computersimulation des Denkens von Kindern geben die folgenden Quellen.

Klahr, D. *Information Processing Approaches to Cognitive Development.* In: Bornstein, M. H.; Lamb, M. E. (Hrsg.) *Developmental Psychology: An Advanced Textbook.* 2. Aufl. Hillsdale, N. J. (Erlbaum) (1992).
Rabinowitz, F. M.; Grant, M. J.; Dingley, H. L. *Computer Simulation, Cognition, and Development: An Introduction.* In: Bisanz, J.; Brainerd, C. J.; Kail, R. (Hrsg.) *Formal Methods in Developmental Psychology: Progress in Cognitive Development Research.* New York (Springer) 1987.

5.

Ethologie

*Ich hatte mich zu Beginn dieser Versuche zu
den Entenkindern ins Gras gesetzt und war,
um ihre Nachfolgereaktion auszulösen,
sitzend von ihnen weggerückt . . .
Die Stockentchen waren also im Gegensatz
zu den Grauganskindern
sehr anspruchsvolle und anstrengende Pfleglinge;
denn man stelle sich vor:
Zwei Stunden Spaziergang mit solchen Kindern,
dauernd in tiefer Hocke und ununterbrochen quaken . . .
Im Interesse der Wissenschaft habe ich mich
dieser Mühe tatsächlich stundenlang unterzogen.*

[Lorenz, 1990, S. 141]

*Die Ausgangsphase des Protests kann
sofort oder auch erst mit etwas Verspätung einsetzen.
Sie dauert von einigen Stunden bis
zu einer Woche oder mehr. Das Kleinkind
scheint sehr bekümmert über die Trennung
von der Mutter und versucht, sie durch vollen
Einsatz seiner begrenzten Möglichkeiten
zurückzugewinnen. Oft schreit es laut, schüttelt sein Bettchen, wirft sich darin hin und her
und hält eifrig nach akustischen oder visuellen Anzeichen Ausschau, die sich als die
vermißte Mutter herausstellen könnten . . .
Während der Verzweiflungsphase, die auf das
Protestieren folgt, spürt man, daß das Kind
sich weiterhin mit der vermißten Mutter
beschäftigt, sein Verhalten wird jedoch
zunehmend hoffnungsloser. Die aktiven
physischen Bewegungen nehmen ab oder
hören auf, das Schreien wird monoton oder
kommt in regelmäßigen Abständen. Das Kind
zieht sich zurück und wird passiv, es stellt
keine Ansprüche an die Umwelt und scheint in
einem Zustand tiefer Trauer.*

[Bowlby, 1975, S. 39 f]

Die Entwicklungspsychologen haben Shakespeares Ratschlag „Sei kein Schuldner und kein Gläubiger" nicht befolgt. Einige der fruchtbarsten Ideen zur Entwicklung wurden aus anderen Bereichen der Psychologie und sogar aus anderen Wissenschaften entlehnt. Die Ethologie oder Verhaltensforschung ist ein Beispiel dafür. Sie untersucht das entwicklungsgeschichtlich signifikante Verhalten einer Spezies in ihrer natürlichen Umgebung. Als Teilgebiet der Biologie befaßt sich die Ethologie mit den biologischen und evolutionären Blaupausen des Verhaltens.

Die Theorie wurde vor Jahren von europäischen Biologen und Naturwissenschaftlern entwickelt und gelangte in den sechziger Jahren über John Bowlbys Untersuchungen zur Mutter-Kind-Bindung in die Entwicklungspsychologie. Heute stammen die wichtigsten theoretischen Grundlagen zum evolutionären Aspekt der Entwicklung aus der Ethologie.

Wie Rousseau einmal sagte: „Man muß Menschen, wenn man sie untersuchen will, ganz aus der Nähe betrachten, doch der Mensch läßt sich nur aus der Distanz untersuchen." Die Ethologie stellt den Menschen in den universellen Kontext aller tierischen Lebewesen. Wie bescheiden nimmt es sich vergleichsweise aus, daß es auf einem Quadratkilometer brasilianischen Regenwaldes mehr Insektenarten gibt als Primatenarten in der ganzen Welt (Wilson, 1975). Der *Homo sapiens* ist nur eine von wahrscheinlich etwa 30 Millionen Spezies.

Im Mittelpunkt dieses Kapitels stehen die Folgerungen, die sich aus der Ethologie für die Entwicklung des Menschen ergeben. Dabei sollten wir nicht vergessen, daß die ethologische Forschung sich in der Regel mit anderen Arten befaßt. Wie legitim es ist, Konzepte aus der Tierforschung auf die psychologische Untersuchung des menschlichen Verhaltens zu übertragen, ist ein strittiges Thema, auf das wir später zurückkommen werden.

Das Kapitel beginnt mit einer historischen Skizze, an die sich ein allgemeiner Überblick über die Theorie anschließt. Danach folgen Abschnitte über die wichtigsten Beiträge der Ethologie zum Verständnis der psychologischen Entwicklung des Menschen, über die Mechanismen der Entwicklung, über den Standpunkt der Theorie zu grundlegenden Fragen der Entwicklung, die metatheoretische Klassifikation der Theorie und ihre Bewertung.

Geschichte der Theorie

Die Verhaltensforschung wurde im 17. und 18. Jahrhundert von deutschen Zoologen mit der wissenschaftlichen Untersuchung angeborener Verhaltensweisen begründet. Damals setzte sich gerade das Konzept der Evolution durch Darwins sorgfältige Untersuchung von Fossilien und Variationen im Pflanzen- und Tierreich in der Biologie durch. Darwin war, wie Alfred Wallace, gezwungen anzunehmen, daß die Natur offenbar in einer skrupellosen Selektion nur bestimmte Merkmale ausliest, die die Arterhaltung gewährleisten: „Was für ein Buch könnte ein Kaplan des Teufels über das plumpe, verschwenderische, stümperhafte, erbärmliche und entsetzlich grausame Werk der Natur verfassen?" (Darwin, zitiert in Shapley, Rapput und Wright, 1965, S. 446). Durch diese natürliche Auslese verändern sich die Arten und differenzieren sich in manchen Fällen zu Unterarten aus. Viele Tierarten, einschließlich des Menschen, haben gemeinsame Vorfahren. Darwin betrachtete insbesondere auch Intelligenz und verschiedene Verhaltensformen – genau wie äußere Merkmale – als ein Ergebnis der Evolution: Wenn sie die Chancen der Arterhaltung erhöhen, werden sie weiter vererbt, wenn nicht, verschwinden sie wieder. Darwins Behauptung, daß der Mensch und andere Primaten gemeinsame Vorfahren haben, stieß im viktorianischen England auf Ablehnung. Montagu (1973) notierte eine Anekdote über die schockierte Frau eines englischen Bischofs, die entschieden hoffte, daß die Theorie falsch sei, oder, falls sie denn doch richtig sei, daß möglichst niemand davon erfahre.

Darwins sorgfältige Beobachtung und Katalogisierung von Pflanzen und Tieren wurde Jahre später von den Verhaltensforschern übernommen. Wie im folgenden Auszug über kindliche Ängste deutlich wird, beschrieb Darwin das Verhalten seiner eigenen Kinder genauso sorgfältig wie das Tier- und Pflanzenleben:

> „Bevor der fragliche Knabe viereinhalb Monate alt war, hatte ich es mir zur Gewohnheit gemacht, in seiner Nähe viele seltsame und laute Geräusche hervorzubringen, die ihm alle zum höchsten Vergnügen gereichten. Um diese Zeit aber erzeugte ich eines Tages ein lautes, schnarchendes Geräusch, wie ich es noch nie hervorgebracht hatte; woraufhin er augenblicklich ernst wurde und in Tränen ausbrach ... Dürfen wir nicht vermuten, daß es sich bei den vagen, aber sehr realen und ganz unabhängig von jeder Erfahrung vorhandenen Ängsten von Kindern um ererbte Auswirkungen von realen Gefahren und tief verwurzelte abergläubische Vorstellungen aus alten, vorzivilisierten Zeiten handelt?"
>
> [1877, S. 289]

Die Verhaltensforschung als Einzelwissenschaft etablierte sich in den dreißiger Jahren mit den europäischen Zoologen Konrad Lorenz und Nikolaas Tinbergen. Beide entwickelten, häufig gemeinsam, viele der im folgenden Abschnitt dargestellten Konzepte. Tinbergen nennt den neuen Ansatz „zunächst eine Revolte junger Zoologen gegen das tote Tier" (Cohen, 1977, S. 316). Die Verhaltensforscher sahen das Tier als aktiven, lebendigen Organismus in einer spezifischen ökologischen Nische – und nicht wie die Tradition der Lerntheorie als einen von Reizen angetriebenen passiven Organismus. Ihre Untersuchungen an sehr unterschiedlichen Arten wie Entenküken, Schmetterlingen und Stichlingen gaben dem gelegentlich recht mystischen Begriff des *Instinkts* eine wissenschaftliche Bedeutung. Lorenz beobachtete viele nicht domestizierte Tiere, die sich frei in seinem Haus und dessen Umgebung bewegen konnten. Für ihre Arbeiten wurden Lorenz und Tinbergen 1973 mit dem Nobelpreis für Medizin oder Physiologie ausgezeichnet, den sie sich mit Karl von Frisch, einem weiteren Verhaltensforscher, teilten. Für Psychologen ist die in den fünfziger Jahren begonnene und bis heute fortgesetzte Arbeit von Eibl-Eibesfeldt (1975, 1989) besonders wichtig, denn er war einer der ersten, die einen formalen Zusammenhang zwischen Psychologie und Verhaltensforschung herausarbeiteten. Mit dieser Anbindung an die Psychologie wuchs das Interesse an ethologischen Erklärungen des menschlichen Verhaltens.

Die Ethologie hat in Europa und in jüngerer Zeit auch in den Vereinigten Staaten die Verhaltensforschung beeinflußt. Am ethologischen Ansatz orientieren sich sowohl beobachtende wie experimentelle Untersuchungen, wobei neurobiologische und physiologische Studien wie Verhaltensstudien gleichermaßen eingeschlossen sind. In den vergangenen Jahren haben sich die Verhaltensforschung in Nordamerika und die vergleichende Psychologie, die sich sehr stark auf Laborstudien an verschiedenen Tierarten stützt, zunehmend zusammengeschlossen. In diesen Untersuchungen, beispielsweise darüber, wie Rattenjunge ihr Nest über den Geruch wiederfinden, wie Affen untereinander interagieren oder wie Säugetiermütter ihre Jungen unmittelbar nach der Geburt behandeln, werden experimentelle und beobachtende Methoden kombiniert. Diese Arbeiten sind noch stärker empirisch und experimentell ausgerichtet und weniger spekulativ und theoretisch als die frühen „klassischen" ethologischen Studien. Heute stehen die unmittelbaren Ursachen des Verhaltens – also beispielsweise Geruch oder Temperatur –, im Mittelpunkt und nicht mehr die evolutionären Ursprünge des

Verhaltens. Reines Beobachten spielt aber immer noch eine wichtige Rolle und hat sich inzwischen wissenschaftlichen Respekt verdient: „Es ist wohl der Ethologie zu verdanken, daß die ‚inspirierte Beobachtung‘ in den Verhaltenswissenschaften wieder zu Ansehen gelangt ist" (Tinbergen, zitiert in Cohen, 1977, S. 323 f).

Das breite Interesse an der Ethologie ist zum Teil auch auf populärwissenschaftliche, dem Laien verständliche Darstellungen zurückzuführen. *Der nackte Affe* (Morris, 1973), *The Territorial Imperative* (Ardrey, 1966) und *Das sogenannte Böse* (Lorenz, 1963) vermitteln faszinierende Überlegungen zu den angeborenen Ursachen des menschlichen Verhaltens, auch wenn die biologischen Einflüsse auf das menschliche Sozialverhalten nach Meinung einiger Kritiker überbewertet werden.

Inzwischen gibt es in der Verhaltensforschung verschiedene, aber eng zusammenhängende und sich teilweise überschneidende Ansätze: Psychobiologie, physiologische Psychologie, Verhaltensevolution, vergleichende Psychologie, Verhaltensneurologie, Verhaltensökologie, Soziobiologie und natürlich Ethologie. Vor all diese Bezeichnungen könnte man ergänzend noch „Entwicklungs-" schreiben. Bei all den genannten Ansätzen kann man zwei Betrachtungsweisen feststellen, die in einem Spannungsverhältnis stehen: In einigen Fällen herrscht ein reduktionistischer Ansatz vor, wobei dann Zellen, neuronale Impulse oder Hormone untersucht werden. In anderen Fällen steht das Verhalten eines Organismus als ganzem im Mittelpunkt, der im Hinblick auf seine ökologischen Nischen untersucht wird (Dewsbury, 1991). Beispiele dafür sind insbesondere auch die Ethologie und die vergleichende Psychologie.

Nahezu synonym zur Ethologie wird der Begriff Soziobiologie verwendet. In der Definition eines ihrer wichtigsten Vertreter, E. O. Wilson, ist *Soziobiologie* die „Untersuchung der biologischen Grundlagen allen sozialen Verhaltens" (1975, S. 4). Trotz der großen Überschneidungsbereiche befaßt sich die Soziobiologie vor allem mit der jeweiligen Entwicklungsstufe einer Art und den sozialen Strukturen und weniger mit Individuen. Zu den sozialen Strukturen gehören beim Menschen etwa Gewohnheiten, Rituale, sowie Bildungs- und Rechtssystem. Die Soziobiologie untersucht, wie sich individuelles Verhalten auf die Überlebenschancen des Individuums wie auch seiner Familie oder seines Stammes auswirkt. So gesehen ist die Soziobiologie ein Hybrid aus Verhaltensforschung, Ökologie (der Untersuchung von Zusammenhängen zwischen dem Individuum und seiner Umwelt), Genetik und Populationsbiologie. Soziobiologische Arbeiten zu Themen wie Fortpflanzungsmuster, Altruismus, elterliche Fürsorge und soziale Hierarchien beeinflussen inzwischen die entwicklungspsychologische Forschung (MacDonald, 1988).

Die Entwicklungspsychologie war für Verhaltensforschung so aufnahmebereit, weil sie sich selbst auf eine lange Tradition der Beobachtung von Kindern (siehe Barker und Wright, 1955) und die Auseinandersetzung mit den biologischen Grundlagen der Entwicklung stützte (Gesell, 1945; G. S. Hall, 1904). Selbst in den vom Behaviorismus bestimmten Jahren stützten sich viele Entwicklungspsychologen auf ihre Beobachtungen von Kindern. Hier hat insbesondere John Bowlby das Interesse der Entwicklungspsychologen auf die Ethologie gelenkt. Seine in den fünfziger Jahren in England vollzogene Abkehr von der Freudschen Theorie zugunsten einer ethologischen Erklärung der sozialen Bindung von Mutter und Kind legte den Grundstein für weitere Forschungen auf diesem Gebiet auch in Europa und den Vereinigten Staaten. (Wir werden seine Arbeiten später noch genauer beschreiben.) Inzwischen ist der ethologische Ansatz auf weitere Bereiche des kindlichen Verhaltens ausgedehnt worden. Untersucht wurde dabei beispielsweise der Gesichtsausdruck von Säuglingen oder die Tendenz, bestimmte Objekte, etwa Gesichter, bevorzugt mit den Augen zu verfolgen. Bei älteren Kindern steht die Interaktion in der Peergruppe im Mittelpunkt.

Interessant ist in diesem Zusammenhang Tinbergens Untersuchung an autistischen Kindern, deren Verhalten er als eine extreme Furchtreaktion darauf interpretiert hat, daß andere Menschen sie ansehen (Tinbergen und Tinbergen, 1972).

Zur Zeit interessieren sich Entwicklungspsychologen auch für allgemeinere biologische Einflußfaktoren. Einige neuere Bücher (siehe Carey und Gelman, 1991; Gibson und Petersen, 1991) behandeln biologisch orientierte Untersuchungen zu vielen Bereichen der Entwicklungspsychologie, darunter Sprache, Kognition im Säuglingsalter und frühe soziale Entwicklung.

Viele Studien zum Verhalten von Tieren, die Ethologen und vergleichende Psychologen in Nordamerika durchführen, sind entwicklungspsychologisch orientiert. Die Tierforschung zum Mutter-Kind-Verhalten bei Neugeborenen beeinflußt inzwischen auch die entwicklungspsychologische Forschung. Die Bedeutung entwicklungspsychologischer Arbeiten in der Tier- und Humanpsychologie ist in den folgenden Zitaten treffend ausgedrückt: „Wenn wir verstehen wollen, wie evolutionäre und ökologische Parameter in Individuen und Gruppen entstehen, setzt dies unabdingbar voraus, daß wir sie in der Perspektive der Entwicklung untersuchen. Die Lücke zwischen Molekularbiologie und natürlicher Selektion wird durch eine entwicklungsspezifische Analyse des Nervensystems, des Verhaltens und der Psychologie überbrückt werden" (Gottlieb, 1979, S. 169). Und Untersuchungen zur Entwicklung von Verhalten sind „das Rückgrat der vergleichenden Psychologie. Versäumnisse in diesem Bereich werden zwangsläufig zu einer Beeinträchtigung auf anderen Forschungsgebieten führen, von der Evolution des Verhaltens und der Psychogenetik bis hin zum Verhalten von Individuen und Gruppen" (Schneirla, 1966, S. 283).

Allgemeiner Überblick über die Theorie

Die Ethologie läßt sich anhand von vier grundlegenden Konzepten charakterisieren: (1) artspezifisches angeborenes Verhalten, (2) Entwicklung, (3) Lerndisposition und (4) ethologische Methodologie. Die hier dargestellten theoretischen Konzepte stützen sich primär auf die „klassische" Verhaltensforschung, das heißt auf die Beiträge europäischer Verhaltensforscher und insbesondere die Arbeiten von Lorenz, Tinbergen und Eibl-Eibesfeldt. Diese Beiträge haben die ethologische Erklärung der menschlichen Entwicklung stärker beeinflußt als neuere Ansätze wie Soziobiologie oder Psychobiologie. Allerdings dürften diese Ansätze in Zukunft an Einfluß gewinnen.

Artspezifisches angeborenes Verhalten

„Ein Tier ohne jeden ‚Instinkt' wäre ein absoluter Sklave der Konditionierung."
[Ghiselin und Scudo, 1986, S. 194]

Angeborenes Verhalten ist, ähnlich wie die Organe des Körpers, innerhalb derselben Art im wesentlichen gleich, es wird vererbt und dient der Anpassung (Lorenz, 1937). Und ähnlich wie die Körperorgane und -funktionen werden auch bestimmte Verhaltensweisen genetisch gesteuert. Allerdings ist weder die körperliche Konstitution noch Verhalten vollständig angeboren, denn beide werden immer in einer spezifischen Umgebung realisiert. Die Verhaltensforschung konzentriert sich jedoch auf die biologischen Komponenten von Verhalten.

Ethologen betrachten Verhalten in der Regel dann als angeboren, wenn vier Voraussetzungen erfüllt sind (Cairns, 1979):

1. Das Verhalten tritt bei allen Individuen einer Art als Stereotyp (das heißt in invarianter Handlungssequenz) auf.
2. Das Verhalten tritt auf, auch wenn keine relevante Erfahrung vorausgegangen ist, die ein Lernen ermöglicht.
3. Das Verhalten tritt innerhalb einer Art universell (das heißt, bei allen Mitgliedern) auf.
4. Das Verhalten wird durch Erfahrung und Lernen nicht wesentlich beeinflußt.

Bei manchen Singvögeln beispielsweise kann man in der Zeit ihrer Geschlechtsreife immer denselben Gesang hören, selbst dann, wenn sie ihn nie von einem anderen Artgenossen gehört haben. Das Beispiel zeigt, daß einige angeborene Verhaltensweisen nicht von Geburt an, sondern erst mit der körperlichen Reifung auftreten. Im Gegensatz zum angeborenen Verhalten zeichnet sich erlerntes Verhalten, beispielsweise der Werkzeuggebrauch von Schimpansen dadurch aus, daß es individuelle Unterschiede gibt, daß relevante Erfahrungen vorausgehen müssen, daß die Häufigkeit seines Auftretens innerhalb der Art individuell verschieden ist und daß sich das Verhalten durch neue Erfahrungen verändert.

Angeborene Verhaltensweisen werden als *artspezifisch* bezeichnet, weil sie innerhalb einer Art bei allen Individuen oder zumindest einer bestimmten Untergruppe, etwa allen männlichen Tieren oder allen Jungtieren, auftreten. Wenn ein Verhalten bei verschiedenen Arten beobachtet wird, sind zwei Schlußfolgerungen möglich. Entweder sind diese Arten verwandt, das heißt, sie gehen auf gemeinsame Vorfahren zurück und haben sich irgendwann im Verlaufe der Evolution in getrennten Linien entwickelt, oder aber das Verhalten hat sich bei diesen Arten unabhängig voneinander entwickelt, vielleicht aufgrund ähnlicher Umweltbedingungen und Bedürfnisse. Bei vielen Arten klammern sich beispielsweise die Jungen an das Fell der Mutter – eine Überlebensnotwendigkeit, wenn ein Junges mit seiner Mutter bei der Nahrungssuche oder auf der Flucht vor Feinden größere Strecken zurücklegen muß. Aufgrund von ähnlichen Verhaltensweisen bei verschiedenen Arten sind jedoch nur sehr bedingt Rückschlüsse zulässig, nicht nur, weil sich das Verhalten jeweils unabhängig voneinander entwickelt haben könnte, sondern auch, weil es für verschiedene Arten eine unterschiedliche Bedeutung und Funktion haben kann. Ein Beispiel dafür ist das Schwanzwedeln bei Hunden und das Schlagen mit dem Schwanz bei Katzen.

Zwei angeborene Verhaltenstypen, Reflexe und Verhaltensmuster, spielen beim Menschen eine wichtige Rolle. *Reflexe*, das heißt einfache Reaktionen auf Reize, sind in der Psychologie schon lange bekannt. Beispiele dafür sind die Reflexe des Säuglings, der einen Finger ergreift, den man ihm in die Hand legt, der seine Zehen streckt, wenn man ihm über die Fußsohle streicht, oder der seinen Mund zu einem Sauger (oder der Brustwarze) wendet, wenn man damit seine Wange berührt. Jede Mutter mit langen Haaren wird die Beobachtung der Ethologen bestätigen, daß Säuglinge vor allem beim Füttern gern nach den Haaren greifen. Ethologen vermuten, daß dieser Reflex ursprünglich das Festklammern im Fell der Mutter erleichterte. Viele solche Reflexe sind ziemlich stark ausgeprägt. Ein frühgeborenes Kind beispielsweise kann sich an einer Wäscheleine festklammern und sein eigenes Gewicht halten – diese Fähigkeit geht später verloren. Weniger bekannte Reflexe von Neugeborenen oder Säuglingen sind koordinierte Schwimm- und Krabbelbewegungen sowie Gehbewegungen, wenn das Gewicht des Körpers abgestützt wird.

Die klassische Verhaltensforschung (Lorenz und Tinbergen) stellt die festen Verhaltensmuster in den Mittelpunkt. Ein *Verhaltensmuster* ist ein komplexes angeborenes Verhalten, das der Arterhaltung dient. Es handelt sich dabei um eine „genetisch programmierte Sequenz koordinierter motorischer Handlungen" (Hess, 1970, S. 7), die durch spezifische ererbte Mechanismen im Zentralnervensystem zustande kommt. Beispiele dafür sind Eichhörnchen, die Nüsse vergraben, Vögel, die einen „Balztanz" aufführen, Spinnen, die ein Netz bauen, und Stichlinge, die ihr Territorium verteidigen. Verhaltensmuster können sehr raffiniert oder komplex sein, etwa wenn ein Laubenvogelmännchen beim Werben um ein Weibchen Stunden damit zubringt, eine Laube zu bauen und sie mit Blumen, Früchten, Muscheln und farbenprächtigen Käfern zu schmücken. Er zieht dort ein Zweigchen zurecht, fügt da eine Blume hinzu und hält scheinbar immer wieder inne, um sein Werk zu bewundern. Der Evolutionsvorteil solcher Verhaltensmuster liegt darin, daß sie häufig auf Nahrungsaufnahme, Paarung oder Gefahrenabwendung hinauslaufen.

Ein solches angeborenes Verhaltensmuster wird durch einen *Signalreiz* ausgelöst – einen spezifischen Reiz, der automatisch als Antwort das Verhaltensmuster hervorruft. Lorenz (1963) vergleicht diesen Prozeß mit einem Schlüssel, der ein Schloß öffnet. Beispielsweise wirkt die rote Bauchseite eines männlichen Stichlings, der in das Territorium eines anderen vordringt, als Signalreiz, der Kampfverhalten zur Abwehr des Eindringlings auslöst. Auch eine Attrappe, die dem Stichling in seiner äußeren Form nur annähernd gleicht, auf ihrer unteren Hälfte aber rot ist, löst das Verhaltensmuster aus; dagegen zeigt eine formtreue Attrappe ohne rote Bauchfärbung normalerweise keine solche Wirkung (Tinbergen, 1951). Der Signalreiz ist also spezifisch und muß in manchen Fällen eine bestimmte Orientierung oder Position haben. Tinbergen (1959) entdeckte den Signalreiz der Stichlinge, als er in seinem Aquarium, das an einem Fenster zur Straße hin stand, zu einer ganz bestimmten Tageszeit immer wieder Unruhe beobachtete – die Fische schwammen aufgeregt durcheinander. Schließlich stellte sich heraus, daß um diese Zeit ein roter Postlastwagen vorbeifuhr, ein Stimulus also, der dem natürlichen Signalreiz glich. Ein weiteres Beispiel für die Spezifität des Signalreizes ist die Reaktion eines Huhnes, das ein aufgeregt flatterndes Küken unter einer Glasglocke nicht rettet, solange es dessen Piepsen nicht hören kann, aber sofort zu Hilfe eilt, sobald es die Notrufe des Kükens hört – auch dann, wenn es das Küken selbst gar nicht sieht (Brückner, 1933).

Wenn man den normalen Signalreiz angemessen verstärkt, läßt sich das jeweilige Verhaltensmuster leichter auslösen. Das machen sich zum Beispiel Angler zunutze, indem sie größere Fische mit spezifischen Ködern anlocken, die den Signalreiz der natürlichen Beute verstärken.

Wie leicht ein Signalreiz ein Verhaltensmuster auslöst, hängt auch von einem zweiten Faktor, der handlungsspezifischen Energie, ab. Nach Lorenz baut sich die Energie eines jeden Einzelinstinkts Schritt für Schritt im Zentralnervensystem auf. Diese Energie erzeugt eine instinktive Handlungsbereitschaft, eine spezifische „Gestimmtheit". Das Bedürfnis, diese Energie zu entladen, wird in gewissen Zeitabständen dadurch befriedigt, daß das jeweilige Verhaltensmuster abläuft und auf diese Weise die aufgestaute Energie freigesetzt wird. Je mehr Zeit nach dem letztmaligen Auftreten des Verhaltens vergangen ist, desto mehr Energie baut sich auf und desto größer ist die Wahrscheinlichkeit, daß der Signalreiz das Verhalten auslöst. Wird der Druck zu groß, kann das Verhalten auch ohne den zugehörigen Signalreiz auftreten. Dieses Phänomen läßt sich gelegentlich bei Tieren beobachten, die in Gefangenschaft gehalten werden. Beispielsweise griff ein handzahmer Star ohne jede Jagderfahrung unsichtbare Insekten an, um sie dann scheinbar mit arttypischen Bewegungen zu töten und zu verschlingen (Lorenz, 1937). Ein weiteres Beispiel ist das Rattenweibchen, das kurz nach dem Werfen eine so hohe Bereitschaft zum Schutz der Jungen zeigt, daß es, wenn ihm die Jungen weggenommen werden, seinen eigenen Schwanz oder eines seiner Hinterbeine ergreift und zum Nest zurückträgt (Eibl-Eibesfeldt, 1966). Beim Menschen läßt sich ein Verhalten von Säuglingen als Beispiel anführen: Wenn sie nicht lange genug an der Flasche saugen können, weil das Loch im Sauger zu groß ist, werden sie nach dem Füttern oft weinen und Saugbewegungen machen, obwohl sie kein Saugobjekt mehr im Mund haben (Spitz, 1957).

Wenn mehrere Triebe gleichzeitig wirksam sind, kommt ein ambivalentes Verhalten zustande. Die Zickzackbewegungen beim Balztanz des männlichen Stichlings beispielsweise sind eigentlich ein Ergebnis zweier entgegengesetzter Triebe. Das „Zick" zum Weibchen hin ist auf den Aggressionstrieb zurückzuführen, während das von ihm wegführende „Zack" dadurch motiviert ist, daß das Männchen sein Weibchen zur Paarung ins Nest locken will. Nach Lorenz (1963) hat sich dieses Verhalten zum angeborenen Balzverhalten der Art ritualisiert.

Das Aufstauen und Entladen biologischer Energie läßt sich mit Freuds Triebkonzept vergleichen. Darüber hinaus kann die Energie in beiden Fällen auf ein anderes als das ursprünglich intendierte Ziel gelenkt werden – wie etwa bei der verschobenen Aggression. Während Freud sich mit dem Sexualtrieb und dem Aggressionstrieb befaßt, bezieht sich Lorenz (1963) auf die „vier großen" Triebe: Hunger, Fortpflanzung, Aggression und Flucht. Diese Triebe äußern sich in einer Reihe von spezifischeren Verhaltensmustern wie Saugen, Nestbau, Angriff und Weglaufen. Inzwischen haben viele Ethologen den Begriff von Instinkten vollständig weggelassen. Sie behaupten, daß dieses Konzept wenig sinnvoll sei, weil es sich nur schwer überprüfen lasse, weil es verwirrend sei und weil seine Erklärungen von Verhalten zu stark vereinfachend seien.

Auch das Konzept der Verhaltensmuster wurde mehrmals modifiziert (Beer, 1973; Dewsbury, 1978). Beispielsweise hat man festgestellt, daß viele Verhaltensmuster variabler sind als ursprünglich angenommen, und spricht deshalb gelegentlich auch von „modalen Verhaltensmustern". Darüber hinaus spiegelte sich in der Bedingung, daß ein Signalreiz spezifisch sein müsse, eigentlich eher die Natur des Sinnessystems als angeborene Mechanismen im Zentralnervensystem wider. Schließlich lassen sich Verschiebungen auch anders erklären – beispielsweise durch einen Wegfall von Hemmungen, die ein normales Verhalten verhindern.

Angeborene Reflexe und Verhaltensmuster haben einen nachweisbaren Einfluß auf die Entwicklung. Sie sichern die Arterhaltung, weil sie es den Nachkommen ermöglichen, selbständig Nahrung zu suchen und sich vor ihren Feinden zu verbergen, oder aber durch Verhalten wie Weinen, Greifen, Saugen oder Lächeln eine Mutter-Kind-Bindung zu erzeugen. Die junge Graugans beispielsweise ruft – vor allem, wenn sie allein ist –, immer wieder „wi-wi" und löst dadurch eine beruhigende Antwort ihrer Mutter aus. Zudem entstehen mit der körperlichen Reifung neue Verhaltensweisen wie das Nestbauverhalten, was eine weitere Anpassung an die Umwelt ermöglicht. Es ist kein Zufall, daß die Bedürfnisse des Organismus und seine angeborenen Verhaltensweisen zusammenpassen, sondern das Ergebnis einer langen Evolutionsgeschichte.

Die angeborenen, triebgesteuerten Verhaltensweisen stehen in der Ethologie zwar im Vordergrund, aber das heißt nicht, daß Verhaltensforscher das Lernen für unbedeutend halten. Sie behaupten lediglich, daß man zunächst das angeborene Verhalten beschreiben und verstehen muß, bevor man untersuchen kann, wie es durch die Umwelt beeinflußt wird. Die meisten Verhaltensweisen scheinen nach allgemeiner Einschätzung angeborene und erworbene Komponenten aufzuweisen, die miteinander verknüpft sind. Eine Dohle weiß von Geburt an, wie sie ein Nest bauen muß, aber erst durch Versuch und Irrtum lernt sie, daß Zweige sich besser dafür eignen als Glasscherben oder Eisstücke (Eibl-Eibesfeldt, 1966). Eine angeborene Fertigkeit kann leicht an neue Situationen angepaßt werden, etwa wenn Meisen lernen, mit ihrem angeborenen Picken auch Milchflaschen vor englischen Haustüren zu öffnen. Der Evolutionsvorteil dieser Verknüpfung von angeborenem und erlerntem Verhalten ist offensichtlich.

Auch ein primär erlerntes Verhalten kann Überlebensvorteile bieten. Zum Beispiel beschreibt Lorenz, wie ein erworbenes Verhalten, das „Händeschütteln", zu einer Beschwichtigungsgebärde wird:

„Wer kennt nicht den Hund, der irgend etwas angestellt hat und nun zu seinem Herrn schleicht, sich vor ihm aufrecht hinsetzt und mit zurückgelegten Ohren und extremem ‚Demutsgesicht' in krampfhafter Weise das Pfötchen zu geben sucht? Einmal sah ich einen Pudel, der diese Bewegungsweise sogar einem anderen *Hunde* gegenüber ausführte, vor dem er Angst hatte."

[1983, S. 95]

Entwicklung

„A chicken ist just the egg's way of making another egg."

[Anonymus]

„Ein Tag im Leben und sogar das gesamte Leben ist allenfalls ein winziger Schlag beim Meißeln an der nie vollendeten Statue [der Evolution]."

[Schrödinger, 1958, S. 11]

Evolution umfaßt *phylogenetische* Veränderungen, die sich innerhalb einer Art über Generationen hinweg entwickeln, sowie *ontogenetische* Veränderungen des Individuums. Nach Darwins Evolutionstheorie gibt es innerhalb einer Art immer eine gewisse Variation, wobei in der jeweiligen Umwelt einige Varianten größere Überlebens- und Reproduktionschancen haben als andere. Da sich die Tiere mit den anpassungsfähigsten Merkmalen am erfolgreichsten vermehren, werden auch die genetischen Anlagen dieser Merkmale erfolgreicher an die Nachkommen weitergegeben. Darwins Theorie ist vor allem durch die moderne Molekulargenetik in einzelnen Bereichen modifiziert worden, und es gibt unterschiedliche Meinungen im Hinblick auf abrupte evolutionäre Veränderungen. Aber die grundlegenden Konzepte sind seit Darwins Zeiten dieselben.

Evolutionsbiologisch kann man den Menschen als ein Experiment der Natur betrachten, „als sähe man ihn durch ein umgekehrtes Fernrohr, in einer größeren Distanz als gewöhnlich und vorübergehend verkleinert, so daß er gleichzeitig mit einer Anordnung anderer sozialer Experimente betrachtet werden kann" (Wilson, 1978, S. 17). Jede Art, auch der Mensch, ist die Lösung spezifischer Probleme in einer spezifischen Umwelt: Zu diesen Problemen zählen Feinde, denen eine Art entkommen muß, Nahrungsangebot und Fortpflanzungsbedingungen.

Die Individualentwicklung folgt einem Muster, das sich durchgesetzt hat, weil es der Arterhaltung diente. Äußere Merkmale wie der aufrechte Gang und die Greifhand erleichterten die Herstellung und den Gebrauch von Werkzeugen, und bestimmte Verhaltensweisen – Reflexe und angeborene Verhaltensmuster –, trugen ebenso zur Arterhaltung bei, weil sie Paarung, Nahrungssuche, Pflege der Nachkommen und so weiter ermöglichten. Soziales Verhalten wie interindividuelle Kommunikation und

Kooperation verstärken den sozialen Zusammenhalt und erhöhen damit die Wahrscheinlichkeit der Arterhaltung. Für Darwin kam der „Kampf ums Dasein" und das „Überleben des Stärksten" sowohl auf der Ebene beobachtbaren Verhaltens als auch in physischen Strukturen zum Ausdruck. Natürliche genetische Variationen und Mutationen führten zu neuen Verhaltensweisen, und sofern diese Veränderungen Überlebensvorteile mit sich brachten, wurden sie bevorzugt an die nachfolgende Generation weitergegeben. Solche erfolgreichen Verhaltensweisen setzten sich dann über viele Generationen hinweg in der Gesamtpopulation immer stärker durch.

Dennoch ist der Gang der Evolution nicht so einfach nachzuzeichnen, wie es scheinen mag. Es ist nicht immer offensichtlich, inwieweit ein angeborenes Verhalten zur Arterhaltung beiträgt oder wichtig ist. So kann ein bestimmtes Verhalten den Tod eines Individuums zur Folge haben, aber die Überlebenschancen der Art erhöhen. Ein einzelner Vogel, der einen Feind entdeckt, warnt den ganzen Schwarm mit seinem Ruf, lenkt damit aber auch die Aufmerksamkeit des Feindes auf sich selbst und gefährdet sein Leben. Sein Schwarm jedoch überlebt. Darüber hinaus bleiben Verhaltensweisen, beispielsweise viele Reflexe des Säuglings, als Relikte erhalten, auch wenn sie für die Arterhaltung nicht mehr notwendig sind. Viele der frühen Auseinandersetzungen über Fragen der Evolution zeigen, wie problematisch theoretische Spekulationen sein können – etwa wenn behauptet wurde, daß Flamingos rosa seien, weil ihre Feinde sie dann gegen die untergehende Sonne nicht so leicht erkennen könnten (Thayer, 1909).

Die Bedeutung der Evolutionstheorie für das ethologische Denken kann gar nicht genug betont werden. Wenn Verhaltensforscher fragen, warum ein spezifisches Verhalten auftritt, fragen sie im Grunde, auf welche Weise dieses Verhalten zur Anpassung an die Umwelt und damit zur Arterhaltung dient. Ein solcher Erklärungsansatz wird von keiner anderen der großen Entwicklungstheorien ernsthaft verfolgt (siehe jedoch Gibsons Theorie in Kapitel 6). Die meisten Theorien versuchen, die individuelle Entwicklung anhand von Lernerfahrungen oder körperlicher Reifung zu erklären. Die Ethologie stellt diese entwicklungspsychologische Forschung in einen umfassenderen Kontext.

Lerndispositionen

Verhalten wird nicht nur über angeborenes, in der Evolution erworbenes Verhalten gesteuert, sondern auch über Dispositionen zu bestimmten Formen des Lernens. In gewissem Umfang ist das Gehirn mit „einem belichteten Film, der noch ins Entwicklerbad gelegt werden muß" (Wilson, 1975, S. 156) vergleichbar. Verschiedene Arten unterscheiden sich darin, welche Aspekte ihres Verhaltens modifizierbar sind, welche Formen des Lernens ihnen besonders leicht fallen und über welche Lernmechanismen sie verfügen. Lerndispositionen sind gekennzeichnet durch lernsensible Phasen und allgemeine oder spezifische Lernfähigkeiten. In *lernsensiblen Phasen* sind Tiere biologisch bereit, ein neues Verhalten zu erwerben. In einer solchen Phase reagieren sie besonders leicht auf spezifische Reize und zeigen bestimmte Verhaltensweisen, die besonders leicht modifizierbar sind.

Das bekannteste ethologische Beispiel einer lernsensiblen Phase stammt von Konrad Lorenz. Kurz nach der Geburt, in der Regel am ersten oder auch noch am zweiten Tag, erlernen manche Vögel (beispielsweise Gänse) besonders leicht die charakteristischen Merkmale ihrer Mutter und damit ihrer Art. In dieser entscheidenden Phase lernen die Jungen, einem bestimmten Reiz zu folgen und bevorzugt auf ihn zu reagieren – ein Phänomen, das als *Prägung* bezeichnet wird. Die Prägung erhöht die Überlebenschancen der Jungen, weil sie gewährleistet, daß die Jungen in der Nähe der Mutter bleiben, die sie mit Nahrung versorgt und ihnen Schutz bietet, und daß sie sich von Feinden und anderen Gefahren fernhalten. Der jeweilige Reiz muß bestimmten Kriterien genügen, das heißt, es muß sich um einen spezifischen Lockruf oder eine spezifische Bewegung handeln. Diese Kriterien variieren von Art zu Art, aber in jedem Fall entspricht das Verhalten der Mutter immer diesen Kriterien. In der Natur sieht man häufig, wie Gänseküken im „Gänsemarsch" eilig hinter ihrer Mutter herwatscheln. Lorenz hat allerdings festgestellt, daß auch bestimmte „unnatürliche" Objekte den Kriterien entsprechen. So prägte er Jungvögel auf Blinklichter, elektrische Eisenbahnen, sich bewegende Milchflaschen und einen kriechenden und quakenden Wissenschaftler – Konrad Lorenz selbst (siehe das Exzerpt am Anfang dieses Kapitels). Auch Pferde und Schafe wurden auf Menschen geprägt. Lorenz betrachtete die Prägung als entscheidend, weil er sie für irreversibel hielt; ein Entchen, das auf ein Blinklicht geprägt ist, läßt sich nach dem Ende der lernsensiblen Phase nicht mehr auf seine Mutter umprägen, wenn es sie erst dann zum ersten Mal sieht.

Bei vielen Arten hat die Prägung langfristig auch Einfluß auf das Sexualverhalten. Lorenz (1931) stellte fest, daß von Menschen aufgezogene Dohlen sich einer Dohlengemeinschaft anschließen, aber in der Paarungszeit zu ihrer „ersten Liebe" – einem Menschen – zurückkehren und versuchen, ihn mit ihren artspezifischen Balzmustern auf sich aufmerksam zu machen.

Lernsensible Phasen wurden beispielsweise beim Erlernen von Vogelrufen oder von Unterscheidungen zwischen Männchen und Weibchen, bei der Entwicklung einer sozialen Beziehung zum Menschen und bei der Bindung zwischen dem Neugeborenen und seiner Mutter festgestellt. Ziegenmütter beispielsweise entwickeln in den fünf auf die Geburt folgenden Minuten eine Bindung zu ihrem Neugeborenen. Werden ihnen die Jungen unmittelbar nach der Geburt für zwei Stunden weggenommen, dann greift die Mutter sie anschließend an, wenn sie zurückgebracht werden. Wartet man dagegen fünf Minuten und entfernt die Jungen erst dann von der Mutter, so nimmt sie sie bei der Rückkehr wieder an (Klopfer, 1971).

Das Konzept der lernsensiblen Phase wurde in den letzten Jahren noch etwas weiterentwickelt. Mit einiger Gewißheit läßt sich sagen, daß die Art, wie eine Erfahrung den Organismus beeinflußt, vom Entwicklungsstand abhängt, auf dem diese Erfahrung gemacht wird (Bateson, 1978). Spezifischere lernsensible Phasen, beispielsweise eine eindeutig eingrenzbare Zeit der Prägung, scheint es jedoch nur bei bestimmten Tierarten zu geben, und diese Phasen können sich selbst bei eng verwandten Arten erheblich unterscheiden. Darüber hinaus ist umstritten, inwieweit die Dauer der lernsensiblen Phase ausschließlich genetisch determiniert ist, beziehungsweise inwieweit Erfahrungen Einfluß haben (Hess, 1973). So ist eine Prägung beispielsweise auch nach dem Ende der lernsensiblen Phase noch möglich, sofern der entsprechende Reiz nur lange genug dargeboten wird (Bateson, 1973). Lernsensible Phasen sind also ein sehr viel komplexeres Phänomen als ursprünglich angenommen. Welche Rolle lernsensible Phasen bei der menschlichen Entwicklung spielen, diskutiert Bornstein (1989).

Lernsensible Phasen sind auch mit Lerndispositionen verbunden: Durch Prägung wird der Jungvogel biologisch darauf eingestimmt, spezielle Typen von Objekten, Geräuschen oder Bewegungen wahrzunehmen, aber seine Reaktion auf diese Reize wird aufgrund von Erfahrung angeschlossen, das heißt, der Vogel muß das Objekt erst sehen und wird ihm dann folgen. Biologisch ist der Vogel darauf vorbereitet, aus Erfahrung zu lernen. Das mit der Prägung verbundene Lernen oder andere in lernsensiblen Phasen erworbene Verhaltensweisen sollten nicht mit der (im Kapitel über die

Lerntheorie diskutierten) operanten Konditionierung verwechselt werden. Die Prägung wird ohne Verstärkung erworben; sie wird sogar vertieft, wenn eine Bestrafung mit Elektroschocks erfolgt, und sie läßt sich nicht auslöschen.

Das Konzept einer lernsensiblen Phase im allgemeineren Sinne ist in der Entwicklungspsychologie weit verbreitet. Ihre Bedeutung für die Mutter-Kind-Bindung wird später noch genauer dargestellt werden. Ganz allgemein stützt das Konzept der sensiblen Phase die These Freuds und vieler anderer Entwicklungstheoretiker, daß frühkindliche Erfahrungen für das Verhalten des Erwachsenen besonders wichtig sind. Außerdem behaupten alle Stadientheorien, daß Kinder in jedem Stadium für ganz spezifische Erfahrungen besonders sensibel sind. Das gilt beispielsweise für die motorische Exploration während der sensumotorischen Phase (Piaget), für die Befriedigung der individuellen Bedürfnisse durch andere Personen im Stadium von Vertrauen versus Mißtrauen (Erikson) und für die Befriedigung oder Frustration analer Triebe in der analen Phase (Freud). Auch die Theorien, die keine Stadien annehmen, stützen sich meist auf das Konzept der Lernbereitschaft – die Vorstellung, daß das Kind dann am ehesten aus einer Erfahrung lernt, wenn sie zum richtigen Zeitpunkt gemacht wird. Einem dreijährigen Kind wird es nicht viel nützen, wenn man ihm zeigt, wie es Gegenstände in verschiedene Kategorien einteilen kann, um sie besser im Gedächtnis behalten zu können, während ein sechsjähriges Kind wahrscheinlich aufgrund seiner Erfahrung mit derselben Methode eine bessere Abrufleistung erzielt. Schließlich sei auch darauf hingewiesen, daß sensible Phasen schon während der Embryonalentwicklung bedeutsam sind: Wenn eine Schwangere einen pharmakologischen Wirkstoff einnimmt, kann das den Fötus in einem bestimmten Entwicklungsstadium möglicherweise schwer schädigen, in einem anderen dagegen völlig ohne Nebenwirkungen bleiben.

Verhalten wird biologisch nicht nur über sensitive Phasen direkt gesteuert, sondern auf eine zweite, indirekte Weise auch über *allgemeine und spezifische Lernfertigkeiten*. Insbesondere beim Menschen gehört eine bemerkenswert breit anwendbare allgemeine Fähigkeit, aus Erfahrung zu lernen, zur genetischen Grundausstattung. Lorenz (1974) spricht in diesem Zusammenhang von der „Spezialisation auf Nicht-Spezialisiertsein". Unser Zentralnervensystem hat sich so entwickelt, daß wir die Fähigkeit haben, flexibel zu denken, mit den Händen viele verschiedene Handgriffe auszuführen und ein Sprachsystem für symbolisches Denken und verbale Kommunikation zu verwenden. Der Vorteil dieser Flexibilität liegt darin, daß der Organismus sich an Veränderungen in der Umwelt anpassen kann. Fest fixierte Verhaltensmuster wären dagegen eine weniger sichere Überlebensstrategie, insbesondere im Erwachsenenalter. Allgemeine Lernfähigkeiten und angeborene Faktoren sind darüber hinaus auch insofern gekoppelt, als wir durch Verstärkung und Bestrafung lernen können. Diese Fähigkeit, von den Konsequenzen des eigenen Verhaltens beeinflußt zu werden, muß im Nervensystem angelegt sein.

Die biologisch verankerte allgemeine Lernfähigkeit des Menschen hat zur Entwicklung von Kulturen geführt, die eine Anpassung an die Umwelt unterstützen. Jede Kultur wird über Nachahmung und andere Formen des Lernens von Generation zu Generation weitergegeben. So hat selbst die kulturelle Anpassung ihre biologischen Ursachen.

Ergänzt werden die allgemeinen Lernfähigkeiten durch spezifische Lernfertigkeiten, die jeweils bereichsspezifisch angewandt werden, wie etwa die Repräsentation von Positionen im Raum. Solche spezifischen Lernfertigkeiten zeigen deutlich, daß der Organismus nicht alles gleich leicht lernt. Jede Art neigt zu bestimmten Formen des Lernens. Nicht alle Reaktionen auf alle möglichen Reize lassen sich gleich leicht konditionieren, auch wenn die klassische Lerntheorie es anders behauptet. Spezifische Lernfertigkeiten kann man durch Vergleichen verschiedener Arten leicht identifizieren. Die Grabwespe beispielsweise inspiziert morgens ihre bis zu 15 Nester, um festzustellen, wieviel Nahrung am jeweiligen Tag für jedes Nest gebraucht wird, und behält diese Information dann während des ganzen Tages im Gedächtnis. Ein berühmtes Beispiel ist auch die erstaunliche Gedächtnisfertigkeit der Lachse, die zu ihren Laichgründen zurückfinden, indem sie sich an den Geruch der Gewässer erinnern, in denen sie einst geschlüpft sind. Ratten, die normalerweise in Löchern leben, lernen schneller als Reiher und Frösche, sich im Versuchslabyrinth eines Psychologen zurechtzufinden (Eibl-Eibesfeldt, 1966). Ratten im Freiland lernen nach einer mißlichen Erfahrung schnell, vergiftete Köder zu meiden (Barnett, 1963). Wenn ihnen neue Köder gelegt werden, fressen sie nur ganz wenig davon und lassen sie liegen, wenn ihnen davon übel wird. Selbst innerhalb eines spezifischen Lerntyps, beispielsweise beim visuellen Unterscheiden und Wiedererkennen, kann Lernen spezialisiert sein. Silbermöwen etwa können zwar lernen, ihre eigenen Jungen wiederzuerkennen, aber nicht die eigenen Eier, obwohl auch die Eier an eindeutigen Merkmalen leicht zu unterscheiden wären (Tinbergen, 1951). Auch der Mensch verfügt über spezialisierte Lernfertigkeiten. Chomsky (1973) und andere nehmen an, daß die Fähigkeit, Sprache zu verarbeiten und zu erwerben, bereits beim Säugling angelegt ist. Der rasche Spracherwerb im frühen Lebensalter, die kulturell universellen Formen früher Lautäußerungen und das Lallen taub geborener Kinder stützen diese Vermutung.

Eine interessante Fußnote zum Lernen stammt von Lorenz (1963), der annimmt, daß die Abkehr von einem einmal erlernten Verhalten oft erhebliche Furchtreaktionen auslöst. Die folgende Anekdote veranschaulicht diese Auffassung. Die Graugans Martina, die in Lorenz' Schlafzimmer nächtigte, hatte die Gewohnheit entwickelt, allabendlich ins Haus zu kommen. Zunächst war sie immer erst einmal an der Treppe vorbei zum Fenster gegangen, bevor sie über die Treppe in ihr Schlafzimmer hinaufstieg. Im Laufe der Zeit verkürzte sie diesen Umweg, bis sie sich schließlich nur noch am Fuße der Treppe in die Richtung des Fensters wandte, anstatt den Weg zum Fenster wirklich zurückzulegen. Eines Abends vergaß Lorenz, die Gans ins Haus zu lassen. Als sie ihm schließlich bei Einbruch der Dunkelheit wieder einfiel, stürzte sie zur Tür herein und nahm augenblicklich den kürzesten Weg die Treppe hinauf:

„Alsbald aber geschah etwas wahrhaft Erschütterndes: auf der fünften Stufe angekommen, machte die Wildgans plötzlich Halt, bekam, wie dies bei größerem Schrecken der Fall ist, einen langen Hals und nahm die Flügel fluchtbereit aus den Tragfedern. Zugleich stieß sie den Warnlaut aus und wäre bei einem Haare aufgeflogen. Dann verhielt sie einen Augenblick, kehrte um, stieg eilig die fünf Stufen wieder hinab und durchlief eifrigen Schrittes, wie jemand, der eine sehr nötige Pflicht erfüllt, den ursprünglichen, weit zum Fenster führenden Umweg, bestieg die Treppe aufs neue, diesmal vorschriftsmäßig ganz weit auf der linken Seite und begann aufwärts zu klettern. Wiederum auf der fünften Stufe angekommen, blieb sie stehen, sah sich um, schüttelte sich und grüßte, beides Verhaltensweisen, die man an Graugänsen regelmäßig sieht, wenn ein erlittener Schrecken der Beruhigung Platz macht. Ich traute meinen Augen kaum! Für mich besteht kein Zweifel, wie das eben geschilderte Geschehen zu interpretieren ist: die Gewohnheit war zum Brauch geworden, gegen den die Graugans nicht verstoßen durfte, ohne von Angst ergriffen zu werden."

[Lorenz, 1963, S. 112]

Methodologie

Die Ethologie stützt sich auf zwei allgemeine Methoden, um Verhalten zu untersuchen: die Beobachtung unter natürlichen Bedingungen und das Laborexperiment. Die spezifische Form der ethologischen Beobachtung gehört zu den wichtigsten Beiträgen für die Psychologie. Andererseits erfolgen die meisten ethologischen Untersuchungen heutzutage auf der Grundlage von Laborexperimenten. Beide Methoden sind für die Theorie von Bedeutung.

Beobachtung

Methoden haben erheblichen Einfluß auf die Theorie. Lerntheoretiker beobachteten nicht das Lernverhalten von wildlebenden Tieren, sondern Ratten, die in Laborexperimenten Hebel bedienen, oder Schweine, die Tischtennis spielen – beides wohl keine arttypischen Verhaltensweisen. Es ist wenig wahrscheinlich, daß sich interessante natürliche Verhaltensweisen wie Revierverteidigung oder Nestbau besonders oft in einem kahlen Laborkäfig beobachten lassen. Eine solche naturnahe Beobachtung stellen die Ethologen dagegen in den Mittelpunkt, so daß sie sich eher auf natürliche Verhaltensweisen konzentrieren können.

Die naturnahe Beobachtung hängt unmittelbar mit den drei bereits genannten Hauptcharakteristika der Theorie zusammen. Wenn man artspezifische angeborene Verhaltensweisen oder Lerndispositionen erforschen will, die als Ergebnis der Evolution das Überleben einer Art in ihrem natürlichen Lebensraum ermöglicht haben, gibt es keine Alternative zur Beobachtung der Tiere in ihrer natürlichen Umwelt. Der lange Hals der Giraffen erscheint naheliegend, wenn man beobachtet, wie sie Blätter von hohen Bäumen abfressen; oder wenn Möwen auf eine Gefahr mit ihrem angeborenen „Erstarren" reagieren, statt zu fliehen, wird das verständlich, wenn man bedenkt, daß ihre Nester auf schmale Felssimse und steile Klippen gebaut sind (Eibl-Eibesfeldt, 1966).

Die Beobachtung von Tieren in Gefangenschaft hat den Nachteil, daß ihr Verhalten unter solchen Bedingungen vom normalen Verhalten abweichen kann. Anomales Verhalten könnte in einer solchen Situation etwa dadurch zustande kommen, daß Tiere in ihrer natürlichen Umgebung in der Regel gesünder sind und sich deshalb in dieser Umgebung mit höherer Wahrscheinlichkeit artspezifisch verhalten. Außerdem fehlen die Signalreize, die eine Freisetzung der aufgebauten Triebenergie auslösen würden. Verhalten wird deshalb häufig in Ersatzhandlungen umgelenkt. Vor allem in älteren Zoos, in denen die meisten Tiere noch in Käfigen gehalten werden, kann man beobachten, daß die Tiere ruhelos hin- und herlaufen, sich unablässig wiegen oder daß das Muttertier seine Jungen tötet. Ein solches anomales Verhalten läßt sich oft durch eine einfache Veränderung des Umfeldes verhindern. Ein Gürteltier im Amsterdamer Zoo beispielsweise zeigte verschiedene anomale, stereotype Bewegungen, bis man den Boden seines kahlen Käfigs mit einer Erdschicht bedeckte. Von da an konnte es sich nachts zum Schlafen einwühlen (Eibl-Eibesfeldt, 1966). Auch eine übertriebene Fürsorge kann problematisch sein. So warfen beispielsweise Bartmeisen bei einem zu hohen Futterangebot ihre Jungen kurz nach dem Schlüpfen aus dem Nest. Die Jungen waren allzu schnell satt und sperrten nicht mehr, so daß sie von den Eltern offenbar für tot gehalten wurden. Junge Bartmeisen im Freiland sperren ihre Schnäbel nur dann nicht mehr auf, wenn sie krank oder tot sind, denn die Eltern müssen die Nahrung erjagen, und ihre Jungen sind niemals satt (König, 1951). Auch bei Kindern, die aus ihrer natürlichen Umgebung herausgerissen und in einem Waisenhaus oder einem

Krankenhaus untergebracht waren, wurden anomale Verhaltensweisen, beispielsweise ständiges Hin- und Herwiegen, beobachtet.

Im Idealfall geht der Verhaltensforscher bei seinen Untersuchungen in einer vorgegebenen Folge von Schritten vor:

1. Man stellt ein Ethogramm auf, das heißt, eine ausführliche, detaillierte Beschreibung des Verhaltens einer Art in ihrer natürlichen Umgebung. Ein Ethogramm läßt sich mit einem Inventar oder einem Katalog vergleichen. Es enthält die Verhaltensweisen des jeweiligen Tieres, die Merkmale seines Lebensraumes sowie die Umstände, die einem bestimmten Verhalten unmittelbar vorausgehen und darauf folgen. Interessant sind nicht nur die verschiedenen Verhaltenstypen – wie Nestbau und Nahrungssuche –, sondern auch ihre Häufigkeit, der Reizkontext, die Funktion einzelner Verhaltensweisen und ihre ontogenetische Entwicklung. Insbesondere die Häufigkeit eines Verhaltens in der natürlichen Umgebung wird in der Psychologie oft nicht angemessen beachtet. Thorndike hat schon vor langer Zeit das Problem der mangelnden wissenschaftlichen Daten zur Häufigkeit von Verhaltensweisen erkannt: „Hunderte von Malen gehen Hunde verloren, und niemand schenkt dieser Tatsache Beachtung oder schickt einen wissenschaftlichen Bericht darüber an eine Zeitschrift. Wenn aber nur einer davon seinen Weg von Brooklyn nach Yonkers findet, dann ist diese Anekdote sofort in aller Munde" (1898, S. 4). Es ist ebenso wichtig, die Umgebung zu beschreiben wie das Verhalten selbst. Tatsächlich kann eine vollständige Beschreibung der Umgebung auch wesentliche Merkmale des Tieres definieren: „Wenn wir die ökologische Nische eines Fisches (das Medium, seine Freßfeinde und seine Nahrung, seine Laichplätze und so weiter) im Detail beschreiben, haben wir in gewisser Weise auch den Fisch beschrieben" (Michaels und Carello, 1981, S. 14). Die Beschreibungskriterien müssen so ausgearbeitet werden, daß zwei oder mehr Beobachter in fast allen Fällen übereinstimmende Beurteilungen zu einem Verhalten oder dem Zeitpunkt abgeben, zu dem es einsetzte beziehungsweise endete. Hat ein Kind gelächelt oder eine Grimasse geschnitten, und wie lange hat es das getan? Wenn ein Verhalten beschrieben wird, ist vor allem die Verhaltensstruktur interessant: Wodurch wurde dieses Verhalten ausgelöst, aus welchen Komponenten setzt es sich zusammen, in welcher Reihenfolge treten die Komponenten auf und wodurch wird das Verhalten beendet. Man beachte, daß diese „Rohdaten" im Ethogramm keine völlig neutralen Beobachtungen darstellen. In der Regel konzentrieren sie sich auf Verhaltensmuster, die sich als Überlebenshilfe herausgebildet haben. Darüber hinaus haben sich die Ethologen bei ihren Beobachtungen traditionell besonders für Verhaltensmuster im Bereich des sozialen Verhaltens interessiert.

2. Man klassifiziert diese Verhaltensweisen ihrer Funktion entsprechend, das heißt, man fragt, welche Triebe sie befriedigen oder welchen Überlebensvorteil sie bieten. Kategorien wie beispielsweise Brutpflege, Paarung und Revierverteidigung sind Arbeitshypothesen und keine unumstößlichen Tatsachen. „Wer Verhalten untersucht, ist im Hinblick auf die Kategorienbildung mit einem potentiellen Paradox konfrontiert ... bei einer eingehenderen Analyse erweisen sich diese Kategorien nämlich höchstwahrscheinlich weder als homogen (das heißt als unteilbar) noch schließen sie sich gegenseitig aus (so daß sie funktional unabhängig voneinander wären). Und so läßt sich kurz und ohne große Übertreibung feststellen, daß Verhaltenskategorien *formuliert werden müssen*, man sich aber *nicht auf sie verlassen darf*" (Fentress, 1973, S. 163).

3. Man vergleicht ein gegebenes festes Verhaltensmuster bei verschiedenen Arten im Hinblick auf die jeweilige Funktion und untersucht, wie spezifische Bedürfnisse in verschiedenen Arten durch verschiedene angeborene Verhaltensmuster befriedigt werden. Besonders interessant sind ähnliche Verhaltensmuster bei eng verwandten Arten. Findet man bei mehreren eng verwandten Vogelarten etwa einen ähnlichen Balztanz, dann könnte das vielleicht auf gemeinsame Vorfahren hinweisen. Solche Vergleiche zwischen verschiedenen Arten und Fossilienbefunde, die auf Veränderungen des Verhaltens schließen lassen (beispielsweise aufgrund einer Zunahme des Gehirnvolumens) liefern Hinweise auf die evolutionären Ursachen eines Verhaltens.
4. Man führt Laborexperimente durch, um die unmittelbaren Ursachen des in den ersten drei Schritten beschriebenen Verhaltens zu bestimmen. Aus ethologischer Sicht geht die Psychologie in der umgekehrten historischen Reihenfolge vor, wenn sie Laborforschung betreibt, noch bevor sie über eine ausreichende Datenbasis aus naturnahen Beobachtungen verfügt.

Seit einiger Zeit können Ethologen ihren Beobachtungen durch Filme und Videoaufnahmen mehr Plausibilität verschaffen. Diese neuen Verfahren haben zwei Vorteile. Erstens kann man im Film dieselbe Verhaltensstichprobe mehrmals betrachten. Man kann also vergleichen, wie verschiedene Beobachter ein bestimmtes Verhalten beschreiben. Beurteilen sie einen spezifischen Gesichtsausdruck eines Kindes übereinstimmend als ein Lächeln? Sind sie sich einig darin, daß das Werbungsverhalten einer bestimmten Vogelart immer damit beginnt, daß die Vögel kopfüber hängen? Eine solche Übereinstimmung zwischen verschiedenen Beobachtern erhöht die Verläßlichkeit einer Beobachtung. Darüber hinaus kann der einzelne Beobachter dasselbe Verhalten mehrmals beobachten und, nachdem er anhand von Beobachtungen an einer Vielzahl von Individuen eine Hypothese zu diesem Verhalten aufgestellt hat, erneut zu seinen ersten Beobachtungen zurückkehren, um diese Hypothese zu überprüfen. Beispielsweise könnte ein Forscher nach vielen Einzelbeobachtungen bei Säuglingen vermuten, daß sie auf Fremde weniger ängstlich reagieren, wenn diese nicht aufrecht stehen, sondern in die Knie gehen. Mit einer erneuten Durchsicht sämtlicher Beobachtungen läßt sich diese Hypothese überprüfen.

Der zweite Vorteil von Filmaufnahmen liegt darin, daß die jeweilige Handlung im Zeitraffer oder in Zeitlupe gezeigt werden kann. Dabei entdeckt man gelegentlich zuvor unbemerkte Verhaltensmuster. Beim Flirten beispielsweise werden oft die Augenbrauen nur eine Sechstelsekunde lang hochgezogen – eine Bewegung, die nur dann zu einer feststellbaren invarianten Komponente der Flirtsequenz wird, wenn der Film in Zeitlupe abläuft (Eibl-Eibesfeldt, 1966). Im Zeitraffer wurde festgestellt, daß Menschen, die allein essen, immer nach ein paar Bissen hoch- und um sich blicken, als wollten sie wie Paviane oder Schimpansen den Horizont nach Feinden absuchen (Eibl-Eibesfeldt, 1966). Bei einer normalen Filmdurchlaufgeschwindigkeit wäre das nicht so deutlich geworden.

Offene Filmaufnahmen sind bei der Beobachtung von Menschen allerdings insofern problematisch, als sie ihr Verhalten wahrscheinlich ändern, wenn ihnen bewußt ist, daß sie gefilmt werden. Der Einwegspiegel, mit dessen Hilfe im Labor unauffällig gefilmt werden kann, nützt bei Feldstudien natürlich wenig. Eibl-Eibesfeldt hat das Problem geschickt gelöst. Durch ein Spiegelobjektiv in der Kamera kann der Beobachter sie rechtwinklig zu seinem Zielobjekt ausrichten. Die gefilmte Person weiß zwar, daß die Kamera da ist, meint aber, sie werde nicht gefilmt.

Laborstudien

Für den Ethologen hat jedes Verhalten eine phylogenetische und eine unmittelbare Ursache. Eine Spinne spinnt ihr Netz, „weil" ihre Art durch diese angeborene Nahrungsbeschaffung überlebt hat. Neben dieser phylogenetischen Ursache lassen sich verschiedene Arten von unmittelbaren Ursachen bestimmen. Beim Spinnen eines Netzes können verschiedene Ursachen wirksam werden: spezifische physiologische Phänomene, spezifische angeborene neurologische Bahnen, ein Signalreiz, bestimmte Aspekte der motorischen Erfahrung, und so fort. Die in Beobachtungsstudien festgestellten Ursachen von Verhalten lassen sich jeweils in sorgfältig kontrollierten Experimenten abklären.

Das klassische ethologische Experiment ist das *Deprivationsexperiment*, mit dem sich feststellen läßt, ob ein Verhalten angeboren oder erlernt ist. Dabei werden dem Tier spezifische Erfahrungen vorenthalten, die für das fragliche Verhalten relevant sein könnten. Natürlich kann es sich dabei nur um sehr eng gefaßte Erfahrungen handeln, weil sonst mit gravierenden Verhaltensbrüchen oder sogar mit dem körperlichen Verfall der Tiere gerechnet werden müßte. Als Beispiel für ein Deprivationsexperiment können wir den Fall eines Verhaltensforschers heranziehen, der der Frage nachging, warum Eichhörnchen Nüsse vergraben. Er zog verschiedene Eichhörnchen isoliert voneinander in Gitterkäfigen ohne jede Einstreu auf und gab ihnen nur breiige Nahrung. Die Eichhörnchen hatten keinen Kontakt mit anderen Artgenossen (die ihnen als Modell hätten dienen können), sie kannten keine Nüsse und keine Erde (so daß sie das Vergraben auch nicht üben konnten). Unter diesen Bedingungen zeigten die Eichhörnchen im selben Alter wie Eichhörnchen im Freiland eine stereotype Verhaltenssequenz zum Vergraben von Nüssen. Gab man ihnen in dieser Phase eine Nuß, dann fraßen sie, bis sie satt waren, gruben dann ein imaginäres Loch in den Betonboden, stießen die Nuß mit ihrer Schnauze in das Loch, bedeckten sie mit unsichtbarer „Erde" und drückten diese zu guter Letzt sorgfältig fest (Eibl-Eibesfeldt, 1966). Da es also keine Gelegenheit zum Erwerb des Verhaltens gegeben hatte, muß es sich um ein angeborenes Verhaltensmuster handeln.

Andere ethologische Laborexperimente unterscheiden sich in ihrer Methode nicht von Experimenten der vergleichenden oder physiologischen Psychologie. Sie klären, welche Variablen Verhalten beeinflussen und welche physiologischen Mechanismen einem Verhalten zugrunde liegen. Beispielsweise kann man im Experiment systematisch die Reize variieren, um festzustellen, welche Merkmale eines Reizes darüber entscheiden, daß eine bestimmte Reaktion ausgelöst wird. Dabei wird eine Vielzahl verschiedener Reaktionen untersucht, von der Erweiterung der Pupillen (die auf Interesse oder Attraktion hindeutet) bis zur Dauer der Reizexposition. Die Labormethoden der Ethologie sind zwar im wesentlichen die gleichen wie in der experimentellen Psychologie, aber die Forschungsinhalte bleiben doch ein klar abgegrenztes, eigenes Gebiet. Die Ethologie untersucht Verhalten, das auf die Arterhaltung zugeschnitten ist.

Beiträge der Theorie zur Entwicklungspsychologie des Menschen

Ethologen interessieren sich beim Menschen für dieselben Kategorien von Verhalten wie bei Tieren, das heißt beispielsweise für Stillen, Kommunikation, Eltern-Kind-Interaktion und Fortpflanzung. Es gibt aber keine einheitliche ethologische Sicht der Entwicklung. Vielmehr wurden spezifische Themenbereiche von ethologisch orientierten Psychologen ausgewählt. Im Mittelpunkt der Untersuchung von Kindern stand die Mutter-Kind-Bindung, seit einiger Zeit werden auch die Interaktion in der Peergruppe, der Gesichtsausdruck, Körperbewegungen und Problemlösen untersucht. Wenn man einige repräsentative Arbeiten aus diesen Bereichen betrachtet, wird deutlich, welchen Einfluß die Ethologie sowohl auf die Inhalte als auch auf die Methodologie der entwicklungspsychologischen Forschung hat.

Mutter-Kind-Bindung[1]

Bowlbys Theorie

John Bowlby, einem Londoner Psychoanalytiker, gebührt das Verdienst, die Entwicklungspsychologen auf die Ethologie aufmerksam gemacht zu haben. Seine Beobachtung von Kindern, die über längere Zeit hinweg von ihren Müttern getrennt waren, führten ihn zu dem Schluß, daß eine frühe soziale „Bindung" zwischen Bezugsperson und Kind eine entscheidende Voraussetzung für eine normale Entwicklung ist. Wird die Beziehung zwischen Mutter und Kind abgebrochen, dann führt dies häufig dazu, daß das Kind zunächst protestiert, dann verzweifelt weint, sich loslöst und schließlich in einigen Fällen eine psychopathologische Symptomatik entwickelt (siehe das Exzerpt am Anfang des Kapitels). Hinweise auf die Bindung in normalen Situationen sind beispielsweise der Protest des Kindes, wenn ein Elternteil weggeht oder sein Begrüßungsverhalten, wie Lächeln oder Lallen, wenn er wiederkommt. Kinder suchen auch in Streßsituationen nach ihren Bezugspersonen.

Gestützt auf seine Beobachtungen der Mutter-Kind-Bindung bei nicht menschlichen Primaten postulierte Bowlby (1975), die Bindung an einen Betreuer habe sich entwickelt, weil sie dem Überleben des hilflosen Säuglings dient, indem sie ihn vor seinen Feinden und vor den Gefahren der Umwelt schützt. Bei vielen Tieren kann die Trennung von Jungtier und Mutter ein tödlicher Irrtum sein. Die Jungtiere sind biologisch dazu veranlagt, nach der Geburt und während der ersten Entwicklungsphasen die Nähe der älteren Artgenossen zu suchen. Abgesehen vom Menschen orientieren sich bei vielen Tieren die Jungen am Geruch der Mutter oder der Wärme des Nestes, um den Kontakt zu ihrer Mutter aufrechtzuerhalten (Moltz und Leon, 1983; Rosenblatt, 1976). Auch beim Menschen haben viele der Neugeborenenreflexe während der Evolution einmal diese Funktion erfüllt. Einer dieser Reflexe ist das Greifen nach Objekten wie dem Finger oder dem Haar, wenn diese die Handfläche des Kindes berühren; ähnlich klammern sich viele Säugetierjunge an das Fell ihrer Mutter und halten so Kontakt mit ihr. Ein anderer Reflex ist die Umarmungsbewegung als Reaktion auf ein plötzliches lautes Geräusch oder den Verlust des Haltes. Dieser Reflex hat wahrscheinlich früher schon viele Kinder davor bewahrt zu fallen, wenn die Mutter plötzlich davonrannte, weil sie einen Feind bemerkt hatte.

Natürlich sind diese Reflexe relativ unbedeutend für Säuglinge, die sich ja nicht körperlich an der Mutter festhalten müssen, um zu überleben. Wichtiger sind Signalmechanismen wie Weinen, Lallen und Lächeln – und zwar sowohl das spontane, rein reflektorische Lächeln des Neugeborenen als auch das wirklich „soziale" oder „reaktive" Lächeln, das ein paar Wochen später auftritt. Durch dieses Verhalten vermitteln

---

[1] Die Autorin vermeidet die englische Bezeichnung *mother*, indem sie von *caretaker* oder *parent* spricht. In folgenden wird der Begriff Mutter-Kind-Bindung im Sinne der Bindung zwischen dem Kind und seiner Bezugsperson, seiner „sozialen Mutter" beschrieben.

Säuglinge ihre Bedürfnisse und veranlassen Erwachsene, zu ihnen zu kommen. Mit solchen Signalfähigkeiten kompensieren sie ihre mangelnde motorische Reife. Während Gänseküken die Nähe zur Mutter sicherstellen, indem sie dem Objekt, auf das sie geprägt sind, hinterherlaufen, erreichen menschliche Säuglinge das gleiche Ziel mit ihrem Signalverhalten. Das Jungtier oder der Säugling wird beschützt und ernährt. Ein solches Signalverhalten ist komplexer als ein einfacher Reflex und wird häufig als angeborenes Verhaltensmuster eingestuft. Mit zunehmender Reifung des Kindes erleichtern weitere Verhaltensweisen wie Krabbeln, Gehen und Sprechen den Kontakt zwischen Mutter und Kind.

Verschiedene Belege stützen Bowlbys Vorstellung, daß das Signalverhalten angeboren ist. Selbst blind oder taubblind geborene Kinder erwerben genauso wie normale Kinder im Alter von ungefähr sechs Wochen ein soziales Lächeln. Tatsächlich zeigen taubblind geborene Kinder ein breites Spektrum normaler Verhaltensweisen wie Lachen, Weinen, Lallen und Schmollen und den für Angst, Zorn und Trauer typischen Gesichtsausdruck (Eibl-Eibesfeldt, 1966). Beim Lachen werfen sie beispielsweise den Kopf zurück, und sie stampfen mit den Füßen auf, wenn sie zornig sind. In solchen natürlichen „Deprivationssituationen" zeigt sich also, daß visuelle und auditive Erfahrungen (über die ein Nachahmungslernen möglich wäre) keine Voraussetzung für die Entwicklung von Signalverhalten und Ausdrucksverhalten sind. Weitere Belege für die Universalität des menschlichen Lächelns und anderen Ausdrucksverhaltens ergaben sich bei Beobachtungen an Säuglingen verschiedener Kulturen, bei denen diese Verhaltensweisen ebenfalls nachgewiesen wurden (einen Überblick dazu enthält Eibl-Eibesfeldt, 1966). Schon vor langer Zeit beobachtete Darwin, daß in allen Kulturen, mit denen er in Berührung kam, schon die Säuglinge lächelten.

Es ist höchst unwahrscheinlich, daß dieses Ausdrucksverhalten von normalen oder taubblinden Kindern erlernt werden könnte, indem man es ihnen gezielt beibringt. Lächeln und Lachen setzen sich aus einer komplexen Sequenz koordinierter Bewegungen oder Laute zusammen. Eibl-Eibesfeldt (1966) beschreibt den Fall eines taubblinden zwölfjährigen Mädchens mit einer schweren Gehirnschädigung, das trotz eines intensiven Trainings nicht in der Lage war, einfache Handlungen wie das Hinführen des Löffels zum Mund zu erlernen. Aber sie konnte lächeln, lachen und weinen. Selbst die Möglichkeit, daß taubblinde Kinder Ausdrucksbewegungen des Gesichts erlernen, indem sie das Gesicht der Mutter abtasten und die Bewegungen nachahmen, konnte durch die Untersuchung eines taubblinden und ohne Arme geborenen Kindes ausgeschlossen werden. Trotz seiner Behinderungen zeigte es ein normales Ausdrucksverhalten.

Bowlby stellte vier Prinzipien auf, um zu erklären, warum Säuglinge die Tendenz entwickeln, sich anderen Menschen im allgemeinen zuzuwenden und eine Bindung an den spezifischen Erwachsenen, der ihn betreut, einzugehen.

1. Eine angeborene Tendenz, bestimmte Muster lieber als andere und Dinge, die sich bewegen, bevorzugt anzusehen.
2. Erfahrungslernen, durch das Vertrautes und Fremdes unterschieden werden kann.
3. Eine angeborene Tendenz, sich dem Vertrauten zuzuwenden (und später auch, sich vom Fremden abzuwenden).
4. Das Feedback durch die Konsequenzen, die eine Verhaltenssequenz verstärken oder schwächen, je nachdem, welche Veränderungen das Verhalten erzeugt (1969, S. 273).

Auf der Grundlage dieser Entwicklungsprinzipien entsteht, in der Regel im Alter von sechs bis neun Monaten, aus der Bindung an Erwachsene im allgemeinen die Bindung an einen oder an einige wenige Erwachsene. Diese spezifische Bindung wird erkennbar, wenn Säuglinge protestieren, sobald sie von dem jeweiligen Erwachsenen getrennt werden – eine Reaktion, die sie bei anderen Erwachsenen nicht zeigen. Die Trennung von ihm ist ein angeborenes „Gefahrensignal", das ein Signalverhalten auslöst, durch das Nähe wiederhergestellt werden soll.

Das Verhalten von Mutter und Kind wird nach Bowlby schließlich zu einem „Bindungsverhaltenssystem" synchronisiert. Aussehen und Verhalten beider Beteiligten dienen wechselseitig als Signalreiz für die Verhaltensmuster des jeweils anderen. Schließlich erwarten beide Systempartner, daß der andere auf das eigene Verhalten jeweils in einer bestimmten Weise reagiert. Die Erwartungen des Kindes sind Teil seiner „inneren Arbeitsmodelle" – mentale Repräsentationen der Welt, seiner Bezugspersonen, seines Selbst und die Beziehungen zwischen ihnen (Bretherton, 1991). Diese Modelle helfen dem Kind, neue Situationen zu interpretieren und zu bewerten und sein Verhalten danach auszuwählen, also beispielsweise zu spielen oder seine Mutter zu suchen, damit sie es tröstet. Wird die Erwartung, daß die Mutter auf das Weinen oder Schreien reagiert (also das Urvertrauen, in Eriksons Theorie), durch eine längere Abwesenheit der Mutter – über Wochen oder Monate – erschüttert, so entsteht beim Kind Angst. Streß, ärgerlicher Protest und Ablehnung anderer Personen verwandeln sich schließlich in Trauer um die verlorene Mutter und eine Loslösung von Menschen im allgemeinen. Nach einer Periode der Trauer können Kleinkinder erneut spezifische Bindungen entwickeln.

Im Alter von etwa neun bis 18 Monaten werden verschiedene individuelle Verhaltensweisen, insbesondere das Saugen, Anklammern, Weinen, Lächeln und Hinterherlaufen in komplexere, selbstkorrigierende „Regelungssysteme" integriert. Diese Systeme dienen dem Ziel, eine adäquate Nähe zur Mutter aufrechtzuerhalten. Wir werden sie in diesem Kapitel später noch darstellen.

Bowlbys Bindungstheorie enthält viele Merkmale der allgemeinen ethologischen Theorie. Artspezifische Reflexe und Verhaltensmuster als Ergebnis der Evolution stellen die Nähe von Mutter und Kind sicher. Anders als bei Lorenz tauchen in Bowlbys Theorie allerdings keine Instinkte auf. Lernsensible Phasen und allgemeine sowie spezifische Lernfähigkeiten disponieren Kinder und ihre Bezugsperson dazu, ein System synchronisierter Interaktionen zu entwickeln. Bowlby geht über die allgemeine ethologische Theorie hinaus, wenn er annimmt, daß die Distanz zwischen Mutter und Kind durch eine Regelung gesteuert wird. Andererseits folgt er insofern der Theorie der Ethologie, als er sich primär auf die Beobachtung von Kindern und Tieren stützt. Allerdings wurde ein Großteil der Beobachtungen zum Bindungsverhalten, die Bowlbys Theorie angeregt hat, im Labor durchgeführt. Mary Ainsworth hat dabei Methoden zur Untersuchung von Bindung entwickelt und auf die entsprechende Forschung angewendet.

Die ethologische Erklärung der Bindung, die das angeborene Verhalten in den Mittelpunkt stellt, bildet ganz offensichtlich einen Gegensatz zum Standpunkt der Lerntheorie, die die Verstärkerfunktion von Nahrung (oder später auch von Reizen wie Wärme und Körperkontakt) betont, wobei dann die Mutter zu einem sekundären Verstärker wird. Zwar erscheint es plausibel, daß positiv erlebte Interaktionen sich positiv auf die Beziehung zwischen Kind und Erwachsenem auswirken, aber Ethologen verweisen hier darauf, daß sich eine Bindung auch dann entwickelt, wenn das Kind von seinem Bindungsobjekt körperlich mißhandelt wird. Die Ethologie erklärt Bindung auch anders als die Freudsche Theorie. Obwohl einige Ethologen der Ansicht sind, daß auch Triebe bei der Bindung eine Rolle spielen, beurteilen sie diese Triebe nicht primär als Sexualtriebe. Von der traditionellen Lerntheorie und von der Freudschen Theorie schließlich unterscheidet sich die Ethologie darin, daß sie der Wirkung des Kindes auf die Mutter ebensoviel Bedeutung beimißt wie der Wirkung der Mutter auf das Kind.

Bowlby (1975) hat in seine Theorie einige Konzepte aus dem Informationsverarbeitungsansatz integriert. Unbefriedigende soziale Beziehungen in der frühen Kindheit, abnorme Verdrängung und Denkstörungen lassen sich teilweise durch allgemeine Prinzipien der selektiven Aufmerksamkeit und des selektiven Vergessens erklären. Wenn beispielsweise das Bindungsverhalten eines Kleinkindes ständig aktiviert, aber nie befriedigt wird, schließt es irgendwann Anblicke, Gedanken oder Gefühle aus seinem Bewußtsein aus, die normalerweise sein Bindungsverhalten auslösen würden.

Bowlby hat seine Vorstellungen ständig bei seiner klinischen Arbeit angewandt. In seinem letzten Buch (1990), einer Darwin-Biographie, geht er Darwins chronisch geschwächter Gesundheit nach, die sich bis zum Tod der Mutter zurückverfolgen läßt, den der damals achtjährige Darwin nicht verkraftet hat.

Die Reaktionsbereitschaft Erwachsener auf Kinder

Zu den wichtigsten Aspekten der ethologischen Erklärung von Bindung gehört die Annahme, daß Erwachsene ebenso wie Kinder biologisch dazu veranlagt sind, Bindungen zu entwickeln. Wenn bei einer Art die Nachkommen ohne die erwachsenen Artgenossen nicht überleben können, müssen angeborene Brutpflegereaktionen in der gesamten Evolutionsgeschichte dieser Art erhalten bleiben. Das Bindungsverhalten von Erwachsenen läßt sich durch das Signalverhalten oder das Kindchenschema der Nachkommen auslösen. Viele Tierjunge stoßen Rufe aus, auf die ihre Mutter reagiert. Die Ultraschallsignale einer jungen Maus lösen beispielsweise das Nestbauverhalten der erwachsenen weiblichen Maus aus (Noirot, 1974). Menschliches Signalverhalten wie Lächeln, Fixieren des Gesichts mit den Augen oder Lallen lösen die Aufmerksamkeit und das Interesse der Eltern aus.

Die Überlegung, daß das Kindchenschema des Säuglings ebenfalls das Pflegeverhalten Erwachsener auslöst, stammt von Lorenz (1943). Er stellte fest, daß die Nachkommen vieler Arten, insbesondere unter den Säugetieren, viele gemeinsame äußere Merkmale haben (siehe Abbildung 5.1). Zu diesen Merkmalen zählen ein im Verhältnis zum Körper großer Kopf, eine große übergewölbte Stirn, relativ kurze und tolpatschige Gliedmaßen, große Augen auf oder unterhalb der Mittellinie des Kopfes und runde Wangen. Diese Beschreibung ist lediglich eine objektive Darstellung dessen, was gemeinhin eher als „niedlich" bezeichnet wird. Das Kindchenschema kennen wir in einer übertriebenen Form von Puppen und den Zeichentrickfilmen von Walt Disney. Interessanterweise hat Gould (1987) festgestellt, daß Mickymaus im Laufe der Jahre nicht nur höflicher und friedfertiger wurde, sondern sich äußerlich zunehmend in die Richtung des Kindchensschemas veränderte – das heißt, einen größeren Kopf mit weicheren, runderen Formen und größere Augen bekam.

In Studien zur Reaktion von Erwachsenen und Kindern auf Kinder oder Kinderbilder wurden physiologische Messungen vorgenommen (Erweiterung der Pupillen oder Erhöhung der Herzfrequenz), Verhalten untersucht (Anzahl der Interaktionen mit dem Kind) und die Angaben der Probanden protokolliert (Beurteilung der Attraktivität von Gesichtern). Diese Forschungsarbeiten ergaben eine positive Reaktion auf Kindergesichter. Zwölf- und 13jährige Mädchen beispielsweise, bei denen bereits die Menstruation eingesetzt hatte, bewerteten Kinderbilder positiver als gleichaltrige Jungen. Dagegen unterschieden sich Mädchen, die noch keine Menstruation hatten, in ihren Bewertungen nicht von den Jungen (Goldberg, Blumberg und Kriger, 1982). Dennoch ist die

5.1 Merkmale des als „niedlich" empfundenen Kindchenschemas bei verschiedenen Spezies. [Aus Lorenz, K. *Die angeborenen Formen möglicher Erfahrung.* In: *Zeitschrift für Tierpsychologie* 5 (1943) S. 235–409. Abdruck mit Genehmigung des Paul Parey Verlags.]

Reaktionsbereitschaft auf Kinder nicht unbedingt bei Mädchen und Frauen oder während der Zeit der Gebärfähigkeit am größten. Das Ergebnismuster hängt von der Art des Reaktionstests, vom äußeren und sozialen Kontext der Testsituation, von den Erfahrungen der Versuchsperson mit kleinen Kindern und von ihrem kulturellen Hintergrund ab (Berman, 1980). Soziale Faktoren, beispielsweise kulturspezifische Erwartungen, scheinen im Hinblick auf die Reaktionsbereitschaft auf kleine Kinder zumindest eine gewisse Rolle zu spielen. Und schon vier Monate alte Säuglinge sehen gleichfalls Babys lieber an als Kinder oder Erwachsene (McCall und Kennedy, 1980).

Forschung in Anlehnung an Bowlby

Nach unserer Darstellung von Bowlbys und Lorenz' Erklärung des menschlichen Bindungsverhaltens wenden wir uns nun jüngeren empirischen Arbeiten zu diesem Thema zu. Bowlbys Darstellung der Mutter-Kind-Bindung hat viele neue und wichtige Untersuchungen angeregt. Psychologen untersuchten das Bindungsverhalten nun von Uganda bis Schottland – und in den Laboratorien der Universität von Baltimore.

Bereits in den ersten Stunden und Tagen nach der Geburt eines Kindes knüpft die Mutter – oder eine andere Bezugsperson – eine emotionale Beziehung zum Kind. Es gehört zu den interessantesten Entdeckungen neuerer Forschungen zum Bindungsverhalten, daß die ersten Stunden nach der Geburt eine sensible Phase für die Entstehung der Mutter-Kind-Bindung sein könnten. Natürlich ist man versucht, darin eine Analogie zur sensiblen Phase der Prägung bei Vögeln zu sehen. Klaus und Kennell (1976) verglichen zwei Gruppen von Müttern und ihre Neugeborenen. In einer Kontrollgruppe wurden die Beteiligten wie im Krankenhaus üblich behandelt, das heißt, die Mütter konnten nach der Geburt einen kurzen Blickkontakt mit ihren Babys aufnehmen, sahen sie nach sechs bis acht Stunden für kurze Zeit wieder und weiterhin alle vier Stunden für 20 bis 30 Minuten zum Stillen. In einer „Intensivkontaktgruppe" hatten die Mütter ihre nackten Babys innerhalb der ersten beiden Stunden nach der Geburt eine Stunde lang dicht bei sich, und in den folgenden drei Tagen waren die Kinder jeweils fünf Stunden länger bei ihren Müttern als in der Kontrollgruppe. Als die Babys einen Monat später untersucht wurden, hielten die Mütter aus der Intensivkontaktgruppe ihre Babys häufiger im Arm und trösteten sie mehr, sie hielten beim Füttern mehr Augenkontakt und liebkosten die Babys häufiger, und sie waren nach eigenen Angaben seltener als die Mütter aus der Kontrollgruppe bereit, ihr Baby einem anderen Betreuer zu überlassen. Diese Unterschiede zeigten sich auch noch nach einem Jahr. Im Alter von fünf Jahren hatten die Kinder in der Intensivkontaktgruppe einen höheren Intelligenzquotienten und erreichten in sprachlichen Tests bessere Leistungen. Die Wiederholbarkeit dieser Untersuchung, ihre Methodologie und die Interpretation sind umstritten (Myers, 1984), aber sie weist immerhin darauf hin, wie wichtig die Ereignisse kurz nach der Geburt sind.

Andere Forschungsarbeiten zeigen die Tendenz bei Säuglingen, schon früh im Leben die Aufmerksamkeit auf Menschen zu richten. Neugeborene schauen bevorzugt menschliche Gesichter – und weniger gern unbelebte Objekte – an. Etwa in der dritten Woche reagieren Neugeborene auf die menschliche Stimme mit einem Glucksen und mit verschiedenen Lauten des Wohlbefindens. Diese frühe Disposition zur Reaktion auf soziale Reize muß allerdings sehr vorsichtig interpretiert werden. Einerseits könnte es sich bei diesen sozialen Reizen um Signalreize handeln, die die angeborenen Reaktionen des Neugeborenen auslösen. Andererseits könnten die Reaktionen durch die Vorliebe der Säuglinge für Reize vermittelt sein, die komplex oder durch Bewegungen und ausgeprägte Schwarz-Weiß-Kontraste (der Augen, des Haaransatzes und so weiter) gekennzeichnet sind. Natürlich kann diese Präferenz auch auf Strukturen des Nervensystems beruhen und damit letzten Endes wiederum biologische Ursachen haben – wie nach der ersten Erklärung (eine Diskussion dieser Problematik findet sich bei Cohen und Salapatek, 1975). Im übrigen zeigen Säuglinge außerdem eine Präferenz für weibliche Gesichter, die von Erwachsenen als relativ attraktiv eingeschätzt wurden (Langlois et. al. 1987).

Säuglinge scheinen auch dazu veranlagt zu sein, den Geruch ihrer Mutter vom Geruch anderer Menschen zu unterscheiden. Zwei Wochen alte Kinder, die gestillt wurden, wandten sich eher einem Mulläppchen zu, das ihre Mutter im Bereich der Achselhöhle getragen hatte, als einem Mulläppchen, das von einer anderen stillenden Frau getragen worden war (Cernoch und Porter, 1985). So wie Säuglinge den Geruch ihrer Mutter erkennen können, erkennen auch Mütter rasch den spezifischen Geruch ihres Säuglings. Sechs Stunden nach der Geburt und nachdem sie ihr Baby nur einmal bei sich gehabt hatten, konnten Mütter mit verdeckten Augen unter drei Säuglingen ihr Baby herausfinden (Russell, Mendelson und Peeke, 1983).

Bowlbys Mitarbeiterin Ainsworth (1973) befaßte sich primär mit der Rolle der elterlichen Bindungsfigur als „Sicherheitsbasis" für die Erkundungsbedürfnisse der Kinder. Die Mutter ist ein sicherer Heimathafen, von dem aus Kinder sich in den Nebenraum oder den nächsten Häuserblock vorwagen, und zu dem sie immer wieder zurückkehren, um „emotional aufzutanken" (Mahler, 1968). Sind allerdings die Reaktionen auf das Signalverhalten des Kindes inadäquat (unvorhersehbar, zögerlich, mißhandelnd oder nicht den Bedürfnissen des Kindes entsprechend), dann fühlt es sich leicht unsicher, und die Mutter wird seltener die Ausgangsbasis zur Erkundung einer fremden Umgebung sein (Ainsworth, 1973). Auch Lamb (1978) betont die Adäquatheit der Reaktionen der Erwachsenen und weniger die Anzahl der Interaktionen. Säuglinge bekommen eine Bindung zu ihrem Vater, wenn er auf die Signale seines Kindes angemessen reagiert, und zwar auch dann, wenn sie insgesamt nur wenig Zeit mit ihm verbringen.

Ainsworth (siehe Ainsworth, Blehar, Waters und Wall, 1978) entwarf eine „fremde Situation", um die Bindungsmuster zwischen Kleinkindern und ihren Müttern zu untersuchen. Mutter und Kind wurden zusammen mit einer fremden Person im Labor mit einer Sequenz von Episoden konfrontiert, die sich stetig von wenig Streß (Kind mit Mutter) zu hohem Streß (Kind allein mit fremder Person) steigerten. Aufgrund ihrer Reaktionen in den verschiedenen Situationen wurden die Kinder drei Bindungskategorien zugeordnet: sichere, vermeidende und ambivalente Bindung. Der Typ der Bindungsdyade hängt von vielen Faktoren ab, darunter die Sensitivität der Eltern für die Bedürfnisse ihres Kindes und Streßfaktoren innerhalb der Familie (siehe Ainsworth et al., 1978; Sroufe, 1985). Der Bindungstyp ist ein guter Prädiktor für das spätere Verhalten des Kindes, etwa sein Sozialverhalten im Kindergarten (Sroufe, 1983).

Kontrovers wird auch die Frage diskutiert, wie sich körperliche Mißhandlung durch die Eltern auf die Eltern-Kind-Bindung auswirkt. Rajecki, Lamb und Obmascher (1978) haben die Auswirkungen von Mißhandlung bei verschiedenen Tierarten untersucht und keine Belege dafür gefunden, daß Mißhandlungen die Entwicklung oder Aufrechterhaltung einer sozialen Bindung an die Eltern stören. Dieses Ergebnis scheint zwar dem gesunden Menschenverstand zu widersprechen, ergibt aber in einem ethologischen Erklärungsrahmen durchaus Sinn. Der körperliche Angriff setzt Kleinkinder unter Streß und veranlaßt sie dadurch, die Nähe ihrer Bezugsperson zu suchen, auch wenn diese Urheber der Mißhandlung ist. Rajecki et al. weisen allerdings darauf hin, daß Kindesmißhandlung nicht die „normalerweise zu erwartende Umwelt" ist, auf die das Kind durch die Evolution vorbereitet wird. Vielleicht gibt es bei mißhandelnden Eltern auch einige andere Verhalten wie Ernähren, Kleiden und Anregen des Kindes, die das Überleben fördern.

Die von Bowlby angeführte Forschung zur Bindung schließt inzwischen nicht mehr nur die oben dargestellten Fragestellungen ein, die eng mit der Ethologie zusammenhängen, sondern sie untersucht unter einer viel breiteren Frageperspektive frühe soziale Beziehungen. Zu ihren Themen zählen heute das Fremdeln, individuelle Unterschiede bei der Entwicklung von Bindungen, die Rolle der kognitiven Entwicklung in diesem Zusammenhang, geschlechtsspezifische Unterschiede in der Eltern-Kind-Bindung, Temperament und Bindung sowie mehrfache Bindungen (Hort, Kibbuz, Gleichaltrige, Geschwister). Darüber hinaus wird Bindung heute als ein über das gesamte Leben andauernder Prozeß betrachtet, bei dem affektive Bindungen zu verschiedenen Personen entstehen (Ainsworth, 1991); Parkes, Stevenson-Hinde und Marris, 1991). Zur aktuellen Forschung über Bindung und frühe soziale Entwicklung im allgemeinen sei auf Bretherton (1991) sowie Gewirtz und Kurtines (1991) verwiesen.

Interaktion in der Peergruppe

Kinder besitzen nach Meinung der Ethologen eine angeborene Prädisposition zur Interaktion mit anderen Menschen, wobei sie sich auf verschiedene Weise an ihre Umwelt anpassen (Eibl-Eibesfeldt, 1989). Die sozialen Interaktionen von Kindern schließen nicht nur die Familie und besonders die Eltern mit ein, sondern auch gleichaltrige Kinder (Peergruppe). Ethologische Studien zu den Dominanzhierarchien von Tieren, zu Aggression, Spiel, altruistischem Verhalten und nonverbaler Kommunikation ebneten ganz natürlich den Weg zu korrespondierenden Beobachtungen dieser Verhaltensweisen bei Kindergruppen in ihrer natürlichen Umgebung (Blurton-Jones, 1972; McGrew, 1972).

Ein grundlegendes Merkmal der Organisation nicht-menschlicher Primatengruppen ist die *Dominanzhierarchie*: ein Muster sozialer Beziehungen, das mit dem Lösen sozialer Konflikte zusammenhängt. Die Dominanzhierarchie regelt die Machtverteilung innerhalb der Gruppe und insbesondere den Zugang zu Ressourcen wie Nahrung oder Paarungspartnern durch implizite „Regeln", die festlegen, wer wen kontrollieren kann (Hinde, 1974). Um die ethologische Forschungsperspektive im Hinblick auf Dominanzhierarchien unter Kindern zu veranschaulichen, betrachten wir eine Studie von Strayer und Strayer (1976). Sie filmten mit einer Videokamera das freie Spiel einer Gruppe von Vorschulkindern, als sich gegen Ende des Schuljahres die Gruppe stabilisiert hatte. Die Dominanzbeziehungen wurden aus natürlich auftretenden Konflikten zwischen jeweils zwei Kindern abgeleitet, und zwar anhand der Ergebnisse bei drei Kategorien von Konflikten. Diese Kategorien umfaßten körperliche Angriffe, Drohgesten und Kämpfe um Objekte oder Positionen (körperlich oder nicht körperlich ausgetragene Kämpfe um Spielzeug, den ersten Platz in der Reihe, und so fort). Als Reaktion auf Konflikte konnte ein Kind sich unterwerfen, Hilfe suchen, zum Gegenangriff übergehen, das Objekt oder die Position aufgeben oder gar nichts unternehmen. Das Kind, das in einer solchen Auseinandersetzung gewinnt, gilt als dominanter. Diese drei Kategorien von Konflikten und die Reaktionen darauf ähneln den Kategorien, die man für Untersuchungen der sozialen Beziehungen in nicht-menschlichen Primatengruppen anwendet. Für die Kindergruppe ergab die Analyse der Videobänder eine relativ starre und stabile Dominanzhierarchie. Die Jungen lösten zwar mehr Konflikte aus als die Mädchen, standen in der Hierarchie aber insgesamt nicht höher als diese. Interessant ist, daß es nur relativ wenige Gegenangriffe gab. Nach Strayer und Strayer ist dies ein Hinweis darauf, daß die stabile Dominanzhierarchie genau wie in nicht-menschlichen Primatengruppen die Gruppenaggression auf ein Minimum reduziert. Andere Forschungsarbeiten zeigen in Übereinstimmung mit dieser Argumentation, daß es in neu gebildeten Gruppen von Menschen zunächst zahlreiche Konflikte gibt, deren Häufigkeit dann aber drastisch zurückgeht (Savin-Williams, 1976).

Die Studie von Strayer und Strayer spiegelt den ethologischen Ansatz in dreifacher Hinsicht wider: in ihrem Inhalt (Dominanzhierarchien, wie man sie auch bei Tieren beobachtet), in ihrer Methode (Verhaltensbeobachtung im natürlichen Kontext und anschließende Kategorisierung dieses Verhaltens) und ihrer Theorie (Betonung des Anpassungsverhaltens einer Art). Die folgende Zusammenstellung von Untersuchungen veranschaulicht, welche anderen Bereiche der Interaktion zwischen gleichaltrigen Kindern für die Ethologie von Interesse sind: Spielmuster bei Vorschulkindern (Smith und Connolly, 1972), Aufrechterhaltung einer bevorzugten körperlichen Distanz von anderen Menschen (Peery und Crane, 1980) und Beschwichtigungsverhalten von Kindern, beispielsweise das Hängenlassen der Schultern und das Senken des Kopfes, das zum Beenden der Aggressionen führt (Ginsburg, Pollman und Wauson, 1977). Der ethologische Ansatz steht im klaren Gegensatz zur Lerntheorie, die darauf abhebt, wie ein Verhalten (beispielsweise Aggression) bei einzelnen Kindern durch Verstärkung, Bestrafung und Nachahmung beeinflußt wird.

Es mag seltsam erscheinen, daß negative, aggressive, machtorientierte soziale Beziehungen viel mehr Interesse gefunden haben als positive, Zusammenhalt stiftende Verhaltensweisen. Tatsächlich berichtet Strayer (1980), daß während einer Beobachtungsphase in einem Kindergarten weniger als 200 rivalisierende oder aggressive Episoden, aber mehr als 1000 Kontaktaufnahmen registriert wurden. Strayer und Kollegen versuchen seit einiger Zeit, dieses Übergewicht negativer Verhaltensweisen in den Untersuchungen zu korrigieren, indem sie die natürlichen Freundesgruppen bei Vorschulkindern sowie stabile Muster der Nähe und des Kontaktverhaltens bei Kindern und schließlich das Teilen und Helfen untersuchen. Interessant ist ihre Feststellung, daß die sozialen Präferenzen der Kinder in keinem besonders engen Zusammenhang zur Dominanzhierarchie standen. Die dominanteren Kinder wurden also zum Spielen und bei anderen Kontakten nicht unbedingt bevorzugt.

Ein anderer Aspekt der Interaktion zwischen gleichaltrigen Kindern liegt darin, daß sie zwischen sich und anderen Personen jeweils einen gewissen Abstand beibehalten, ähnlich wie die Vögel auf einer Hochspannungsleitung.

Das Bestreben, andere Personen nicht zu nahe an sich herankommen zu lassen, ist in verschiedenen Kulturen zu beobachten, aber der jeweils bevorzugte Abstand kann von einer Kultur zur anderen variieren. Bei einem Experiment (Barash, 1973) wurden Reaktionen auf die Verletzung des individuellen Territorialabstands untersucht. In einer Bibliothek mit vielen freien Plätzen setzte sich eine Person sehr dicht neben einen bereits dort sitzenden Probanden. Der Proband wandte sich dann häufig ab oder baute aus Büchern eine Barriere zwischen dem Eindringling und sich auf. Der jeweils bevorzugte Abstand mag mit den etablierten Gruppenterritorien zusamenhängen, die bei vielen Tierarten eine Rolle spielen und bei denen die Dichte der Individuen einer Population so reguliert wird, daß Nahrungsmangel und Überpopulation vermieden werden.

Ein wichtiger Aspekt der sozialen Interaktion in jeder Phase des Lebenszyklus ist der Zugang zu Ressourcen aus der Umwelt. Charlesworth (1988, S. 24) schreibt dazu:

> „Wenn ein Säugling nach Zuwendung schreit, ein Vorschulkind mit einem Geschwister um ein Spielzeug streitet, ein Heranwachsender versucht, einen Gleichaltrigen zu beeindrucken, ein Graduierter eine Stelle sucht, ein Wissenschaftler eine großartige Abhandlung schreibt, oder ein Achtzigjähriger jemanden sucht, der ihm das Schneeschippen abnimmt – besteht immer die Möglichkeit, daß er nicht bekommt, was er braucht, weil ein anderer Mensch konkurrierende Bedürfnisse hat. Es müssen auch nicht alle Bedürfnisse befriedigt werden, sondern nur ein gewisser Teil davon, damit der Einzelne seine normalen Lebensfunktionen entfalten kann."

Charlesworth (1988) hat ein Modell vorgeschlagen, mit dessen Hilfe sich bestimmen läßt, nach welchen Ressourcen Kinder streben, wie sie versuchen, diese Ressourcen zu erwerben, und wie erfolgreich sie dabei sind. Ein Kind muß häufig mit anderen konkurrieren, um bestimmte Ressourcen zu erlangen und zu behalten. Konkurrenzverhalten reicht von Aggression und Einschüchterung bis hin zu Manipulation und Täuschung und sogar Kooperation (Charlesworth, 1988). Kooperation ist mindestens in zweierlei Hinsicht ein Konkurrenzverhalten. Erstens können zwei Kinder zusammenarbeiten, um an Ressourcen zu gelangen, die auch andere Kinder haben wollen. Zweitens kann der Beitrag der einen Person größer sein, ihr aber weniger Ressourcen einbringen als der anderen Person, mit der sie kooperiert. Charlesworth verweist auf eine solche Form des „Betrugs" bei Löwen. Männliche Löwen treiben die Beute vor dem Wind her in ein Gebiet, in dem die Weibchen warten, um die Beute zu schlagen. Die Weibchen übernehmen dabei die gefährlichere und schwierigere Aufgabe, aber den größeren Anteil an der Beute nehmen sich die Männchen (Trivers, 1985).

Die Aufgabe, an die jeweils benötigten Ressourcen zu gelangen, verändert sich mit der Entwicklung. In den meisten Familien brauchen Säuglinge ihre Bedürfnisse nur durch Weinen oder Schreien zu signalisieren, um versorgt zu werden. Später erwerben Kinder durch ihre Sozialisation eine Vielzahl verschiedener Fertigkeiten, um an Ressourcen zu gelangen – darunter aggressives Verhalten, Lügen, Drohen, Einschüchtern, Schmeicheln, Helfen, Teilen und Kooperation. Durch Erfahrung lernen Kinder, welche Strategie in unterschiedlichen Situationen am effektivsten ist. Im Laufe der Entwicklung ändert sich auch, welche Art von Ressourcen jeweils am meisten gebraucht wird. Charlesworth vermutet, daß Eriksons acht Krisen oder Aufgaben während der Entwicklung als Veränderungen der am dringendsten gebrauchten Ressourcen aufgefaßt werden können – entscheidend sind hier beispielsweise Nahrung und die Aufmerksamkeit der Mutter im Kleinkindalter, Materialien und Werkzeuge im Grundschulalter und ein Partner in der späten Adoleszenz.

Charlesworth (1988) hat das Verhalten von Vorschulkindern in einer Situation untersucht, in der vier Kinder einen Zeichentrickfilm sehen wollten. Ein Kind kann den Film nur dann sehen, wenn ein zweites Kind das Licht des Projektors einschaltet und ein drittes eine Kurbel dreht, um den Film zum Laufen zu bringen. Ein viertes Kind kann dann lediglich dabeistehen. Die erfolgreichste Strategie besteht nun darin, irgendwie in die Position des Zuschauers zu gelangen und die anderen dazu zu bringen, daß sie das Licht anmachen und die Kurbel drehen. Das erfordert eine Mischung aus selbstsicheren, egoistischen und kooperativen Verhaltensweisen. Wie sehr ein Kind dazu neigt, eine solche Strategie anzuwenden, läßt sich anhand von Faktoren wie Position in der Dominanzhierarchie der Klasse, Geschlecht, Alter und Freundschaften vorhersagen. Aus der Analyse der auf Videoband aufgenommenen Interaktionen der Kinder ergab sich ein Beobachtungsschema, das charakterisiert war durch unterschiedliche Typen von Vorschulressourcen, Verhaltensweisen des Ressourcenerwerbs, Reaktionen auf dieses Verhalten und Ergebnisse der Interaktion. Zu den Verhaltensweisen des Ressourcenerwerbs zählen verschiedene Typen verbalen Verhaltens, beispielsweise Bitten, Auffordern zum Abwechseln und Drohen sowie verschiedene Typen nicht verbaler Verhaltensweisen wie Anfassen, Festhalten und Angreifen.

Allgemeiner gesprochen hat Charlesworth sich bemüht, (1) die Verhaltensmerkmale der Kinder und die Charakteristika ihrer Ressourcenumwelt zu beschreiben und (2) festzustellen, wie sich die Interaktion zwischen diesen beiden Faktoren im Verlaufe der Entwicklung verändert und individuelle Unterschiede in der Anpassungsfähigkeit des Kindes an seine Umwelt bedingt. Manchen Kindern stehen weniger Ressourcen zur Verfügung als anderen, und manche sind eher als andere in der Lage, sich diese Ressourcen zu verschaffen. Geistig oder körperlich behinderte Kinder oder Kinder, die in einer materiell oder psychologisch problematischen Umgebung aufwachsen, können benachteiligt sein, wenn es darum geht, die für eine zufriedenstellende Entwicklung erforderlichen Ressourcen zu erlangen.

Die Ethologen haben viele andere Aspekte der Interaktion in der Peergruppe untersucht, wie sie Eibl-Eibesfeldt (1989) beschrieben hat. Beispiele dafür sind das Spiel, Ambivalenz unter Geschwistern und Altruismus.

Hinde (1989, im Druck) hat vor kurzem ein Modell der sozialen Beziehungen aufgestellt. Dabei wird der sich entwickelnde Organismus mit seinen individuellen Anlagen und Neigungen als Funktionseinheit in einem Netz von sozialen Beziehungen auf verschiedenen Komplexitätsstufen beschrieben. Diese Komplexitätsstufen steigern sich von der dyadischen Beziehung über die Beziehung zur Familie und zum Bekanntenkreis bis hin zur Gesellschaft. Die Interaktionen eines Kindes mit anderen Personen lassen sich nur im Kontext dieses Interaktionsnetzes und insbesondere der sozialen Interaktionen verstehen. In verschiedenen Kontexten verhält sich ein Kind dann deswegen anders, weil die sozialen Beziehungen anders sind. Zudem steht jede soziale Beziehung mit anderen sozialen Beziehungen in Zusammenhang. Beispielsweise wirkt die Eltern-Kind-Beziehung sich auch auf die Beziehung des Kindes zu Gleichaltrigen aus. Hinde betont hier die dynamischen Beziehungen zwischen verschiedenen sozialen Ebenen. Sein Modell schlägt eine Brücke von der Ethologie zu den Kontexttheorien (Kapitel 7).

Hinde wendet den deskriptiven Ansatz der Ethologie an, um in einem ersten Schritt die sozialen Beziehungen eines Kindes zu beschreiben. Was machen zwei befreundete Kinder zusammen? Wie vielfältig sind ihre Interaktionen? Welche Gefühle und Affekte spielen dabei eine Rolle? Wie vertraut und engagiert gehen sie miteinander um? Wie ändert sich die Interaktion bei veränderten Kontexten?

Gesichtsausdruck und Körpersprache

Die Mimik des Gesichts oder einige Gesten des Körpers drücken Emotionen und Absichten aus. Wir haben bereits Untersuchungen mit taubblinden Kindern erwähnt, die belegen, daß ein Teil dieser Mimik und Gestik angeboren ist. Auch interkulturelle Studien lassen darauf schließen, daß einige dieser Verhaltensweisen universell sind. Darwin und viele Generationen von Forschern und Anthropologen nach ihm haben beispielsweise beobachtet, daß ein Lächeln Freude oder Beschwichtigung zum Ausdruck bringt. Man vermutet die adaptive Bedeutung des Lächelns eines Säuglings darin, daß es der übermüdeten und überarbeiteten Mutter das Gefühl gibt, es lohne sich, die ersten schwierigen Monate durchzustehen (Robson, 1967). Ärger drückt sich in einer nach vorn orientierten Haltung (drohende Angriffshaltung), geballten Fäusten und einem wütenden Gesichtsausdruck mit Zähnezeigen und herabgezogenen Mundwinkeln (Eibl-Eibesfeldt, 1966) aus. Eibl-Eibesfeldt registriert auch beim Flirtverhalten von Mädchen aus neun kulturell unterschiedlichen Gruppen „Übereinstimmungen bis ins kleinste Detail". Die Flirtsequenz besteht aus einem Lächeln, dem ein rasches, ruckartiges Hochziehen der Augenbrauen folgt, wobei sich die Augenöffnung kurzfristig erweitert, dann folgen ein Abwenden, ein Niederschlagen des Blickes und ein Senken der Lider. Diese universellen Verhaltensweisen sollten allerdings nicht darüber hinwegtäuschen, daß viele Emotionen und Bedeutungen in verschiedenen Kulturen unterschiedlich ausgedrückt werden. Ein „Nein" beispielsweise kann durch Kopfschütteln, Herausstrecken der Zunge, gespitzte Lippen oder durch Herausstülpen der Lippen ausgedrückt werden.

Die nicht-verbalen Ausdrucksformen des Menschen sind mit denen einiger Tiere verglichen worden. Bestimmte Menschenaffen zeigen stumm die Zähne und bringen damit ihre Unterwerfung zum Ausdruck. Dieses Verhalten läßt sich mit dem menschlichen Lächeln vergleichen, das ebenfalls Aggression abwendet (Eibl-Eibesfeldt, 1966). Dagegen verweist ein etwas anderes Entblößen der Zähne auf aggressive Absichten. Für das Neigen des Kopfes bei Schimpansen, das Schütteln der Faust (das Winken mit den Scheren bei Krabben) und das Küssen und Umarmen bei der Begrüßung finden sich Parallelen im menschlichen Verhalten. Wie andere Primaten zeigen Kinder im freien Spiel manchmal einen Gesichtsausdruck mit gesenkten Augenbrauen, der anzeigt, daß sie sich durchsetzen wollen (Brannigan und Humphries, 1972). Zoobesucher wissen, daß Schimpansen gelegentlich sogar (über Menschen, die sie anstarren) zu lachen scheinen. Nach Meinung der Verhaltensforscher werden durch solche sozialen Signale Absichten mitgeteilt und dadurch die soziale Interaktion gefördert und der Zusammenhalt der Gruppe stabilisiert.

Problemlösen

Die kognitive Ethologie oder vergleichende evolutionäre Entwicklungspsychologie ist ein rapide wachsendes Forschungsgebiet (Antinucci, 1989; Byrne und Whiten, 1991). Ethologisch betrachtet fördert die Intelligenz die Anpassung an die Umwelt und begünstigt so das Überleben der Art. Im Laufe der Evolution hat sich das menschliche Gehirn so entwickelt, daß es auf die „evolutionär zu erwartende Umwelt" vorbereitet ist. Das kognitive System eines Kindes ist so konzipiert, daß es mit einem bestimmten allgemeinen Umwelttypus, das heißt dem Typus, in dem sich der Mensch entwickelt hat, zurechtkommt.

Ein biologischer Ansatz nimmt für die kognitive Entwicklung eine biologische Grundlage an, beispielsweise für das Konzept der Psychologie im Alltag (Baron-Cohen, 1991) oder das der Objektpermanenz (Diamond, 1991). Bei nicht-menschlichen Primaten hat die Kognitionsforschung überraschende Fertigkeiten ans Licht gebracht, beispielsweise Täuschung, Kommunikation, Zählen, Erkennen des eigenen Spiegelbildes und Objektpermanenz. Nehmen wir als Beispiel die Täuschung: Man hat Schimpansen dabei beobachtet, wie sie anderen Artgenossen vorspiegelten, es sei kein Futter vorhanden, um es für sich selbst zu sichern (Byrne und Whiten, 1988). Sie können auch so tun, als würden sie an einem imaginären Spielzeug ziehen oder ein imaginäres Seil sorgfältig entwirren (Hayes, 1951).

Die ethologische Forschung bei Kindern ist zwar traditionell vor allem an der sozialen Interaktion interessiert, aber neuerdings gibt es auch einige Versuche, die kognitive Entwicklung zu untersuchen, indem man Kinder in ihrer natürlichen Umgebung beim Problemlösen beobachtet. Charlesworth (1983) beobachtete, wie Kleinkinder in ihrer alltäglichen Umgebung zuhause auf Hindernisse (oder „Blockaden") reagierten, zum Beispiel in Situationen, in denen ein Kind ein Glas mit Saft nicht erreichen kann (eine äußere Blockade), in denen seine Mutter ihm sagt, es solle eine Tätigkeit unterlassen (eine soziale Blockade) und in denen es aufgefordert wird, etwas zu identifizieren (eine Informationsblockade). In jedem dieser Fälle geht es bei dem Problem um eine Beziehung zwischen einem Kind und seiner Umwelt. Eine Blockade kann von außen gesetzt sein oder im Individuum selbst entstehen – wie ein Bedürfnis oder Wunsch nach etwas Unerreichbarem. Charlesworth protokollierte alle Blockaden, die sich dem Verhalten der Kinder entgegensetzten sowie die Reaktion der Kinder auf die einzelnen Blockaden, also beispielsweise Nachgeben, Ignorieren oder Schlagen. Die Dreieinhalb- bis Viereinhalbjährigen beispielsweise stießen auf etwa 18 Probleme pro Stunde und lösten diese Probleme in 33 Prozent aller Fälle. In diesen Situationen tauchten sehr viel mehr soziale Blockaden als äußere oder Informationsblockaden auf. Erstaunlicherweise mißt kein einziger standardisierter Intelligenztest und keine der Piagetschen Aufgaben auch nur ansatzweise die Lösung sozialer Probleme. Außerdem dauerten viele Problemlöseepisoden mehrere Minuten – also sehr viel länger, als die Lösung der in Intelligenztests vorgelegten Probleme. Charlesworth (1988) hat das Problemlösen auch bei einem Mädchen mit Down-Syndrom und im freien und angeleiteten Spiel von Vorschulkindern im Kindergarten untersucht. Darüber hinaus hat er die größere Häufigkeit von Blockaden, insbesondere von äußeren und Informationsblockaden, bei körperlich behinderten Kindern dokumentiert. Die behinderten Kinder interagierten mehr mit den Lehrern als die gesunden Kinder, die ihrerseits signifikant häufiger mit ihren Altersgenossen interagierten. Charlesworth dehnte seine ethologischen Studien schließlich auch auf Studenten aus, deren Blockaden beispielsweise daraus entstanden, daß sie entscheiden mußten, was sie bei kaltem Wetter anziehen sollten, daß ihnen die Frühstückseier ausgegangen waren, daß sie Schwierigkeiten bei der Literatursuche hatten, daß ein Freund sie um Rat fragte oder daß sie vergessen hatten, wie man Knoblauchbrot macht.

Charlesworths Arbeiten zeigen, welche Art von Informationen den gängigen Untersuchungen zur Kognition nicht zu entnehmen ist. Der psychometrische Ansatz der Intelligenzmessung betrachtet Intelligenz als ein Merkmal oder eine Veranlagung, die in bestimmten Tests nachweisbar wird, die unter Anleitung von Erwachsenen in einer dem Kind in der Regel nicht vertrauten Situation durchgeführt werden. Laborstudien zum Problemlösen untersuchen einen schmalen Ausschnitt von Aufgaben, in denen es meist um physikalische und nicht um soziale Phänomene geht. Charlesworths ethologische Studien dagegen untersuchen die Funktion und ethologische Bedeutung des spontanen Einsatzes kindlicher Intelligenz. Aus diesen Untersuchungen geht hervor, welche Aspekte des Alltags problematisch sind, wie Kinder in der Regel mit ihnen umgehen und wie sich ihre Reaktion im Laufe der Entwicklung verändert. Intelligenz, die Kinder in Handeln umsetzen, hilft ihnen, sich an die physikalischen und sozialen Probleme anzupassen, die durch die Eltern, die Spielkameraden, den eigenen Körper, Möbelstücke und Spielsachen in ihrer Umgebung auftreten.

Piagets Beschreibung der sensumotorischen Periode beruht auf Beobachtungen an seinen eigenen Kindern, aber die meisten seiner Protokolle über ältere Kinder stammen aus teilstrukturierten Interviews. Er kümmerte sich wenig um die Häufigkeit des Auftretens bestimmter Verhaltenskategorien, weil er sich vor allem für die grundlegenden Wissensstrukturen interessierte. Er fragte auch nicht, welche alltäglichen Umweltsituationen es erforderlich machen, daß ein Kind beispielsweise den Erhaltungsbegriff oder die Fähigkeit des transitiven Schlußfolgerns anwendet und ob diese Umstände in bestimmten Entwicklungsphasen häufiger auftreten als in anderen. Piagets Theorie und der ethologische Ansatz ähneln sich am ehesten darin, daß sie beide Intelligenz vor dem Hintergrund der Frage betrachten, wie sich ein Organismus an seine Umwelt anpaßt. Beide Ansätze postulieren eine biologische Lerndisposition, beispielsweise den Prozeß von Assimilation und Akkommodation (Piaget) und spezialisierte Lernfertigkeiten (Ethologie).

Heute richtet sich das Interesse an biologischen Prädispositionen erneut auf den Erwerb bestimmter kognitiver Fertigkeiten. Eine wichtige Anregung gaben dabei neue Befunde zu kindlicher Frühreife, die bereits in früheren Kapiteln erwähnt wurden – zum Beispiel Sprachkompetenz, multimodale Wahrnehmung, Objektwahrnehmung und Kausalität im Kleinkindalter. Diese Fertigkeiten treten schon so früh auf und sind so leicht verfügbar, daß die Behauptung schwerfällt, sie könnten überwiegend durch Erfahrung erworben sein. Kinder scheinen von Geburt an über einen „Satz von Leitlinien [zu verfügen], der Lernende bei der Suche nach Ordnung unterstützt, wo ansonsten nur ein verflixtes verrücktes Durcheinander von Sinneseindrücken wäre" (Gelman, 1991, S. 312). Ein überzeugendes Argument aus biologischer Sicht ist schließlich, daß Kompetenzen dieser Art genau das sind, was Menschen im Laufe der Evolution erworben haben sollten.

Mechanismen der Entwicklung

Da sich die Ethologen vor allem auf Verhaltensweisen mit stark biologischen Komponenten konzentrieren, stellen sie als Mechanismen der Entwicklung auch biologische Prozesse heraus. Körperliche Reifung und hormonelle Veränderungen, die lokomotorische Entwicklung und die zunehmende Effizienz des Nervensystems beruhen darauf, daß zu bestimmten Zeiten sensible Phasen oder spezifische Verhaltensmuster auftreten. Wenn beispielsweise ein Vogel geschlechtsreif wird, stellen sich auch Fortpflanzungstrieb und Nestbauverhalten ein. Natürlich gibt es Wechselbeziehungen zwischen sämtlichen biologischen Mechanismen des Verhaltens und Erfahrung.

Zu den biologischen Veränderungen im Laufe des gesamten Lebens kommen die weiter oben diskutierten angeborenen allgemeinen und spezifischen Lernfähigkeiten hinzu. Die im Nervensystem angelegten Lernfähigkeiten machen es in allen Lebensstadien möglich, von Erfahrung zu profitieren.

Ethologen betonen zwar die Bedeutung biologischer Mechanismen, untersuchen aber auch erworbenes adaptives Verhalten. Selbst wenn sich beispielsweise herausstellen sollte, daß Dominanzhierarchien und Altruismus bei Kindern vollständig erlernt sind, bleiben solche Verhaltensmuster interessant, weil sie zu einer sozialen Gruppe führen, die als adaptives System zu bewerten ist.

Die Position der Ethologie zu grundlegenden Fragen der Entwicklung

Die menschliche Natur

„Die menschliche Natur ist nur ein Kuddelmuddel unter vielen denkbaren."
[Wilson, 1978, S. 23]

Menschen sind soziale Lebewesen mit bestimmten artspezifischen Merkmalen. Ein Mensch ist ein biologischer Organismus, der sich im Laufe der Evolution innerhalb einer spezifischen Nische in seiner Umwelt entwickelt hat. Seine Intelligenz, Sprache und soziale Bindung und vielleicht sogar seine Aggression und sein Altruismus sind Teil der menschlichen Natur, weil sie als Artmerkmale im Kampf ums Dasein einen bestimmten Zweck erfüllen oder erfüllt haben. Der Entwicklungsstand des Kindes definiert sich daher im wesentlichen über die biologisch bedingten Verhaltensweisen, über die es verfügt.

Wenn man den allgemeinen Standpunkt der Theorie identifiziert, lassen sich auch die Unterschiede in den Positionen verschiedener ethologischer Theoretiker deutlich machen. Wie sich im Abschnitt über ethologische Modelle zeigen wird, unterstreicht Lorenz die automatische, reflexhafte Natur des Verhaltens, während im Mittelpunkt von Bowlbys Ansatz Verhaltenssysteme stehen. Lorenz' Auffassung ist in erster Linie mechanistisch, Bowlbys Standpunkt primär organismisch. Aus der Sicht von Lorenz – wie auch von Freud – folgt der Mensch bei Nahrungssuche, Partnerwahl und dem Fluchtverhalten biologischen Trieben. Außerdem lösen Signalreize automatisch bestimmte Verhaltensmuster aus. In Bowlbys Theorie und der modernen ethologischen Theorie, nach der der Mensch spontan agiert, um den Anforderungen seiner Umwelt gerecht zu werden, spielen diese Konzepte bei weitem keine so zentrale Rolle. Vielmehr handeln Menschen spontan, wenn sie nach der Mutter, nach Nahrung oder einem Partner suchen. Kinder erkunden ihre Umgebung, spielen, lösen Probleme und suchen sich ihre Spielgefährten aus. Nach Bowlbys Ansatz eines geregelten Verhaltenssystems versuchen Menschen, einen bestimmten Zustand aufrechtzuerhalten. Beispielsweise kann das für ein Kind das richtige Maß an Nähe zur Bezugsperson sein. Das Kind hält diesen Zustand aktiv aufrecht, etwa wenn es nach der Mutter ruft oder zu ihr hinkrabbelt. Insofern ist es also selbstregulierend und aktiv. Dieses kybernetische System, in dem Menschen mit ihrer Umwelt in Wechselbeziehung treten und über Feedback ein Gleichgewicht aufrechterhalten, erinnert an Piagets Begriff des Äqulibrationsprozesses. Schließlich handelt es sich hier insofern um eine Kontexttheorie, als sie die Verknüpfung zwischen der Evolutionsgeschichte in der Vergangenheit und heute und vor allem die physische und soziale Umwelt in den Mittelpunkt stellt, an die sich der Organismus anpassen muß.

Qualitative versus quantitative Entwicklung

Der ethologische Ansatz nimmt sowohl qualitative als auch quantitative Veränderungen an. Er ist keine Stadientheorie und postuliert deshalb keine umfassenden qualitativen Veränderungen während der Entwicklung. In gewissem Sinne vollzieht sich eine qualitative Veränderung, wenn die biologische Reifung den Punkt erreicht, an dem ein Signalreiz ein neues Verhaltensmuster auslöst, das zuvor noch nicht aufgetreten ist. So entwickelt sich ein neues Verhalten mehr oder weniger diskontinuierlich. Eine qualitative Veränderung zeigt sich auch dann, wenn sich ein Trieb oder System im Verlaufe der Entwicklung in unterschiedlichen Verhaltensweisen ausdrückt. Ein Beispiel ist das Bindungsverhalten, das zunächst durch Weinen oder Lächeln ausgedrückt wird und später durch das Hinkrabbeln zur Mutter oder durch das Sprechen mit ihr. Die zugrundeliegende Bindung verändert sich allerdings auch quantitativ, und zwar in der Regel hin zu einer höheren Organisation, Stabilität und Effizienz. Allgemeiner gesprochen ist die Veränderung insofern quantitativ, als das Zusammenspiel von angeborenen und erworbenen Komponenten mit der Entwicklung glatter und effizienter wird.

Vererbung versus Umwelt

Ethologen befassen sich zwar in erster Linie mit den biologischen Grundlagen des Verhaltens, aber sie sind – wie die meisten in diesem Buch vorgestellten Theoretiker – Interaktionisten, was den Einfluß von Erbe und Umwelt angeht. Genotypus und Umwelt erzeugen gemeinsam Veränderungen, über die gesamte Entwicklung hinweg. Dieses Zusammenwirken führt unter anderem dazu, daß sich eine spezifische Erfahrung während der dafür sensiblen Phase stärker auswirkt als zu einem beliebigen anderen Zeitpunkt.

Die ethologische Sicht des Zusammenwirkens von angeborenen und umweltbedingten Faktoren hat sich im Laufe der Jahre verändert. Lorenz postulierte ursprünglich eine „Trieb-Dressur-Verschränkung", also eine Verkettung von angeborenen und erworbenen Verhaltenseinheiten. In jüngerer Zeit lehnen Verhaltensforscher die Unterscheidung zwischen angeborenem und erworbenem Verhalten ab. Vererbung und Umwelt tragen zu jedem Verhalten gemeinsam bei, und beide Einflüsse vermischen sich ständig.

Was entwickelt sich?

Am wichtigsten sind artspezifische Verhaltensweisen, die der Arterhaltung dienen, und sie müssen vorrangig entwickelt werden. Zu diesen Verhaltensweisen gehören beispielsweise soziale Bindung, Dominanz – Unterwerfung, Nahrungsaufnahme, Paarung und Brutpflege. Außerdem entwickeln sich Triebe oder Instinkte (nach Lorenz), Verhaltensmuster und Systeme (nach Bowlby). Die Theorie versucht zu erklären, welche Ähnlichkeiten zwischen den jeweils erworbenen Verhaltensweisen bestehen und wie sie sich bei allen Menshen beziehungsweise bei Mensch und Tier entwickeln. Im Mittelpunkt stehen dabei artspezifische Unterschiede, während individuelle Unterschiede innerhalb einer Art wenig beachtet werden.

Metatheoretische Klassifikation

Die klassische Verhaltensforschung (Lorenz) bezieht sich lose auf das Reflexmodell und das hydraulische oder „Wasserspülung"-Modell (Dewsbury, 1978). Signalreize, Verhaltensmuster und Reflexe sind die „Markenzeichen" des Reflexmodells. Wie in den vorangegangenen Kapiteln über die Freudsche Theorie und die Lerntheorie beschrieben, handelt es sich dabei um ein mechanistisches Reiz-Reaktions-Modell, das auf frühen Vorstellungen über die Funktionsweise des Nervensystems beruht. Der Triebbegriff zum Beispiel bezieht sich auf das ebenfalls von der Freudschen Theorie und von der Lerntheorie herangezogene Modell der hydraulischen Energie, das die Freudsche Theorie wie auch die Lerntheorie anwendet. Wie in physikalischen Systemen muß Energie, die sich aufgebaut hat, irgendwie freigesetzt werden. Nach Lorenz wird diese Triebenergie freigesetzt, sobald durch den entsprechenden Signalreiz das Ventil geöffnet wird. Wird der Druck der aufgestauten Energie zu groß, tritt das jeweilige Verhalten auch ohne einen entsprechenden Signalreiz auf.

Bowlby übernahm aus der Regelungstechnik ein Modell dafür, wie das Bindungsverhalten durch Feedback ein organisiertes System bildet. Ein Regelungssystem ist zielorientiert und nutzt das Feedback, um ein System dahingehend zu regeln, daß ein bestimmter Zielzustand erreicht wird. Ein einfaches Regelungssystem ist beispielsweise ein Thermostat, der eine bestimmte Raumtemperatur aufrechterhält (Ziel), indem er die tatsächliche Temperatur (Feedback) mit der gewünschten Temperatur vergleicht. Auf Verhaltenssysteme angewandt schlägt Bowlby vor, genetische Aktivitäten als Ursache dafür zu betrachten, daß sich das Verhaltenssystem entwickelt, wobei das System jedoch flexibel genug bleibt, um sich innerhalb vorgegebener Grenzen an Veränderungen der Umwelt anzupassen. So wie sich die menschliche Atmung beim Sauerstoffgehalt der Luft auf eine gewisse Bandbreite von Konzentrationen einstellen kann, so funktioniert ein Verhaltenssystem innerhalb einer spezifischen Variationsbreite relevanter Umweltmerkmale. Die spezifische, für das Bindungsverhalten adäquate Bandbreite sozialer und äußerer Reize variiert von Art zu Art. Im Rahmen des menschlichen Bindungsverhaltens haben Kinder ein Ziel: ein adäquates Maß an Nähe zum Erwachsenen. Stellen sie fest, daß sich der Erwachsene zu weit entfernt (Feedback), dann korrigieren sie diesen Zustand – etwa indem sie weinen oder zu ihm hinkrabbeln; durch ihr Verhalten können sie so den Kontakt wiederherstellen und innerhalb des Systems ein neues Gleichgewicht schaffen. Die Grenzen der adäquaten Distanz variieren in Abhängigkeit von inneren Faktoren (wie Hunger oder Krankheit) und äußeren Faktoren (wie der Anwesenheit eines fremden Erwachsenen oder Gefahrensignale). Durch die Entwicklung einer stabilen Bindung wird die adäquate Distanz größer, weil die Bezugsperson für das Kind eine sichere Ausgangsbasis zur Erkundung der Umwelt darstellt.

Ethologen haben verschiedene Modelle entworfen, um zu erklären, wie biologische Regelungsmechanismen den Verlauf der Entwicklung im einzelnen regeln und gleichzeitig Modifikationen durch die Umwelt integrieren. Ein von Waddington (1957) entwickeltes Modell stellt Entwicklung als einen bergab rollenden Ball in einer „epigenetischen Landschaft" dar. Auf dem Weg nach unten werden die seitwärts gerichteten Bewegungen des Balles immer mehr durch die Taleinschnitte begrenzt. Leichte Abweichungen vom Weg der Entwicklung lassen sich später durch eine „Tendenz zur Selbstkorrektur" wieder ausgleichen, so daß der Ball wieder auf seine frühere Bahn zurückkehrt. Die allgemeine Entwicklungsrichtung ist also vorgegeben, aber eine gewisse Variation ergibt sich aufgrund spezifischer Umweltphänomene.

Weitere Modelle für das Zusammenwirken biologischer Regelungssysteme und umweltbedingter Kräfte hat Bateson (1976) diskutiert. Ein Modell beispielsweise führt eine Kosten-Nutzen-Analyse für das Verhalten einer Art auf (McFarland, 1976). Solche Modelle sind zur Erklärung der menschlichen Entwicklung sehr aufschlußreich, haben die Forschung aber bisher kaum beeinflußt.

Da die Ethologie auf vielen verschiedenen Ebenen nach den Ursachen der Entwicklung forscht, lassen sich induktive, deduktive und funktionalistische Formen der Theoriebildung feststellen. Die Ausarbeitung eines Ethogramms ist in erster Linie induktiv – insofern, als die daraus hervorgehende Beschreibung ein wenig über eine Auflistung von rein empirischen Tatsachen zum Verhalten eines Tieres hinausgeht. Die Anwendung der Evolutionstheorie ist dagegen deduktiv, da auf der Grundlage von verschiedenen theoretischen Voraussetzungen Hypothesen formuliert werden. Schließlich finden wir aber auch, wie in den meisten psychologischen und biologischen Forschungsarbeiten, funktionalistische Typen der Theoriebildung, und zwar in der engen Verflechtung von Theorie und Tatsachen bei der Formulierung, Überprüfung und Modifikation von Hypothesen.

Kritik der Theorie

Stärken der Theorie

Was ihren entwicklungspsychologischen Nutzen angeht, hat die Ethologie bereits verschiedene Stärken gezeigt – wobei einige ihrer potentiellen Beiträge zur Entwicklungspsychologie noch gar nicht vollständig ausgewertet sind. Beides, erwiesene wie potentielle Vorteile, soll im Hinblick auf Theorie, Methode und Inhalte untersucht werden.

Der ethologische Beitrag zur Theoriebildung

Die Ethologie erweitert unseren Blickwinkel, unter dem sich Entwicklung erklären läßt. Wir können das Verhalten des Kindes nur dann vollständig „verstehen", wenn wir einen weiteren Raum (den größeren sozialen Kontext) und eine größere Zeitspanne (die Evolutionsgeschichte) mit einbeziehen. Tinbergen (1973) hat hier vier Typen von Fragen zu den Ursachen von Verhalten definiert, teilweise aufgrund der jeweils untersuchten Zeitspanne, die zwischen einigen Sekunden und Jahrhunderten variieren kann. Diese vier Typen beziehen sich auf Ursachen, die unmittelbar, ontogenetisch, funktional oder phylogenetisch sind.

1. Unmittelbare Ursachen sind die einem Verhalten unmittelbar vorausgehenden – externen oder internen – Ereignisse. Ein Säugling lächelt, nachdem er ein menschli-

ches Gesicht entdeckt hat, oder weint, weil er Hunger verspürt. Physiologisch motivierte Zustände sind eine häufige unmittelbare Ursache.

2. Der zweite Ursachentypus umfaßt eine größere Zeitspanne. Ontogenetische Kausalzusammenhänge beziehen sich darauf, wie Genotypus und Umwelt zusammenwirken, um in der Individualentwicklung eines Menschen über die gesamte Lebensspanne hinweg Verhaltensänderungen hervorzurufen. In diesem Prozeß tragen frühere Ereignisse zu späteren bei – beispielsweise wenn eine stabile Bindung einem Kind später erlaubt, selbstsicher neue Umgebungen zu erkunden oder noch später weiteres selbständiges Verhalten zu entwickeln.

3. Die funktionalen Ursachen beziehen sich auf den unmittelbaren Anpassungsvorteil eines Verhaltens. Die Frage des Ethologen lautet dabei: Was soll mit diesem Verhalten erreicht werden? Kinder verhalten sich auf ganz bestimmte Weise, um Nahrung, Schutz oder Zuwendung zu erhalten. Zum Beispiel bringt das Schreien des Säuglings die Eltern herbei.

4. Der phylogenetische Kausalschluß schließlich führt ein Verhalten auf frühere, stammesgeschichtliche Formen des Verhaltens zurück, wobei sich über Generationen hinweg aufgrund der Ernährungslage, der jeweiligen Artfeinde, der Fortpflanzungsmuster und so weiter immer wieder neue Verhaltensformen entwickelten. Ein Entwicklungspsychologe, der nach phylogenetischen Ursachen geschlechtsspezifischer Verhaltensunterschiede sucht, könnte beispielsweise die Umwelteinflüsse in der Frühgeschichte des Menschen untersuchen.

Die entwicklungspsychologische Forschung hat vor allem unmittelbare und ontogenetische Ursachen untersucht. Sehr viel weniger Beachtung fanden phylogenetische Ursachen oder die evolutionären Funktionen von Verhalten (unmittelbare Funktion und Arterhaltungsfunktion). Entwicklung läßt sich aber nicht vollständig begreifen, wenn nicht all diese Funktionen und Ursachen identifiziert sind. Die meisten Theorien – mit Ausnahme der Wygotskischen Theorie und der Kontexttheorie (siehe Kapitel 2) – haben den größeren Kontext von Verhalten ignoriert oder zumindest nicht untersucht, sofern sie seinen Einfluß anerkannten. Piaget und Gibson (Kapitel 6) befassen sich mit der Anpassung an die Umwelt, haben jedoch nur wenige theoretische Konzepte entwickelt, um diesen Anpassungsprozeß zu erklären. Erikson weist auf den Einfluß der Gesellschaft auf das sich entwickelnde Individuum hin und stellt interkulturelle Vergleiche an, aber den phylogenetischen Ansatz hat er nicht ernsthaft untersucht.

Die Überlegung, daß es verschiedene gültige Ursachentypen gibt, begründet die Überzeugung, daß Verhalten auf verschiedenen Analyseebenen untersucht werden muß. Der Organismus mit seinen genetischen, physiologischen, psychologischen und ethologischen Aspekten ist Teil eines Systems, das die Umwelt mit ihren physikalischen, interpersonellen und kulturellen Aspekten mit einschließt (Hinde, 1989). Daher untersuchen Ethologen jede dieser Ebenen mit dem Ziel, letztlich den gesamten Systemzusammenhang von Organismus und Umwelt zu verstehen. Jede Analyseebene trägt zu unserem Verständnis von Verhalten bei und folgt ihren eigenen Regeln. Verhalten läßt sich niemals auf eine einzige, also etwa die physiologische Ebene, reduzieren. Nur eine Theorie mit mehreren Analyseebenen eröffnet die Möglichkeit, die komplexe Verflechtung angeborener und umweltbedingter Einflüsse auf die Entwicklung zu entwirren. Auch wenn gegenwärtig auf allen diesen Ebenen der menschlichen Entwicklung geforscht wird, gibt es nur wenige Fortschritte im Hinblick darauf, welcher Zusammenhang zwischen diesen Aspekten besteht. Da sich die ethologischen Prinzipien auf viele verschiedene Ebenen und deren Wechselwirkungen beziehen, könnten sie in der Entwicklungspsychologie potentiell eine einigende Kraft sein.

Indem sich die Ethologie auf die Funktion von Verhalten konzentriert, macht sie es dem Wissenschaftler leichter, das Verhalten eines Kindes in seinem natürlichen Kontext zu relativieren. Die Betrachtungsweise etwa von aggressivem Verhalten verändert sich, wenn man feststellt, daß eine der Funktionen dieses Verhaltens darin liegt, Stabilität und Zusammenhalt der Gruppe zu erhöhen. Im Brennpunkt steht dann nicht mehr das individuelle Problem eines Kindes, sondern ein weniger problematisches Merkmal menschlichen Zusammenlebens. Indem man die Funktion von Verhalten betrachtet, schafft man einen erweiterten Kontext, in den ein spezifisches Verhalten eingebettet ist.

Fragen zur Funktion von Verhalten führen gewöhnlich zu Fragen zur Anpassung. Eibl-Eibesfeldt (1966) behauptet, daß die kulturelle Anpassung für die Ethologie ein ebenso sinnvoller Untersuchungsgegenstand ist wie die biologisch begründete phylogenetische Anpassung, auf die sich die Theorie der Verhaltensforschung stützt. Beim Verhalten des Menschen geht es selten um Leben oder Tod. Wenige kindliche Verhaltensweisen dienen unmittelbar dazu, Feinden zu entkommen, nicht zu verhungern oder sich vor den Gefahren der Umwelt zu schützen. Auch schwache, kranke, körperlich oder geistig retardierte Kinder werden betreut und pflanzen sich später fort. Kurzum, viele evolutionäre Kräfte, die bei anderen Spezies wirksam werden, sind für die Arterhaltung des Menschen weniger entscheidend. Der Begriff der Anpassung läßt sich beim Menschen am sinnvollsten in die Frage einbinden, wie Verhalten, das durch die Gesellschaft vermittelt wird, eine *optimale Anpassung* (und nicht die biologische Arterhaltung) gewährleistet. Zu einer optimalen Anpassung gehören beispielsweise Zufriedenheit, das Gefühl, im Spiel kompetent und in der Schule erfolgreich zu sein und Werkzeuge (beispielsweise Eßbesteck, Schere und Malstifte) effizient gebrauchen zu können und so fort. Wenn Charlesworth das Problemlösen von Kindern untersucht, dann nicht auf dem Hintergrund, daß Fehler und ineffizientes Problemlösen zum Tode führen und erfolgreiches Problemlösen die Arterhaltung sicherstellen würde. Vielmehr beobachtet er, wie Kinder durch Einsatz ihrer Intelligenz zunehmend die äußere und soziale Umwelt kontrollieren. Wenn ritualisierte Verhaltensweisen wie Grüßen, Austausch von Geschenken und Kommunikation von Dominanz und Unterwerfung gegenüber anderen Menschen die Gruppe stabilisieren, sind sie für den Ethologen interessant, auch wenn sie nur kulturell bedingte und nicht biologisch vorgegebene Formen der Anpassung sind. Wie diese Beispiele zeigen, kann die Betrachtung phylogenetischer Formen der Anpassung bei anderen Arten Hypothesen über die kulturelle Anpassung des Menschen anregen.

Ein weiteres zentrales theoretisches Konzept besagt, daß sich Verhalten und die Entwicklung von Verhalten am besten anhand einer vergleichenden Perspektive verstehen lassen. Die Ethologie stellt in der Regel zwar nur Vergleiche zwischen verschiedenen Arten an, aber ihre Konzepte lassen sich ebensogut auf interkulturelle Vergleiche und auf die Untersuchung verschiedener Entwicklungsebenen anwenden. Ethologen haben vieles mit Anthropologen gemein. Grundgedanke des vergleichenden Ansatzes ist die Überlegung, daß sich aus Gegensätzen neue Erkenntnisse ergeben. Wir beginnen dann, ein Verhalten zu verstehen, wenn wir sehen, wo es heute oder früher bei Mensch und Tier feststellbar ist und wo nicht. Es ist ebenso wichtig zu wissen, was ein Organismus nicht tut, wie zu wissen, was er tut.

In vergleichenden Studien lassen sich universelle, artspezifische und kulturspezifische Merkmale bestimmen. Beispielsweise besteht ein universeller Aspekt der Entwicklung darin, daß der Organismus in unterschiedlichen Lebensaltern zu unterschiedlichen Erfahrungen „bereit" ist. Wichtig ist der Zeitpunkt, an dem eine Erfahrung gemacht wird. Möglicherweise gibt es aber bestimmte entscheidende Phasen nur bei bestimmten Arten; darüber hinaus kann das Ergebnis einer solchen entscheidenden Phase durch die jeweilige Kultur modifiziert sein. Vergleichende Studien deuten darauf hin, daß während der Entwicklung zumindest bei Primaten bestimmte universelle Aufgaben bewältigt werden müssen. Hierzu gehört beispielsweise, daß im Säuglingsalter die Nähe zur Mutter hergestellt wird, oder Verhalten wie Kommunikation, Spiel, Brutpflege und Nahrungssuche. Alle Arten verfügen über bestimmte Mechanismen der Fürsorge für das Ungeborene und das Neugeborene; die genaue Form dieser Mechanismen ist jedoch artspezifisch – beim Menschen auch kulturspezifisch – und unterschiedlich ausgeprägt. Ein letztes Beispiel schließlich ist die Aggression, die in allen menschlichen Kulturen zum Ausdruck kommt.

Ein letzter wichtiger theoretischer Beitrag der Ethologie besteht darin, daß sie die Entwicklung über die gesamte Lebensspanne hinweg untersucht. Je nach Entwicklungsstand erfordert die Anpassung unterschiedliche Verhaltensweisen: Der Säugling muß die Nähe zur Mutter aufrechterhalten, das Kind seine Umwelt erkunden und spielen, der Erwachsene sich fortpflanzen und sich einen Platz in der sozialen Hierarchie suchen.

Methodologische Beiträge

Was können wir von Wissenschaftlern lernen, die viele Stunden damit zubringen, Krabben und Vögeln zuzusehen? Der jüngste Beitrag der Ethologie ist die Methode, Verhalten in seinem natürlichen Kontext zu beobachten. Auch wenn es für Entwicklungspsychologen nicht neu ist, Kinder in der Schule oder zu Hause zu beobachten (beispielsweise Barker und Wright, 1955), stellt die Ethologie theoretisch fundierte Beobachtungsmethoden zur Verfügung, die die üblichere rein empirische (und nicht theoretische) Beschreibung von Verhaltensabläufen ergänzen. Die Ethologie konstatiert, welche Verhaltensweisen am wichtigsten sind, sie hebt die Bedeutung der umweltspezifischen Ereignisse hervor, die einem Verhalten vorangehen und nachfolgen, und sie erstellt eine detaillierte Analyse der Interaktion von Organismus und Umwelt. Zudem beschreibt sie die Struktur von Verhaltensweisen und bemüht sich um eine Klassifikation von Verhalten sowie einen Vergleich zwischen verschiedenen Spezies, Kulturen oder Lebensaltern. Für die Entwicklungspsychologie erweist sich insbesondere die Beobachtung der Wechselbeziehung zwischen Menschen als fruchtbar. Sie hat inzwischen das Konzept übernommen, nach dem nicht nur das Kind von der Mutter, sondern umgekehrt auch die Mutter von ihrem Kind beeinflußt wird. Inzwischen gilt sogar als anerkannt, daß auch Interaktionen mit drei Beteiligten – Kind, Mutter und Vater – in die Untersuchung mit einbezogen werden müssen. Die Ethologie hat Beobachtungsmethoden entwickelt, mit denen sich solche Beziehungen untersuchen lassen (Hutt und Hutt, 1977). So stellt eine Sequenzanalyse sozialer Interaktionen beispielsweise fest, daß wenn Person A die Handlung X ausführt, Person B die Handlung Y ausführt. Auf diese Weise läßt sich genau darstellen, wie ein Kind und seine Eltern ihr Verhalten gegenseitig steuern und modifizieren, und man kann Situationen identifizieren, in denen sich das Verhalten einer Person auf mehrere Ursachen zurückführen läßt.

Ethologische Beobachtungen lassen sich mit traditionellen entwicklungspsychologischen Methoden effizient kombinieren. Entwicklungspsychologen haben sich – vor allem bei Untersuchungen zur kognitiven Entwicklung von Kindern – allzu einseitig auf die Befragung von Kindern gestützt. Wie Charlesworth (1988, S. 298) schreibt: „Sobald eine Versuchsperson die entsprechenden Piagetschen Operationen zur Verfügung hat und sprechen kann, hören die Wissenschaftler auf zu beobachten und fangen an zu fragen. Das ist nicht so mühsam." Ethologisch orientierte Beobachtungen können diese verbalen Methoden bei vielen wichtigen Aspekten ersetzen. Eine bisher noch kaum genutzte Möglichkeit sind ethologische Längsschnittstudien, in denen dieselben Kinder über mehrere Monate oder Jahre hinweg untersucht werden. Damit ließen sich nicht nur – der üblichen Schwerpunktsetzung von Längsschnittuntersuchungen entsprechend – kontinuierliche und diskontinuierliche Entwicklungen im Verhalten des Kindes feststellen, sondern auch Veränderungen in der Umwelt des Kindes und in seiner Interaktion mit ihr. Die Ethologie bezieht bei der Erklärung von Entwicklung dann die sich verändernde äußere und soziale Umwelt ebenso ein wie das sich verändernde Kind. Insbesondere die soziale Umwelt verändert im Laufe der Zeit ihre Erwartungen an das Kind.

Die im vorigen Kapitel formulierte Kritik an der mangelnden ökologischen Validität des Informationsverarbeitungsansatzes verweist auf die Notwendigkeit, die kognitive und perzeptuelle Entwicklung des Kindes anhand von Beobachtungsstudien zu untersuchen. Betrachten wir beispielsweise, was ethologisch ausgerichtete Beobachtungsstudien zum Verständnis der Aufmerksamkeitsentwicklung beitragen könnten. Entwicklungspsychologen untersuchen Aufmerksamkeit fast immer im Labor. In der Regel stellen sie dann fest, inwieweit ein Säugling einem von zwei Reizen, die er frontal vor sich sieht, mehr Aufmerksamkeit schenkt, oder wie ältere Kinder auf äußere Reizmerkmale wie Form, Farbe oder Größe reagieren. Der Versuchsleiter bietet einen Reiz oder eine Aufgabe dar, und das Kind reagiert darauf. Es betrachtet ein Objekt länger als ein anderes oder ordnet Gegenstände oder versucht, sie zu erinnern. Ein Ethologe dagegen würde fragen: Auf welche Arten von Objekten sieht oder hört das Kind zu Hause und in der Schule? Durch welche Ereignisse wird Aufmerksamkeit ausgelöst, aufrechterhalten oder beendet? Welche Ereignisse lenken das Kind ab? Wie oft wird es abgelenkt? Führt ein hohes Maß an Aufmerksamkeit zum effizienten Problemlösen oder zu anderen Formen der Anpassung? Wie unterscheidet sich das Aufmerksamkeitsverhalten in unterschiedlichen Situationen? Gleicht die spielerische, explorative Aufmerksamkeit dem, was bei anderen Primaten, in anderen Lebensaltern oder in anderen Kulturen beobachtet wird? Läßt sich die Dominanzhierarchie innerhalb einer Gruppe erschließen, indem man beobachtet, wer wen wie lange anschaut?

Solche Fragen werden in Aufmerksamkeitsstudien nur selten – wenn überhaupt – gestellt. Mit der Frage, wie Aufmerksamkeit jeweils tatsächlich funktioniert, verschiebt sich der Forschungsschwerpunkt, was dann die früheren Arbeiten eng begrenzt und einseitig erscheinen läßt. Ähnlich wie bei Charlesworths ethologischen Untersuchungen der Intelligenz ist zu vermuten, daß viele Ablenkungen und Ereignisse, die Aufmerksamkeit steuern, soziale und dynamische Einflußfaktoren sind – und nicht statische und außerhalb des sozialen Kontexts stehende Einflüsse, wie die Laborforschung annimmt. Laborstudien zeigen, was im Aufmerksamkeitsprozeß passieren *kann*. Ethologische Beobachtungsstudien dagegen zeigen, was in der Regel *tatsächlich* geschieht und welche Funktion Verhalten hat. Solche Beobachtungen weisen auf neue Variablen hin, die dann im Labor im einzelnen untersucht werden können. Ethologische Methoden ließen sich in ganz ähnlicher Weise auch auf die anderen in diesem Buch dargestellten Theorien anwenden. Noch wissen wir kaum etwas darüber, in welchen natürlichen Zusammenhängen Abwehrmechanismen, mathematisches Schlußfolgern, Ich-stärkende Erfahrungen, Gedächtnisstrategien, visuelles Suchen nach Objekten und operante Konditionierung spontan auftreten. Ein weiteres Beispiel ist die neuere Forschung zur kindlichen „Alltagspsychologie" (*theory of mind*), die bereits in einem früheren Kapitel beschrieben wurde. Zwar wissen wir inzwischen einiges darüber, wie sich bei Kindern das Verständnis psychologischer Aspekte entwickelt, aber wir wissen so gut wie nichts darüber, wie Kinder dieses Wissen im Alltag nutzen, um in ihrem sozialen Kontext effizient zurechtzukommen.

Ethologische Beobachtungsstudien könnten in den nächsten Jahren einen enormen Beitrag zur entwicklungspsychologischen Forschung leisten, da dieser Bereich insgesamt inzwischen zu einem ökologisch orientierten Ansatz tendiert (siehe Kapitel 7). B. L. White (1969) hat die Entwicklungspsychologie als „ein Gebäude ohne Grundmauern" beschrieben, weil sie ihre natürliche historische Phase zum Aufbau einer Datenbasis vernachlässigt habe. Man wirft ihr vor, allzu rasch in ihre experimentelle Phase übergegangen zu sein. Bronfenbrenner hat die Entwicklungspsychologie in weiten Bereichen als eine „Wissenschaft des seltsamen Verhaltens von Kindern in seltsamen Situationen mit seltsamen Erwachsenen" (1977, S. 513) charakterisiert, wobei dieses Verhalten in kürzestmöglicher Zeit untersucht werde. Die Ethologie könnte angesichts des neuen Interesses für die Ökologie eine heuristische Rolle übernehmen. Darüber hinaus ist die Sozialpolitik, soweit sie Kinder betrifft, dringend auf eine Beschreibung der gegenwärtigen Umweltbedingungen angewiesen, unter denen Kinder leben, und es kommt darauf an, besser zu verstehen, wie diese Umwelt die Entwicklung fördert oder hemmt.

Inhaltliche Beiträge

Viele der in diesem Kapitel skizzierten theoretischen und methodologischen Beiträge sind in der entwicklungspsychologischen Forschung ein noch nicht realisiertes Potential. Faktisch hat die Ethologie bisher vor allem bereits dadurch zur Entwicklungspsychologie beigetragen, daß sie die Aufmerksamkeit auf bestimmte inhaltliche Bereiche gelenkt hat. Ethologische Methoden und Theorien lassen sich potentiell in allen Bereichen anwenden, aber besonders einflußreich sind die Arbeiten zur Mutter-Kind-Bindung. Bowlbys biologisch gestützte Erklärung der Mutter-Kind-Bindung stellte die Lerntheorie in Frage und regte Hunderte von Studien an, nicht nur im Hinblick auf Bindungsverhalten, sondern auch auf verwandte Themen wie Fremdeln, Eltern-Kind-Interaktion, die Auswirkungen frühkindlicher Erfahrungen und lernsensible Phasen. Weitere Verhaltensweisen, die als universell und für die Anpassung als relevant gelten, sind die Interaktion in der Peergruppe (beispielsweise Dominanzhierarchien), nonverbale Kommunikation (Gesichtsausdruck und Körperbewegungen) und Problemlösen. Diesen Bereichen, in denen man sich zuvor im wesentlichen auf den Ansatz der sozialen Lerntheorie und die Theorie Piagets beschränkte, hat die Ethologie neue Anregungen gegeben. Außerdem hat sie auf einige Verhaltensweisen hingewiesen, die zuvor übersehen worden waren, zum Beispiel Abwenden des Blickes, Hochziehen der Schultern, Herausstrecken der Zunge und Regulieren der Distanz zwischen dem Selbst und der Mutter.

Entwicklungspsychologen neigen dazu, aus der Biologie den Teilbereich zu übernehmen, der sich mit unmittelbaren Ursachen (siehe Tinbergens ersten Typ von Ursache, der bereits beschrieben wurde) befaßt, beispielsweise die Neuropsychologie. Aber „der Laborkittel und das Mikroskop und das Isolieren biologischer Variablen, um allgemeine Prinzipien aufzustellen, haben nicht mehr Bedeutung für das Verständnis der biologischen Natur der menschlichen Entwicklung als es Laufschuhe oder ein Schneidebrett haben, wenn man Beziehungen zwischen Organismus und Umwelt feststellen will, um signifikante individuelle Unterschiede in der Anpassung zu spezifizieren", bemerkt Charlesworth (1977, S. 13). Er benennt Bereiche der Ethologie, in denen weniger unmittelbare, entferntere Ursachen eine Rolle spielen und deren Erforschung inzwischen auch von Entwicklungspsychologen in Angriff genommen wurde. Beispielsweise gehören die Evolution der Selbsterkenntnis und der Sinnestäuschung, die Verknüpfung zwischen Streß in der Kindheit und dem Zeitpunkt des Pubertätsbeginns, Kindesmißhandlung und natürlicher Selektion sowie die Entwicklung von Reproduktionsstrategien zu diesen Forschungsgebieten.

Schwächen der Theorie

Auf einige entscheidende Mängel im theoretischen, methodologischen und inhaltlichen Bereich sollte hingewiesen werden, die man in der ethologischen Theorie abklären muß, bevor sie wirklich die Forderungen an eine Entwicklungstheorie einlösen kann. Einige Schwachstellen spiegeln lediglich die noch lückenhafte Forschung in einzelnen Gebieten wider, andere Mängel sind gravierender, weil sich darin eine Unvollständigkeit der Theorie zeigt.

Theoretische Grenzen

Wie manche andere Theorien auch beschreibt die Ethologie mehr als daß sie erklären kann. Viele ethologische Begriffe, die für die Entwicklungspsychologie sehr fruchtbar werden könnten, müssen genauer ausgearbeitet werden, um sie als spezifische Erklärung für Entwicklung anwenden zu können. Zu diesen Begriffen zählen lernsensible Phasen, die Entwicklung angeborenen Verhaltens innerhalb einer Bindungsstruktur und die wechselseitigen Einflüsse zwischen Kindern und ihrer sozialen und physikalischen Umwelt. Die Notwendigkeit einer solchen Spezifizierung läßt sich am Konzept der lernsensiblen Phase aufzeigen. Der Schluß, daß ein Kind ein Verhalten erwirbt, „weil" es sich in einer lernsensiblen Phase befindet, ist vergleichbar mit der Annahme, daß ein Kind den Erhaltungsbegriff erwirbt, weil es sich im Stadium der konkreten Operationen befindet. Solche allgemeinen deskriptiven Konzepte können nur ein erster Schritt zur Erklärung sein. Mit dem Begriff einer lernsensiblen Phase ist noch nicht erklärt, warum der Organismus zu einer bestimmten Zeit auf bestimmte Erfahrungen eher anspricht als zu anderen Zeiten. Eine lernsensible Phase ist nicht als spezifischer Zeitabschnitt, sondern als spezifisches Entwicklungsniveau zu verstehen. Bei einem Entwicklungsniveau handelt es sich um eine spezifische Organisation von Fähigkeiten, die es dem Kind erlaubt, mit seiner Umwelt in einer ganz bestimmten Weise zu interagieren. Wir müssen nun den speziellen Prozeß, über den lernsensible Phasen operieren, im Detail spezifizieren. Wodurch werden diese Phasen ausgelöst, wie wirken sie sich aus, wodurch werden sie beendet? Allgemeiner gefragt, was treibt Entwicklung voran? Sind die Auswirkungen des intensiveren Kontakts zwischen Mutter und Kind in den ersten Stunden nach der Geburt auf biologische, perzeptuelle oder kognitive Variablen oder auf eine Interaktion all dieser Variablen zurückzuführen? Die zahlreichen Studien zu lernsensiblen Phasen bei Tieren liefern inzwischen erste spezifische Erklärungen, aber die theoretische und empirische Forschung zu lernsensiblen Phasen beim Menschen hinkt noch weit hinterher.

Das Fehlen einer detaillierten Erklärung läßt sich auch an einem Beispiel aus einem typischen Forschungsgebiet der Ethologie aufzeigen: an der Dominanzhierarchie in Peergruppen. Über welchen Prozeß entdecken und verstehen Kinder die Existenz dieser Hierarchie und ihren eigenen Rang innerhalb dieser Struktur? Wie verwerten sie das Feedback aus ihren Interaktionen mit anderen Kindern, um ihr weiteres Verhalten anzupassen? Beispielsweise könnte ein Zusammenhang zwischen der Entwicklung des transitiven Schlußfolgerns (A > B > C, ...) und dem Erkennen der Dominanzhierarchie in Gruppen bestehen (Edelman und Omark, 1973). Da das menschliche Verhalten im wesentlichen kognitiv vermittelt ist, müssen wir diejenigen kognitiven Prozesse verstehen, die für die Interpretation sozialer Hinweisreize in der Umwelt und das daraus entstehende soziale Verhalten relevant sind. Als Frage formuliert hieße das: Wie werden Informationen über die Umwelt assimiliert und mit Verhalten verknüpft?

Erklärungsdefizite gibt es nicht nur bei den spezifischen Entwicklungsmechanismen und deren unmittelbaren und ontogenetischen Ursachen, sondern auch die phylogenetischen Ursachen und die Frage, auf welche Weise ein Verhalten zur Arterhaltung beiträgt, werfen Probleme auf. Um Hypothesen zum Verhalten aufstellen zu können, könnte es durchaus fruchtbar sein, nach der phylogenetischen Entwicklung und den Ursprüngen des Verhaltens im Hinblick auf die biologische Anpassung zu fragen. Was das Verhalten des Menschen angeht, können wir diese Fragen jedoch nicht beantworten. Die Phylogenese anatomischer Strukturen läßt sich aus fossilen Funden zusammensetzen, aber zum menschlichen Verhalten gibt es keine solchen Belege. Wir können bestenfalls darüber spekulieren, wie sich im aufrechten Gang, der Massenzunahme des Gehirns und dem zunehmend differenzierteren Gebrauch von Werkzeugen historische Veränderungen im Verhalten des Menschen widerspiegeln. Auch die zweite potentielle Informationsquelle zur Phylogenese – vergleichbare Verhaltensweisen bei eng verwandten Arten – ist nicht unumstritten. Im Hinblick auf evolutionäre Anpassung kann Bowlby spekulieren, daß die Funktion der Mutter-Kind-Bindung darin besteht, sicherzustellen, daß beide nah beieinander bleiben, aber welche empirischen Belege lassen sich dafür finden? Eine solche Funktion der Bindung kann, muß aber nicht bei anderen Primaten gleich sein. Natürlich ist man versucht, aus äußerlichen Ähnlichkeiten bei menschlichen und nicht-menschlichen Primaten, beispielsweise dem Zeigen der Zähne, eine phylogenetische Beziehung abzuleiten, doch die Gültigkeit dieser Annahme ist mit der Feststellung einer solchen Ähnlichkeit noch nicht bestätigt. Es bleibt insgesamt problematisch, Schlußfolgerungen zum Verhalten des Menschen auf der Grundlage des Verhaltens von anderen Tieren zu ziehen.

Methodologische Grenzen

Ethologische Methoden sind bei Menschen nur begrenzt anwendbar, da sich die aufschlußreichsten Experimente aus ethischen Gründen verbieten. Wenn wir feststellen wollen, ob das soziale Lächeln angeboren ist, können wir nicht einfach ein Deprivationsexperiment machen und beispielsweise dafür sorgen, daß ein Säugling während der ersten Wochen seines Lebens kein menschliches Lächeln sieht. In einem frühen und ganz und gar abwegigen Versuch ließ Friedrich II. (1194 – 1250) Säuglinge ohne menschliche Ansprache und in nahezu völliger Isolation aufziehen, um herauszufinden, ob es eine „natürliche" menschliche Sprache gibt. Die Kinder starben, was wenig wundert, bevor ein eindeutiges Ergebnis festgestellt werden konnte (Wallbank und Taylor, 1960). Anstelle von Deprivationsexperimenten müssen wir uns auf natürlich auftretende Formen der Deprivation stützen und beispielsweise blind oder taub geborene Kinder untersuchen. Aber auch einfaches Beobachten von Menschen ist ein Eingriff in die Privatsphäre, der ethische und rechtliche Fragen aufwirft. Vor allem der ethische Aspekt ist problematisch, weil die soziale Umwelt des Menschen sehr komplex ist und deshalb experimentell manipuliert werden muß, wenn man den Einfluß einzelner Variablen isolieren will. Die Auswirkungen einer frühen Unterbrechung der Mutter-Kind-Bindung, die Bowlby vermutet, lassen sich anhand von Beobachtungen nicht exakt beurteilen, weil ein solches Ereignis auch mit anderen Veränderungen innerhalb der gesamten Familienstruktur verbunden ist – Veränderungen der ökonomischen Situation der Familie, Veränderungen im Verhalten des Vaters, Veränderungen nach der Rückkehr der Mutter, etwa wenn sich die Mutter im Verlaufe ihrer langen Krankheit von ihrem Kind erkennbar losgelöst hat, und so weiter. Aus ethischen Gründen sind die methodisch notwendigen experimentellen Manipulationen natürlich nicht durchführbar.

Eine weitere Einschränkung für die Anwendung ethologischer Methoden ergibt sich aus vier typischen Grundproblemen einer rein beobachtenden Forschung. Zunächst einmal ist diese Art der wissenschaftlichen Untersuchung schwierig und oft sehr mühsam. Man braucht viel Zeit, um Verhalten zu filmen, detaillierte Verhaltensbeschreibungen zu erstellen, Verhalten zu klassifizieren, und eine zureichende, von mehreren Beobachtern untermauerte Reliabilität im Hinblick auf den Beginn und das Ende eines Verhaltens sowie auf seine Klassifikation zu erreichen. So läßt sich beispielsweise nur schwer in verläßlicher Übereinstimmung feststellen, wann ein Kind ängstlich reagiert. Außerdem muß man Kinder unter Umständen in vielen verschiedenen Situationen beobachten, wenn man ihr typisches Verhalten beschreiben will, denn es läßt sich nur schwer abgrenzen, was in einer hochtechnologisierten Gesellschaft die „natürliche Umwelt" von Kindern ist. Sollen wir Kinder untersuchen, die über eine Wiese laufen, Kinder, die im Klassenzimmer sitzen, oder Kinder, die sich mit elektronischen Spielen die Zeit vertreiben? Schließlich können bisweilen viele Ereignisse gleichzeitig auftreten, so daß es nicht mehr gelingt, sämtliche Verhaltensweisen zu beachten und zu registrieren. Selbst bei Filmaufnahmen werden gelegentlich wichtige Formen des Verhaltens, beispielsweise der Gesichtsausdruck, übersehen. Ingesamt bedeutet das also, daß ein umfassendes, detailliertes Ethogramm eine gewaltige Aufgabe ist. Charlesworth schreibt dazu: „Anders als bei den meisten Tests, bei denen ein kleines, engmaschiges Netz ausgeworfen wird, wird mit dieser Methode ein großes, engmaschiges Netz ausgeworfen, in dem sich viele kleine Fische fangen. Daraus entsteht natürlich das Problem hohen Aufwands und hoher Kosten. Das Netz wird in kürzester Zeit ungeheuer schwer" (1979, S. 522).

Eine zweite Schwierigkeit liegt bei Beobachtungsstudien darin, daß Kinder jenseits des Kleinkindalters sich gelegentlich allein dadurch, daß ein Beobachter zugegen ist, anders verhalten als sonst. Das Problem reduziert sich, wenn die Kinder innerhalb einer Gruppe mit einer interessanten Tätigkeit beschäftigt sind und sich an die Anwesenheit des Beobachters gewöhnt haben.

Als dritte Schwierigkeit ergeben sich Probleme beim Zerlegen eines Verhaltensablaufs in einzelne Einheiten. Der Beobachter muß eine adäquate Analyseebene finden – die Verhaltenseinheiten dürfen nicht so groß sein, daß entscheidende Verhaltensmerkmale verlorengehen, aber auch nicht so klein, daß die Gesamtstruktur des Verhaltens nicht mehr erkennbar ist. Zudem ist nicht immer klar, welches Verhalten relevant ist. Wenn man Abhängigkeitsverhalten untersucht, soll man dann auch körperliches Berühren von anderen, Hinschauen zu anderen oder Bitten um Hilfe mit einbeziehen? Damit hängt auch das Problem zusammen, daß viele Verhaltensweisen verschiedene Bedeutungen haben. Wenn ein Kind ein anderes schlägt, kann dieses Verhalten ein Zeichen von Aggression, Zuneigung oder Ausgelassenheit sein. Nahezu unvermeidlich werden vorab entwickelte Vorstellungen darüber, welche Verhaltensweisen relevant sind und welche nicht, mit darüber entscheiden, welches Verhalten zur Beschreibung ausgewählt und in welcher Sprache es enkodiert wird. So könnte ein Beobachter, der nicht mit Bowlbys Arbeiten vertraut ist, durchaus registrieren, daß der Säugling zur Tür des angrenzenden Raumes krabbelt, aber wahrscheinlich würde er der Distanz zwischen Mutter und Kind keine Beachtung schenken.

Als viertes Problem zeigt sich, daß sich die Funktion eines Verhaltens nicht immer aus den Beobachtungen im natürlichen Kontext ableiten läßt, auch wenn diese Beobachtungsmethode gerade dies zum Ziel hat. Eine Funktion des Bindungsverhaltens besteht beispielsweise darin, daß die Mutter zur sicheren Ausgangsbasis für spätere Erkundungen des Kindes wird. Das Bindungsverhalten hat in diesem Fall also eine Funktion, die sich erst sehr viel später feststellen und validieren läßt.

Inhaltliche Grenzen

Einige der Entwicklungsphänomene lassen sich aus ethologischer Sicht nicht ohne weiteres untersuchen. Viele interessante psychologische Phänomene spiegeln sich nicht konsistent im spontanen Verhalten wider. Charlesworth hielt es für notwendig, seine Forschung zur Intelligenz auf manifestes Verhalten zu beschränken, also beispielsweise zu beobachten, wie eine äußere Barriere beseitigt wurde, um an einen gewünschten Gegenstand heranzukommen. Viele andere Aspekte der Intelligenz, etwa mentales Manipulieren von Symbolen, lassen sich nicht so leicht beobachten. Angesichts der Tatsache, daß mit zunehmendem Alter das Verhalten mittelbarer und die zugrundeliegenden Motivationen komplexer werden, versprechen Beobachtungen des manifesten Verhaltens von Säuglingen und Kleinkindern wahrscheinlich insgesamt mehr Erkenntnisse als Beobachtungen älterer Kinder. Da menschliches Verhalten vermitteltes Verhalten ist, dürften Verhaltensmuster, Triebe und Signalreize, an denen sich Beobachtungen an Tieren orientieren, bei der Beobachtung von Kindern bei weitem nicht so nützlich sein.

Eine weitere inhaltliche Einschränkung ethologischer Forschung ergibt sich aus der Suche nach artspezifischen Verhaltensweisen, die bei allen Individuen festzustellen sind, während individuelle Unterschiede eher zurückstehen. Für die entwicklungspsychologische Forschung sind jedoch beide Arten von Unterschieden im Verhalten von Bedeutung. Tatsächlich setzen die ethologische Theorie und Methodologie *per se* der Untersuchung individueller Variationen keine Grenzen. Ainsworth (1973) beispielsweise beobachtete, daß Kinder ein unterschiedlich sicheres oder ängstliches Bindungsverhalten zeigen. Außerdem stellte sie Unterschiede im Lebensalter fest, in dem jeweils eine Bindung an eine spezifische Person entwickelt wird. Individuelle Unterschiede zwischen einzelnen Kindern, etwa im Hinblick auf die Form eines Verhaltens, den Zeitpunkt des Erwerbs und die Häufigkeit des Auftretens könnten auf einer genetischen Variabilität, einer umweltbedingten Variabilität oder einem Zusammenwirken von beidem beruhen. Durch Beobachten individueller Unterschiede von Verhalten in seinem natürlichen Kontext kann die Ethologie traditionelle Informationsquellen zu individuellen Unterschieden ergänzen, etwa die standardisierten Tests zur Persönlichkeit, Intelligenz, schulischen Leistung und Begabung. Dieses Potential der Ethologie ist bisher noch nicht ausgeschöpft worden. Allerdings beziehen die Entwicklungspsychologen inzwischen auch die Rolle der individuellen Unterschiede für die natürliche Auslese mit ein (Charlesworth, 1992; Hinde, im Druck). Untersucht werden dabei unter anderem der Einfluß, den Kindesmißbrauch und Vernachlässigung, die Qualität der Erziehung, eine schlechte Ernährung und das Temperament auf die körperliche und seelische Gesundheit im Kindesalter und den Fortpflanzungserfolg im Erwachsenenalter haben.

Zusammenfassung

Mit der Ethologie hat die Zoologie einen ihrer wichtigsten Beiträge zur Entwicklungspsychologie geleistet. In Tausenden von Stunden, in denen Tiere beobachtet wurden, wurden grundlegende Befunde zum Verhalten erhoben, die zu wichtigen Grundbegriffen führten. Jede Art, auch der Mensch, zeigt eine Reihe von angeborenen arttypischen Verhaltensweisen. Diese Verhaltensweisen haben sich phylogenetisch entwickelt, weil sie die Überlebenschancen der jeweiligen Art in ihrer spezifischen Umwelt erhöhten. Zu den wichtigsten Verhaltensweisen gehören Sozialverhalten, Prägung, Dominanzverhalten und einige Formen der Kommunikation. Besonders interessant sind angeborene Verhaltensmuster, die durch Signalreize ausgelöst werden. Selbst erworbene Verhaltensweisen besitzen eine starke genetische Komponente, weil jede Art über bestimmte Lerndispositionen verfügt – in Form von lernsensiblen Phasen sowie allgemeinen oder spezifischen Lernfähigkeiten. Die Ethologie untersucht Verhalten anhand von Beobachtungen im natürlichen Kontext *und* anhand von experimentellen Studien im Labor.

Der ethologische Ansatz hat die Entwicklungspsychologie vor allem durch die Untersuchungen zum Bindungsverhalten beeinflußt. Einige Befunde deuten darauf hin, daß Säugling und Erwachsener von vornherein darauf eingestimmt sind, aufeinander zu reagieren. Diese Forschung wurde dann auch auf die Auswirkungen einer Trennung von der Mutter, die Rolle des Vaters, die Rolle der Mutter als Ausgangsbasis für die Erkundung der Umwelt und das Bindungsverhalten des Neugeborenen ausgedehnt. Die Beobachtung von Dominanzhierarchien bei Säugetieren und anderen Tieren hat zu Untersuchungen der Peergruppen von Kindern, vor allem im Vorschulalter, geführt. In anderen Arbeiten wurden Gemeinsamkeiten und Unterschiede zwischen Mensch und Tier bei Gesichtsausdruck und Körperbewegungen aufgezeigt. In jüngster Zeit schließlich haben sich einige Wissenschaftler mit der Frage befaßt, welche Art von Problemen Kinder zu lösen versuchen und wie sie das in ihrem natürlichen Lebenszusammenhang tun.

Entwicklungspsychologisch betrachtet ist der Mensch für die Ethologie eine Art, die sich evolutionär innerhalb einer spezifischen ökologischen Nische behauptet hat. Es gibt unterschiedliche theoretische Positionen dazu, ob diese Anpassung primär passiv und in der Reaktion auf Triebregungen und Signalreize erfolgt oder ob sie aktiv ist und sich selbst steuert. Durch die entwicklungsübergreifende Interaktion von angeborenen Faktoren und Umweltfaktoren verändert sich Verhalten sowohl quantitativ als auch qualitativ. Auf diese Weise entsteht ein Organismus, der in seiner Umwelt erfolgreich überleben kann. Die Ethologie stützt sich gelegentlich auf Modelle wie Regelungssysteme oder hydraulische Systeme der Triebreduktion.

Die Ethologie bietet sich der heutigen Entwicklungspsychologie mit verschiedenen Stärken an. Aufgrund ihrer theoretischen Orientierung sieht sie Verhalten in einer umfassenden evolutionären Perspektive und hat daher viele Anregungen zur Untersuchung der Funktion des menschlichen Verhaltens gegeben. Ethologen plädieren dafür, Kinder vermehrt in ihrer natürlichen Umgebung zu beobachten, um auf diese Weise die Funktion spezifischer Verhaltensweisen zu bestimmen. Schließlich hat die Ethologie auch noch verschiedene inhaltliche Aspekte beigetragen, die sie als für die Entwicklung bedeutsam identifizieren konnte: Dominanzhierarchien, Bindung und nonverbale Kommunikation.

Die Ethologie weist allerdings auch gewisse Schwächen auf, die ihren Wert für die Entwicklungspsychologie begrenzen. Ihre theoretischen Konzepte, beispielsweise der Begriff der lernsensiblen Phase, sind als Erklärung noch nicht hinreichend ausgereift.

Die Methode der Beobachtung wirft Probleme auf – Deprivationsexperimente sind bei Menschen ausgeschlossen. Schließlich haben gewisse Aspekte der Entwicklung, beispielsweise Sprache und abstraktes Denken bei älteren Kindern, in der Ethologie bisher kaum Beachtung gefunden.

Als Fazit ist festzuhalten, daß die Ethologie eine reichhaltige Quelle darstellt, um Arbeitshypothesen darüber aufzustellen, welche Verhaltensweisen wichtig sind und warum sie erworben werden. Die ethologische Einstellung öffnet dem Wissenschaftler die Augen für einen breiten Kontext, der Raum und Zeit sowie verschiedene Analyseebenen umfaßt. Mit ethologischen Beobachtungen kann man sich insbesondere in der Anfangsphase eines Forschungsprojekts ein „Gesamtbild" vom jeweiligen Verhalten verschaffen, um es später unter kontrollierten Laborbedingungen zu untersuchen. Auch wenn der Theorie einige Grenzen gesetzt sind, die sich wahrscheinlich nie überwinden lassen, birgt sie noch erhebliche, bisher ungenutzte Potentiale. Angesichts eines erneuten Interesses an ökologisch validen Untersuchungen ist es an der Zeit, die Anregungen aus der Ethologie aufzugreifen.

Weiterführende Literatur

Die folgende Lektüre enthält einen Überblick über ethologische Forschungsarbeiten.

Eibl-Eibesfeldt, I. *Human Ethology.* New York (Aldine de Gruyter) 1989. Dieses 848seitige, reich bebilderte Buch schickt den Leser auf eine umfassende Studienreise durch die Ethologie des Menschen, insbesondere Beobachtungen an Kindern.

Smith, P. K. *Ethology, Sociobiology and Developmental Psychology: In Memory of Niko Tinbergen and Konrad Lorenz.* In: *British Journal of Developmental Psychology* 8 (1990) S. 187–200. Smith gibt einen interessanten historischen Abriß über die führenden Vertreter und Vorstellungen der Verhaltensforschung.

Bei den folgenden Arbeiten steht die Bindung im Vordergrund.

Ainsworth, M. D. S.; Bowlby, J. *An Ethological Approach to Personality Development.* In: *American Psychologist* 46 (1991) S. 333–341. In diesem interessanten Artikel geben die Autoren eine historische Darstellung ihrer Forschungsarbeit und ihrer Theorien zur Bindung.

Bowlby, J. *Attachment and Loss.* Vol. 1 *Attachment.* 2. Aufl. New York (Basic Books) 1982. Bei diesem klassischen Werk handelt es sich um Bowlby's einflußreiche Darlegung der Bindung.

Der Begriff der sensiblen Phase ist eine der bedeutendsten Vorstellungen, die die Entwicklungspsychologie aus der Verhaltensforschung übernahm.

Bornstein, M. H. *Sensitive Periods in Development: Structural Characteristics and Causal Interpretations.* In: *Psychological Bulletin* 105 (1989) S. 179–197.

Lorenz gibt uns eine vergnügliche Darstellung seines Lebens mit Tieren.

Lorenz, K. *Er redete mit dem Vieh, den Vögeln und den Fischen.* 35. Aufl. München (DTV) 1990.

6.
Gibsons Theorie der Wahrnehmungsentwicklung

*Wir testeten 36 Kinder im Alter zwischen sechs und 14
Monaten an der visuellen Klippe. Jedes Kind wurde auf den
Mittelteil der Glasplatte* [über der scheinbaren Stufe
im Fußboden] *gesetzt, und seine Mutter rief nacheinander von der scheinbar steil abfallenden beziehungsweise
flachen Seite nach ihm. Von den 27 Kindern, die sich
über die Platte fortbewegten, krabbelten alle mindestens
einmal über die flache Seite; nur drei von ihnen kamen
über die Seite der Platte, die höher über dem Fußboden
zu hängen schien. Viele Kinder entfernten sich von ihrer
Mutter, wenn sie von der steil abfallenden Seite aus rief;
andere weinten, wenn sie auf dieser Seite stand, weil sie
nicht zu ihr kommen konnten, ohne einen vermeintlichen
Abgrund zu überwinden. Dieser experimentelle Befund
deutete darauf hin, daß die meisten Kleinkinder bereits
im Krabbelalter Tiefe unterscheiden können.*

[Gibson und Walk, 1960, S. 64]

*Zwölf Monate alte Kinder wurden im Dunkeln an die
Manipulation eines harten beziehungsweise eines elasti-
schen (schwammigen) Gegenstandes gewöhnt.
Nach 60 Sekunden Manipulationszeit maßen wir, welchen
Gegenstand sie bevorzugten. Wir zeigten gleichzeitig
zwei Filme, in denen sich zwei identische Objekte bewegten,
das eine in der für einen harten Gegenstand typischen
Weise, das andere wie ein weicher Gegenstand. Die
Kinder handhaben die beiden verschiedenen Materialien
unterschiedlich und in angemessener Weise; sie betrachteten auf den ersten Blick bevorzugt – öfter und länger –
den Gegenstand aus dem ihnen vertrauten Material. . .
Die Ergebnisse . . . lassen vermuten, daß auch schon
sehr kleine Kinder intermodale, für bestimmte Materiali-
en charakteristische Invarianten herausfinden und die
Gebrauchseigenschaften eines Materials erkennen.*

[Gibson und Walker, 1984, S. 453]

Die Kindheit ist eine Zeit des wahrnehmenden Entdeckens. Kinder lernen, Gesichter, Bälle, Säfte, Wörter, Blumen, Insekten, Muscheln und Fernsehhelden voneinander zu unterscheiden. Sie erkennen und erkunden die erstaunlichen Objekte und Phänomene ihrer Umwelt. Dieses Erkunden ist nicht nur in sich interessant, sondern im Hinblick auf die Anpassung an die Umwelt auch notwendig. Der Mensch muß die Gegenstände in seiner Umgebung richtig wahrnehmen, wenn er lernen soll, sie zu begreifen und zu gebrauchen. Eleanor Gibson hat die Bedeutung der Wahrnehmung für die Anpassung erkannt und sich mit einer Frage befaßt, die von den anderen bislang in diesem Buch erwähnten Theoretikern weitgehend ignoriert wurde: Wie lernen wir, unsere Welt wahrzunehmen? Diese Frage ist ganz eindeutig eine Kernfrage der Psychologie. Nach Gibsons Ergebnissen lernen Kinder, die Information zu entdecken, durch die Objekte, Ereignisse und Orte in der Welt jeweils spezifiziert werden. Im Verlaufe dieser Wahrnehmung integrieren sie keine neuen Informationen, sondern differenzieren die bereits vorhandenen. Gibsons Auffassung wendet sich also entschieden gegen andere Wahrnehmungstheorien, denen zufolge das Wahrnehmungslernen ein Prozeß ist, in dem bedeutungsarmen und mehrdeutigen Stimuli Bedeutung hinzugefügt wird. Für Gibson ist die Wahrnehmung von vornherein reichhaltig, komplex und valide.

Gibsons Theorie der Wahrnehmungsentwicklung ist keine groß angelegte, umfassende Entwicklungstheorie wie die Theorien Piagets oder Freuds. Sie verfolgt das bescheidenere Ziel, den Verhaltensbereich des Wahrnehmungslernens und der Wahrnehmungsentwicklung zu erklären.

Das vorliegende Kapitel ist wie folgt aufgebaut: Nach einem biographischen Abriß folgt ein allgemeiner Überblick über die Theorie. Daran schließen sich eine Darstellung der wichtigsten Entwicklungstendenzen, Abschnitte über die Mechanismen der Entwicklung, den Standpunkt der Theorie zu grundlegenden Fragen der Entwicklung, metatheoretische Klassifikation sowie eine Bewertung der Theorie an.

Biographischer Abriß

Eleanor J. Gibson studierte Psychologie am Smith College in Northampton, Massachusetts, wo sie 1931 ihr Studium abschloß. Sie blieb dort und heiratete James Gibson, ein junges Mitglied der Fakultät, der ebenfalls ein herausragender Psychologe werden sollte. 1933 machte sie ihren Magister mit einer Arbeit zum Lernen. Anschließend unterrichtete sie am Smith College und besuchte regelmäßig die Vorlesungen des Gestaltpsychologen Kurt Koffka. Eleanor Gibson wechselte dann zur Yale University, wo sie hoffte, das Verhalten von Tieren untersuchen zu können, dann aber doch das Verhalten des Menschen erforschte. 1938 promovierte sie bei dem großen Lerntheoretiker Clark Hull, obwohl ihr die behavioristische Orientierung an der Yale University nicht zusagte. Ihre Karriere wurde durch den Wehrdienst ihres Mannes im Zweiten Weltkrieg unterbrochen. Nach 1945 kehrten die Gibsons an das Smith College zurück und gingen später an die Cornell University, wo Eleanor Gibson als Forschungsassistentin tätig war.

Eleanor Gibson entwickelte mit ihren Arbeiten aus den fünfziger und sechziger Jahren neue Forschungsbereiche: Wahrnehmungslernen und Wahrnehmungsentwicklung. An der Cornell University untersuchte sie Ziegen und Schafe auf der „Verhaltensfarm", Säuglinge und Kleinkinder an der von ihr und Richard D. Walk entwickelten „visuellen Klippe" und Kinder in Lesesituationen im Labor. 1966 erhielt sie eine Professur an der Cornell University. Die Ergebnisse ihrer Forschung und Theoriebildung veröffentlichte sie 1969 in ihrem Hauptwerk *Principles of Perceptual Learning and Development*, für das ihr der Century-Preis für Psychologie zuerkannt wurde. Das Buch wurde als eines der einflußreichsten Werke zur Entwicklungspsychologie in der jüngeren Geschichte des Faches gefeiert (Hartup und Yonas, 1971). In den siebziger Jahren setzte Eleanor Gibson ihre umfassenden Forschungsarbeiten fort, wandte sich aber immer mehr der Frage zu, wie Kinder lesen lernen. Ein Teil ihrer Arbeiten aus dieser Zeit ist in dem gemeinsam mit Harry Levin verfaßten Buch *Die Psychologie des Lesens* (1980) zusammengefaßt. Danach wandte sie sich wieder dem Kleinkindalter zu, um die frühe

Wahrnehmungsentwicklung zu untersuchen. Die Cornell University ehrte sie mit der Susan-Linn-Sage-Emeritus-Professur für Psychologie. Ihre wichtigsten Arbeiten sind unter dem Titel *An Odyssey in Learning and Perception* 1991 erschienen. Mehr als ein Jahrzehnt nach ihrer Emeritierung forscht und publiziert sie nach wie vor.

Eleanor Gibson sind zahlreiche Ehrungen zuteil geworden, darunter der Gold Medal Award und der Distinguished Scientific Contribution Award der American Psychological Association, die Howard Crosby Warren Medal der Society of Experimental Psychologists und die National Medal of Science. Sie wurde in die National Academy of Sciences, die American Academy of Arts and Sciences und die National Academy of Education gewählt und war Präsidentin der Eastern Psychological Association.

Allgemeiner Überblick über die Theorie

Fünf Merkmale zeichnen Gibsons Theorie als eine kognitive Entwicklungstheorie aus, die in unserer wachsenden Sammlung einen festen Platz hat. Gibson nimmt an, daß der Mensch aktiv wahrnimmt, daß Wahrnehmungsinformation durch den Reiz spezifiziert wird, und daß ökologische Aspekte eine wichtige Voraussetzung zum Verständnis der menschlichen Wahrnehmung sind. Darüber hinaus postuliert sie, daß die Wahrnehmungsentwicklung weitgehend vom Wahrnehmungslernen abhängt und daß die experimentelle Methode die Simulation der natürlichen Umwelt mit einschließen sollte.

Der Mensch als aktiv wahrnehmendes Wesen

Gibson spricht häufig vom „Wahrnehmenden als Handelndem" (Gibson und Rader, 1979). Sie ist der Auffassung, daß Kinder und Erwachsene Informationen entdecken, erkunden, beachten und herausfiltern (extrahieren), und daß sie unterscheiden. Dabei handelt es sich um Verhaltensweisen eines aktiven Organismus, der etwas tut, um sich Wissen über die Welt zu verschaffen. Nehmen wir als Beispiel die Art, wie kleine Kinder einen Ball wahrnehmen. Bereits Kleinkinder können Fußbälle, kleine Gummibälle und Basketbälle aufgrund der offensichtlichen Unterschiede in Größe und Farbe unterscheiden, aber erst nach weiterer Erfahrung im Umgang mit Bällen entdecken sie auch die feineren Unterschiede in Form und Material und so weiter. Kleine Kinder entdecken nicht nur Unterschiede zwischen verschiedenen Gegenständen, sondern sie abstrahieren auch komplexere Informationen. Ein Fußball, der aus unterschiedlichen Blickwinkeln und Entfernungen betrachtet jeweils anders aussieht, ist als reales Objekt eine Einheit; wenn man jedoch einen Ball durchs Zimmer rollt, ist das ein Ereignis in Raum und Zeit. Kinder entdecken hier auch, welche möglichen Verhaltensweisen es bei verschiedenen Typen von Bällen gibt. Durch Beobachtung und Spiel mit verschiedenen Gegenständen verschaffen sie sich immer mehr Informationen über Objekte, Ereignisse und die räumliche Anordnung ihrer Umwelt.

Die Wahrnehmungsaktivitäten von Kindern beruhen sowohl auf allgemeinen als auch auf spezifischen Motivationen. Der Mensch ist verhaltensbiologisch dazu motiviert, seine Welt zu erkunden und etwas über sie zu lernen. Jede einzelne Aufgabe oder Situation setzt aber auch spezifische Ziele und Bedingungen. Das Mädchen, das ein Puzzle zusammensetzt, achtet besonders auf Farbe und Form der Puzzleteile, weil diese Merkmale wichtige Informationen enthalten, um das Ziel – das vollständige Bild – zu erreichen. Das Mädchen dagegen, das auf einer Schaukel durch die Luft schwingt, genießt vielleicht das Gefühl, wenn der Wind durch sein Haar streicht und sein Körper durch den Raum fliegt. In einer dritten Situation muß das Kleinkind, das gerade Laufen lernt, besonders auf die Position seines Körpers im Raum und auf die Entfernungen zwischen den einzelnen Möbelstücken achten. Auch bei Erwachsenen gibt es in unterschiedlichen Wahrnehmungssituationen verschiedene relevante Ziele. So weist Gibson beispielsweise darauf hin, daß ein Bergsteiger bei jedem einzelnen Schritt mehr darauf achtet, wohin er tritt, als jemand, der gemütlich spazierengeht (Gibson und Rader, 1979). Kurzum, die Wahrnehmung ist immer durch Ziele motiviert, die dem einzelnen wichtig sind. Diese Ziele, an denen sich die Wahrnehmungsaktivitäten des einzelnen orientieren, können so unterschiedlich sein wie Problemlösen, Vergnügen oder Bewegung.

Information wird durch sensorische Reizung spezifiziert

Gibsons Beschreibung des aktiven, selbstmotivierten Kindes, das seine Umwelt erkundet, scheint zunächst weitgehend mit Piagets Sicht des Kindes übereinzustimmen. Die beiden Auffassungen unterscheiden sich allerdings im Hinblick darauf, wie Kinder die Welt durch ihre Aktivitäten „erkennen". Nach Piaget „konstruieren" Kinder ihr Wissen, indem sie auf der Grundlage ihres motorischen Verhaltens mit verschiedenen Objekten Schemata herausbilden. Da Wahrnehmung statische Bilder erzeugt, muß sie durch wirklichkeitsgetreues, operationales Wissen korrigiert werden. Ähnlich fassen andere Ansätze Wahrnehmung als einen Prozeß auf, durch den ein dürftiges, mehrdeutiges und wenig informatives Netzhautbild angereichert wird. Lerntheoretiker beispielsweise nehmen an, daß den Objekten hinzugefügte spezifische verbale Etiketten sie leichter unterscheidbar machen. Die Bezeichnungen „Beagle" oder „Foxterrier" würden demnach die Unterscheidbarkeit dieser Hunderassen erhöhen. Der Informationsverarbeitungsansatz beschreibt Prozesse, die Reizen Bedeutung hinzufügen, indem sie sie mit gespeicherten Inhalten im Langzeitgedächtnis verbinden. Solche Ansätze heben darauf ab, daß über die gegebene Information hinausgehend Schlußfolgerungen anhand eines allgemeinen Wissens über die Welt gezogen werden. Piagets Theorie, die Lerntheorie und der Informationsverarbeitungsansatz betrachten Wahrnehmung und Kognition als additiven Prozeß. Das Kind fügt dem Reiz etwas hinzu – Handlungen, Wörter oder Bedeutung.

Im Gegensatz dazu ist Gibson der Ansicht, daß der sensorische Reiz eine reichhaltige Informationsquelle ist, die sich über Raum und Zeit erstreckt. Aus entwicklungspsychologischer Sicht stellt sich damit die Frage, wie Kinder lernen, aus Reizen immer mehr Information zu entnehmen. Die Annahme, daß die Informationen im Reiz enthalten sind, ist die am meisten umstrittene Aussage in Gibsons Theorie. Daher sollten wir diese Annahme genauer prüfen.

Ein Reiz ist raum-zeitlich strukturiert, das heißt, er ist nicht statisch in Raum und Zeit fixiert. Gibson schreibt (1988, S. 5) dazu: „Die Netzhaut hat keine Blende, nichts, was einem statischen Bild vergleichbar wäre." Reizung spezifiziert Ereignisse, Orte und Objekte. Ein Kind, das diese Informationen entnehmen kann, nimmt also Ereignisse, Orte und Objekte wahr. Es nimmt kein einzelnes, diskretes „Reizobjekt" wahr, sondern es entnimmt aus der gesamten raum-zeitlichen Struktur Informationen, die bestimmte Gegenstände spezifizieren. Mit anderen Worten, ein sensorischer Reiz enthält verfügbare Informationen, die differenziert wahrgenommen werden können.

Reize enthalten viele verschiedene Ebenen der Information. Auf der einfachsten und konkretesten Ebene unterscheidet das Kind verschiedene Gegenstände anhand von einem oder mehreren *Unterscheidungsmerkmalen*. Nehmen wir an, ein Kind zieht in die Nähe des Meeres und sieht zum ersten Mal in seinem Leben Hunderte von Muscheln. Es fängt an, sie zu sammeln und versucht, sie mit Hilfe eines Bestimmungsbuches, das Photographien von Muscheln enthält, zu identifizieren. Aufgrund seiner Wahrnehmungsfähigkeiten kann es zwar sämtliche Muscheln mühelos unterscheiden, wenn es sie nebeneinanderlegt, aber ihm werden zunächst nur wenige Unterscheidungsmerkmale, vielleicht nur auffällige Abweichungen in Färbung und Größe auffallen. Erst wenn ein Kind häufig mit Muscheln gespielt und sie mit den Abbildungen in seinem Buch verglichen hat, kann es erkennen, daß die Reizklasse der Muscheln bestimmte Unterscheidungsmerkmale besitzt, über die es die richtige Bezeichnung für jede einzelne Muschel herausfinden kann. Die Größe ist zwar ein auffälliges Merkmal, aber selten wichtig. Bedeutsam dagegen sind kleine Unterschiede in der Form des Wirbels an der Oberkante der Muschel oder im Muster der Färbung. Diese Informationen sind zwar von vornherein in dem Licht enthalten, das das Auge reizt, aber sie werden erst dann wirklich wahrgenommen oder als spezifische Merkmale abstrahiert, wenn ein Kind weitere Erfahrungen mit Muscheln erworben hat.

Auf einer abstrakteren Analyseebene nehmen wir bei Licht oder Klängen eine Struktur höherer Ordnung wahr. Ein gutes Beispiel ist ein Muster von Tönen, das wir als Melodie bezeichnen. Aus einer Abfolge von Tönen auf dem Klavier abstrahieren wir eine Melodie. Diese Melodie erkennen wir auch dann noch als dieselbe, wenn sie in eine andere Tonart übertragen oder in einem anderen Tempo oder auf einem Saxophon statt auf einem Klavier gespielt wird. Das Muster ist in der Reizung enthalten und wird zunächst vielleicht trotzdem nicht wahrgenommen. Wahrnehmungslernen ist also ein Prozeß, in dem gelernt wird, etwas wahrzunehmen, was immer schon da war. Gibson schreibt, man könne ihre Theorie auch als eine Theorie des „Suchet, so werdet Ihr finden" bezeichnen (1977, S. 157). Kleine Kinder, die nur über begrenzte Erfahrungen mit Objekten und Ereignissen in der Welt verfügen, nehmen subtile Unterschiede im Erscheinungsbild von Objekten oder Mustern (organisiertem Licht) oft nicht wahr. Sie müssen diese Unterschiede erst noch herausfinden.

Es ist aufschlußreich, das Beispiel aus der Musik auf das Wahrnehmungslernen von Erwachsenen zu übertragen. Wenn wir ein neues Orchesterwerk hören, ist unsere Wahrnehmung nach dem ersten Kennenlernen noch relativ undifferenziert. Erst nach mehrmaligem Hören sind wir in der Lage, Melodien und ihre Variationen herauszuerkennen, die Gesamtstruktur des Werkes zu erfassen und vielleicht sogar die verschiedenen Instrumente des Orchesters herauszuhören. Den meisten Amerikanern fällt das bei der ihnen weniger vertrauten östlichen Musik oder der Zwölftonmusik schwerer, als wenn sie eine weitere Haydn-Symphonie zum ersten Mal hören. Bei all diesen musikalischen Beispielen bleibt die sensorische Reizung bei jedem Abspielen der Platte gleich. Was sich verändert, sind die Informationen, die wir daraus entnehmen. Am Anfang hören wir, ohne etwas herauszuhören, aber nach und nach nehmen wir mehr von dem auf, was immer schon dagewesen ist. Unsere Wahrnehmung wird spezifischer, weil wir subtile musikalische Qualitäten erkennen, und zugleich abstrakter, weil wir musikalische Muster wahrnehmen. Die Information ist also im Reiz selbst enthalten, wir müssen nur manchmal lernen, sie wahrzunehmen. Unsere Wahrnehmung verbessert sich nicht dadurch, daß wir den rein auditiven Reiz verbal enkodieren oder Schemata anwenden, und auch nicht dadurch, daß wir die gehörten Töne kognitiv als Noten zusammenfügen, sondern indem wir die Musik hören und uns auf sie konzentrieren. Wir achten auf zusammenhängende Informationen – auf spezifische Merkmale und Muster im Gesamtzusammenhang der einzelnen Teile – und nicht auf die Bruchstücke und -stückchen der Information. Gibson formuliert:

> „Jede Anordnung ist von vornherein strukturiert; relationale Informationen bedürfen keiner Zusammenfügung, weil diese wie die Wahrheit von vornherein existiert. Von dieser Prämisse will ich ausgehen. Ich will keine konstruktivistische Theorie mit Prozessoren auf jeder Stufe, wie bei einem Fließband."

[1977, S. 157]

Bedeutung der Ökologie

Gibsons Theorie stellt stärker als die meisten anderen Wahrnehmungstheorien das natürliche Verhalten des Wahrnehmenden in einer spezifischen Umgebung heraus. Der Mensch muß Objekte, räumliche Anordnungen und zeitliche Ereignisse wahrnehmen, um sich an die Welt anpassen zu können – um sich darin zu bewegen, Dinge zu finden, zu spielen und sogar, um darin zu überleben. Bei diesen Reizen handelt es sich um komplexe relationale Einheiten und nicht einfach um visuelle oder akustische Reize.

In den letzten Jahren ist der von James Gibson eingeführte Begriff des Angebots (*affordance*) zu einem zentralen Konzept von Eleanor Gibsons Forschung und Theorie geworden. Ein Angebot ist eine Leistung, die eine bestimmte Umwelt einem Organismus gewährt oder zur Verfügung stellt; es handelt sich um Gelegenheiten zum Handeln. Die Umwelt des Menschen „bietet" ihm stabile Oberflächen, Gegenstände, die er ergreifen kann, Wege, auf denen er sich bewegen kann und Barrieren, die ihn daran hindern. Mensch und Umwelt bilden also ein Ganzes, in dem die Aktivitäten des Menschen und die Angebote der Umwelt ineinandergreifen. Der Nutzen einer Umgebungseigenschaft hängt von den Fähigkeiten des individuellen Organismus ab. Für einen Säugling, der noch nicht stehen kann, bietet auch ein fester Boden keine brauchbare Standfläche. Gibson behauptet, daß solche Angebote unmittelbar wahrgenommen werden: „Wir nehmen keine Reize oder Netzhautbilder oder Empfindungen oder auch einfach Dinge wahr, sondern Dinge, die wir essen, mit denen wir schreiben, auf die wir uns setzen, zu denen wir sprechen können" (1982, S. 60).

Mit dem Erwerb weiterer motorischer Fertigkeiten im Laufe der Entwicklung entdecken wir neue Umweltangebote. Wenn Kinder laufen lernen, lernen sie auch wahrzunehmen, ob eine Oberfläche ihnen eine stabile Unterlage bietet. Für jüngere Kinder ist dieses Angebot irrelevant und unbekannt. In einem Experiment (Gibson et al., 1987) wurden Kleinkinder mit einer Art Laufsteg konfrontiert, der sich etwa 1,2 Meter über dem Fußboden befand. Ihre lächelnden Mütter erwarteten sie knapp zwei Meter entfernt auf der anderen Seite. In der ersten Versuchsbedingung handelte es sich um eine stabile Oberfläche (eine dicke Sperrholzplatte, die mit einem gemusterten Stoff bezogen war), in der zweiten um einen gemusterten Stoff auf einem Wasserbett, auf dem sich zwar ein Krabbelkind bewegen kann, nicht aber ein Kind, das schon läuft. Kinder, die bereits laufen konnten, betrachteten und befühlten das Wasserbett sehr viel häufiger als die Sperrholzplatte, bevor sie hinüber liefen oder krabbelten. Dagegen zeigten Kinder, die nur krabbeln konnten, kaum eine oder gar keine Differenzierung der beiden Oberflächen und krabbelten ohne zu zögern über beide hinweg.

Wir können ökologische Einflüsse aus zwei verschiedenen Perspektiven betrachten, die sich jedoch überschneiden: Einerseits können wir unser evolutionäres Erbe zurückverfolgen, andererseits können wir untersuchen, wie eine spezifische Umwelt und die Wahrnehmung des Kindes ineinandergreifen. Betrachten wir zunächst, wie die menschliche Spezies adaptive Formen der Wahrnehmung entwickelt hat. In Gibsons Worten ist die Suche nach Informationen zu komplexen Beziehungen zwischen verschiedenen Reizen

> „so sehr ein Teil der über Jahrmillionen hinweg entstandenen menschlichen Natur, daß sie in gleichem Maße angeboren, stark und unbewußt ist wie die Funktionen der Verdauung und der Atmung und darüber hinaus noch sehr viel elaborierter abgesichert. Wir besitzen viele Fenster zur Welt: Systeme zum Hören, Sehen, Fühlen, Schmecken und zusätzliche explorative Muster zum Überblicken, Abtasten und Lecken."

> [1977, S. 157]

Jede Art ist darauf spezialisiert, ihrer Umwelt wichtige Informationen zu entnehmen. Fledermäuse beispielsweise sind darauf eingestellt, akustische Informationen wahrzunehmen (das Feedback von Geräuschen zu interpretieren), damit sie sich in dunklen Höhlen leichter orientieren können. Vögel und Primaten stützen sich im Hinblick auf räumliche Anordnungen, Nahrungssuche und Artfeinde weitgehend auf ihre visuelle Wahrnehmung, und Menschen und andere Primaten können mit ihren Händen ertasten, ob sich ein Gegenstand ergreifen und manipulieren läßt. Es hängt also von der jeweiligen Art ab, welche Informationen aus der Umgebung aufgenommen werden. Angebote werden unmittelbar wahrgenommen, weil jede höhere Art ein Wahrnehmungssystem entwickelt hat, das diejenigen Angebote entdeckt oder zu entdecken lernt, die die Chancen der Arterhaltung erhöhen. Die Umwelt stellt Nahrung, Gefährten und Zufluchtsorte vor Artfeinden zur Verfügung.

Betrachten wir nun die ökologischen Einflüsse in der zweiten Bedeutung des Wortes, das heißt, in der Beziehung zwischen der unmittelbaren Umgebung eines Kindes und seiner Wahrnehmungstätigkeit. Durch ihr evolutionäres Erbe verfügen Kinder über den erforderlichen Apparat und die Motivation, um Objekte, Ereignisse und räumliche Anordnungen wahrnehmen zu können – oder es zu lernen. Kinder erkunden ihre Umgebung und spielen, und sie erlernen auf diese Weise, welche Angebote ihnen Objekte, Oberflächen und Ereignisse zur Verfügung stellen. Auf welche spezifischen Informationen ein Kind im konkreten Fall achtet, hängt dann allerdings von den Angeboten seiner unmittelbaren Umgebung und von seinen Zielen in der gegebenen Situation ab. Ein hungriger Dreijähriger bemerkt die Eiswaffel eines anderen Kindes, bekommt Hunger darauf, hört die Signalmelodie des Eiswagens und hält Ausschau nach seiner Mutter. Beim Fußballspiel dagegen achten Kinder auf ganz andere Informationen. Sie versuchen, den Ball unablässig im Auge zu behalten, nehmen die räumlichen Beziehungen zwischen anderen Spielern und dem Ball wahr und achten bei ihren Versuchen, den Ball zu treten, auf das jeweilige Feedback (Stolpern, Fehlpaß und so fort). In diesen Beispielen gibt es einen Zusammenhang – im Idealfall sogar eine Übereinstimmung – zwischen den Zielen eines Kindes und den Informationen, die es seiner Umgebung entnimmt. Nach Gibson ist der Versuch, Wahrnehmung getrennt von der Umwelt zu untersuchen, von vornherein falsch. Psychologen können die Wahrnehmungsentwicklung also nur verstehen, wenn sie die Korrespondenz zwischen der Wahrnehmungstätigkeit der Kinder, ihren Zielen und den jeweils verfügbaren Informationen untersuchen. Hier sei daran erinnert, daß in einem vorangegangenen Kapitel gegen den Informationsverarbeitungsansatz eingewandt wurde, daß er primär die kognitiven Fertigkeiten des Kindes untersucht und dabei die Frage, wie diese Fertigkeiten und die Ziele des Kindes in einer spezifischen Umgebung zueinander „passen", kaum berücksichtigt. Gibson würde sich einer solchen Kritik sicherlich anschließen.

Primat des Wahrnehmungslernens in der Wahrnehmungsentwicklung

Wie die vorangehenden Abschnitte deutlich machen, schreibt Gibson die Wahrnehmungsentwicklung zum großen Teil dem Wahrnehmungslernen zu. Die Wahrnehmungsfähigkeiten verbessern sich, wenn das Kind in einer Vielzahl verschiedener Situationen Informationen sucht, vergleicht, überprüft und abstrahiert. Das Wahrnehmungslernen ist bei Kindern und Erwachsenen ein ziemlich ähnlicher Prozeß. Ein Erwachsener, der mit einer relativ neuartigen Aufgabe konfrontiert ist (beispielsweise damit, das kyrillische Alphabet oder Schach zu lernen), muß zunächst lernen, worauf er seine Aufmerksamkeit richten muß, ganz ähnlich wie das Kind in einer allerdings viel größeren Anzahl von Situationen. Insgesamt gesehen können Erwachsene die erforderlichen Informationen auch deshalb sehr viel ökonomischer aufnehmen, weil sie wissen, worum es bei einer Aufgabe geht und welche Art von Informationen im Reizmuster relevant ist; aber Kinder können in sehr vertrauten Situationen, wenn sie beispielsweise die Spielsachen eines neuen Freundes erkunden, durchaus effizient Informationen extrahieren.

Vor kurzem hat Gibson (1991) das ökologisch relevante Wahrnehmungslernen bei Säuglingen untersucht. Eine wichtige Form des Lernens ist dabei das Erkennen von Gesichtern, insbesondere der Mutter – wobei Bewegungen des Gesichts auch mit Veränderungen der Richtung, aus der ihre Stimme kommt, einhergehen. Darüber hinaus wird gelernt, welche visuellen Bilder mit welchen Geräuschen und Tasteindrücken einhergehen. So lernen Kleinkinder, daß Händeklatschen ein bestimmtes Geräusch macht (Spelke 1976) und daß sich ein Schwamm zusammendrücken läßt (Gibson und Walker 1984). Gibson vermutet, daß Säuglinge über multimodale Ereignisse lernen. Weiterhin lernen Säuglinge, welche Flächen welche Art von Trag- und Stützfunktion bieten. Und schließlich lernen sie, daß ihr eigenes Verhalten ein Ereignis in der Umwelt steuern (hervorbringen) kann. Beim Erkunden der Welt führen Sehen, Schmecken und Fühlen zu bestimmten Reizen und Ereignissen.

Methodologie

Gibsons Forschung und andere an ihrer Theorie orientierte Forschungsarbeiten folgen zwar den gleichen experimentellen Verfahren wie andere Zweige der Entwicklungspsychologie, aber es gibt eine Besonderheit: Diese Forschung ist bemüht, die ökologische Validität der Versuchsanordnung zu erhöhen, Das heißt nicht, daß Wahrnehmungstätigkeit unbedingt in natürlichen Situationen beobachtet werden muß, sondern es bedeutet, daß in der Versuchsanordnung Reize, Aufgaben und Ziele aus der natürlichen Umgebung des Kindes simuliert (wichtige Merkmale nachgeahmt) werden sollten. So konstruierten Gibson und Walk (1960) beispielsweise in einem frühen Experiment zur Tiefenwahrnehmung eine „visuelle Klippe", mit der eine natürliche Klippe oder ein natürlicher Abgrund simuliert wird. Die Idee zu diesem Miniatur-Grand-Canyon hatte Eleanor Gibson, nachdem sie mit ihrem noch kleinen Kind den Grand Canyon besichtigt hatte und sich dort einigermaßen beunruhigt Gedanken darüber gemacht hatte, ob das Kind den Abgrund überhaupt als solchen wahrnahm. Die visuelle Klippe ist ein Tisch mit einer Glasplatte, die auf der einen Hälfte den Eindruck einer stabilen Oberfläche erzeugt, auf der anderen jedoch den Blick auf den Fußboden freigibt. Die Vorrichtung vermittelt also die spezifischen Informationen eines Abgrunds. Einige der Versuchsergebnisse sind schon im Anfangszitat dieses Kapitels erwähnt worden. Die Kinder krabbelten über die eine Seite der „Klippe", weigerten sich aber, auf diejenige Hälfte der Glasplatte vorzudringen, die über dem scheinbaren „Abgrund" hing. Das Experiment zur visuellen Klippe belegt, daß Kinder die Tiefe eines Abgrunds schon mit höchstens sechs oder sieben Monaten wahrnehmen, wenn sie gerade zu krabbeln beginnen. Forschungsarbeiten zur Herzfrequenz deuten darauf hin, daß auch schon jüngere Säuglinge Klippe und Abgrund voneinander unterscheiden (Campos, Langer und Krowitz, 1970). Die visuelle Klippe kam auch bei vielen Tierexperimenten zur Tiefenwahrnehmung zahlreicher Arten zum Einsatz.

Der enge Zusammenhang zwischen einer Theorie und ihren Methoden läßt sich auch daran erkennen, welche Materialien und Verfahren Gibson seit kurzem für ihre Experimente wählt. Multimodale Reizung (etwa durch Gesichter, die sich bewegen und dabei gleichzeitig akustische Signale von sich geben oder durch Objekte, die angefaßt werden können), verschiedene Arten von Unterlagen zur Fortbewegung (feste oder weiche Flächen), Gelegenheit zur Rückmeldung bei der Erkundung der Umgebung (und beim Entdecken von Möglichkeiten) finden sich in Gibsons Labor genauso wieder wie im Alltag eines Kindes.

Tendenzen der Entwicklung

Anhand der scheinbar vielfältigen Veränderungen der Wahrnehmung im Laufe der Kindheit hat Gibson (1969) drei Entwicklungstendenzen identifiziert: (1) die zunehmende Spezifität der Übereinstimmung zwischen Reizinformationen und dem, was wahrgenommen wird, (2) die Optimierung der Aufmerksamkeit und (3) die zunehmend ökonomischere Aufnahme von Informationen. Diese Tendenzen kennzeichnen drei sich überschneidende und miteinander zusammenhängende Aspekte des Wahrnehmungslernens, und sie ergeben sich aus der zunehmenden Bandbreite von Erfahrungen, die Kinder beim Erkunden verschiedener Situationen machen. Alle diese Tendenzen tragen zum Entdecken von Umweltangeboten bei.

Zunehmende Spezifität der Wahrnehmung

Im Laufe der Zeit nimmt die Übereinstimmung zwischen dem, was ein Kind wahrnimmt, und der im Reiz enthaltenen Informationen zu. Mit anderen Worten, die Wahrnehmung wird immer exakter. Das Kleinkind hat vielleicht noch keinen Sinn für Unterschiede innerhalb der Klasse der „Fische", während das ältere Kind schon zwischen Goldfischen, Forellen und Guppys unterscheidet. Seine Wahrnehmung ist also differenzierter geworden.

Ein bekannter Versuch zeigt die zunehmende Spezifität der Wahrnehmung graphischer Muster und veranschaulicht gleichzeitig sehr schön, welche Art von Forschung

Gibsons Theorie hervorgebracht hat. In einem Experiment (Gibson, Gibson, Pick und Osser 1962) wurden Kindern buchstabenähnliche Formen dargeboten – Formen, die nach denselben Prinzipien gebildet worden waren wie die Großbuchstaben des lateinischen Alphabets. In jedem Durchgang hatte das Kind die Aufgabe, aus einer Reihe von Formen zwei oder drei herauszusuchen, die mit der Standardform identisch waren. Die nicht identischen Formen unterschieden sich von der Standardform in mehrerlei Hinsicht, also beispielsweise in der Ausrichtung (spiegelverkehrt oder auf den Kopf gestellt, vergleichbar der Beziehung von M und W) oder der Form (eine gebogene Linie statt einer geraden oder umgekehrt, vergleichbar D und O). Mit zunehmendem Alter zeigten die vier- bis achtjährigen Kinder eine voranschreitende Differenzierung der Formen. Viele Formen, die jüngere Kinder als mit dem Standard identisch wahrgenommen hatten, waren es in Wirklichkeit nicht. So wurde beispielsweise eine spiegelverkehrte Form des Standards als mit dem Standard identisch wahrgenommen, analog zu einem Verwechseln von M und W. Die Wahrnehmung der älteren Kinder dagegen stimmte genauer mit den dargebotenen Formen überein, das heißt, sie suchten in der Regel Formen heraus, die dem Standard exakt entprachen. Ihre bessere Leistung ist wahrscheinlich auf ihre größere Erfahrung mit den Buchstaben des Alphabets zurückzuführen.

Optimierung der Aufmerksamkeit

Für Gibson ist Wahrnehmungsentwicklung fast ein Synonym für Aufmerksamkeitsentwicklung. Aufmerksamkeit bezeichnet Aktivitäten, durch die Informationen gesammelt werden, und zwar insbesondere Informationen zu Objektangeboten. Zu diesen Aufmerksamkeitsaktivitäten zählen periphere exploratorische Aktivitäten wie das Hin- und Herschauen zwischen zwei Gesichtern, das Drehen des Kopfes, um die Ortung eines Geräusches zu erleichtern, oder auch das Riechen an einer Rose. Darüber hinaus gibt es zentrale, nicht beobachtbare Aufmerksamkeit, beispielsweise wenn sich ein Kind auf die Farbe statt auf die Form eines Gegenstandes konzentriert. Infolge all dieser Aktivitäten entnimmt ein Kind seiner Umwelt bestimmte Informationen, während es gleichzeitig andere übergeht. Wie effizient das geschieht, hängt weitgehend vom jeweiligen Entwicklungsniveau ab. Kinder nehmen bis zu einem gewissen Grad zwar schon von Anfang an selektiv wahr, lernen jedoch erst im Laufe der Entwicklung, ihre Wahrnehmung an die Erfordernisse jeder einzelnen Situation anzupassen.

Gibson (1992) nimmt eine Sequenz verschiedener Phasen in der Entwicklung der Exploration (Aufmerksamkeit) an. Bei diesen Phasen, die im Säuglings- und Kleinkindalter durchlaufen werden, handelt es sich nicht um Stadien im engeren Sinne, weil sie sich zeitlich überschneiden und situationsbedingt variieren. In jeder Phase nutzen die Kinder ihre verfügbaren motorischen Fähigkeiten, um ihre Umgebung zu erkunden. In der ersten Phase (von der Geburt bis zum Alter von etwa vier Monaten) können Säuglinge die Bewegungen ihres Kopfes und ihrer Gliedmaßen in gewissem Umfang steuern und aktiv in eine Richtung sehen, hören, etwas in den Mund stecken – sie können etwa die Hand zum Mund führen. Sie können ihre Aufmerksamkeit (Exploration) auf *Ereignisse* richten, insbesondere auf Bewegungen in der unmittelbaren visuellen Umgebung. Mit Hilfe von Kopf- und Augenbewegungen können sie ihr visuelles Umfeld abtasten und dabei rudimentäre Eigenschaften von Objekten und räumlichen Anordnungen entdecken. Bewegungen innerhalb der optischen Anordnung enthalten Informationen, die es ermöglichen, Tiefe, die Einheit von Objekten und kausale Zusammenhänge zwischen verschiedenen Ereignissen wahrzunehmen. Außerdem können Säuglinge in dieser Phase ihre Bewegung von der Bewegung anderer Objekte oder ihrer Umgebung unterscheiden. Beim Wahrnehmen von Ereignissen ist das Sehen in gewisser Weise mit anderen Systemen koordiniert, beispielsweise mit dem Hören oder dem Tasten. Säuglinge, denen man zwei Gesichter darbietet, von denen das eine Mundbewegungen zeigt, die mit den gehörten Vokallauten übereinstimmen, bevorzugen dieses Gesicht gegenüber dem Gesicht, bei dem keine solche Übereinstimmung besteht (Kuhl und Meltzoff, 1982). In ähnlicher Weise sehen Säuglinge häufiger den Film von einem Ereignis an, das mit einer dazu passenden Tonspur (eine Hand, die auf einem Schlagzeug einen bestimmten Rhythmus schlägt) dargeboten wird als einen Film ohne dazu passende Tonspur (Spelke, 1976). In dieser Phase lernen Säuglinge bereits etwas über soziale Phänomene und insbesondere Kommunikation. Sie hören Erwachsene, die mit ihnen sprechen, und schon Neugeborene können Botschaften in ihrer Muttersprache von einer Fremdsprache (Mehler et al., 1988) und die Stimme ihrer Mutter von der anderer Personen (Fifer und Moon, 1988) unterscheiden.

In Phase 2 (von etwa vier bis sieben Monaten) gewinnen die Säuglinge zunehmend Kontrolle über Arme und Hände. Indem sie nach Gegenständen greifen und sie festhalten, eröffnen sich neue Angebote und neue Unterscheidungsmerkmale. Auch die Sehschärfe nimmt zu. Die Kinder sind nicht mehr allein auf Bewegungen angewiesen, um Informationen über Objekte zu erhalten, weil sie sich mit den eigenen Händen neue Angebote von Objekten verschaffen. Es bieten sich neue Gelegenheiten zu multimodalem Wahrnehmungslernen, wenn Säuglinge feststellen, daß man Gegenstände nicht nur sehen und hören, sondern auch zusammendrücken, anstoßen, werfen und auf sie draufschlagen kann. Säuglinge können Objekte identifizieren und sogar Gegenstände durch Tasten wiedererkennen, die sie zunächst nur gesehen haben (Streri und Pecheux, 1986). Sie entdecken Ähnlichkeiten und Unterschiede zwischen Objekten und nehmen auch ein teilweise verdecktes Objekt als Einheit wahr. Beispielsweise wird ein langer Stab, der auf beiden Seiten eines rechteckigen Objektes herausragt, bereits als ein zusammenhängender Stab wahrgenommen – sofern der Stab sich vor den Augen der Säuglinge vorwärts und rückwärts oder hin und her bewegt (Kellman und Spelke, 1983); wenn der Stab jedoch in Ruhe bleibt, kommt diese Wahrnehmung noch nicht zustande.

In der zweiten Phase haben die Säuglinge ein neues Verständnis ihres Selbst, und sie können körpereigene (propriozeptive) Information mit dem visuellen Erscheinungsbild ihres Körpers verknüpfen. So stellten Bahrick und Watson (1985) fest, daß fünf Monate alte Säuglinge eine Videoaufnahme, die ihre eigenen Beinbewegungen live zeigte, von Videoaufnahmen fremder Säuglingsbeine unterscheiden konnten, wobei die Kleidung jeweils gleich war; auch frühere Aufnahmen von den eigenen Beinen konnten die Säuglinge von der Liveaufnahme unterscheiden. In diesen beiden Fällen waren visuelle und propriozeptive Information nicht synchron.

Zu den eindrucksvollsten Beispielen für Objektwahrnehmung zählt die Wahrnehmung eines sich bewegenden lebendigen Objekts. Fox und McDaniel (1982) boten ein bewegtes Lichtmuster dar – eine Videoaufnahme von einer laufenden Gestalt, von der im Dunkeln nur zehn Lichtmasken in der Höhe der Arm-, Bein- und Hüftgelenke zu sehen waren. Bei einer weiteren Darbietung wurde dieselbe Anzahl Lichter verwendet, nur waren in diesem Fall die Bewegungen zufällig. Vier und sechs Monate alte Säuglinge schauten tendenziell eher das Läufermuster an – was darauf hindeutet, daß sie in der Lage sind, ein Objekt mit einem biologischen Bewegungsablauf von einer zufälligen Anordnung zu unterscheiden, und daß sie bevorzugt das sich bewegende Lichtmuster eines einheitlich organisierten Objekts betrachten.

In der dritten Phase (etwa von acht bis zu zwölf Monaten), wenn die Kinder anfangen, sich fortzubewegen, kann die Aufmerksamkeit auf immer größere *Anordnungen* gerichtet werden. Die Kinder erkunden nun auch, was sich hinter Hindernissen oder hinter ihnen selbst verbirgt und was es hinter einer Ecke, auf einem Möbelstück oder in Schränken zu entdecken gibt. Ihre Wahrnehmung der jeweiligen Anordnung leitet ihre Bewegungen um Hindernisse, durch Öffnungen oder auf sicherem, festen Untergrund. Ein Kleinkind, das einen Raum durchquert, benötigt eine Vielzahl von Angebotsinformationen, um unter einem Tisch hindurch, über einen Teppich (und nicht um ihn herum) oder um einen Hund herum (statt über ihn) krabbeln zu können. Wenn Kleinkinder in einem Korridor, der sich scheinbar bewegt, an verschiedenen Hindernissen vorbeigehen sollen, reagieren sie sogar mit Kompensationsbewegungen (Schmuckler, 1987). Gegenstände, die sich dazu anbieten, herumgetragen zu werden, scheinen Kleinkinder besonders zu faszinieren, denn oft tragen sie Gegenstände von einem Ort zum anderen, aus reinem Vergnügen. Gibson (1988) merkt an, daß es eine gewisse Zeit dauert, bis die Kinder gelernt haben, dieses Angebot angemessen wahrzunehmen – gelegentlich versuchen sie, ein Spielzeug oder ein Möbelstück zu tragen, das fast so groß ist wie sie selbst.

Im Laufe der Entwicklung wird die Aufmerksamkeit in verschiedener Hinsicht effizienter. Sie wird stärker exploratorisch und ist weniger stark gebunden: Die Kinder können aktiv ein Objekt abtasten und reagieren nicht nur passiv auf ein helles Licht oder eine plötzliche Bewegung, die ihre Aufmerksamkeit „fesseln". Aufmerksamkeit wird auch systematischer und weniger zufällig – die Informationen werden selektiver aufgenommen, und irrelevante Informationen werden ignoriert. Wenn Kinder beispielsweise gefragt werden, ob zwei Zeichnungen von einem Haus identisch sind oder nicht, wenden ältere Kinder effiziente Aufmerksamkeitsstrategien in höherem Maße an als jüngere Kinder (Vurpillot und Ball, 1979). Sie vergleichen aktiv und systematisch die einander entsprechenden Teile der beiden Häuser und achten auf relevante Merkmale wie etwa die Fenster, bevor sie ihre Entscheidung treffen. Jüngere Kinder begnügen sich mit wenigen zufälligen Blicken, bevor sie sich entscheiden. Auch wenn Kinder aufgefordert werden, sich an die Positionen zu erinnern, an denen ihnen Bilder bestimmter Gegenstände gezeigt wurden – wobei außerdem auch Bilder zur Ablenkung präsentiert werden – achten jüngere Kinder auf beide Arten von Bildern. Ältere Kinder dagegen ignorieren die Distraktoren (Miller, Haynes, DeMarie-Dreblow und Woody-Ramsey, 1986). Diese Beispiele deuten darauf hin, daß ältere Kinder aufgrund ihrer effizienteren Informationsselektion sinnvollere Informationen aus ihrer Umgebung entnehmen.

In dem Maße, in dem Kinder mehr über sich selbst und die Welt erfahren, lernen sie auch, welche Art von Aufmerksamkeit eine spezifische Situation erfordert. Beispielsweise sind sie auf andere Weise aufmerksam, wenn sie eine Straße überqueren, als wenn sie im Laden nach einer bestimmten Marke von Frühstücksflocken suchen oder Basketball spielen oder aber ein Buch lesen. Beim Lesen beispielsweise wären Augenbewegungen von links nach rechts zum Abtasten des Textes effizient, nicht aber beim Werfen eines Basketballes. Die Anpassung der Aufmerksamkeit an unterschiedliche Situationen verbessert sich vor allem über ein Feedback, das jeweils vom Kind selbst bewertet wird. Ein Kind wird beim Basketball vermutlich keinen Korb werfen, wenn es nicht lernt, auf den Korb zu schauen. Zum Teil beruht das bessere Wahrnehmungsvermögen wahrscheinlich aber auch auf Anleitungen wie „Behalte den Ball im Auge" oder „Sieh nach links und nach rechts, bevor du die Straße überquerst".

Zunehmende Ökonomie beim Aufnehmen von Informationen

Die Mechanismen der Informationsaufnahme aus der Umwelt bleiben über das ganze Leben hinweg dieselben, nur werden sie effizienter oder ökonomischer. Kinder entwickeln diese Ökonomie, indem sie im Reiz einzelne Unterscheidungsmerkmale entdecken, zeitlich unabhängige Invarianten extrahieren und größere struktuelle Einheiten verarbeiten.

1. *Unterscheidungsmerkmale* (*distinktive Merkmale*) sind in diesem Kapitel bereits angesprochen worden. Es handelt sich dabei um spezifische (oder distinktive) Merkmale, die eine Unterscheidung zwischen verschiedenen Objekten ermöglichen. Stellen wir uns beispielsweise vor, in einer Eisdiele, die 48 Sorten Eiscreme verkauft, habe jemand zum Spaß sämtliche Etiketten auf den Eisbehältern vertauscht. Man könnte nun die Behälter mit unterschiedlichen Sorten trennen und die mit gleichen Sorten wieder zusammenbringen, indem man die Mindestanzahl der Unterscheidungsmerkmale bestimmt, die nötig ist, um alle Sorten voneinander unterscheiden zu können. Dazu zählen etwa Farbe, mit oder ohne Nüsse, Sorbet oder nicht, Geschmacksrichtung (fruchtig, schokoladig oder anders) und homogen beziehungsweise strukturiert.

   Gesichter sind ein weiteres Beispiel für Objekte, die sich durch distinktive Merkmale unterscheiden lassen. Künstler machen sich das zunutze, indem sie hervorstechende Gesichtszüge in der Karikatur übertreiben. Distinktive Merkmale des Gesichts – ein breites Lächeln mit entblößten Zähnen oder eine große Nase – werden sofort wiedererkannt.

2. Die Informationsaufnahme wird außerdem mit Hilfe der Extraktion von *Invarianten* ökonomischer, das heißt, durch Heraussuchen von konstanten Beziehungen, die auch bei Veränderungen invariant bleiben. Kinder extrahieren Informationen zur Konstanz von Größe und Form von bewegten Objekten, obwohl sich diese in ihrer äußeren Erscheinung verändern, während sie sich nähern oder entfernen. Natürlich ist es ökonomischer, eine einzige, konstante Mutter mit einer spezifischen Größe und Form wahrzunehmen als eine Folge unterschiedlicher Mütter, die größer werden oder immer mehr zusammenschrumpfen.

   Eine von Gibson, Owsley und Johnston (1978) untersuchte Invariante ist die Wahrnehmung der Starrheit oder Formfestigkeit eines sich bewegenden Gegenstandes. Sie fragten sich, ob die Starrheit als Eigenschaft wahrgenommen wird, wenn das Objekt bei verschiedenen Bewegungen beobachtet wird. Dazu boten sie fünf Monate alten Säuglingen ein rundes, scheibenartiges Schaumgummiobjekt dar, das in drei Bewegungsarten gezeigt wurde: Rotation in einer senkrechten Ebene (Frontalebene) beziehungsweise in einer waagrechten Ebene sowie Verschiebung auf die Kinder zu oder von ihnen weg. Die Kinder bekamen die Bewegungen nacheinander jeweils so lange zu sehen, bis sie sich daran gewöhnt hatten und den Blick abwandten. Dann wurden ihnen, ebenfalls nacheinander, eine vierte starre Bewegung (beispielsweise eine horizontale Rotation) und eine nicht starre, elastische Bewegung dargeboten. Die elastische Bewegung wurde vom jeweiligen Versuchsleiter dadurch erzeugt, daß er die schwammartige Scheibe immer wieder zusammendrückte und losließ. Die Kinder zeigten wenig Interesse an der vierten starren Bewegung, interessierten sich aber sehr für die elastische Bewegung. Sie unterschieden also zwischen beiden Bewegungen. Die invariante Eigenschaft der Starrheit wurde aus dem Reizfluß im Laufe der drei ersten Bewegungstypen abgeleitet. Die Versuchsleiter zogen den Schluß, daß die elastische Bewegung „als andersartig wahrgenommen wurde, und zwar wahrscheinlich deshalb, weil sie Informationen über eine neue Eigenschaft eines im übrigen unveränderten Objektes bot" (S. 414).

3. Ein dritter Weg zur ökonomischen Wahrnehmung führt über die Extraktion größerer *Struktureinheiten*. Eine Grundannahme in Gibsons Theorie besagt, daß die Welt strukturiert ist und daß wir uns dieser Struktur zunehmend bewußt werden. Es ist nicht so, daß wir einer unstrukturierten Welt eine Struktur unterlegen, sondern unser Wahrnehmungssystem extrahiert eine bereits vorhandene Struktur. Wie schon erwähnt, ist der Musik eine melodische Struktur inhärent, die wir vielleicht nicht unmittelbar entdecken. Auch das Lesenlernen ist weitgehend ein Prozeß, in dem wir die Struktur einer schriftlichen Darlegung entdecken. Wörter und Sätze weisen eine Struktur auf – sie erfüllen ein Regelsystem. Diese Struktur zeigt sich, wenn wir sie in Buchstabencluster aufbrechen (*ge-*, *-nd*, *-schaft*). Darüber hinaus gibt es Regelmäßigkeiten zwischen Orthographie und Lautung, beispielsweise in der Einheit *-sch* und dem Laut, der mit dieser Einheit assoziiert ist.

Kinder nehmen dann ökonomisch wahr, wenn sie die für die jeweilige Aufgabe nützlichste Analyseebene, das heißt distinktive Merkmale, invariante Relationen oder Strukturen höherer Ordnung, auswählen. Ist die passende Analyseebene gewählt, besteht ökonomisches Vorgehen im weiteren darin, die Mindestanzahl der distinktiven Merkmale zu extrahieren, die zum Erreichen des jeweiligen Zieles erforderlich sind. Um die Buchstaben *b* und *d* zu unterscheiden, ist es ausreichend und damit ökonomisch, nur die Orientierung der gebogenen Linie und nicht die Farbe oder Form festzustellen.

Gibson (1988) hat in jüngerer Zeit ihre Ansichten modifiziert. Sie betrachtet distinktive Merkmale, Invarianten und Strukturen höherer Ordnung nun nicht mehr als grundlegende Elemente des Wahrnehmungslernens, sondern vor allem als Informationsquelle zum Entdecken der Angebote von Objekten. Darüber hinaus betrachtet sie das Entdecken von Strukturen höherer Ordnung lediglich als einen Aspekt innerhalb eines allgemeineren Prozesses, in dem verschiedene strukturelle Ebenen unterschieden und ihre Zusammenhänge erkannt werden. Die Teile hängen mit dem Ganzen zusammen; so abstrahieren Säuglinge beispielsweise irgendwann sowohl die Grundintonation einer Stimme als auch die subtileren Aspekte innerhalb dieses auditiven Musters.

Mechanismen der Entwicklung

Wir haben gesehen, daß die Wahrnehmungsentwicklung eine spezifischere Wahrnehmung, eine Optimierung der Aufmerksamkeit und eine zunehmend ökonomischere Extraktion von Informationen aus dem Reiz mit sich bringt. In einem weiteren Schritt sollen nun diejenigen Mechanismen bestimmt werden, die diesen Veränderungen zugrunde liegen. Gibson (1969) geht davon aus, daß die explorativen Aktivitäten der *peripheren Aufmerksamkeitsmechanismen* die Wahrnehmungsentwicklung ermöglichen. Kinder richten ihre Augen auf das Fernsehgerät, drehen ihren Kopf in die Richtung, aus der sie in der Ferne einen Ruf hören, streichen mit den Händen über den Saft, der aus einem Baumstamm tropft, schnuppern nach Essensgerüchen, wenn sie hören, daß das Essen fertig ist, und rollen ein einzelnes Rosenkohlröschen behutsam über die Zunge. Beim Erkunden ihrer Umwelt setzen Kinder ihre Rezeptoren ausgewählten Reizen aus. Dies wiederum kann dazu führen, daß sie Merkmale, Zusammenhänge und Strukturen höherer Ordnung entdecken. Auch das Beobachten der Folgen eigener Erkundungsaktivitäten ermöglicht es den Kindern, weitere (kontingente) Beziehungen zu entdecken – etwa wenn das Greifen nach einer Rassel interessante Geräusche verursacht. All diese Aktivitäten führen zum Entdecken neuer Umweltangebote.

Die Prozesse der Wahrnehmungsentwicklung hängen eng mit der kognitiven Entwicklung zusammen. Gibson (1988, S. 34) verweist auf das Beispiel der Manipulation von Gegenständen und postuliert „einen sich spiralförmig hochschraubenden Prozeß, der mit der Wahrnehmung der einfachsten Umweltangebote beginnt, also beispielsweise der Trennbarkeit und der Zusammenziehbarkeit, dann der Kaubarkeit und der Greifbarkeit, dann der Erreichbarkeit, der Versteckbarkeit und schließlich all der Feinheiten der Transportierbarkeit. Mit jeder neuen Windung der Spirale werden infolge der Wahrnehmungstätigkeit neue Eigenschaften von Oberflächen, Objekten und Phänomenen wahrgenommen, aus denen eine immer reichhaltigere kognitive Welt entsteht."

Gibson würde zwar die neurologischen Veränderungen als einen elementaren Mechanismus dieser Veränderung voraussetzen, geht aber nicht weiter darauf ein. Ihr Forschungsschwerpunkt sind die Erfahrungen, die Kinder mit einer Vielzahl von Objekten und Ereignissen machen, die wachsenden kognitiven Fertigkeiten, durch die Kinder lernen, welche Informationen bei der Wahrnehmung im Hinblick auf ein bestimmtes Ziel relevant sind, sowie die innere Motivation, die ein Kind dazu treibt, seine Umwelt unablässig aktiv zu erkunden, um sie begreifen und sich an sie anpassen zu können.

Der Standpunkt der Theorie zu grundlegenden Fragen der Entwicklung

Die menschliche Natur

Gibsons Sicht der menschlichen Natur ähnelt weitgehend der Auffassung Piagets. Vom organismischen Standpunkt aus betrachtet ist der Mensch ein von Natur aus motiviertes Wesen, das seine Umwelt aktiv erkundet und ihr einen Sinn zu verleihen sucht. Im Idealfall handelt es sich dabei um einen wohlorganisierten und effizienten Prozeß, in dem die Bedürfnisse und Ziele des Menschen und die Natur der Umwelt ineinandergreifen. Beiden Sichtweisen zufolge verfügt ein Kind über immense Fähigkeiten, aus Erfahrung zu lernen und sich an seine Umwelt anzupassen. Gibson und Piaget beschreiben beide komplexe Organismen, die auf die komplexe Struktur der Umwelt sensitiv reagieren. Allerdings unterscheiden sich die Theorien in ihrem Urteil über die Herkunft dieser Struktur. Gibson nimmt an, daß im Reiz eine Struktur enthalten ist, die vorhandene Informationen so spezifiziert, daß sie wahrgenommen werden. Das Kind lernt, diese Struktur zu entdecken. Piaget dagegen meint, daß diese Struktur weitgehend aus der Natur der Interaktion zwischen Kind und Umwelt hervorgeht.

Qualitative versus quantitative Entwicklung

Die oben beschriebenen drei Tendenzen der Entwicklung nach Gibsons Theorie besagen implizit, daß Entwicklung in diskreten Schritten verläuft. So wie sich beim Erwachsenen die Wahrnehmung aufgrund von Übung sprunghaft weiterentwickeln kann, so verbessert sich die Wahrnehmung des Kindes Schritt für Schritt durch Erfahrung. Die Wahrnehmungsentwicklung läßt sich gleichwohl nicht in Stadien einteilen, auch wenn es in den Aufmerksamkeitsstrategien, die Kinder anwenden, möglicherweise spezifische qualitative Veränderungen gibt. So tritt beispielsweise an die Stelle der zunächst zufälligen Betrachtung zweier Gegenstände der systematische visuelle Vergleich.

Vererbung versus Umwelt

Im Laufe der Evolution hat die Umwelt die genetische Ausstattung einer Art geprägt. Hier gibt es eine beidseitige Anpassung. Auf ähnliche Weise hängt die Informationsaufnahme aus der Umwelt bei Kindern jeweils nicht nur von der genetischen Ausstattung, dem Entwicklungsniveau, den unmittelbaren Zielen und den individuellen Lernerfahrungen ab. Wie wir gesehen haben, interessiert sich Gibson primär dafür, zu beschreiben und zu erklären, wie Kinder aus Erfahrung lernen und was – das heißt insbesondere, welche Umweltangebote – sie erlernen.

In den letzten Jahren hat sich Gibson, wie andere Forscher, die sich mit der Wahrnehmungsentwicklung beschäftigen, vor allem auf die Wahrnehmungsfähigkeiten im Säuglings- und Kleinkindalter konzentriert. Die Forschung interessiert sich derzeit noch kaum dafür, bei älteren Kindern die Erfahrungseinflüsse auf die Wahrnehmungsentwicklung zu bestimmen.

Was entwickelt sich?

Säuglinge lernen, Information zu entdecken, die für Fortbewegung, Greifen und Handhaben von Objekten sowie für grundlegende Kommunikationsfertigkeiten relevant ist (Gibson, 1992). Sie lernen, daß das Selbst von anderen Objekten getrennt ist und daß die planmäßigen Anordnungen und die dauerhaften Eigenschaften der Umwelt konstant bleiben. Wenn wir im Laufe unserer Entwicklung durch Wahrnehmen erkunden, können wir die Wahrnehmungsstruktur unserer Umwelt, einschließlich ihrer Angebote, entdecken und lernen, wie sich dieses Wissen gezielt anwenden läßt.

Metatheoretische Klassifikation der Theorie

Anders als die bisher in diesem Band dargestellten Theorien verwendet Gibson fast keine Modelle. In unserer Taxonomie läßt sich ihre Theorie am besten als funktionalistisch charakterisieren. Ihr Ansatz ist forschungsorientiert, und Forschung und Theoriebildung wirken eng zusammen. Die theoretischen Konzepte wie Differenzierung, distinktive Merkmale oder Umweltangebote bleiben beobachtungsnah genug, um überprüfbar zu sein, sind aber gleichzeitig allgemein genug, um eine Fülle unterschiedlicher empirischer Beobachtungen strukturieren und in einen Sinnzusammenhang stellen zu können.

Kritik der Theorie

Gibsons Theorie verfolgt keine so ehrgeizigen Ziele wie die anderen Theorien, die in diesem Buch vorgestellt wurden. Sie beschränkt ihren Anwendungsbereich auf ein spezifisches Gebiet: Wahrnehmungslernen und Wahrnehmungsentwicklung. Innerhalb dieses Gebiets aber sucht Gibson nach einheitlichen Prinzipien, die vielfältige Phänomene integrieren. Ihr 1969 erschienenes Buch umspannt Themen vom Lesen bis hin zu frühen Erfahrungen von Ratten und vom Wahrnehmen von Gesichtern bis hin zum Wahrnehmen von Kausalzusammenhängen.

Gibsons Theorie ist zwar die bekannteste Theorie der Wahrnehmungsentwicklung, aber sie beherrscht keineswegs die Forschungsbemühungen auf diesem Gebiet. Tatsächlich herrscht hier überhaupt keine Theorie vor. Die meisten mit der Wahrnehmung befaßten Wissenschaftler scheinen ihren Auftrag vielmehr so zu verstehen, daß sie Tatsachen, das heißt grundlegende deskriptive Informationen zu den Wahrnehmungsfähigkeiten von Kindern und insbesondere von Kleinkindern sammeln. Angesichts der empirischen Ausrichtung der meisten Arbeiten zur Wahrnehmung bei Kindern und insbesondere bei Säuglingen und Kleinkindern wird es darauf ankommen zu bewerten, welches Potential die Theorie Gibsons für die theoretische Orientierung der Wahrnehmungsforschung und die Verbindung zu anderen Bereichen der Entwicklungspsychologie in sich birgt.

Die Stärken der Theorie liegen darin, daß sie den ökologischen Kontext der Wahrnehmung und die Zusammenhänge zwischen Wissen und Wahrnehmung in den Mittelpunkt stellt. Ihre wichtigste Schwäche liegt darin, daß die Beziehung zwischen Wahrnehmung und Kognition unklar bleibt.

Stärken der Theorie

Der ökologische Kontext der Wahrnehmung

„Nur wenige hartgesottene Wahrnehmungspsychologen untersuchen immer noch die Wahrnehmung der realen Welt statt die kleinen Bildschirmanzeigen von Computern", kommentierte Gibson (1991, S. 607). Jahrelang hat sie sich mit der Frage befaßt, wie wir unsere Wahrnehmung im Alltag einsetzen. Sie untersucht die Wahrnehmung bedeutungshaltiger Reize – von Mustern, Objekten und Ereignissen – und keine Lichtpunkte oder kurzzeitige statische Stimuli. Mit James Gibsons Worten arbeitet sie an „der Wahrnehmung unter freiem Himmel und nicht an der Wahrnehmung von Punkten in der Dunkelkammer" (1979, S. xii). Die Wahrnehmung von Angeboten natürlicher Einheiten ist eine grundlegende Voraussetzung für die Anpassung an die Umwelt.

Diese ökologische Orientierung ist für den heutigen Stand der kognitiven Entwicklungspsychologie bedeutsam. Gibsons Theorie könnte den Informationsverarbeitungsansatz bereichern, indem sie diesen Ansatz (1) auf umfassendere, komplexere Umwelteigenschaften hinweist, die verarbeitet werden müssen, (2) die Aufmerksamkeit auf Ereignisse und weg vom statischen Reiz und (3) auf die Funktion der Wahrnehmung für das Verhalten lenkt.

Zum ersten Punkt: Gibson kritisiert die Tendenz der Forschung im Rahmen des Informationsverarbeitungsansatzes, die Welt in Objekte und Objekteigenschaften zu zerlegen. „Solch ein Ansatz erfordert, ‚Verarbeitungsmechanismen' einzuführen, um die Welt zusammenzufügen", sagt Gibson (1977, S. 156). Ihrer Ansicht nach besteht ein Reiz jedoch nicht aus einzelnen Teilen, sondern es handelt sich um eine Gesamtanordnung, die sich zeitlich verändert. Aufgrund ihres Forschungsansatzes wies sie nach, daß schon Säuglinge komplexe und bedeutungshaltige Eigenschaften der Umwelt wie Nachgiebigkeit oder Überquerbarkeit entdecken können.

Zum zweiten Punkt: Gibsons Untersuchungen zur Verarbeitung von zeitlichen Ereignissen sollten vom Informationsverarbeitungsansatz ernst genommen werden. Zu solchen Ereignissen zählen etwa: ein rasch sich näherndes Objekt, ein Ball, der über den Fußboden rollt, ein Gegenstand, der auf einen anderen stößt, oder eine Flüssigkeit, die aus einem Glas gegossen wird. Eine entsprechende Verlagerung der Forschungsschwerpunkte könnte ein breiteres Verständnis der Informationsverarbeitung ermöglichen, das sich nicht nur auf die traditionell untersuchten statischen Reize – wie Bilder, Buchstaben, Gegenstände und geschriebene Wörter – stützt. In den meisten Alltagssituationen bewegen sich eine oder mehrere Personen oder Objekte – ein komplexer Satz von Informationen. Darüber hinaus vermutet Gibson (im Druck), daß multimodale Wahrnehmung bei Ereignissen wie dem Schütteln einer Rassel oder dem Greifen nach einem Schwamm eine natürliche Wissensorganisation ermöglicht. Wahrnehmungsereignisse könnten anschließend in begrifflichen Kategorien reflektiert oder im Gedächtnis organisiert werden – großenteils wie Skripte von Ereignissen (siehe Kapitel 4) zu begrifflichen Kategorien führen können (Nelson, 1986).

Zum dritten Punkt: Der Informationsverarbeitungsansatz sollte, wie Gibsons Theorie, die Funktion der Wahrnehmungstätigkeit und der kognitiven Aktivitäten von Kindern einbeziehen. Warum versuchen Kinder, sich an Information zu erinnern oder Probleme zu lösen? Warum schaut sich ein Kind einen Raum sorgfältig an, bevor es ihn durchquert? Wie tragen diese Aktivitäten zur Anpassung an die Umwelt bei? Insbesondere wird die Art, wie Kinder Information über das Angebot, das Umwelteigenschaften im Hinblick auf Handlungen in dieser Umwelt machen, im Rahmen des Informationsverarbeitungsansatzes selten untersucht. Allgemeiner betrachtet vernachlässigt die Forschung zur kognitiven Entwicklung gewöhnlich die Konsequenzen, die Kognition für Handeln hat. Gibsons Arbeiten wickeln den Säugling nicht in Gedanken (Pick, 1992). Die enge Verbindung von Wahrnehmung, Wissen und Handeln ist insbesondere im Säuglings- und Kleinkindalter entscheidend, da die körperliche Reifung neue motorische Fähigkeiten wie Laufen mit sich bringt und Wahrnehmungslernen zu neuen Kenntnissen darüber führt, welche Aspekte der Umwelt diese Aktivitäten unterstützen (wie ein fester Grund das Laufen).

Die Beziehungen zwischen Wissen und Wahrnehmung

Gibsons Wahrnehmungstheorie ist nicht die erste Theorie, die einen engen Zusammenhang zwischen Wissen und Wahrnehmung postuliert, aber sie weist einen neuen Weg, um über die Beziehung zwischen beiden nachzudenken. Die meisten Theorien betrachten Wissen als eine Möglichkeit zur Korrektur der Wahrnehmung (Piaget) oder zur Bereicherung der Wahrnehmung (Jerome Bruner). Nach Gibsons Auffassung dagegen entdecken Kinder eine komplexe, strukturierte Welt, ohne diese Komplexität und diese Struktur dabei zu erschaffen. Wissen ist ein Weg, um das Wahrnehmungsverhalten so zu lenken, daß bedeutungshaltige Informationen effizient und exakt extrahiert werden.

Information ist bedeutungshaltig, wenn sie Eigenschaften kennzeichnet, die für ein Kind angesichts seiner allgemeinen Fähigkeiten und seiner besonderen Bedürfnisse in einer gegebenen Situation nützlich sind. Kinder lernen mehr über Aufgaben und Ziele, indem sie lernen, welche Informationen relevant sind und wie sie diese Informationen am effizientesten sammeln. So wissen sie beispielsweise, daß die Größe bei Bällen im

Sport ein wichtiges Unterscheidungsmerkmal darstellt, daß sie aber keine Bedeutung für die Unterscheidung von Großbuchstaben hat.

Umgekehrt unterstützt die Wahrnehmungsentwicklung die kognitive Entwicklung insofern, als das Entdecken von Oberflächen, Ereignissen und Objekten – und ihrer Angebote – die Grundlage des Weltwissens bildet. Durch Explorationsverhalten und Wahrnehmungslernen entdecken wir Objekt- und Ereigniskategorien (zum Beispiel „Dinge, auf denen man gehen kann"), abstrakte Eigenschaften wie die Zahl und Kausalbeziehungen zwischen Objekten und Ereignissen. Und wir entwickeln mentale Landkarten unserer weiteren Umwelt.

Schwächen der Theorie

Unklarer Zusammenhang zwischen Wahrnehmung und Kognition

Gibsons Betonung des Zusammenwirkens der Wahrnehmung mit dem Wissen über Aufgaben und Ziele wurde zwar als eine Stärke der Theorie herausgestellt, aber diese Beziehung bleibt in anderer Hinsicht unklar und wenig überzeugend. Das Grundproblem liegt darin, daß Gibson eine Theorie der *unmittelbaren* Wahrnehmung der Umwelt formuliert, gleichzeitig aber Verhaltensweisen mit einschließt, die eine mittelbare, interpretierende Kognition vorauszusetzen scheinen. Zu Gibsons Beispielen des Wahrnehmungslernens zählen das Lesen von Karten, das Interpretieren von Röntgenbildern und Luftaufnahmen oder das Identifizieren von Objekten unter einem Mikroskop. Andere Beispiele umfassen auch das Entdecken von Mittel-Zweck-Relationen, die Wahrnehmung von Kausalzusammenhängen, das Lernen, daß Ereignisse in der Welt mit dem eigenen Handeln zusammenhängen können, und die Wahrnehmung der Erhaltung als zeitliche und über eine Ereignissequenz hinweg konstante Invarianz (1969, S. 8 f, 388). Darüber hinaus nehmen Kinder angeblich auch Umweltangebote wie das Hin- und Herschwingen (auf einer Schaukel), die Wärme und das Licht zum Lesen (in der Nähe eines Feuers) und die Möglichkeit, sich (hinter einem Wandschirm) zu verstecken, wahr. Viele Psychologen bezeichnen solche psychologischen Aktivitäten nur ungern als „Wahrnehmungstätigkeit". Horowitz (1983) beispielsweise behauptet, man könne, anstatt zu postulieren, daß ein Stuhl die Möglichkeit zum Sitzen anbiete, zurückhaltender postulieren, daß der Wahrnehmende den Stuhl aufgrund seiner vorausgegangenen Erfahrungen mit dem Sitzen assoziiere. Wahrnehmungsprozesse spielen zweifellos eine bedeutende Rolle, aber Lernen ist in solchen Fällen weitgehend eine Frage der Interpretation und Klassifikation von Informationen. Gibson hat von der Wahrnehmung und Unterscheidung von Gegenständen einen Sprung zur Integration von Gegenständen in ein komplexes Netzwerk abstrakter Konzepte gewagt.

Selbst wenn wir mit Gibson darin übereinstimmen, daß Wahrnehmung weithin unabhängig von kognitiven Prozessen ist, muß der Zusammenhang von Wahrnehmung und Denken eingehend untersucht werden. Natürlich muß man dabei einräumen, daß die Trennung von Wahrnehmungs- und Denkprozessen oder „perzeptuellen" und „konzeptuellen" Prozessen eine willkürliche Unterscheidung ist, die in der Psychologie manchmal einem elementaren Kontinuum von sensorischen Prozessen und kognitiven Prozessen höherer Ordnung aufgepfropft wird. Doch es bleibt verwirrend, daß Unterscheidung, Identifikation und Interpretation gleich behandelt werden und daß angenommen wird, sie enthielten alle die Abstraktion von Informationen bereits in der Reizanordnung. Die Entscheidung darüber, ob ein Schatten auf einem Röntgenbild als Tuberkulose zu diagnostizieren ist (Gibson, 1969, S. 9) scheint weit über die unmittelbare Wahrnehmung des Röntgenbildes hinauszugehen. Die Theorie sollte daher vor allem Ähnlichkeiten und Unterschiede dieser Aktivitäten auf dem perzeptuell-kognitiven Kontinuum eindeutiger spezifizieren. Mit anderen Worten: Es wird nicht deutlich, was *keine* Wahrnehmung ist. Wo liegen die Grenzen der unmittelbaren Wahrnehmung? Vielleicht wird eine Weiterentwicklung der Theorie sich mit dieser Frage befassen.

Zusammenfassung

Auf die alte Frage: Wie nehmen wir unsere Umwelt wahr? gibt Gibson eine neue Antwort. Wir erlernen Wahrnehmung, indem wir aus dem Reiz Information extrahieren, die Objekte, Ereignisse und Umweltangebote für die Handlungen spezifizieren. Kinder sind also aktiv Wahrnehmende, die distinktive Merkmale, invariante Relationen und Strukturen höherer Ordnung unmittelbar wahrnehmen. Wahrnehmungsentwicklung ist weitgehend ein Prozeß, bei dem die Effizienz der Wahrnehmung aufgrund von Erfahrung zunimmt. Dies ist Wahrnehmungslernen. Der ökologische Kontext dieses Wahrnehmungslernens ist wichtig, weil Kinder lernen, Informationen wahrzunehmen, die sie bei ihrer Anpassung an die Umwelt unterstützt. In jeder Situation lenken die Ziele eines Kindes – ob es nun spielen oder lesen oder über einen Zaun klettern will – seine Informationsaufnahme aus dem Reiz. Im allgemeinen verbessert sich im Laufe der Entwicklung die Übereinstimmung zwischen Ziel und Wahrnehmung.

Gibson definiert drei Haupttendenzen der Entwicklung. Zunächst wird die Wahrnehmung spezifischer, wenn Kinder lernen, den Reiz zu differenzieren. Zweitens wird die Aufmerksamkeit optimiert, indem sie zunehmend aktiv und selektiv eingesetzt wird. Kinder abstrahieren Informationen, filtern irrelevante Informationen heraus und entwickeln ihre peripheren Aufmerksamkeitsmechanismen. Drittens erfolgt auch das Extrahieren von Informationen zunehmend ökonomisch, wenn die Wahrnehmung effizienter wird. Kinder lernen, Informationen auf der zweckdienlichsten Analyseebene zu extrahieren; sie nehmen distinktive Merkmale, invariante Relationen oder Strukturen höherer Ordnung wahr.

Entwicklungspsychologisch betrachtet sieht Gibson den Menschen als ein aktives, selbstmotiviertes Wesen, das sich primär quantitativ, aber auch qualitativ entwickelt. Vererbung und Umwelt wirken zusammen, um ein effizientes, adaptives Wahrnehmungssystem hervorzubringen. Die Stärken der Theorie liegen darin, daß sie den ökologischen Kontext der Wahrnehmung und den Zusammenhang zwischen Wissen und Wahrnehmung betont. Ein Bereich der Theorie, der einer weiteren Ausarbeitung bedarf, betrifft die Beziehung zwischen Wahrnehmung und anderen psychischen Aktivitäten, das heißt insbesondere Gedächtnis und Entscheidungsfindung.

Weiterführende Literatur

Die beste Quelle zu Gibsons Theorien sind ihre eigenen Veröffentlichungen.

Gibson, E. J. *Principles of Perceptual Learning and Development*. New York (Appleton-Century-Crofts) 1969.

Gibson, E. J. *How to Think About Perceptual Learning: Twenty-Fife Years Later.* In: Pick, H. L. jr.; Van den Broek, P.; Knill, D. C. (Hrsg.) *Cognition: Conceptual and Methodological Issues.* Washington, D. C. (American Psychological Association) (1992). In diesem Kapitel präsentiert Gibson eine aktualisierte Version ihrer Theorie.

Gibson, E. J. *An Odyssey in Learning and Perception.* Cambridge, Mass. (Bradford/ MIT Press) 1991. Diese Zusammenstellung der wichtigsten Veröffentlichungen in Gibsons Laufbahn enthält in Einführungen zu jedem Abschnitt auch neue Erkenntnisse und einen Epilog.

Der folgende Artikel gibt einen Ausblick auf die historische Bedeutung von Gibsons Laufbahn und stellt ihre wichtigsten Beiträge heraus.

Pick, H. L. jr. *Eleanor J. Gibson: Learning to Perceive and Perceiving to Learn.* In: *Developmental Psychology* (1992).

7.
Wygotskis Theorie
und die Kontexttheoretiker

Bevor das Kind anfing zu malen, hat der Versuchsleiter einen Farbstift
entfernt, den das Kind benötigt. Das Kind spricht mit sich selbst:
Wo ist der Stift? Ich brauche einen blauen Stift. Macht nichts.
*Ich nehme den roten und mache Wasser drauf, dann wird es dunkler und
sieht aus wie blau.*

[Wygotski, 1962, S. 16]

Mütter und Kinder bauen gemeinsam ein Puzzle zusammen.
Ein zweieinhalbjähriges Kind:
K: Oh. (Betrachtet das Modell, dann den Haufen mit den
einzelnen Puzzleteilen.) Oh, wo kommt das denn hin?
(Nimmt ein schwarzes quadratisches Frachtstück,
betrachtet zunächst das Modell, dann den Haufen.)
M: Wo kommt es denn hier auf dem anderen hin?
(Kind legt das schwarze Quadrat zurück auf den Haufen
mit den Einzelteilen, betrachtet ihn.)
M: Schau den anderen Laster an, dann weißt Du's.
(Kind betrachtet das Modell, dann die Einzelteile auf dem Haufen,
dann wieder das Modell, dann wieder den Haufen.)
K: Na ja . . . (Betrachtet seine Kopie, dann das Modell) . . .
Ich seh ihn an . . . Mmm, das andere Puzzle hat da ein schwarzes.
(Kind deutet auf schwarzes Frachtstück im Modell.)
M: M-hm.
K: Ein schwarzes . . . (Betrachtet den Haufen mit den Einzelteilen.)
M: Wo willst Du denn das schwarze in diesem Puzzle hinlegen?
(Kind nimmt schwarzes Frachtstück aus dem Haufen,
betrachtet seine Kopie des Puzzles.)
K: Ja, wo soll ich es da hinlegen? Da vielleicht? (Legt das schwarze
Frachtstück in seinem eigenen Puzzle an die richtige Stelle.)
M: Gut sieht das aus.

[Wertsch, 1979]

Ein Vierjähriger:
K: Ich sage Dir schon, wenn ich Hilfe brauche, Mama.

[Wertsch & Hickmann, 1987]

Die meisten Theorien, die die entwicklungspsychologische Forschung im Westen beeinflußt haben, betrachten den Menschen als von seiner sozialen und physikalischen Außenwelt getrennt. Aus dieser Sicht – wie etwa bei Piaget – erscheint Entwicklung primär als Aktivität des Individuums und die Umwelt einfach als ein Faktor, der die Entwicklung des einzelnen „beeinflußt". In der westlichen Welt haben das demokratische Politikverständnis, die Betonung der Rechte des einzelnen und in den USA auch das traditionelle romantische Ideal des auf sich allein gestellten Mannes, der – von seiner Familie getrennt – auf der Suche nach neuem Land westwärts zieht, die Aufmerksamkeit der Entwicklungspsychologen auf das isolierte, autonome Individuum gelenkt, dessen Entwicklung durch seine Umwelt gefördert oder behindert wird. Diese Sichtweise wird durch eine Reihe andersgearteter sozialer Überzeugungssysteme und die entsprechenden psychologischen Theorien dazu in Frage gestellt, die häufig aus dem Osten kommen (zum Beispiel Markus und Kitayama, 1991). Von diesen Theorien ist der Ansatz des sowjetischen Psychologen Lew Wygotski, und allgemeiner betrachtet, der Ansatz der „Kontextualisten" für die Entwicklungspsychologie unserer Zeit am bedeutendsten. In ihrer Sicht ist der Mensch in eine soziale Matrix (Kontext) eingebunden, ohne die sich menschliches Verhalten nicht erklären läßt. Bhaskar (1983, S. 87) formulierte: „Sich den Kontext neben oder unabhängig von der Praxis vorzustellen bedeutet, sich ein Lächeln neben oder längsseits des Gesichts vorzustellen." Obwohl die Kontexttheorie schon längere Zeit bekannt ist, wird sie in diesem Buch zuletzt vorgestellt, weil sie erst in jüngerer Zeit einen so weitreichenden Einfluß gewonnen hat.

Verschiedene neuere Einflüsse und Ereignisse haben dazu geführt, daß die Entwicklungspsychologie der Kontexttheorie offener gegenübersteht. Die Verhaltenspsychologie hat – ebenso wie Eleanor Gibson – unsere Aufmerksamkeit auf die Zielgerichtetheit unseres Alltagsverhaltens und auf die Übereinstimmungen zwischen den Fähigkeiten des Menschen und seiner ökologischen Nische gelenkt. Dennoch befassen sie sich nicht so eingehend mit den sozial-kulturellen Aspekten dieser Nische wie die Kontexttheorie. Auch die Ergebnisse der im Kapitel über Piaget dargestellten bereichsspezifischen (kontextspezifischen) Entwicklung, die von den Neo-Piagetianern untersucht wurde, haben das Interesse am Entwicklungskontext verstärkt, wobei sich dieses Interesse allerdings vor allem auf die Art der einzelnen Aufgaben oder Wissensbereiche richtete und nicht so sehr auf den sozialen Hintergrund aller Formen von Wissen. Schließlich muß noch erwähnt werden, daß jeder neue wissenschaftliche Trend tendenziell die Richtung vorangegangener Trends „korrigiert". So gesehen wird durch den kontextualistischen Ansatz die Hervorhebung des Individuums in der Theorie Piagets und im Informationsverarbeitungsansatz ausbalanciert oder korrigiert.

Die heutigen Kontextualisten haben ganz unterschiedliche Interessen und Methoden. In Bezeichnungen wie „Kulturpsychologie" oder „ökologische Psychologie" kommen einige dieser Unterschiede zum Ausdruck. Gemeinsam ist ihnen aber die Überzeugung, daß die Entwicklungspsychologie den sozialen Kontext der Entwicklung vernachlässigt hat. Eine der bedeutendsten Wortführerinnen, Barbara Rogoff (1990, S. 6), beschreibt die kontextualistische Position folgendermaßen:

„Zweck des Denkens ist es, effizient zu handeln; Handlungen sind (implizit oder explizit) zielgerichtet, wobei diese Ziele und die entsprechenden Bewältigungsstrategien sozial und kulturell definiert sind. Die Struktur der Probleme, die Menschen zu lösen versuchen, die Wissensbasis, die ihnen dabei zur Verfügung steht, und die Lösungsstrategien, die als mehr oder weniger effizient oder erfolgversprechend angesehen werden, situieren sich in einer sozialen Matrix von Zielen und Werten. Die Probleme, die gestellt werden, die

Instrumente, die für ihre Bewältigung zur Verfügung stehen, und die bevorzugten Lösungsstrategien stützen sich auf die soziokulturellen Definitionen und die verfügbaren Technologien, mit deren Hilfe ein Individuum funktioniert."

Dieses Kapitel ist folgendermaßen aufgebaut: Es beginnt mit einer biographischen Skizze Wygotskis, die seinen Ansatz in eine historische Perspektive rücken soll. Ein Großteil des Materials für diesen Teil stammt von Luria (1978), Cole und Scribner (1978) und von Wertsch (1985b). Dem folgt eine allgemeine Klassifikation der Theorie sowie typische Forschungsbeispiele, die ihre Ausrichtung veranschaulichen sollen. Die letzten Abschnitte befassen sich dann mit Mechanismen der Entwicklung, dem Standpunkt der Theorie zu grundlegenden Fragen der Entwicklung, ihrer metatheoretischen Einordnung sowie einer Kritik ihrer Stärken und Schwächen.

Biographischer Abriß

Lew Semjonowitsch Wygotski wurde 1896 geboren, im selben Jahr wie Piaget. In seiner großen Familie, einer russisch-jüdischen Intellektuellenfamilie, liebte man es, sich um den Samowar zu versammeln und angeregte Gespräche zu führen. Schon im Alter von 15 Jahren nannte man Wygotski den „kleinen Professor", weil er sich einen Ruf als Anführer der Gespräche im Kreise seiner Mitschüler geschaffen hatte (Wertsch, 1985b). Häufig organisierte er Diskussionen oder spielerische Plädoyers, in denen seine Freunde die Rollen historischer Figuren wie Aristoteles oder Napoleon übernahmen (Wertsch, 1985b).

Wygotski erhielt eine ausgezeichnete Erziehung. Er schloß sein Jurastudium an der Universität Moskau ab, war zugleich aber auch äußerst belesen in Literatur, Linguistik, Psychologie, Kunst, Sozialwissenschaften und Philosophie. Später schrieb er seine Dissertation über *Hamlet*. Sein Interesse an Sprache und Literatur zeigte sich auch in seinen späteren Arbeiten zur kognitiven Entwicklung. Wygotski lehrte Psychologie am Lehrerseminar einer Provinzstadt im Westen Rußlands. Bei seiner Arbeit traf er auf Kinder mit angeborenen Behinderungen wie Blindheit, Taubheit und geistige Retardierung. Seine Suche nach Wegen, auf denen diese Kinder ihre persönlichen Möglichkeiten ausschöpfen und verwirklichen konnten, konfrontierten ihn mit Fragen der kognitiven Entwicklung.

Wygotski begann 1924 systematisch in der Psychologie zu arbeiten, nachdem ihm der russische Psychologe Alexander Luria, beeindruckt von der Brillanz einer seiner Vorträge, eine Stelle am Psychologischen Institut in Moskau vermittelt hatte. Luria beschreibt diesen Tag, an dem der Stern eines unbekannten jungen Provinzlehrers aufging:

„Als Wygotski sich erhob, um seinen Vortrag zu halten, hatte er keinen gedruckten Text vor sich, von dem er hätte ablesen können, und auch keine Notizen. Und doch sprach er flüssig und schien niemals innehalten zu müssen, um in seinem Gedächtnis nach dem nächsten Gedanken zu suchen . . . Anstatt ein eher untergeordnetes Thema zu wählen, wie es sich für einen jungen 28jährigen Mann geziemt hätte, der zum ersten Mal vor einer Versammlung der Koryphäen seiner Profession auftritt, entschied sich Wygotski für das schwierige Thema des Zusammenhanges zwischen konditionierten Reflexen und dem bewußten Verhalten des Menschen . . . Da zeigte es sich, daß dieser Mann aus einer kleinen Provinzstadt im Westen Rußlands eine geistige Kraft war, deren Stimme Gehör finden mußte."

Auch in den folgenden Jahren beflügelte Wygotski seine Zuhörer mit seinen Vorträgen. Wenn das Auditorium überfüllt war, hörten ihm seine Studenten gelegentlich noch durch die geöffneten Fenster zu.

Wygotski, Luria und Leontjew, die „Troika" der Wygotskischen Schule (Luria, 1979), entwickelten begeistert eine neue psychologische Schule, die sich auf den Marxismus als Grundlage eines neuen, nach der Russischen Revolution zu errichtenden sozialistischen Staates stützte. Luria (1979, S. 40) schreibt: „Unser Ziel – wie alles in dieser Zeit übermäßig hoch gesteckt – war, einen neuen, umfassenden Ansatz zur Erklärung der psychologischen Prozesse des Menschen zu entwickeln." Eine so radikale Gruppe von Psychologen sah kein Problem darin, daß Wygotski keine formale Ausbildung als Psychologe besaß. Wertsch (1985b) behauptet, daß Wygotski vor allem aufgrund der gewaltigen sozialen Umwälzungen seiner Zeit seine Theorie entwickeln und die damalige Psychologie und Pädagogik beeinflussen konnte.

Wygotski und seine Mitstreiter wollten das Denken der sowjetischen Staatsbürger verändern. Die feudale Mentalität der Hilflosigkeit und Entfremdung sollte zur sozialistischen Mentalität des selbstbestimmten Handelns und der inneren Verpflichtung für ein größeres, soziales Ganzes werden – auf der Basis von Beteiligung, Kooperation und gegenseitiger Unterstützung. In der neuen sowjetischen Sicht war jeder Mensch verantwortlich für die Weiterentwicklung der gesamten Gesellschaft. Ein Hauptziel war, das weit verbreitete Analphabetentum in der sowjetischen Gesellschaft auszumerzen. Als Reaktion auf frühere russische Psychologen entwickelten Wygotski und seine Kollegen eine kultur-historische Darstellung der Entwicklungspsychologie und hoben dabei die Bedeutung höherer geistiger Aktivitäten hervor: Denken, Erinnern und Schlußfolgern. Wygotski bezog sich auf Pawlows Arbeiten zur „höheren Nerventätigkeit" und kannte europäische Psychologen wie Piaget, Binet und Freud. Tatsächlich enthalten einige seiner Arbeiten auch eine Kritik an Piaget (zum Beispiel Wygotski, 1962).

Wygotski übertrug Vorstellungen von Marx und Engels zu Ökonomie und Politik vor allem in dreifacher Hinsicht auf die Psychologie – das soll später noch ausführlicher dargestellt werden. Zunächst übernahm er für die menschliche Entwicklung das Argument, daß Mensch und Natur sich durch Arbeit und Werkzeuggebrauch des Menschen verändern. Die Produktionsweise – also beispielsweise sozialistisch, kapitalistisch oder feudalistisch – bestimmt die Arbeitsbedingungen und sozialen Interaktionen des Menschen, die ihrerseits wieder seine Kognition beeinflussen: Denkstile, Einstellungen, Realitätswahrnehmung und Wertvorstellungen. In Wygotskis Übersetzung für die Entwicklungspsychologie bedeutet dies, daß die Interaktionen von Kindern in einem bestimmten sozialen Umfeld und die in diesen Interaktionen gebrauchten „psychologischen Werkzeuge" wie die Sprache das Denken der Kinder formen. Der Umgang mit solchen Werkzeugen schafft Denken. Zweitens behauptete Wygotski, daß das kollektivistische Prinzip des Gemeineigentums an Produktionsmitteln seine Parallele in einer gemeinsamen Kognition habe. Das Kollektiv der Erwachsenen ist verantwortlich dafür, daß Kinder und andere weniger weit entwickelte Mitglieder der Gesellschaft an seinem Wissen teilhaben, so daß ihre kognitive Entwicklung vorangetrieben wird. Drittens erweiterte Wygotski das marxistische (auf Hegel zurückgehende) Prinzip der *dialektischen* Veränderung, demzufolge sich alle Phänomene ständig verändern und zu einer Synthese widerstreitender und widersprüchlicher Elemente streben. Für Wygotski ist dieser Prozeß „Entwicklung". Wie andere Phänomene auch läßt sich das menschliche Denken nur dann verstehen, wenn man seine Geschichte betrachtet. Es kann dabei zu Konflikten zwischen sich entwickelnden psychologischen Strukturen, zwischen einem vorhandenen und einem neu sich entwickelnden Konzept oder zwischen dem Kind und seiner Umwelt kommen und so weiter. Die Vorstellung, daß sich Kognition nur auf der Grundlage ihrer Entwicklung ganz verstehen läßt, erscheint heutzutage wenig revolutionär, doch zu Wygotskis Zeit war sie noch nicht sehr weit verbreitet.

Wygotski interessierte sich auch weiterhin für Pädagogik, besonders für geistige und körperliche Behinderungen und medizinische Probleme wie Blindheit, Aphasie und schwere geistige Retardierung. Mehrere Jahre lang ließ er sich auch medizinisch ausbilden. Er richtete verschiedene Forschungslaboratorien ein, von denen sich einige primär mit der Untersuchung von Kindern mit körperlichen oder geistigen Problemen befaßten. Wygotski hielt zahlreiche Vorträge, arbeitete ständig in der Forschung und veröffentlichte annähernd 180 Arbeiten.

Anfang der dreißiger Jahre wurde Wygotski ein Opfer der politischen Auseinandersetzungen in der Stalin-Ära. Die Regierung warf ihm vor, ein „bourgeoiser Psychologe" in der Art Piagets und anderer westlicher Psychologen zu sein. Man sah mit Mißtrauen, daß sich Wygotski häufig auf diese Autoren bezog. Außerdem kritisierte man seine Behauptung, die nicht alphabetisierten Minderheiten in den weit entfernten, nicht industrialisierten Teilen Rußlands hätten noch nicht dieselben geistigen Fähigkeiten wie die Bevölkerung in den weiter fortgeschrittenen Teilen des Landes entwickelt. Besonders suspekt war sein Interesse an der Intelligenzmessung, einer „pädologischen Perversion", die von der Kommunistischen Partei angeprangert wurde. Während der stalinistischen Säuberungen setzte die Partei ihn wie so viele andere Psychologen auf eine schwarze Liste. Von 1936 bis 1956 waren seine Werke verboten, auch wenn sie weiterhin im Untergrund zirkulierten. Wygotskis einflußreiches Buch *Denken und Sprechen* wurde in Rußland 1934, in seinem Todesjahr, veröffentlicht. Er starb im Alter von 38 Jahren an Tuberkulose, nachdem er nur zehn Jahre als Psychologe tätig gewesen war – diese zehn Jahre waren allerdings zehn ganz besondere Jahre. Wygotskis brillante Anfänge und sein früher Tod trugen ihm den Beinamen eines „Mozart der Psychologie" (Toulmin, 1978) ein. Seine Theorie wurde „im Wettlauf mit der Tuberkulose von einem jungen Genie entworfen, als vor mehr als einem halben Jahrhundert eine geistige Revolution jenes fremde Land erschütterte" (Rogoff und Goncu, 1987, S. 23).

Wygotskis Vorstellungen finden sich später in den Arbeiten von Luria und anderen wieder; sie wurden in der Sowjetunion vor allem von Psychologen übernommen, die eine neue „Theorie der Aktivität" entwickeln wollten. Sein Einfluß ist dort auch heute noch spürbar. In Englisch lagen nur wenige kurze Artikel Wygotskis vor, bis 1962 eine englische Übersetzung von *Denken und Sprechen* erschien. Durch die Bemühungen verschiedener amerikanischer Wissenschaftler, darunter Michael Cole, James Wertsch, Jean Valsiner und Ann Brown, wurden Wygotskis Vorstellungen der englischsprachigen Welt zugänglicher gemacht. Ein wichtiges Ereignis war 1987 die Veröffentlichung der ersten sechs Bände der *Collected Works of L. S. Vygotsky*.

In den letzten zehn Jahren ist das Interesse an Wygotskis Werk und, allgemeiner gesprochen, an allen Ansätzen gewachsen, die den sozial-kulturellen Kontext der menschlichen Entwicklung in ihren Mittelpunkt stellen. Zu den wichtigen Veröffentlichungen aus dieser Zeit zählen Bronfenbrenner (1989a), Bruner (199o), Cohen und Siegel (1991), Cole (1992b) Cole und Scribner (1974), Ratner (1991), Rogoff (1990), Schweder (1991), Valsiner (1988, 1989), Van der Veer und Valsiner (1992), Wertsch (1985a, 1985b, 1991), Wertsch und Tulviste (1992) und Winegar und Valsiner (1992), auf die sich dieses Kapitel im wesentlichen stützt. Wygotskis Vorstellungen beeinflussen auch die Pädagogik (zum Beispiel Moll, 1990).

Allgemeiner Überblick über die Theorie

Wir stellen im folgenden einige Postulate dar, die die Kontexttheoretiker unserer Tage mit Wygotski teilen. Es gibt aber auch einige Unterschiede, vor allem im Hinblick auf die Gewichtung einzelner Elemente, auf die ebenfalls hingewiesen werden wird. Die wichtigsten Merkmale sind die Untersuchungseinheit des aktiven Kindes in seinem Kontext, die Zone der proximalen Entwicklung, die soziokulturellen Ursprünge der geistigen Aktivität, die Mediation der kognitiven Aktivität durch kulturell vorgegebene Werkzeuge und die kontextualistische Methodologie.

Das aktive Kind in seinem Kontext als Untersuchungseinheit

Im einleitenden Kapitel wurde die kontextualistische Weltsicht dargestellt (an dieser Stelle empfiehlt es sich, diesen Abschnitt kurz noch einmal durchzulesen). Wir werden hier beschreiben, wie sie in Wygotskis Ansatz und dem anderer Kontexttheoretiker zum Ausdruck kommt. Kontexttheoretiker stellen nicht das Kind allein in den Mittelpunkt ihrer Theorie, sondern sie betrachten das in einen Kontext eingebundene, an einem Ereignis beteiligte Kind als kleinste bedeutungshaltige Untersuchungseinheit. Ein Kind ist kein konstanter, universaler Organismus, der in einem Vakuum operiert; vielmehr ist seine Psyche sozialer Natur: „Der Weg vom Objekt zum Kind und vom Kind zum Objekt verläuft über eine andere Person" (Wygotski, 1978, S. 30). Das Kind, die andere Person und der soziale Kontext verschmelzen in einer Aktivität. Der soziokulturell-historische Kontext definiert und formt jedes einzelne Kind und seine Erfahrung. Zugleich beeinflussen Kinder ihren jeweiligen Kontext. Aufgrund dieser Gegenseitigkeit nehmen wir die Natur des Kindes nur verzerrt wahr, wenn wir seinen Kontext ausblenden. Betrachten wir allein das Kind, dann neigen wir dazu, die Ursachen von Verhalten nur in ihm und nicht in seinem Kontext zu suchen. In Wirklichkeit aber kann derselbe Entwicklungsprozeß je nach den Umständen zu unterschiedlichen Ergebnissen führen.

Eine solche Verschmelzung von Kind und Kontext mag als Konzept nicht neu erscheinen, denn einige der bereits dargestellten Theorien betonen die Interaktion zwischen Kind und Umwelt. Unterschiedlich ist aber, daß diese anderen Theorien (abgesehen vielleicht vom Ansatz Eleanor Gibsons) den Menschen und seine Umwelt als voneinander getrennte Entitäten betrachten, die in eine Interaktion eintreten. Die Kontexttheoretiker dagegen halten diese Trennung für künstlich und verzerrend. Für sie gibt es nur eine einzige Prozeßeinheit, in der bestimmte Formen der sozialen Praxis das Kind in seinen Bedürfnissen und Zielen mit seiner Umwelt verbinden und bestimmen, was die Umwelt jeweils für ein Kind bedeutet. Kinder verhalten sich in einer bestimmten Weise, weil sie Bedürfnisse und Ziele haben, die ihre Umwelt mit einbeziehen. Diese Ziele können ganz unterschiedlich sein: Kinder wollen ein Geburtstagsfest planen, ihre Eltern dazu überreden, daß sie ihnen ein Fahrrad kaufen, sich ins Gedächtnis rufen, wer ihren Baseballhandschuh ausgeliehen hat oder herausfinden, ob sie genug Geld haben, um sich einen Schokoladeriegel zu kaufen. Soziales Problemlösen und Kommunikation von Gefühlen und Bedürfnissen sind keine „Sonderfälle" einer im wesentlichen „neutralen", von persönlichen Bedürfnissen unabhängigen Kognition; sie sind vielmehr der Stoff, aus dem der Alltag ist.

Um zu veranschaulichen, wie sehr das Denken „sozial verteilt" (Hutchins, 1991) ist, betrachten wir den folgenden Dialog zwischen einer Mutter und ihrer 24 Monate alten Tochter (Hudson, 1990, S. 181f):

„M: Hat Dir die Ferienwohnung am Strand gefallen?
T: Ja. Und im, im, im Wasser hat es mir gefallen.
M: Im Wasser hat es Dir gefallen?
T: Ja. Ich bin zum Meer gekommen.
M: Zum Meer bist Du gegangen?
T: Ja.
M: Hast Du im Wasser gespielt?
T: Und meine Sandalen ausgezogen.
M: Deine Sandalen hast Du ausgezogen?
T: Und meinen Schlafanzug ausgezogen.
M: Und Deinen Schlafanzug ausgezogen. Und was hast Du am Strand angehabt?
T: Mein heißer-Kakao-T-Shirt.
M: Ah, Dein Kakao-T-Shirt, ah ja. Und Deinen Badeanzug?
T: Ja. Und mein Kakao-T-Shirt.
M: Sind wir zu Fuß zum Strand gegangen?
T: Ja."

In dieser Dyade entwickelt sich der Prozeß des Erinnerns. Das Denken des Kindes erstreckt sich über seine Person hinaus. Es scheint in seine Umgebung einzufließen, so wie seine Umgebung in es selbst einfließt. Man kann kaum feststellen, wo das Denken des Kindes endet und wo die äußere Welt beginnt.

Was ist ein Kontext? Kontexte haben viele Ebenen. Bronfenbrenners (1989a, S. 226–229) „ökologische Psychologie" beschreibt die Umwelt als ein System ineinander verschachtelter Strukturen, von der unmittelbaren Interaktion mit einem anderen Menschen bis hin zu allgemeinen und umfassenden kulturellen Überzeugungssystemen:

1. Ein *Mikrosystem* ist ein „Muster von Aktivitäten, Rollen und interpersonalen Beziehungen, die von dem sich entwickelnden Kind in einem gegebenen unmittelbaren Lebensbereich erfahren werden". Zu diesem Lebensbereich gehören a) spezifische physikalische und materielle Merkmale sowie b) andere Menschen mit spezifischen Temperamenten, Persönlichkeiten und Überzeugungssystemen. Familie, Schule oder Peergruppe eines Kindes sind wichtige Mikrosysteme.
2. Zum *Mesosystem* zählen die „Koppelungen und Prozesse zwischen zwei oder mehr Anordnungen, in die die sich entwickelnde Person eingebunden ist". Wir könnten also beispielsweise die Frage stellen, ob die Peergruppe und das Schulsystem die Wertorientierungen der Eltern unterstützen oder ihnen widersprechen. Ein Mesosystem ist damit ein System von Mikrosystemen.
3. Das *Exosystem* „umfaßt die Wechselbeziehungen und Prozesse zwischen zwei oder mehr Lebensbereichen, wobei in zumindest einen dieser Lebensbereiche die sich entwickelnde Person in der Regel nicht eingebunden ist". Ereignisse in diesem System „beeinflussen Prozesse innerhalb des Lebensbereichs, in den diese Person unmittelbar eingebunden ist". Ein Beispiel ist die Beziehung zwischen Familie und Arbeitsplatz der Eltern. Streß am Arbeitsplatz kann dazu führen, daß Eltern zu Hause gereizter reagieren und möglicherweise ihre Kinder mißhandeln. Zu den Systemen auf dieser Ebene zählen die großen Institutionen einer Gesellschaft, beispielsweise Wirtschaftssystem, Transport und Verkehr, Kommunalverwaltung und Massenmedien. Auf letzteres bezogen kann dies heißen, daß Fernsehen die Interaktion in der Familie beeinträchtigt.
4. Das *Makrosystem* „besteht aus dem übergreifenden Muster von Mikro-, Meso- und Exosystemen, die für eine gegebene Kultur, Subkultur oder einen anderen weiteren sozialen Kontext charakteristisch sind". Von besonderer Bedeutung sind „Über-

zeugungssysteme, Ressourcen, Risiken, Lebensstile, Chancen, Lebensalternativen und Muster der sozialen Interaktion, die in jedes dieser Systeme eingebettet sind". Das Makrosystem ist eine umfassende kulturelle „Blaupause", mit deren Hilfe die sozialen Strukturen und Aktivitäten auf niedrigeren, konkreteren Ebenen entworfen werden. Diese Blaupause bestimmt mit darüber, wie Eltern, Lehrer und andere für das Kind wichtige Menschen „bewußt oder unbewußt die Ziele, Risiken und Erziehungsvorgaben für die nächste Generation definieren". Die wichtigen Lebensbereiche einer gegebenen Kultur sind tendenziell konsistent. Bronfenbrenner weist darauf hin, daß innerhalb einer gegebenen Gesellschaft alle Grundschulklassenzimmer prinzipiell gleich aussehen und funktionieren. Ein solches prototypisches Klassenzimmer spiegelt die stillschweigend akzeptierten Überzeugungen einer Gesellschaft wider.

Anders ausgedrückt: Eine Kultur besteht aus gemeinsamen Überzeugungen, Werten, Kenntnissen, Fertigkeiten und strukturierten Beziehungen, einer bestimmten Art, Dinge zu tun (Bräuche) und symbolischen Systemen (wie der gesprochenen und geschriebenen Sprache). Zu einer Kultur gehören auch physikalische Anordnungen (wie Gebäude und Straßen) und Objekte (wie Werkzeuge, Computer, Fernsehen oder Kunstwerke). Innerhalb einer Gesamtkultur stellen ethnische Subkulturen oder durchgängig anders geartete Lebensstile unterschiedliche Kontexte dar. So unterscheiden sich beispielsweise die Erziehungsprozesse je nach Rasse, sozialer Schicht, Berufstätigkeit beider Eltern versus Berufstätigkeit eines Elternteiles, Landkommune versus Stadtkommune, Familie eines Alleinerziehenden versus Familie mit zwei Eltern und so fort. Das vorliegende Kapitel enthält verschiedene Beispiele dafür, wie diese Aspekte einer Kultur Einfluß nehmen: (1) darauf, worüber Kinder nachdenken und welche Fertigkeiten sie (beispielsweise intellektuell, im Sport, beim Weben) erwerben, (2) wie sie Informationen und Fertigkeiten (beispielsweise von anderen Kindern versus von Erwachsenen, verbal oder nonverbal) erwerben, (3) zu welchem Zeitpunkt ihrer Entwicklung Kindern erlaubt wird, bestimmte Aktivitäten (beispielsweise Erwachsenentätigkeiten, Sex, Beaufsichtigung jüngerer Kinder) auszuüben und (4) wer sich an bestimmten Aktivitäten beteiligen darf (beispielsweise nur ein Geschlecht oder bestimmte soziale Schichten).

Wichtig ist die Erkenntnis, daß alle diese Ebenen des sozialen Kontexts auch materiellen und historischen Einflüssen unterliegen. Klima, Bodenbeschaffenheit, städtische oder ländliche Umgebung, Bevölkerungsdichte, Gesundheitsvorsorge und äußere Gefahren sind mit sozialen Kontexten verwoben. Kultur ist weitgehend die Reaktion einer Gruppe auf die Ökologie ihrer Umwelt. Damit fördert sie bestimmte Wirtschaftsformen wie Ackerbau oder Jagd. Diese ökonomischen Aktivitäten geben ihrerseits eine bestimmte soziale Organisation und Arbeitsteilung vor, die dann wieder die Praktiken der Kindererziehung beeinflussen. Wygotski weist außerdem darauf hin, daß die Geschichte einer Kultur einen erheblichen Einfluß auf sämtliche Kontextebenen ausübt. Kriege, Naturkatastrophen, Revolutionen und Bürgerrechtsbewegungen wirken auf alle Kontextebenen zurück. Zu jedem gegebenen historischen Zeitpunkt ist eine Kultur einerseits das Produkt ihrer eigenen Geschichte, bringt zugleich aber auch Kontexte hervor, die die Entwicklung von Kindern und damit die Zukunft der gesamten Kultur prägen.

Wygotski und seine Kollegen zeigen anschaulich, wie sozio-ökonomisch bedingte kulturelle Veränderungen in einem natürlichen Experiment zu psychologischen Veränderungen führten. Es ging dabei um Landarbeiter, die in einer abgelegenen Region der Sowjetunion als Analphabeten unter einem Feudalherrn kleine Höfe bewirtschafteten

(Luria, 1976). Im Zuge des Aufbaus eines modernen sozialistischen Staatswesens wurden sie in Kollektive eingebunden und mußten gemeinsam Planvorgaben festlegen und andere Entscheidungen treffen. Außerdem lernten sie Lesen und Schreiben. Bei den analphabetischen Landarbeitern, die diese neuen Erfahrungen nicht gemacht hatten, waren Klassifikation, Konzeptbildung, Schlußfolgern und Problemlösefertigkeiten konkret und praktisch. Wenn man ihnen beispielsweise sagte, alle Bären im fernen Norden seien weiß, konnten sie nicht vorhersagen, welche Farbe dann ein bestimmter Bär hatte. Eine typische Antwort war: „Ich weiß nicht, welche Farbe die Bären da haben, ich habe sie noch nie gesehen" (S. 108). Nach einer nur kurzen Zeit der Schulung dagegen betrachteten die Landarbeiter dieses logische Problem abstrakt und bildeten logische Gruppierungen. Möglicherweise hat Wygotski die Konkretheit des Denkens der Landarbeiter überschätzt (Cole, 1988). Jüngere Forschungsarbeiten in traditionellen Gesellschaften zeigen, daß ihre Mitglieder in gewissen Kontexten durchaus abstrakt denken. Durch Schulung und Übung wurde den Landarbeitern vielleicht nur beigebracht, ihr abstraktes Denken auf Kontexte anzuwenden, in denen sie es bis dahin nicht gebraucht hatten.

Diese verschiedenen Kontextebenen bilden einen Systemzusammenhang, in dem Veränderungen auf einer Ebene die anderen Ebenen beeinflussen. So verliert beispielsweise ein Vater in einer Rezession seinen Arbeitsplatz. Dies führt zu Spannungen in der Familie, die wiederum bewirken können, daß das Kind in der Schule Schwierigkeiten hat. Solche wellenartigen Auswirkungen können auch in umgekehrter Richtung (von dem sich entwickelnden Kind zur Kultur hin) wirksam werden.

Vor kurzem haben Psychologen Kultur in der Regel durch Kulturvergleiche untersucht, indem sie für verschiedene Kulturen Verhaltensunterschiede aufzeigten. Cole (1992b) weist allerdings darauf hin, daß dieser von kulturellen Unterschieden ausgehende Ansatz (*culture-as-difference*) die Tatsache ignoriert, daß die Fähigkeit, eine kulturell organisierte Umwelt aufzubauen und in ihr zu operieren, ein *universelles*, artspezifisches Charakteristikum des Menschen ist. Diese universellen Mechanismen des kulturellen Einflusses müssen wir ebenso gut verstehen lernen wie die unterschiedlichen Inhalte, die sie hervorbringen. In einem Ansatz, der die Kultur als Mittlerin begreift (*culture-as-medium*), organisiert die Kultur die Alltagserfahrungen des Kindes. Eine Kultur, die sich über viele Generationen hinweg entwickelt, stellt Artefakte zur Verfügung, die zwischen Menschen und zwischen Mensch und physikalischer Außenwelt vermitteln. Ein Beispiel dafür ist das weiter oben wiedergegebene Gespräch zwischen Mutter und Tochter, das dem Kind hilft, seine Erfahrungen kognitiv zu strukturieren. Natürlich können *culture-as-difference*-Studien zu *culture-as-medium*-Studien führen, indem sie die kritischen Ereignisse im Leben eines Kindes hervorheben – Ereignisse, in denen eine spezifische kulturelle Einstellung zum Ausdruck kommt, die das Kind in eine bestimmte Richtung drängt.

Die „entfernteren" Kontextebenen, beispielsweise die kulturellen Überzeugungen im Hinblick darauf, welche Fertigkeiten sich Kinder aneignen sollten, wirken oft durch die unmittelbare soziale Situation auf ein Kind, in der es mit Eltern, Geschwistern oder Peergruppe interagiert und in bestimmten Fertigkeiten bestärkt wird. Wygotski beschrieb diesen Prozeß in seinem bekanntesten Konzept – der *Zone der proximalen Entwicklung*.

Die Zone der proximalen Entwicklung

Wygotski definiert die „Zone der proximalen (nächsten) Entwicklung" als die Distanz zwischen dem „aktuellen Entwicklungsniveau eines Kindes, bestimmt durch seine Fähigkeit, Probleme selbständig zu lösen", und der höheren Ebene als „potentieller Entwicklung, die durch seine Fähigkeit bestimmt wird, Probleme unter Anleitung Erwachsener oder fähigerer Kameraden zu lösen" (Wygotski, 1978, S. 86). Eine sachkundigere Person arbeitet mit dem Kind zusammen und hilft ihm, sich vom Ausgangspunkt zu entfernen und dorthin zu gelangen, wo es mit dieser Unterstützung hinkommen kann. Erreicht wird dies durch Stichworte, Hinweise, Modellbildung, Erklärungen, Leitfragen, Diskussionen, Mitwirkung, Ermutigung, Steuerung des Aufmerksamkeit des Kindes und so fort. Wygotski (1978, S. 90) erklärt: „Lernen initiiert eine Vielzahl innerer Entwicklungsprozesse, die nur dann ablaufen können, wenn das Kind mit Menschen in seiner Umgebung interagiert und mit Kameraden kooperiert." Der kompetentere Erwachsene baut auf die Fähigkeiten auf, über die das Kind bereits verfügt, und konfrontiert es mit Aktivitäten, die ein Kompetenzniveau erfordern, das etwas über dem aktuellen Fähigkeitsstand des Kindes liegt.

Die bereits dargestellte Dyade, in der Mutter und Tochter sich erinnern, ist ein Beispiel für die Zone der proximalen Entwicklung. Stichworte und Hinweise der Mutter unterstützen die Bemühungen der Tochter, sich zu erinnern, und helfen ihr, ihre Erinnerungen zu organisieren. Da Mutter und Tochter das zurückliegende Ereignis gleich verstehen, können sie gemeinsam darüber sprechen. Ein weiteres Beispiel ist das Protokoll am Beginn dieses Kapitels, in dem eine Mutter, die ihrem Kind hilft, nach dem Modell eines vollständigen Puzzles ein identisches Puzzle zusammenzusetzen, die Aufmerksamkeit des Kindes auf bestimmte Puzzleteile im Modell lenkt, es auf die entsprechenden Teile in seinem eigenen Puzzle hinweist und die Teile benennt. Die Mutter „baut Brücken" (Rogoff, 1990, S. 8) zwischen den vorhandenen Fähigkeiten des Kindes und neuen Fertigkeiten. Das tut sie, indem sie sein Verhalten bei der Lösung der Aufgabe organisiert und strukturiert. Ein Beispiel aus dem Kleinkindalter ist die Tatsache, daß Eltern die Aufmerksamkeit ihres Kindes auf wichtige Aspekte seiner Umgebung lenken, indem sie es zu bestimmten Gegenständen oder Ereignissen hintragen oder darauf hinweisen. Schließlich erlernen Kinder unterschiedlicher Kulturen die Fertigkeiten, die in ihrer Kultur positiv bewertet werden – weben, jagen, zaubern, heilen, mit dem Bus fahren oder Computer benutzen –, indem sie andere beobachten und auf ihre informellen Instruktionen reagieren. Hoch bewertet wurden bei einem Nomadenstamm von Zauberern und bei anderen Schaustellern in Pakistan beispielsweise die Fertigkeit des genauen Beobachtens, des ausgeprägten visuellen Unterscheidens, der Sensibilität für die Charakteristika anderer Menschen und der selektiven Aufmerksamkeit für die wichtigen Aspekte einer Aufgabe (Berland, 1982). Als Erwachsene aus dem Nomadenstamm in einer Aufgabe zur Invarianz der Mengen getestet wurden, gaben sie selbst dann an, die Menge habe sich verändert, wenn auch nur ein einziges Reiskorn beim Umschütten verloren ging oder ein paar Tropfen Wasser im Umfüllbehäter zurückblieben. Manchmal sagten sie, daß „wenn es wenig Nahrung und viele Mägen gibt, unsere Augen, Ohren und Nasen empfindlicher sind als die Waage eines Goldschmiedes" (Berland, S. 174). Im Alltag beschäftigen sich Erwachsene und Kinder gemeinsam mit Tätigkeiten, bei denen die Kinder diejenigen Wahrnehmungsfertigkeiten üben, die für ihr Nomadenleben und ihre Zauberkunststücke von Bedeutung sind (beispielsweise extrem bewußte Wahrnehmung ihrer Umgebung beziehungsweise Steuerung der Aufmerksamkeit ihres Publikums). Erwachsene sorgen so für „benutzerfreundliche" Kontexte, in denen die Kinder Fertigkeiten vervollkommnen können, die sie brauchen, um in ihrer Kultur überleben oder Erfolg haben zu können. Jede Kultur besitzt ihren eigenen „kulturellen Lehrplan" (Rogoff, 1990, S. 190).

Wygotski beschrieb den Zusammenhang zwischen aktuellem und potentiellem Entwicklungsstand folgendermaßen:

> „Die Zone der proximalen Entwicklung definiert jene Funktionen, die zwar noch nicht herangereift sind, sich aber im Prozeß der Reifung befinden, Funktionen, die morgen heranreifen werden, sich gegenwärtig aber noch in einem embryonalen Stadium befinden. Man könnte diese Funktionen eher als ‚Knospen‘ oder ‚Blüten‘ der Entwicklung bezeichnen – im Gegensatz zu ihren ‚Früchten‘. Das aktuelle Entwicklungsniveau charakterisiert die geistige Entwicklung retrospektiv, während die Zone der proximalen Entwicklung sie prospektiv bestimmt."
>
> [Wygotski, 1978, S. 86f.]

Wygotski und andere Kontexttheoretiker sind der Ansicht, daß sich Entwicklung nur verstehen läßt, wenn man unmittelbar den Prozeß der Veränderung betrachtet – und nicht ein statisches, in einem bestimmten Augenblick der Entwicklung erstarrtes Kind. Der Prozeß ist wichtiger als sein Ergebnis (oder richtige oder falsche Antworten). Sie betrachten unmittelbar die Handlungen und Gedanken eines Kindes, wenn es versucht, ein Problem zu lösen und in diesem Prozeß sein Denken vorantreibt. Sie versuchen nicht so sehr festzustellen, welche Konzepte ein Kind bereits „hat", sondern untersuchen statt dessen, was ein Kind im zeitlichen Ablauf tut, wenn es eine typischerweise mit anderen Menschen und Gegenständen zusammenhängende Tätigkeit ausübt. Wygotski wandte diesen entwicklungspsychologischen Ansatz nicht nur auf das Kurzzeitlernen innerhalb der Zone proximaler Entwicklung und auf die langfristige Entwicklung im Verlaufe der ganzen Kindheit an, sondern auch auf die Artentwicklung über viele Generationen hinweg sowie auf die sozio-kulturelle Geschichte. Die Entwicklung eines Kindes zu untersuchen hieß für ihn, „es im Prozeß seiner Veränderung zu untersuchen".

> „Den Prozeß der Entwicklung eines gegebenen Geschöpfes in allen seinen Phasen und Veränderungen – von seiner Geburt bis zu seinem Tod – wissenschaftlich zu erfassen, bedeutet im Grunde, seine Natur, sein Wesen zu erfassen, denn ‚erst in der Bewegung gibt sich der Körper zu erkennen‘."
>
> [Wygotski, 1978, S. 65.]

Wie wir später sehen werden, impliziert diese Sichtweise wichtige Konsequenzen im Hinblick darauf, wie man die Fähigkeiten eines Kindes beurteilt. Sie spricht auch die Frage der Unterweisung und Ausbildung an. Instruktion, ob im Rahmen formaler Schulbildung oder einer informellen „Lehrzeit", sollte sich eher am potentiellen Niveau eines Kindes (seiner „Lernbereitschaft") als an seinem aktuellen Entwicklungsstand orientieren: „Das einzige ‚richtige Lernen‘ ist der Entwicklung voraus" (Wygotski, 1978, S. 89).

Wygotski interessierte sich besonders für die Frage, wie die Zone der proximalen Entwicklung in einer expliziten Unterrichtssituation funktioniert. Unterricht ist dann sinnvoll, wenn sich das Verhalten eines Kindes vor allem durch Veränderungen der sozialen Interaktion verändern läßt. Palincsar und Brown (1984, 1988) haben dieses Konzept in ihr Interventionsprogramm der „reziproken Unterweisung" integriert, in dem das Kind beim Leseunterricht zwischen den Rollen des Fragenden und des Antwortenden abwechselt. Ein Hauptziel des Programms ist die Verschiebung von der lehrergesteuerten Aktivität hin zu einer Selbststeuerung des Kindes (siehe auch Moll, 1990). Nach Rogoffs (1990) Ausweitung des Konzepts der Zone proximaler Entwicklung ist es nicht erforderlich, daß Erwachsene Kinder im unmittelbaren Kontakt instruieren. Kinder können von fähigen Erwachsenen auch aus der Distanz lernen, indem sie sie bei alltäglichen Tätigkeiten beobachten, mit denen die Erwachsenen keine Unterweisungsabsichten verfolgen. Instruktion kann sowohl implizit als auch explizit sein. Lernen ist ein natürliches Nebenprodukt der Beschäftigung mit Aufgaben, an denen auch Erwachsene oder kompetentere Kameraden beteiligt sind. Jede verbale Erklärung ergibt sich ganz natürlich aus der Zusammenarbeit und nicht als Teil einer gezielten Instruktion. Interaktionen in der Zone proximaler Entwicklung brauchen nicht verbal zu sein, besonders nicht bei Säuglingen und Kleinkindern. Ihr Verhalten gleicht „demjenigen, das jedem Menschen angemessen wäre, der in einer ihm fremden Kultur lernt: Bleibe in der Nähe eines Führers, dem Du vertraust, beobachte, was er tut, versuche mitzumachen und achte auf jede Anweisung, die er Dir gibt" (Rogoff, 1990, S. 17).

Rogoff formuliert diese Vorstellung in ihrem Begriff der *gelenkten Beteiligung*, die

„Zusammenarbeit und Einverständnis bei routinemäßigen Problemlöseaktivitäten voraussetzt. Interaktion mit anderen Menschen hilft Kindern in ihrer Entwicklung, indem sie ihre Beteiligung in relevante Aktivitäten lenkt, so daß die Kinder ihr Verständnis an neue Situationen anpassen, ihre Versuche der Problemlösung strukturieren und Verantwortung für die Art der Problemlösung übernehmen können . . . Routinesituationen . . . steuern die zunehmend geschicktere und angemessenere Beteiligung von Kindern an den alltäglichen Aktivitäten, die in ihrer Kultur hoch bewertet werden."

Kinder teilen die Standpunkte und Werte erfahrenerer Partner, bringen ihre eigene Meinung ein und „erweitern ihre Begriffe, um eine gemeinsame Basis zu finden" (Rogoff, 1990, S. 196). Sie werden ermutigt, ihre neuen Fertigkeiten an einer Aufgabe zu erproben. Rogoff verwendet die Metapher der Lehre oder Lehrzeit, um die Vorstellung wiederzugeben, daß das Kind aktiv und zusammen mit geübteren Partnern, die es unterstützen, verbal oder nonverbal an Situationen aus dem wirklichen Leben teilhat. Solche kulturellen Lehrzeiten „eröffnen dem Anfänger den Zugang zu den manifesten Aspekten einer Fertigkeit und zugleich zu den eher verborgenen inneren Prozessen des Denkens" (Rogoff, 1990, S. 40).

Wie eine kulturelle Lehre aussieht, läßt sich daran veranschaulichen, wie die Mädchen der Mayas das Weben erlernen – eine Fertigkeit, die in ihrer Kultur von großer Bedeutung ist (Rogoff, 1990). Die ganz kleinen Mädchen sehen ihrer Mutter und anderen erwachsenen Frauen zu, wenn sie am Webstuhl arbeiten. Im Alter von fünf Jahren flechten sie lange Blätter in die Fäden, die sie gefunden und auf einem Spielzeugwebstuhl befestigt haben. Wenn sie sieben Jahre alt sind, weben sie mit Unterstützung der Erwachsenen auf richtigen Webstühlen, und mit neun Jahren weben sie einfache Teile allein.

Lernen innerhalb der Zone der proximalen Entwicklung geht teilweise auf die *Intersubjektivität* zurück – den gemeinsamen Verstehenshintergrund auf der Basis eines gemeinsamen Aufmerksamkeitsfokus und eines gemeinsamen Zieles, die das Kind mit einer kompetenteren Person teilt. Bei Säuglingen und Kleinkindern ist dies in der Regel einer der Eltern, mit denen es aus häufigen gemeinsamen Erfahrungen einen gemeinsamen Verstehenshintergrund aufbaut.

In einer Klassifikationsaufgabe im Labor stellte eine Mutter beispielsweise den Zusammenhang zur Küche im Haus des Kindes her: „Wir ordnen jetzt die Dinge nach

Kategorien. Weißt du, so wie wir die Löffel nicht in den Schrank für die Töpfe und das alles packen" (Rogoff und Gardner, 1984). Wichtig ist, daß Intersubjektivität nicht nur zum Lernen aus sozialen Interaktionen beiträgt, sondern auch als Ergebnis aus diesen Interaktionen hervorgeht. Während der gesamten Entwicklung baut beides aufeinander auf und trägt wechselseitig zueinander bei.

Bemerkenswert ist, daß Instruktionen innerhalb der Zone der proximalen Entwicklung nicht nur in einer Richtung verlaufen. Das Verhalten des Kindes beeinflußt den Erwachsenen ebensosehr wie umgekehrt. Mit Unterstützung des geübteren Erwachsenen baut das Kind aktiv neues Wissen und neue Fertigkeiten auf. Kinder beteiligen sich insofern aktiv, als sie durch ihre Motivation zu lernen den Erwachsenen „auffordern", sich zu beteiligen, und als sie schrittweise mehr Verantwortung für die Erledigung der jeweiligen Aufgabe übernehmen. Umgekehrt paßt der Erwachsene seine Hilfestellung den Reaktionen des Kindes an. Neuere kontextualistische Ansätze, besonders diejenigen von Rogoff (1990) und Bronfenbrenner (1989a) betonen die aktive Rolle des Kindes in seiner eigenen Entwicklung. Der Begriff der „Kooperation" wird häufig gebraucht, um den gleichwertigen Beitrag des Kindes zum Ausdruck zu bringen. Auf dem Hintergrund von Wygotskis Theorie heißt dies, daß das Kind sich aktiv an dem Prozeß beteiligt, in dem es die Zone der proximalen Entwicklung durchläuft. Kinder suchen sich bestimmte soziale Kontexte aus, bitten erfahrenere Erwachsene in diesen Kontexten um Hilfe und übernehmen in den jeweiligen Lebensbereichen immer mehr Verantwortung.

Bronfenbrenner (1989a, 1989b) definiert vier verschiedene Arten, in denen die Natur des Kindes aktiv auf seinen sozialen Kontext einwirkt:

1. Bestimmte Persönlichkeitsmerkmale rufen bei anderen Menschen Reaktionen hervor, durch die die psychologische Entwicklung gefördert oder gehemmt wird (siehe auch Banduras „reziproken Determinismus" in Kapitel 3). Ein quengeliges Baby, ein äußerlich unattraktives Vorschulkind oder ein hyperaktives Schulkind können auf Erwachsene abstoßend wirken. Ein glücklich lächelndes Baby dagegen, ein hübsches Vorschulkind oder ein freundliches, ruhiges Schulkind rufen die entgegengesetzte Wirkung hervor und schaffen sich damit selbst eine andere Umwelt. Solche Kinder werden wahrscheinlich angemessen auf freundliche soziale Aufmerksamkeit reagieren und damit eine Kette reziproker Interaktionen auslösen, die einen Entwicklungsverlauf vorgeben, der sich ziemlich deutlich von dem der erstgenannten Kinder unterscheidet.

2. Schon früh in ihrem Leben zeigen Kinder individuelle Unterschiede in ihrer Tendenz, auf spezifische Aspekte ihrer sozialen und physikalischen Außenwelt zuzugehen oder sie zu meiden. Temperamentsunterschiede äußern sich in sozialer Extraversion, Schüchternheit (dem Vermeiden sozialer Stimulation), Widerstand gegen Veränderungen der Umwelt, einem hohen Aktivitätsniveau, und so fort. Folglich suchen sich unterschiedliche Kinder auch unterschiedliche Kontexttypen aus und beschäftigen sich mit entsprechend unterschiedlichen für ihre Entwicklung relevanten Aktivitäten. Das eine Kind bevorzugt vielleicht einen strukturierten, ruhigen Zwei-Personen-Kontext, während ein anderes sich lieber in einem unvorhersehbaren, lauten Mehr-Personen-Kontext bewegt. Auf diese Weise entwickeln sich auch unterschiedliche Fertigkeiten und Lernstile.

3. Kinder unterscheiden sich auch in ihrer „Tendenz, zunehmend komplexere Aktivitäten aufzunehmen und fortzuführen; also beispielsweise etwas auszuarbeiten oder umzustrukturieren ... und sogar neue Merkmale in ihrer Umwelt zu schaffen" (Bronfenbrenner, 1989b, S. 8f). Auch Unterschiede im Hinblick auf Kreativität und

das Bedürfnis nach Veränderung haben Einfluß darauf, welche Kontexte sich ein Kind aussucht.

4. Altersbedingte (und individuelle) Unterschiede zeigen sich darin, wie Kinder ihre Fähigkeiten einschätzen, ein bestimmtes Ziel zu erreichen und Erfolg und Mißerfolg zu steuern (siehe Banduras Konzept der Selbstwirksamkeit in Kapitel 3). Vorschulkinder beispielsweise neigen dazu, selbst bei negativem Feedback ihre Leistungen zu überschätzen. Tatsächlich kann ein solcher übertriebener Optimismus adaptiv durchaus sinnvoll sein, denn er führt dazu, daß Kinder mit ihren begrenzten Kompetenzen neue Tätigkeiten ausprobieren, selbst wenn deren Anforderungen in Wirklichkeit ihre Fähigkeiten weit übersteigen. Auch solche Erfahrungen führen dazu, daß sie die nötigen Fertigkeiten entwickeln (Bjorklund und Green, 1992).

Bronfenbrenner bemerkt einschränkend, diese Beiträge des aktiven Individuums „*determinieren* nicht den Verlauf der Entwicklung, sie können allerdings einem sich bewegenden Körper „Drall geben". Wie stark sich dieser Antrieb auswirkt, hängt von den übrigen Kräften und Ressourcen des gesamten Ökosystems ab" (Bronfenbrenner, 1989b, S. 12).

Abschließend sei zum Konzept der Zone der proximalen Entwicklung ergänzt, daß der Begriff gewöhnlich gebraucht wird, wenn von Interaktionen zwischen Kind und Erwachsenem oder Kind und kompetenterem Kameraden die Rede ist. Wygotskis Definition dagegen war weiter gefaßt. In seinem Verständnis umfaßt diese Zone jeden Kontext, in dem Kinder durch eine Aktivität über ihren jeweiligen Entwicklungsstand hinausgeführt werden. Eine solche Zone kann also im Spiel, bei der Arbeit, den Schularbeiten oder anderen Hauptbeschäftigungen eines Kindes gegeben sein (Griffin und Cole, 1989). Nur innerhalb der mentalen Hilfsstruktur, die ihnen das Spiel zur Verfügung stellt, können Kinder anfangen, Dinge auch symbolisch zu verwenden – ein Objekt durch ein anderes zu ersetzen und damit die Bedeutung vom Objekt selbst zu trennen. Wenn Kinder auf einem Stock „reiten", trennen sie den Stock von seiner üblichen Bedeutung. Im Spiel sind Kinder nicht mehr darin gefangen, wie die Dinge aussehen. Sie können bewirken, daß ein Objekt Y bedeutet, auch wenn sie sehen, daß es wie X aussieht. Das Spiel schafft eine Zone der proximalen Entwicklung für das Kind, weil das Kind im Spiel auf einem höheren Niveau agiert als bei anderen, nicht spielerischen Aktivitäten: „Im Spiel ist es, als sei es einen Kopf größer als es selbst" (Wygotski, 1978, S. 102).

Sozio-kulturelle Ursprünge der individuellen geistigen Funktionsweise: Das Intermentale konstruiert das Intramentale

Was geschieht auf der Ebene der Kognition, wenn Kinder mit Erwachsenen interagieren? Wygotskis Antwort auf diese Frage lautet, daß ein Kind die Interaktion mit einem Erwachsenen oder einem älteren Kind auf der intermentalen Ebene (im geistigen Austausch der Beteiligten) internalisiert (verinnerlicht) und in seine intramentale (innerseelische) Ebene integriert. Was extern ist, wird intern. So betrachtet ist Denken immer sozial und reflektiert die Kultur, in der eine Dyade operiert. Denken, erinnern und beachten sind nicht allein Tätigkeiten eines Individuums, vielmehr fanden sie zunächst zwischen Menschen statt. Wygotski drückt es so aus, daß jede höhere geistige Funktion, die im Verlaufe der Entwicklung erworben wird,

„zweimal oder auf zwei Ebenen auftritt . . . Zunächst erscheint sie zwischen Menschen als intermentale Kategorie und dann innerhalb des Kindes als intramentale Kategorie. Dies gilt ebenso für die gezielte Aufmerksamkeit, das logische Gedächtnis, die Bildung von Konzepten und die Entwicklung des Willens."

[1960, S. 197 f]

Die Bewegung vom Intermentalen hin zum Intramentalen hängt mit den beiden ersten in diesem Abschnitt beschriebenen Charakteristika zusammen. Zunächst einmal erklärt sie, warum das aktive Kind in seinem Kontext die kleinstmögliche Untersuchungseinheit darstellt. Die intramentale Aktivität läßt sich nicht von der intermentalen Aktivität zwischen Kindern und anderen Menschen in ihrem sozialen Kontext trennen. Zweitens zeigt sich die Internalisierung sozialer Prozesse, wenn ein Kind sich durch die Zone proximaler Entwicklung bewegt. Kinder internalisieren irgendwann den Problemlösungsmodus, der zunächst einmal sozial unterstützt wurde. Wygotski schreibt: „Kinder wachsen in das geistige Leben der Menschen in ihrer Umgebung hinein" (1978, S. 88). Sowohl die soziale Interaktion als auch die damit verbundene Sprache werden internalisiert. Kinder interagieren gewissermaßen geistig mit sich selbst, so wie sie es zuvor mit anderen Menschen getan haben. Sie übernehmen schrittweise mehr Verantwortung für das Problemlösen und werden zunehmend selbstgesteuert statt fremdgesteuert.

Die Vorstellung, daß die sozialen Verhältnisse das Bewußtsein bestimmen und eine kollektivistische Gesellschaft ihr Wissen und ihre Erfahrung mit ihren weniger weit vorangekommenen Mitgliedern teilt, stammt aus der marxistischen Philosophie. Die Auffassung, nach der die intermentale Aktivität (zwischen Menschen) primär und die intramentale (innerhalb eines Menschen) sekundär und aus ersterer abgeleitet ist, steht im Widerspruch zu den meisten zeitgenössischen Theorien westlicher Psychologen, die die Kognition „innerhalb" eines autonomen Individuums ansiedeln.

Unterschiedliche Kontexttypen bieten die Möglichkeit unterschiedlicher interpsychischer Aktivitäten. So wird eine kognitive Interaktion zwischen Lehrer und Schüler eher formal, verbal und objektiv sein als eine Interaktion zwischen Eltern und Kind oder zwischen einem jüngeren und einem älteren Kind. Aus der ersten Anordnung kann wissenschaftliches Denken entstehen, während in den beiden anderen eher ein intuitives, konkretes Denken vorherrscht. Da Kinder mit einer Vielzahl unterschiedlicher Kontexte konfrontiert werden, integrieren sie eine Vielzahl geistiger Prozesse (Tulviste, 1991).

Ein besonders wichtiger sozialer Aspekt ist die Sprache. So wie zwei Menschen miteinander kommunizieren, so kommuniziert ein Kind beim Denken mit sich selbst. Auf diese Weise führt die Internalisierung interpersonaler Kommunikationen im Laufe der Entwicklung zur intrapersonalen Kommunikation. Die dialogartige Frage-und-Antwort-Interaktion zwischen Erwachsenem und Kind wird zu einem inneren Dialog, wie das folgende Beispiel eines Kindes zeigt, das mit sich selbst spricht, als es ein Wort in einem Wörterbuch nachschlägt: „Wo finde ich das wohl? Ah ja, ich weiß, unter ‚C'" (Berk und Garvin, 1984). Welche Rolle die Sprache in der kognitiven Entwicklung spielt, werden wir weiter unten genauer darstellen.

Wygotski betont – wie auch Piaget – die Bedeutung der Internalisation von Interaktionen zwischen Kind und Welt. Wygotski hebt dabei allerdings auf die soziale Interaktion ab, während Piaget sich mehr für motorische Interaktionen mit physikalischen Objekten interessiert. Für Piaget wird beispielsweise die physikalische Reversibilität, das heißt, das Krabbeln des Kindes von A nach B und wieder zurück oder das Umschütten einer Flüssigkeit von Behälter A in Behälter B und wieder zurück später zur wichtigen konkreten Operation der kognitiven Reversibilität. Bei Wygotski entspricht dem in etwa der Prozeß, nicht aber der Inhalt. Für ihn wird die Struktur von Kommunikationen zur Struktur von Gedanken. Kooperation und Dialog zwischen zwei Menschen führen im individuellen, persönlichen Denken zu dieser Art von geistiger Aktivität. Zwar hat auch Piaget den Einfluß anderer Menschen auf ein sich entwickelndes Kind bereits erkannt, aber er betonte vor allem, daß ein Kind durch seine motorischen Interaktionen mit physikalischen Objekten Regelmäßigkeiten internalisiert. Piaget befaßte sich auch nicht mit den Veränderungen, denen eine Gesellschaft im Laufe eines Lebens oder über Generationen hinweg unterliegen kann.

Intramentale Prozesse und Strukturen sind keine perfekten Kopien der intermentalen Strukturen und Prozesse; vielmehr werden die intermentalen Prozesse im Internalisierungsprozeß transformiert. Beispielsweise ist das innere Sprechen (auf das weiter unten eingegangen wird) eine verkürzte, persönliche Version des äußeren Sprechens. Rogoff weist darauf hin, daß Kinder aktiv einschränken, was sie beim sozialen Austausch zurückbehalten. Sie erläutert: „Das Individuum wendet dieses gemeinsame Verständnis nicht genau so an, wie es gemeinsam entwickelt wurde; in der jeweiligen Aneignung der gemeinsamen Aktivität durch jedes einzelne Individuum spiegelt sich sein Verständnis und sein Interesse an der sozialen Aktivität wider" (1990, S. 195). Zur Veranschaulichung verweist Rogoff auf die Analogie zum ständigen Austausch von Wasser und Luft zwischen Körper und Umwelt. Genau wie ein Körper Luft und Wasser aufnimmt und transformiert, um seine biologischen Bedürfnisse zu befriedigen, genauso assimiliert unser Denken soziale Aktivitäten in unserem „sozialen Meer" an unsere jeweiligen Bedürfnisse und Fähigkeiten. In diesem Prozeß verändert sich das Denken. Das Kind kann nun mit einer anderen, vergleichbaren Situation besser umgehen.

Wie ein Kind sich im sozialen Austausch eine neue Vorstellung selektiv aneignet, zeigt das folgende Gespräch zwischen einer Mutter (P. Miller) und ihrer (damals) vier Jahre alten Tochter:

> „M: Was möchtest Du denn gern werden, wenn Du groß bist?
> T: Eine Mama!
> M: Das ist schön . . . Aber wenn Du willst, kannst Du Mama und noch etwas anderes sein.
> T: Ich will nur Mama sein.
> M: Weißt Du, ich bin Mama und Lehrerin – zwei Dinge. So könntest Du es auch machen.
> T: Ich will nur Mama sein.
> (So geht es noch eine Weile weiter, bis das Kind schließlich nachgibt – zumindest scheinbar.)
> T: Okay . . . Dann werde ich eben Mama und Vogel!"

Das Kind eignete sich in diesem Gespräch bestimmte Bedeutungen an und ignorierte andere Aspekte der Bedeutung des von seiner Mutter Gesagten.

Rogoff (1990) zieht das Konzept der Aneignung der Internalisierung vor, weil letztere den Beiklang einer Barriere zwischen Individuum und interpersonalen Aspekten des Denkens hat – wobei eine solche Barriere in Wirklichkeit gar nicht existiert. Rogoff begründet das damit, daß „intern" und „extern" in der gemeinsamen Bedeutung sozialer Interaktion auf natürliche Weise verschmolzen seien und ineinander übergingen – es gebe keine Barriere zwischen dem Selbst und dem Anderen. Rogoff (1990, S. 195) schreibt: „Es läßt sich nicht feststellen, ‚wem' das Objekt des gemeinsamen Aufmerksamkeitsfokus oder ‚wem' eine gemeinsam erarbeitete Vorstellung gehört." So gesehen ergibt sich ein verändertes Verständnis des Kindes als ein natürliches Nebenprodukt seiner Beteiligung an gemeinsamen Denkprozessen – es ist nicht so, daß eine externe Idee in den Tiefen seines Inneren verschwindet.

Der Einfluß psychologischer Werkzeuge einer Kultur auf das Denken

Wir haben schon weiter oben darauf hingewiesen, daß Wygotski und die sowjetischen Sozialtheoretiker behaupten, der Mensch erschaffe sich selbst (das heißt, seine Intelligenz und sein Denken) durch seine eigene Aktivität: „Der Mensch bestimmt sich selbst von außen – durch psychologische Werkzeuge" (Wygotski, 1981, S. 141). Peergruppe und Erwachsene unterstützen ein Kind in diesem Prozeß der Selbstformung, indem sie ihm dabei helfen, die psychologischen und technischen Werkzeuge seiner Kultur einzusetzen. Zu den psychologischen Werkzeugen zählen Sprachsysteme, Zahlensysteme, Diagramme, Landkarten, konventionelle Zeichen und Kunstwerke. Weitere Beispiele sind verschiedene Strategien zum Lernen, zur Aufmerksamkeit oder zum Behalten, wie sie die Psychologen der informationstheoretisch orientierten Richtung beschreiben. Zu den Werkzeugen, die das Denken beeinflussen, gehören schließlich auch technische Hilfsmittel wie Computer, Rechenmaschinen und Schreibmaschinen. Menschen verwenden psychologische Werkzeuge, um Denken und Verhalten zu steuern, genauso wie sie technische Werkzeuge, etwa Axt oder Pflug, einsetzen, um die Natur zu beherrschen. Beide Werkzeugarten vermitteln zwischen dem Kind und seiner Umwelt. Allerdings sind technische Hilfsmittel extern orientiert (weil sie dazu dienen, Objekte zu verändern), während psychologische Werkzeuge intern orientiert sind (das heißt, sie verändern Denkprozesse und sie steuern und organisieren Verhalten.

Psychologische Werkzeuge verändern die *elementaren geistigen Funktionen* – geistige Fähigkeiten, die wir mit vielen Tierarten gemeinsam haben – zu *höheren geistigen Funktionen* wie gezielter Aufmerksamkeit und logischem und abstraktem Denken. Elementare geistige Funktionen werden durch externe Reize gesteuert, etwa wenn durch ein physikalisches Objekt Wahrnehmung und Aufmerksamkeit ausgelöst werden. Höhere geistige Funktionen setzen Sprache und andere symbolische Systeme ein, um willentlich über diese Gegenstände nachzudenken und sie bei der Problemlösung zu nutzen.

Jedes Werkzeug ist mit einer anderen kognitiven Fertigkeit oder einem anderen kognitiven Stil verbunden. Greifen wir ein Beispiel aus unserer Zeit heraus, so könnte man argumentieren, daß sich der Denkstil verändert, wenn man zum Schreiben einen Computer mit Textverarbeitungsprogramm statt Füller oder Schreibmaschine benutzt. Ein Computer bietet dem Anwender jederzeit die Möglichkeit, seine Gedanken in einer neuen Formulierung einzugeben und solche Korrekturen sofort zu überprüfen. Werden Kinder, die während ihrer kognitiv prägenden Jahre Computer verwenden, ein Denken entwickeln, das sich vom Denken früherer Generationen unterscheidet? Kulturen ohne schriftliche Überlieferung stellten andere Anforderungen an die Gedächtnisleistungen eines Kindes als Gesellschaften mit eigener Schriftsprache. Das Auswendiglernen mündlich überlieferter Texte verlor mit der Verbreitung von Papier und Büchern an Bedeutung.

Unsere Beispiele zeigen, daß die Werkzeuge einer Kultur eine Verbindung zwischen dem aktiven Kind und seiner materiellen und sozialen Umwelt herstellen. Jede Kultur schafft solche Werkzeuge, mit deren Hilfe ihre Mitglieder ihre Umwelt besser beherrschen; die jeweils dabei bevorzugten Werkzeuge werden in sozialen Interaktionen an Kinder weitergegeben und formen wiederum deren Denken. Sobald beispielsweise die Sprache zur Unterstützung des Gedächtnisses verwendet wird, kann der Erinnerungsvorgang stärker verbal werden. Allgemeiner bedeutet dies, daß wir lernen, künstliche Hilfsmittel zu gebrauchen, um unsere Versuche der Anpassung an unsere soziale und materielle Umwelt zu organisieren und zu steuern. Wygotskis Formulierung der „historischen Entwicklung des Denkens" verweist darauf, daß die Erfindung solcher Werkzeuge im Laufe der Geschichte einer Kultur spezifische Veränderungen im Denken der Menschen bewirkt, die dieser Kultur angehören. Jede Kultur bietet zu jedem Zeitpunkt ihrer Geschichte spezifische Möglichkeiten für die Entwicklung eines Kindes.

Für Wygotski ist die Sprache das wichtigste psychologische Werkzeug. Sie befreit uns von unmittelbaren Wahrnehmungserfahrungen und ermöglicht es, das Unsichtbare ebenso wie Vergangenheit und Zukunft zu repräsentieren. Denken und Sprechen hängen dynamisch miteinander zusammen. Sprache zu verstehen und hervorzubringen sind Prozesse, die den Prozeß des Denkens nicht nur beeinflussen, sondern verändern. Sprache „verändert den gesamten Fluß und die gesamte Struktur geistiger Funktionen. Dies geschieht, indem sie die Struktur eines neuen instrumentellen Aktes determiniert, so wie ein technisches Gerät den Prozeß der natürlichen Anpassung verändert, indem es die Form der Arbeitsprozesse verändert" (Wygotski, 1981, S. 137). „So wie eine Form einer Substanz Gestalt verleiht, so können Worte eine Aktivität zu einer Struktur formen" (Wygotski, 1978, S. 28). Sprache ist primär ein soziales Instrument zur Strukturierung des sozialen Kontakts, der Kommunikation und der interpersonalen Einflußnahme. Dieses soziale Werkzeug taucht in den geistigen Untergrund ab, um Denken und Verhalten des Individuums im Laufe der Entwicklung zu steuern, Kategorien der Wirklichkeit zu organisieren, die Vergangenheit zu repräsentieren und die Zukunft zu planen. Das Intermentale wird zum Intramentalen.

Sprache verändert auch die Art, in der Kinder technische Werkzeuge verwenden. Sie reorganisiert und lenkt ihr Verhalten im Umgang mit diesen Objekten und eröffnet so neue Möglichkeiten des Problemlösens. Wygotski (1978) beschreibt beispielsweise Levinas Beobachtungen einer Situation, in der Kinder versuchten, an ein Bonbon zu gelangen, das sich außerhalb ihrer Reichweite in einem Schrank befand. Vorschulkinder versuchen in der Regel, zunächst ohne ein Wort zu sagen an das Bonbon zu kommen, dann beginnen sie, laut zu sich selbst über das Problem zu sprechen. Ihre Sprechen wird schließlich planvoller und befaßt sich beispielsweise damit, daß ein Hocker und ein Stock vielleicht von Nutzen sein könnten. Wygotski (1978, S. 25f) folgert: „Kinder sprechen nicht nur über das, was sie tun; ihr Sprechen und ihr Handeln sind vielmehr Teil ein und derselben komplexen psychologischen Funktion, die auf die Lösung eines gegebenen Problems hin orientiert ist . . . Kinder lösen praktische Aufgaben mit Hilfe ihres Sprechens ebenso wie mit Hilfe ihrer Augen und Hände." Wahrnehmung, Sprechen und Handeln bilden eine Einheit.

Sprache ist zwar ursprünglich ein Produkt der Geschichte, verändert aber ihrerseits den Verlauf der Geschichte. Sprache hat die Art, in der Erwachsene miteinander interagieren und ihre Kinder erziehen, geprägt. In jüngerer Zeit haben verschiedene Kontexttheoretiker darauf hingewiesen, daß sich Kulturen darin unterscheiden, in welchem Ausmaß Eltern bei Interaktionen mit Kindern Sprache einsetzen. Die Navajo beispielsweise instruieren ihre Kinder eher ohne Worte durch Vormachen (Cazden und John, 1971). Blickrichtung und Gesichtsausdruck können effiziente nonverbale Hinweise sein. Verbale Kommunikation ist vielleicht eher in Kulturen erforderlich, in denen Kinder und Erwachsene getrennt sind und Kinder wenig Gelegenheit haben, die Aktivitäten der Erwachsenen während ihrer Arbeit und Freizeit zu beobachten und sich daran zu beteiligen (Rogoff, 1990). Wenn Säuglinge den ganzen Tag in einem

Tragetuch auf dem Rücken der Mutter getragen werden und Kinder sich am Arbeitsplatz der Eltern aufhalten und sie bei der Arbeit beobachten können, sind explizite verbale Erklärungen vielleicht weniger wichtig.

In neueren kontextualistischen Arbeiten findet sich auch der Hinweis, daß verbale Vermittlung als Problemlösestragie eher in den industrialisierten Kulturen des Westens vorherrscht. Kearins (1981, 1986) beispielsweise untersuchte vergleichend, wie Kinder der ursprünglich in der Wüste lebenden australischen Ureinwohner und australische Kinder europäischer Abstammung Aufgaben zum visuellen Gedächtnis bei räumlichen Anordnungen lösten. Sie zeigte Kindern im Alter zwischen sechs und 17 Jahren eine Anordnung verschiedener Items und forderte sie auf, diese Anordnung wiederherzustellen, nachdem sie die Items durcheinandergebracht hatte. Die Kinder der Ureinwohner zeigten bessere Leistungen als die australischen Kinder europäischer Abstammung. Letztere versuchten, verbale Vermittlungsstrategien einzusetzen und beispielsweise die Bezeichnungen der Items zu memorieren; damit wendeten sie eine für diesen Aufgabentyp ineffiziente Strategie an. Die Kinder der Ureinwohner waren erfolgreicher, weil sie relevante visuelle Strategien einsetzten, die sie entwickelt hatten, um in der Wüste ihren Weg zu finden.

Verschiedene Kulturen bewerten unterschiedliche Werkzeuge (beispielsweise verbale oder nonverbale), Fertigkeiten (Lesen, Mathematik oder räumliches Gedächtnis) und soziale Interaktionen (formale Schulbildung versus informelle oder formale Lehre) unterschiedlich, weil jede Kultur andere Bedürfnisse und Werte hat. In vielen Kulturen dient der Schulunterricht dazu, Kindern wichtige Werkzeuge zu vermitteln. Eine Kultur, die auf das Auswendiglernen religiöser Texte Wert legt, bringt ihren Kindern andere kognitive Fertigkeiten bei als eine Kultur, die den Schwerpunkt auf begriffliches Auffassungsvermögen und wissenschaftliches Schlußfolgern legt. Diese kognitiven Fertigkeiten werden in einer stark technologisch orientierten Gesellschaft gebraucht, die weitgehend auf Kommunikation über Bücher und andere Medien angewiesen ist. Wir sollten nicht meinen, daß diese Fertigkeiten in allen Kulturen von Bedeutung oder von adaptivem Wert sind. Rogoff (1990) schreibt, 1744 habe eine Gruppe nordamerikanischer Indianer in aller Höflichkeit das Angebot der Bevollmächtigten des Staates Virginia abgelehnt, ihre Jugendlichen auf das William and Mary College zu schicken. Die Anführer der Indianer erklärten, verschiedene Jugendliche aus ihren Stämmen seien in solchen Institutionen erzogen worden und seien zurückkehrt „ohne jede Ahnung vom Leben in den Wäldern; unfähig, Kälte oder Hunger zu ertragen, eine Hütte zu bauen, Wild zu erlegen oder einen Feind zu töten . . . ungeeignet als Jäger, Krieger, Ratgeber, sondern zu absolut gar nichts zu gebrauchen" (Drake, 1834, S. 25). Ganz allgemein wird Intelligenz von Kultur zu Kultur unterschiedlich definiert. Erwachsene in einem Dorf in Uganda beispielsweise beschreiben eine intelligente Person als langsam und sorgfältig, während westlich geprägte Gruppen rasches Denken höher bewerten (Wober, 1972). Kenianer dagegen beziehen die Übernahme von Verantwortung in Familie und sozialem Umfeld in ihre Definition der Intelligenz mit ein (Super und Harkness, 1983).

Fassen wir zusammen: Jede Kultur stattet ihre Kinder mit Werkzeugen und anderen Ressourcen aus, „die zu der spezifischen Form von Entwicklung einladen, auffordern oder motivieren, die sie brauchen, um in einer solchen Welt zu leben" (Shotter, 1989, S. 192). Werkzeuge tragen dazu bei, das Denken von Kindern zu formen; und Kinder gebrauchen Werkzeuge, um ihre Gedanken anderen Menschen gegenüber zum Ausdruck zu bringen.

Methodologie

Wygotski plädierte für eine *dynamische Beurteilung* des potentiellen Entwicklungsniveaus von Kindern anstelle einer lediglich statischen Bewertung ihres jeweiligen Entwicklungsstandes. Er war der Ansicht, daß sich das geistige Potential von Kindern stärker darin widerspiegelt, was sie mit Unterstützung anderer zu leisten vermögen, als darin, was sie allein bewältigen. Ein Kind „ist", was es „sein kann". Die dynamische Bewertung mißt unmittelbar die Lernbereitschaft oder das Lernpotential von Kindern und weniger die Produkte ihres vorangegangenen Lernens, so wie es standardisierte Intelligenztests tun. Dynamische Beurteilungen zeigen oft Perfomanzzuwächse auf, die in standardisierten Beurteilungen nicht entdeckt werden. Dies gilt insbesondere für Kinder, die in Tests normalerweise gar nicht ihr ganzes Fähigkeitspotential zum Tragen bringen.

Um zu zeigen, zu welch unterschiedlichen Schlußfolgerungen dynamische und traditionelle Beurteilung führen können, verweist Wygotski auf das folgende Beispiel:

> „Stellen wir uns vor, wir hätten zwei Kinder untersucht und bei beiden ein Intelligenzalter von sieben Jahren festgestellt. Das würde bedeuten, daß beide Kinder in der Lage sind, Aufgaben zu lösen, die für Siebenjährige lösbar sind. Wenn wir dann allerdings versuchen, weitere Tests durchzuführen, zeigt sich ein erheblicher Unterschied zwischen den beiden Kindern. Unterstützt durch Leitfragen, Beispiele und Demonstrationen löst eines der beiden Kinder mühelos Testitems, die zwei Jahre über seinem (aktuellen) Entwicklungsniveau liegen, während das andere nur Testitems löst, die ein halbes Jahr über seinem (aktuellen) Entwicklungsstand liegen . . . Mit Hilfe dieser Methode können wir nicht nur die jeweils abgeschlossenen Entwicklungsprozesse, Zyklen und Reifungsprozesse bewerten, sondern auch diejenigen Prozesse, die gerade am Entstehen und Heranreifen sind oder sich erst entwickeln."

[Wygotski, 1956, S. 446–448.]

Die beiden Kinder sind kognitiv offensichtlich nicht gleich weit entwickelt. Das eine Kind kann mit der Hilfe anderer weit vorankommen und hat deshalb eine „weite" Zone der proximalen Entwicklung, während das andere Kind nicht so weit vorankommt, weil es eine „enge" Zone der proximalen Entwicklung hat.

Die Zone der proximalen Entwicklung läßt sich auf unterschiedliche Weisen feststellen. Wygotski (1978) gab oft nur einen einzigen Hinweisreiz und beobachtete dann, wie weit ein Kind seine Leistungen verbesserte. Ferrara, Brown und Campione (1986) zogen es vor, eine Reihe von zunehmend spezifischeren Hinweisreizen zu geben und dann zu bestimmen, wie viele davon ein Kind benötigte, um ein Problem lösen zu können. Die Kinder sollten so tun, als seien sie ein Spion, der eine Botschaft in Geheimschrift schicken will. Um den Code zu knacken, mußten sie in einer Reihe von Buchstaben das zugrundeliegende Muster herausfinden und die nächsten vier Buchstaben hinzufügen, also beispielsweise NGOHPIQJ . . . Der erste Hinweis hieß: „Hast Du schon einmal eine ähnliche Aufgabe gelöst?" Später sagte man ihnen: „Deute im Alphabet auf das N und das O . . . und auf das G und das H . . . Hilft Dir das weiter?"

Bei einer weiteren Version des Verfahrens, die mit abgestuften Hinweisen arbeitet, werden in der Phase, in der der Erwachsene Hilfe gibt, nur diejenigen Aspekte des Problems angesprochen, die das Kind anfänglich nicht verstanden hat. Die sowjetische Wissenschaftlerin Egorova (wiedergegeben in Wozniak, 1980) beispielsweise bewertete die Fähigkeit der visuellen Analyse bei Kindern, indem sie die Anzahl der Merkmale zählte, die sie bei der Beschreibung eines Kirschbaumzweiges nannten. Anschließend zeigte man den Kindern Paare von Bildern, mit deren Hilfe sie nur diejenigen Merkmale erlernen sollten, die sie ursprünglich nicht genannt hatten. Jedes Bildpaar unterschied sich hinsichtlich eines einzigen Merkmals wie Form oder Anzahl. Die Kinder beschrieben die Bilder und erhielten, wenn sie das unterschiedliche Merkmal nicht herausfanden, eine Reihe von Denkanstößen (Hinweisreize) durch den Versuchsleiter. Dann wurde der anfängliche Test wiederholt. Der Test ergab ein Ergebnismuster, das typisch ist für die dynamische Leistungsmessung der sowjetischen Schule: Normal entwickelte Kinder machten die größten Fortschritte, lernbehinderte profitierten ebenfalls erheblich, und geistig retardierte Kinder profitierten nur minimal.

Hinsichtlich der Leistungsmessung ist eine weitere Implikation der Zone proximaler Entwicklung, daß ein Kind in bestimmten Anordnungen bessere Leistungen zeigt als in anderen. In den vorangegangenen Kapiteln wurde diese Tatsache auf bestimmte Merkmale der Aufgabe (Bedeutsamkeit, Vertrautheit) oder des Kindes (Grad der Erfahrung, mentale Module) zurückgeführt. Kontexttheoretiker würden als weitere Ursachen die Unterstützung durch den sozialen Kontext und die Motivation zum Problemlösen identifizieren. Der soziale Kontext zeigt sich in den in diesem Kapitel dargestellten Beispielen zur wissenschaftlichen Klärung der Zone der proximalen Entwicklung. Ein Beispiel für Motivation ist die Tatsache, daß kleine Kinder im Kontext ihrer Familie oft ein höheres Maß an sozialer Kognition beweisen als im Labor. Zu Hause setzen sie ihre soziale Intelligenz effizient für das ein, was ihnen emotional am wichtigsten ist – ihre eigenen Rechte, Bedürfnisse und Interessen. Dunn (1988) beispielsweise beschreibt ein 24 Monate altes Mädchen mit einer älteren Schwester, die drei imaginäre Freundinnen hatte – Lilly, Allelujah und Peepee. Die jüngere Schwester machte sich über die ältere lustig, indem sie ihr sagte, sie sei Allelujah! Ein so fortgeschrittenes Verständnis dessen, was ihre Schwester ärgern könnte, und die Fähigkeit vorzugeben, sie besitze eine andere Identität, das sind Fertigkeiten, die weiter entwickelt sind als diejenigen, die man normalerweise im Labor bei Kindern dieses Alters beobachten kann.

Wygotskis Untersuchungen zur Zone der proximalen Entwicklung lassen seine allgemeinere Methode der Untersuchung von Entwicklung erkennen, bei der er Veränderungen in einer oder mehreren Versuchssitzungen beobachtete. Dieses Vorgehen wird als *mikrogenetische* Methode bezeichnet. Ziel dabei ist es, einen „Augenblick der Entwicklung" einzufangen. Wie wir im Kapitel zur Informationsverarbeitung gesehen haben, wird diese Methode der Beobachtung von Veränderungen innerhalb einer Versuchssitzung auch von Robert Siegler und anderen angewandt. Wygotski wandte sie beispielsweise an, indem er Hindernisse einbaute, die die routinemäßigen Verfahren des Problemlösens aufbrachen, und indem er beobachtete, wie die Kinder versuchten, mit diesen Veränderungen fertigzuwerden. Eine weitere Möglichkeit besteht darin, verschiedene Materialien und Werkzeuge zur Verfügung zu stellen und dann zu beobachten, welche Gegenstände Kinder verschiedenen Alters auswählen und wie sie sie gebrauchen. Da die Aufgabe in der Regel das kognitive Niveau eines Kindes übersteigt, muß es eine neue Fertigkeit entwickeln. Einige dieser Methoden sollen im folgenden Abschnitt anhand spezieller Untersuchungen dargestellt werden, in denen die Methode der „doppelten Stimulation" angewandt wurde. Da im Mittelpunkt des Interesses der *Prozeß* des Problemlösens steht, zählen natürlich eine sorgfältige Beobachtung des Verhaltens sowie qualitative Beschreibungen von Verhaltenstypen zu den wesentlichen Elementen der Wygotskischen Methodologie.

Für die heutige Forschung lautet die wichtigste Botschaft der Kontexttheorie, daß man den Kontext des Kindes genauso untersuchen muß wie das Kind selbst, wenn man Verhalten verstehen will. Noch besser wäre es, das jeweilige Phänomen in verschiedenen Kontexten zu untersuchen. Wir brauchen Stichproben von Kontexten, wie wir Stichproben von Probanden haben. Der Untersucher kann nicht voraussetzen, daß er ein allgemeines Entwicklungsphänomen beobachtet hat, wenn er sich lediglich auf einen Kontext bezieht. Tatsächlich werden universelle Entwicklungsprozesse eher selten sein und eher von Kontext zu Kontext variieren. So unterscheidet sich wahrscheinlich in verschiedenen Kulturen oder Subkulturen der Prozeß, durch den Eltern versuchen, ihren Kindern bestimmte Werte zu vermitteln. Möglicherweise unterscheiden sich Kulturen darin, wie stark sie in diesem Prozeß auf verbale Instruktion, Modellbildung oder Strafe zurückgreifen. Ein besonders überzeugendes Beispiel ist Baumrinds (beispielsweise 1973) oft zitierte Untersuchung, die hinsichtlich der Leistungssteigerung und wachsenden Selbständigkeit von Kindern die Überlegenheit autoritativer Erziehungsmuster (einer Kombination aus Konsequenz und Unterstützung) gegenüber stark steuernden oder permissiven Mustern nachweist. Jüngere Forschungen (Dornbusch, Ritter, Leiderman, Roberts und Fraleigh, 1987) zeigen allerdings, daß diese Ergebnisse im wesentlichen nur für Weiße, nicht aber für Afro-Amerikaner, Asiaten oder Hispano-Amerikaner gelten. Asiatische Eltern beispielsweise verhielten sich stark steuernd, und ihre Kinder hatten in der Regel trotzdem gute Noten in der Schule. Außerdem ergab sich ein Zusammenhang zwischen stark steuernden Eltern und schlechten Noten bei hispano-amerikanischen Mädchen, nicht aber bei den Jungen. Dasselbe Eltern-Kind-Verhalten kann also in verschiedenen Kulturen und für verschiedene soziale Gruppen von Kindern unterschiedliche Bedeutung haben. In einer Kultur wird die Steuerung durch die Eltern vielleicht positiv als fürsorglich interpretiert, während sie in einer anderen negativ bewertet wird.

Aus diesen Überlegungen heraus sind kontextualistische Forschungsarbeiten in unserer Zeit oft interkulturell angelegt und beziehen Stichproben aus verschiedenen Ländern, sozialen Schichten oder ethnischen Gruppen ein. In gleicher Weise ist eine multikontextuelle Forschung erforderlich, um ein Individuum zu beurteilen, da ein Kind ein bestimmtes Konzept durchaus in einem spezifischen Kontext zeigen kann, aber nicht in einem anderen (siehe die Diskussion bereichsspezifischer Konzepte in Kapitel 1). Charakteristisch für die kontextualistische Methodologie ist außerdem, daß sie nicht das Kind allein, sondern Paare oder größere soziale Gruppen und sowohl Alltags- als auch Laborsituationen untersucht. Im Idealfall (wenn auch selten in Wirklichkeit) untersucht kontextuelle Forschung alle vier Bronfenbrennerschen Kontextebenen.

Wenn man Fähigkeiten von Personen aus anderen Kulturen untersuchen will, muß man bei der Auswahl der Methoden besonders sorgfältig vorgehen. Angenommen, es geht darum zu beurteilen, ob eine Person in der Lage ist, Gegenstände nach abstrakten Kriterien zu klassifizieren, eine Fähigkeit, die für Erwachsene in alphabetisierten Kulturen charakteristisch ist. Cole, Gay, Glick und Sharp (1971) berichteten, daß afrikanische Pflanzer aus dem Stamm der Kpelle in einem Experiment 20 Gegenstände zu funktionalen Gruppen (wie Messer und Orange, Kartoffel und Hacke) ordneten und nicht zu abstrakten kategorialen Gruppen (wie Nahrungsmittel, Werkzeuge), als ihnen die Aufgabe gestellt wurde, zusammengehörige Objekte zusammenzustellen. Messer und Orange beispielsweise gehören zusammmen, weil man eine Orange mit einem Messer schneiden kann. (Solche funktionalen Gruppierungen sind auch für kleine Kinder in alphabetisierten Gesellschaften charakteristisch.) Irgendwann fragte der Versuchsleiter zufällig, wie es wohl ein Dummkopf machen würde. Und schon legten die Pflanzer die Nahrungsmittel und die Werkzeuge und so weiter zusammen! Man sollte also, wenn Menschen eine spezifische kognitive Fertigkeit nicht zeigen, nicht den Schluß ziehen, sie besäßen diese Fertigkeit gar nicht. Vielleicht sind sie in der

Lage, abstrakt zu denken, halten aber einfach andere Arten zu denken in bestimmten Alltagssituationen für sinnvoller. Dies ist ein Beispiel für Wertschs (1991, S. 93) Metapher des „Werkzeugkastens" im Zusammenhang mit kulturellen und altersabhängigen Unterschieden. Die kognitiven Aktivitäten kultureller Gruppen unterscheiden sich nicht so sehr hinsichtlich der Prozesse, über die diese Gruppen verfügen, sondern vielmehr in bezug darauf, in welchem Kontext sie sie anwenden – welches psychologische Werkzeug sie in einem spezifischen Kontext aus ihrem Werkzeugkasten auswählen.

Beispiele für Wygotskische und kontextualistische Forschung

Die folgenden Forschungsbeispiele veranschaulichen die genannten Charakteristika der Theorie. Wygotski untersuchte darüber hinaus geistige Retardierung, Taubheit, Spiel, Emotionen, Wahrnehmung und Aufmerksamkeit sowie Schizophrenie, Negativität bei Erwachsenen, die Psychologie der Kunst und sogar die Kreativität von Schauspielern. Inzwischen haben die Kontexttheoretiker ihre Forschungsgebiete auf weitere Themen ausgedehnt, darunter Planung (etwa Baker-Sennett, Matusov und Rogoff, (im Druck), Unterricht (etwa Cole, 1990), Intelligenz (Ceci, 1990), kooperative Interaktionen in der Peergruppe (etwa Ellis und Gauvain, 1992; Tudge und Rogoff, 1989) und Mutter-Kind-Interaktion (etwa Mosier und Rogoff, 1991).

Egozentrisches und inneres Sprechen

Wygotski „interessierte sich immer für das schöpferische Potential, das die Sprache dem Denken verleiht – beim gewöhnlichen Sprechen, in den Romanen Tolstois, den Stücken Tschechows und dem Tagebuch Dostojewskis, der Bühnenregie Stanislawskis und dem Spiel von Kindern" (Bruner, 1987, S. 2). Viele seiner Forschungsarbeiten untersuchen die enge Beziehung zwischen Denken und Sprechen.

Wygotski nahm an, daß Sprechen und Denken zunächst nicht miteinander zusammenhängen. Beispiele für nicht konzeptuelles Sprechen sind das Plappern von Säuglingen und Laute, die sie angesichts bestimmter Gegenstände erzeugen. Piagets Arbeiten mit Säuglingen enthalten eine Vielzahl von Beispielen zum nonverbalen Denken. Etwa im Alter von zwei Jahren beginnen Sprechen und Denken miteinander zu verschmelzen. In dieser Zeit wird „der Knoten für das Problem von Denken und Sprechen geknüpft" (Wygotski, 1962, S. 43). Kinder lernen, daß die Gegenstände Namen haben und verwenden daher Wörter als Symbole. Etwa im Alter von drei Jahren teilt sich das Sprechen in kommunikatives Sprechen mit anderen und *egozentrisches Sprechen*, das heißt hörbares Sprechen mit sich selbst. Beim egozentrischen Sprechen spricht das Kind in einem fortlaufenden Dialog laut mit sich selbst, dabei gebraucht es jedoch sein Sprechen, um sein Denken zu steuern, ein Problem zu durchdenken und sein Handeln zu planen. Zwei in diesem Kapitel bereits genannte Beispiele sind das Kind, das versuchte, an eine Süßigkeit zu gelangen, die sich außerhalb seiner Reichweite befand, und das Kind, das ein Wort im Wörterbuch nachschlagen wollte. Später, im Alter von etwa sieben oder acht Jahren, wird das egozentrische Sprechen zum *inneren Sprechen*. Von nun an können Kinder schweigend „in Worten denken", auch wenn das innere Sprechen stärker verkürzt, idiosynkratisch und fragmentarisch ist als gesprochene

Sprache. So wie Kinder zuvor Sprache nur gebraucht haben, um andere zu beeinflussen, so setzen sie sie beim egozentrischen und inneren Sprechen ein, um sich selbst zu beeinflussen. Damit spiegelt die Sprache soziale Ursprünge wider: „Wenn Kinder feststellen, daß sie ein Problem nicht lösen können . . ., wenden sie sich statt an den Erwachsenen an sich selbst" (Wygotski, 1978, S. 27). Das Intermentale wird zum Intramentalen; interpersonale Kommunikation wird zur intrapersonalen Kommunikation.

Man beachte, daß das egozentrische Sprechen seiner Form nach (hörbar gesprochen) dem Sprechen mit anderen Menschen gleicht. Seiner Funktion nach entspricht es aber dem inneren Sprechen, weil es in gleicher Weise dazu dient, Denken und Verhalten zu steuern. Egozentrisches Sprechen ist hörbares Sprechen, weil Kinder noch nicht wirklich zwischen dem Sprechen für andere (kommunikatives Sprechen) und dem Sprechen für sich selbst differenzieren können. Den Nachweis liefert Wygotskis Beobachtung, daß Kinder in bestimmten Situationen weniger egozentrisches Sprechen zeigten – dann, wenn eine Kommunikation mit anderen nicht möglich oder schwierig war (ein lärmerfüllter Raum, ein tauber oder fremdsprachiger Kamerad, außer dem Kind selbst niemand anwesend) oder aber, wenn sie nicht erwünscht (ein Fremder anwesend) war. Sobald Kinder zwischen dem Sprechen für andere und für sich selbst differenzieren, wird das egozentrische Sprechen zum inneren Sprechen.

Wygotski stellte fest, daß egozentrisches Sprechen zunimmt, wenn eine Aufgabe schwieriger wird, so daß das Kind sie nicht mehr unmittelbar mit anderen ihm zur Verfügung stehenden Werkzeugen lösen kann. Wie das Protokoll am Beginn dieses Kapitels zeigt, entfernte Wygotski beispielsweise zum Erschweren einer Aufgabe vorab Papier oder einen benötigten Farbstift, bevor das Kind zu malen begann. Unter fünf- bis siebenjährigen Kindern (Luria, 1961) verdoppelte sich das egozentrische Sprechen nahezu, wenn solche Hindernisse eingebaut wurden. Ein neueres Beispiel zur Untersuchung des egozentrischen Sprechens ist eine Langzeitstudie, in der Kinder beobachtet wurden, während sie an ihrem Schreibtisch in der Schule Mathematikaufgaben erledigten (Bivens und Berk, 1990). Wie Wygotski wohl vorhergesagt hätte, veränderte sich bei den beteiligten Kindern im Alter zwischen sieben und zehn Jahren das egozentrische Sprechen hin zu stärker verinnerlichten Formen wie Lippenbewegungen und unhörbarem Murmeln. Außerdem zeigten Kinder mit häufigerem egozentrischen Sprechen ein Jahr später tendenziell bessere Leistungen in Mathematik, ein Ergebnis, das die Vermutung nahelegt, daß egozentrisches Sprechen das Lernen erleichtert. Bemerkenswert ist, daß dies niemals ganz aufhört. Auch Erwachsene gebrauchen gelegentlich egozentrisches Sprechen, um ihre Aktivitäten bei schwierigen Aufgaben zu steuern, etwa wenn sie vor sich hin murmeln, während sie eine Steuererklärung ausfüllen oder ein Bücherregal einräumen. Zu neueren Forschungsarbeiten auf dem Gebiet des egozentrischen, inzwischen als „Privatsprache" bezeichneten Sprechens siehe Diaz und Berk (1991) und Zivin (1979).

Wir können Wygotskis und Piagets Verwendung des Begriffs „egozentrisches Sprechen" vergleichen (siehe Piaget, 1962, zu seiner Antwort auf Wygotskis Ansichten zu diesem Thema). Piaget meinte, dieses Sprechen reflektiere einfach die Unfähigkeit des Kindes, die Perspektive eines anderen zu übernehmen, habe für das Kind selbst aber keinen Nutzen. Wygotski dagegen war der Auffassung, daß egozentrisches Sprechen dem Kind hilft, seine Aktivitäten beim Problemlösen zu steuern. Piaget hielt egozentrisches Sprechen für etwas, das sich einfach im Laufe der Zeit verliert, während Wygotski meinte, daß es zum inneren Sprechen werde. Piaget und Wygotski vertreten ganz allgemein unterschiedliche Positionen zur Beziehung zwischen Sprache und Denken. Für Piaget geht die Kognition der Sprache voran und ist auch umfassender.

Kinder entwickeln sich über die sensumotorische Periode, bevor sie die Sprache erwerben, und Sprache ist nur ein Ausdruck der im Alter zwischen 18 und 24 Monaten sich entwickelnden symbolischen Fähigkeiten. Wygotski nahm an, daß Sprache und Denken unabhängig voneinander beginnen und dann teilweise ineinander verschmelzen. Sprache beschleunigt demzufolge die kognitive Entwicklung ungemein und ermöglicht Formen des Denkens, die ohne Sprache nicht möglich wären.

Selbst bei Erwachsenen überlappen sich Sprechen und Denken niemals vollständig. Es gibt immer ein nonverbales Denken, etwa wenn man seine Schuhsenkel schnürt oder Klavier spielt, und nicht konzeptuelle, auswendig gelernte Verbalisierungen, etwa wenn man eine vertraute Adresse angibt. Selbst wenn Gedanken in Worte gefaßt werden, sind sie nach Wygotski niemals dieselben. Unser Sprechen enthält immer einen verborgenen Subtext. Wygotski schrieb dazu: „Um das Sprechen eines anderen zu verstehen, genügt es nicht, seine Worte zu verstehen – wir müssen sein Denken verstehen. Aber selbst das reicht noch nicht aus – wir müssen auch seine Motivation kennen." Wygotski (1962) gibt beispielsweise eine Passage aus Dostojewski wieder, in der sechs betrunkene Arbeiter ein kurzes, aber komplexes Gespräch miteinander führen, obwohl sie lediglich ein einziges, höchst profanes Wort äußern. Je nachdem, wie es gesagt wird, zeigt es Verachtung, Zweifel, Zorn, Freude, und so weiter an. Entwicklungspsychologisch impliziert dies, daß Spracherwerb mehr ist als nur das Erlernen von Sprachstrukturen und Wortbedeutungen; er erfordert auch, daß das Kind Sprechintonationen und die Dynamik sozialer Kontexte versteht und Gedanken und Gefühle des Sprechers feststellt. Mit seiner sehr modern klingenden Auffassung zur Pragmatik der Sprache war Wygotski seiner Zeit um Jahre voraus.

Entwicklung von Begriffen

Wygotski wandte die mikrogenetische Methode insbesondere in Form der *Methode der doppelten Stimulation* an, wie sie sein Mitarbeiter Sacharow entwickelt hatte. Ein Kind erhält eine Aufgabe, bei der es bestimmte Materialien auswählen kann, die ihm dann helfen, sein Problem zu lösen. Der Begriff der „doppelten Stimulation" bezieht sich auf das Vorhandensein zweier Reizquellen: eines Stimulus mit symbolischen Eigenschaften, beispielsweise ein Wort, und eines nicht symbolischen Stimulus, etwa ein farbiger Block, bei dem bestimmte Eigenschaften wahrgenommen werden können. Ältere Kinder ziehen häufiger als jüngere sowohl den symbolischen als auch den nicht symbolischen Stimulus heran, um eine Aufgabe zu lösen. Wenn der Versuchsleiter beobachtet, welche Gegenstände ein Kind auswählt, was es damit unternimmt und welche Bemerkungen es äußert, während es über das Problem nachdenkt, kann er auf die kleinen kognitiven Fortschritte während der Sitzung schließen. Um anhand dieser Methode die Entwicklung von Begriffen zu untersuchen, entwarf Wygotski eine Reihe von 22 Holzklötzen unterschiedlicher Farbe, Form, Höhe und Größe (horizontale Dimension), die inzwischen bezeichnenderweise als „Wygotski-Blöcke" bekannt geworden sind. Keiner dieser Blöcke ist identisch mit einem anderen. Auf der Unterseite jedes Blockes steht eines der *Nonsense*-Wörter bik, cev, mur oder lag. „Bik" erscheint auf allen kurzen und großen Blöcken, unabhängig von deren Farbe und Form, „cev" auf allen kurzen und kleinen Blöcken, „mur" auf allen hohen und kleinen Blöcken und „lag" auf allen hohen und großen Blöcken. Zunächst verteilt der Versuchsleiter die Blöcke zufällig vor dem Kind, dann dreht er einen um, so daß der jeweilige Name sichtbar wird. Das Kind wird aufgefordert, alle Blöcke auszusuchen, von denen es meint, sie gehörten dazu. Danach dreht der Versuchsleiter einen der von dem Kind fälschlicherweise ausgesuchten Blöcke um und zeigt ihm, daß auf der Grundseite nicht das richtige Wort steht. Diese Sequenz wird wiederholt, bis das Kind entdeckt, welche Charakteristika das Wort definieren. Ein Kind, das zunächst nach den „bik"-Blöcken sucht, sortiert vielleicht alle kurzen Blöcke zusammen und hat dann auch einige „cev"-Blöcke dabei, die es im weiteren Verlauf aussortiert. Sein kognitives Niveau bestimmt sich nicht nur über seine anfängliche Zusammenstellung der Blöcke, sondern auch über seine Reaktion auf Korrekturen und seine Effizienz beim Problemlösen. Bei einer solchen Anwendung der Methode der doppelten Stimulation bilden die äußeren Merkmale der Gegenstände eine Reizquelle und die *Nonsense*-Wörter – die Hilfsmittel beim Problemlösen – eine zweite. Man beachte, daß diese Untersuchung auch aufzeigt, wie das Kind sich durch die Zone der proximalen Entwicklung bewegt.

Aus verschiedenen Untersuchungen mit solchen Holzblöcken leitete Wygotski drei Stadien der konzeptuellen Entwicklung ab: (1) unorganisierte Kategorien (beispielsweise ein zufällig zusammengewürfelter Haufen), (2) Komplexe (beispielsweise eine Kette, in der aufgrund der identischen Größe ein großer roter Block einem großen blauen Block zugeordnet wird, neben den das Kind aufgrund der identischen Farbe einen kleinen blauen Block legt und so weiter, so daß jeder Block aufgrund eines konkreten Merkmals mit dem nächstliegenden vergleichbar ist, aber kein einzelnes abstraktes Merkmal sämtliche Blöcke miteinander verbindet) und (3) Begriffe (korrekte Zuordnung aufgrund von Höhe und Größe, die möglich wird, sobald das Kind in der Lage ist, mit Hilfe des *Nonsense*-Wortes Dimensionen zu abstrahieren und entlang dieser Dimensionen Ähnlichkeiten zwischen den Blöcken zu entdecken). Wygotski unterstreicht auch hier, daß Sprache dem Kind hilft, seine Problemlöseaktivitäten zu steuern.

Ein weiteres Beispiel für die Methode der doppelten Stimulation ist die sogenannte Aufgabe der „verbotenen Farben". In dieser Aufgabe stellt der Versuchsleiter den Kindern Fragen, bei deren Beantwortung sie bestimmte Farbbezeichnungen nicht verwenden und keine Farbbezeichnung zweimal nennen sollen. Sie erhalten als eventuelle Gedächtnisstütze (potentielle Hilfsstimuli) farbige Karten, die sie als psychologische Werkzeuge einsetzen können, um ihr Ziel zu erreichen. Im Alter von acht oder neun Jahren schaffen sich Kinder neue Problemlösewerkzeuge, indem sie die Karten mit den verbotenen Farben aussortieren, damit es ihnen leichter fällt, sie nicht zu nennen. Wie das folgende Protokoll eines Vierjährigen zeigt, griffen jüngere Kinder, auch dann nicht auf diese Strategie zurück, wenn man ihnen half (die verbotenen Farben waren rot und blau).

Welche Farben haben Häuser?	Rot [ohne auf die verbotenen Farben zu sehen].
Scheint die Sonne hell?	Ja.
Welche Farbe hat der Himmel?	Weiß [ohne auf die Karte zu sehen; sucht aber nach der Antwort nach der weißen Karte]. Da ist sie ja! [Nimmt sie und hält sie in der Hand.]
Welche Farben haben Tomaten?	Rot. [Sieht die Karten an.]
Und welche Farbe haben Schreibhefte?	Weiß – so wie die [zeigt auf die weiße Karte].
Welche Farbe haben Bälle?	Weiß [schaut die Karte an].
Wohnst Du in der Stadt?	Nein.
. . .	. . .
. . .	. . .
. . .	. . .
Meinst Du, Du hast gewonnen?	Weiß nicht – ja.

Was darfst Du nicht machen, wenn Du gewinnen willst?	Ich darf nicht rot oder blau sagen.
Und was noch?	Ich darf nicht dasselbe Wort zweimal sagen."

[Wygotski, 1978, S. 42.]

Wygotski interessierte sich besonders für das, was er *wissenschaftliche Begriffe* nannte – logisch definierte Begriffe, die einen sozialen, wissenschaftlichen und mathematischen Inhalt haben können. Kinder können sie bewußt und gezielt gebrauchen, weil sie „Distanz" zu ihnen haben. *Spontane Begriffe* dagegen bezeichnen intuitive, konkrete Begriffe, die sich auf die Alltagserfahrung des Kindes stützen. „Großmutter" beispielsweise ist als spontaner Begriff definiert als „Sie hat einen weichen Schoß" (Wygotski, 1978, S. 50). Als wissenschaftlicher Begriff dagegen wird dies als abstrakte Familienbeziehung verstanden, die durch viele verschiedene Einzelpersonen verkörpert wird, von denen einige vielleicht keinen weichen Schoß haben.

Wygotski war der Auffassung, daß wissenschaftliche Begriffe zu den wichtigsten psychologischen Werkzeugen zählen, die unsere moderne Zivilisation entwickelt hat. Kinder erlernen diese Art zu denken mit Hilfe ihrer Lehrer in der Schule und internalisieren sie dann. Allerdings „folgt die kindliche Entwicklung niemals dem schulischen Unterricht in der Weise, in der ein Schatten dem Objekt folgt, das ihn wirft" (Wygotski, 1978, S. 91). Das Denken des Kindes ist vielmehr „bereit", eine solche überlappende Struktur zu akzeptieren: Abstraktes Denken formalisiert lediglich die bereits vorhandenen intuitiven Begriffe des Kindes, die auf seine Alltagserfahrung aufbauen. Wissenschaftliche Begriffe, die dem Kind durch seine Lehrer vermittelt werden, stoßen auf halbem Wege auf seine intuitiven Begriffe und verflechten sich mit ihnen. Die wissenschaftlichen Begriffe des Kindes werden konkreter, und seine spontanen Begriffe werden logischer und abstrakter. Wygotski nennt dazu ein Beispiel aus der Schule: Wenn ein Lehrer den abstrakten Begriff des Klassengegensatzes einführt, wenden Kinder ihr konkretes, persönliches Wissen über arme und reiche Menschen („spontaner Begriff") an, um diesen neuen Begriff zu assimilieren. Intuitive Begriffe werden bei ihrer Umwandlung in wissenschaftliche Begriffe dekontextualisiert – aus der konkreten Erfahrung des Kindes in ein kontextfreies formales System überführt. Kinder machen sich diese Begriffe und Fertigkeiten bewußt und können sie damit in einer Vielzahl unterschiedlicher Kontexte anwenden. Diese Übereinstimmung im Denken, die für die Interaktion zwischen Lehrern und Schülern beim Erwerb wissenschaftlicher Begriffe typisch ist, liefert ein weiteres Beispiel für die Bewegung durch die Zone proximaler Entwicklung.

Wygotski stellte die These auf, daß der Unterricht in der Schule von Kindern verlange, Begriffe zu bilden, indem sie Sprache neu betrachten: Kinder betrachten Wörter nun nicht mehr nur als ein Mittel, mit dem sich Bedeutung mitteilen läßt, sondern die Wörter selbst werden zu Objekten der Kommunikation. Der Lehrer lenkt die Aufmerksamkeit der Schüler explizit auf die Bedeutung der Wörter und die Beziehungen zwischen ihnen, aus denen ein Wissenssytem entsteht. So wird Kindern beispielsweise beigebracht, die logische Konsistenz schriftlicher Aussagen unabhängig von ihrem Referenten zu überprüfen. Außerdem werden den Kindern ihre eigenen Denkprozesse bewußt – ein Vorbote dessen, was heutzutage als „Metakognition" bezeichnet wird. Auch hier wieder führt eine neue Form des sozialen Dialogs zu einer neuen Form des Denkens.

Zeitgenössische Kontexttheoretiker haben die Auswirkungen des Unterrichts auf breiterer Ebene untersucht (zum Beispiel Cole, 1990; Rogoff, 1990). In westlichen

Schulsystemen besteht die Tendenz, kognitive Fertigkeiten eher außerhalb des praktischen Anwendungskontexts zu vermitteln. Zu solchen dekontextualisierten Aktivitäten gehören das Einprägen von Einzelinformationen, das Erlernen mathematischer Rechenverfahren und die Beherrschung einer Schriftsprache. Es läßt sich kaum feststellen, inwieweit der Unterricht signifikante Auswirkungen auf die allgemeine kognitive Entwicklung hat, da Kinder ohne formale Schulbildung möglicherweise deshalb scheinbar geringere Leistungen zeigen, weil sie nicht mit der Sprache und den Verfahren bei einem Leistungstest vertraut sind, also einfach die „Spielregeln" nicht kennen. In vielen Kulturen bringt man Kindern bei, einer Person mit höherem Status nicht zu widersprechen, sich nicht so zu verhalten, daß sie die Aufmerksamkeit anderer auf sich ziehen, ein Gespräch nicht von sich aus zu beginnen, sich nicht zum Narren zu machen, indem sie eine Antwort geben, die offensichtlich ist, und keine Informationen zu geben, über die der Fragende vielleicht noch nicht verfügt (Rogoff, 1990).

Gelenkte Partizipation in der Zone proximaler Entwicklung

Kontextualistische Forscher befassen sich heute selten mit Wygotskis Ansichten zu Sprache und Begriffsbildung. Sehr viel mehr interessieren sie sich sehr für die beiden im folgenden dargestellten Forschungsbereiche, die „gelenkte Partizipation" in der Zone proximaler Entwicklung und die interkulturelle Forschung. Weiter oben haben wir zahlreiche Beispiele für die Zone der proximalen Entwicklung gegeben. Deshalb sollen ihre grundlegenden Prinzipien nur noch einmal an einer einzelnen Untersuchung von Freund (1990) veranschaulicht werden. Drei und fünf Jahre alte Kinder halfen einer Puppe, ihre Möbel in ihr neues Haus zu bringen – im Grunde eine Sortieraufgabe, in der Puppenmöbel in ein Wohnzimmer, eine Küche und so weiter sortiert werden sollten. Der Versuchsleiter forderte die Kinder auf, die Gegenstände in diejenigen Räume zu stellen, in die sie gehören. Ein Kind konnte beispielsweise ein Sofa, einen Stuhl, einen kleinen Tisch und eine Lampe in einen Raum stellen und ihn als Wohnzimmer bezeichnen. Auf dieselbe Weise möblierten die Kinder die anderen Räume. Mit Hilfe dieses Verfahrens wurde beurteilt, zu welchen Leistungen die Kinder selbständig in der Lage waren, welches also ihr aktueller Entwicklungsstand war. Als nächstes interagierten die Kinder zusammen mit ihren Müttern in leichten und schwierigen Versionen der Aufgabe. Im letzteren Fall waren mehr Räume mit einer größeren Anzahl von Gegenständen zu möblieren. Der Versuchsleiter gab den Müttern die Anweisung, ihren Kindern zu helfen, sie aber nicht explizit zu instruieren. Die andere Hälfte der Kinder arbeitete gleichzeitig allein und ohne ihre Mütter an derselben Aufgabe; allerdings gab ihnen der Versuchsleiter am Ende die richtige Lösung an. In einem Nachtest lösten die Kinder noch einmal eine ähnliche Aufgabe allein.

Diejenigen Kinder, die die Aufgabe mit ihren Müttern zusammen bearbeitet hatten, zeigten im Nachtest höhere Leistungen als die Kinder, die sie allein zu lösen versucht hatten, und dies, obwohl der Versuchsleiter ihnen die richtige Lösung angegeben hatte. Die Mütter hatten sich so verhalten, wie Wygotski es für eine optimale Bewegung durch die Zone der proximalen Entwicklung empfohlen hatte. Insbesondere hatten sie ihr Verhalten dem kognitiven Niveau des Kindes angepaßt. So vermittelten sie den Dreijährigen mehr spezifische Inhalte (zum Beispiel „dieser Herd gehört in eine Küche") als den fünfjährigen Kindern. Den älteren Kindern halfen sie auf einer allgemeineren Ebene, beispielsweise bei der Planung und der Konzentration auf das angestrebte Ziel (zum Beispiel „laß uns erst das Schlafzimmer und dann die Küche einrichten").

Die Mütter erfaßten intuitiv, daß die dreijährigen Kinder bei der leichteren Aufgabe auf ein größeres Potential zurückgreifen konnten und gaben ihnen hier bis zu einem gewissen Grad allgemeinere Hinweise. Bei der schwierigeren Aufgabe sprachen die Mütter tendenziell mehr. Sie überließen ihren Kindern also so viel Verantwortung, wie die Kinder ihrer Ansicht nach angesichts des jeweiligen Alters und der Schwierigkeit der Aufgabe übernehmen konnten. Die Mütter versuchten, die Aktivitäten ihrer Kinder zu strukturieren, so daß diese sich durch die Zone der proximalen Entwicklung bewegen und schrittweise mehr Verantwortung für die Plazierung der Gegenstände übernehmen konnten. Intersubjektivität der Dyaden und Anwendung gemeinsamer Erfahrungen aus der Vergangenheit zeigten sich in Äußerungen wie: „Wo haben wir denn zu Hause unseren Kühlschrank?" Die Kinder schließlich trugen ihrerseits zu dem Austausch bei, indem sie aktiv versuchten, die Probleme zu lösen und mit ihrem Verhalten auf das Feedback ihrer Mütter zu reagieren.

Interkulturelle Forschungen

Interkulturelle Forschung trägt auf zweierlei Weise zu unserem Verständnis der Entwicklung bei. Zunächst bestimmt sie universelle Merkmale der Entwicklung und Mechanismen, über die eine spezifische Kultur Entwicklung beeinflußt. Darüber hinaus zeigt sie, daß bestimmte Verhaltensweisen von Kindern sowie Entwicklungsstadien und Erziehungsmethoden nicht universell sind; hier handelt es sich eher um ein Ergebnis spezifischer kultureller, sozialer und historischer Umstände. Damit wird unsere Aufmerksamkeit auf das gelenkt, was in unserer eigenen Kultur „unsichtbar" ist, weil wir schon zu sehr daran gewöhnt sind. So schlafen hierzulande fast alle Babys in ihrem eigenen Bett und oft in einem anderen Raum als ihre Eltern. Außerdem versuchen Eltern, ihre Kinder dahin zu bringen, daß sie durchschlafen. Im Gegensatz dazu werden in Kulturen, in denen Eltern und Kinder ein Bett teilen, so daß die Eltern sich je nach Bedarf um die Kinder kümmern können, in Kulturen, deren Lebensrhythmus nicht von der Uhr bestimmt wird und in denen Mütter ihre Kinder bei der täglichen Arbeit auf dem Rücken tragen, die Kinder nicht zum Durchschlafen angehalten – ein Beispiel dafür sind Kinder, die in ländlichen Gebieten von Kenia leben (Super und Harkness, 1982). In jeder Kultur halten die Familien ihre Schlafmodalitäten für die einzig vernünftigen. So bedauerten beispielsweise Mütter der Mayas die nordamerikanischen Babys, als man ihnen sagte, sie schliefen allein in ihrem Zimmer (Morelli, Rogoff, Oppenheim und Goldsmith, 1992). Sie waren der Ansicht, das schade den Kindern. Japanische Eltern glauben, Babys würden als unabhängige Wesen geboren, man müsse ihnen deshalb das Gefühl der Interdependenz beibringen, und das Schlafen bei den Eltern fördere diesen Prozeß (Caudill und Weinstein, 1969). Nordamerikanische Eltern dagegen (ebenso wie die meisten westlichen Theoretiker der sozialen Entwicklung) meinen, Babys würden als abhängige Wesen geboren und müßten ihre Unabhängigkeit entwickeln, wobei ein eigenes Bett hilfreich sei. Interessant ist dieser kulturelle Unterschied auch auf dem Hintergrund der in Kapitel 5 dargestellten Diskussion zur gegenseitigen sozialen Bindung.

In interkulturellen Forschungen wurden viele auffällige kulturelle Unterschiede der verbalen Interaktionsmuster zwischen Eltern und ihren Kindern festgestellt (Rogoff, 1990). Einige Kulturen erwarten von Kindern, daß sie bei dieser Aktivität eine passive Rolle übernehmen – daß sie antworten, wenn sie gefragt sind, aber keine verbalen Interaktionen initiieren oder gleichberechtigt an Gesprächen teilnehmen. Erwachsene Mayas beispielsweise glauben, daß ein Kind die Erwachsenen mit seinem größeren

Wissen in Frage stelle, wenn es ihnen etwas sage. In vielen Kulturen werden kleinere Kinder vor allem von älteren Schwestern beaufsichtigt, die damit ihre wichtigsten Gesprächspartner sind. In diesen Kulturen können Kinder aber immer noch sehr viel von Erwachsenen lernen – durch nonverbale Interaktionen und insbesondere, indem sie die Erwachsenen bei ihrer Arbeit beobachten. Auch wenn dieses Interaktionsmuster für Alltagssituationen durchaus geeignet sein mag, bereitet es Kinder wahrscheinlich nicht besonders gut auf den verbalen Diskurs vor, den Lehrer im Rahmen einer formalen Schulbildung von ihnen erwarten, wo sie Fragen stellen und Augenkontakt mit dem Lehrer aufnehmen müssen. Navajo-Kinder beispielsweise sitzen still und beobachten ihren Lehrer doppelt so viel wie kaukasische Kinder im selben Klassenzimmer (Guilmet, 1979).

Ein weiterer kultureller Unterschied der Erwachsenen-Kind-Interaktion zeigt sich darin, daß nordamerikanische Mütter aus der Mittelschicht ihr Baby in der Regel so halten, daß es ihnen das Gesicht zuwendet, während Mütter vieler anderer Kulturen, beispielsweise auf den Marquesas-Inseln im Südpazifik, ihr Baby so halten, daß es von ihnen wegsieht (Martini und Kirkpatrick, 1981). Wenn das Baby körperabseitig gehalten wird, kommt darin wahrscheinlich einerseits zum Ausdruck, daß wie oben dargestellt wenig Wert auf die verbale Eltern-Kind-Interaktion gelegt wird, andererseits ist es wohl auch ein Versuch, bei dem Kind zu fördern, daß es ältere Geschwister und andere Mitglieder der Gemeinschaft beobachtet und mit ihnen interagiert. Möglicherweise ist diese Orientierung des Babys weg von der Mutter und hin zur größeren Gemeinschaft ein Ausdruck des Gemeinschaftssinnes, der für diese Dörfer so typisch ist. Mitglieder der Dorfgemeinschaft beteiligen sich an der Sozialisierung der Kinder und tadeln auch das Fehlverhalten bei Kindern von anderen.

Bornstein und Kollegen (Bornstein, Toda, Azuma, Tamis-LeMonda und Ogino, 1990; Bornstein, Tal und Tamis-LeMonda, 1991) haben amerikanische und japanische (Tokio) Mütter bei der Interaktion mit ihren fünf Monate alten Säuglingen beobachtet. In diesem Alter zeigen die Säuglinge beider Kulturen eine quantitativ und qualitativ vergleichbare Orientierung in Richtung auf ihre Mütter und auf physikalische Objekte in ihrer Umgebung. Die Mütter in beiden Kulturen reagieren allerdings unterschiedlich. Amerikanische Mütter reagieren stärker, wenn ihre Babies sich physikalischen Objekten zuwenden; während japanische Mütter stärker reagieren, wenn ihre Babys sich ihnen zuwenden. Die Mütter versuchten sogar, die Aufmerksamkeit ihrer Babys so zu beeinflussen, daß sie ihren Präferenzen entsprach – also in Richtung auf sie selbst bei den japanischen Müttern und auf Gegenstände in der Umgebung bei den Amerikanerinnen. Im allgemeinen fördern japanische Mütter auch weiterhin die Abhängigkeit ihrer Kleinkinder. Diese spezifischen Verhaltensweisen sind konkreter Ausdruck eines sehr allgemeinen kulturellen Überzeugungssystems. In der japanischen Kultur werden soziale Bindungen und Abhängigkeit hoch bewertet, während die amerikanische Kultur Autonomie und Unabhängigkeit besonders schätzt. So wird Entwicklung eindeutig von der jeweiligen Kultur bestimmt.

Auch wenn japanische Kinder in die Vorschule kommen, wird ihnen der Wert der Gruppenharmonie vermittelt (Cole, 1992b). So waren amerikanische Lehrer, die eine Videoaufnahme einer japanischen Vorschulklasse sahen, entsetzt darüber, daß 30 Vorschulkinder nur von einem einzigen Lehrer betreut wurden. Japanische Lehrer dagegen, die das amerikanische Klassenzimmer sahen, in dem ein Lehrer nur wenige Schüler betreute, sorgten sich um die Kinder: „Eine so kleine Klasse wirkt irgendwie traurig und unterbesetzt" und „Ich frage mich, wie man in einer so kleinen Klasse einem Kind beibringen soll, daß es ein Mitglied einer Gruppe ist" (Tobin, Wu und Davidson, 1989). Im japanischen Denken „entfaltet sich die Menschlichkeit eines

Kindes nicht so sehr in seiner Fähigkeit, von der Gruppe unabhängig zu sein, als vielmehr in seiner Fähigkeit, zu kooperieren und sich als Teil der Gruppe zu fühlen" (Tobin et al., 1989, S. 39). Markus und Kitayama (1991) schreiben dazu, in Amerika „wird das quietschende Rad geölt", und in Japan „wird der Nagel eingeschlagen, der heraussteht".

Selbst etwas auf den ersten Blick so Universelles wie die Mathematik wird von der Kultur beeinflußt. Zunächst einmal unterscheiden sich numerische Symbole. Einige Kulturen in Neuguinea beispielsweise verwenden für ihr Zahlensystem die Bezeichnungen von Körperteilen. Das Zählen beginnt mit dem Daumen der einen Hand und setzt sich über 29 verschiedene Körperteile fort (die einzelnen Finger, Handgelenk, Ellbogen, Schulter, rechtes Ohr, rechtes Auge, Nase, linkes Auge und so fort), bis hin zur äußeren Seite der anderen Hand (Saxe, 1981). Außerdem variiert die Form des mentalen Zählens in Abhängigkeit vom symbolischen System einer Kultur. Im Orient wird zur Lösung eines mathematischen Problems oft ein Abakus verwendet. Zumindest bei älteren Kindern, die schon ein gewisses Geschick entwickelt haben, fördert ein solches Hilfsmittel die Fähigkeit, mathematische Probleme im Kopf zu lösen, weil die Kinder ein mentales Bild des Abakus entwickeln (Stigler, 1984). Erkennbar wird dies, wenn sie einen Fehler machen: Er ist dann nämlich genau von der Art, wie man ihn erwarten würde, wenn sie von einem solchen Vorstellungsbild ablesen, und nicht von der Art, wie ihn andere Menschen machen, in deren Kultur kein Abakus verwendet wird. Schließlich fördern manche sozialen und kulturellen Kontexte mehr als andere die Herausbildung mathematischer Fertigkeiten. Ein Beispiel findet sich in einer Arbeit von Saxe (1988) über jugendliche Straßenverkäufer in Brasilien. Sie sind gezwungen, rasch hintereinander verschiedene numerische Aktivitäten zu bewältigen – sie müssen beispielsweise Bonbons kaufen, einen Verkaufspreis festlegen, über den Preis verhandeln, Wechselgeld herausgeben und so fort. Trotz des in der Regel ungünstigen sozialen Milieus, aus dem sie kommen, entwickeln sie beachtliche Fähigkeiten im Kopfrechnen. Interessanterweise rechnen sie sehr viel schlechter, wenn sie ähnliche mathematische Probleme in einem Kontext lösen sollen, der nichts mit dem Straßenverkauf zu tun hat (Carraher, Carraher und Schliemann, 1985). Ein weiteres Beispiel ist die Tatsache, daß asiatische Kinder bessere mathematische Leistungen zeigen als amerikanische Kinder. Eine Ursache mag sein, daß für asiatische Mütter mathematische Leistungen im allgemeinen gleichbedeutend sind mit Fleiß und Durchhaltevermögen und daß sie ihren Kindern dieses Verhalten beibringen. Amerikanische Mütter dagegen legen tendenziell mehr Wert auf inhärente Fähigkeiten, eine Attribution, die fleißiges Lernen nicht besonders fördert (Stevenson, Lee und Stigler, 1986). Aber auch das japanische Sprachsystem fördert die Beachtung quantitativer Aspekte der Realität. Es gibt verschiedene Wörter für das Zählen von Menschen, Vögeln, vierbeinigen Tieren, breiten dünnen Gegenständen wie Papier und langen dünnen Gegenständen wie Stöcken. Zudem ermutigen japanische Mütter selbst ganz kleine Kinder schon dazu, Zählspiele wie „Vögel zählen" zu spielen (Hatano, zitiert in Siegler, 1991, S. 163f, 1989).

Mechanismen der Entwicklung

Wygotski und andere Kontexttheoretiker interessieren sich vor allem für Veränderungen und die damit zusammenhängenden Mechanismen und weniger für das Ergebnis oder die Leistung eines Kindes. Für Wygotski folgt Entwicklung einem dialektischen

Prozeß von These (eine Vorstellung oder ein Phänomen), Antithese (eine entgegengesetzte Vorstellung beziehungsweise ein entgegengesetztes Phänomen) und Synthese (Aufheben des Widerspruches), in dem ein Konzept höherer Ordnung oder eine weiter entwickelte Funktion entsteht. Beispiele für solche widersprüchlichen Vorstellungen, Phänomene, Kräfte oder Ereignisse sind spontane, intuitive Konzepte versus wissenschaftliche Konzepte (siehe weiter oben), die kognitiven Aktivitäten eines Kindes ohne die Hilfe eines Erwachsenen versus mit seiner Unterstützung, das Kind versus das zu lösende Problem und Vererbung versus Umwelt. Diese entgegengesetzten Elemente werden miteinander konfrontiert und dann verflochten und verwandeln sich dann zu einem neuen Phänomen auf einem höheren Niveau.

Klaus Riegel (1976) definierte vier Quellen der entwicklungsbedingten Veränderung im dialektischen Prozeß: (1) innerlich-biologische, (2) individuell-psychologische, (3) kulturell-soziologische und (4) äußerlich-physikalische. Konflikte können innerhalb jeder einzelnen Dimension entstehen, beispielsweise ein Eltern-Kind-Konflikt innerhalb der individuell-psychologischen Dimension oder ein Rassenkonflikt innerhalb der kulturell-soziologischen Dimension. Da jeder der vier Faktoren Veränderungen unterliegt, beeinflußt jeder auch Veränderungen der anderen drei Faktoren und wird zugleich von ihnen beeinflußt. Diese verschiedenen Ursachen addieren sich nicht einfach, sondern sie interagieren. Eine ernsthafte Krankheit (innerlich-biologische Veränderung) kann die beruflichen Pläne durchkreuzen und zu Spannungen in der Familie führen (individuell-psychologische Dimension). Der schulische Wechsel eines Kindes von einer traditionellen Klasse in eine „offene" (kulturell-soziologische Veränderung) kann Verwirrung und Unsicherheit hervorrufen (individuell-psychologische Dimension).

Riegel betont, daß Leben eine Sequenz *konkreter* Interaktionsereignisse und -episoden ist, durch die das Individuum in einen sozio-historischen Kontext hineinwächst. Zu einem gegebenen Zeitpunkt können die vier Faktoren synchron oder asynchron sein, wobei Asynchronität allerdings sehr viel häufiger ist. Entwicklung ist ein lebenslanger Prozeß des Bemühens, in dem der Mensch versucht, die unvermeidlichen Konflikte zwischen den vier Faktoren und innerhalb derselben zu lösen. Ein aktives Individuum versucht, mit einer aktiven Welt fertig zu werden, und lernt dabei, mit einem gewissen Maß an Widerspruch zu leben. Tatsächlich spielt der Konflikt eine wesentliche Rolle für die erfolgreiche Entwicklung: „Wir sollten diese kritischen Episoden nicht als negativ oder aus einem fatalistischen Blickwinkel heraus betrachten, denn sie stellen die Ausgangsbasis der individuellen Entwicklung und der Geschichte einer Kultur dar" (Riegel, 1976, S. 695).

Die Vorstellung, daß Entwicklung eine von momentanen stabilen Strukturen unterbrochene Abfolge von Konflikten ist, gleicht Piagets Konzept der Äquilibration. Beide Theoretiker sehen hier einen dialektischen Prozeß am Werk. Allerdings bezieht Piaget keine sich verändernde Gesellschaft oder sich verändernde materielle Umwelt als mögliche Ursachen des Ungleichgewichts mit ein. Er nimmt also einen aktiven Organismus, aber eine irgendwie passive Umwelt an. Wygotski maß in diesem Prozeß natürlich den gesellschaftlichen Kräften wie beispielsweise der Erziehung durch die Eltern, dem Unterricht in der Schule und der Sprache eine bedeutendere Rolle bei als Piaget. Ein weiterer Unterschied besteht darin, daß Wygotski das Zusammenwirken von Menschen oder Vorstellungen in diesem Prozeß betonte, während Piaget den Konflikt zwischen den Konzepten des sich entwickelnden Kindes und denen eines Gleichaltrigen oder eines Erwachsenen hervorhob.

Der dialektische Prozeß vollzieht sich auf unterschiedliche Weise. Verbale und nonverbale Interaktion mit Erwachsenen und weiter entwickelten Kameraden, Spiel und technologische und psychologische Werkzeuge sind gleichermaßen wichtig. Veränderungen im Laufe der Entwicklung werden vor allem dadurch vorangetrieben, daß das Kind immer komplexere Aktivitäten und Aufgaben übernimmt und soziale Interaktionen und psychologische Werkzeuge internalisiert. Heutzutage betonen Konttexttheoretiker, daß Kinder sich im Laufe der Entwicklung auf eine zunehmende Vielfalt von Kontexten einlassen und dadurch eine Vielzahl verschiedenartiger Fertigkeiten erwerben können.

Die spezifischen Prozesse der Veränderung im dialektischen Prozeß der Eltern-Kind-Interaktion sind in diesem Kapitel bereits dargestellt worden. Während des Prozesses der Internalisierung (oder Appropriation) wird das Intermentale zum Intramentalen. Im Rahmen einer gelenkten Partizipation reagieren Kinder auf Unterstützung und Instruktionen anderer und beteiligen sich aktiv an diesem Erziehungsprozeß. Kind und Erwachsener arbeiten zusammen, und das Kind übernimmt immer mehr Verantwortung beim Problemlösen oder anderen Aktivitäten. Sprache (oder andere kulturelle Werkzeuge) und Beobachtung anderer Menschen tragen zu diesem Prozeß der Veränderung bei. Sind das innere Sprechen und verschiedene Fertigkeiten erst einmal erworben, regen sie ihrerseits ein Denken auf höherem Niveau an.

Wygotski befaßte sich vor allem mit Veränderungen durch die Interaktion zwischen einem Kind und einer erfahreneren Person, gewöhnlich einem Erwachsenen – möglicherweise deshalb, weil er sich besonders für die Situation des formalen Unterrichts oder andere Situationen interessierte, in denen Kindern beigebracht wird, wie sie psychologische Werkzeuge anwenden können, um höhere Funktionen des Denkens zu entwickeln. Seit einiger Zeit interessieren sich Kontexttheoretiker aber auch für kognitive Prozesse, die durch Interaktionen zwischen Gleichaltrigen mit vergleichbarem Wissensstand und Fertigkeitsniveau zustande kommen. Solche Dyaden ermöglichen eine gleichwertigere Beteiligung und vermeiden das Ungleichgewicht, das der Dyade Kind-Erwachsener inhärent ist. Gleichaltrige konstruieren oft *gemeinsam* in ihrer Peergruppe ein (für sie) neues Wissen – als Produkt ihrer Zusammenarbeit. Dieses neuartige Ergebnis kommt dabei nicht eindeutig einem bestimmten Kind zu. Im Gegensatz dazu war Piaget der Ansicht, daß vor allem der kognitive Konflikt und weniger die Kooperation in der Peergruppe für kognitive Fortschritte aufgrund der Interaktion verantwortlich ist.

Der Standpunkt der Theorie
zu grundlegenden Fragen der Entwicklung

Die menschliche Natur

Als kontextualistische Weltsicht geht die Kontexttheorie davon aus, daß sich die menschliche Natur nur kontextbezogen verstehen läßt. Menschen sind keine unabhängigen Entitäten, die ihre Umwelt für sich in Anspruch nehmen, sondern sie sind Teil von ihr. Ein Kind ist ein aktiver, inhärent sozialer Organismus innerhalb eines umfassenden Systems interagierender Kräfte in Vergangenheit, Gegenwart und Zukunft. Das Handeln eines Kindes erfolgt im Kontext der Handlungen anderer Menschen. Kinder wählen sich eine Vielzahl sozialer und physikalischer Kontexte aus und reagieren darauf. Diese Aktivitäten verändern die Kognition eines Kindes, wodurch sich wiederum die Natur seiner zukünftigen Aktivitäten verändert. Rogoff (1990, S. 9) bemerkt dazu, daß der kontextualistische Ansatz „vorrangig die Versuche des Menschen betrachtet, sich im Strom des Lebens zu behaupten, Probleme zu bearbeiten oder zu verändern, die sich auf dem Weg zu verschiedenen Lebenszielen stellen."

Qualitative versus quantitative Entwicklung

Nach Wygotski ist Entwicklung sowohl quantitativ als auch qualitativ, mit Perioden der Ruhe, die sich mit Perioden der Krise oder mit „Wendepunkten ... plötzlich auftauchenden und revolutionären Veränderungen" (Wygotski, 1978, S. 73) abwechseln. In einem dialektischen Prozeß können sich zwei quantitative Elemente aufeinander zu bewegen, doch im Prozeß der Herausbildung einer Synthese entsteht eine qualitativ neue Form. Wygotski (1978, S. 73) schreibt dazu: „Die Entwicklung des Kindes ist ein komplexer dialektischer Prozeß, der charakterisiert ist durch Periodizität, Ungleichheit in der Entwicklung der verschiedenen Funktionen, Metamorphosen oder qualitative Transformationen einer Form in eine andere, Verflechtung innerer und äußerer Faktoren und adaptiver Prozesse, durch die Hindernisse überwunden werden, auf die das Kind trifft." Wichtige Beispiele für solche qualitativen Veränderungen sind der Erwerb des inneren Sprechens, der Übergang von einem intuitiven, spontanen Begriff zu einem wissenschaftlichen (logisch definierten) Begriff sowie der Fortschritt von elementaren geistigen Funktionen hin zu höheren geistigen Funktionen. In solchen qualitativen Veränderungen reorganisiert das psychologische System sich selbst.

Kontexttheoretiker postulieren in der Regel keine Entwicklungsstadien, verneinen sie aber auch nicht ausdrücklich. Ein Beispiel für einen stadienorientierten Ansatz ist Cole und Coles (1989) Theorie allgemeiner biologischer, sozialer und verhaltensmäßiger Übergänge – bei der Geburt (Übergang ins Leben), dann im Alter von zweieinhalb Monaten (Herausbildung der kortikal-subkortikalen Hirnverbindungen, soziales Lächeln, beim Betreuer neues Gefühl der Kommunikation mit dem Baby), im Alter von sieben bis neun Monaten (Zurückhaltung neuen Situationen gegenüber, Fremdeln, Bindung) und im Alter von 24 bis 30 Monaten (grammatikgestützte Sprache). Weitere Übergänge ergeben sich im Alter von fünf bis sieben Jahren (selbständiges und verantwortliches Arbeiten, formale Bildung), elf bis zwölf Jahren (sexuelle Reifung) und 19 bis 21 Jahren (Selbstverantwortung). Bei jedem Übergang führt das Zusammentreffen biologischer, sozialer und verhaltensmäßiger Veränderungen zu einer Reorganisation der Art, wie Kinder mit ihrer Umwelt interagieren. Der Übergang im Alter von zweieinhalb Monaten beispielsweise setzt eine Reifung des Gehirns und eine zunehmende Wachheit des Kindes voraus (die biologische Seite), einen verstärkten emotionalen Kontakt des Betreuers und das Gefühl, daß er mit dem Baby kommunizieren kann (der soziale Aspekt) sowie die zunehmende Schärfe der visuellen Wahrnehmung, das seltenere Quengeln, die verbesserte Lern- und Gedächtnisleistung (die Verhaltenskomponente). Wygotski war nicht daran interessiert, eine Reihe spezifischer Stadien zu definieren, aber zusammen mit seinen Mitarbeitern hat er doch einige mögliche Themen einer stadienspezifischen Entwicklung aufgezeigt: Affiliation (Babyalter), Spiel (Kleinkindalter), Lernen (mittlere Kindheit), Aktivität in der Peergruppe (Adoleszenz), Arbeit (Erwachsenenalter) und Theoretisieren (Alter).

Vererbung versus Umwelt

Wygotski ist Interaktionist. Er postuliert, daß biologische und kulturelle Kräfte „zusammentreffen und sich miteinander verbinden . . . Die beiden Stränge der Veränderung durchdringen sich und bilden im wesentlichen einen einzigen Strang soziobiologischer Bildung der Persönlichkeit des Kindes" (Wygotski, 1960, S. 47). Cole (1992) korrigiert diese Feststellung, indem er unterstreicht, daß selbst biologische Einflüsse durch die Kultur vermittelt werden, wenn beispielsweise der Einfluß des Geschlechts eines Neugeborenen davon abhängt, in welcher Weise eine Kultur die soziale Bedeutung dieser biologischen Tatsache konstruiert. So weist er etwa darauf hin, daß die Geburt eines Mädchens Erwachsene zu Bemerkungen veranlaßt wie „Rugby kann es nicht spielen" oder „Wenn sie 18 ist, werde ich mich zu Tode ängstigen" (Macfarlane, 1977). Solche kulturellen Einstellungen im Hinblick auf die Zukunft eines Mädchens beschränken und organisieren seine aktuellen Erfahrungen und erzeugen auf diese Weise eine sich selbst erfüllende Prophezeiung.

Wygotski und die Kontexttheoretiker erkennen die Bedeutung der Biologie zwar an, befassen sich aber vorwiegend mit Umwelteinflüssen und insbesondere kulturellen Einflüssen. Die Aktivitäten anderer Personen – beispielsweise Kommunikation oder formale und informelle Unterweisung – sowie der Gebrauch technischer und psychologischer Werkzeuge binden Kinder in kooperative Aktivitäten ein. Wygotski wies natürlich auch auf die sozio-historischen Kräfte hin, die in der Umwelt ihren Ausdruck finden. Die Kontexttheoretiker unserer Zeit befassen sich seltener mit diesen Aspekten. Wygotski und die Kontexttheoretiker heben außerdem hervor, daß Menschen durch den Gebrauch technischer und psychologischer Werkzeuge ihre Umwelt bis zu einem gewissen Grad verändern können.

Die spezifischen Elemente der verfügbaren Umwelt, die ein Kind unmittelbar beeinflussen, unterscheiden sich von Kind zu Kind und von Kultur zu Kultur. Valsiner (1987) weist darauf hin, daß zu einem gegebenen Zeitpunkt nur bestimmte Bereiche der Umwelt, bestimmte Menschen und Gegenstände und bestimmte Formen der Interaktion verfügbar sind. In jeder Kultur halten die Betreuer eines Kindes bestimmte Kontexte von ihm fern; beispielsweise verhindern sie, daß ein Kind bei der Geburt eines Geschwisters zusieht, vor einem bestimmten Alter die Schule besucht, bestimmte Fernsehsendungen ansieht oder mit bestimmten Mitgliedern der Peergruppe spielt. Auch innerhalb des kulturell gebilligten Kontexts für Kinder verbieten oder fördern Eltern bestimmte Verhaltensweisen. Einige Kulturen lassen ihren Kindern einen großen Freiraum in der Wahl ihrer Aktivitäten und Verhaltensweisen, während restriktivere oder homogenere Kulturen die Wahl hier vielleicht einschränken.

Was entwickelt sich?

Wygotski betrachtet das, was sich entwickelt, unter einer sehr breiten Perspektive – eine Kultur (sozio-kulturelle Geschichte), eine Art (Phylogenese), ein Kind (Ontogenese) und eine kognitive Fertigkeit (Mikrogenese). Ontogenetisch betrachtet ist das aktive Kind in seinem kulturellen Kontext die sich entwickelnde Einheit. Diese Einheit bildet eine Reihe kognitiver Fertigkeiten aus, darunter insbesondere ein Bedeutungssystem sowie psychologische Werkzeuge – ein kulturell konstruiertes Wissenssystem. Ziele, Wertvorstellungen und Motivation sind untrennbar mit der kognitiven Aktivität verbunden und verlaufen daher in ihrer Entwicklung parallel. Entwicklung hat keinen idealen und universellen Endpunkt; ein solcher Endpunkt wird vielmehr durch die

Ziele einer spezifischen Kultur definiert. Allerdings hob auch Wygotski, wie Piaget, die Entwicklung höherer geistiger Funktionen und insbesondere wissenschaftlicher Begriffe besonders hervor.

Metatheoretische Klassifikation

Kontextualistische Theorien sind in der Regel funktionalistische Theorien. Es besteht ein ständiges Wechselspiel zwischen Theorie und Beobachtungstatsachen, wobei Veränderungen auf der einen Ebene zu Veränderungen auf der anderen führen. Wygotskis Theorie ist unter den in diesem Buch dargestellten Theorien insofern einzigartig, als sie sich explizit auf die gesellschaftspolitische und ökonomische Theorie des Marxismus stützt, aus dem sie viele ihrer Postulate ableitet.

Wygotski verwendete viele räumliche Metaphern als informelle Modelle. So sprach er von der *Zone* proximaler Entwicklung und der *Distanz* zwischen aktueller und potentieller Entwicklung. Gern griff er auch auf Metaphern aus dem Bereich technischer Werkzeuge zurück, und zwar sowohl als allgemeine Metapher für psychologische Werkzeuge als auch im Sinne spezifischer Metaphern, beispielsweise wenn von Fernrohren oder Lupen die Rede ist. Sicherlich inspirierte ihn seine marxistische Weltanschauung zu diesem Gebrauch von Werkzeugmetaphern. Neuerdings wird auch oft die Metapher des „Gerüsts" verwendet. So wie ein Gerüst als zeitlich begrenzter Rahmen eine Stützfunktion für die an einem Gebäude arbeitenden Handwerker und ihre Baumaterialien besitzt, so unterstützen erfahrenere Personen vorübergehend die sich entwickelnden Fertigkeiten eines Kindes, wobei sie das Ausmaß ihrer Hilfe an die Bedürfnisse des Kindes anpassen. Kontexttheoretiker ziehen auch oft die Metapher eines Seiles oder eines Webteppichs heran, um die Kontinuität von Vergangenheit, Gegenwart und Zukunft, die Verflechtung eines Objekts oder eines Menschen mit seiner Umgebung, den Zusammenhang von verschiedenen Kontexten und die Vermischung von Biologie und Kultur zum Ausdruck zu bringen (Cole, 1992a; Pepper, 1942).

Kritik der Theorie

Die Stärken des kontextualistischen Ansatzes sind inzwischen weithin anerkannt und lassen sich relativ rasch zusammenfassen. Deshalb befaßt sich dieser Abschnitt vor allem mit den Schwächen und insbesondere den Grenzen im Hinblick auf die zukünftige Forschung. Stärken der Theorie sind die Berücksichtigung des sozial-kulturellen Kontexts, die Integration von Lernen und Entwicklung im Alltag und das Herausstellen der Vielfalt von Entwicklung. Zu den Schwächen gehört, daß der Begriff der Zone proximaler Entwicklung sehr vage bleibt, Fragen der Entwicklung innerhalb dieser Zone unzulänglich geklärt sind, die Untersuchung kulturell-historischer Kontexte Schwierigkeiten bereitet und kein Fundus an prototypischen Aufgaben zur Verfügung gestellt wird, an denen sich interessante Phänomene der Entwicklung aufzeigen ließen.

Stärken der Theorie

Berücksichtigung des sozial-kulturellen Kontexts

Die Verhaltensforschung betrachtet im Rahmen der Evolutionsgeschichte einer Art zwar auch die Anpassung an einen unmittelbaren materiellen und sozialen Kontext, doch weder sie noch andere entwicklungspsychologische Theorien befassen sich ernsthaft mit dem umfassenderen sozio-historischen Kontext von Entwicklung. Wygotskis Theorie ist in der Entwicklungspsychologie insofern einzigartig, als sie Erkenntnisse aus Geschichte, Soziologie, Ökonomie, Politikwissenschaften, Linguistik, Biologie, Kunst und Literatur in die Psychologie integriert. Bei diesem umfassenderen Kontext handelt es sich nicht einfach um einen weiteren „Einfluß" auf Kinder; vielmehr definiert dieser Kontext Kinder und ihre Aktivitäten. Insofern „korrigiert" Wygotskis Ansatz andere Ansätze.

Besonders hilfreich für die heutige Entwicklungspsychologie ist Wygotskis Hinweis darauf, daß die *Grenze* zwischen dem Selbst und den anderen fließend ist. An dieser Grenze findet ein Austausch zwischen Gesellschaft und Kind statt; die Gesellschaft teilt ihre kognitiven Ziele mit dem Kind. Zone der proximalen Entwicklung, Intersubjektivität und Internalisierung sind Konzepte, die auf Phänomene an dieser Grenze verweisen.

Bronfenbrenner (1989a) plädiert dafür, die spezifischen *Prozesse* an der Schnittstelle zwischen Kind und Umwelt, das Zusammenwirken der Kräfte in Kind und Umwelt, zu untersuchen. Man müßte also fragen: Was tun ein Kind und andere Menschen tatsächlich in einer spezifischen Situation, und in welcher Weise beeinflußt diese Interaktion die Entwicklung des Kindes? Warum fördern bestimmte ökologische Nischen die Entwicklung spezifischer Typen von Kindern?

In gewissem Sinne vollzieht sich Entwicklung weniger im einzelnen Kind als an der Grenze zwischen Kind und Gesellschaft. In unser westliches Denken läßt sich eine solche Vorstellung nur sehr schwer übertragen. Wir neigen dazu, das Individuum von der äußeren Welt und damit von der Gesellschaft getrennt zu sehen und Entwicklung innerhalb des Individuums anzusiedeln. Wygotskis Sichtweise stellt diese Dichotomie zwischen Subjekt und äußerem Objekt und damit grundlegende Auffassungen zum Wesen der Realität und folglich auch zur psychologischen Entwicklung in Frage.

Integration von Lernen im Alltag und Entwicklung

Einer der wichtigsten theoretischen Beiträge Wygotskis ist seine Darstellung des Zusammenhangs zwischen Lernen und Entwicklung – einer der wichtigsten Fragen der kognitiven Entwicklung. Wygotski behauptet, daß Lernen der Motor der Entwicklung ist. Wenn Kinder lernen (sich durch die Zone der proximalen Entwicklung bewegen), gelangen sie zu einem höheren Entwicklungsniveau. Das Entwicklungsniveau wiederum beeinflußt die Bereitschaft, ein neues Konzept zu erlernen. Diese theoretische Hervorhebung der Veränderung sowie die Methode der dynamischen Beurteilung machen Wygotskis Ansatz zu einer wirklichen Entwicklungstheorie (aber hier sind auch Schwächen zu beachten, siehe unten).

Kontexttheoretiker untersuchen, was Kinder in ihrer alltäglichen Umgebung tatsächlich tun. Kinder wenden ihre Denkfähigkeiten großenteils zum Lösen sozialer und physikalischer Probleme an. Sie lernen, Materialien und Menschen in ihrer spezifischen Umwelt für ihre Zwecke einzusetzen: „Kognitive Entwicklung besteht darin, daß ein Kind spezifische Probleme herausfinden, verstehen und mit ihnen umgehen kann. Dabei stützt es sich auf die kognitiven Werkzeuge, die es von früheren Generationen ererbt hat, und auf die sozialen Ressourcen, die andere Menschen ihm zur Verfügung stellen" (Rogoff, 1990, S. 190).

Sensibilität für die Vielfalt der Entwicklung

Im Mittelpunkt der meisten Entwicklungstheorien stehen universelle Aspekte der Entwicklung. Kontextualisten berücksichtigen dagegen besonders die individuellen Unterschiede innerhalb einer Kultur, beispielsweise eine breite versus enge Zone proximaler Entwicklung, sowie die Unterschiede zwischen verschiedenen Kulturen. Diese Sensitivität für die Vielfalt von Entwicklungsprozessen ist deshalb so wichtig, weil die Erkenntnisse der modernen Entwicklungspsychologie weitgehend aus der Untersuchung weißer Kinder aus der Mittelschicht westlicher Kulturen (vor allem nordamerikanischer Kinder) stammen. Was für diese Gruppe gilt, braucht nicht zwangsläufig universell zuzutreffen. Insbesondere könnte es sein, daß Entwicklung kein universelles Ziel hat. In unterschiedlichen Kulturen mit ihren spezifischen sozialen und materiellen Umständen und den jeweils verfügbaren Werkzeugen können die Ideale für Denken und Verhalten ganz verschieden sein. Und voneinander abweichende historische und kulturelle Bedingungen eröffnen unterschiedliche Entwicklungswege, um zu einem bestimmten Endpunkt der Entwicklung zu gelangen.

Schwächen der Theorie

Die vage Definition der Zone proximaler Entwicklung

Paris und Cross (1988) haben zwei wesentliche Unklarheiten oder Grenzen in Wygotskis Begriff der Zone proximaler Entwicklung festgestellt. Erstens besitzt man, wenn man die Ausdehnung dieser Zone kennt, noch kein präzises Bild der Lernfähigkeit von Kindern, ihres Lernstiles, ihres aktuellen Entwicklungsniveaus im Vergleich zu Kindern gleichen Alters und ihres Motivationsgrades. Kinder mit einer engen Zone proximaler Entwicklung verfügen möglicherweise über zu geringe inhärente Lernfähigkeiten, um von äußerer Unterstützung zu profitieren. Aber es kann auch sein, daß Kinder mit einer engen Zone proximaler Entwicklung durchaus erfolgreich lernen und damit ihr Potential selbständig ausreizen, so daß Hilfe von außen auch hier wenig nützt. Schließlich besteht auch die Möglichkeit, daß Kinder mit geringen Leistungen und einer weiten Zone proximaler Entwicklung nicht in der Lage sind, Probleme selbständig zu lösen und sich deshalb auf die Hilfe von Erwachsenen verlassen. Oder aber Kinder mit einem hohen Leistungsniveau haben aufgrund ihrer hohen Lernfähigkeit eine weite Zone proximaler Entwicklung, verlassen sich aber aufgrund ihrer geringen Motivation oder mangels geeigneter Lernstrategien auf die Hilfe Erwachsener. Somit kann eine weite (oder aber eine enge) Zone proximaler Entwicklung beides sein, wünschenswert oder nicht wünschenswert. Außerdem kann die Zone proximaler Entwicklung geringer erscheinen, weil die Erwachsenen den Kindern einfach keine geeigneten Instruktionen gegeben haben. Kurzum, die Zone proximaler Entwicklung liefert allein nur ein sehr unvollständiges entwicklungspsychologisches Bild.

Zweitens gibt es Probleme, die Zone proximaler Entwicklung zu messen. Zwar impliziert die Metapher einer räumlichen Zone die Möglichkeit einer metrischen Bestimmung dieser „Distanz", aber gegenwärtig ist noch kein solches Maß gefunden (Paris und Cross, 1988). Ein Kind braucht beispielsweise Hilfe beim lauten Lesen, ein zweites Kind braucht Unterstützung bei der Erfassung satzübergreifender Zusammenhänge, ein drittes braucht nur ermutigt zu werden. Diese Kinder benötigen vielleicht gleich viele Hinweise, aber ist deshalb auch ihre Zone proximaler Entwicklung gleich weit? Für die Beantwortung dieser Frage gibt es kein verbindliches Meßinstrument. Wygotski maß die Zone der proximalen Entwicklung gelegentlich in Jahren, so daß ein Kind mit einem aktuellen Entwicklungsstand von sechs Jahren und einem potentiellen von neun Jahren eine Zone proximaler Entwicklung von drei Jahren hatte. Eine solche metrische Bewertung ist allerdings sehr allgemein, und es kann nicht vorausgesetzt werden, daß eine Differenz von drei Jahren bei der Entwicklung zwischen zwei und fünf Jahren beziehungsweise sechs und neun Jahren dasselbe bedeutet.

Der Begriff der Zone proximaler Entwicklung ist auch noch in anderer Hinsicht problematisch. Erstens bleiben die exakten psychologischen Prozesse bei der Internalisierung des Intermentalen zum Intramentalen (Wygotski) oder der Aneignung einer gemeinsamen Aktivität (Rogoff) unklar. So stellt sich beispielsweise die Frage, welche Arten mentaler Repräsentation aus sozialen Interaktionen entstehen. Zudem wissen wir wenig über die Allgemeinheit und Stabilität der Zone proximaler Entwicklung beim einzelnen Kind. Hat ein Kind tendenziell in allen Bereichen eine weite (oder enge) Zone proximaler Entwicklung? Ist die Größe dieser Zone ein stabiles individuelles Merkmal, das über die Jahre hinweg konstant bleibt? Auch wissen wir kaum etwas über die entwicklungspsychologischen Implikationen der Zone proximaler Entwicklung. Brauchen Kinder die lenkende Partizipation Erwachsener für ihre Entwicklung, oder ist diese nur hilfreich? Sind Verbesserungen, die aufgrund der Zone proximaler Entwicklung entstehen, dauerhaft? Lassen sie sich für andere, ähnliche Situationen generalisieren?

Eine weitere Einschränkung ergibt sich daraus, daß unser Wissen über die Zone proximaler Entwicklung im wesentlichen aus Mutter-Kind-Dyaden und in geringerem Ausmaß aus Peer-Dyaden stammt. Funktionieren Vater-Kind-, Erwachsener-Säugling- und Geschwister-Dyaden oder Einheiten mit mehreren Personen in dieser Zone anders? Nicht alle Eltern leiten ihre Kinder bereitwillig und kompetent an, und viele Kinder in asozialen Milieus lernen vielleicht gar nicht, Kontexte mit Erwachsenen zu suchen. Schließlich wissen wir auch wenig über die Rolle von Affekten in der Zone proximaler Entwicklung. Kinder suchen Kontexte, die ihre Bedürfnisse nach Zuneigung, Nahrung und Stimulation und so weiter befriedigen. In diese Kontexte treten sie mit ihren eigenen emotional besetzten Bedürfnissen ein. Häufig besteht auch schon eine (positive oder negative) emotionale Beziehung zu den Menschen in diesen Kontexten, die das Wesen der sozialen Interaktion färben. So bittet beispielsweise ein Kind seine Mutter, ihm das Fahrradfahren beizubringen, weil es mit seinen Freunden zusammen fahren will. Ein anderes Kind wird von einer ungeliebten Verwandten aufgefordert, aufzupassen, wenn sie erklärt, wie ein Staubsauger funktioniert, weil es dann beim Hausputz helfen kann. In diesen beiden Fällen wird das Lernen innerhalb der Zone proximaler Entwicklung unterschiedlich verlaufen. Insgesamt gesehen heißt dies, daß wir unser Wissen über diese Zone noch vertiefen müssen.

Möglicherweise hatte Wygotskis Konzept der dynamischen Beurteilung wegen dieser Probleme so wenig Einfluß auf moderne Meßverfahren der kognitiven Entwicklung, obwohl es intuitiv attraktiv erscheint. Mit diesen Verfahren wird auch gegenwärtig noch ein bestimmtes Fähigkeitsniveau gemessen und nicht das Entwicklungspotential, das ein Kind mit Unterstützung von außen realisieren könnte. Ein weiterer Grund für den geringen Einfluß des Wygotskischen Konzepts liegt wahrscheinlich in der Schwierigkeit, die Reaktionen des Versuchsleiters auf das Verhalten des Kindes zu standardisieren. Verschiedene Kinder brauchen unterschiedliche Arten von Reaktionen. Hier liegt ein ähnliches Problem vor, wie wir es auch bei Piagets klinischer

Methode dargestellt haben. Eine dynamische Beurteilung ist außerdem kompliziert und zeitaufwendig. Dennoch besteht im Hinblick auf Unterrichtssituationen ein gewisses Interesse daran (zum Beispiel Moll, 1990).

Unzureichende Berücksichtigung des Entwicklungsaspekts

Die Theorien von Wygotski und anderen Kontextualisten sind ihrem Wesen nach zwar Entwicklungstheorien, scheinen aber diesem Anspruch in manchen Bereichen und insbesondere in den Untersuchungen zur Zone der proximalen Entwicklung und zum sozialen Kontext des Problemlösens nicht gerecht zu werden. Bronfenbrenner (1986, S. 288) schreibt dazu: „Anstelle von allzu vielen Untersuchungen zur „kontextfreien" Entwicklung haben wir nun ein Übermaß an Untersuchungen zum „Kontext ohne Entwicklung." Erstens gibt es zu wenige *Beschreibungen* der Unterschiede von Kindern in ihrem Kontext auf verschiedenen Altersstufen oder Entwicklungsniveaus. Sicherlich beeinflussen die altersspezifischen Merkmale von Kindern ihren Umweltkontext und die Auswirkungen, die ein bestimmter Kontext auf sie hat. Wygotski befaßte sich ansatzweise mit diesem Thema und postulierte beispielsweise, daß die sich entwickelnde Sprache und Mobilität des Kindes nach den ersten Lebensmonaten sein Potential zur sozialen Interaktion sowie die verschiedenen Kontexte, in die es eintreten kann, erheblich verändern. Ein Beispiel ist Lurias (1961) Beschreibung der entwicklungsbedingten Veränderungen in der Fähigkeit kleiner Kinder, ihre Sprache einzusetzen, um ihr Verhalten zu steuern. Wahrscheinlich aber wirken sich auch andere entwicklungsspezifische Phänomene aus. So bringen neue Bedürfnisse und Interessen im Laufe der Entwicklung Kinder in neue Kontexte hinein. Wygotski interessierte sich auch wenig für den Einfluß der körperlichen Reifung. Beispielsweise wirken sich die Unterschiede in den neurologischen, sensorischen, kognitiven und motorischen Fähigkeiten eines Einjährigen und eines Dreijährigen sicherlich auch darauf aus, welche Kontexte ihnen jeweils zur Verfügung stehen und wie sie in diesen Kontexten von anderen Menschen behandelt werden. Aufgrund der Phylogenese sind Säuglinge außerdem biologisch darauf vorbereitet, einige Konzepte leichter herauszubilden als andere (siehe Kapitel 5 und 6). Daher ist auch das Ausmaß eingeschränkt, in dem soziale Erfahrungen in der frühen Kindheit die Entwicklung verschiedener Fertigkeiten beeinflussen können. Zugleich unterscheiden sich die kulturellen Erwartungen an Kinder unterschiedlichen Alters. Wenn Kinder älter werden, erlegt ihnen die Gesellschaft neue Zwänge auf und gewährt ihnen neue soziale Freiheiten. Die Gesellschaft führt Kinder in die formale Schulbildung, in Arbeitsverhältnisse, Clubs und organisierte sportliche und soziale Aktivitäten ein. So besteht ein Zusammenhang zwischen den Interessen und Fähigkeiten eines Kindes mit seinem spezifischen Entwicklungsniveau und den sozialen Kontexten, die ihm eine Gesellschaft eröffnet oder anbietet. Cole und Coles (1989) Konzept der biologischen, sozialen und verhaltensmäßigen Übergänge ist ein neuerer, vielversprechender Versuch, der Kontexttheorie eine entwicklungstheoretische Dimension zu verleihen.

Zweitens besitzen wir kaum eine Vorstellung davon, welcher Art die Entwicklungs*prozesse* sind, die sich in der Bewegung durch die Zone proximaler Entwicklung vollziehen, und wir wissen ebenso wenig, ob sie in jedem Lebensalter gleich sind. Kontexttheoretische Arbeiten befassen sich selten mit der Frage, welche kognitiven Fertigkeiten erforderlich sind, damit ein Kind auf Denkanstöße, gemeinsame Aufmerksamkeit, Lernen durch Beobachtung und kooperativen Dialog reagieren kann. Entwicklungsbedingte Veränderungen dieser Fertigkeiten beeinflussen sowohl die Weite der Zone proximaler Entwicklung als auch die Geschwindigkeit, mit der ein

Kind sie durchmessen kann. Insbesondere sind, abhängig vom kognitiven und sozialen Niveau eines Kindes, unterschiedliche Lernhilfen – Modellbildung, direkte Instruktion, Erklärungen und Motivationsfaktoren – am hilfreichsten. Sie alle setzen jeweils bestimmte kognitive Fertigkeiten voraus, beispielsweise Aufmerksamkeit, Gedächtnis für Handlungsabläufe, mentale Vorstellungen zum Vergleichen eigenen und fremden Handelns, verbales Enkodieren und Rückschluß auf Intentionen und Absichten anderer. Bei jeder Altersstufe ist das Ausmaß der potentiellen Entwicklung innerhalb der Zone proximaler Entwicklung durch den jeweils aktuellen Entwicklungsstand begrenzt. Unter Vorschulkindern, die noch nicht allein zählen können, werden beispielsweise Vierjährige mit Unterstützung ihrer Mutter eher den Schritt zum selbständigen Zählen bewältigen als Zweijährige (Saxe, Guberman und Gearhart, 1987). Auch scheinen Vorschulkinder auf der kognitiven Ebene von Aktivitäten in der Peergruppe weniger zu profitieren als ältere Kinder, und selbst in Kooperation mit erfahreneren Partnern haben Vorschulkinder Mühe, bestimmte kognitiv komplexe Aufgaben wie abstraktes Planen durchzuführen (Rogoff, 1990). Solange solche Entwicklungsunterschiede nicht exakt beschrieben sind, läßt sich keine klare Vorstellung darüber gewinnen, wie Lern- und Entwicklungsprozesse in der Zone proximaler Entwicklung beispielsweise eines zweijährigen Kindes im Vergleich zu einem achtjährigen ablaufen.

„Es scheint sinnvoll anzunehmen, daß bei bestimmten Altersstufen oder in bestimmten Bereichen Naivität und mangelnde Erfahrung die Grundlage der Zone proximaler Entwicklung bilden, und daß ein unzureichend strukturiertes Wissen, mangelnde Strategien, unangemessene Erwartungen und so fort die Weite dieser Zone auf anderen Altersstufen oder in anderen Bereichen bestimmen."

[Paris und Cross, 1988, S. 35.]

Tomasello, Kruger und Ratner (1991) haben eine vielversprechende Arbeit vorgelegt, in der entwicklungsabhängige Veränderungen in der Fähigkeit, Kultur über die Interaktion mit anderen Menschen zu erwerben, dargestellt werden. Je mehr die soziale Kognition von Kindern und insbesondere ihre Fähigkeit heranreift, die Perspektive anderer Menschen zu übernehmen, desto eher sind sie zu fortgeschritteneren Formen sozialen Lernens in der Lage. Neun Monate alte Kinder können durch *Nachahmung* neue Verhaltensweisen erwerben, weil sie begreifen, daß Menschen intentional handeln. Sie wissen, welche Ziele der andere durch sein Verhalten zu erreichen versucht. Etwa im Alter von vier Jahren erkennen sie, daß andere nicht nur intentional, sondern auch mental agieren. Ihre zunehmende Fähigkeit zur mentalen Repräsentation versetzt sie in die Lage, sich auszumalen, wie der andere sich die jeweilige Situation vorstellt, und so können sie versuchen, die beiden Vorstellungen in Einklang miteinander zu bringen. Daher profitieren sie von *Instruktionen*, die andere ihnen geben, und internalisieren diese Instruktionen – ein Prozeß, der Wygotskis Konzept der Internalisierung bei Gesprächen ähnelt. Im Alter von sechs Jahren können Kinder auf ihrem jeweiligen Kompetenzniveau mit Mitgliedern der Peergruppe *kooperieren*, weil sie in der Lage sind, die geistigen Perspektiven zweier Menschen zu integrieren, die über das Denken des anderen nachdenken können. Gemeinsam mit Gleichaltrigen konstruieren sie neues Wissen und internalisieren diese gemeinsame Konstruktion. In diesem Modell ist Intersubjektivität, weil sie die soziale Übernahme anderer Perspektiven ermöglicht, ein zentrales Konzept des kulturellen Lernens. Bronfenbrenner (1989a, 1992) sowie Azmitia und Perlmutter (1989) haben ebenfalls begonnen, Prozeß-Person-Kontext-Modelle zu entwickeln, die der Person-Kontext-Matrix eine entwicklungsspezifische Dimension verleihen.

Ein weiterer wichtiger Entwicklungsunterschied, der das Verhalten in der Zone proximaler Entwicklung beeinflußt, könnte das Kompetenzniveau eines Kindes oder die Phase sein, in der es eine bestimmte Entwicklungsstufe erreicht hat. Kinder, die eine neue Fertigkeit erwerben oder aber gerade erst auf einer bestimmten Entwicklungsstufe angelangt sind, haben eine weitere Zone proximaler Entwicklung als Kinder, die eine bestimmte Fertigkeit schon sicher beherrschen oder auf einer Entwicklungsstufe schon weit fortgeschritten sind. Erstere sind in ihren neuen Fertigkeiten und Konzepten noch unsicher und brauchen die Unterstützung Erwachsener, um sich ihrer neuen Entwicklungsstufe entsprechend zu verhalten. Letztere dagegen verfügen über ein stabiles, festgefügtes Verständnis ihrer Fertigkeiten, so daß sie selbständig handeln können und ihre Zone proximaler Entwicklung enger wird, weil sie schon nahezu so weit fortgeschritten sind, wie sie können.

Wenn schließlich das Entwicklungsniveau von Kindern nicht genügend Beachtung findet, können unterschiedliche Verfahren zur Beurteilung der Zone proximaler Entwicklung (siehe Methodologie) verschiedene Weiten dieser Zone ergeben. So kann bei einem vierjährigen Kind Modellbildung eine effizientere Hilfe sein als verbale Erklärungen, da diese möglicherweise seinen Verständnishorizont übersteigen.

Eine entwicklungsspezifische Dimension ist auch in einer dritten Hinsicht erforderlich, weil die Auswirkungen größerer sozio-historischer Ereignisse von den entwicklungsspezifischen und anderen individuellen Merkmalen des Kindes abhängen. Die Wirtschaftskrise in den zwanziger Jahren beispielsweise wirkte sich am gravierendsten auf Jungen im Vorschulalter aus (Caspi, Elder und Herbener, 1989); Alter und Geschlecht beeinflußten die Auswirkungen der sozio-historischen Variable.

Zusammenfassend läßt sich feststellen, daß das *Entwicklungsniveau* eines aktiven Kindes im Umweltkontext beeinflußt, in welchen Kontext es eintritt, welcher Art die sozial-kognitiven Prozesse innerhalb der dyadischen Interaktion sind und welche Auswirkungen sozio-historische Ereignisse auf das Kind haben. Zum „Entwicklungsniveau" zählen das Wissen des Kindes, seine Motivation, seine Fähigkeit, logisch zu denken, die Richtung seiner Aufmerksamkeit, Metakognition, soziale Fertigkeiten, sprachliche Fähigkeiten, Selbstbild und so fort. Kinder mit verschiedenen Entwicklungsniveaus bringen unterschiedliche Beiträge in einen Kontext ein.

Probleme bei der Untersuchung kulturell-historischer Kontexte

Fast alle Entwicklungspsychologen würden zustimmen, daß es wichtig ist, den sozialen, kulturellen und historischen Kontext von Entwicklung zu untersuchen. Und doch wird nur in wenigen Studien der soziale oder kulturelle Kontext untersucht oder auch nur variiert. Noch weniger Untersuchungen befassen sich mit dem historischen Kontext. Warum gibt es Diskrepanzen zwischen Einstellungen und Verhalten? Der wichtigste Grund sind praktische Schwierigkeiten. Soziale Kontexte von Eltern-Kind-Dyaden oder Dyaden älterer und jüngerer Kinder in Aktion lassen sich nur schwer beobachten, außerdem sind solche Untersuchungen sehr zeitraubend. Die Untersucher müssen ein vernünftiges Klassifikationssystem zur Kodierung der Verhaltensweisen entwickeln, dieses System für die auf Videoband aufgenommenen Interaktionen anwenden, eine beurteilerunabhängige Reliabilität gewährleisten und so fort. Zur Berücksichtigung kultureller Kontexte müssen häufig interkulturelle Untersuchungen durchgeführt werden, die oftmals teure Reisen, intensives Studieren einer Kultur, sorgfältiges Übersetzen der Materialien und eine sorgsame Auswahl der Tester erfordern. Außerdem lassen sich kulturell bedingte Unterschiede in den Ergebnissen oft nicht interpretieren, weil sie durch mannigfaltige Abweichungen der Kulturen untereinander verursacht sein könnten. Historische Einflüsse lassen sich noch schlechter untersuchen, weil die relevanten Ereignisse ja schon Vergangenheit sind. Ein historischer Zeitpunkt läßt sich niemals direkt mit einem anderen vergleichen, und so ist nur schwer feststellbar, welcher der vielen voneinander abweichenden Aspekte verschiedener historischer Zeitpunkte für Unterschiede im Verhalten verantwortlich ist. Selbst Wygotski untersuchte vor allem Erwachsener-Kind-Dyaden und keine größeren historisch-kulturellen Einflüsse wie Klassenkämpfe oder Rassenunruhen oder die Entfremdung bestimmter Gruppen. Dasselbe gilt für die kontextualistische Forschung unserer Zeit. Die Zusammenhänge zwischen breiteren sozio-historischen Kontexten und spezifischen Eltern-Kind-Interaktionen bedürfen einer genaueren Ausarbeitung (siehe auch Paris und Cross, 1988).

Fehlen prototypischer Aufgaben zum Nachweis interessanter Entwicklungsphänomene

Piaget hat nicht zuletzt deshalb so viele produktive Untersuchungen angeregt, weil er verschiedene Aufgabenstellungen entwarf, an denen sich interessante und sogar überraschende Phänomene der Entwicklung aufzeigen lassen. Man denke nur an den Erhaltungsbegriff, die Objektpermanenz, die Übernahme räumlicher Perspektiven, die Klasseninklusion oder die Aufgaben zum transitiven Denken. Auf diesen Feldern wurden jahrelang empirische Scharmützel ausgetragen. Ähnlich war es im Informationsverarbeitungsansatz, wo den Forschern die Aufgaben Piagets zur Verfügung standen und darüber hinaus noch Aufgaben zum Problemlösen und zu Aufmerksamkeit und Gedächtnis. Die Verhaltensforschung hatte Prägung, Bindung und Dominanzhierarchien in der Peergruppe, die soziale Lerntheorie hatte ihre Nachahmungsparadigmata, und Eleanor Gibson hatte die visuelle Klippe, das Lesen und Passagen zum Überqueren. Der Kontexttheorie dagegen ist es nicht gelungen, der heutigen entwicklungspsychologischen Forschung durch prototypische Aufgaben Anregungen zu geben, aus denen eine Vielzahl von Forschungsarbeiten hätte hervorgehen können. Zwar hat Wygotski, wie bereits erwähnt, eine Reihe von Aufgaben zur Untersuchung von Kindern entwikkelt, aber sie wurden in neuerer Zeit nur selten übernommen. Und wenn Wygotski selbst einmal Experimente durchführte, beschrieb er in der Regel sein Vorgehen nur sehr summarisch und skizzenhaft und legte keine oder nur wenige Daten vor. Seine Studien glichen eher Pilotstudien oder Demonstrationen, um die seiner Ansicht nach grundlegenden Prinzipien von Kognition und Entwicklung zu veranschaulichen. Angesichts der Dringlichkeit seiner Aufgabe und seines schlechten Gesundheitszustands verwandte er seine Kraft eher darauf, neue Wege der Forschung zu eröffnen, als ein spezifisches Gebiet erschöpfend zu untersuchen.

Kontexttheoretiker verwenden viele verschiedene Aufgabentypen. Diese Vielfalt hat durchaus ihre Vorteile. Die Theorie läßt sich allgemeiner überprüfen, und man läßt sich nicht dazu verleiten, an einer einzigen Aufgabe jeden Faktor einzeln zu variieren, und bei diesem schrittweisen Vorgehen den Überblick zu verlieren. Doch der Mangel an prototypischen Aufgaben und den damit zusammenhängenden entwicklungspsychologischen Erkenntnissen macht eine explosionsartige Ausweitung der kontextualistischen Forschung ziemlich unwahrscheinlich. Außerdem kann es passieren, daß die Kontexttheorie niemals eine systematische, kohärente, gut dokumentierte Darstellung der Entwicklung auf einem bestimmten Gebiet liefern wird. Unter Umständen wird die kontextualistische Forschung immer bruchstückhaft und ohne klare Ausrichtung erscheinen, und es bleibt schwierig, Ergebnisse aus Studien zu vergleichen, die unterschiedliche Aufgaben verwenden.

Abschließende Bemerkungen

Auf dem Hintergrund unserer Darstellung erhebt sich die Frage, inwieweit die neuere „Wygotskische" Forschung tatsächlich auf Wygotski Bezug nimmt. Die Assimilation Wygotskis in neueren entwicklungspsychologischen Arbeiten stellt eine interessante Fallstudie zu den sozio-kulturellen Einflüssen in der Wissenschaft dar. Wenn Forscher eine Theorie aus einer anderen Kultur und Zeit übernehmen, unterliegt diese Theorie in der Regel gewissen Verzerrungen – ganz ähnlich, wie die Verzerrung, die entsteht, wenn Menschen im Piagetschen Sinne etwas an ihre jeweilige kognitive Struktur assimilieren. Im Falle Wygotskis geht gewissermaßen bei der Übersetzung etwas verloren. Was die heutige entwicklungspsychologische Forschung von Wygotski brauchte, war eine gewisse Sensibilität für den sozialen Kontext von Entwicklung. Und genau das haben wir uns auch von ihm geholt. In diesem Sinne gibt es inzwischen eine ganze Reihe Wygotskischer Studien. Die prototypische Wygotskische Studie unserer Zeit zeigt eine Mutter, die ihrem Kleinkind hilft, ein Problem zu lösen und sich auf diese Weise durch die Zone proximaler Entwicklung zu bewegen. Und doch zeichnet sich Wygotskis Theorie durch drei Hauptaspekte aus, die in unserer auf das Individuum ausgerichteten Welt kaum übernommen, sondern weitgehend ignoriert werden. Zunächst versucht die aktuelle „kontexttheoretische" Forschung festzustellen, wie der Kontext eines Kindes sein Verhalten beeinflußt; sie geht nicht von der Einheit Kind-im-Kontext als grundlegender Untersuchungseinheit aus. Zweitens wurde das Konzept der Zone proximaler Entwicklung von seinem sozialen und politischen Kontext abgekoppelt. Wygotski betrachtete interaktive Lernprozesse in der Zone proximaler Entwicklung als Ausdruck des Kollektivismus; im „gemeinsamen Bewußtsein" teilt eine Gesellschaft ihre geistigen Fertigkeiten ebenso, wie sie ihre materiellen Güter teilt. Die heutige Wygotskische Forschung dagegen vermittelt immer noch den Eindruck, daß ein individuelles Kind von einem individuellen Erwachsenen angeleitet wird, und daß das Ziel solcher Interaktionen ein individueller Fortschritt der kognitiven Entwicklung und nicht der Gesellschaft im allgemeinen ist. Drittens betonte Wygotski, daß die Natur des Denkens kulturell vermittelt ist und insbesondere durch von der Kultur bereitgestellte psychologische Werkzeuge erschaffen wird. Die heutige kontextualistische Forschung und Theoriebildung ignoriert dieses Konzept weitgehend und untersucht statt dessen den Einfluß kultureller Kontexte. Auch dieser neue Ansatz läßt sich mit der sowjetischen sozio-historischen Schule vereinbaren und entspricht ihren Auffassungen (Cole, 1988). Dennoch zeigt die Tatsache, daß Forscher zu unterschiedlichen historischen Zeitpunkten und in unterschiedlichen Kulturen die Konzepte verschieden gewichten, daß Wissenschaft in sozio-kulturellen Nischen operiert.

Viele neuere Untersuchungen zur Zone der proximalen Entwicklung, die sich auf Wygotski berufen, unterscheiden sich nicht sehr von traditionellen Studien zur Mutter-Kind-Interaktion. Die Forscher betrachten Kognition immer noch als etwas, das sich im Kopf eines Kindes abspielt, und der Erwachsene hilft nur, es da hineinzubringen. Einem solchen Forschungsansatz kann es nicht gelingen, diejenigen Prinzipien zu integrieren, die Wygotskische Studien von jeder anderen Studie zur Mutter-Kind-Interaktion unterscheiden (siehe auch die Kritik von Lamb und Wozniak, 1990). Forschung im wahrhaft Wygotskischen Sinne muß: (1) sowohl das Verhalten des Kindes als auch das Verhalten des Erwachsenen beobachten und feststellen, wie es sich jeweils an die vorangehende Reaktion des anderen anpaßt, (2) sowohl bewerten, was ein Kind allein erreichen kann, als auch, was es mit Unterstützung eines Erwachsenen zu leisten vermag, und (3) auf die allmähliche Verschiebung der Verantwortung vom Erwachsenen hin zum Kind achten, die im Laufe einer Sitzung auftritt. Solche

Studien müssen außerdem (4) bewerten, wie der Erwachsene den Lernprozeß strukturiert, wie er versucht, das Kind auf eine minimal höhere kognitive Ebene zu ziehen, Zusammenhänge zwischen der Aufgabe und früheren Erfahrungen des Kindes herzustellen und das Ausmaß seiner Unterstützung an den Schwierigkeitsgrad der Aufgabe anzupassen, und (5) untersuchen, wie die jeweilige Kultur das Wesen der Eltern-Kind-Interaktion formt. Verschiedene Studien integrieren nur einige Aspekte dieses Ansatzes, beispielsweise wenn untersucht wird, wie Erwachsene die sich entwickelnden Fähigkeiten von Kindern durch ein „Gerüst" unterstützen (ihnen physikalische, soziale oder kognitive Hilfen geben) (Griffin und Cole, 1984).

Es ist nicht unbedingt „falsch", eine Theorie nur selektiv zu assimilieren. Wissenschaftlicher Fortschritt entsteht oft daraus, daß man aus einer Theorie nur das übernimmt, was am nützlichsten ist, in diesem Fall also die Oberflächenmerkmale der Theorie von der Zone proximaler Entwicklung. Dennoch sollte bedacht werden, daß Wygotskis Theorie oft mißverstanden wird.

Zusammenfassung

Die Kontexttheorie hat viele Wurzeln, aber den wichtigsten historischen Anstoß zu diesem Ansatz in der heutigen Entwicklungspsychologie hat Wygotski gegeben. Inzwischen übt die Theorie beachtlichen Einfluß auf die Entwicklungspsychologie aus, insbesondere im Hinblick auf die kognitive Entwicklung. Anders als die meisten Theorien stellt dieser Ansatz das aktive Kind in seinem Kontext und nicht das Kind allein in seinen Mittelpunkt. Die höheren geistigen Funktionen sind sozialer Natur; Kinder verwenden kulturelle Werkzeuge, beispielsweise symbolische Systeme, um bei ihren alltäglichen Versuchen, bestimmten Zielen innerhalb einer sozialen Wirklichkeit gerecht zu werden, Probleme zu lösen. Soziale Kontexte haben viele Ebenen, von der Interaktion mit anderen Menschen innerhalb eines Mikrosystems bis hin zur Operation innerhalb eines übergreifenden kulturellen Systems in einem Makrosystem. In jeder Kultur sind Überzeugungssysteme, Wissen, Werte, Artefakte und eine materielle Umgebung als Einflußfaktoren wirksam, die beeinflussen, wann Kinder ermutigt werden, in bestimmte Kontexte einzutreten, was sie in diesen Kontexten lernen, wie sie Fertigkeiten erwerben, und wer in spezifische Kontexte eintreten kann.

Das aktive Kind in seinem Handlungskontext als grundlegende Untersuchungseinheit ist nicht das einzige Merkmal, das die Kontexttheorie charakterisiert, sondern es gibt verschiedene andere Merkmale. Kinder entwickeln sich in einer Zone proximaler Entwicklung – der Distanz zwischen dem, was sie ohne Hilfe leisten können, und dem, was sie mit Unterstützung erreichen. Eine kompetentere Person setzt Hinweise, Diskussionen, Modellbildung, Erklärungen und so weiter ein, um Kinder anzuleiten und mit ihnen zu kooperieren, um sie durch die Zone ihrer proximalen Entwicklung zu führen. Da das Kind und ein ihm vertrauter Erwachsener eine gemeinsame Vergangenheit haben und bei einer Aufgabe ein gemeinsames Ziel anstreben, teilen sie auch ein gemeinsames Verständnis des Problems. Kinder tragen aktiv zu ihrem Fortschreiten durch die Zone proximaler Entwicklung bei, indem sie Kontexte auswählen, den Handlungsablauf beeinflussen und persönliche Eigenschaften und entwicklungspsychologische Fertigkeiten in die Interaktion einbringen. Nach Wygotski läßt sich Entwicklung nur verstehen, indem man unmittelbar die Veränderungen von einem Augenblick zum nächsten untersucht. Intelligenz bemißt sich nicht daran, was jemand weiß, sondern daran, was er mit Unterstützung anderer leisten kann.

Wenn Kinder gemeinsam etwas unternehmen, werden intermentale Aktivitäten und vor allem Dialoge zu intramentalen Aktivitäten. Auf diese Weise beruhen individuelle geistige Funktionsweisen auf soziokulturellen Ursprüngen. Sprechen unter Menschen etwa wird zum Sprechen für das Selbst (egozentrisches Sprechen), dann zum lautlosen, mentalen, dem Sprechen ähnlichen inneren Sprechen. Über ihre Aktivitäten mit Erwachsenen, Lehrern, anderen Erwachsenen und erfahreneren Gleichaltrigen internalisieren (Wygotski) Kinder Informationen und Denkweisen oder eignen sie sich an (Rogoff).

Die technischen und psychologischen Werkzeuge einer Kultur vermitteln kognitive Funktionen. Vor allem die Sprache hilft Kindern, ihr eigenes Denken effizient zu steuern, zu planen, logisch zu denken und so fort. Aber auch nonverbale Interaktionen mit anderen fördern kognitive Fertigkeiten. Wenn Kultur die Kognition beeinflußt und aufbaut und wenn die Kultur sich verändert, dann folgt, daß wir die kognitiven Veränderungen untersuchen müssen.

Die dargestellten theoretischen Überlegungen führen zwangsläufig zu einer dynamischen Bewertung des potentiellen Entwicklungsniveaus von Kindern anstelle einer statischen Bewertung ihres aktuellen Entwicklungsstandes. Mit der mikrogenetischen Methode werden die Veränderungen innerhalb eines gewissen Zeitraumes analysiert, die ein Kind zeigt, während es sich durch die Zone der proximalen Entwicklung bewegt. Bei diesem Ansatz verwendete Wygotski gelegentlich die Methode der doppelten Stimulation, um festzustellen, ob Kinder Materialien als symbolische Werkzeuge beim Lösen eines Problems heranziehen konnten, das ihre aktuellen Fähigkeiten überstieg. Ihrem Ansatz entsprechend untersuchen Kontexttheoretiker Kinder häufig in verschiedenen Kontexten und in interkulturellen Vergleichsstudien.

An Wygotskis Kontextualismus orientierte Forschung untersucht typische Themen wie egozentrisches Sprechen, Entwicklung von Begriffen (insbesondere von in der Schule unterrichteten „wissenschaftlichen" Begriffen), gelenkte Partizipation in der Zone proximaler Entwicklung und interkulturelle Studien. Für Wygotski ist der allgemeinste Entwicklungsmechanismus ein dialektischer Prozeß, bei dem zwei gegensätzliche Vorstellungen oder Phänomene in einer neuen Vorstellung oder einem neuen Phänomen zur Synthese kommen. Bei diesem dialektischen Prozeß sind verschiedenartige Kräfte am Werk: innerlich biologische, individuell-psychologische, kulturell-soziologische und äußerlich physikalische Veränderungen. Der dialektische Prozeß schreitet vor allem bei der Interaktion mit Erwachsenen, mit erfahreneren oder gleich weit entwickelten Kameraden und im Spiel voran. Die Bewegung durch die Zone der proximalen Entwicklung ist ein dialektischer Prozeß, in dem das Kind mit einer anderen Person kooperiert und sie gemeinsam die Bedeutung der jeweiligen Aufgabe, ein Ziel und eine Lösung konstruieren.

Zu grundlegenden Fragen der Entwicklung vertritt die Theorie eine kontextualistische Sicht der menschlichen Natur: Die Natur des Menschen entwickelt sich im sozialen Kontext. Die zeitliche Dimension (Vergangenheit, Gegenwart und Zukunft) ist mit der räumlichen Dimension (sozialer Kontext) verwoben. Entwicklung ist sowohl quantitativ als auch – wenn aus dem dialektischen Prozeß eine Synthese hervorgeht – qualitativ. Auch Vererbung und Umwelt treten in einen dialektischen Prozeß ein, aber die Kontexttheorie stellt die in diesem Prozeß wirksamen sozialen Kräfte in den Mittelpunkt ihres Interesses. Was sich schließlich entwickelt, ist ein aktives Kind in seinem Kontext. Die Kontexttheorie ist primär eine funktionalistische Theorie mit einem beständigen Wechselspiel zwischen Theorie und Beobachtungstatsachen.

Die Stärken des kontextualistischen Ansatzes sind: Berücksichtigung des sozialen und kulturellen Kontexts von Entwicklung, die Integration von Alltagslernen und

Entwicklung und der Hinweis auf die Vielfalt von Entwicklung. Seine Schwächen sind: Der Begriff der Zone proximaler Entwicklung ist vage (und stößt auf Grenzen), die entwicklungspsychologischen Aspekte in der Zone der proximalen Entwicklung sind unzureichend geklärt, die Untersuchung kultureller und historischer Kontexte bereitet Probleme, und es fehlen prototypische Aufgaben zur Untersuchung interessanter entwicklungspsychologischer Phänomene. Die Wygotskische kontextualistische Theorie hat zwar weitere Forschungen auf dem Gebiet der sozialen Einflüsse angeregt, aber nur wenige Untersuchungen haben diejenigen Aspekte der Theorie integriert, die sich nicht ohne weiteres in die gegenwärtigen Überzeugungssysteme westlicher Kulturen einfügen lassen.

Weiterführende Literatur

Die folgenden beiden Bücher von Wygotski geben eine gute Einführung in seine Theorie.

Wygotski, L. S. *Mind in Society: The Development of Higher Psychological Processes* (Cole, M.; John-Steiner, V.; Scribner, S.; Souberman, E.; Hrsg.). Cambridge, Mass. (Harvard University Press) 1978.
Wygotski, L. S. *Denken und Sprechen*. 5. korr. Aufl. der Lizenzausgabe. Frankfurt/ Main (S. Fischer Verlag) 1974.

Der heutige kontextualistische Ansatz ist im folgenden Band gut dargestellt.

Rogoff, B. *Apprenticeship in Thinking: Cognitive Development in Social Context*. New York (Oxford University Press) 1990.

Für einen neueren Überblick über die kulturellen Einflüsse auf die Entwicklung eignet sich die folgende Quelle.

Cole, M. *Culture in development*. In: Bornstein, M.; Lamb. M. (Hrsg.) *Developmental Psychology: An Advanced Textbook*. 3. Aufl. Hillsdale, N. J. (Erlbaum) 1992.

8.
Abschließende Überlegungen

Anfang und Ende allen menschlichen
Tuns sind Unordnung,
dies gilt für den Bau eines Hauses,
das Schreiben eines Romans,
den Abriß einer Brücke
und, ganz besonders,
das Ende einer Reise.

[John Galsworthy]

❖❖

Zwar wäre es verlockend, die hier vorgestellte Auswahl an Theorien durch eine wohlgeordnete Reihe von Schlußfolgerungen zu systematisieren, doch dies wäre kein realistisches Ziel. Die Entwicklungspsychologie ist eine umfang- und facettenreiche Disziplin, die sehr unterschiedliche Theorien hervorgebracht hat. Einige davon sind kühn und spekulativ, andere behutsam und exakt, einige sind umfassend und weit ausgreifend, andere bescheiden und systematisch. Außerdem formulieren sie unterschiedliche Fragen zur Entwicklung. Und so befassen sie sich auch mit unterschiedlichen Ebenen der Realität, von der einfachen motorischen Reaktion über die komplexe Struktur der Persönlichkeit bis hin zum aktiven Kind in seinem Kontext. Jeder Versuch, alle diese Theorien zusammenzufassen, wäre im besten Falle töricht, im schlimmsten irreführend.

Deshalb sollen in diesem Kapitel einige „ungeordnete" Gedanken dargelegt werden, die sich nach der Beschäftigung mit den Theorien in diesem Buch aufdrängen. Im ersten Abschnitt werden die Positionen der Theorien zu den vier entwicklungspsychologischen Fragestellungen dargestellt, die in jedem einzelnen Kapitel angesprochen wurden. Im zweiten Abschnitt wird die Geschichte der entwicklungspsychologischen Theoriebildung aus zwei verschiedenen Perspektiven betrachtet. Im traditionellen Verständnis von wissenschaftlichem Fortschritt bauen Theorie und Forschung auf vorangegangene Arbeiten auf und vergrößern unseren Wissensbestand linear. Eine Gegenposition, die auf Thomas Kuhn zurückgeht, nimmt an, daß Theorien einander ablösen, wobei die jeweils nachfolgenden Theorien nicht nur als Weiterentwicklung der alten zu verstehen sind, sondern ein echter Theorien- oder Paradigmenwechsel eintritt. Im dritten Abschnitt werden wir Unzulänglichkeiten der Theorien zusammenfassen, die im Lichte heutiger Anforderungen an die Entwicklungspsychologie besonders gravierend erscheinen. Wir werden versuchen, die wichtigsten Bereiche zukünftiger theoretischer und empirischer Forschungen abzustecken. Und in einem letzten Abschnitt werden Vorschläge zur Rolle, die Entwicklungstheorien heute spielen können und sollten, skizziert.

Fragen der Entwicklung – ein Rückblick

Die menschliche Natur

Die Unterscheidung zwischen organismischen, mechanistischen und kontextualistischen Theorien bot sich als Heuristik an, um zu einem besseren Verständnis der dargestellten Entwicklungstheorien zu gelangen, auch wenn sich einige Theorien nicht eindeutig einer der drei Kategorien zuordnen lassen. Insbesondere die Dimension aktiv versus passiv trug dazu bei, die Theorien klar voneinander abgrenzen. Alle neueren Versionen der Entwicklungstheorien stellen Kinder als aktiv an ihrer eigenen Entwicklung Beteiligte dar, wenn auch in unterschiedlichem Umfang. Kinder assimilieren, akkommodieren und äquilibrieren (Piaget), sie festigen ihr Ich (Freud); bilden ein Gefühl für die eigene Identität heraus (Erikson), verändern ihre Umwelt und entwickeln selbstgesteuerte Lern- und Verhaltensmechanismen (soziale Lerntheorie). Zudem aktivieren sie Steuerungsprozesse bei der kognitiven Verarbeitung (Informationsverarbeitung), erforschen ihre Umgebung, lösen bei anderen Reaktionen aus (Ethologie), erkunden ihre Umwelt und deren Angebote (Gibson) und stellen sich auf bestimmte soziale Gegebenheiten ein (Kontextualismus). Ein aufstrebendes Thema ist im Hinblick auf das aktive Kind die Selbststeuerung. Hier betonen die soziale Lerntheorie, Wygotski, Piaget, Bowlby, der Informationsverarbeitungsansatz (Steuerungsprozesse) und Freud die Prozesse der Selbststeuerung und Selbstäquilibration. Einige Theorien schließen allerdings auch passive Verhaltensweisen mit ein. Kinder sind auch ihren Trieben (Freud, Erikson, Ethologie, frühe soziale Lerntheorie) und Umweltreizen (Modelle und Verstärker in der sozialen Lerntheorie, Signalreize in der Ethologie) ausgesetzt.

In den letzten 30 Jahren hat sich in den Entwicklungstheorien der Trend durchgesetzt, Kinder als aktive Beteiligte ihrer eigenen Entwicklung zu betrachten. Allerdings haben wir die frühere Sicht vom passiven Kind möglicherweise zu radikal korrigiert. Dazu hat Cairns (1991, S. 24) bemerkt: „Wenn wir den Einfluß [zwischen Mutter und Kind] als Straße mit zwei Fahrtrichtungen betrachten, ist die eine Richtung vierspurig als Schnellstraße ausgebaut, die andere nur als einspurige Gasse. Zudem hängt das Gewicht eines Einflusses nicht nur von den jeweils betrachteten Kontexten und Interaktionen ab, sondern auch vom altersbedingten Entwicklungsstand und dem momentanen Zustand der Beteiligten."

Eine weitere Dimension, in der sich mechanistische und organismische Ansätze unterscheiden, sind *a priori* vorhandene Ursachen isolierter Verhaltensweisen versus inhärente Ursachen innerhalb komplexer Strukturen. Zu ersteren zählen S-R-Assoziationen von Stimulus und Reaktion (Lerntheorie), angeborene Verhaltensmuster (Ethologie) und Input-Output-Verfahren (Informationsverarbeitungsansatz). Beispiele für inhärente Ursachen sind kognitive Strukturen (Piaget), die Organisation von Es, Ich und Über-Ich (Freud), Wissensbasis oder Informationsverarbeitungssystem (Informationsverarbeitungsansatz), innere Motivation (Gibson), Systeme der Verhaltenssteuerung (Bowlbys ethologische Theorie) und dialektisch sich entwickelnde Systeme (Wygotskis Kontextualismus).

Insgesamt gesehen ist Piagets Theorie die am stärksten organismisch orientierte Theorie, während die traditionelle Lerntheorie am stärksten mechanistisch ist. Die Lerntheorie hat später, insbesondere aufgrund von Banduras theoretischen Arbeiten, einige organismische selbststeuernde Merkmale übernommen.

Die Theorien unterscheiden sich nicht nur weltanschaulich, sondern es bestehen auch auffällige Unterschiede im Hinblick auf die Natur des Menschen: Entwickelt er sich nun zu einem rationalen, effizienten „Naturwissenschaftler" oder zu einem irrationalen Wesen, dessen Denken von Emotionen geprägt ist? Piaget und die Theoretiker der Informationsverarbeitung betonen den „Naturwissenschaftler", Freud und Erikson das irrationale Wesen. Die Anhänger der Gibsonschen Theorie, die Ethologen und die Kontextualisten sind in dieser Frage eher neutral. So geht die soziale Lerntheorie davon aus, daß Motivation das Denken beeinflußt, daß logisches Denken aber auch durch Modelle gefördert wird, die logische Methoden des Problemlösens vorgeben. Bei diesen drei letztgenannten Ansätzen spielt die Anpassung, die zur Arterhaltung in der jeweiligen Umwelt nötig ist, eine herausgehobene Rolle. Rationales wissenschaftliches Denken ist für bestimmte Situationen höchst adaptiv, während in anderen Situationen Emotionen und Sensibilität für interpersonale Beziehungen die bessere Anpassungsstrategie sind.

Die jeweilige Sicht der menschlichen Natur beeinflußt die Theoriebildung und ist daher keineswegs belanglos. Entwicklungstheoretiker sind von ihrer jeweiligen Kultur beeinflußt und müssen sich deshalb bewußt machen, daß die Entwicklungspsychologie als Wissenschaft und die Definition von Entwicklung in gewissem Umfang soziologische Phänomene sind. So bestärkt das Gewicht, das unsere Gesellschaft der Technik und dem interindividuellen Wettbewerb beimißt, die Entwicklungspsychologen darin, die Entwicklung des Kindes primär als Entwicklung eines auf sich allein gestellten, wissenschaftlich denkenden und immer mehr Wissen anhäufenden Einzelgängers zu untersuchen (Meacham, 1983). In anderen Gesellschaften dagegen spielen die zwischenmenschlichen Beziehungen eine größere Rolle (Markus und Kitayama, 1991).

Qualitative versus quantitative Entwicklung

Alle Theoretiker sehen zahlreiche quantitative Zunahmen der Entwicklung – im Hinblick auf Ausmaß, Häufigkeit oder Niveau. Mit zunehmendem Alter stabilisieren und generalisieren Kinder ihre kognitiven Fertigkeiten (Piaget), festigen ihre Ichstärke (Freud und Erikson), ahmen präziser nach (soziale Lerntheorie) und verarbeiten Informationen effizienter (Informationsverarbeitungsansatz). Zudem verknüpfen sie angeborene und erworbene Komponenten enger miteinander (Ethologie), entdecken mehr Angebote (Gibson) und entwickeln zunehmende Fähigkeiten, während sie sich durch die Zone proximaler Entwicklung bewegen. Alle Theoretiker nehmen zumindest kleinere qualitative Veränderungen an, aber nur bei Piaget, Freud und Erikson – den Stadientheoretikern – bilden solche qualitativen Veränderungen den Kern der Theorie. In den Nicht-Stadientheorien ist die häufigste qualitative Veränderung eine neue Lernstrategie oder eine neue Strategie des Problemlösens. Gegenwärtig stellt sich im Zusammenhang mit qualitativen, stadienspezifischen Veränderungen vor allem die Frage nach den offensichtlich inhomogenen kognitiven Leistungen eines Kindes bei verschiedenen Aufgaben und Inhalten. Inhaltlich spezifizierte Leistungen, wie sie von den Neo-Piagetianern und im Rahmen des Informationsverarbeitungsansatzes untersucht werden, dürften im kommenden Jahrzehnt ein wichtiger Forschungsschwerpunkt sein.

Vererbung versus Umwelt

Alle Theoretiker stimmen darin überein, daß Entwicklung aus einer komplexen Verflechtung angeborener und erfahrungsbedingter Einflüsse entsteht. Sie interessieren sich allerdings nicht gleichermaßen für diese Thematik und unterscheiden sich im Hinblick darauf, welche Einflüsse sie untersuchen. Bei Piagets Theorie handelt es sich am eindeutigsten um eine interaktionistische Theorie. Er sieht Entwicklung als Interaktion zweier angeborener Faktoren (körperliche Reifung und Äquilibration) und zweier unterschiedlicher Typen von Erfahrung (soziale und physikalische Erfahrung). Auch Erikson betont sowohl biologische als auch soziale Veränderungen und zeigt, daß die sich entwickelnden Triebe und soziale Institutionen ineinandergreifen (oder aber in Konflikt geraten). Wenn wir uns von der Mitte des Spektrums zum einen Ende hin bewegen, sehen wir, daß die soziale Lerntheorie, Gibsons Theorie und Wygotskis Kontextualismus den Einfluß von Erfahrung untersuchen. Am anderen Ende des Spektrums betonen die Ethologie und – in einem geringeren Maße – auch die Freudsche Theorie die Auswirkungen angeborener Faktoren. Der Informationsverarbeitungsansatz schließlich befaßt sich nicht oft mit dieser entwicklungspsychologischen Fragestellung. Die neurologische Entwicklung erhöht offensichtlich die potentielle Effizienz der Informationsverarbeitung, und die zunehmende Erfahrung beim Problemlösen führt ein Kind dazu, neue Strategien zu übernehmen, wenn es bei seinen Lösungsversuchen ein Feedback bekommt.

Was entwickelt sich?

Die unterschiedlichen Antworten auf diese Frage zeigen, warum es so schwierig ist, die verschiedenen Theorien miteinander zu verbinden. Die Theoretiker befassen sich jeweils mit ganz unterschiedlichen Verhaltensebenen und Inhalten. Stadientheoretiker betrachten stadienspezifische Merkmale und operieren deshalb auf einer allgemeinen Ebene. Aus ihrer Sicht handelt es sich bei den wichtigsten Entwicklungen um kognitive Strukturen (Piaget) oder um Persönlichkeitsstrukturen (Freud und Erikson). Die anderen Theoretiker konzentrieren sich auf den Erwerb mehr spezifischer, häufig auf bestimmte Situationen oder Reizungstypen beschränkter Strukturen oder Fertigkeiten: auf den Erwerb von Regeln (Informationsverarbeitungsansatz und soziale Lerntheorie), die Wahrnehmung von Umweltangeboten (Gibson), den Erwerb adaptiver Verhaltensweisen (Ethologie) und kulturell vermittelter Wissenssysteme (Wygotskischer Kontextualismus). Inhaltlich befassen sich die Theorien vor allem mit sozialem Verhalten und Persönlichkeit (Freud, Erikson, soziale Lerntheorie, Ethologie), Denken (Piaget, Informationsverarbeitungsansatz, Wygotski) und Wahrnehmung (Gibson). Die Kontextualisten untersuchen eine Vielfalt von Fertigkeiten. Offenkundig vollzieht sich Entwicklung auf verschiedenen Ebenen und in vielen inhaltlichen Bereichen gleichzeitig. Bisher hat noch keine Theorie diesen komplexen Prozeß klären können. Schließlich unterscheidet sich das, was sich entwickelt, von Kultur zu Kultur und auch innerhalb einer Kultur auf vielfältige Weise. Der Einfluß von Kultur, Geschlecht und sozialer Klasse ist noch kaum verstanden. Und darüber hinaus könnte es eine Vielzahl von Endpunkten der Entwicklung geben, und zu jedem dieser Endpunkte könnten verschiedene Wege führen.

Historische Fortschritte
entwicklungspsychologischer Theorien

Die aufeinanderfolgenden entwicklungspsychologischen Theorien haben im Laufe der Zeit an Einfluß gewonnen und wieder verloren. Empfinden wir das nun als wissenschaftlichen Fortschritt? War jede neue Theorie besser als ihre Vorgängerin? Das traditionelle Wissenschaftsverständnis und auch der gesunde Menschenverstand betrachten die Geschichte einer Disziplin als Akkumulationsprozeß: Bei der Suche nach letzter Wahrheit baut jede neue Theorie oder Entdeckung auf früheren Arbeiten auf. Jede Theorie gilt, bis empirische Beobachtungen ihre Gültigkeit in Zweifel ziehen. Dabei wird vorausgesetzt, daß Fakten vollkommen objektiv bewertet werden: „Es gibt nur ein Dogma in der Wissenschaft – daß Wissenschaftler kein Dogma blindlings akzeptieren" (Brush, 1976, S. 68).

Ganz offensichtlich gibt es in der historischen Entwicklung von Freud zu Erikson innerhalb der psychoanalytischen Tradition oder von der klassischen Lerntheorie hin zur sozialen Lerntheorie eine gewisse Kontinuität und eine theoretische Entwicklung. Aber über längere Zeiträume hinweg scheint die historische Entwicklung der in diesem Buch dargestellten Theorien keinem solchen Muster zu folgen. Wenn man der Geschichte folgt, von Freud über die Lerntheorie und Piaget bis hin zur Informationsverarbeitung, stößt man eher auf Diskontinuität als auf Kontinuität. Jede dieser Theorien stellte eine frühere Theorie in Frage und schlug eine attraktive Alternative zum Entwicklungsbegriff vor, statt die frühere Theorie weiterzuentwickeln. Häufig wird eine neue Theorie deshalb akzeptiert, weil sie exzessive Annahmen der etablierten

Theorie korrigiert – so scheint der Kontextualismus attraktiv, weil er den sozialen Kontext von Denken betrachtet, also einen Aspekt, der vom Informationsverarbeitungsansatz weitgehend ignoriert wird. Außerdem ist Wissenschaft bei weitem nicht völlig objektiv, wie in der Einführung gezeigt, insbesondere dann nicht, wenn eine Theorie als Leitlinie für die daraus folgenden Beobachtungen und die Interpretation der Daten dient. Eine generelle Skepsis im Hinblick auf den wissenschaftlichen Fortschritt geht vor allem auf Thomas Kuhn (1979) zurück.

Kuhn postuliert die folgende historische Entwicklung innerhalb einer jeden wissenschaftlichen Disziplin. Es beginnt mit einer Vorphase, in der sich noch keine Theorie oder allgemein akzeptierte Forschungsmethode einer Disziplin als Paradigma entwickelt hat. Dem folgt ein Diskurs über die grundlegenden Themen innerhalb der Disziplin. Anschließend kommt eine Phase der „normalen Wissenschaft", in der ein Paradigma das Feld oder zumindest einen wichtigen Teilbereich beherrscht. Ein Paradigma ist eine Standardreihe von Postulaten dazu, was untersucht, welche Fragen gestellt, wie diese Fragen untersucht und wie die Ergebnisse konzeptualisiert werden sollen. Der Informationsverabeitungsansatz beispielsweise beruhte auf einem allgemeinen Konsens unter Entwicklungspsychologen, als ihren Forschungsgegenstand den Informationsfluß durch ein Verarbeitungssystem zu untersuchen, dessen Operationen mit den Funktionsweisen eines Computers vergleichbar sind, wobei sie etwa wissen wollten, wie Informationen gespeichert werden, und nicht, wie etwas durch Angst verdrängt werden kann. Ein Wissenschaftler, der vom Paradigma des Informationsverarbeitungsansatzes ausgeht, wird also wahrscheinlich Reaktionszeiten, Fehlertypen oder die Anzahl richtiger Items messen und sich vermutlich weniger um die Häufigkeit einer Reaktion innerhalb einer spezifischen Zeitspanne oder die mittlere Länge einer Äußerung kümmern, die wiederum gezielt von Lerntheoretikern gemessen werden. Auf diese Weise dient ein Paradigma als Arbeitsmodell für wissenschaftliches Vorgehen.

Ein Paradigma reicht weiter als eine Theorie. Es ist ein Erklärungsrahmen und hat zugleich soziologische Bezüge. Beispiele für den Erklärungsrahmen sind organismische, mechanistische und kontextualistische Weltanschauungen. Ein Mechanist beispielsweise würde wahrscheinlich bei der Entwicklung einer neuen Theorie eher externe mechanische Ursachen für sein Verhalten postulieren als interne kognitive Ursachen. Im Hinblick auf den soziologischen Aspekt von Paradigmen spricht Kuhn von einer „wissenschaftlichen Gemeinschaft", die von bestimmten gemeinsamen Annahmen oder Grundregeln ausgeht. Die wissenschaftliche Gemeinschaft kann in Phasen normaler Wissenschaft rasche Fortschritte erzielen, weil sie sich auf das Sammeln von Daten und das Lösen von Problemen im Rahmen des jeweiligen Paradigmas konzentrieren kann, statt bestimmte Grundannahmen oder Regeln in Frage zu stellen. In dieser Zeit der „Aufräumarbeiten" (Kuhn, 1979) wird Ordnung in das Paradigma gebracht. Das Paradigma behauptet sich dadurch, daß junge Studenten entsprechend ausgebildet werden und diese Schule tradieren. Sie übernehmen die jeweiligen Konventionen des Problemlösens und kommen so in den Umkreis des Paradigmas. Deshalb wird ein altes Paradigma nicht abrupt sterben, sondern allmählich verlöschen, wenn ein neues Paradigma aufkommt und zunehmend gelehrt wird, während die Anhänger des alten Paradigmas ihren Einfluß verlieren.

Der Paradigmenwechsel folgt einem typischen Muster. An einem bestimmten Punkt kommt es zur Krise, weil vielleicht Phänomene entdeckt werden, die sich mit dem vorherrschenden Paradigma nicht mehr erklären lassen. Solche Anomalien erschüttern das Vertrauen in das Paradigma. Taucht in einer solchen Situation nun ein vielversprechendes alternatives Paradigma auf, so kann es mitunter die Mehrheit der Wissenschaftler gewinnen und eine neue Phase normaler Wissenschaft einläuten. Sobald sich also erst einmal ein erstes Paradigma innerhalb einer Wissenschaft entwickelt hat, kommt es zu einem ständigen Hin und Her zwischen normaler Wissenschaft (einer Zeit der Stabilität) und wissenschaftlicher Revolution (einer Zeit des Paradigmenwechsels). Nach Kuhn verläuft die Wissenschaftsgeschichte eher zyklisch als kontinuierlich in Richtung Fortschritt.

Beispiele für wissenschaftliche Revolutionen sind die Darwinsche Theorie, Einsteins Relativitätstheorie und die Kopernikanische Revolution, die das geozentrische Weltbild ablöste und die Erkenntnis brachte, daß die Sonne und nicht die Erde der Mittelpunkt des Universums ist. Jedes dieser Paradigmen führte zu einer Art Gestalt-Switch in der Art, wie die Wissenschaftler ihre Daten betrachteten.

Wenn ein neues Paradigma – durch den Einfluß einer neuen Theorie, einer neuen Methode oder neuer Beobachtungsdaten – aufkommt, tragen interessanterweise auch viele Faktoren dazu bei, die mit den wissenschaftlichen Inhalten selbst nichts zu tun haben. Ein gutes Beispiel dafür sind Experimente, die Binet – der „Vater" des Intelligenzquotienten – zum Erhaltungs- und Zahlbegriff durchführte, bevor Piaget geboren wurde. Tatsächlich hat bereits Binet mehr als 200 Arbeiten und Bücher zu Themen wie Gedächtnis bei Kindern oder Denkstil publiziert, die nichts mit Intelligenztests zu tun hatten. Aus verschiedenen historischen und soziologischen Gründen blieben diese Arbeiten weitgehend unbeachtet (Siegler, 1992; Wesley, 1989).

Kuhns Konzept wurde inzwischen weiterentwickelt und modifiziert. So hat Lakatos (1982) das Konzept des „Forschungsprogramms" vorgeschlagen. Dabei handelt es sich um eine Progression verwandter Theorien, die sich durch einen gemeinsamen Kern von Grundannahmen auszeichnen. Innerhalb einer solchen Progressionsreihe ist jede Theorie komplexer und adäquater als die vorangegangenen. Duch neue Forschungsergebnisse wird jede Theorie entweder verändert und damit verbessert oder aber durch eine neue Theorie ersetzt. Die Grundannahmen des Theorienkernes werden beibehalten, unwesentliche Merkmale werden verändert. Zu jedem historischen Zeitpunkt gibt es verschiedene Forschungsprogramme, die miteinander konkurrieren. Wenn nun ein wissenschaftliches Forschungsprogramm keine Fortschritte mehr erbringt, sollte es zugunsten eines erfolgreicheren Programms aufgegeben werden. Der Wert des Kuhnschen Modells für die Sozialwissenschaften und die Frage, wo in diesem wissenschaftshistorischen Modell die Psychologie einzuordnen ist, ist unter Psychologen umstritten. Befindet sich die Psychologie in einer präparadigmatischen Phase oder bereits im Zyklus von Paradigmen und wissenschaftlichen Revolutionen? Es hat niemals ein Paradigma gegeben, das innerhalb der gesamten Psychologie oder auch nur innerhalb der Entwicklungspsychologie akzeptiert gewesen wäre. Bis heute werden grundlegende Annahmen zur Entwicklung in Frage gestellt. Allerdings ließe sich ein Paradigma auch auf einen Teilbereich innerhalb einer Disziplin beschränken. So gesehen gibt es durchaus mehrere Kandidaten für Paradigmen in der Entwicklungspsychologie. Tatsächlich ist jede der in diesem Buch dargestellten Theorien von einer Reihe von Wissenschaftlern übernommen worden, die sich die Prämissen dieser Theorien zu eigen gemacht und sich um eine Lösung der jeweiligen Anwendungsprobleme bemüht haben. Der in den einzelnen Kapiteln dieses Buches enthaltene Überblick über die jeweiligen Theorien umreißt ihre paradigmatischen Annahmen. Jede Theorie hat ihre eigene Gemeinschaft produktiver Wissenschaftler für sich gewonnen. Ein Beispiel ist die Piagetsche Schule in Genf. Einige Wissenschaftler übernahmen Piagets Paradigma und verfuhren im folgenden so, als würden sie die Einzelheiten zu diesem Erklärungsrahmen ausarbeiten. Diesen Status hat Piagets Theorie bei amerikanischen Kognitionsforschern nie ganz erreicht. Weitere Schulen, die an einem gemeinsamen

Paradigma arbeiten, finden sich für den Ansatz der Computersimulation an der Carnegie-Mellon University und am Massachusetts Institute of Technology, für die Ethologie in Deutschland, für die Psychoanalyse in verschiedenen klinisch-psychologischen oder psychiatrischen Fachbereichen und für das Lernen in einigen entwicklungspsychologischen Projekten der sechziger Jahre und im frühen amerikanischen Behaviorismus.

Kuhns Auffassung von Wissenschaft als zum Teil kontinuierlich und zum Teil diskontinuierlich sich entwickelndem Prozeß scheint für die Geschichte der entwicklungspsychologischen Theorien durchaus zuzutreffen – egal, ob zukünftige Generationen die gegenwärtige Phase nun als präparadigmatisch ansehen oder nicht. Beim Informationsverarbeitungsansatz sind Kontinuität wie Diskontinuität offenkundig. Er baute auf der Exaktheit und dem analytischen Ansatz der Lerntheorie auf, gewann seine Anhänger aber nicht nur deshalb, weil er eine bessere Version der Lerntheorie gewesen wäre, sondern zum Teil auch aufgrund einer allgemeinen Unzufriedenheit mit der Lerntheorie. Qualitative Veränderungen führte Piaget ein, als er die Lerntheorie grundsätzlich in Frage stellte, statt sie zu modifizieren. Quantitative Veränderungen ergaben sich, als Erikson auf der Freudschen Theorie aufbaute, statt sie zu ersetzen.

Die Geschichte der Entwicklungspsychologie bestätigt Kuhns Behauptung, daß eine Revolution ins Haus steht, wenn eine Theorie nicht mehr zufriedenstellend modifiziert werden kann. Jede Disziplin scheint irgendwann an einen Punkt zu kommen, an dem sie eine neue Theorie übernimmt, die angesichts der spezifischen Erfordernisse in dieser Situation die erfolgversprechenderen Perspektiven bietet.

Schwächen der Theorien

Die verschiedenen Theorien zeichnen sich zwar durch unterschiedliche Stärken aus, aber es gibt einige gemeinsame Schwächen, die in der zukünftigen Forschung und Theoriebildung behoben werden sollten. Diese Schwächen sind (1) die fehlende Berücksichtigung aller für die Entwicklung relevanten Einflußfaktoren, (2) die geringe ökologische Validität und (3) das Fehlen einer adäquaten Erklärung für die Mechanismen der Entwicklung.

Fehlende Integration aller relevanten Entwicklungsdeterminanten

Jede Theorie spezifiziert verschiedene Einflußfaktoren, die die Entwicklung bestimmen, und befaßt sich dann vorwiegend mit ein oder zwei Faktoren. In den vorangegangenen Kapiteln wurden die verschiedenartigen Unzulänglichkeiten der einzelnen Theorien aufgezeigt. Wygotskis Kontextualismus und insbesondere Riegels Version des dialektischen Prozesses gehören zu den umfassendsten Theorien in diesem Buch, obwohl die biologischen Einflußfaktoren kaum beachtet werden. Die dialektische Betrachtungsweise stellt verschiedene Einflüsse auf die Entwicklung heraus, die von anderen Theorien vernachlässigt werden. Unter den verschiedenen Theoretikern betonen nur Bandura und einige Kontextualisten (insbesondere Bronfenbrenner), daß das Verhalten eines Kindes auch seine Umwelt verändern kann. Ein fröhliches, freundliches Kind erzeugt eine positive, verständnisvolle Umwelt. Aber auch Bandura ignoriert, wie schon Piaget, die sozio-historischen Veränderungen. Und das gilt ebenso für Freud, Gibson, Ethologie und Informationsverarbeitungsansatz. All diese Theoretiker nehmen an oder betonen sogar, daß Entwicklung durch die Umwelt beeinflußt wird, nur betrachten sie diesen Einfluß als weitgehend konstant, zumindest während der Lebensspanne eines Menschen. Die Ethologen heben Veränderungen der materiellen Umwelt hervor, ohne gleichzeitig auch die Auswirkungen von Veränderungen in der sozialen Umwelt einzubeziehen. Eine Ausnahme sind Wygotski und die Kontextualisten. Erikson, der einer adäquaten Betrachtungsweise sozio-historischer Veränderungen noch am nächsten kommt, weist darauf hin, daß solche Veränderungen zu Veränderungen der gesellschaftlichen Institutionen führen, die ihrerseits die Ursache von veränderten Erwartungen an das Kind in jeder einzelnen Phase seiner Entwicklung sind. Aus diesem Grund hielt er es für nötig, die Entwicklung vergleichend in unterschiedlichen Kulturen zu untersuchen.

Eine adäquate Theorie sollte insbesondere auch die Auswirkungen vergangener und gegenwärtiger sozialer Veränderungen erklären. Technologische Innovation und soziale Veränderungen haben offenbar enormen Einfluß auf die Entwicklung von Kindern. Waschmaschine und Wegwerfwindeln haben die Dringlichkeit einer frühen Sauberkeitserziehung auch für vielbeschäftigte Eltern gemildert. Durch Fernsehen und Kinderhorte wurden Kinder mit einem größeren Spektrum von Modellen konfrontiert. Insbesondere die „Sesamstraße" trug Fachwissen in die Familien fast aller Vorschulkinder. Computer haben neue Formen des Lernens und der Unterhaltung möglich gemacht. Die Berufstätigkeit der Mütter, zunehmende Scheidungsraten, ein steigendes Heiratsalter und der Trend zu kleineren Familien haben für Kinder heute eine Umwelt geschaffen, die sich von den Gegebenheiten vor 30 Jahren deutlich unterscheidet. Heutzutage lebt nur noch eine Minderheit der Kinder in einer Familie, in der der Vater außer Haus berufstätig ist und die Mutter zu Hause bleibt. Werden sich Bindung, Selbständigkeitserziehung und andere Aspekte der Sozialisation trotzdem genauso wie früher entwickeln? Das erscheint wenig wahrscheinlich. Jede zukünftige Theoriebildung sollte Entwicklung umfassend begreifen. Selbst wenn ein Theoretiker sich dafür entscheidet, nur einen bestimmten Aspekt der Entwicklung – beispielsweise die Entwicklung der Kognition – zu erfassen, muß seine Theorie, wenn sie vollständig sein soll, das Zusammenwirken von körperlicher Reifung, psychischer Entwicklung und einer sich verändernden materiellen und sozialen Umwelt über die gesamte Lebensspanne einbeziehen.

Geringe ökologische Validität

Ernsthaftes Interesse an der ökologischen Validität ihrer Forschung zeigen nur Gibson, Wygotski und die Kontextualisten. Zwar räumen Entwicklungspsychologen im allgemeinen ein, daß es wichtig ist, Aufgaben und Probleme der Entwicklung im tatsächlichen Lebenszusammenhang von Kindern zu untersuchen, aber diese Einstellung spiegelt sich in den wenigsten Forschungsarbeiten wider. Man kann durchaus verstehen, daß es den meisten Wissenschaftlern widerstrebt, Kontrollmöglichkeiten und Exaktheit des Laborversuchs aufzugeben.

Daß eine geringe ökologische Validität unsere Erkenntnisse im Hinblick auf ein bestimmtes Verhalten einschränken kann, läßt sich an einem Beispiel aus der Gedächtnisforschung veranschaulichen. In der am häufigsten verwendeten Laboraufgabe sollen sich die Versuchspersonen an eine Liste von nicht miteinander zusammenhängenden Gegenständen erinnern. Kinder müssen zwar in der Schule und zu Hause manche Dinge einfach auswendig lernen, aber das meiste Material, an das sie sich erinnern müssen, dürfte bedeutungshaltig sein. Vorschulkinder können in der Tat eine beträchtliche Anzahl von Ereignissen aus ihrem Leben und insbesondere an sozialen Begegnungen genau wiedergeben (Fivush und Hudson, 1990).

Auch Piagets Theorie zeichnet sich in gewisser Hinsicht durch eine hohe ökologische Validität aus. Er untersuchte, wie Kinder mit Objekten interagierten, die ihnen aus ihrem Alltag vertraut waren. Allerdings schenkte er dem sozialen Kontext, in dem sich dieses Lernen ereignete, kaum Beachtung. Andere Menschen beeinflussen die Lernmotivation des Kindes, und die soziale Umwelt selbst besteht aus Ereignissen, die von einem Kind interpretiert werden. Die psychoanalytische Beschreibung der emotionalen Beziehungen zwischen Eltern und Kind muß durch Informationen über die Beziehungen des Kindes zu seinen Spielgefährten und Lehrern ergänzt werden. Die ethologische Theorie betont die Notwendigkeit zu untersuchen, wie die Anforderungen der Umwelt und die Versuche des Kindes, sich an diese Umwelt anzupassen, ineinandergreifen. Bisher wurde diese Theorie allerdings nur auf einen sehr engen Ausschnitt des kindlichen Verhaltens angewandt, nämlich primär auf die Mutter-Kind-Bindung und die Dominanzhierarchie in der Peergruppe. Ethologen untersuchen in der Regel nur das unmittelbare Umfeld, aber nicht die umfassenderen sozialen Strukturen wie Schulsystem oder Wirtschaftssystem, die ebenfalls die Entwicklung von Kindern beeinflussen.

Man braucht aber beides, Laborstudien und Beobachtungen unter natürlichen Bedingungen, um zu ökologisch validen Aussagen zu gelangen – wenn die Befunde konvergieren. Laborstudien zeigen, daß X die Ursache von Y sein *kann*, während Studien im natürlichen Umfeld zeigen, ob X und Y *tatsächlich* miteinander korreliert auftreten, ob also hohe X-Werte mit hohen Y-Werten und niedrige X-Werte mit niedrigen Y-Werten einhergehen. Darüber hinaus könnte eine Längsschnittstudie noch besser zeigen, ob Kinder in ihrer natürlichen Umwelt X vor Y entwickeln. Und um das Bild abzurunden, könnte man X in eine naturalistische oder quasi naturalistische Anordnung integrieren, um festzustellen, ob X zu Y führt.

Ein Beispiel für konvergierende Labor- und Feldstudien sind Untersuchungen zu der Frage, ob die Beobachtung gewalttätiger Modelle im Fernsehen (X) bei Kindern zu Aggressionen (Y) führt. Arbeiten von Bandura und anderen zeigen, daß im Laborexperiment nach dem Beobachten aggressiver Modelle verstärkt Aggressionen folgten. In Feldstudien, bei denen Kinder in ihrem natürlichen sozialen Kontext beobachtet wurden, haben auch andere Wissenschafler eine positive Korrelation zwischen dem Zuschauen bei Sendungen mit gewalttätigen Szenen und dem anschließend beobachteten aggressivem Verhalten festgestellt. Anders als die Laborstudien ergaben diese Feldstudien Hinweise auf ein Wechselspiel von Ursache und Wirkung (Huesmann, Lagerspetz und Eron, 1984). Gewalt zu beobachten fördert Aggressionen, und aggressive Kinder neigen dazu, gewalttätige Sendungen anzuschauen. Die wenigen Studien, die X in das natürliche Umfeld von Kindern eingeführt haben, indem sie kontrollierten, welche Art von Sendungen die Kinder anschauten, modifizieren die Ergebnisse der anderen Untersuchungstypen. So stellten Friedrich und Stein (1973) beispielsweise fest, daß eine Gruppe von Vorschulkindern, der man Zeichentrickfilme von Batman und Superman vorgeführt hatte, sich anschließend aggressiver verhielt. Das galt allerdings nur für diejenigen Kinder, die schon von vornherein ein hohes Maß an Aggression gezeigt hatten.

Ein solches Forschungsprogramm zeichnet sich insofern durch ökologische Validität aus, als es eine gesellschaftlich höchst relevante Frage im natürlichen sozialen Zusammenhang untersucht. Laborstudien deuten darauf hin, daß Fernsehsendungen Kinder über das Lernen am Modell beeinflussen, Feldstudien zeigen die Doppelbeziehung von Ursache und Wirkung, und die abschließende Phase des Experiments unter naturnahen Bedingungen ergibt weitere Befunde, die dann eine Bewertung der Ergebnisse aus vorangehenden Untersuchungen ermöglichen. Man braucht also sowohl Laborstudien als auch Feldstudien.

Selbst Laborstudien zur Bewertung der kognitiven Performanz könnten eine höhere ökologische Validität erreichen, als es häufig der Fall ist. Die Versuchssituation braucht nicht künstlich und fremd zu sein. Zunächst einmal kann eine Aufgabe ausgewählt werden, die für das Kind vertraut oder bedeutungshaltig ist. Shatz und Gelman (1973) stellten fest, daß die Kommunikation kleiner Kinder weniger egozentrisch ist, wenn sie erklären, wie ein Spielzeug funktioniert (beispielsweise eine Kippe für Spielzeuglastwagen), als wenn sie über weniger vertraute Objekte oder Ereignisse kommunizieren sollen. Die ökologische Validität von Laborexperimenten läßt sich auch dadurch erhöhen, daß man die üblichen Situationsvariablen mit einbezieht. So verlassen Kinder sich manchmal darauf, daß sie von ihren Eltern daran erinnert werden, was sie in die Schule mitnehmen müssen oder was sie nach der Schule tun sollen (Kreutzer, Leonard und Flavell, 1975); vielleicht könnte auch die Entwicklung dieser Strategie im Labor untersucht werden – neben den üblicherweise dort untersuchten Strategien wie etwa das verbale Memorieren.

Eine wichtige Botschaft der ökologisch orientierten Theorien lautet: Wir sollten ein Ereignis als Analyseeinheit betrachten. Kinder tun etwas Bestimmtes in einer bestimmten Situation und Umgebung mit einer bestimmten Zielsetzung. Sie bewegen sich in ihrer Umgebung und explorieren sie, und sie interagieren mit anderen Personen. Die Entwicklungspsychologen werden sich zunehmend der Tatsache bewußt, Kognition, Persönlichkeit und Wahrnehmung zu lange losgelöst von bedeutsamem motorischem Verhalten betrachtet zu haben.

Inadäquate Erklärung von Mechanismen der Entwicklung

Eine weitere gemeinsame Schwäche der gegenwärtigen Entwicklungstheorien ist ihre inadäquate Erklärung von Mechanismen der Entwicklung. In der Einführung wurde gefordert, daß eine Entwicklungstheorie die Entwicklung in einem Bereich und den Zusammenhang zwischen gleichzeitig sich entwickelnden Bereichen *beschreiben* sowie den Verlauf der dargestellten Entwicklung *erklären* muß. Piaget, Freud und Erikson haben Entwicklung umfassend beschrieben, aber ihre Erklärungen der Entwicklungsmechanismen – Äquilibration und invariante Funktionen bei Piaget und Triebdynamik in der Psychoanalyse – bleiben vage. Solche Mechanismen lassen sich nicht ohne weiteres beobachten und untersuchen. Umgekehrt betonen die soziale Lerntheorie, der Informationsverarbeitungsansatz, die Ethologie, Gibsons Theorie und die Wygotskische Kontexttheorie die Veränderungsprozesse, während sie eine weniger gute Beschreibung der Entwicklung liefern. Aber auch diese Prozeßtheorien stellen keine befriedigenden Erklärungen der Entwicklungsmechanismen zur Verfügung. Die soziale Lerntheorie nimmt ein Beobachtungslernen an, das verbale Instruktionen und Nachahmen von Modellen sowie kognitive Prozesse einschließt. Allerdings bleibt unklar, wie diese Prozesse tatsächlich funktionieren. Sie werden zwar benannt, sind aber tatsächlich keine Erklärung für Entwicklung. Der Erwerb einer neuen Verhaltensweise durch Beobachten eines Modells, Hören von Instruktionen oder Lesen schließt eine Reihe weiterer Prozesse ein, darunter die symbolische Repräsentation der zu modellierenden Verhaltenssequenz, die aufgrund des gedruckten Wortes konstruierte bildhafte Vorstellung eines neuen Verhaltens, die Integration neuer Informationen in bereits vorhandenes Wissen und das Übertragen neuer Informationen auf einen Handlungsablauf. Es gilt zu erklären, wie diese Prozesse operieren. Anders gesagt, es genügt nicht, Bedingungen zu identifizieren, die Beobachtungslernen fördern, und beteiligte Komponenten (wie Aufmerksamkeit, Behalten, motorische Reproduktion und Motivation) aufzulisten. Dieser Schritt der Identifikation verschiebt die Notwendigkeit einer Erklärung nur auf eine höhere Ebene.

Dieselbe Problematik stellt sich im Zusammenhang mit Informationsverarbeitungsansatz, Ethologie, Gibsonscher Theorie und Wygotskis Kontextualismus. Wie erwerben wir neue Strategien, wie enkodieren wir neue Information, wie entwickeln wir Regelungsprozesse, wie überwinden wir Produktionsschwächen, wie integrieren wir individuelles angeborenes Verhalten in ein System, wie entdecken wir neue Angebote und wie lernen wir neue soziale Fähigkeiten? Hier sind die kognitiven, neurophysiologischen und perzeptuellen Prozesse im einzelnen noch nicht exakt spezifiziert.

Zukünftige Theorien müssen zwei Funktionen der Entwicklungsmechanismen untersuchen: (1) erleichterter Erwerb neuer Fertigkeiten und (2) verbesserter Zugriff auf diese Fertigkeiten. Sämtliche Entwicklungsmechanismen können eine oder beide Funktionen erfüllen. Beispiele für Mechanismen, mit denen der Erwerb neuer Fertigkeiten erklärt wurde, sind der Äquilibrationsprozeß, der dialektische Prozeß, Veränderungen bei den biologisch bedingten Trieben, Identifikation, Entwicklung des Ich, Beobachtungslernen, der Erwerb neuer Strategien der Informationsverarbeitung, Automatisierung und Wahrnehmungslernen. Weit weniger Beachtung maßen die Theoretiker der Frage bei, wie auf diese neuen Fähigkeiten zurückgegriffen wird und wie sich dies in veränderter Performanz ausdrückt. Diese Frage ist von zentraler Bedeutung, insbesondere im Bereich der kognitiven Entwicklung, denn neuere Erkenntnisse belegen, daß Kinder im Laufe ihrer Entwicklung vor allem lernen, bereits erworbene Fertigkeiten auch *anzuwenden*. Kinder können sich verbal mitteilen, lange bevor sie eine Itemliste spontan verbal memorieren. Kleine Kinder verfügen bereits über ein rudimentäres Zahlenverständnis, lassen sich aber leicht davon abbringen, dies anzuwenden, wenn ihnen Distraktoren oder eine zu umfangreiche Information zur Verarbeitung dargeboten werden. Heranwachsende setzen formale Operationen in einigen, aber nicht allen inhaltlichen Bereichen ein. Im Rahmen der sozialen Lerntheorie, der Kontexttheorie, der Neo-Piagetschen Theorie und des Informationsverarbeitungsansatzes wurden eine Reihe von Situationsvariablen identifiziert, die das Anwenden vorhandenen Wissens erleichtern oder erschweren, aber es ließ sich bislang noch nicht zufriedenstellend erklären, warum oder wie diese Variablen sich auf die Performanz auswirken.

Keine Theorie konnte subtilere Aspekte der Entwicklungsmechanismen klären. Darunter ist folgendes zu verstehen (Flavell et al., 1993): Möglicherweise spielen auf unterschiedlichen Entwicklungsniveaus sogar unterschiedliche Entwicklungsmechanismen eine besonders wichtige Rolle. Und verschiedene Aspekte der Entwicklung könnten verschiedene Mechanismen beinhalten. Zum Beispiel könnten Sprachentwicklung und die Entwicklung sozialen Verhaltens unterschiedliche Ursachen haben. Darüber hinaus sind viele der Mechanismen selbst einer Entwicklung unterworfen (Flavell, 1984, 1992). So entwickeln sich Explorationsverhalten, Verarbeitungsgeschwindigkeit, Enkodierung und Beobachtungslernen alle in ihren eigenen Bahnen. Schließlich müssen Theorien angeben, ob dieselben Mechanismen kurzzeitige Veränderungen von einem Augenblick zum nächsten oder aber längerfristige, bisweilen qualitative Veränderungen hervorrufen.

Wenn man es optimistischer betrachtet, könnte in den nächsten Jahren aufgrund neuerer theoretischer und empirischer Erkenntnisse vielleicht sogar ein entscheidender Durchbruch bei der Erforschung der Entwicklungsmechanismen bevorstehen. Siegler

(1989) hat fünf Typen von Mechanismen identifiziert und für jeden davon Beispiele angegeben. Diese Mechanismen betreffen die folgenden Bereiche:

1. Neurale Bahnen: Zunahme der Anzahl an Synapsen (Verbindungen zwischen den Neuronen), Vermehrung hochaktiver Synapsen und Wegfall anderer Synapsen sowie Ausdifferenzierung von einer in zwei neurale Bahnen. Diese Veränderungen betreffen kognitive und perzeptuelle Veränderungen in der Kindheit.
2. Assoziative Konkurrenz: Zunahme der Assoziationen zwischen verschiedenen Aspekten des Inputs (beispielsweise syntaktischen Informationen) und des Outputs (beispielsweise Artikel für deutsche Nomen). Lernen in Bereichen wie Sprache, Reproduktion und Problemlösen können zu Veränderungen dieser Assoziationsmuster führen.
3. Enkodieren: Zunehmende Enkodierung von relevanter Information und Relationen aufeinander bezogener Informationen (beispielsweise „schwerer" statt „schwer") und Herausbildung neuer Kodierungen, wenn es um entwicklungsbedingte Veränderungen des Problemlösens geht.
4. Analogiebildung: Übertragung von Wissen über ein vertrautes Problem auf ein neues, aber verwandtes Problem. Mit zunehmendem Alter brauchen Kinder, um diese Lücke zu überbrücken, immer weniger und immer weniger massive Hinweise, und dafür genügt auch eine geringere Ähnlichkeit der wahrgenommenen Problemstellung.
5. Strategiewahl: Anpassung an eine gegebene Aufgabe durch die Auswahl einer Strategie aus mehreren verfügbaren Alternativen. Kinder können Strategien auswählen, die rascher zum Erfolg führen, wenn dadurch eine angemessene Performanz erzielt wird, und langsamere Strategien bei Aufgaben, bei denen langsameres Vorgehen eine wichtige Voraussetzung für eine adäquate Performanz ist.

Siegler nimmt an, daß alle diese Mechanismen einer bestimmten Art von Konkurrenz unterliegen – sei es zwischen synaptischen Verbindungen, Assoziationen, Informationen, kognitiven Regeln oder Strategien. So wie der am besten Angepaßte überlebt, so werden die adaptiv stärksten Verarbeitungseinheiten beibehalten. Entwicklungspsychologen sollten mit den Mechanismen der Veränderung vertraut sein, weil sich nach Siegler durch Einbeziehen dieser Mechanismen die Generalisierbarkeit der Theorien erhöhen läßt – indem scheinbar nicht miteinander zusammenhängende Entwicklungsfortschritte als Ausdruck derselben elementaren Entwicklungsmechanismen beschrieben werden.

Zur Bewertung der heutigen Entwicklungstheorien

Ein breites Wissen um die in diesem Buch vorgestellten Entwicklungstheorien kann Theoretiker und Praktiker davor bewahren, die Entwicklung von Kindern unter einer allzu eingeschränkten Perspektive zu sehen. Eine starre, egozentrische Sicht des kindlichen Verhaltens läßt sich vermeiden, wenn man beim Versuch, dieses Verhalten zu verstehen, eine Theorie nach der anderen heranzieht. Für einen solchen kombinierten Ansatz gibt es zahlreiche Beispiele. Nach Freuds umfassender Darstellung des unbewußten, irrationalen Denkens schien die an Piaget orientierte Forschung zur logischen Konzeptualisierung physikalischer Phänomene unvollständig. So gibt es nur sehr wenige Arbeiten zur kognitiven Entwicklung, auf der Abwehrmechanismen, emotionale

Beziehungen zu Eltern oder Gleichaltrigen und Identifikation beruhen. Unter einer allgemeineren Perspektive könnte eine Kombination aus den Themen Freuds (Emotionen), Piagets (kognitive Strukturen) sowie der Kontexttheorie und der sozialen Lerntheorie (Performanz des Kindes in spezifischen Situationen) eine umfassenderes Verständnis des kindlichen Verhaltens ermöglichen.

Ein weiteres Beispiel dafür, wie ein multitheoretischer Ansatz unseren theoretischen Horizont erweitern könnte, ist die Anwendung der ethologischen Methodologie auf die soziale Lerntheorie. Wenn wir Kinder in einer Umgebung beobachten, an die sie sich anpassen müssen, können wir feststellen, welche Rolle die Nachahmung spielt. Ist Nachahmung dann am wahrscheinlichsten, wenn ein Kind in bestimmten Situationen nicht genau weiß, was sein soziales Umfeld von ihm erwartet? Ergibt sich aus der Dominanzhierarchie unter Gleichaltrigen, daß die in der Hierarchie höherstehenden Kinder von den Kindern mit einer niedrigeren Position vermehrt nachgeahmt werden?

Wenn ältere Theorien herangezogen werden, muß man allerdings berücksichtigen, daß einige Modifikationen erforderlich werden könnten. Freuds Begriff des Unbewußten kann übernommen werden, ohne daß damit auch die Vorstellung übernommen werden muß, daß primär sexuelle Triebregungen unbewußt verdrängt werden. Da sich die kulturellen Bedingungen verändern und neue Erkenntnisse über die Entwicklung gewonnen werden, müssen wir auswählen und das, was in den vorliegenden Theorien brauchbar ist, übernehmen und den Rest vergessen.

Beilin (1984, S. 9) schreibt dazu: „Die Geschichte läßt jede Theorie irgendwie defizitär erscheinen." Da keine einzelne Theorie Entwicklung hinreichend erklären kann, kommt es für die Entwicklungstheoretiker darauf an, auf Inhalte, Methoden und Konzepte vieler Theorien zurückgreifen zu können. Gemeinsam ermöglichen diese Theorien eine Vielfalt von Analyseebenen, von der physiologischen bis hin zur soziologischen Ebene. Ein solcher eklektizistischer Ansatz würde wahrscheinlich zu einer problemorientierten, vom Erklärungsanspruch her eher bescheidenen Forschung und Theoriebildung führen: zu einer Reihe strukturierter Hypothesen im Hinblick auf einen spezifischen Bereich, beispielsweise Bindung, Identifikation oder quantitatives Schlußfolgern. Im Idealfall würden die gewählten Konzepte und Methoden innerhalb des jeweiligen Problembereichs die meisten der vielfältigen Variablen mit einschließen. Wahrscheinlich wird es in Zukunft nur wenige großangelegte, allgemeine Entwicklungstheorien, dafür aber vielleicht eine Reihe von aussagekräftigen Minitheorien geben.

Zusammenfassend heißt dies, daß in Forschung und Praxis verschiedene Theorien als Heuristiken zur Problemlösung herangezogen werden sollten. Das heißt nicht, daß es für Entwicklungstheoretiker, die innerhalb einer einzelnen Theorie arbeiten, keinen Platz mehr gibt. Es hat Vorteile, einzelne Theorien bis an ihre Grenzen zu treiben. Ein rascher Fortschritt ist, wie Kuhn in seiner Diskussion des Paradigmenbegriffs anmerkt, manchmal dann am wahrscheinlichsten, wenn der Theoretiker die Prämissen seiner Disziplin eben nicht in Frage stellt. Es kann durchaus aufschlußreich sein herauszufinden, an welchen Stellen eine Theorie zusammenbricht. Der englische Logiker Augustus de Morgan meinte: „Falsche Hypothesen, mit denen richtig umgegangen wurde, haben wertvollere Erkenntnisse erbracht als ungerichtete Beobachtungen." In Anbetracht des gegenwärtigen Standes der Entwicklungspsychologie brauchen wir sowohl Eklektiker als auch orthodoxe Anhänger bestimmter Theorien.

„Womit soll ich den Anfang machen, mit Verlaub, Euere Majestät?" . . .
„Mache den Anfang mit dem Anfang", sagte der König ernst, „und weiter, bis du ans Ende kommst; dort höre auf."

[Lewis Caroll]

Bibliographie

Ainsworth, M. D. S. *The Development of Infant-Mother Attachment.* In: Caldwell, B. M.; Ricciuti, H. N. (Hrsg.) *Review of Child Development Research.* Vol. 3. Chicago (University of Chicago Press) 1973.

Ainsworth, M. D. S. *Attachments and Other Affectional Bonds Across the Life Cycle.* In: Parkes, C. M.; Stevenson-Hinde, J.; Marris, P. (Hrsg.) *Attachment Across the Life Cycle.* New York (Routledge) 1991

Ainsworth, M. D. S.; Blehar, M. C.; Waters, E.; Wall, S. *Patterns of Attachment.* Hillsdale, N. J. (Erlbaum) 1978.

American Psychologist 36 (1981) S. 27–34.

American Psychologist 37 (1982) S. 74–85.

Anastasi, A. *Heredity, Environment, and the Question „How".* In: *Psychological Review* 65 (1958) S. 197–208.

Anderson, J. *Comments on* Foundations of Cognitive Science. In: *Psychological Science* 5 (1991) S. 283–287.

Antinucci, F. (Hrsg.) *Cognitive Structure and Development in Nonhuman Primates.* Hillsdale, N.J. (Erlbaum) 1989

Ardrey, R. *The Territorial Imperative.* London (Anthony Blond) 1966.

Atkinson, R. C.; Shiffrin, R. M. *Human Memory: A proposed System and Its Control Processes.* In: Spence, K. W.; Spence, J. T. (Hrsg.) *Advances in the Psychology of Learning and Motivation Research and Theory.* Bd. 2. New York (Academic Press) 1968.

Averill, J. R. *Patterns of Psychological Thought: A General Introduction.* In: Averill, J. R. (Hrsg.) *Patterns of Psychological Thought.* Washington, D. C. (Hemisphere) 1976.

Azmitia, M.; Perlmutter, M. *Social Influences on Children's Cognition: State of the Art and Future Directions.* In: Reese, H. W. (Hrsg.) *Advances in Child Development and Behavior.* Bd. 22. San Diego (Academic Press) 1989.

Bahrick, L. E.; Watson, J. S. *Detection of Intermodal Proprioceptive-Visual Contingency as a Potential Basis of Self-Perception in Infancy.* In: *Developmental Psychology* 21 (1985) S. 963–973.

Baillargeon, R. *Object Permanence in 3.5- and 4.5-Month-Old Infants.* In: *Developmental Psychology* 23 (1978) S. 655–664.

Baker-Sennett, J.; Matusov, E.; Rogoff, B. *Planning as Developmental Process.* In: Reese, H. W. (Hrsg.) *Advances in Child Development and Behavior* Bd. 24. New York (Academic Press). Im Druck.

Baltes, M. M.; Barton, E. M. *Behavior Analysis of Aging: A Review of the Operant Model and Research.* In: *International Journal of Behavioral Development* 2 (1979) S. 291–320.

Bandura, A. *Influence of Model's Reinforcement Contingencies on the Acquisition of Imitative Responses.* In: *Journal of Personality and Social Psychology* 1 (1965) S. 589–595.

Bandura, A. *Behavioral Psychotherapy.* In: *Scientific American* 216 (1967) S. 78–86.

Bandura, A. *Vicarious and Self-Reinforcement Processes.* In: Glaser, R. (Hrsg.) *The Nature of Reinforcement.* New York (Academic Press) 1971.

Bandura, A. *Sozial-kognitive Lerntheorie.* Stuttgart (Klett-Cotta) 1979.

Bandura, A. *Social Foundations of Thought and Action.* Engelwood Cliffs, N. J. (Prentice-Hall) 1986.

Bandura, A. *Social Cognitive Theory.* In: Vasta, R. (Hrsg.) *Annals of Child Development.* Bd. 6. Greenwich, Conn. (JAI Press) 1989.

Bandura, A.; Grusec, J. E.; Menlove, F. L. *Observational Learning as a Function of Symbolization and Incentive Set.* In: *Child Development* 37 (1966) S. 499–506.

Bandura, A.; McDonald, F. J. *The Influence of Social Reinforcement and the Behavior of Models in Shaping Children's Moral Judgments.* In: *Journal of Abnormal and Social Psychology* 67 (1963) S. 274–281.

Bandura, A; Ross, D.; Ross, S. A. *Transmission of Aggression Through Imitation of Aggressive Models.* In: *Journal of Abnormal and Social Psychology* 63 (1961) S. 575–582.

Bandura, A.; Walters, R. H. *Adolescent Aggression*. New York (Ronald Press) 1959.

Bandura, A.; Walters, R. H. *Social Learning and Personality Development*. New York (Holt) 1963.

Barash, D. P. *Personal Space Reiterated*. In: *Environment and Behavior* 5 (1973) S. 67–72.

Barker, R. G.; Wright, H. F. *Midwest and Its Children: The Psychological Ecology of an American Town*. Evanston, Ill. (Row-Peterson) 1955.

Barnett, S. A. *A Study in Behavior*. London (Methuen) 1963.

Baron-Cohen, S. *The Theory of Mind Deficit in Autism: How Specific Is It?* In: *British Journal of Developmental Psychology* 9 (1991) S. 301–314.

Bateson, P. P. G. *The Imprinting of Birds*. In: Barnett, S. A. (Hrsg.) *Ethology and Development*. Philadelphia (Lippincott) 1973.

Bateson, P. P. G. *Rules and Reciprocity in Behavioral Development*. In: Bateson, P. P. G.; Hinde, R. A. (Hrsg.) *Growing Points in Ethology*. Cambridge (Cambridge University Press) 1976.

Bateson, P. P. G. *Early Experience and Sexual Preferences*. In: Hutchinson, J. B. (Hrsg.) *Biological Determinants of Sexual Behavior*. London (Wiley) 1978.

Baumrind, D. *The Development of Instrumental Competence Through Socialization*. In: Pick, A. D. (Hrsg.) *Minnesota Symposia on Child Psychology*. Bd. 7. Minneapolis (University of Minnesota Press) 1973.

Baylor, G. W.; Gascon, J. *An Information Processing Theory of Aspects of the Development of Weight Seriation in Children*. In: *Cognitive Psychology* 6 (1974) S. 1–40.

Baylor. G. W.; Lemoyne, G. *Experiments in Seriation with Children: Towards an Information Processing Explanation of the Horizontal Décalage*. In: *Canadian Journal of Behavioral Science* 7 (1975) S. 4–29.

Beer, C. G. *Species-Typical Behavior and Ethology*. In: Dewsbury, D. A.; Rethlingshafer, D. A. (Hrsg.) *Comparative Psychology: A Modern Survey*. New York (McGraw-Hill) 1973.

Beilin, H. *The Training and Aquisition of Logical Operations*. In: Rosskopf, M. F.; Steffe, L. P.; Taback, S. (Hrsg.) *Piagetian Cognitive-Developmental Research and Mathematical Education*. Washington, D. C. (National Council of Teachers of Mathematics) 1971.

Beilin, H. *Überlegungen zur Theorie von Piaget: Weiterentwicklung und Verbesserung oder Verwerfung der Theorie?*. In: Kluwe, R. H.; Spada, H. (Hrsg.) *Studien zur Denkentwicklung*. Bern (Huber) 1981.

Beilin, H. *Dispensable and Core Elements in Piaget's Research Program*. In: *The Genetic Epistemologist* 13 (1985) S. 1–16.

Beilin, H. *Piagetian Theory*. In: Vasta, R. (Hrsg.) *Annals of Child Development*. Bd. 6: *Developmental Theory*. Greenwich, Conn. (JAI Press) 1989.

Beilin, H. *Piaget's New Theory*. In: Beilin, H.; Pufall, P. B. (Hrsg.) *Piaget's Theory: Prospects and Possibilities*. Hillsdale, N. J. (Erlbaum) 1992.

Berk, L. E.; Garvin, R. A. *Development of Private Speech Among Low-Income Appalachian Children*. In: *Developmental Psychology* 20 (1984) S. 271–286.

Berland, J. C. *No Five Fingers Are Alike: Cognitive Amplifiers in Social Context*. Cambridge, Mass. (Harvard University Press) 1982.

Berlyne, D. E. *Structure and Direction in Thinking*. New York (Wiley) 1965.

Berman, P. *Are Women More Responsive Than Men to the Young? A Review of Developmental and Situational Variables*. In: *Psychological Bulletin* 88 (1980) S. 668–695.

Bhaskar, R. *Beef, Structure and Place: Notes from a Critical Naturalist Perspective*. In: *Journal for the Theory of Social Behavior* 13 (1983) S. 81–97.

Bijou, S. W.; Baer, D. M. *Child Development*. Bd. 1. New York (Appleton-Century-Crofts) 1961.

Bivens, J. A.; Berk, L. E. *A Longitudinal Study of the Development of Elementary School Children's Private Speech*. In: *Merrill-Palmer Quarterly* 36 (1990) S. 443–463.

Bjorklund, D. F. *How Age Changes in Knowledge Base Contribute to the Development of Children's Memory*. In: *Developmental Review* 7 (1987) S. 93–130.

Bjorklund, D. F. (Hrsg.) *Children's Strategies: Contemporary Views of Cognitive Development*. Hillsdale, N. J. (Erlbaum) 1990.

Bjorklund, D. F.; Green, B. L. *The Adaptive Nature of Cognitive Immaturity*. In: *American Psychologist* 47 (1992) S. 46–54.

Bjorklund, D. F.; Zeman, B. R. *Children's Organization and Metamemory Awareness in Their Recall of Familiar Information*. In: *Child Development* 53 (1982) S. 799–810.

Blurton-Jones, N. *Ethological Studies of Child Behavior*. Cambridge (Cambridge University Press) 1972.

Bornstein, M. H. *Sensitive Periods in Development: Structural Characteristics and Causal Interpretations*. In: *Psychological Bulletin* 105 (1989) S. 179–197.

Bornstein, M. H.; Tal, J.; Tamis-LeMonda, C. S. *Parenting in Cross-Cultural Perspective: The United States, France, and Japan.* In: Bornstein, M. H. (Hrsg.) *Cultural Approaches to Parenting.* Hillsdale, N. J. (Erlbaum) 1991.

Bornstein, M. H.; Toda, S.; Azuma, H.; Tamis-LeMonda, C. S.; Ogino, M. *Mother and Infant Activity and Interaction in Japan and in the United States: II. A Comparative Microanalysis of Naturalistic Exchanges Focused on the Organization of Infant Attention.* In: *International Journal of Behavioral Development* 13 (1990) S. 289–308.

Bower, T. G. R. *Development in Infancy.* San Francisco (Freeman) 1974.

Bowers, K. S. *Situationism in Psychology.* In: *Psychological Review* 80 (1973) 307–336.

Bowlby, J. *The Nature of the Child's Tie to His Mother.* In: *International Journal of Psychoanalysis* 39 (1958) S. 350–373.

Bowlby, J. *Bindung. Eine Analyse der Mutter-Kind-Beziehung.* München (Kindler) 1975.

Bowlby, J. *Attachment and Loss.* Bd. 3: *Loss.* New York (Basic Books) 1980.

Bowlby, J. *Charles Darwin: A New Biography.* London (Hutchinson) 1990.

Brannigan, C. R.; Humphries, D. A. *Human Nonverbal Behavior, a Means of Communication.* In: Blurton Jones, N. G. (Hrsg.) *Ethological Studies of Child Behavior.* Cambridge (Cambridge University Press) 1972.

Breland, K.; Breland, M. *The Misbehavior of Organisms.* In: *American Psychologist* 16 (1961) S. 681–684.

Bretherton, I. *Pouring New Wine into Old Bottles: The Social Self as Internal Working Model.* In: Gunnar, M. R.; Sroufe, L. A. (Hrsg.) *Minnesota Symposia on Child Psychology.* Bd. 23. *Self Processes and Development.* Hillsdale, N. J. (Erlbaum) 1991.

Bringuier, J. *Conversations with Jean Piaget.* Chicago (University of Chicago Press) 1980.

Bronfenbrenner, U. *Toward an Experimental Ecology of Human Development.* In: *American Psychologist* 32 (1977) S. 513–531.

Bronfenbrenner, U. *Recent Advances in Research on Human Development.* In: Silbereisen, R. K.; Eyferth, K.; Rudinger, G. (Hrsg.) *Development as Action in Context: Problem Behavior and Normal Youth Development.* New York (Springer) 1986.

Bronfenbrenner, U. *Ecological Systems Theory.* In: Vasta, R. (Hrsg.) *Annals of Child Development.* Bd. 6. *Six Theories of Child Development.* Greenwich, Conn. (JAI Press) 1989a.

Bronfenbrenner, U. *The Developing Ecology of Human Development: Paradigm Lost or Paradigm Regained.* In: Vasta, R. (Hrsg.) *Theories of Child Development.* Symposium der Society for Research in Child Development, Kansas City, Mo. 1989b.

Bronfenbrenner, U. *The Process-Person-Context Model in Developmental Research: Principles, Applications, and Implications.* Unveröffentlichtes Manuskript, Cornell University. 1992.

Brown, A. L. *The Development of Memory: Knowing, Knowing About Knowing, and Knowing How to Know.* In Reese, H. W. (Hrsg.) *Advances in Child Development and Behavior.* Bd. 10. New York (Academic Press). 1975.

Brown, H. L. *Knowing When, Where, and How to Remember: A Problem of Metacognition.* In: Glaser, R. (Hrsg.) *Advances in Instructional Psychology.* Bd. 1. Hillsdale, N .J. (Erlbaum) 1978.

Brown, H. *Theories of Memory and the Problem of Development: Activity, Growth, and Knowledge.* In: Cermak, L. S.; Craik, F. I. M. (Hrsg.) *Levels of Processing in Human Memory.* Hillsdale, N. J. (Erlbaum) 1979.

Brown, A. L.; DeLoache, J. S. *Skills, Plans, and Self-Regulation.* In: Siegler, R. S. (Hrsg.) *Children's Thinking: What Develops?* Hillsdale, N. J. (Erlbaum) 1983.

Brown, A. L; Smiley, S. S. *The Development of Strategies for Studying Texts.* In: *Child Development* 49 (1978) S. 1076–1088.

Brown, J. S.; Burton, R. B. *Diagnostic Models for Procedural Bugs in Basic Mathematical Skills.* In: *Cognitive Science* 2 (1978) S. 155–192.

Brückner, G. H. *Untersuchungen zur Tiersoziologie, insbesondere der Auflösung der Familie.* In: *Zeitschrift für Psychologie* 128 (1933) S. 1–120.

Bruner, J. S. *On perceptional Readiness.* In: *Psychological Review* 64 (1957) S. 123–152.

Bruner, J. S. *The Artist as Analyst. A Review of* A Way of Looking at Things: Selected Papers from 1930 to 1980 *by E. Erikson.* In: *The New York Review.* 12 (1987) S. 8–13.

Bruner, J. S. *Acts of Meaning.* Cambridge, Mass. (Harvard University Press) 1990.

Brunk, M. A.; Henggeler, S. W. *Child Influences on Adult Controls: An Experimental Investigation.* In: *Developmental Psychology* 6 (1984) S. 1074–1081.

Brush, S. G. *Fact and Fantasy in the History of Science.* In: Marx, M. H.; Goodson, F. E. (Hrsg.) *Theories in Contemporary Psychology.* 2. Aufl. New York (Macmillan) 1976.

Bryant, P. E. *Theories About the Causes of Cognitive Development.* In: Van Geert, P. L. C. (Hrsg.) *Theory Building in Developmental Psychology.* Amsterdam (North Holland) 1986.

403

Byrne, R. W.; Whiten, A. *Toward the Next Generation in Data Quality: A New Survey of Primate Tactical Deception*. In: *Behavioral and Brain Science* 11 (1988) S. 267–283.

Byrne, R. W.; Whiten, A. *Computation and Mindreading in Primate Tactical Deception*. In: Whiten, A. (Hrsg.) *Natural Theories of Mind: Evolution, Development and Simulation of Everyday Mindreading*. Oxford (Basil Blackwell) 1991.

Cairns, R. B. *Social Development: The Origins and Plasticity of Interchanges*. San Francisco (Freeman) 1979.

Cairns, R. B. *Multiple Metaphors for a Singular Idea*. In: *Developmental Psychology* 27 (1991) S. 23–26.

Campos, J. J.; Langer, A.; Krowitz, A. *Cardiac Responses on the Visuell Cliff in Prelocomotor Human Infants*. In: *Science* 170 (1970) S. 196f.

Carey, S. *Conceptual Change in Childhood*. Cambridge, Mass. (MIT Press) 1985.

Carey, S.; Gelman, R. (Hrsg.) *The Epigenesis of Mind: Essays on Biology and Cognition*. Hillsdale, N. J. (Erlbaum) 1991.

Carr, M.; Kurtz, B. E.; Schneider, W.; Turner, L. A.; Borkowski, J. G. *Strategy Acquisition and Transfer Among American and German Children: Environmental Influences on Metacognitive Development*. In: *Developmental Psychology* 25 (1989) S. 765–771.

Carraher, T. N.; Carraher, D. W.; Schliemann, A. D. *Mathematics in the Streets and in Schools*. In: *British Journal of Developmental Psychology* 3 (1985) S. 21–29.

Case, R. *Intellectual Development: Birth to Adulthood*. New York (Academic Press) 1985.

Case, R. *The Mind's Staircase: Exploring the Conceptual Underpinnings of Children's Thought and Knowledge*. Hillsdale, N. J. (Erlbaum) 1992.

Caspi, A.; Elder, G. H.; Herbener, E. S. *Turning Points in the Life Course*. In: Caspi, A. (Hrsg.) *Surmounting Childhood Disadvantage: Pathways to Change*. Symposium der Society for Research in Child Development, Kansas City, Mo. April 1989.

Cassirer, E. *Die Philosophie der Aufklärung*. Tübingen (J. C. B. Mohr) 1932.

Caudill, W.; Weinstein, H. *Maternal Care and Infant Behavior in Japan and America*. In: *Psychiatry* 32 (1969) S. 12–43.

Cazden, C. B.; John, V. P. *Learning in American Indian Children*. In: Wax, M. L.; Diamond, S.; Gearing, F. O. (Hrsg.) *Anthropological Perspectives in Education*. New York (Basic Books) 1971.

Ceci, S. J. *On Intelligence, More or Less: A Bioecological Theory*. Englewood Cliffs, N. J. (Prentice-Hall) 1990.

Ceci, S. J.; Caves, R. D.; Howe, M. J. A. *Children's Long-term Memory for Information That is Incongruous with Their Prior Knowledge*. In: *British Journal of Psychology* 72 (1981) S. 443–450.

Cernoch, J. M.; Potter, R. H. *Recognition of Maternal Axillary Odors by Infants*. In: *Child Development* 56 (1985) S. 1593–1598.

Charlesworth, W. *Ethology: Understanding the Other Half of Intelligence*. In: Cranach, M. von; Foppa, K.; Lepenies, W.; Ploog, D. (Hrsg.) *Human Ethology: Claims and Limits of a New Discipline*. Cambridge (Cambridge University Press) 1979.

Charlesworth, W. *An Ethological Approach to Cognitive Development*. In: Brainerd, C. (Hrsg.) *Recent Advances in Cognitive Developmental Theory*. New York (Springer) 1983.

Charlesworth, W. *Resources and Resource Acquisition During Ontogeny*. In: MacDonald, K. B. (Hrsg.) *Sociobiological Perspectives on Human Development*. New York (Springer) 1988.

Charlesworth, W. *Darwin and Developmental Psychology: Past and Present*. In: *Developmental Psychology* 28 (1992) S. 5–16.

Chi, M. T. H. *Knowledge Structures and Memory Development*. In: Siegler, R. S. (Hrsg.) *Children's Thinking. What Develops?* Hillsdale, N. J. (Erlbaum) 1978.

Chi, M. T. H.; Glaser, R.; Farr, M. J. (Hrsg.) *The Nature of Expertise*. Hillsdale, N. J. (Erlbaum) 1988.

Chi, M. T. H.; Koeske, R. D. *Network Representation of a Child's Dinosaur Knowledge*. In: *Developmental Psychology* 19 (1983) S. 29–39.

Chomsky, N. Rezension zu *Verbal Behavior*, von B. F. Skinner. In: *Language* 35 (1959) S. 26–58.

Chomsky, N. *Strukturen der Syntax*. Berlin (de Gruyter) 1973.

Cohen, D. *Psychologists on Psychology*. New York (Taplinger) 1977.

Cohen, L. B.; Salapatek, P. *Infant Perception: From Sensation to Cognition*. Bd. 1. New York (Academic Press) 1975.

Cohen, R.; Siegel, A. W. (Hrsg.) *Context and Development*. Hillsdale, N. J. (Erlbaum) 1991.

Cole, M. *Cross-Cultural Research in the Sociohistorical Tradition*. In: *Human Development* 31 (1988) S. 137–157.

Cole, M. *Cognitive Development and Formal Schooling: The Evidence from Cross-Cultural Research*. In: Moll, L.C. (Hrsg.) *Vygotsky and Education*. Cambridge (Cambridge University Press) 1990.

Cole, M. *Context, Modularity, and the Cultural Constitution of Development.* In: Winegar, L. T.; Valinser, J. (Hrsg.) *Children's Development Within Social Context.* Bd. 2 *Research and Methodology.* Hillsdale, N. J. (Erlbaum) 1992a.

Cole, M. *Culture in Development.* In: Bornstein, M.; Lamb, M. (Hrsg.) *Developmental Psychology: An Advanced Textbook.* 3. Auflage. Hillsdale, N. J. (Erlbaum) 1992b.

Cole, M.; Cole, S. R. *The Development of Children.* New York (Freeman) 1993.

Cole, M.; Gay, J.; Glick, J. A.; Sharp, D. W. *The Cultural Context of Learning and Thinking.* New York (Basic Books) 1971.

Cole, M.; Scribner, S. *Culture and Thought: A Psychological Introduction.* New York (Wiley) 1974.

Cole, M.; Scribner, S. *Introduction.* In: Vygotsky, L. S. *Mind in Society: The Development of Higher Psychological Processes.* Cambridge, Mass. (Harvard University Press) 1978.

Coles, R. *Erik H. Erikson, Leben und Werk.* München (Kindler) 1974.

Collins, J. L. *Self-Efficacy and Ability in Achievement Behavior.* Symposiumsbeitrag für die American Educational Research Association. New York. März 1982.

Coté, J. E.; Levine, C. *A Formulation of Erikson's Theory of Ego Identity Formation.* In: *Developmental Review* 7 (1987) S. 273–325.

Craik, F. I. M.; Lockhart, R. S. *Levels of Processing: A Framework for Memory Research.* In: *Journal of Verbal Learning and Verbal Behavior* 11 (1972) S. 671–684.

Darwin, C. *A Biographical Sketch of an Infant.* In: *Mind* 2 (1877) S. 285–294.

Darwin, C. *Die Entstehung der Arten durch natürliche Zuchtwahl.* Nachdruck der 9. unveränderten Auflage. Stuttgart (Wissenschaftliche Buchgesellschaft) 1988.

Decarie, T. *Intelligence and Affectivity in Early Childhood.* New York (International Universities Press) 1965.

Dekker, E.; Groen, J. *Reproducible Psychogenetic Attacks of Asthma: A Laboratory Study.* In: *Journal of Psychomatic Research* 1 1956 S. 58–67.

DeLoache, J. S.; Cassidy, D. J.; Brown, A. L. *Precursors of Menmonic Strategies in Very Young Children's Memory.* In: *Child Development* 56 (1985) S. 125–137.

DeMarie-Dreblow, D. *Relation between Knowledge and Memory: A Reminder That Correlation Does Not Imply Causality.* In: *Child Development* 62 (1991) S. 484–498.

Demetriou, A.; Efklides, A. *Experiential Structuralism and Neo-Piagetian Theories: Toward an Integrated Model.* In: *International Journal of Psychology* 22 (1987) S. 679–728.

Demetriou, A.; Efklides, A. *Experiential Structuralism: A Frame for Unifying Cognitive Developmental Theories.* In: *Monographs of the Society for Research in Child Development.* Im Druck.

Dewsbury, D. A. *Comparative Animal Behavior.* New York (McGraw-Hill) 1978.

Dewsbury, D. A. „*Psychobiology*". In: *American Psychologist* 46 (1991) S. 198–205.

Diamond, A. (Hrsg.) *The Development and Neural Bases of Higher Cognitive Functions.* New York (The New York Academy of Sciences) 1990.

Diamond, A. *Neuropsychological Insights into the Meaning of Object Concept Development.* In: Carey, S.; Gelman, R. (Hrsg.) *The Epigenesis of Mind: Essays on Biology and Cognition.* Hillsdale, N. J. (Erlbaum) 1991.

Diaz, R. M.; Berk, L. E. (Hrsg.) *Private Speech: From Social Interaction to Self-Regulation.* Hillsdale, N. J. (Erlbaum). (1991)

Dodge, K. A. *A Social Information Processing Model of Social Competence in Children.* In: Perlmutter, M. (Hrsg.) *Cognitive Perspectives on Children's Social and Behavioral Development.* Hillsdale, N. J. (Erlbaum) 1986.

Dollard, J.; Doob, L. W.; Miller, N. E.; Mowrer, O. H.; Sears, R. R. *Frustration and Aggression.* New Haven, Conn. (Yale University Press) 1939.

Dollard, J.; Miller, N. E. *Personality and Psychotherapy.* New York (McGraw-Hill) 1950.

Dornbusch, S. M.; Ritter, P. L.; Leiderman, P. H.; Roberts, D. F.; Fraleigh, M. J. *The Relation of Parenting Style to Adolescent School Performance.* In: *Child Development* 58 (1987) S. 1244–1257.

Dorr, D.; Fey, S. *Relative Power of Symbolic Adult and Peer Models in the Modification of Children's Moral Choice Behavior.* In: *Journal of Personality and Social Psychology* 29 (1974) S. 335–341.

Drake, S. G. *Biography and History of the Indians of North America.* Boston (Perkins and Hilliard, Gray) 1834.

Dunbar, K.; Klahr, D. *Developmental Differences in Scientific Discovery Processes.* In: Klahr, D.; Kotovsky, K. (Hrsg.) *Complex Information Processing: The Impact of Herbert A. Simon.* Hillsdale, N. J. (Erlbaum) 1989.

Dunn, J. *The Beginnings of Social Understanding.* Oxford (Basil Blackwell) 1988.

Eagle, M. N. *Neuere Entwicklungen in der Psychoanalyse: Eine kritische Würdigung.* München (Verlag Internationale Psychoanalyse) 1988.

Edelman, M. S.; Omark, D. R. *The Development of Logical Operations: An Ethological Approach.* Symposiumsbeitrag für die Society for Research in Child Development. Philadelphia, März 1973.

Eibl-Eibesfeldt, I. *Ethologie - die Biologie des Verhaltens.* In: Gessner, F.; Bertalanffy, L. v. (Hrsg.) *Handbuch der Biologie.* Bd. 2. S. 341–559. Frankfurt (Athenaion) 1966.

Eibl-Eibesfeldt, I. *Human Ethology.* New York (Aldine de Gruyter) 1989.

Elkind, D. *Giant in the Nursery - Jean Piaget.* In: *New York Times Magazine.* 26. Mai 1968.

Ellis, S.; Gauvain, M. *Social and Cultural Influences on Children's Collaborative Interactions.* In: Winegar, L. T.; Valsiner, J. (Hrsg.) *Children's Development Within Social Context.* Bd. 2. *Research and Methodology.* Hillsdale, N. J. (Erlbaum) 1992.

Erikson, E. H. In: Senn, M. J. E. (Hrsg.) *Symposium on the Healthy Personality.* New York (Josiah Macy, jr., Foundation) 1950.

Erikson, E. H. *The California Loyalty Oath: An Editorial.* In: *Psychiatry* 14 (1951) S. 244f.

Erikson, E. H. *The Wider Identity.* In: Erikson, K. (Hrsg.) *In Search of Common Ground: Conversations with Erik H. Erikson and Huey P. Newton.* New York (Norton) 1973a.

Erikson, E. H. *Identität und Lebenszyklus.* Frankfurt (Suhrkamp) 1973b.

Erikson, E. H. *Der junge Mann Luther: Eine psychoanalytische und historische Studie.* Frankfurt (Suhrkamp) 1975.

Erikson, E. H. *Toys and Reasons.* New York (Norton) 1977.

Erikson, E. H. *Kinderspiel und politische Phantasie: Stufen in der Ritualisierung der Realität.* Frankfurt (Suhrkamp) 1978a.

Erikson, E. H. *Gandhis Wahrheit: Über die Ursprünge der militanten Gewaltlosigkeit.* Frankfurt (Suhrkamp) 1978b.

Erikson, E. H. *Jugend und Krise: Die Psychodynamik im sozialen Wandel.* Berlin (Ullstein) 1981.

Erikson, E. H. *Kindheit und Gesellschaft.* Stuttgart (Klett-Cotta) 1984.

Erikson, E. H.; Erikson, J. M.; Kivnick, H. Q. *Vital Involvement in Old Age.* New York (Norton) 1986.

Eron, L. D. *The Development of Aggressive Behavior from the Perspective of a Developing Behaviorism.* In: *American Psychologist* 42 (1987) S. 435–442.

Evans, R. I. *Dialogue with Erik Erikson.* New York (Harper and Row) 1967.

Evans, R. I. *Jean Piaget: The Man and His Ideas.* New York (Dutton) 1973.

Evans, R. I. *Albert Bandura: The Man and His Ideas - A Dialogue.* New York (Praeger) 1989.

Fabricius, W. V.; Hagen, J. W. *Use of Causal Attributions About Recall Performance to Assess Metamemory and Predict Strategic Memory Behavior in Young Children.* In: *Developmental Psychology* 20 (1984) S. 975–987.

Feldman, D. H. *Beyond Universals in Cognitive Development.* Norwood, N. J. (Ablex) 1980.

Fentress, J. C. *Specific and Nonspecific Factors in the Causation of Behavior.* In: Bateson, P. P. G.; Klopfer, P. H. (Hrsg.) *Perspectives in Ethology.* Bd. 1. New York (Plenum) 1973.

Ferrara, R. A.; Brown, A. L.; Campione, J. C. *Children's Learning and Transfer of Inductive Reasoning Rules: Studies of Proximal Development.* In: *Child Development* 57 (1986)   S. 1087–1099.

Ferretti, R. P.; Butterfield, E. C. *Are Children's Rule-Assessment Classifications Invariant Across Existances of Problem Types?* In: *Child Development* 57 (1986) S. 1419–1428.

Fifer, W. P.; Moon, C. *Auditory Experience in the Fetus.* In: Smotherman, W.; Robinson, S. (Hrsg.) *Behaviors of the Fetus.* West Caldwell, N. J. (Telford Press) 1988.

Fischer, K. W. *A Theory of Cognitive Development: The Control and Construction of Hierarchies of Skills.* In: *Psychological Review* 87 (1980) S. 477–531.

Fivush, R.; Hudson, J. A. (Hrsg.) *Knowing and Remembering in Young Children.* Cambridge (Cambridge University Press) 1990.

Flavell, J. H. *The Developmental Psychology of Jean Piaget.* Princeton, N. J. (Van Nostrand) 1963.

Flavell, J. H. *First Discussant's Comments: What is Memory Development the Development of?* In: *Human Development* 14 (1971a) S. 272–278.

Flavell, J. H. *Stage-Related Properties of Cognitive Development.* In: *Cognitive Psychology.* 2 (1971b) S. 421–453.

Flavell, J. H. *On Cognitive Development.* In: *Child Development* 53 (1982) S. 1–10.

Flavell, J. H. *Discussion.* In: Sternberg, R. J. (Hrsg.) *Mechanisms of Cognitive Development.* New York (Freeman) 1984.

Flavell, J. H. *The Development of Children's Knowledge About the Appearance-Reality Distinction.* In: *American Psychologist* 41 (1986) S. 418–424.

Flavell, J. H. *Cognitive Development.* In: *Developmental Psychology.* 1992.

Flavell, J. H.; Beach, D. R.; Chinsky, J. M. *Spontaneous Verbal Rehearsal in a Memory Task as a Function of Age.* In: *Child Development* 37 (1966) S. 283–299.

Flavell, J. H.; Friedrichs, A. G.; Hoyt, J. D. *Developmental Changes in Memorization Processes.* In: *Cognitive Psychology* 1 (1970) S. 324–340.

Flavell, J. H.; Hill, J. *Developmental Psychology.* In: Mussen, P. H.; Rosenzweig, M. R. (Hrsg.) *Annual Review of Psychology.* Bd. 20. Palo Alto, Calif. (Annual Reviews) 1969.

Flavell, J. H.; Miller, P. H.; Miller, S. A. *Cognitive Development.* 3. Aufl. Englewood Cliffs, N. J. (Prentice-Hall) 1993.

Flavell, J. H.; Wellman, H. M. *Metamemory.* In: Kail, R. V.; Hagen, J. W. (Hrsg.) *Perspectives on the Development of Memory and Cognition.* Hillsdale, N. J. (Erlbaum) 1977.

Flavell, J. H.; Wohlwill, J. F. *Formal and Functional Aspects of Cognitive Development.* In: Elkind, D.; Flavell, J. H. (Hrsg.) *Studies in Cognitive Growth: Essays in Honor of Jean Piaget.* New York (Oxford University Press) 1969.

Fodor, J. A. *The Modularity of Mind.* Cambridge, Mass. (MIT/Bradford Books) 1983.

Fox, R.; McDaniel, C. *Perception of Biological Motion by Human Infants.* In: *Science* 218 (1982) S. 486f.

Freud, S. *Gesammelte Werke* [GW]. Frankfurt, 1966–1973.

Freud, S. *Studienausgabe* [SA]. Frankfurt (S. Fischer) 1969–1975. Nachdruck der 8. Aufl. 1989.

Freud, S. *Die Traumdeutung.* 1900. [SA Bd. II]

Freud, S. *Zur Psychopathologie des Alltagslebens.* 1901. [GW Bd. 4]

Freud, S. *Bruchstück einer Hysterie-Analyse.* 1905a. [SA Bd. VI]

Freud, S. *Drei Abhandlungen zur Sexualtheorie.* 1905b. [SA Bd. V]

Freud, S. *Analyse der Phobie eines fünfjährigen Knaben.* 1909a. [SA Bd. VIII]

Freud, S. *Bemerkungen über einen Fall von Zwangsneurose.* 1909b. [SA Bd. VII]

Freud, S. *Totem und Tabu.* 1913. [SA Bd. IX]

Freud, S. *Der Moses des Michelangelo.* 1914. [SA Bd. X]

Freud, S. *Triebe und Triebschicksale.* 1915. [SA Bd. III]

Freud, S. *Vorlesungen zur Einführung in die Psychoanalyse.* 1916, 1917. [SA Bd. I]

Freud, S. *Aus der Geschichte einer infantilen Neurose.* 1918. [SA Bd. XIII]

Freud, S. *Jenseits des Lustprinzips.* 1920. [SA Bd. III]

Freud, S. *Das Ich und das Es.* 1923. [SA Bd. III]

Freud, S. *Selbstdarstellung.* 1925a. [GW Bd. 14]

Freud, S. *Einige psychische Folgen des anatomischen Geschlechtsunterschieds.* 1925b. [SA Bd. V]

Freud, S. *Die Zukunft einer Illusion.* 1927. [SA Bd. IX]

Freud, S. *Dostojewski und die Vatertötung.* 1928. [SA Bd. X]

Freud, S. *Das Unbehagen in der Kultur.* 1930. [SA Bd. IX]

Freud, S. *Neue Folgen der Vorlesungen zur Einführung in die Psychoanalyse.* 1933a. [SA Bd. I]

Freud, S. *Warum Krieg?* 1933b. [SA Bd. IX]

Freud, S. *Abriß der Psychoanalyse.* 1940. [GW Bd. 17]

Freund, L. S. *Maternal Regulation of Children's Problem-Solving Behavior and Its Impact on Children's Performance.* In: *Child Development* 61 (1990) S. 113–126.

Friedrich, L. K.; Stein, A. H. *Aggressive and Prosocial Television Programs and the Natural Behavior of Preschool Children.* In: *Monographs of the Society for Research in Child Development* 38 (4, Serial No. 151) 1973.

Furth, H. G. *Knowledge as Desire.* New York (Columbia University Press) 1987.

Garcia, J.; Koelling, R. A. *Relation of Cue to Consequences in Avoidance Learning.* In: *Psychonomic Science* 4 (1966) S. 123f.

Gardner, R.; Heider, K. G. *Gardens of War: Life and Death in the New Guinea Stone Age.* New York (Random House) 1969.

Garmezy, N.; Tellegen; A. *Studies of Stress-Resistant Children: Methods, Variables and Preliminary Findings.* In: Morrison, F.; Lord, C.; Keating, D. (Hrsg.) *Applied Developmental Psychology.* Bd. 1. New York (Academic Press) 1984.

Gelman, R. *Conservation Acquisition: A Problem of Learning to Attend to Relevant Attributes.* In: *Journal of Experimental Child Psychology* 7 (1969) S. 167–187.

Gelman, R. *Logical Capacity of Very Young Children: Number Invariance Rules.* In: *Child Development* 43 (1972) S. 75–90.

Gelman, R. *Epigenetic Foundations of Knowledge Structures: Initial and Transcedent Constructions.* In: Carey, S.; Gelman, R. (Hrsg.) *The Epigenesis of Mind.* Hillsdale, N. J. (Erlbaum) 1991.

Gelman, R.; Gallistel, C. R. *The Child's Understanding of Number.* Cambridge, Mass. (Harvard University Press) 1978.

Gesell, A. *The Embryology of Behavior.* New York (Harper and Row) 1945.

Gewirtz, J. L.; Baer, D. M. *The Effect of Brief Social Deprivation on Behaviors for a Social Reinforcer.* In: *Journal of Abnormal and Social Psychology* 56 (1958) S. 49–56.

Gewirtz, J. L.; Kurtines, W. M. (Hrsg.) *Intersections with Attachment*. Hillsdale, N. J. (Erlbaum) 1991.

Ghiselin, M. T.; Scudo, F. M. *The Bioeconomics of Phenotypic Selection*. (Rezension von D. Vinings *Social Versus Reproductive Success: The Central Theoretical Problems of Human Socio-Biology*) In: *The Behavioral and Brain Sciences* 9 (1986) S. 194f.

Ghuman, P. A. S. *An Evaluation of Piaget's Theory from a Cross-Cultural Perspective*. In: Modgil, S.; Modgil, C. (Hrsg.) *Jean Piaget: Consensus and Controversy*. New York (Praeger) 1981.

Gibson, E. J. *Principles of Perceptual Learning and Development*. New York (Appleton-Century-Crofts) 1969.

Gibson, E. J. *How Perception Really Develops: A View from Outside the Network*. In: LaBerge, D.; Samuels, S. J. (Hrsg.) *Basic Processes in Reading: Perception and Comprehension*. Hillsdale, N. J. (Erlbaum) 1977.

Gibson, E. J. *The Concept of Affordances in Development: The Renascense of Functionalism*. In: Collins, W. A. (Hrsg.) *The Concept of Development*. Hillsdale, N. J. (Erlbaum) 1982.

Gibson, E. J. *Exploratory Behavior in the Development of Perceiving, Acting, and the Acquiring of Knowledge*. In: Rosenzweig, M. R.; Porter, L. W. (Hrsg.) *Annual Review of Psychology*. Bd. 39. Palo Alto, Calif. (Annual Reviews) 1988.

Gibson, E. J. *An Odyssey in Learning and Perception*. Cambridge, Mass. (Bradford/MIT Press) 1991.

Gibson, E. J. *How to Think About Perceptional Learning: Twenty-Five Years Later*. In: Pick, H. L. jr.; Van den Broek, P.; Knill, D. C. (Hrsg.) *Cognitive Psychology: Conceptual and Methodological Issues*. Washington, D. C. (American Psychological Association). (1992)

Gibson, E. J.; Gibson, J. J.; Pick, A. D.; Osser, H. *A Developmental Study of the Discrimination of Letter-Like Forms*. In: *Journal of Comparative and Physiological Psychology* 55 (1962) S. 897–906.

Gibson, E. J.; Levin, H. *Die Psychologie des Lesens*. Stuttgart (Klett-Cotta) 1980.

Gibson, E. J.; Owsley, C. J.; Johnston, J. *Perception of Invariants by Five-Month-Old Infants: Differentiation of Two Types of Motion*. In: *Developmental Psychology* 14 (1978) S. 407–415.

Gibson, E. J.; Rader, N. *The Perceiver as Performer*. In: Hale, G.; Lewis, M. (Hrsg.) *Attention and Cognitive Development*. New York (Plenum) 1979.

Gibson, E. J.; Riccio, A.; Schmuckler, M.; Stoffregen, T.; Rosenberg, G.; Taormina, J. *Detection of the Traversability of Surfaces by Crawling and Walking Infants*. In: *Journal of Experimental Psychology: Human Perception and Performance* 13 (1987) S. 533–544.

Gibson, E. J; Walk, R. D. *The „Visual Cliff"*. In: *Scientific American* 202 (1960) S. 64–71.

Gibson, E. J.; Walker, A. S. *Development of Knowledge of Visual-Tactual Affordances of Substance*. In: *Child Development* 55 (1984) S. 453–460.

Gibson, J. J. *Foreward: A Note on E. J. G. by J. J. G*. In: Pick, A. D. (Hrsg.) *Perception and Its Development: A Tribute to Eleanor J. Gibson*. Hillsdale, N. J. (Erlbaum) 1979.

Gibson, K. R.; Petersen, A. C. (Hrsg.) *Brain Maturation and Cognitive Development*. New York (Aldine de Gruyter) 1991.

Gigerenzer, G. *From Tools to Theories: A Heuristic of Discovery in Cognitive Psychology*. In: *Psychological Review* 98 (1991) S. 254–267.

Gill, M. M. *The Present State of Psychoanalytic Theory*. In: *Journal of Abnormal and Social Psychology* 58 (1959) S. 1–8.

Gilligan, C. *Die andere Stimme. Lebenskonflikte und Moral der Frau*. 3. Aufl. München (Piper) 1988.

Ginsburg, H. J.; Opper, S. *Piagets Theorie der geistigen Entwicklung*. 5. Aufl. Stuttgart (Klett-Cotta) 1989.

Ginsburg, H. J.; Pollman, V. A.; Wauson, M. S. *An Ethological Analysis of Nonverbal Inhibitors of Aggressive Behavior in Male Elementary School Children*. In: *Developmental Psychology* 13 (1977) S. 417f.

Goldberg, S.; Blumberg, S. L.; Kriger, A. *Menarche and Interest in Infants: Biological and Social Influences*. In: *Child Development* 53 (1982) S. 1544–1550.

Gottlieb, G. *Comparative Psychology and Ethology*. In: Hearst, E. (Hrsg.) *The First Century of Experimental Psychology*. Hillsdale, N. J. (Erlbaum) 1979.

Gould, S. J. *Der Daumen des Panda. Betrachtungen zur Naturgeschichte*. Basel (Birkhäuser) 1987.

Greco, P. *Logique et Connaissance*. In: Piaget, J. (Hrsg.) *Encyclopédie de la Pléiade*. Paris (Gallimard) 1967.

Griffin, P.; Cole, M. *Current Activity for the Future: The Zo-Ped*. In: Rogoff, B.; Wertsch, J. V. (Hrsg.) *Children's Learning in the „Zone of Proximal Development"*. San Francisco (Jossey-Bass) 1984.

Guilmet, G. M. *Navajo and Caucasian Children's Verbal and Nonverbal-Visual Behavior in the Urban Classroom*. In: *Anthropology and Education Quarterly* 9 (1979) S. 196–215.

Guttentag, R. E. *The Mental Effort Requirement of Cumulative Rehearsal: A Developmental Study*. In: *Journal of Experimental Child Psychology* 37 (1984) S. 92–106.

Gzesh, S. M.; Surber, C. F. *Visual Perspective-Taking Skills in Children*. In: *Child Development* 56 (1985) S. 1204–1213.

Hale, S. *A Global Developmental Trend in Cognitive Processing Speed*. In: *Child Development* 61 (1990) S. 653–663.

Halford, G. S. *Children's Understanding: The Development of Mental Models*. Hillsdale, N. J. (Erlbaum). Im Druck.

Hall, C. S. *A Primer of Freudian Psychology*. New York (World) 1954.

Hall, C. S.; Lindzey, G. *Theorien der Persönlichkeit*. München (Verlag C. H. Beck) Bd. 1 1978, Bd. 2 1979.

Hall, G. S. *Adolescence*. New York (Appleton) 1904.

Harris, B. *Whatever Happened to Little Albert?* In: *American Psychologist* 34 (1979) S. 151–160.

Harris, F. R.; Wolf, M. M.; Baer, D. M. *Effects of Adult Social Reinforcement on Child Behavior*. In: Hatup, W. W.; Smothergill, N. L. (Hrsg.) *The Young Child: Reviews of Research*. Washington, D. C. (National Association for the Education of Young Children) 1967.

Hartmann, H. *Ich-Psychologie und Anpassungsproblem*. 2. Aufl. Stuttgart (Klett) 1970.

Hartup, W. W.; Yonas, A. *Developmental Psychology*. In: Mussen, P. H; Rosenzweig, M. R. (Hrsg.) *Annual Review of Psychology*. Bd. 22. Palo Alto, Calif. (Annual Reviews) 1971.

Hayes, C. *The Ape in Our House*. New York (Harper) 1951.

Hebb, D. O. *The Organization of Behavior*. New York (Wiley) 1949.

Hebb, D. O. *The American Revolution*. In: *American Psychologist* 15 (1960) S. 735–745.

Hebb, D.O. *Essay on Mind*. Hillsdale, N.J. (Erlbaum) 1980.

Hess, E. H. *Ethology and Developmental Psychology*. In: Mussen, P. H. (Hrsg.) *Carmichael's Manual of Child Psychology*. Bd. 1. 3. Aufl. New York (Wiley) 1970.

Hess, E. H. *Imprinting: Early Experience and the Developmental Psychobiology of Attachment*. New York (Van Nostrand) 1973.

Hicks, V. C.; Carr, H. A. *Human Reactions in a Maze*. In: *Journal of Animal Psychology* 2 (1912) 98–125.

Hilgard, E. R. *Hypnotic Susceptibility*. New York (Harcourt) 1965.

Hinde, R. A. *Biological Bases of Human Social Behavior*. New York (McGraw-Hill) 1974.

Hinde, R. A. *Ethological and Relationships Approaches*. In: Vasta, R. (Hrsg.) *Annals of Child Development*. Bd. 6. Greenwich, Conn. (JAI Press) 1989.

Hinde, R. A. *Developmental Psychology in the Context of Other Behavioural Sciences*. In: *Developmental Psychology*. (1992)

Hintzman, D. L. *Psychology and the Cow's Belly*. In: *Worm Runner's Digest* 16 (1974) S. 84f.

Horney, K. *Feminine Psychology*. New York (Norton) 1967.

Horowitz, F. D. *A Behavioral Alternative to an Ecological Approach to Understanding the Development of Knowing in Infancy: A Commentary*. In: *Developmental Review* 3 (1983) S. 405–409.

Hudson, J. A. *The Emergence of Autobiographical Memory in Mother-Child Conversation*. In: Fivush, R.; Hudson, J. A. (Hrsg.) *Knowing and Remembering in Young Children*. Cambridge (Cambridge University Press) 1990.

Huesmann, L. R.; Lagerspetz, K.; Eron, L. D. *Intervening Variables in the TV Violence-Aggression Relation: Evidence from Two Countries*. In: *Developmental Psychology* 20 (1984) S. 746–775.

Hutchins, E. *The Social Organization of Distributed Cognition*. In: Resnick, L. A.; Levine, R.; Behrend, A. (Hrsg.) *Perspectives on Socially Shared Cognition*. Washington, D. C. (American Psychological Association) 1991.

Hutt, S. J.; Hutt, C. *Direct Observation and Measurement of Behavior*. Springfield, Ill. (Thomas) 1970.

Inhelder, B.; Piaget, J. *Procedures and Structures*. In: Olson, D. R. (Hrsg.) *The Social Foundations of Language and Thought: Essays in Honor of Jerome S. Bruner*. New York (Norton) 1980.

Inhelder, B.; Sinclair, H.; Bovet, M. *Learning and the Development of Cognition*. Cambridge, Mass. (Harvard University Press) 1974.

Johnston, M. K.; Sloane, H. N.; Bijou, S. W. *A Note on the Measurement of Drooling in Free-Ranging Young Children*. In: *Journal of Experimental Child Psychology* 4 (1966) S. 292–295.

Jones, E. *Das Leben und Werk von Sigmund Freud*. Bern (Huber). Bd. 1 1960. Bd. 2 1962. Bd. 3 1962.

Jones, M. C. *A Laboratory Study of Fear: The Case of Peter*. In: *Pedagogical Seminary* 31 (1924) S. 308–315.

Justice, E. M. *Preschoolers' Knowledge and Use of Behaviors Varying in Strategic Effectiveness.* In: *Merrill-Palmer Quarterly* 35 (1989) S. 363–377.

Kail, R. *Development of Processing Speed in Childhood and Adolescense.* In: Reese, H. W. (Hrsg.) *Advances in Child Development and Behavior.* Bd. 23. San Diego (Academic Press) 1991.

Kearins, J. M. *Visual Spatial Memory in Australian Aboriginal Children of Desert Regions.* In: *Cognitive Psychology* 13 (1981) S. 434–460.

Kearins, J. M. *Visual Spatial Memory in Aboriginal and White Australian Children.* In: *Australian Journal of Psychology* 38 (1986) S. 203–214.

Keeney, T. J.; Cannizzo, S. R.; Flavell, J. H. *Spontaneous and Induced Verbal Rehearsal in a Recall Task.* In: *Child Development* 38 (1967) S. 953–966.

Keil, F. C. *Concepts, Kinds, and Cognitive Development.* Cambridge, Mass. (MIT Press) 1989.

Kellman, P. J.; Spelke, E. S. *Perception of Partly Occluded Objects in Infancy.* In: *Cognitive Psychology* 15 (1983) S. 483–524.

Kendler, H.H. *Historical Foundations of Modern Psychology.* Chicago (Dorsey Press) 1987

Kerkman, D. D.; Wright, J. C. *An Exegesis of Two Theories of Compensation Development: Sequential Decision Theory and Information Integration Theory.* In: *Developmental Review* 8 (1988) S. 323–360.

Kessler, K.; White, G. M.; Rosenthal, T. L.; Phibbs, J. *Modeling and Overt Practise in Training a Rule-Creating Rubric.* Symposiumsbeitrag für die Rocky Mountain Psychological Association, Las Vegas, Mai 1973.

Kimble, G. A. *Hilgard and Marquis' Conditioning and Learning.* 2. Aufl. New York (Appleton-Century-Crofts) 1961.

Klahr, D. *Nonmonotone Assessment of Monotone Development: An Information Processing Analysis.* In: Strauss, S. (Hrsg.) *U-Shaped Behavioral Growth.* New York (Academic Press) 1982.

Klahr, D. *Transition Processes in Quantitative Development.* In: Sternberg, R. J. (Hrsg.) *Mechanisms of Cognitive Development.* New York (Freeman) 1984.

Klahr, D. *Solving Problems with Ambiguous Subgoal Ordering: Preschoolers' Performance.* In: *Child Development* 56 (1985) S. 940–952.

Klahr, D. *Information Processing Approaches to Cognitive Development.* In: Vasta, R. (Hrsg.) *Annals of Child Development* Bd. 6. Greenwich, Conn. (JAI Press) 1989.

Klahr, D.; Siegler, R. S. *The Representation of Children's Knowledge.* In: Reese, H. W.; Lipsitt, L. P. (Hrsg.) *Advances in Child Development and Behavior.* Bd. 12. New York (Academic Press) 1978.

Klahr, D.; Wallace, J. G. *Cognitive Development: An Information-Processing View.* Hillsdale, N. J. (Erlbaum) 1976.

Klaus, M. H.; Kennell, J. H. *Maternal-Infant Bonding.* St. Louis (Mosby) 1976.

Klein, G. S. *Perception, Motives, and Personality.* New York (Knopf) 1970.

Klopfer, P. H. *Mother Love: What Turns It on?* In: *American Scientist* 59 (1971) S. 404–407.

Koenig, O. *Das Aktionssystem der Bartmeise (Panurus biarmicus L.).* In: *Oesterreichische Zoologische Zeitschrift* 1 (1951) S. 1–82.

Kohlberg, L. *Stage and Sequence: The Cognitive-Developmental Approach to Socialization.* In: Goslin, D. A. (Hrsg.) *Handbook of Socialization Theory and Research.* Chicago (Rand McNally) 1969.

Kreutzer, M. A.; Leonard, C.; Flavell, J. H. *An Interview Study of Children's Knowledge About Memory.* In: *Monographs of the Society for Research in Children Development* 40 (1975) 1, Serial No. 159.

Kris, E. *Die ästhetische Illusion. Phänomene der Kunst in der Sicht der Psychoanalyse.* Frankfurt (Suhrkamp) 1977.

Kuhl, P.; Meltzoff, A. N. *The Bimodal Perception of Speech in Infancy.* In: *Science* 218 (1982) S. 1138–1141.

Kuhn, D. *Children and Adults as Intuitive Scientists.* In: *Psychological Review* 96 (1989) S. 674–689.

Kuhn, T. S. *Die Struktur wissenschaftlicher Revolutionen.* 4. Aufl. Frankfurt (Suhrkamp) 1979.

Lachman, R.; Lachman, J. L.; Butterfield, E. C. *Cognitive Psychology and Information Processing: An Introduction.* Hillsdale, N. J. (Erlbaum) 1979.

Lakatos, I. *Philosophische Schriften.* In: Worall, J.; Currie, G. (Hrsg.) *Die Methodologie der wissenschaftlichen Forschungsprogramme.* Braunschweig (Vieweg) 1982.

Lamb, M. *Social Interaction in Infancy and the Development of Personality.* In: Lamb, M. E. (Hrsg.) *Social and Personality Development.* New York (Holt, Rinehart and Winston) 1978.

Lamb, S.; Wozniak, R. H. *Developmental Co-Construction: Metatheory in Search of Method.* [Rezension von J. Valsiners *Child Development Within Culturally Structured Environments.* In: *Contemporary Psychology* 35 (1990) S. 853f.

Langer, J. *Theories of Development*. New York (Holt, Rinehart and Winston) 1969.

Langlois, J. H.; Cooper, R. G.; Woodson, R. H. *The Child: Many Views, Many Fields*. [Rezension von P.H. Mussen (Hrsg.) *Handbook of Child Psychology* in: *Contemporary Psychology* 30 (1985) S. 357–369.

Langlois, J. H.; Roggman, L. A.; Casey, R. J.; Ritter, J. M.; Rieser-Danner, L. A.; Jenkins, V. Y. *Infant Preferences for Attractive Faces: Rudiments of a Stereotype?* In: *Developmental Psychology* 23 (1987) S. 363–369.

Leon, M. *Integration of Intent and Consequence Information in Children's Moral Judgments* In: Wilkening, F.; Becker, J.; Trabaso, T. (Hrsg.) *Information Integration by Children*. Hillsdale, N. J. (Erlbaum) 1980.

Leon, M. *Rules Mothers and Sons Use to Integrate Intent and Damage Information in Their Moral Judgments*. In: *Child Development* 55 (1984) S. 2106–2113.

Lepper, M. R.; Greene, D.; Nisbett, R. E. *Undermining Children's Intrinsic Interest with Extrinsic Rewards: A Test of the „Overjustification" Hypothesis*. In: *Journal of Personality and Social Psychology* 28 (1973) S. 129–137.

Leslie, A. M. *The Necessity of Illusion: Perception and Thought in Infancy*. In: Weiskrantz, L. (Hrsg.) *Thought Without Language*. Oxford (Clarendon Press) 1988.

Levy, R. I. *On Getting Angry in the Society Islands*. In: Caudill, W.; Lin, T. Y. (Hrsg.) *Mental Health Research in Asia and the Pacific*. Honolulu (East-West Center Press) 1969.

Liben, L. S. *Memory from a Cognitive-Developmental Perspective: A Theoretical and Empirical Review*. In: Overton, W. F.; Gallagher, J. M. (Hrsg.) *Knowledge and Development*. Bd. 1. New York (Plenum) 1977.

Liben, L. S.; Posnansky, C. J. *Inferences on Inferences: The Effects of Age, Transitive Ability, Memory Load, and Lexical Factors*. In: *Child Development* 48 (1977) S.1490–1497.

Lindsay, R. K. *Symbol-Processing Theories and the SOAR Architecture*. [Besprechung von *Unified Theories of Cognition*.] In: *Psychological Science* 5 (1991) S. 294–302.

Looft, W. R.; Svoboda, C. P. *Structuralism in Cognitive Developmental Psychology: Past, Contemporary, and Futuristic Perspectives*. Unveröffentlichtes Manuskript, Pennsylvania State University. 1971.

Lorenz, K. *Beiträge zur Ethologie sozialer Corviden*. In: *Journal für Ornithologie* 79 (1931) S. 67–127.

Lorenz, K. *Der Kumpan in der Umwelt des Vogels*. In: *Journal für Ornithologie* 83 (1935) S. 137–413.

Lorenz, K. *Über die Bildung des Instinktbegriffes*. In: *Die Naturwissenschaften* 25 (1937) S. 289–300, 307–318, 325–331.

Lorenz, K. *Die angeborenen Formen möglicher Erfahrung*. In: *Zeitschrift für Tierpsychologie* 5 (1943) S. 235–409.

Lorenz, K. *Psychologie und Stammesgeschichte*. In: Herberer, G. *Evolution der Organismen*. Stuttgart (Fischer) 1959.

Lorenz, K. *Das sogenannte Böse. Zur Naturgeschichte der Aggression*. Wien (Borotha-Schoeler) 1963.

Lorenz, K. *So kam der Mensch auf den Hund*. München (dtv) 1983.

Lorenz, K. *Er redete mit dem Vieh, den Vögeln und den Fischen*. 35. Aufl. München (dtv) 1990.

Lorenz, K.; Eibl-Eibesfeldt, I. *Die stammesgeschichtlichen Grundlagen menschlichen Verhaltens*. In: Herberer, G. (Hrsg.) *Die Evolution der Organismen*. 3. Aufl. Stuttgart (G. Fischer) 1974.

Luria, A. R. *The Role of Speech in the Regulation of Normal and Abnormal Behavior*. New York (Liveright) 1961.

Luria, A. R. *Cognitive Development: Its Cultural and Social Foundations*. Cambridge, Mass. (Harvard University Press) 1976.

Luria, A. R. *The Making of Mind: A Personal Account of Soviet Psychology*. Hrsg. Cole, M.; Cole, S. Cambridge, Mass. (Harvard University Press) 1979.

MacDonald, K. B. (Hrsg.) *Sociobiological Perspectives on Human Development*. New York (Springer) 1988.

Mace, W. M. *James J. Gibson's Strategy for Perceiving: Ask Not What's Inside Your Head, but What's Your Head Inside of*. In: Shaw, R.; Bransford, J. (Hrsg.) *Perceiving, Acting, and Knowing*. Hillsdale, N. J. (Erlbaum) 1977.

Macfarlane, A. *The Psychology of Childbirth*. Cambridge, Mass. (Harvard University Press) 1977.

MacWhinney, B. (Hrsg.) *Mechanisms of Language Acquisition*. Hillsdale, N. J. (Erlbaum) 1987.

Mahler, M. S. *On Human Symbiosis and the Vicissitudes of Individuation*. Bd. 1: *Infantile Psychosis*. New York (International Universities Press) 1968.

Mahler, M. S.; Pine, F.; Bergman, A. *The Psychological Birth of the Human Infant*. New York (Basic Books) 1975.

Malinowski, B. *Geschlecht und Verdrängung in primitiven Gesellschaften*. Frankfurt (Fachbuchhandlung für Psychologie) 1977.

Mandler, G. *Emotion*. In: Hearst, E. (Hrsg.) *The First Century of Experimental Psychology*. Hillsdale, N. J. (Erlbaum) 1979.

Mandler, J.M. *How to Build a Baby: On the Development of an Accessible Representational System*. In: *Cognitive Development 3* (1988) S 113–136

Mandler, J. M. *Recall of Events by Preverbal Children*. In: Diamond, A. (Hrsg.) *The Development and Neural Bases of Higher Cognitive Functions*. New York (The New York Academy of Sciences) 1990.

Marcia, J. E. *Identity in Adolescence*. In: Adelson, J. (Hrsg.) *Handbook of Adolescent Psychology*. New York (Wiley) 1980.

Marcia, J. E. *Ego Identity Status: Relationship to Change in Self-Esteem, „General Maladjustment", and Authoritarianism*. In: *Journal of Personality* 35 (1967) S. 118–133.

Markus, H. R.; Kitayama, S. *Culture and the Self: Implications for Cognition, Emotion, and Motivation*. In: *Psychological Review* 98 (1991) S. 224–253.

Martini, M.; Kirkpatrick, J. *Early Interactions in the Marquesas Islands*. In: Field, T. M.; Sostek, A. M.; Vietze, P.; Leiderman, P. H. (Hrsg.) *Culture and Early Interventions*. Hillsdale, N. J. (Erlbaum) 1981.

Marx, M. H. *Formal Theory*. In: Marx, M. H.; Goodson, F. E. (Hrsg.) *Theories in Contemporary Psychology*. 2. Aufl. New York (Macmillan) 1976.

McCain, G.; Segal, E. M. *The Game of Science*. Belmont, Calif. (Brooks/Cole) 1969.

McCall, R. B.; Kennedy, C. B. *Attention to Babyishness in Babies*. In: *Journal of Experimental Child Psychology* 29 (1980) S. 189–201.

McClelland, J. L. *Parallel Distributed Processing: Implications for Cognition and Development*. In: Morris, R. G. M. (Hrsg.) *Parallel Distributed Processing: Implication for Psychology and Neurobiology*. Oxford (Clarendon Press) 1989.

McClelland, J. L.; Jenkins, E. *Nature, Nurture, and Connections: Implications of Connectionist Models for Cognitive Development*. In: Van Lahn, K. (Hrsg.) *Architectures for Intelligence*. Hillsdale, N. J. (Erlbaum). (1991)

McFarland, D. J. *Form and Function in the Temporal Organization of Behavior*. In: Bateson, P. P. G.; Hinde, R. A. (Hrsg.) *Growing Points in Ethology*. Cambridge (Cambridge University Press) 1976.

McGrew, W. C. *An Ethological Study of Children's Behavior*. New York (Academic Press) 1972.

Meacham, J. A. *Soviet Investigations of Memory Development*. In: Kail, R. V.; Hagen, J. W. (Hrsg.) *Perspectives on the Development of Memory and Cognition*. Hillsdale, N. J. (Erlbaum) 1977.

Meacham, J. A. *Wisdom and the Context of Knowledge: Knowing that One Doesn't Know*. In: Kuhn, D.; Meacham, J. A. (Hrsg.) *On the Development of Developmental Psychology*. Basel (S. Karger) 1983.

Meacham, J. A.; Santilli, N. R. *Interstage Relationships in Erikson's Theory: Identity and Intimacy*. In: *Child Development* 53 (1982) S. 1461–1467.

Mehler, J.; Jusczyk, P. W.; Lambertz, G.; Hallsted, N.; Bertoncini, J.; Amiel-Tyson, L. *A Precursor of Language Acquisition in Young Infants*. In: *Cognition* 29 (1988) S. 143–178.

Meltzoff, A. N.; Moore, M. K. *Newborn Infants Imitate Adult Facial Gestures*. In: *Child Development* 54 (1983) S. 702–709.

Michaels, C. F.; Carello, C. *Direct Perception*. Englewood Cliffs, N. J. (Prentice-Hall) 1981.

Miller, N. E.; Dollard, J. *Social Learning and Imitation*. New Haven, Conn. (Yale University Press) 1941.

Miller, P. H. *Stimulus Variables in Conservation: An Alternative Approach to Assessment*. In: *Merrill-Palmer Quarterly* 24 (1978) S. 141–160.

Miller, P. H. *The Development of Strategies of Selective Attention*. In: Bjorklund, D. F. (Hrsg.) *Children's Strategies: Contemporary Views of Cognitive Development*. Hillsdale, N. J. (Erlbaum) 1990.

Miller, P. H.; Haynes, V. F.; DeMarie-Dreblow, D.; Woody-Ramsey, J. *Children's Strategies for Gathering Information in Three Tasks*. In: *Child Development* 57 (1986) S. 1429–1439.

Miller, S. A. *Nonverbal Assessment of Piagetian Concepts*. In: *Psychological Bulletin* 83 (1976) S. 405–430.

Miller, S. A. *On the Generalizability of Conservation: A Comparison of Different Kinds of Transformation*. In: *British Journal of Psychology* 73 (1982) S. 221–230.

Moll, L. C. (Hrsg.) *Vygotsky and Education*. Cambridge (Cambridge Universtity Press) 1990.

Moltz, H.; Leon, T. M. *The Coordinate Roles of Mother and Young in Establishing and Maintaining Pheromonal Symbiosis in the Rat.* In: Rosenblum, L. A.; Moltz, H. (Hrsg.) *Symbiosis in Parent-Offspring Interactions.* New York (Plenum) 1983.

Montagu, A. *The New Litany of „Innate Depravity", or Original Sin Revisited.* In: Montagu, A. (Hrsg.) *Man and Aggression.* New York (Oxford University Press) 1973.

Morelli, G. A.; Rogoff, B.; Oppenheim, D.; Goldsmith, D. *Cultural Variation in Infants' Sleeping Arrangements: Questions of Independance.* In: *Developmental Psychology* 28 (1992) S. 604–613.

Morris, D. *Der nackte Affe.* München (Droemer) 1973.

Mosier, C.; Rogoff, B. *Infants' Instrumental Use of Their Mothers to Achieve Their Goals.* Unveröffentlichtes Manuskript. 1991.

Munn, N. L. *Learning in Children.* In: Carmichael, L. (Hrsg.) *Manual of Child Psychology.* 2. Aufl. New York (Wiley) 1954.

Murray, F. B. *Learning and Development Through Social Interaction and Conflict: A Challenge to Social Learning Theory.* In: Liben, L. (Hrsg.) *Piaget and the Foundations of Knowledge.* Hillsdale, N. J. (Erlbaum) 1983.

Myers, B. J. *Mother-Infant Bonding: The Status of This Critical-Period Hypothesis* In: *Developmental Review* 4 (1984) S. 240–274.

Neisser, U. *Toward an Ecologically Oriented Cognitive Science.* In: Shlechter, T. M.; Toglia, M. P. (Hrsg.) *New Directions in Cognitive Science.* Norwood, N. J. (Ablex) 1985.

Nelson, K. *How Children Represent Knowledge of Their World in and out of Language: A Preliminary Report.* In: Siegler, R. S. (Hrsg.) *Children's Thinking: What Develops?* Hillsdale, N. J. (Erlbaum) 1978.

Nelson, K. (Hrsg.) *Event Knowledge.* Hillsdale, N. J. (Erlbaum) 1986.

Newcomb, A. F.; Collins, W. A. *Children's Comprehension of Family Role Portrayals in Televised Dramas: Effects of Socioeconomic Status, Ethnicity, and Age.* In: *Developmental Psychology* 15 (1979) S. 417–423.

Newell, A.; Simon, H. A. *Computer Simulation of Human Thinking.* In: *Science* 134 (1961) S. 2011–2017.

Noelting, G. *The Development of Proportional Reasoning and the Ratio Concept.* In: *Educational Studies in Mathematics* 11 (1980) S. 217–253, 331–363.

Noirot, E. *Nest-Building by the Virgin Female Mouse Exposed to Ultrasound from Inaccessible Pups.* In: *Animl Behavior* 22 (1974) S. 410–420.

Ormiston, L. H. *Factors Determining Response to Modeled Hypocrisy.* Unveröffentlichte Dissertation, Stanford University. 1972.

Ornstein, P. A.; Naus, M. J. *Effects of the Knowledge Base on Children's Memory Strategies.* In: Reese, H. W. (Hrsg.) *Advances in Child Development and Behavior.* Bd. 19. Orlando, Fla. (Academic Press) 1985.

Ornstein, P. A.; Naus, M. J.; Liberty, C. *Rehearsal and Organizational Processes in Children's Memory.* In: *Child Development* 46 (1975) S. 818–830.

Overton, W. F. *World Views and Their Influence on Psychological Theory and Research: Kuhn-Lakatos-Laudan.* In: Reese, H. W. (Hrsg.) *Advances in Child Development and Behavior.* Bd. 18. Orlando, Fla. (Academic Press) 1984.

Palincsar, A. S.; Brown, A. L. *Reciprocal Teaching of Comprehension-Fostering and Comprehension-Monitoring Activities.* In: *Cognition and Instruction* 1 (1984) S. 117–175.

Palincsar, A. S.; Brown, A. L. *Teaching and Practicing Thinking Skills to Promote Comprehension in the Context of Group Problem Solving.* In: *RASE* 9/1 (1988) S. 53–59.

Paris, S. G.; Carter, A. Y. *Semantic and Constructive Aspects of Sentence Memory in Children.* In: *Developmental Psychology* 9 (1973) S. 109–113.

Paris, S. G.; Cross, D. R. *The Zone of Proximal Development: Virtues and Pitfalls of a Metaphorical Representation of Children's Learning.* In: *The Genetic Epistemologist* 16/1 (1988) S. 27–37.

Parke, R. D. *Parent-Infant Interaction: Progress, Paradigms, and Problems.* In: Sackett, G. P. (Hrsg.) *Observing Behavior.* Baltimore, Md. (University Park Press) 1977.

Parkes, C. M.; Stevenson-Hinde, J.; Marris, P. (Hrsg.) *Attachment Across the Life Cycle.* London (Tavistock/Routledge and Kegan Paul) 1991.

Parton, D. *Learning to Imitate in Infancy.* In: *Child Development* 47 (1976) S. 14–31.

Pascual-Leone, J. *A Mathematical Model for the Transition Rule in Piaget's Developmental Stages.* In: *Acta Psychologica* 32 (1970) S. 301–345.

Pascual-Leone, J. *Organismic Processes for Neo-Piagetian Theories: A Dialectical Causal Account of Cognitive Development.* In: *International Journal of Psychology* 22 (1987) S. 531–570.

Patterson, G. R. *Mothers: The Unacknowledged Victims.* In: *Monographs of the Society for Research in Child Development* 45 (1980) 5, Serial No. 186.

Patterson, G. R.; Bank, C. L. *Some Amplifying Mechanisms for Pathological Processes in Families.* In: Gunner, M. R.; Thelen, E. (Hrsg.) *Minnesota Symposia on Child Psychology.* Bd. 22. *Systems and Development.* Hillsdale, N. J. (Erlbaum) 1989.

Patterson, G. R.; Reid, J. B. *Social Interactional Processes Within the Family: The Study of the Moment-by-Moment Family Transactions in Which Human Social Development is Embedded.* In: *Journal of Applied Developmental Psychology* 5 (1984) S. 237–262.

Peery, J. C.; Crane, P. M. *Personal Space Regulation: Approach-Withdrawal-Approach Proxemic Behavior During Adult-Preschool Interaction at Close Range.* In: *Journal of Psychology* 106 (1980) S. 63–75.

Pepper, S. C. *A Contextualistic Theory of Possibility.* In: *University of California Publications in Philosophy* 17 (1934) S. 177–197.

Pepper, S. C. *World Hypotheses: A Study in Evidence.* Berkeley (University of California Press) 1942.

Perner, J.; Leekam, S. R.; Wimmer, H. *Three-Year-Olds' Difficulty with False Belief: The Case for a Conceptual Deficit.* In: *British Journal of Developmental Psychology* 5 (1987) S. 125–137.

Perry, D. G. *Social Learning Theory.* In: Vasta, R. (Hrsg.) *Theories of Child Development.* Symposiumsbeitrag für die Society for Research in Child Development, Kansas City, Mo. April 1989.

Piaget, J. *Das Erwachen der Intelligenz beim Kinde.* GW Bd. 1. Stuttgart (Klett) 1975a.

Piaget, J. *Der Aufbau der Wirklichkeit beim Kinde.* GW Bd. 2. Stuttgart (Klett) 1975b.

Piaget, J. *Nachahmung, Spiel und Traum.* GW Bd. 5. Stuttgart (Klett) 1975c.

Piaget, J. *Die Entwicklung des Erkennens,* II. Das physikalische Denken. GW Bd. 9. Stuttgart (Klett) 1975d.

Piaget, J. *Die Äquilibration der kognitiven Strukturen.* Stuttgart (Klett) 1976.

Piaget, J. *Das Weltbild des Kindes.* Stuttgart (Klett) 1978.

Piaget, J. *Sprechen und Denken des Kindes.* 4. Aufl. Düsseldorf (Schwann) 1979a.

Piaget, J. *Das moralische Urteil beim Kinde.* Stuttgart (Klett) 1983.

Piaget, J. *Die Bildung des Zeitbegriffs beim Kinde.* Stuttgart (Klett) 1980.

Piaget, J. *Psychologie der Intelligenz.* Olten (Walter) 1971a

Piaget, J. *Judgment and Reasoning in the Child.* New York (Harcourt, Brace) 1928.

Piaget, J. *The Theory of Stages in Cognitive Development.* In: Green, D. R.; Ford, M. P.; Flamer, G. B. (Hrsg.) *Measurement and Piaget.* New York (McGraw-HIL) 1971b.

Piaget, J. *Psychology and Epistemology: Towards a Theory of Knowledge.* Harmondsworth, England (Penguin) 1972.

Piaget, J. *The Child's Conception of Physical Causality.* London (Kegan Paul) 1930.

Piaget, J. *Autobiography.* In: Boring, E. G. et al. (Hrsg.) *A History of Psychology in Autobiography.* Bd. 4. Worcester, Mass. (Clark University Press) 1952.

Piaget, J. *Comments.* Supplement to Vygotsky, L. S. *Thought and Language.* Cambridge, Mass. (MIT Press) 1962.

Piaget, J. *Development and Learning.* In: Ripple, R. E.; Rockcastle, V. N. (Hrsg.) *Piaget Rediscovered.* Ithaca, N. Y. (Cornell University Press) 1964.

Piaget, J. *The Child's Conception of Movement and Speed.* London (Routledge and Kegan Paul) 1970.

Piaget, J. *Correspondences and Transformations.* In: Murray, F. B. (Hrsg.) *The Impact of Piagetian Theory: On Education, Philosophy, Psychiatry, and Psychology.* Baltimore (University Park Press) 1979b.

Piaget, J. *Experiments in Contradiction.* Chicago (University of Chicago Press) 1980.

Piaget, J. *Piaget's Theory.* In: Kessen, W. (Hrsg.) *Handbook of Child Psychology.* Bd. 1: *History, Theory, and Methods.* 4. Aufl. P. H. Mussen (Hrsg. d. Reihe) New York (Wiley) 1983.

Piaget, J. *Essay on Necessity.* In: *Human Development* 29 (1986) S. 301–314.

Piaget, J. *Possibility and Necessity.* Bd. 1: *The Role of Possibility in Cognitive Development.* Bd. 2: *The Role of Necessity in Cognitive Development.* Minneapolis, Minn. (University of Minnesota Press) 1987.

Piaget, J.; Garcia, R. *Towards a Logic of Meanings.* Hillsdale, N. J. (Erlbaum) 1991.

Pick, H. L. *Eleanor J. Gibson: Learning to Perceive and Perceiving to Learn.* In: *Developmental Psychology.* 28 (1992) S. 787–794

Plomin, R.; DeFries, J. C.; Loehlin, J. C. *Genotype-Environment Interaction and Correlation in the Analysis of Human Behavior.* In: *Psychological Bulletin* 84 (1977) S. 309–322.

Poincaré, H. *Wissenschaft und Hypothese.* 2. verb. Aufl. Leipzig (Teubner) 1906.

Premack, D.; Woodruff, G. *Does the Chimpanzee Have a Theory of Mind?* In: *Behavioral and Brain Sciences* 1 (1978) S. 515–526.

Pressley, M. *Elaboration and Memory Development*. In: *Child Development* 53 (1982) S. 296–309.

Price-Williams, D. R.; Gordon, W.; Ramirez III., M. *Skill and Conservation: A Study of Pottery-Making Children*. In: *Developmental Psychology* 1 (1969) S. 769.

Quillian, M. R.; Wortman, P. M.; Baylor, G. W. *The Programmable Piaget: Behavior from the Standpoint of a Radical Computerist*. Unveröffentlichtes Manuskript, Carnegie Institute of Technology. 1964.

Rajecki, D. W.; Lamb, M. E.; Obmascher, P. *Toward a General Theory of Infantile Attachment: A Comparative Review of Aspects of the Social Bond*. In: *Behavioral and Brain Sciences* 3 (1978) S. 417–464.

Rapaport, D. *Die Struktur der psychoanalytischen Theorie*. 2. Aufl. Stuttgart (Klett) 1970.

Ratner, C. *Vygotsky's Sociocultural Psychology and Its Contemporary Applications*. New York (Plenum) 1991.

Recht, D. R.; Leslie, L. *Effect of Prior Knowledge on Good and Poor Reader's Memory for Text*. In: *Journal of Educational Psychology* 80 (1988) S. 16–20.

Reddy, V. *Playing with Others' Expectations: Teasing and Mucking About in the First Year*. In: Whiten, A. (Hrsg.) *Natural Theories of Mind: Evolution, Development and Simulation of Every-Day Mindreading*. Oxford (Basil Blackwell) 1991.

Reese, H. W. *Contextualism and Developmental Psychology*. In: Reese, H. W. (Hrsg.) *Advances in Child Development and Behavior*. Bd. 23. San Diego (Academic Press) 1991.

Renninger, K. A.; Hidi, S.; Krapp, A. (Hrsg.) *The Role of Interest in Learning and Development*. Hillsdale, N. J. (Erlbaum) 1992.

Reyher, J. *Hypnosis in Research on Psychopathology*. In: Gordon, J. E. (Hrsg.) *Handbook of Clinical and Experimental Hypnosis*. New York (Macmillan) 1967.

Rieber, R.W.; Carton, A.S. (Hrsg.) *The Collected Works of L.S. Vygotsky*. Bd. 1 New York (Plenum) 1987

Riegel, K. *Influence of Economic and Political Ideologies on the Development of Developmental Psychology*. In: *Psychological Bulletin* 78 (1972) S. 129–141.

Riegel, K. *The Dialectics of Human Development*. In: *American Psychologist* 31 (1976) S. 689–700.

Robson, K. S. *The Role of Eye-to-Eye Contact in Maternal-Infant Attachment*. In: *Journal of Child Psychology and Psychiatry* 8 (1967) S. 13–25.

Roediger, H. L. *Implicit and Explicit Memory Models*. In: *Bulletin of the Psychonomic Society* 13 (1979) S. 339–342.

Rogoff, B. *Apprenticeship in Thinking: Cognitive Development in Social Context*. New York (Oxford University Press) 1990.

Rogoff, B.; Gardner, W. P. *Guidance in Cognitive Development: An Examination of Mother-Child Instruction*. In: Rogoff, B.; Lave, J. (Hrsg.) *Everyday Cognition: Its Development in Social Context*. Cambridge, Mass. (Harvard University Press) 1984.

Rogoff, B.; Goncu, A. *Vygotsky and Beyond*. [Rezension von J. Wertschs *Vygotsky and the Social Formation of Mind* in: *Contemporary Psychology* 32 (1987) S. 22f.

Rosenblatt, J. S. *Stages in the Early Behavioral Development of Altricial Young of Selected Species of Non-Primate Mammals*. In: Bateson, P. P. G.; Hinde, R. A. (Hrsg.) *Growing Points in Ethology*. Cambridge (Cambridge University Press) 1976.

Rosenthal, T. L.; Zimmerman, B. J. *Social Learning and Cognition*. New York (Academic Press) 1978.

Rothmann, M.; Teuber, E. *Einzelausgabe der Anthropoidenstation auf Teneriffa: I. Ziele und Aufgaben der Station sowie erste Beobachtungen an den auf ihr gehaltenen Schimpansen*. In: *Abhandlungen der Preussischen Akademie der Wissenschaften Berlin* (1915) S. 1–20.

Russell, M. J.; Mendelson, T.; Peeke, H. V. S. *Mothers' Identification of Their Infants' Odors*. In: *Ethology and Sociobiology* 4 (1983) S. 29–31.

Samuel, J.; Bryant, P. *Asking Only One Question in the Conservation Experiment*. In: *Journal of Child Psychology and Psychiatry* 25 (1984) S. 315–318.

Savin-Williams, R. C. *An Ethological Study of Dominance Formation and Maintenance in a Group of Human Adolescents*. In: *Child Development* 47 (1976) S. 972–979.

Saxe, G. B. *Body Parts as Numerals: A Developmental Analysis of Numeration Among the Oksapmin in Papua New Guinea*. In: *Child Development* 52 (1981) S. 306–316.

Saxe, G. B. *The Mathematics of Child Street Vendors*. In: *Child Development* 59 (1988) S. 1415–1425.

Scarr, S. *Cultural Lenses on Mothers and Children*. In: Friedrich-Cofer, L. (Hrsg.) *Human Nature and Public Policy*. New York (Praeger) 1985.

Schank, R. C.; Abelson, R. *Scripts, Plans, Goals and Understanding*. Hillsdale, N. J. (Erlbaum) 1977.

Schlein, S. (Hrsg.) *A Way of Looking at Things: Selected Papers from 1930 to 1980. Erik H. Erikson.* New York (Norton) 1987.

Schmuckler, M. *The Effect of Imposed Optical Flow on Guided Locomotion in Young Children.* Symposiumsbeitrag für die Society for Research in Child Development. Baltimore, April 1987.

Schneider, W.; Korkel, J.; Weinert, F. E. *Domain-Specific Knowledge and Memory Performance; A Comparison of High- and Low-Aptitude Children.* In: *Journal of Educational Psychology* 81 (1989) S. 306–312.

Schneider, W.; Weinert, F. E. *Memory Development: Universal Changes and Individual Differences.* In: De Ribaupierre, A. (Hrsg.) *Transitional Mechanisms in Child Development: The Longitudinal Perspective.* Cambridge (Cambridge University Press) 1989.

Schneirla, T. C. *Behavioral Development and Comparative Psychology.* In: *Quarterly Review of Biology* 41 (1966) S. 283–302.

Schrödinger, E. *Mind and Matter.* Cambridge (Cambridge University Press) 1958.

Schweder, R. A. *Thinking Through Cultures: Expeditions in Cultural Psychology.* Cambridge, Mass. (Harvard University Press) 1991.

Sears, R. R.; Rau, L.; Alpert, R. *Identification and Child Rearing.* Stanford (Stanford University Press) 1965.

Shapley, H.; Rapput, S.; Wright, H. (Hrsg.) *The New Treasury of Science.* New York (Harper and Row) 1965.

Shatz, M.; Gelman, R. *The Development of Communication Skills: Modifications in the Speech of Young Children as a Function of Listener.* Band 38 *Mongraphs of the Society for Research in Child* Development(5, Serie 152)

Shaw, R.; Bransford, J. *Introduction: Psychological Approaches to the Problems of Knowledge.* In: Shaw, R.; Bransford, J. (Hrsg.) *Perceiving, Acting, and Knowing: Toward an Ecological Psychology.* Hillsdale, N. J. (Erlbaum) 1977.

Shotter, J. *Vygotsky's Psychology: Joint Activity in a Developmental Zone.* In: *New Ideas in Psychology* 7 (1989) S. 185–204.

Siegler, R. S. *The Origins of Scientific Reasoning.* In: Siegler, R. S. (Hrsg.) *Children's Thinking: What Develops?* Hillsdale, N. J. (Erlbaum) 1978.

Siegler, R. S. *Information Processing Approaches to Cognitive Development.* In: Kessen, W. (Hrsg.); Mussen, P. H. (Hrsg. d. Reihe) *Handbook of Child Psychology.* Bd. 1: *History, Theory, and Methods.* New York (Wiley) 1983.

Siegler, R. S. *Strategy Choice in Subtraction.* In: Sloboda, J.; Rogers, D. (Hrsg.) *Cognitive Processes in Mathematics.* Oxford (Oxford University Press) 1987.

Siegler, R. S. *Strategy Choice Procedures and the Development of Multiplication Skills.* In: *Journal of Experimental Psychology: General* 117 (1988) S. 158–275.

Siegler, R. S. *Mechanisms of Cognitive Development.* In: Rosenzweig, M. R.; Porter, L. W. (Hrsg.) *Annual Review of Psychology.* Bd. 40. Palo Alto, Calif.(Annual Reviews, Inc.) 1989.

Siegler, R. S. *Children's Thinking.* 2. Aufl. Englewood Cliffs, N. J. (Prentice-Hall) 1991.

Siegler, R. S. *The Other Alfred Binet.* In: *Developmental Psychology* 28 (1992) S. 179–190.

Siegler, R. S.; Crowley, K. *The Microgenetic Method: A Direct Means for Studying Cognitive Development.* In: *American Psychologist* 46 (1991) S. 606–620.

Siegler, R. S.; Jenkins, E. *How Children Discover New Strategies.* Hillsdale, N. J. (Erlbaum) 1989.

Sigel, I. E. *Mechanisms: A Metaphor for Cognitive Development? Rezension von Sternberg's Mechanisms of Cognitive Development.* In: *Merrill-Palmer Quarterly* 32 (1986) S. 93–101.

Signorella, M. L.; Liben, L. S. *Recall and Reconstruction of Gender-Related Pictures: Effects of Attitude, Task Difficulty, and Age.* In: *Child Development* 55 (1984) S. 393–405.

Simon, H. A. *On the Development of the Processor.* In: Farnham-Diggory, S. (Hrsg.) *Information Processing in Children.* New York (Academic Press) 1972.

Simon, T. A.; Newell, A.; Klahr, D. *Q-Soar: A Computational Account of Children's Learning About Number Conservation.* In: Fisher, D.; Pazzani, M. (Hrsg.) *Concept Formation: Knowledge and Experience in Unsupervised Learning.* San Mateo, Calif.(Morgan-Kauffman). Im Druck.

Skinner, B. F. *Autobiography.* In: Boring, E. G.; Lindzey, G. (Hrsg.) *A History of Psychology in Autobiography.* Bd. 5. Englewood Cliffs, N. J. (Prentice-Hall) 1967.

Skinner, B. F. *Futurum Zwei.* Hamburg (Christian Wegner) 1970.

Skinner, B. F. *Beyond Freedom and Dignity.* New York (Knopf) 1971.

Skinner, B. F. *The Experimental Analysis of Operant Behavior: A History.* In: Rieber, R. W.; Salzinger, K. (Hrsg.) *Psychology. Theoretical-Historical Perspectives.* New York (Academic Press) 1980.

Smith, P. K.; Connolly, K. *Patterns of Play and Social Interaction in Preschool Children.*
In: Blurton-Jones, N. G. (Hrsg.) *Ethological Studies of Child Behavior.* Cambridge (Cambridge University Press) 1972.

Snarey, J.; Kohlberg, L.; Noam, G. *Ego Development in Perspective: Structural Stage, Functional Phase, and Cultural Age-Period Models.* In: *Developmental Review* 3 (1983) S. 303–337.

Spelke, E. S. *Infants' Intermodal Perception of Events.* In: *Cognitive Psychology* 8 (1976) S. 553–560.

Spelke, E. S. *Physical Knowledge in Infancy: Reflections on Piaget's Theory.* In: Carey, S; Gelman, R. (Hrsg.) *The Epigenesis of Mind: Essays in Biology and Cognition.* Hillsdale, N. J. (Erlbaum) 1991.

Spiker, C. C. *The Concept of Development: Relevant and Irrelevant Issues.* In: Stevenson, H. W. (Hrsg.) *Concept of Development. Monographs of the Society for Research in Child Development* 31 (1966) 5, Serial No. 107.

Spitz, R. A. *Hospitalism: An Inquiry into the Genesis of Psychiatry Conditions in Early Childhood.* In: *Psychoanalytic Study of the Child* 1 (1945) S. 53–74.

Spitz, R. A. *Die Entstehung der ersten Objektbeziehungen.* Stuttgart (Klett) 1957.

Sroufe, A. *Attachment and Adaption in Preschool.* In: Perlmutter, M. (Hrsg.) *Minnesota Symposium on Child Psychology.* Bd. 15. *Development and Policy Concerning Children with Special Needs.* Hillsdale, N. J. (Erlbaum) 1983.

Sroufe, L. A. *Attachment Classification from the Perspective of Infant-Caretaker Relationships and Infant Temperament.* In: *Child Development* 56 (1985) S. 1–14.

Stern, D. *Mother and Infant at Play: The Dyadic Interaction Involving Facial, Vocal, and Gaze Behaviors.* In: Lewis, M.; Rosenblum, L. (Hrsg.) *The Effect of the Infant on Its Caretaker.* New York (Wiley) 1974.

Stern, D. *The Interpersonal World of the Infant.* New York (Basic Books) 1985.

Sternberg, R. J. *The Nature of Mental Abilities.* In: *American Psychologist* 34 (1979) S. 214–230.

Sternberg, R. J. *Beyond IQ: A Triarchic Theory of Human Intelligence.* New York (Cambridge University Press) 1985.

Sternberg, R. J. *Intelligence Applied.* San Diego (Harcourt Brace Jovanovich) 1986.

Sternberg, R. J.; Rifkin, B. *The Development of Analogical Reasoning Processes.* In: *Journal of Experimental Child Psychology* 27 (1979) S. 195–232.

Stevenson, H. W.; Lee, S.; Stigler, J. W. *Achievement in Mathematics.* In: Stevenson, H.; Azuma, H.; Hakuta, K. (Hrsg.) *Child Development and Education in Japan.* New York (Freeman) 1986.

Stigler, J. W. „*Mental Abacus*": *The Effect of Abacus Training on Chinese Children's Mental Calculation.* In: *Cognitive Psychology* 16, S. 145–176.

Strauss, S.; Levin, I. *Commentary. Monographs of the Society for Research in Child Development* 46 (1981) 2, Serial No. 189.

Strayer, F. F. *Social Ecology of the Preschool Peer Group.* In: Collins, W. A. (Hrsg.) *Development of Cognition, Affect, and Social Relations.* Hillsdale, N. J. (Erlbaum) 1980.

Strayer, F. F.; Strayer, J. *An Ethological Analysis of Social Agonism and Dominance Relations Among Preschool Children.* In: *Child Development* 47 (1976) S. 980–999.

Streri, A.; Pecheux, M. *Vision-to-Touch and Touch-to-Vision Transfer of Form in 5-Month-Old Infants.* In: *British Journal of Developmental Psychology* 4 (1986) S. 161–167.

Super, C. M.; Harkness, S. *Looking Across at Growing up: The Cultural Expression of Cognitive Development in Middle Childhood.* Unveröffentlichtes Manuskript. Harvard University. 1983.

Thatcher, R. W.; Walker, R. A.; Giudice, S. *Human Cerebral Hemispheres Develop at Different Rates and Ages.* In: *Science* 236 (1987) S. 1110–1113.

Thayer, G. H. *Concealing Coloration in the Animal Kingdom.* New York (Macmillan) 1909.

Thorndike, E. L. *Animal Intelligence: An Experimental Study of the Associative Processes in Animals.* In: *Psychological Review: Series of Monograph Supplements* 2 (1898) 4, Whole No. 8.

Tinbergen, E. A.; Tinbergen, N. *Early Childhood Autism: An Ethological Approach.* Berlin (Parey) 1972.

Tinbergen, N. *Instinktlehre.* München (Piper) 1979.

Tinbergen, N. *Curious Naturalists.* New York (Basic Books) 1958.

Tinbergen, N. *Das Tier in seiner Welt.* München (Piper) 1977 (Bd. 1) und 1978 (Bd. 2).

Tobin, J. J.; Wu, D. Y. H.; Davidson, D. H. *Preschool in Three Cultures.* New Haven, Conn. (Yale University Press) 1989.

Tolman, E. C. *Principles of Purposive Behavior.* In: Koch, S. (Hrsg.) *Psychology: A Study of a Science.* New York (McGraw-Hill) 1959.

Tomasello, M.; Kruger, A. C.; Ratner, H. H. *Cultural Learning.* Tech. Rep. No. 21. Atlanta (Emory University, Emory Cognition Project) 1991.

417

Toulmin, S. *The Mozart of Psychology*. In: *New York Review of Books*. September 1978.

Trabasso, T. *The Role of Memory as a System in Making Transitive Inferences*. In: Kail, R. V.; Hagen, J. W. (Hrsg.) *Perspectives on the Development of Memory and Cognition*. Hillsdale, N. J. (Erlbaum) 1977.

Trivers, R. *Social Evolution*. Menlo Park, Calif.(Benjamin-Cummings) 1985.

Tuddenham, R. D. *Jean Piaget and the World of the Child*. In: *American Psychologist* 21 (1966) S. 207–217.

Tudge, J.; Rogoff, B. *Peer Influences on Cognitive Development: Piagetian and Vygotskian Perspectives*. In: Bornstein, M. H.; Bruner, J. S. (Hrsg.) *Interaction in Human Development*. Hillsdale, N. J. (Erlbaum) 1989.

Tulviste, P. *Cultural-Historical Development of Verbal Thinking: A Psychological Study*. Commack, N. Y. (Nova Science Publishers) 1991.

Uzgiris, I. C. *Situational Generality of Conservation*. In: Siegel, I. E.; Hooper, F. H. (Hrsg.) *Logical Thinking in Children: Research Based on Piaget's Theory*. New York (Holt, Rinehart and Winston) 1968.

Valsiner, J. *Culture and the Development of Children's Action*. Chichester (Wiley) 1987.

Valsiner, J. (Hrsg.) *Child Development Within Culturally Structured Environments*. Bd. 1 und 2. Norwood, N. J. (Ablex) 1988.

Valsiner, J. *Human Development and Culture*. Lexington, Mass. (Heath) 1989.

Van den Daele, L. *Qualitative Models in Developmental Analysis*. In: *Developmental Psychology* 1 (1969) S. 303–310.

Van der Veer, R.; Valsiner, J. *Understanding Vygotsky: A Quest for Synthesis*. Oxford (Basil Blackwell) 1991.

Vurpillot, E.; Ball, W. A. *The Concept of Identity and Children's Selective Attention*. In: Hale, G.; Lewis, M. (Hrsg.) *Attention and Cognitive Development*. New York (Plenum) 1979.

Vuyk, R. *Overview and Critique of Piaget's Genetic Epistemology, 1965–1980*. Bd. 1. London and New York (Academic Press) 1981.

Vygotsky, L. S. *Selected Psychological Investigations*. Moskau (IAPN-SSSR) 1956.

Vygotsky, L. S. *Development of the Higher Psychological Functions*. Moskau (APN) 1960.

Vygotsky, L. S. *The Instrumental Method in Psychology*. In: Wertsch, J. V. (Hrsg.) *The Concept of Activity in Soviet Psychology*. Armonk, N. Y. (M. E. Sharpe) 1981.

Vygotsky, L.; Cole, M.; John-Steiner, V., Scribner, S.; Souberman, E. (Hrsg.) *Mind in Society*. Cambridge, Mass. (Harvard University Press) 1978.

Waddington, C. H. *The Stategy of the Genes*. London (Allen and Unwin) 1957.

Wallace, I.; Klahr, D.; Bluff, K. *A Self-Modifying Production System Model of Cognitive Development*. In: Klahr, D.; Langley, P.; Neches, R. (Hrsg.) *Production System Models of Learning and Development*. Cambridge, Mass. (MIT Press) 1987.

Wallbank, T. W.; Taylor, A. M. *Civilization Past and Present*. Chicago (Scott, Foresman) 1960.

Wason, P. C.; Johnson-Laird, P. N. *Psychology of Reasoning*. Cambridge, Mass. (Harvard University Press) 1972.

Watson, J. B. *Psychological Care of Infant and Child*. New York (Norton) 1928.

Watson, J. B. *Behaviorismus. Reprints Psychol. 4*. Frankfurt (Fachbuchhandlung für Psychologie) 1976.

Watson, J. B.; Rayner, R. *Conditioned Emotional Reactions*. In: *Journal of Experimental Psychology* 3 (1920) S. 1–14.

Wegman, C. *Psychoanalysis and Cognitive Psychology: A Formalization of Freud's Earliest Theory*. Orlando, Fla. (Academic Press) 1985.

Wellman, H. M.; Gelman, S. A. *Cognitive Development: Foundational Theories of Core Domains*. In: Rosenzweig, M. R.; Porter, L. W. (Hrsg.) *Annual Review of Psychology* Bd. 42. Palo Alto, Calif.(Annual Reviews) 1992.

Wertsch, J. V. *From Social Interaction to Higher Psychological Processes: A Clarification and Application of Vygotsky's Theory*. In: *Human Development* 22 (1979) S. 1–22.

Wertsch, J. V. *Vygotsky and the Social Formation of Mind*. Cambridge (Harvard University Press) 1985.

Wertsch, J. V. *Voices of the Mind: A Sociocultural Approach to Mediated Action*. Cambridge (Harvard University Press) 1991.

Wertsch, J. V. (Hrsg.) *Culture, Communication, and Cognition: Vygotskian Pespectives*. New York (Cambridge University Press) 1985.

Wertsch, J. V.; Hickmann, M. *Problem Solving in Social Interactions: A Microgenetic Analysis*. In: Hickmann, M. (Hrsg.) *Social and Functional Approaches to Language and Thought*. Orlando, Fla. (Academic Press) 1987.

418

Wertsch, J. V.; McNamee, G. D.; McLane, J. B.; Budwig, N. A. *The Adult-Child Dyad as a Problem-Solving System.* In: *Child Development* 51 (1980) S. 1215–1221.

Wertsch, J. V.; Tulviste, P. *L. S. Vygotsky and Contemporary Developmental Psychology.* In: *Developmental Psychology* 28 (1992) S. 548–557

Wesley, F. *Developmental Cognition Before Piaget: Alfred Binet's Pioneering Experiments.* In: *Developmental Review* 9 (1989) S. 58–63.

Weston, D. R.; Turiel, E. *Act-Rule Relations: Children's Conceptions of Social Rules.* In: *Developmental Psychology* 16 (1980) S. 417–424.

White, B. L. *Child development Research: An Edifice Without a Foundation.* In: *Merrill-Palmer Quarterly* 15 (1969) S. 47–78.

White, R. W. *Ego and Reality in Psychoanalytic Theory: A Proposal Regarding Independent Ego Energies.* In: *Psychological Review.* Monograph 11. New York (International Universities Press) 1963.

White, S. H. *The Learning Theory Approach.* In: Mussen, P. H. (Hrsg.) *Carmichael's Manual of Child Psychology.* Bd. 1., 3. Aufl. New York (Wiley) 1970.

White, S. H. *The Active Organism in Theoretical Behaviorism.* In: *Human Development* 19 (1976) S. 99–107.

Whiten, A. D. (Hrsg.) *Natural Theories of Mind: Evolution, Development, and Simulation of Everyday Mindreading.* Oxford (Basil Blackwell) 1991.

Whiting, J. M.; Child, I. L. *Child Training and Personality.* New Haven, Conn. (Yale University Press) 1953.

Willatts, P. *Development of Problem-Solving in Infancy.* In: Slater, A.; Bremner, G. (Hrsg.) *Infant Development.* Hillsdale, N. J. (Erlbaum) 1989.

Wilson, E. O. *Sociobiology. The New Synthesis.* Cambridge, Mass. (Belknap Press of Harvard University Press) 1975.

Wilson, E. O. *On Human Nature.* Cambridge, Mass. (Harvard University Press) 1978.

Winegar, L. T.; Valsiner, J. *Children's Development Within Social Context.* Bd. 1. *Methodology and Theory.* Bd. 2. *Research and Methodology.* Hillsdale, N. J. (Erlbaum) 1992.

Winnicott, D. W. *Transitional Objects and Transitional Phenomena.* In: *International Journal of Psychoanalysis* 34 (1953) S. 89–97.

Winnicott, D. W. *Vom Spiel zur Kreativität.* 3. Aufl. Stuttgart (Klett-Cotta) 1985.

Wober, M. *Culture and the Concept of Intelligence: A Case in Uganda.* In: *Journal of Cross-Cultural Psychology* 3 (1972) S. 327f.

Wohlwill, J. F. *The Concept of Experience: S or R?* In: *Human Development* 16 (1973) S. 90–107.

Wozniak, R.H. *Theory, Practice, and the „Zone of Proximal Development" in Soviet Psychoeducational Research.* In: *Contemporary Educational Psychology* 5 (1980) S. 175–183

Wygotsky , L. S. *Denken und Sprechen.* 5. korr. Aufl. der Lizenzausg. Frankfurt (Fischer) 1974.

Yando, R.; Seitz, V.; Zigler, E. (Hrsg.) *Imitation: A Developmental Perspective.* Hillsdale, N. J. (Erlbaum) 1978.

Yussen, S. R. *Determinants of Visual Attention and Recall in Observational Learning by Preschoolers and Second Graders.* In: *Developmental Psychology* 10 (1974) S. 93–100.

Zajonc, R. B. *Feeling and Thinking: Preferences Need No Inferences.* In: *American Psychologist* 35 (1980) S. 151–175.

Zimmerman, B. J. *Modification of Young Children's Grouping Strategies: The Effects of Modeling, Verbalization, Incentives, and Praise.* In: *Child Development* 45 (1974) S. 1032–1041.

Zimmerman, B. J. *The Development of „Intrinsic" Motivation: A Social Learning Analysis.* In: Whitehurst, G. J. (Hrsg.) *Annals of Child Development* Bd. 2. Greenwich, Conn. (JAI Press) 1985.

Zivin, G. *The Development of Self-Regulation Through Private Speech.* New York (Wiley) 1979.

Namensregister

A

Abelson, R.   246, 266
Ainsworth, M. D.   290, 293 f, 313, 315
Alpert, R.   179
Anderson, J.   269
Antinucci, F.   299
Ardrey, R.   274
Atkinson, R. C.   226, 229 f
Azmitia, M.   379
Azuma, H.   368

B

Baer, D.   180, 183, 185
Bahrick, L. E.   327
Baker-Sennett, J.   361
Ball, W. A.   328
Baltes, M. M.   216
Bandura, A.   173, 180, 351 f, 394
Bank, C. L.   219
Barash, D. P.   296
Barker, R. G.   274, 307
Barnett, S. A.   283
Baron-Cohen, S.   299
Barton, E. M.   216
Bateson, P. P. G.   281, 304
Baumrind, D.   360
Baylor, G. W.   229, 248, 262
Beach, D. R.   237
Beer, C. G.   278
Beilin, H.   400
Bergson, H.   175
Berk, L. E.   353, 362
Berland, J. C.   348
Berman, P.   292
Bhaskar, R.   340
Bijou, S. W.   183, 185, 219
Binet, A.   342, 393
Bisanz, J.   270
Bivens, J. A.   362
Bjorklund, D. F.   239 f, 352
Blehar, M. C.   294
Bluff, K.   231
Blumberg, S. L.   291
Blurton-Jones, N.   295
Borkowski, J. G.   239
Bornstein, H. M.   270
Bornstein, M.   385
Bornstein, M. H.   281, 315, 368
Bowers, K. S.   210

Bowlby, J.   271 f, 274, 288–294, 301–303, 309, 311, 315, 389
Bradley, B. S.   199
Brainerd, C.   270
Brannigan, C. R.   298
Bransford, J.   258, 268
Breland, K.   182
Breland, M.   182
Bretherton, I.   290, 294
Bronfenbrenner, U.   309, 343, 345 f, 351 f, 375, 378 f
Brown, A. L.   231, 238 f, 260, 267 f, 343, 349 f, 358
Brown, J. S.   263
Brückner, G. H.   277
Bruner, J. S.   334, 343, 361
Brunk, M. A.   191
Brush, S. G.   391
Burton, R. B.   263
Butterfield, E. C.   224 f, 248
Byrne, R. W.   299

C

Cairns, R. B.   276, 389
Campione, J. C.   358
Campos, J. J.   325
Cannizzo, S. R.   237
Carello, C.   285
Carey, S.   275
Carr, H. A.   176
Carr, M.   239
Carraher, D. W.   369
Carraher, T. N.   369
Carter, A. Y.   242
Case, R.   245, 257
Caspi, A.   380
Cassidy, D. J.   238
Caudill, W.   367
Caves, R. D.   243
Cazden, C. B.   356
Ceci, S. J.   243, 361
Cernoch, J. M.   293
Charlesworth, W.   296 f, 299 f, 306–310, 312 f
Chi, M. T. H.   239–242
Child, I. L.   179
Chinsky, J. M.   237
Chomsky, N.   176, 225, 283
Cohen, D.   273 f
Cohen, L. B.   293
Cohen, R.   343

Sachregister

Sprache und Spiel

Spielen – eine reizvolle, angenehme, aber wenig nützliche Betätigung? Marion Kauke, Dozentin für Erziehungswissenschaften an der Humboldt-Universität, stellt diese Frage an den Anfang ihres Buches. Spielen wird darin als ein überraschend komplexes und psychologisch höchst aufschlußreiches Vergnügen ernst genommen. Um einen breiten Leserkreis zu erreichen, wurde das Thema leicht verständlich, weitgehend populärwissenschaftlich abgehandelt. Literaturhinweise erschließen rare, relativ unbekannte Forschungsergebnisse und darüber hinaus Wissenswertes. Das Lesen dieses Buches ist gleichwohl ein spielerisches Vergnügen, das neugierig auf mehr Verständnis macht.

Marion Kauke
Spielintelligenz
1992, 199 Seiten
DM 68,- / öS 531,- / sfr 69,80
ISBN 3-89330-666-8

George A. Miller
Wörter
1993, 320 Seiten
DM 68,- / öS 531,- / sfr 69,80
ISBN 3-86025-076-0

„Nach einem allgemeinen Buch zur Erforschung der Wörter und ihrer Verwendung, das als Einführung gelten kann und zugleich verständlich, interessant und originell ist, brauchen Sie nicht weiter zu suchen. Dieses Buch verdient Popularität."
Nature, 1991

„Millers Buch, glänzend geschrieben und graphisch reich illustriert, ist eine ausgezeichnete Einführung in die gegenwärtige Forschung. Wenn das, was wir sagen, auch das ist, was wir sind, wird diese Forschung dazu beitragen, besser zu verstehen, was es heißt, Mensch zu sein."
The Sciences, 1992

Spektrum
AKADEMISCHER VERLAG

Vangerowstraße 20 · 69115 Heidelberg

Kopfüber
in anregende
Fachliteratur...

...aus der Reihe Spektrum Psychologie